UP NHM ANM

सहायक नर्स और मिडवाइफ भर्ती परीक्षा

नवीनतम संस्करण
अभ्यास किट

10 टेस्ट्स
10 मॉक टेस्ट्स

वास्तविक परीक्षा प्रारूप पर आधारित टेस्ट

✓ पूर्णतः संशोधित और अद्यतन

✓ सभी बहुविकल्पीय प्रश्नो का विस्तृत विश्लेषण

शीर्षक : **UP NHM ANM सहायक नर्स और मिडवाइफ भर्ती परीक्षा**

लेखक का नाम : **Mr. Rohit Manglik**

प्रकाशक : **EduGorilla Community Pvt. Ltd.**

प्रकाशक का पता : 12/651 प्रथम तल, अरविन्दो पार्क के सामने, निकट जामा मस्जिद, इंदिरा नगर लखनऊ, उत्तर प्रदेश, 226016, भारत।

कॉपीराइट EduGorilla

ISBN : 978-93-55565-40-2

प्रथम संस्करण

अस्वीकरण EduGorilla

Compiled and created by EduGorilla Community Pvt. Ltd

EduGorilla Community Pvt. Ltd. द्वारा मुद्रित

रोहित मांगलिक
सीईओ, EduGorilla

प्रिय छात्रों,

एक बहुत ही प्रचलित कहावत है कि "सफलता उन्हीं को मिलती है जो उसके लिए कड़ी मेहनत करते हैं।" लेकिन मैंने लोगों को उनकी परीक्षाओं के लिए दिन-रात एक करके मेहनत करते हुए देखा है, पर फिर भी वे सफल नहीं हो पाते। तो वहीं दूसरी ओर, कुछ लोग बस आधी मेहनत करके परीक्षा में सफलता प्राप्त करते हैं। तो, क्या वे किस्मत वाले हैं? नहीं मेरा मानना है, कि ऐसा इसलिए है क्योंकि वे सिर्फ कड़ी नहीं बल्कि कुशल तरीके से अपनी तैयारी करते हैं। इसी तरह आपको भी अपनी परीक्षाओं की तैयारी के लिए अपनी योजना बनानी चाहिए, ताकि आपकी भी सफलता की संभावना बढ़ सके। तो तैयार हो जाइये EduGorilla के साथ अपनी परीक्षा में चयन होने की संभावना को 16 गुना बढ़ाने के लिए।

EduGorilla आपको न केवल कड़ी मेहनत करने में मदद करता है, बल्कि एक स्मार्ट और योजनाबद्ध तरीके से तैयारी करने में भी सहायता प्रदान करता है। EduGorilla की तैयारी पैकेज के साथ आप अपने परीक्षा में चयन होने के रास्ते को सहज और मनोरंजक बना सकते हैं। अपनी तैयारी के लिए सही रास्ता खोजना मुश्किल हो सकता है, यदि आप ये नहीं जानते कि आपको किस दिशा में जाना है। चिंता न करें हम आपके साथ खड़े हैं! EduGorilla आपकी सफलता में आपका मार्गदर्शक बनेगा। हमारे तैयारी पैकेज के साथ आप रणनीतिक रूप से तैयारी कर, अपनी परीक्षा में सिर्फ एक ही प्रयास में सफल हो सकते हैं।

EduGorilla के तैयारी पैकेज में शामिल हैं-

• टेस्ट सीरीज़   • किताबें

हमारे तैयारी पैकेज को सभी तरह के नये बदलवों, विशेषज्ञों की राय एवं छात्रों के प्रतिक्रिया के अनुसार तैयार किया गया है। जो आपको परीक्षा के प्रत्येक चरण की चयन प्रक्रिया को पार करने के योग्य बनाता है।

हमारी किताबें शिक्षकों और विशेषज्ञों द्वारा आपकी परीक्षा के लिए तैयार की गई हैं, 150+ वर्षों के अनुभव के साथ; ताकि आपको आसान, कुशल और प्रभावी शिक्षण प्रदान किया जा सके। हमारी स्मार्ट किताबें न सिर्फ आपको प्रश्नों के उत्तर देने की समझ देती हैं, अपितु आपके अभ्यास के लिए समान रूप के प्रश्न भी प्रदान करती हैं।

EduGorilla की सक्षम टेस्ट सीरीज आपको वास्तविक अनुभव और आत्मविश्वास प्रदान करती हैं, जिसके माध्यम से आप केवल एक प्रयास में अपनी ऑफलाइन अथवा ऑनलाइन परीक्षा पास कर सकते हैं। वर्तमान में हम 83,000+ मॉक टेस्ट्स और 1,440+ प्रतियोगी एवं शैक्षणिक परीक्षाओं की तैयारी कराते हैं।

अर्थात, EduGorilla आपकी तैयारी में आपकी सहायता करने का कोई भी मौका नहीं छोड़ता है और परीक्षा के सभी चरणों को कवर करता है, ताकि परीक्षा की तैयारी के लिए आपको कहीं और भटकना ना पड़े।

हम आपको डिफेन्स, बैंकिंग, टीचिंग और अन्य राष्ट्रीय एवं राज्य स्तरीय परीक्षाओं के लिए सम्पूर्ण तैयारी पैकेज प्रदान करते हैं। अतः इससे कोई फर्क नहीं पड़ता कि आप किस परीक्षा के लिए तैयारी कर रहे हैं, क्योंकि आप सफलता हासिल करेंगे।

आपको परीक्षा की शुभकामनाएं!

रोहित मांगलिक,
संस्थापक और मुख्य कार्यकारी अधिकारी, EduGorilla

प्रस्तावना

EduGorilla छात्रों को उनकी परीक्षा में सफल होने के लिए मार्गदर्शन प्रदान करता है। जिसको ध्यान में रखते हुए हमारे कुल 150+ वर्षों का अनुभव रखने वाले प्रतिष्ठित विशेषज्ञों ने कड़े प्रयासों के द्वारा "UP NHM ANM : सहायक नर्स और मिडवाइफ भर्ती परीक्षा" को तैयार किया है। इस किताब के प्रश्नों को हाल ही में परीक्षा के पाठ्यक्रम और पैटर्न में हुए सभी बदलावों को ध्यान में रखकर बनाया गया है। वो प्रश्न जिनकी UP NHM ANM पुस्तक परीक्षा में आने कि संभवना काफी प्रबल है, उनको इस किताब मे रखा गया है। आप EduGorilla की "UP NHM ANM : सहायक नर्स और मिडवाइफ भर्ती परीक्षा" के माध्यम से अपनी सफलता की संभावना को 16 गुना बढ़ा सकते हैं।

EduGorilla ये अपनी संपूर्ण तैयारी पैकेज के माध्यम से साकार करता है। इस किट में आपको प्रश्न अच्छी तरह अवधारित एवं संरचित रूप मे मिलेंगे जिन्हे आपकी जरूरतों के अनुसार बनाया गया है। इसके माध्यम से आपको स्मार्ट तरीके से परीक्षा के लिए अभ्यास करने में मदद मिलेगी। साथ ही आपको सहायक, समाधान और स्मार्ट उत्तर पत्रिका भी प्रदान की जायेंगी। जिससे आप अपना मूल्यांकन स्वयं कर सकते हैं। आप स्वयं की समीक्षा कर, उन सभी बिन्दुओं पर खुद को बेहतर तरीके से तैयार कर सकते हैं।

EduGorilla आपको अपनी परीक्षा में सफ़लता दिलाने और आपके लक्ष्य को हासिल करने में आपकी सहायता करने का वादा करता है। हम अपने प्रतिभागियों पर पूरा भरोसा करते हैं और उन्हें मेरिट सूची के शीर्ष पर देखते हैं। शीर्ष स्थान की ओर आपका पहला कदम है हमारे साथ तैयारी शुरू करना। EduGorilla की "UP NHM ANM : सहायक नर्स और मिडवाइफ भर्ती परीक्षा" की विशेषताएं कुछ इस प्रकार हैं।

➤ अच्छी तरह से शोध किया हुआ पाठ्यक्रम

➤ उच्च गुणवत्ता

➤ विस्तृत उत्तर और विश्लेषण

➤ स्मार्ट उत्तर पत्रिका

➤ परीक्षा सुसंगत प्रश्न

इस प्रकार EduGorilla आपकी तैयारी को मजबूत और आपको परीक्षा में सफल होने के योग्य बनाता है।

UP NHM ANM पुस्तक
परीक्षा की योग्यता, परीक्षा पैटर्न, विषय को जानने
के लिए **QR** कोड को स्कैन करें।

Book ID: 1206

विषय-सूची

Q.1 ईडी में C3-4 के स्तर पर रीढ़ की हड्डी की चोट वाले एक मरीज की देखभाल की जा रही है। प्राथमिक मूल्यांकन क्या है?

A. उस स्तर का निर्धारण करें जिस पर रोगी को असहनीय दर्द होता है।

B. उस स्तर का आकलन करें जिस पर रोगी ने गतिशीलता को बरकरार रखा है।

C. स्पाइनल शॉक के संकेतों के लिए रक्तचाप और नाड़ी की जाँच करें।

D. श्वसन प्रयास और ऑक्सीजन संतृप्ति स्तर की निगरानी करें।

Q.2 सी.ई. विंसलो के अनुसार, निम्नलिखित में से कौन-सा सार्वजनिक स्वास्थ्य का लक्ष्य है?

A. लोगों को स्वास्थ्य और दीर्घायु के अपने जन्मसिद्ध अधिकार प्राप्त करने के लिए

B. स्वास्थ्य को बढ़ावा देने और बीमारी की रोकथाम के लिए

C. लोगों को बुनियादी स्वास्थ्य सेवाएं उपलब्ध कराने के लिए

D. लोगों को उनके स्वास्थ्य प्रयासों में संगठित होने के लिए

Q.3 एक क्लाइंट एक पर्क्यूटिनियस ट्रांसल्यूमिनल कोरोनरी एंजियोप्लास्टी (पीटीसीए) के लिए निर्धारित है। नर्स जानती है कि एक पीटीसीए __________ है।

A. रोगग्रस्त कोरोनरी धमनी की सर्जिकल मरम्मत

B. एक स्वचालित आंतरिक कार्डियक डिफाइब्रिलेटर की नियुक्ति

C. रक्त प्रवाह में सुधार के लिए रोगग्रस्त कोरोनरी धमनी की दीवार के खिलाफ पट्टिका को संपीड़ित करने वाली प्रक्रिया

D. हृदय की गैर-आक्रामक रेडियोग्राफिक परीक्षा

Q.4 किसी समुदाय के स्वास्थ्य का निर्धारण करने का सबसे अच्छा तरीका निम्नलिखित में से कौन सा होगा?

A. किसी अग्निशामक से पूछें कि किन मोहल्लों में सबसे कम आग लगती है।

B. किसी दलाल से पूछें कि किस मोहल्ले में सबसे महंगे घर हैं।

C. आस-पड़ोस में रहने वाले लोगों से पूछें कि क्या वे अपने निवास स्थान से खुश हैं।

D. पुलिस विभाग से पूछें कि किन मोहल्लों में अपराध दर सबसे कम है।

Q.5 स्वास्थ्य निर्धारकों की समझ __________ आवश्यक है।

A. प्राथमिक स्वास्थ्य देखभाल हस्तक्षेप और मूल्यांकन

B. लोगों को अच्छा स्वास्थ्य बनाए रखने में सक्षम बनाने के लिए प्रभावी कार्यक्रमों के लिए

C. क्षेत्रों या शहरों में स्वास्थ्य सेवाओं का संगठन

D. तीक्ष्ण देखभाल सेवा प्रावधान

Q.6 स्वास्थ्य निर्धारकों पर अपने नियंत्रण को बढ़ाने के लिए एक समूह द्वारा सामूहिक प्रयासों को __________ के रूप में जाना जाता है।

A. सामुदायिक नियंत्रण

B. सामुदायिक कार्रवाई

C. स्वास्थ्य सक्रियता

D. सार्वजनिक नीति

Q.7 सार्वजनिक स्वास्थ्य का मुख्य उद्देश्य __________ स्वास्थ्य में सुधार करना है।

A. व्यक्ति के लिए उपयुक्त चिकित्सा हस्तक्षेप प्रदान करके

B. उपचार की प्रभावशीलता की तुलना करने के लिए अनुसंधान करकर

C. आबादी में स्वास्थ्य को बढ़ावा देना और बीमारी को रोककर

D. परिवारों को जोखिम मार्करों और आनुवंशिकी पर सलाह प्रदान करके

Q.8 एक निर्धारक जो स्पष्ट रूप से स्वास्थ्य की स्थिति में बदलाव से संबंधित है, को परिभाषित किया गया है:

A. दूरस्थ निर्धारक

B. सामाजिक निर्धारक

C. समीपस्थ निर्धारक

D. पारिस्थितिक निर्धारक

Q.9 निम्नलिखित में से किस एक वर्ष में शारीरिक शिक्षा और मनोरंजन के केंद्रीय सलाहकार बोर्ड की स्थापना की गई थी?

A. 1959   B. 1939   C. 1950   D. 1954

Q.10 सार्वजनिक स्वास्थ्य नीति क्या है?

A. स्वास्थ्य में राजनीतिक निवेश बढ़ाने का कार्यक्रम।

B. स्वास्थ्य चाहने वाले व्यवहारों को प्रोत्साहित करने के लिए एक वित्तीय प्रोत्साहन कार्यक्रम।

C. लोगों को स्वस्थ जीवन जीने में सक्षम बनाने के लिए एक सहायक वातावरण का निर्माण।

D. निजी क्षेत्र द्वारा स्वास्थ्य में बढ़ा हुआ निवेश का निर्माण।

Q.11 निम्नलिखित में से कौन प्राथमिक स्वास्थ्य सेवा का स्तंभ है?

A. सामुदायिक भागीदारी

B. अंतर-क्षेत्रीय समन्वय

C. उपयुक्त तकनीक

D. उपरोक्त सभी

Q.12 स्वास्थ्य कर्मी जो एएनएम और आंगनवाड़ी कार्यकर्ता के बीच एक कड़ी का काम करते हैं?

A. एलएचवी

B. आशा

C. पीएचएन

D. स्वास्थ्य गाइड

Q.13 स्वास्थ्य पेशेवरों को स्वास्थ्य संवर्धन में किस भूमिका को पूरा करने के रूप में देखा गया?

A. स्वास्थ्य संवर्धन को सक्षम और पोषित करना

B. स्वास्थ्य संवर्धन एजेंडा को नियंत्रित करना

C. स्वास्थ्य देखभाल टीम की निगरानी

D. शिक्षकों के साथ काम करना

Q.14 निम्न में से कौनसा सूक्ष्म पोषक, आहार में अधिक मात्रा में होने के कारण उच्च रक्तचाप का कारण बनता है?

A. लौह   B. प्रोटीन   C. सोडियम   D. कैल्शियम

Q.15 संतुलित आहार में कौन से सुरक्षात्मक पोषक तत्व होते हैं?

[UPTET Social Studies, 2019]

A. वसा

B. प्रोटीन

C. विटामिन और खनिज

D. कार्बोहाइड्रेट

Q.16 प्रधान भोजन क्या है?

A. मानक आहार

B. अनुचित आहार

C. कम ऊर्जा वाला आहार

D. बहुत उच्च ऊर्जा आहार

Q.17 निम्नलिखित में से कौन सा शब्द भोजन स्रोत से शरीर द्वारा अवशोषित प्रोटीन की मात्रा को संदर्भित करता है?

A. जैविक मूल्य

B. सीमित मूल्य

C. संदर्भ पैटर्न

D. इनमे से कोई भी नहीं

Q.18 हमारे शरीर में कौन सा हार्मोन हमें तनाव में समायोजित करने में मदद करता है जब हम गुस्सा, शर्मिंदा या चिंतित होते हैं?

[CTET Paper-II (Science & Mathematics), 2015]

A. थाइरॉक्सिन

B. एड्रिनैलिन

C. इंसुलिन

D. एस्ट्रोजन

Q.19 मानव में प्रमुख उत्सर्जक उत्पाद __________ है।

[CTET Paper-II (Science & Mathematics), 2015]

A. यूरिया
B. अमोनिया
C. यूरिक अम्ल
D. अमोनियम क्लोराइड

Q.20 रक्त में कैल्शियम और फास्फोरस के स्तर को नियंत्रित करने वाला हार्मोन किसके द्वारा स्रावित होता है?
A. थायरॉयड ग्रंथि
B. पैराथायरॉइड ग्रंथि
C. पीयूष ग्रंथि
D. थाइमस

Q.21 अधिक आयाम या सीमा के साथ गतियों को निष्पादित करने के लिए शरीर की क्षमता को कहा जाता है:
A. शक्ति
B. लचीलापन
C. शरीर की संरचना
D. आंतरिक बल

Q.22 आत्म नियंत्रण _______ की विशेषता है।
A. सामाजिक स्वास्थ्य
B. आध्यात्मिक स्वास्थ्य
C. शारीरिक स्वास्थ्य
D. मानसिक स्वास्थ्य

Q.23 पेट और हिप-फ्लेक्सर मांसपेशियों की सहनशक्ति को मापने के लिए किस शारीरिक फिटनेस परीक्षण का उपयोग किया जाता है?
A. पुश-अप परीक्षण
B. कूपर रन परीक्षण
C. सिट-अप परीक्षण
D. इनमें से कोई नहीं

Q.24 निम्नलिखित में से कौन AAHPERD युवा फिटनेस परीक्षण का एक घटक नहीं है?
A. जर्मन ड्रिल
B. स्टैंडिंग ब्रॉड जंप
C. सिट-अप्स
D. (A) और (B) दोनों

Q.25 वीडीआरएल परीक्षण में शामिल सिद्धांत क्या है?
A. एग्लूटिनेशन
B. प्रेसिपिटेशन
C. फ्लोक्यूलेशन
D. ऑप्सनाइज़ेशन

Q.26 मनुष्य के आंसुओं का pH _______ होता है।
A. 7.6 **B.** 7.5 **C.** 7.4 **D.** 7.3

Q.27 पोषक तत्वों का अधिक सेवन _______ के रूप में वर्गीकृत किया जाता है।
A. अति-पोषण
B. कुपोषण
C. संतृप्त पोषण
D. (A) और (B) दोनों

Q.28 निम्नलिखित में से कौन-सा सूक्ष्म पोषक तत्व हमारे शरीर को गर्म रखने में हमारी मदद करता है?
A. कार्बोहाइड्रेट
B. प्रोटीन
C. विटामिन
D. वसा

Q.29 निम्नलिखित में से किसमें प्रति ग्राम प्रोटीन की मात्रा सबसे अधिक होती है?
A. गेहूँ **B.** सोयाबीन **C.** मूंगफली **D.** सेब

Q.30 एचआईवी संक्रमण को चिकित्सकीय रूप से _______ से नियंत्रित किया जा सकता है।
A. साइडराबीन
B. एसाइक्लोविर
C. जिडोवूडीन
D. अमांटाडिन

Q.31 एक _______ का मुख्य उद्देश्य स्वच्छ वातावरण प्रदान करके और रोग के चक्र को तोड़कर मानव स्वास्थ्य की रक्षा और बढ़ावा देना है।
A. जल निकासी प्रणाली
B. फ्लश प्रणाली
C. शौचालय प्रणाली
D. स्वच्छता प्रणाली

Q.32 _______ वह है जो एक व्यक्ति से दूसरे व्यक्ति में विभिन्न तरीकों से फैलता है जिसमें रक्त और शारीरिक तरल पदार्थों के संपर्क में आना, वायुजनित वायरस में सांस लेना या किसी कीट द्वारा काटे जाने से शामिल है।
A. गैर संचारी रोग
B. संचारी रोग
C. संक्रामक रोग
D. इनमें से कोई नहीं

Q.33 स्केबीज, सरकोऐस स्केबीई के कारण होने वाला त्वचा का संक्रमण, _______ का एक उदाहरण है।
A. वायु जनित रोग
B. जल से धुला रोग
C. कीट आधारित रोग
D. खाद्य जनित रोग

Q.34 निम्नलिखित में से कौन जल जनित रोग नहीं है?
A. क्षय रोग
B. टाइफाइड
C. हेपेटाइटिस A
D. हैज़ा

Q.35 _______ खांसने और छींकने से फैलता है।
A. डिप्थीरिया
B. हेपेटाइटिस
C. पर्टुसिस
D. पोलियो

Q.36 क्षय रोग _______ के माध्यम से बहुत संक्रामक होता है।
A. हवा
B. पानी
C. भोजन
D. इनमें से कोई नहीं

Q.37 खसरा रोग मुख्य रूप से किस आयु वर्ग के व्यक्ति को प्रभावित करता है?
A. बचपन
B. वयस्क आयु
C. वृद्धावस्था
D. इनमें से कोई नहीं

Q.38 काली खांसी का दूसरा नाम _______ है।
A. रुबेओला
B. जर्मन खसरा
C. पर्टुसिस
D. न्यूमोनिया

Q.39 चिकनपॉक्स किसके द्वारा फैलता है?
A. दूषित भोजन
B. छोटी बूंद के केंद्रक
C. वायु जनित
D. संक्रमित सिरिंज

Q.40 निम्नलिखित में से कौन-सा संचारी रोगों के फैलने का तरीका है?
A. संक्रमित व्यक्ति के शारीरिक संपर्क से
B. दूषित सतह या वस्तु, भोजन, रक्त के संपर्क में आने से
C. रोग को फैलाने में सक्षम कीड़ों या जानवरों के काटने से
D. उपरोक्त सभी

Q.41 फ्रेनोलॉजिस्ट ने _______ द्वारा व्यक्तित्व के बारे में पता लगाने की कोशिश की।
A. किसी व्यक्ति की कुंडली पढ़के
B. किसी व्यक्ति की मस्तिष्क को महसूस करके
C. किसी व्यक्ति के हाथों को देखके
D. लोगों से सवाल करके

Q.42 ब्रेस्ट के एक्स-रे की जांच को _______ कहा जाता है।
A. मैमोग्राम
B. डिजिटल एक्स-रे
C. सीटी स्कैन
D. एमआरआई

Q.43 जिला अस्पताल और सामुदायिक केंद्रों में आमतौर पर जिस स्तर की देखभाल प्रदान की जाती है, उसे _______ के रूप में जाना जाता है।
A. आदिम स्तर
B. प्राथमिक स्तर
C. माध्यमिक स्तर
D. तृतीयक स्तर

Q.44 समुदाय में बीमारी के ऐसे कई मामलों का होना जो असामान्य रूप से बड़े या अप्रत्याशित हों:
A. स्थानिक
B. महामारी

C. वैश्विक महामारी **D.** संक्रमण

Q.45 स्वास्थ्य शिक्षा के लिए पैनल चर्चा में वक्ताओं की इष्टतम संख्या:

A. 10-12 **B.** 4-8 **C.** 10-20 **D.** 10-15

Q.46 स्वास्थ्य शिक्षा कार्यक्रम के दौरान मानव व्यवहार को बदलने में आमतौर पर ________ अधिक प्रभावी होते हैं।

A. समूह चर्चा **B.** जनसंचार माध्यम
C. उद्योगशाला **D.** इनमें से कोई नहीं

Q.47 ________ के संबंध में स्वास्थ्य प्रदर्शनियां आयोजित की जाती हैं।

A. मेले **B.** फेस्टिवल्स
C. जन अभियान **D.** उपरोक्त सभी

Q.48 स्वास्थ्य शिक्षा के उद्देश्य क्या हैं?

A. स्वास्थ्य सेवाओं की प्रभावशीलता बढ़ाएँ
B. उपचारात्मक और साथ ही निवारक
C. व्यावसायिक रोगों को कम करके उत्पादकता में सुधार करना
D. उपरोक्त सभी

Q.49 सामुदायिक स्वास्थ्य केंद्र में जन्मे बच्चे को उसके पहले प्रतिरक्षण के लिए क्या दिया जा सकता है?

A. डीपीटी **B.** बीसीजी **C.** एमएमआर **D.** टाइफाइड

Q.50 खाद्य अपमिश्रण निवारण कार्यक्रम को लागू करके उपभोक्ताओं को सुरक्षित भोजन सुनिश्चित करने के लिए निम्नलिखित में से कौन सा केंद्रीय मंत्रालय जिम्मेदार है?

A. कृषि मंत्रालय
B. खाद्य प्रसंस्करण उद्योग मंत्रालय
C. उपभोक्ता मामले, खाद्य और सार्वजनिक वितरण मंत्रालय
D. स्वास्थ्य और परिवार कल्याण मंत्रालय

Q.51 जन्म के समय बेहद कम वजन का बच्चा है:

A. वजन 1000 ग्राम से अधिक
B. वजन 1000 ग्राम से कम
C. वजन 2000 ग्राम से अधिक
D. वजन 1500 ग्राम से कम

Q.52 एक प्रभावी सार्वजनिक स्वास्थ्य अभियान को क्या प्रभावी बनाता है?

A. संदेशों को समूहीकृत करना
B. एकल व्यापक संचार उद्देश्य के आसपास की गतिविधियाँ
C. अच्छी तरह से परिभाषित लक्षित दर्शक
D. उपरोक्त सभी

Q.53 पट्टियाँ उपचार को बढ़ावा देती हैं:

A. रक्तस्राव को नियंत्रित करना
B. रिसाव को अवशोषित करने से घाव को संक्रमण और सूखने से बचाता है
C. आत्म-आघात और स्वयं की चोट की संभावना को कम करना
D. उपरोक्त सभी

Q.54 गहरे कट से रक्तस्राव को रोकने के लिए, प्राथमिक उपचारकर्ता त्रिकोणीय पट्टी का उपयोग ________ के रूप में कर सकता है।

A. एक रिंग पैड **B.** एक प्रेशर पैड
C. एक रोलर पट्टी **D.** एक ऊंचाई स्लिंग

Q.55 हताहत के घाव की ड्रेसिंग करते समय, यह महत्वपूर्ण है:

A. पीड़ित को सहज महसूस कराएं
B. यह स्पष्ट रूप से समझाएं आप क्या कर रहे हैं
C. हताहतों के सामने काम करते हैं

D. उपरोक्त सभी

Q.56 पट्टियों का उपयोग ________ के लिए किया जाता है।

A. घाव को दूषित होने से बचाना
B. घाव का शोधन
C. एक नम घाव वातावरण बनाए रखना
D. इनमें से कोई नहीं

Q.57 निम्नलिखित में से कौन-सा हार्मोन मिल्क इजेक्शन रिफ्लेक्स और फेटल इजेक्शन रिफ्लेक्स दोनों के लिए जिम्मेदार है?

A. ऑक्सीटोसिन **B.** रिलैक्सिन
C. एस्ट्रोजन **D.** प्रोलैक्टिन

Q.58 43 सप्ताह के गर्भ में एक गर्भवती महिला को ऑक्सीटोसिन जलसेक के साथ श्रम में वृद्धि हो रही है। निम्नलिखित में से कौन इस विशेष दवा को सर्वश्रेष्ठ श्रेणी में रखता है?

A. एरिथ्रोपोइटीन **B.** वृद्धि हार्मोन
C. एन्टिडायय्यूरेटिक हार्मोन **D.** प्रोलैक्टिन

Q.59 निम्नलिखित में से कौन सा लक्षण गर्भावस्था का खतरनाक संकेत नहीं है?

A. बुखार या ठंड लगना
B. चेहरे या उंगलियों में सूजन
C. योनि से खून बहना
D. पेशाब में वृद्धि

Q.60 एक 25 वर्षीय महिला प्रिमिग्रेविडा प्रसवपूर्व यात्रा के लिए क्लिनिक में प्रस्तुत करती है और हाल ही में देखे गए नए-शुरुआत त्वचा परिवर्तनों से चिंतित है। इस क्लाइंट की देखभाल करने वाली नर्स इस बात से अवगत है कि गर्भावस्था से जुड़े कई त्वचा परिवर्तन होते हैं।

निम्नलिखित में से ________ को छोड़कर गर्भावस्था से जुड़े सभी त्वचा परिवर्तन हैं।

A. लिनिया निग्रा **B.** क्लोस्मा ग्रेविडेरियम
C. हेगर का संकेत **D.** उपनैदानिक पीलिया

Q.61 प्री-एक्लेमप्सिया में बेड रेस्ट क्यों जरूरी है?

A. एक्लम्पसिया को रोकता है
B. ऊतक द्रव परिसंचरण को गतिशील बनाता है और शोफ को कम करता है
C. समय से पहले प्रसव को रोकता है
D. यह रक्त परिसंचरण में सुधार करता है और एडिमा को कम करता है

Q.62 प्रसूति चक्र के दौरान किस समय मधुमेह को नियंत्रित करना सबसे कठिन होता है?

A. पहली तिमाही **B.** अंतिम तिमाही
C. प्रसव और डिलिवरी **D.** प्रसवोत्तरकाल

Q.63 जन्म के बाद पहले दिनों में शरीर द्वारा बनाए गए दूध को ________ कहा जाता है।

A. लैक्टोज **B.** कोलोस्ट्रम
C. एसिडोफिलस **D.** इनमें से कोई नहीं

Q.64 एलडीआरपी क्या है?

A. लेबर, डिलीवरी, रिकवरी और पोस्टपार्टम
B. लेबर, डिलीवरी, रिकवरी और पेशेंट
C. लेबर, डिलीवरी, रेट और पेशेंट
D. लेबर, डिलीवरी, रेस्ट और पीरियड

Q.65 आपको बचाव सांस कब देनी चाहिए?

A. होश में घुटन का शिकार

B. बेहोश घुटन का शिकार

C. बेहोश, नाड़ी नहीं, सांस नहीं लेना

D. बेहोश, सांस नहीं ले रहा है, लेकिन नाड़ी है

Q.66 मधुमक्खी के डंक से एलर्जी की प्रतिक्रिया के संकेत हैं:

A. छाती और गले में जकड़न महसूस होना

B. चेहरे की गर्दन और जीभ की सूजन

C. दाने, चक्कर आना, या भ्रम

D. उपरोक्त सभी

Q.67 निम्नलिखित में से कौन सा गर्भावस्था में होने वाला हृदय रोग है?

A. सायनोटिक रोग

B. फोंटान परिसंचरण

C. ईसेनमेंजर सिंड्रोम

D. इनमें से कोई नहीं

Q.68 प्राथमिक उपचार प्रत्युत्तरकर्ता को पीड़ित को तब स्थानांतरित करना चाहिए जब:

A. इससे प्राथमिक उपचार करना आसान हो जाएगा

B. पीड़ित एक खतरनाक स्थिति में है

C. कभी नहीं

D. दोनों (A) और (B)

Q.69 _____ की अवस्था तक बच्चे की दृश्य और श्रवण इंद्रिया पूर्णतः विकसित हो जाती है।

[Rajasthan Teachers Eligibility Test - Level 1 Primary Level (RTET), 2015]

A. 3 या 4 वर्ष

B. 6 या 7 वर्ष

C. 8 या 9 वर्ष

D. इनमें से कोई नहीं

Q.70 एक बच्चे की सामाजिक परिपक्वता का एक महत्वपूर्ण संकेत है:

A. सकल मोटर कौशल का विकास।

B. सामाजिक कौशल और मूल्यों का विकास।

C. व्यक्तियों की कार्य करने और प्रतिक्रिया करने की क्षमता।

D. दूसरों की उपस्थिति के बारे में जागरूक होने की क्षमता।

Q.71 पियाजे के अनुसार संज्ञानात्मक विकास की किस अवस्था में काल्पनिक चिंतन विकसित होता है?

A. संवेदी मोटर

B. पूर्व परिचालन

C. यथार्थ में चालू

D. औपचारिक संचालन

Q.72 बाल विकास का अध्ययन है:

A. गर्भावस्था से बचपन

B. गर्भावस्था से पूर्व किशोरावस्था

C. गर्भावस्था से जीवन

D. इनमे से कोई भी नहीं

Q.73 बच्चों के शारीरिक विकास में सबसे महत्वपूर्ण कारक है:

A. व्यायाम **B.** स्वच्छता **C.** पोषण **D.** सोना

Q.74 बुद्धि का अधिकतम विकास की किस अवस्था में होता है?

A. किशोरावस्था

B. बचपन

C. वृद्धावस्था

D. इनमें से कोई नहीं

Q.75 मानव विकास को प्रभावित करने वाला सामाजिक-सांस्कृतिक कारक है:

A. धार्मिक अनुष्ठान

B. भोजन

C. पर्यावरण जिसमें व्यक्ति बढ़ता है

D. निवास स्थान

Q.76 बच्चा भौतिक और सामाजिक वास्तविकता की अवधारणाएँ बनाना शुरू कर देता है, यह इसकी विशेषताओं में से एक है:

A. शारीरिक विकास

B. बौद्धिक विकास

C. भावनात्मक विकास

D. सामाजिक विकास

Q.77 विद्यार्थियों का भावनात्मक समायोजन निम्न में प्रभावी होता है:

A. व्यक्तित्व निर्माण

B. वर्ग-शिक्षण

C. अनुशासन

D. उपरोक्त सभी

Q.78 बच्चे के प्रारंभिक सामाजिक विकास का मूल कारक:

A. उसकी शारीरिक स्थिति

B. उसकी वंशानुगत विशेषताएं

C. उनकी सामाजिक बातचीत

D. उसकी मानसिक स्थिति

Q.79 मां के तनाव स्तर से भ्रूण कैसे प्रभावित होता है?

A. समय से पहले जन्म का कारण बनता है

B. जन्म के समय कम वजन का कारण

C. बच्चे का स्वभाव बदलता है

D. उपरोक्त सभी

Q.80 उस स्थिति को क्या कहते हैं जब गर्भाशय आंशिक रूप से या पूरी तरह से उलटा हो जाता है?

A. यूटरीन रेट्रोवर्जन

B. यूटरीन इनवर्जन

C. यूटरीन इनवोल्युशन

D. यूटरीन सबइनवोल्युशन

Q.81 7 वर्षीय अस्पताल में भर्ती बच्चों के एक छोटे समूह के लिए नर्स को कौन सी खेलकूद गतिविधियों का आयोजन करना चाहिए?

A. खेल नियमों के साथ

B. फिंगर पेंट्स और वाटर प्ले

C. "ड्रेस-अप" कपड़े और प्रॉप्स

D. शतरंज और टेलीविजन कार्यक्रम

Q.82 शिशु के ठोस आहार के लिए तैयार होने के कुछ संकेत क्या हैं?

A. सिर ऊपर रख सकते हैं

B. एक उच्च कुर्सी पर अच्छी तरह से बैठता है

C. चबाने की क्रिया करता है

D. उपरोक्त सभी

Q.83 सूखी पट्टी ______ की जाती है।

A. रक्त प्रवाह को रोकने के लिए

B. घाव पर दबाव डालने के लिए

C. घाव को रोकने के लिए

D. उपरोक्त सभी

Q.84 चिकित्सा प्राथमिक उपचार में DRAB का पूर्ण रूप क्या है?

A. खतरा, प्रतिक्रिया, श्वासनली, और साँस लेना

B. खतरा, विरुद्ध प्रतिक्रिया, श्वासनली और साँस लेना

C. ड्रैग, प्रतिक्रिया, श्वासनली और साँस लेना

D. ड्रैग, विरुद्ध प्रतिक्रिया, अटैक और साँस लेना

Q.85 निम्नलिखित में से कौन सा कथन सत्य है?

A. मार्गदर्शन का अर्थ है छात्रों को निर्देश देना।

B. मार्गदर्शन व्यक्तिगत के साथ-साथ समूह में भी दिया जा सकता है।

C. परामर्श सामूहिक रूप से ही दिया जा सकता है।

D. कमजोर छात्रों को मार्गदर्शन दिया जाता है।

Q.86 निम्नलिखित में से क्या ANM के लिए नीति-संहिता है?

A. स्वतंत्र रूप से दवाएँ देना

B. रोगी की गोपनीयता बनाए रखें

C. स्वास्थ्य देखभाल टीम के निर्णय लेना

D. रोगी के लिए उनकी इच्छा से ऊपर निर्णय लेना

Q.87 परिवार नियोजन के लिए ANM का क्या उत्तरदायित्व है?

A. पात्र दम्पत्ति की जानकारी एकत्रित करना

B. प्रसवपूर्व माता को गर्भनिरोधक गोलियाँ देना

C. बांझपन की जांच करना

D. सुरक्षित पानी के संबंध में शिक्षा देना

Q.88 निम्नलिखित में से कौन सा कथन परामर्श के संबंध में सत्य है?

A. निर्देशन का अर्थ विद्यार्थियों को निर्देश देना है।

B. मार्गदर्शन व्यक्तिगत के साथ-साथ समूह में भी दिया जा सकता है।

C. परामर्श सामूहिक रूप से ही दिया जा सकता है।

D. कमजोर छात्रों को मार्गदर्शन दिया जाता है।

Q.89 एक मोटर वाहन दुर्घटना के बाद एक पुरुष रोगी को अस्पताल में भर्ती कराया जाता है, जिसके सीने में चोट लगती है। इस ग्राहक के लिए पहली नर्सिंग प्राथमिकता__________होगी।

A. ग्राहक के वायुमार्ग का आकलन करें

B. दर्द से राहत प्रदान करें

C. गहरी सांस लेने और खांसने को प्रोत्साहित करें

D. तकिए से छाती की दीवार को छिटकना

Q.90 पेट में दर्द और दस्त की मुख्य शिकायत के साथ एक वॉक-इन रोगी क्लिनिक में प्रवेश करता है। नर्स इसके बाद रोगी के महत्वपूर्ण संकेत लेती है। नर्स द्वारा यहां नर्सिंग प्रक्रिया का कौन सा वाक्यांश लागू किया जा रहा है?

A. मूल्यांकन

B. निदान

C. योजना

D. क्रियान्वयन

Q.91 दस्त के दौरान आंगनबाडी कार्यकर्ताओं/एएनएम को मां को क्या स्वास्थ्य शिक्षा देनी चाहिए?

A. ब्रैस्ट फीड बंद कर देनी चाहिए

B. प्रत्येक फ़ीड पर अधिक बार और अधिक समय तक स्तनपान कराना

C. ओआरएस का घोल नहीं देना चाहिए

D. इनमे से कोई नहीं

Q.92 आशा कार्यकर्ता, एएनएम और आंगनवाड़ी कार्यकर्ता हमारी_______ की रीढ़ हैं।

A. ग्राम कार्यकर्ता

B. उपचार कर्मी

C. परिवार के सदस्य

D. स्वास्थ्य - कर्मी

Q.93 प्रोटीन में सामान्यतः कितने प्रकार के अमीनो एसिड पाए जाते हैं ?

A. 25

B. 20

C. 15

D. 30

Q.94 निम्नलिखित में से कौन-सी एक नर्स द्वारा निभाई गई भूमिका नहीं है?

A. शिक्षक

B. देखभाल करना

C. निदानकर्ता

D. संप्रेषक

Q.95 पिछले 8-10 सप्ताह में औसत प्लाज्मा ग्लूकोज कंसंट्रेशन की जाँच के लिए टेस्ट ______ है।

A. हीमोग्लोबिन A1c

B. ओरल ग्लूकोज टॉलरेंस टेस्ट (OGTT)

C. फ्रक्टोसामाइन टेस्ट

D. फास्टिंग प्लाज्मा ग्लूकोज कंसंट्रेशन

Q.96 निम्नलिखित में से कौन सा व्यक्ति जिला स्तर पर ग्रामीण स्वास्थ्य सेवाओं के लिए समग्र रूप से जिम्मेदार है?

A. जिला स्वास्थ्य अधिकारी

B. चिकित्सा स्वास्थ्य अधिकारी

C. मुख्य चिकित्सा अधिकारी

D. इनमें से कोई नहीं

Q.97 क्या हो सकता है यदि किसी धमनी में रक्त का प्रवाह अवरुद्ध हो जाए या बहुत ही सीमित हो जाए?

A. दिल की धड़कन

B. झटका

C. दिल का दौरा

D. दोनों (A) और (B)

Q.98 एक संक्रमित व्यक्ति के अतिसंवेदनशील व्यक्ति से मिलने की संभावना कम होती है जब समूह के सदस्यों का एक बड़ा हिस्सा प्रतिरक्षित होता है, इसे ______ कहा जाता है।

A. सक्रिय प्रतिरक्षा

B. निष्क्रिय प्रतिरक्षा

C. झुंड प्रतिरक्षा

D. विशिष्ट प्रतिरक्षा

Q.99 निम्नलिखित में से किसकी अधिक उपस्थिति से बच्चों के दाँत खराब हो जाते हैं?

A. फ्लोराइड

B. क्लोराइड

C. हार्डनेस

D. उपरोक्त सभी

Q.100 स्वास्थ्य में सुधार के लिए प्राथमिक स्वास्थ्य देखभाल के लिए, लोगों के पास पहले ______ होना चाहिए।

A. चिकित्सा सेवाओं तक पहुंच

B. उनकी मूलभूत जरूरतें पूरी हुईं

C. एक स्वास्थ्य प्रचार कार्यक्रम

D. इलेक्ट्रॉनिक चिकित्सा रिकॉर्ड

// स्मार्ट उत्तर पुस्तिका //

सही उत्तर	उन छात्रों का प्रतिशत जिन्होंने प्रश्नों का सही उत्तर दिया था।	छोड़ दिया	उन छात्रों का प्रतिशत जिन्होंने प्रश्नों को छोड़ दिया था।

प्रश्न संख्या	उत्तर	सही उत्तर / छोड़ दिया	प्रश्न संख्या	उत्तर	सही उत्तर / छोड़ दिया	प्रश्न संख्या	उत्तर	सही उत्तर / छोड़ दिया	प्रश्न संख्या	उत्तर	सही उत्तर / छोड़ दिया	प्रश्न संख्या	उत्तर	सही उत्तर / छोड़ दिया
1	D	48.76 % / 1.28 %	17	A	41.74 % / 1.64 %	33	B	42.6 % / 1.8 %	49	B	13.12 % / 4.98 %	65	D	60.71 % / 1.13 %
2	A	50.66 % / 1.59 %	18	B	48.88 % / 1.22 %	34	A	53.3 % / 1.43 %	50	D	48.33 % / 1.16 %	66	D	54.21 % / 1.72 %
3	C	43.14 % / 1.15 %	19	A	51.63 % / 1.49 %	35	C	59.59 % / 1.42 %	51	B	47.36 % / 1.67 %	67	C	64.76 % / 1.14 %
4	C	24.21 % / 3.71 %	20	B	57.55 % / 1.46 %	36	A	57.68 % / 1.59 %	52	D	56.29 % / 1.88 %	68	D	56.66 % / 1.41 %
5	B	79.68 % / 0.0 %	21	B	45.06 % / 1.77 %	37	A	59.24 % / 1.6 %	53	D	79.59 % / 0.0 %	69	C	52.8 % / 1.36 %
6	B	64.2 % / 1.19 %	22	D	61.8 % / 1.69 %	38	C	64.96 % / 1.08 %	54	B	40.75 % / 1.78 %	70	B	43.67 % / 1.63 %
7	C	44.14 % / 1.29 %	23	C	44.06 % / 1.34 %	39	B	54.42 % / 1.15 %	55	D	66.6 % / 1.82 %	71	D	53.68 % / 1.5 %
8	C	49.03 % / 1.95 %	24	D	60.32 % / 1.56 %	40	D	23.76 % / 3.67 %	56	A	64.98 % / 1.07 %	72	B	46.35 % / 1.31 %
9	D	64.79 % / 1.04 %	25	B	67.27 % / 1.22 %	41	B	67.73 % / 1.34 %	57	A	64.5 % / 1.49 %	73	C	58.33 % / 1.09 %
10	C	66.7 % / 1.43 %	26	A	68.32 % / 1.25 %	42	A	77.75 % / 0.0 %	58	C	45.92 % / 1.49 %	74	B	43.76 % / 1.55 %
11	D	58.08 % / 1.29 %	27	D	53.54 % / 1.21 %	43	C	62.13 % / 1.62 %	59	D	89.03 % / 0.0 %	75	C	66.65 % / 1.5 %
12	B	64.07 % / 1.5 %	28	D	69.88 % / 1.74 %	44	B	55.46 % / 1.74 %	60	C	40.69 % / 1.99 %	76	B	55.68 % / 1.59 %
13	A	45.53 % / 1.38 %	29	B	46.84 % / 1.13 %	45	B	47.46 % / 1.52 %	61	D	28.29 % / 4.81 %	77	D	52.15 % / 1.65 %
14	C	40.92 % / 1.91 %	30	C	42.76 % / 1.09 %	46	B	51.36 % / 1.26 %	62	C	58.93 % / 1.28 %	78	C	51.51 % / 1.53 %
15	C	82.53 % / 0.0 %	31	D	61.54 % / 1.52 %	47	D	55.89 % / 1.54 %	63	B	50.91 % / 1.78 %	79	D	55.72 % / 1.72 %
16	A	40.58 % / 1.14 %	32	B	57.56 % / 1.58 %	48	D	61.09 % / 1.75 %	64	A	44.5 % / 1.85 %	80	B	15.16 % / 3.56 %

प्रश्न संख्या	उत्तर	सही उत्तर / छोड़ दिया
81	A	69.35 %
		1.17 %
82	D	58.19 %
		1.36 %
83	A	43.99 %
		1.88 %
84	A	12.57 %
		4.0 %

प्रश्न संख्या	उत्तर	सही उत्तर / छोड़ दिया
85	B	67.4 %
		1.79 %
86	B	24.39 %
		3.34 %
87	A	62.96 %
		1.83 %
88	B	61.33 %
		1.78 %

प्रश्न संख्या	उत्तर	सही उत्तर / छोड़ दिया
89	A	32.33 %
		4.53 %
90	A	56.12 %
		1.58 %
91	B	40.51 %
		1.29 %
92	D	65.13 %
		1.31 %

प्रश्न संख्या	उत्तर	सही उत्तर / छोड़ दिया
93	B	84.38 %
		0.0 %
94	C	55.36 %
		1.1 %
95	A	54.34 %
		1.76 %
96	C	50.39 %
		1.41 %

प्रश्न संख्या	उत्तर	सही उत्तर / छोड़ दिया
97	C	51.3 %
		1.12 %
98	C	47.09 %
		1.71 %
99	A	58.14 %
		1.34 %
100	B	56.35 %
		1.41 %

//संकेत और समाधान//

1. ईडी में C3-4 के स्तर पर रीढ़ की हड्डी की चोट वाले एक मरीज की देखभाल की जा रही है। प्राथमिक मूल्यांकन श्वसन प्रयास और ऑक्सीजन संतृप्ति स्तर की निगरानी करना है।

एससीआई वाले रोगी के लिए पहली प्राथमिकता श्वसन पैटर्न का आकलन करना और पर्याप्त वायुमार्ग सुनिश्चित करना है। उच्च ग्रीवा की चोट वाले रोगी को श्वसन संबंधी समस्या होने का खतरा होता है क्योंकि रीढ़ की हड्डी (C3-4) फ्रेनिक तंत्रिका को संक्रमित करती है, जो डायाफ्राम को नियंत्रित करती है।

अतः विकल्प (D) सही है।

2. विंसलो के अनुसार, सभी सार्वजनिक स्वास्थ्य प्रयास लोगों के स्वास्थ्य और दीर्घायु के अपने जन्मसिद्ध अधिकार को समझने के लिए हैं। उनके अनुसार सार्वजनिक स्वास्थ्य समाज, संगठनों, सार्वजनिक और निजी समुदायों और व्यक्तियों के संगठित प्रयासों और सूचित विकल्पों के माध्यम से बीमारी को रोकने, जीवन को लम्बा करने और स्वास्थ्य को बढ़ावा देने का विज्ञान और कला है।

अतः विकल्प (A) सही है।

3. एक क्लाइंट को परक्यूटेनियस ट्रांसल्यूमिनल कोरोनरी एंजियोप्लास्टी (पीटीसीए) के लिए निर्धारित किया जाता है। नर्स जानती है कि पीटीसीए वह प्रक्रिया है जो रक्त प्रवाह को बेहतर बनाने के लिए रोगग्रस्त कोरोनरी धमनी की दीवार के खिलाफ पट्टिका को संकुचित करती है।

पीटीसीए एक रोगग्रस्त धमनी में कोरोनरी धमनी रक्त प्रवाह में सुधार करने के लिए किया जाता है। यह कार्डियक कैथीटेराइजेशन के दौरान किया जाता है। महाधमनी कोरोनरी बाईपास ग्राफ्ट एक रोगग्रस्त कोरोनरी धमनी की मरम्मत के लिए शल्य प्रक्रिया है।

अतः विकल्प (C) सही है।

4. एक स्वस्थ समुदाय वह होता है जिसमें निवासी अपनी पसंद के स्थान से खुश होते हैं और उन विशेषताओं का प्रदर्शन करते हैं जो दूसरों को उस स्थान की ओर आकर्षित करती हैं। इस प्रकार, समुदाय के स्वास्थ्य को निर्धारित करने का सबसे अच्छा तरीका इसमें रहने वाले लोगों से बात करना है।

अतः विकल्प (C) सही है।

5. स्वास्थ्य निर्धारकों की समझ लोगों को अच्छा स्वास्थ्य बनाए रखने में सक्षम बनाने के लिए प्रभावी कार्यक्रमों के लिए आवश्यक है। स्वास्थ्य निर्धारकों की समझ नकारात्मक परिणामों की भविष्यवाणी करने में मदद कर सकती है। स्वास्थ्य कारकों की समझ नकारात्मक परिणामों की भविष्यवाणी करने के लिए रोगी के स्वास्थ्य की स्थिति में सुधार करने में अमूल्य अंतर्दृष्टि प्रदान करती है।

अतः विकल्प (B) सही है।

6. स्वास्थ्य निर्धारकों पर अपने नियंत्रण को बढ़ाने के लिए एक समूह द्वारा सामूहिक प्रयासों को सामुदायिक कार्रवाई के रूप में जाना जाता है। स्वास्थ्य कई कारकों से प्रभावित होता है, जिन्हें आम तौर पर स्वास्थ्य के निर्धारकों के रूप में जाने वाली पांच व्यापक श्रेणियों में व्यवस्थित किया जा सकता है: आनुवंशिकी, व्यवहार, पर्यावरण और शारीरिक प्रभाव, चिकित्सा देखभाल और सामाजिक कारक।

अतः विकल्प (B) सही है।

7. सार्वजनिक स्वास्थ्य का मुख्य उद्देश्य स्वास्थ्य को बढ़ावा देकर और आबादी में बीमारी को रोककर स्वास्थ्य में सुधार करना है। सार्वजनिक स्वास्थ्य लोगों और उनके समुदायों के स्वास्थ्य की रक्षा और सुधार करने का विज्ञान है। यह काम स्वस्थ जीवन शैली को बढ़ावा देने, बीमारी और चोट की रोकथाम पर शोध करने और संक्रामक रोगों का पता लगाने, रोकने और प्रतिक्रिया करने के द्वारा प्राप्त किया जाता है।

अतः विकल्प (C) सही है।

8. एक निर्धारक जो स्पष्ट रूप से स्वास्थ्य की स्थिति में बदलाव से संबंधित है, उसे समीपस्थ निर्धारक के रूप में परिभाषित किया गया है। स्वास्थ्य के समीपस्थ निर्धारकों में ऐसी स्थितियां शामिल हैं जिनका शारीरिक, भावनात्मक, मानसिक या आध्यात्मिक स्वास्थ्य पर सीधा प्रभाव पड़ता है। समीपस्थ जोखिम कारक एक जोखिम कारक है जो बीपीडी जैसी बीमारी का कारण बनता है। वे किसी विशेष स्थिति या घटना के लिए तत्काल भेद्यता का प्रतिनिधित्व करते हैं।

अतः विकल्प (C) सही है।

9. शारीरिक शिक्षा और मनोरंजन के केंद्रीय सलाहकार बोर्ड की स्थापना वर्ष 1954 में हुई थी।

देश में शारीरिक शिक्षा और मनोरंजन के क्षेत्र में सभी कार्यक्रमों और गतिविधियों के समन्वय पर सरकार को सलाह देने के लिए भारत सरकार द्वारा 1954 में केंद्रीय शारीरिक शिक्षा और मनोरंजन सलाहकार बोर्ड की स्थापना की गई थी। इसका उद्देश्य प्रत्येक बच्चे को शारीरिक, मानसिक और संवैधानिक रूप से स्वस्थ बनाना था।

अतः विकल्प (D) सही है।

10. सार्वजनिक स्वास्थ्य नीति लोगों को स्वस्थ जीवन जीने में सक्षम बनाने के लिए एक सहायक वातावरण का निर्माण है। सार्वजनिक स्वास्थ्य नीति को कल्याण को बढ़ावा देने और विशिष्ट स्वास्थ्य लक्ष्यों को पूरा करने के लिए सुनिश्चित करने के लिए समाज के भीतर लागू कानूनों, विनियमों, कार्यों और निर्णयों के रूप में परिभाषित किया गया है। सार्वजनिक स्वास्थ्य नीतियां औपचारिक कानून से लेकर सामुदायिक आउटरीच प्रयासों तक हो सकती हैं।

अतः विकल्प (C) सही है।

11. सभी प्राथमिक स्वास्थ्य सेवा के स्तंभ हैं। एक प्राथमिक देखभाल स्वास्थ्य (पीएचसी) टीम स्वास्थ्य और सामाजिक देखभाल पेशेवरों का एक बहु-विषयक समूह है जो एक समुदाय में एक परिभाषित आबादी के लिए स्थानीय रूप से सुलभ स्वास्थ्य और सामाजिक देखभाल सेवाएं प्रदान करने के लिए मिलकर काम करते हैं। प्राथमिक स्वास्थ्य देखभाल ढांचा चार प्रमुख स्तंभों पर बनाया गया है। वे स्तंभ स्वास्थ्य और कल्याण देखभाल के वितरण को बढ़ावा दे रहे हैं और मजबूत कर रहे हैं।

प्राथमिक स्वास्थ्य सेवा के चार प्रमुख स्तंभ हैं:

- सामाजिक सहभाग
- अंतर-क्षेत्रीय समन्वय
- उपयुक्त तकनीक
- तंत्र का समर्थन करने के लिए

अतः विकल्प (D) सही है।

12. आशा एएनएम और आंगनबाडी कार्यकर्ता के बीच एक कड़ी का काम करती है। राष्ट्रीय ग्रामीण स्वास्थ्य मिशन/एनएचएम के प्रमुख घटकों में से एक देश के प्रत्येक गांव को एक प्रशिक्षित महिला सामुदायिक स्वास्थ्य कार्यकर्ता आशा या मान्यता प्राप्त सामाजिक स्वास्थ्य कार्यकर्ता प्रदान करना है।

अतः विकल्प (B) सही है।

13. स्वास्थ्य संवर्धन को सक्षम और पोषित करना स्वास्थ्य पेशेवरों को स्वास्थ्य संवर्धन में पूरा करने के रूप में देखा गया। स्वास्थ्य संवर्धन सरकारों, समुदायों और व्यक्तियों को स्वास्थ्य चुनौतियों का सामना करने और उनका समाधान करने में सहायता करता है। यह स्वस्थ सार्वजनिक नीतियों के निर्माण, सहायक वातावरण बनाने और सामुदायिक कार्रवाई और व्यक्तिगत कौशल को मजबूत करने के द्वारा पूरा किया जाता है।

अतः विकल्प (A) सही है।

14. आहार में अधिक मात्रा में सोडियम उच्च रक्तचाप का कारण बनता है।

- नमक, संसाधित खाद्य (प्रोसेस्ड फूड), डिब्बाबंद सूप में सोडियम पाया जाता है।

- रक्त में कम सोडियम हाइपरनाट्रिमिया रोग का कारण बनता है।
- मानव शरीर में उचित तरल पदार्थ संतुलन के लिए सोडियम की आवश्यकता होती है।

अतः विकल्प (C) सही है।

15. संतुलित आहार में विटामिन और खनिज सुरक्षात्मक पोषक तत्व होते हैं। ऐसा आहार जिसमें प्रत्येक पोषक तत्व की उचित मात्रा हो, संतुलित आहार कहलाता है। हमारा शरीर विटामिन को संश्लेषित नहीं कर सकता है। इसलिए हमें प्राकृतिक स्रोतों जैसे फलों और सब्जियों का सेवन करने की आवश्यकता होती है। पालक, गोभी, बैंगन, बीन्स और फलों जैसी सब्जियों को सुरक्षात्मक खाद्य पदार्थ कहा जाता है। ये घटक हमें बीमारियों से बचाते हैं। इसलिए, उन्हें भोजन के सुरक्षात्मक घटक कहा जाता है।

अतः विकल्प (C) सही है।

16. एक प्रधान भोजन एक ऐसा भोजन है जिसे इतनी मात्रा में खाया जाता है कि यह किसी व्यक्ति के लिए एक मानक आहार का एक प्रमुख हिस्सा बनता है।

चपाती, भाकरी या चावल हमारे हर भोजन का हिस्सा होते हैं। हम दूसरों की तुलना में इन खाद्य पदार्थों का अधिक सेवन करते हैं। इसलिए गेहूँ, ज्वार, चावल को हमारा प्रधान भोजन कहा गया है। हालाँकि, चपाती, भाकरी या चावल के साथ, हम कई अन्य चीजें खाते हैं जो हमारे भोजन को स्वादिष्ट बनाती हैं। इसके अलावा, अच्छे स्वास्थ्य के लिए इन खाद्य पदार्थों को अपने भोजन में शामिल करना महत्वपूर्ण है।

अतः विकल्प (A) सही है।

17. जैविक मूल्य (BV) एक खाद्य स्रोत से शरीर द्वारा अवशोषित प्रोटीन की मात्रा को संदर्भित करता है। एक प्रोटीन को उच्च जैवउपलब्ध माना जाता है अगर यह पचाने, अवशोषित करने और अन्य प्रोटीन बनाने में आसान हो।

अतः विकल्प (A) सही है।

18. हमारे शरीर में एड्रिनल ग्रंथि एड्रिनैलिन नामक हार्मोन का उत्पादन करती है ।

एड्रिनैलिन को 'फाइट या फ्लाइट हॉर्मोन' के रूप में भी जाना जाता है और यह शरीर को डर, चिंता, शर्मिंदगी आदि के समय तनाव में समायोजित करने में मदद करता है।

अतः विकल्प (B) सही है।

19. मानव में प्रमुख उत्सर्जक उत्पाद यूरिया है। यूरिया स्तनधारी प्रोटीन चयापचय का प्राथमिक उत्पाद है। यूरिया को रक्तप्रवाह के माध्यम से गुर्दे तक ले जाया जाता है। इसे पानी और मूत्र जैसे अन्य अपशिष्ट के साथ वहां से हटा दिया जाता है। यकृत में मौजूद एंजाइम अमोनिया को यूरिया में बदल देते हैं, जिसे शरीर मूत्र से बाहर निकाल सकता है।

अतः विकल्प (A) सही है।

20. रक्त में कैल्शियम और फास्फोरस के स्तर को नियंत्रित करने वाला हार्मोन पैराथाइरॉइड ग्रंथि द्वारा स्रावित होता है।

पैराथायरायड ग्रंथि छोटी ग्रंथियां होती हैं। यह शरीर में कैल्शियम के स्तर को नियंत्रित करता है। प्रत्येक ग्रंथि चावल के दाने के आकार की होती है। पैराथायरॉइड हार्मोन बाह्य तरल पदार्थ में कैल्शियम और फास्फोरस एकाग्रता का सबसे महत्वपूर्ण अंतःस्रावी नियामक है। यह हार्मोन पैराथायरायड ग्रंथियों की कोशिकाओं से स्रावित होता है और हड्डी और गुर्दे में अपने प्रमुख लक्ष्य कोशिकाओं को ढूंढता है।

अतः विकल्प (B) सही है।

21. अधिक आयाम या सीमा के साथ आंदोलनों को निष्पादित करने के लिए शरीर की क्षमता को लचीलापन कहा जाता है।

लचीलापन जोड़ों की गति की सीमा है। खेल और खेलकूद में लचीलापन बनाए रखने के लिए स्ट्रेचिंग एक्सरसाइज करनी चाहिए। निम्नलिखित विधियों द्वारा, कोई व्यक्ति अपने लचीलेपन में सुधार कर सकता है।

लचीलेपन में सुधार के तरीके:

1. खिंचाव और पकड़ विधि
2. बैलिस्टिक विधि पोस्ट
3. पोस्ट आइसोमेट्रिक विधि

अतः विकल्प (B) सही है।

22. आत्म नियंत्रण मानसिक स्वास्थ्य की विशेषता है। आत्म-नियंत्रण स्वयं को नियंत्रित करने की क्षमता है, विशेष रूप से किसी की भावनाओं और इच्छाओं या किसी के व्यवहार में उनकी अभिव्यक्ति, विशेष रूप से कठिन परिस्थितियों में।

निर्णय लेने की प्रक्रिया में आत्म-नियंत्रण एक महत्वपूर्ण भूमिका निभाता है। यह दर्शाता है कि हमारे पास अपनी भावना और भावनाओं को नियंत्रित करने की क्षमता है। यह हमें चीजों को पूरा करने पर ध्यान केंद्रित करने में मदद करता है और लक्ष्य निर्धारण और व्यक्तिगत उपलब्धियों में मदद करता है। तनावपूर्ण स्थितियों के दौरान व्यक्ति अपनी भावनाओं को नियंत्रित कर सकता है।

अतः विकल्प (D) सही है।

23. सिट-अप परीक्षण, पेट और हिप-फ्लेक्सर मांसपेशियों की सहनशक्ति को मापने का एक उपाय है। इस परीक्षण के लिए एथलीट को 30 सेकंड में अधिक से अधिक सिट-अप करने की आवश्यकता होती है। परीक्षण के परिणाम का विश्लेषण इस परीक्षण के लिए एथलीट के पिछले परिणामों के साथ इसकी तुलना करता है। यह उम्मीद की जाती है कि, प्रत्येक परीक्षण के बीच उचित प्रशिक्षण के साथ, विश्लेषण एथलीट के पेट की ताकत में सुधार का संकेत देगा।

अतः विकल्प (C) सही है।

24. AAHPERD युवा शारीरिक फिटनेस परीक्षण 1957 में बनाया गया था। AAHPERD का पूर्ण रूप अमेरिकन एलायंस फॉर हेल्थ, फिजिकल एजुकेशन और रिक्रिएशन एंड डांस है। अमेरिकन एलायंस फॉर हेल्थ, फिजिकल एजुकेशन ने फिटनेस स्तर का आकलन करने के लिए एक युवा फिटनेस टेस्ट का निर्माण किया।

AAHPERD युवा शारीरिक फिटनेस परीक्षण में निम्नलिखित परीक्षण शामिल हैं:

- पुल-अप्स (लड़कों के लिए), मुड़ी हुई भुजाएं (लड़कियों के लिए)
- सिट-अप्स
- शटल रन
- स्टैंडिंग ब्रॉड जंप
- 50-यार्ड डैश रन
- सॉफ्टबॉल थ्रो
- 600-यार्ड वॉक या रन

जर्मन ड्रिल और स्टैंडिंग ब्रॉड जंप दोनों AAHPERD युवा फिटनेस टेस्ट के घटक नहीं हैं।

अतः विकल्प (D) सही है।

25. वीडीआरएल परीक्षण में शामिल सिद्धांत प्रेसिपिटेशन है। वीडीआरएल परीक्षण का आधार यह है कि संक्रमित होने पर शरीर एंटीबॉडी का उत्पादन करता है, और इस परीक्षण में, सीरम को एक एंटीजन के अधीन करके एंटीबॉडी का पता लगाया जाता है, जो बीफ़ कार्डियोलिपिन, कोलेस्ट्रॉल और लेसिथिन के रंगहीन अल्कोहल समाधान से बना होता है।

अतः विकल्प (B) सही है।

26. मनुष्य के आंसुओं का pH मान 7.6 होता है। मई अभिलेखागार में कार्नी और हिल द्वारा लेख "ह्यूमन टियर पीएच" अन्य बातों के अलावा, यह निष्कर्ष निकालता है कि सुबह के समय आंसू अधिक अम्लीय होते हैं, जो अभी तक खुली हुई आंख से लिए गए हैं (औसत pH, 7.25)) दिन में बाद की तुलना में (pH, 7.45; P < 001)।

अत: विकल्प (A) सही है।

27. पोषक तत्वों का अधिक सेवन अति पोषण और कुपोषण के रूप में वर्गीकृत किया गया है।अतिपोषण (हाइपरएलिमेंटेशन के रूप में भी जाना जाता है) कुपोषण का एक रूप है जिसमें पोषक तत्वों का सेवन अधिक मात्रा में होता है। पोषक तत्वों की मात्रा सामान्य वृद्धि, विकास और चयापचय के लिए आवश्यक मात्रा से अधिक है।

अत: विकल्प (D) सही है।

28. वसा हमारे शरीर को गर्म रखने में हमारी मदद करता है।

- शरीर को ऊर्जा देने और कोशिका वृद्धि का समर्थन करने के लिए आहार वसा आवश्यक है।
- वे अंगों की रक्षा करने में भी मदद करते हैं और शरीर को गर्म रखने में मदद करते हैं।
- वसा शरीर को कुछ पोषक तत्वों को अवशोषित करने में मदद करता है और महत्वपूर्ण हार्मोन भी उत्पन्न करता है।

अत: विकल्प (D) सही है।

29. दिए गए विकल्पों में से सोयाबीन में प्रोटीन की मात्रा सबसे अधिक है।

सोयाबीन – 0.36 ग्राम प्रति 1 ग्राम

गेहूँ – 0.13 ग्राम प्रति 1 ग्राम

मूंगफली – 0.26 ग्राम प्रति 1 ग्राम

सेब – 0.003 ग्राम प्रति 1 ग्राम

अत: विकल्प (B) सही है।

30. एचआईवी संक्रमण को चिकित्सकीय रूप से जिडोवूडीन से नियंत्रित किया जा सकता है। जिडोवूडीन (ZDV), जिसे एज़िडोथाइमिडीन (AZT) के रूप में भी जाना जाता है, एक एंटीरेट्रोवायरल दवा है जिसका उपयोग एचआईवी/एड्स को रोकने और इलाज के लिए किया जाता है। यह आमतौर पर अन्य एंटीरेट्रोवायरल के साथ उपयोग के लिए अनुशंसित है। इसका उपयोग जन्म के दौरान या सुई की चोट या अन्य संभावित जोखिम के बाद मां-से-बच्चे को फैलने से रोकने के लिए किया जा सकता है।

अत: विकल्प (C) सही है।

31. एक स्वच्छता प्रणाली का मुख्य उद्देश्य स्वच्छ वातावरण प्रदान करके और बीमारी के चक्र को तोड़कर मानव स्वास्थ्य की रक्षा और बढ़ावा देना है। स्वच्छता प्रणाली विभिन्न कार्यात्मक इकाइयों का एक संयोजन है जो लोगों और पर्यावरण की रक्षा के लिए घरों, संस्थानों, कृषि या उद्योगों से विभिन्न अपशिष्ट प्रवाह के प्रबंधन और पुन: उपयोग या निपटान की अनुमति देती है।

अत: विकल्प (D) सही है।

32. संचारी रोग वह है जो एक व्यक्ति से दूसरे व्यक्ति में विभिन्न तरीकों से फैलता है जिसमें रक्त और शारीरिक तरल पदार्थों के संपर्क में आना, वायुजनित वायरस में सांस लेना या किसी कीट द्वारा काटे जाने से शामिल है। इनमें मलेरिया, टायफाइड, चेचक, इन्फ्लूएंजा, डेंगू, हेपेटाइटिस ए, हेपेटाइटिस बी, हेपेटाइटिस सी और डायरिया को शामिल किया गया है।

अत: विकल्प (B) सही है।

33. स्केबीज, सरकोप्टेस स्केबी के कारण होने वाला त्वचा का संक्रमण, जल से धुला रोग का एक उदाहरण है। रोग वे हैं जो अच्छी व्यक्तिगत स्वच्छता के लिए अपर्याप्त मात्रा में पानी उपलब्ध होने के परिणामस्वरूप होते हैं। विशिष्ट जल-

धोए गए रोगों में शिगेला शामिल है, जो पेचिश, खाज, ट्रेकोमा, जबड़े, कुष्ठ रोग, नेत्रश्लेष्मलाशोथ, त्वचा संक्रमण और अल्सर का कारण बनता है।

अत: विकल्प (B) सही है।

34. क्षय रोग (टीबी) जल जनित रोग नहीं है। क्षय रोग (टीबी) एक संभावित गंभीर संक्रामक रोग है जो मुख्य रूप से फेफड़ों को प्रभावित करता है। क्षय रोग (टीबी) का कारण बनने वाले जीवाणु खांसी और छींक के माध्यम से हवा में छोड़ी गई छोटी बूंदों के माध्यम से एक व्यक्ति से दूसरे व्यक्ति में फैलते हैं।

अत: विकल्प (A) सही है।

35. पर्टुसिस खांसने और छींकने से फैलता है। पर्टुसिस एक सांस की बीमारी है जिसे आमतौर पर काली खांसी के रूप में जाना जाता है, एक बहुत ही संक्रामक बीमारी है जो एक प्रकार के बैक्टीरिया के कारण होती है जिसे बोर्डेटेला पर्टुसिस कहा जाता है। ये बैक्टीरिया सिलिया (छोटे, बालों जैसे विस्तार) से जुड़ जाते हैं जो ऊपरी श्वसन प्रणाली के लाइन भाग होते हैं।

अत: विकल्प (C) सही है।

36. क्षय रोग हवा के माध्यम से बहुत संक्रामक होता है। क्षय रोग (टीबी) माइकोबैक्टीरियम ट्यूबरकुलोसिस नामक जीवाणु के कारण होता है। बैक्टीरिया आमतौर पर फेफड़ों पर हमला करते हैं, लेकिन टीबी के बैक्टीरिया शरीर के किसी भी हिस्से जैसे किडनी, रीढ़ और मस्तिष्क पर हमला कर सकते हैं।

अत: विकल्प (A) सही है।

37. खसरा रोग मुख्य रूप से व्यक्ति के बचपन के आयु वर्ग को प्रभावित करता है। खसरा मॉर्बिलीवायरस नामक एक अत्यंत संक्रामक वायरस के कारण होता है। खसरा दूषित बूंदों से फैलता है जो खांसने, छींकने या बात करने पर हवा में फैलते हैं।

अत: विकल्प (A) सही है।

38. काली खांसी का दूसरा नाम पर्टुसिस है, यह एक अत्यधिक संक्रामक श्वसन रोग है। यह जीवाणु बोर्डेटेला पर्टुसिस के कारण होता है। पर्टुसिस को अनियंत्रित, हिंसक खांसी के लिए जाना जाता है जिससे अक्सर सांस लेने में कठिनाई होती है।

अत: विकल्प (C) सही है।

39. चिकनपॉक्स एक संक्रमित व्यक्ति के फफोले, लार या बलगम को सीधे छूने से छोटी बूंद के केंद्रक और एक व्यक्ति से दूसरे व्यक्ति में फैलता है। खांसने और छींकने से भी वायरस हवा के माध्यम से फैल सकता है।

अत: विकल्प (B) सही है।

40. संचारी रोग फैलने के कुछ तरीके इस प्रकार हैं:

- एक संक्रमित व्यक्ति के साथ शारीरिक संपर्क, जैसे स्पर्श (स्टेफिलोकोकस), संभोग (गोनोरिया, एचआईवी), फेकल / मौखिक संचरण (हेपेटाइटिस ए), या बूंदों (इन्फ्लूएंजा, टीबी) के माध्यम से।
- दूषित सतह या वस्तु (नॉरवॉक वायरस), भोजन (साल्मोनेला, ई. कोलाई), रक्त (एचआईवी, हेपेटाइटिस बी), या पानी (हैजा) के संपर्क में आना
- रोग फैलाने में सक्षम कीड़ों या जानवरों के काटने (मच्छर: मलेरिया और पीला बुखार; पिस्सू: प्लेग)
- हवा के माध्यम से यात्रा करें, जैसे कि तपेदिक या खसरा।

अत: विकल्प (D) सही है।

41. फ्रेनोलॉजी एक ऐसी प्रक्रिया है जिसमें किसी व्यक्ति की मनोवैज्ञानिक विशेषताओं को निर्धारित करने के लिए मस्तिष्क को देखना और/या महसूस करना शामिल है। फ्रांज जोसेफ गैल का मानना था कि मस्तिष्क 27 अलग-

अलग अंगों से बना था जो व्यक्तित्व को निर्धारित करते थे, इन 'अंगों' में से पहले 19 अन्य जानवरों की प्रजातियों में मौजूद थे।

अत: विकल्प (B) सही है।

42. ब्रेस्ट के एक्स-रे की जाँच को मेम्मोग्राम कहा जाता है।

मैमोग्राम स्तन का एक्स-रे चित्र होता है। ब्रेस्ट कैंसर के शुरुआती लक्षणों को देखने के लिए स्वास्थ्य देखभाल प्रदाता मैमोग्राम का उपयोग करते हैं। मैमोग्राम दो प्रकार के होते हैं: स्क्रीनिंग मैमोग्राम और डायग्नोस्टिक मैमोग्राम।

अत: विकल्प (A) सही है।

43. जिला अस्पताल और सामुदायिक केंद्रों में आमतौर पर जिस स्तर की देखभाल प्रदान की जाती है, उसे माध्यमिक स्तर के रूप में जाना जाता है।

माध्यमिक देखभाल स्तर:

- देखभाल का अगला उच्च स्तर माध्यमिक स्वास्थ्य देखभाल स्तर है।
- इस स्तर पर अधिक, जटिल समस्याओं से निपटा जाता है।
- आमतौर पर जिला अस्पताल और सामुदायिक केंद्रों में देखभाल प्रदान की जाती है जो पहले रेफरल स्तर के रूप में भी कार्य करता है।
- उपचारात्मक सेवाएं इस स्तर पर प्रदान की जाती हैं।

अत: विकल्प (C) सही है।

44. समुदाय में बीमारी के ऐसे अनेक मामलों का होना जो असामान्य रूप से बड़े या अप्रत्याशित महामारी हो।

महामारी किसी दी गई आबादी में कम समय में बड़ी संख्या में लोगों में बीमारी का तेजी से फैलना है। उदाहरण के लिए, मेनिंगोकोकल संक्रमणों में, लगातार दो हफ्तों तक प्रति 100,000 लोगों पर 15 से अधिक मामलों में हमले की दर को एक महामारी माना जाता है।

अत: विकल्प (B) सही है।

45. पैनल चर्चा में वक्ताओं की इष्टतम संख्या 4-8 है।

4-8 योग्य व्यक्ति बड़े दर्शकों के सामने विषय पर बैठकर बात करते हैं।

पैनल में शामिल हैं:

- एक अध्यक्ष (मॉडरेटर)
- 4 - 8 स्पीकर

पैनल चर्चा:

अध्यक्ष बैठक खोलता है।

A. ग्रुप का स्वागत है।

B. पैनल वक्ताओं का परिचय ।

C. विषय का परिचय देता है।

D. पैनल के वक्ताओं को अपनी बात रखने के लिए आमंत्रित करता है।

E. चर्चा शुरू होती है।

अत: विकल्प (B) सही है।

46. स्वास्थ्य शिक्षा कार्यक्रम के दौरान मानव व्यवहार को बदलने में आमतौर पर जनसंचार माध्यम अधिक प्रभावी होते हैं। जनसंचार माध्यम अभियानों का व्यापक रूप से मौजूदा मीडिया, जैसे टेलीविजन, रेडियो और समाचार पत्रों के नियमित उपयोग के माध्यम से संदेशों के लिए बड़ी आबादी के उच्च अनुपात को उजागर करने के लिए उपयोग किया जाता है। इसलिए, ऐसे संदेशों का एक्सपोजर आम तौर पर निष्क्रिय होता है। इस तरह के अभियान अक्सर कारकों के साथ प्रतिस्पर्धा कर रहे हैं, जैसे कि व्यापक उत्पाद विपणन, शक्तिशाली सामाजिक मानदंड और व्यसन या आदत से प्रेरित व्यवहार।

अत: विकल्प (B) सही है।

47. मेले, फेस्टिवल्स और जन अभियान के संबंध में स्वास्थ्य प्रदर्शनियों का आयोजन किया जाता है।

मेले: स्वास्थ्य मेले एक शैक्षिक और संवादात्मक कार्यक्रम है, जिसे समुदाय के लोगों या कार्यस्थल पर काम करने वाले कर्मचारियों को कार्यस्थल कल्याण के संयोजन में बुनियादी निवारक दवा और चिकित्सा जांच प्रदान करने के लिए तैयार किया गया है।

फेस्टिवल्स: हमारे पहले हेल्थकेयर वर्ल्ड फेस्टिवल की सफलता यह है कि इसे HWF2 के रूप में घोषित किया जाना है। इसमें अंतरराष्ट्रीय स्वास्थ्य सेवा के कुछ सबसे बड़े नाम शामिल हैं।

जन अभियान: स्वास्थ्य जन अभियान आम तौर पर स्वास्थ्य खतरों के बारे में जागरूकता बढ़ाने और लक्षित दर्शकों को सार्वजनिक स्वास्थ्य के समर्थन में कार्रवाई करने के लिए दोनों के लिए डिजाइन किया गया है। उदाहरण के लिए, सार्वजनिक स्वास्थ्य अभियान अक्सर लक्षित दर्शकों के सदस्यों को स्वस्थ व्यवहार में संलग्न होने के लिए प्रोत्साहित करते हैं जो गंभीर स्वास्थ्य खतरों का प्रतिरोध प्रदान करते हैं।

अत: विकल्प (D) सही है।

48. इनमें से सभी स्वास्थ्य शिक्षा के उद्देश्य हैं। स्वास्थ्य शिक्षा विकास के कारकों में से एक है क्योंकि यह योगदान देता है: स्वास्थ्य सेवाओं की प्रभावकारिता में वृद्धि, उपचारात्मक और साथ ही निवारक; व्यावसायिक रोगों और दुर्घटनाओं को कम करके उत्पादकता में सुधार करना; लोगों को भाग लेने के लिए प्राप्त करके समुदायों के सामाजिक माहौल को बदलने के लिए। स्वास्थ्य शिक्षा का अंतिम लक्ष्य है: व्यक्तिगत और सामुदायिक स्तर के स्वास्थ्य में सुधार। रोग की घटनाओं को कम करना। विकलांगता और मृत्यु में कमी।

अत: विकल्प (D) सही है।

49. सामुदायिक स्वास्थ्य केंद्र में जन्म लेने वाले बच्चे को उसके पहले टीकाकरण के लिए बीसीजी दिया जा सकता है। बीसीजी, या बेसिल कैलमेट-गुएरिन, तपेदिक (टीबी) रोग के लिए एक टीका है। कई विदेशी मूल के व्यक्तियों को बीसीजी-टीका लगाया गया है। बीसीजी का उपयोग कई देशों में टीबी के उच्च प्रसार वाले बच्चों में तपेदिक मेनिन्जाइटिस और माइलरी रोग को रोकने के लिए किया जाता है।

अत: विकल्प (B) सही है।

50. भारतीय खाद्य सुरक्षा और मानक प्राधिकरण (FSSAI):

- यह एक स्वायत्त वैधानिक निकाय है जो भारत में खाद्य सुरक्षा और मानकों को बनाए रखता है।
- FSSAI को स्वास्थ्य और परिवार कल्याण मंत्रालय द्वारा प्रशासित किया जाता है।
- खाद्य सुरक्षा और मानक अधिनियम, 2006 के अनुसार निकाय कार्य कर रहा है।
- भारत में खाद्य स्वच्छता और गुणवत्ता की उचित निगरानी के लिए 2008 में भारतीय खाद्य सुरक्षा और मानक प्राधिकरण (FSSAI) की स्थापना की गई थी।
- यह 2011 में कार्यात्मक था और तब से हमारे देश में खाद्य सुरक्षा के प्रबंधन के लिए जिम्मेदार है।

अत: विकल्प (D) सही है।

51. जन्म के समय 1,500 ग्राम (3 पाउंड, 5 औंस) से कम वजन वाले शिशुओं को जन्म के समय बहुत कम वजन माना जाता है। जिन शिशुओं का वजन 1,000 ग्राम (2 पाउंड, 3 औंस) से कम होता है, उनका जन्म के समय वजन बेहद कम होता है। समयपूर्वता की समस्याएं अंग प्रणालियों की अपरिपक्वता के कारण अतिरिक्त गर्भाशय अनुकूलन में कठिनाई से संबंधित हैं।

अत: विकल्प (B) सही है।

52. एक प्रभावी सार्वजनिक स्वास्थ्य अभियान में एकल व्यापक संचार उद्देश्य (SOCO) के इर्द-गिर्द संदेशों और गतिविधियों को समूहीकृत करना शामिल है, जो उस परिवर्तन की पहचान करता है जिसे आप कार्रवाई योग्य और मापने योग्य लक्ष्यों के विरुद्ध हासिल करना चाहते हैं। इसमें एक अच्छी तरह से परिभाषित लक्षित दर्शक होते हैं, जो आपके द्वारा बताए गए संदेशों पर कार्य करने के लिए तैनात होते हैं।

अतः विकल्प (D) सही है।

53. पट्टियां रक्तस्राव को नियंत्रित करके उपचार को बढ़ावा देती हैं, रिसाव को अवशोषित करने से घाव को संक्रमण और सूखने से बचाता है और आत्म-आघात और स्वयं की चोट की संभावना को कम करता है।

एक पट्टी सामग्री का एक टुकड़ा है जिसका उपयोग या तो चिकित्सा उपकरण जैसे कि ड्रेसिंग या स्प्लिंट का समर्थन करने के लिए किया जाता है, या शरीर के किसी हिस्से की गति को सीमित करने के लिए या स्वयं को समर्थन प्रदान करने के लिए किया जाता है। जब एक ड्रेसिंग के साथ प्रयोग किया जाता है, तो ड्रेसिंग सीधे घाव पर लगाया जाता है, और एक पट्टी ड्रेसिंग को जगह में रखने के लिए प्रयोग की जाती है।

अतः विकल्प (D) सही है।

54. गहरे कट से रक्तस्राव को रोकने के लिए, प्राथमिक उपचारकर्ता त्रिकोणीय पट्टी का उपयोग प्रेशर पैड के रूप में कर सकता है। रक्तस्राव को नियंत्रित करने के लिए एक त्रिकोणीय पट्टी का उपयोग आर्म स्लिंग या पैड के रूप में किया जाता है। इसका उपयोग हड्डी या जोड़ की चोट को सहारा देने या स्थिर करने के लिए या दर्दनाक चोट पर तात्कालिक पैडिंग के रूप में भी किया जा सकता है। एक उंगली या पैर की अंगुली पर ड्रेसिंग बनाए रखने के लिए एक ट्यूबलर धुंध पट्टी का उपयोग किया जाता है।

अतः विकल्प (B) सही है।

55. हताहत के घाव की ड्रेसिंग करते समय, हताहत को सहज महसूस कराना महत्वपूर्ण है, यह स्पष्ट रूप से समझाएं आप क्या कर रहे हैं और हताहतों के सामने काम करते हैं। घाव की ड्रेसिंग को घाव भरने के लिए सबसे इष्टतम स्थिति प्रदान करनी चाहिए, जबकि घाव को सूक्ष्मजीवों और आगे के आघात से संक्रमण से बचाते हैं। यह महत्वपूर्ण है कि ड्रेसिंग परिवर्तन के दौरान घाव की सतह को और अधिक नुकसान से बचाने के लिए, ड्रेसिंग को अभिघातजन्य रूप से हटा दिया जाता है।

अतः विकल्प (D) सही है।

56. घाव का दूषित होना: बिना किसी मेजबान प्रतिक्रिया के घाव के अंदर बैक्टीरिया उपस्थिति होते है।

घाव को दूषित होने से बचाने के लिए पट्टियों का उपयोग किया जाता है। एक पट्टी कीटाणुओं को कट में आने और संक्रमण पैदा करने से रोकने में मदद करती है। अगर पट्टी गीली या गंदी हो जाती है, तो उसे तुरंत बदल दें। हर दिन, पट्टी को हटा दें और चोट को धीरे से धो लें। हमें संक्रमण के संकेतों (लालिमा, सूजन, दर्द, या तरल बाहर निकलने) के लिए देखने की जरूरत है।

अतः विकल्प (A) सही है।

57. ऑक्सीटोसिन हार्मोन मिल्क इजेक्शन रिफ्लेक्स और भ्रूण इजेक्शन रिफ्लेक्स दोनों के लिए जिम्मेदार है।

- ऑक्सीटोसिन हाइपोथैलेमस द्वारा निर्मित एक पेप्टाइड हार्मोन है और पश्चवर्ती पिट्यूटरी द्वारा जारी किया जाता है।
- यह भ्रूण इजेक्शन रिफ्लेक्स और मिल्क इजेक्शन रिफ्लेक्स के लिए जिम्मेदार हार्मोन है।
- ऑक्सीटोसिन गर्भाशय के संकुचन को बढ़ावा देता है और इस प्रकार बच्चे के भ्रूण के वितरण में मदद करता है, जिसे प्रसव भी कहा जाता है।
- ऑक्सीटोसिन हमारे स्तनों की मांसपेशियों को सिकोड़ने का कारण बनता है। जब ग्रंथियां सिकुड़ती हैं, तो वे स्तन के दूध को दूध

नलिकाओं में निचोड़ लेती हैं। फिर दूध नलिकाएं सिकुड़ जाती हैं और स्तन के दूध को हमारे स्तन में और निप्पल से बाहर हमारे बच्चे तक पहुंचाती हैं।

अतः विकल्प (A) सही है।

58. एन्टिडाययूरेटिक हार्मोन इस विशेष दवा को सबसे अच्छी तरह से वर्गीकृत करता है।

ऑक्सीटोसिन अक्सर संकुचन को प्रेरित करके श्रम को बढ़ाने में मदद करने के लिए प्रयोग किया जाता है। एन्टिडाययूरेटिक हार्मोन स्वाभाविक रूप से शरीर में बनता है और एक मूत्रवर्धक हार्मोन के रूप में काम करता है (इस प्रकार पानी के उत्सर्जन को बढ़ावा देता है)। प्रसव में, यह हार्मोन गर्भाशय की सिकुड़न को उत्तेजित करने का भी काम करता है।

अतः विकल्प (C) सही है।

59. पेशाब में वृद्धि लक्षण गर्भावस्था के खतरे का संकेत नहीं है।

प्रसूति पंजीकृत नर्स के लिए गर्भावस्था के निम्नलिखित खतरे के संकेतों को पहचानना महत्वपूर्ण है: अत्यधिक योनि से रक्तस्राव, गंभीर सिरदर्द / दृश्य गड़बड़ी / पेट में दर्द, लगातार उल्टी, बुखार, ठंड लगना, या चेहरे या उंगलियों में सूजन। ये अपरा संबंधी असामान्यताओं, गर्भावस्था के उच्च रक्तचाप से ग्रस्त विकारों, मातृ संक्रमण या हाइपरमेसिस के संकेत हो सकते हैं।

पेशाब में वृद्धि कुछ महिलाओं को हो सकती है, लेकिन गर्भावस्था के दौरान, गर्भाशय का बढ़ा हुआ द्रव्यमान मूत्राशय पर दबाव डालता है।

अतः विकल्प (D) सही है।

60. हेगर के संकेत को छोड़कर सभी गर्भावस्था से जुड़े त्वचा परिवर्तन हैं।

हेगर का संकेत गर्भाशय और गर्भाशय ग्रीवा के एक हिस्से के बीच गर्भाशय के हिस्से के नरम होने से संकेत मिलता है। शेष विकल्प आमतौर पर गर्भावस्था से जुड़े विभिन्न त्वचा मलिनकिरण के सभी उदाहरण हैं।

अतः विकल्प (C) सही है।

61. प्री-एक्लेम्प्सिया में बिस्तर पर आराम आवश्यक है क्योंकि यह रक्त परिसंचरण में सुधार करता है और एडिमा को कम करता है।

यदि महिला अपनी गर्भावस्था के अंत से दूर है और उसके लक्षण हल्के हैं, तो डॉक्टर उसे बिस्तर पर आराम करने की सलाह दे सकते हैं। आराम करने से रक्तचाप को कम करने में मदद मिलती है, जिससे प्लेसेंटा में रक्त का प्रवाह बढ़ जाता है, जिससे बच्चे को फायदा होता है।

अतः विकल्प (D) सही है।

62. प्रसूति चक्र के दौरान मधुमेह को नियंत्रित करने के लिए प्रसव और डिलीवरी का समय सबसे कठिन होता है।

हम जानते हैं कि 32 से 36 सप्ताह के बीच गर्भावधि मधुमेह के लिए सबसे कठिन समय होता है। यह इस बिंदु के आसपास है कि हम आम तौर पर इंसुलिन प्रतिरोध को बिगड़ते हुए देखते हैं।

अतः विकल्प (C) सही है।

63. जन्म के बाद पहले दिनों में शरीर द्वारा बनाए गए दूध को कोलोस्ट्रम कहा जाता है। यह पहला दूध पीले या नारंगी रंग का होता है। इसमें बहुत सारे पोषक तत्व, कोशिकाएं और एंटीबॉडी होते हैं जो नवजात शिशु की मदद करते हैं। यह मात्रा में छोटा है, लेकिन इस समय आपके बच्चे को बस इतना ही चाहिए। परिपक्व दूध आमतौर पर कई दिनों बाद "आता है"। यह बाद में दूध थोड़ा पतला और सफेद होता है। जैसे-जैसे आप स्तनपान कराना जारी रखती हैं, बढ़ते बच्चे की जरूरतों को पूरा करने के लिए दूध बदल जाता है।

अतः विकल्प (B) सही है।

64. एलडीआरपी रूम का मतलब लेबर, डिलीवरी, रिकवरी और पोस्टपार्टम रूम है। ये रूम जन्म से पहले, उसके दौरान और बाद में माँ और बच्चे की

देखभाल के लिए आवश्यक उपकरण और आपूर्ति से लैस हैं। अधिकांश समय, बच्चे को नर्सरी में ले जाने के बजाय माँ के साथ कमरे में रहने को मिलेगा।

अतः विकल्प (A) सही है।

65. बेहोश, सांस नहीं ले रहा है, लेकिन नाड़ी है हो तो बचाव श्वास दी जानी चाहिए।

यदि व्यक्ति सांस नहीं ले रहा है, लेकिन उसकी नाड़ी है, तो प्रत्येक 5 से 6 सेकंड में 1 बचाव सांस या प्रति मिनट लगभग 10 से 12 सांस दें। यदि व्यक्ति सांस नहीं ले रहा है और उसकी नाड़ी नहीं है और आप सीपीआर में प्रशिक्षित नहीं हैं, तो बचाव सांसों के बिना केवल हाथों से छाती को सीपीआर दें।

अतः विकल्प (D) सही है।

66. मधुमक्खी के डंक से एलर्जी की प्रतिक्रिया के संकेत छाती और गले में जकड़न, चेहरे की गर्दन और जीभ की सूजन, और दाने, चक्कर आना या भ्रम है।

मधुमक्खी के डंक से एनाफिलेक्टिक प्रतिक्रिया घटना के दो घंटे के भीतर शुरू हो सकती है और तेजी से प्रगति कर सकती है। चेहरे और शरीर पर पित्ती विकसित होगी, इसके बाद सिरदर्द, चक्कर आना, बेहोशी, मतली, उल्टी और सांस लेने और निगलने में कठिनाई जैसे अन्य लक्षण दिखाई देंगे।

अतः विकल्प (D) सही है।

67. इन सभी बीमारियों में गर्भावस्था के दौरान जटिलताओं का खतरा बढ़ जाता है। हालांकि, दिए गए विकल्पों में ईसेनमेंजर सिंड्रोम एकमात्र हृदय रोग है, जिसे संशोधित डब्ल्यूएचओ वर्ग.IV में वर्गीकृत किया गया है। मातृ मृत्यु दर का जोखिम बहुत अधिक है, जिसका अनुमान 36% (तालिका 1) है, हालांकि डेटा दुर्लभ है। 21-45% में दिल की विफलता होती है, और खराब भ्रूण के परिणाम की उम्मीद की जा सकती है।

अतः विकल्प (C) सही है।

68. प्राथमिक उपचार प्रत्युत्तरकर्ता को पीड़ित को तब स्थानांतरित करना चाहिए जब प्राथमिक चिकित्सा देना आसान हो जाए और पीड़ित खतरनाक स्थिति में हो।

दो स्थितियां हम पीड़ित को स्थानांतरित करने की अनुमति देती हैं, इसमें शामिल हो सकते हैं:

- जब उन्हें तत्काल खतरे का सामना करना पड़ता है, जैसे कि एक असुरक्षित दुर्घटना दृश्य या यातायात खतरे, आग, ऑक्सीजन की कमी, विस्फोट का जोखिम, या एक ढहने वाली संरचना।
- जब हम किसी अन्य व्यक्ति के पास जाना होता है जिसे अधिक गंभीर चोट लग सकती है।

अतः विकल्प (D) सही है।

69. 8 या 9 वर्ष की अवस्था तक बच्चे की दृश्य और श्रवण इंद्रिय पूर्णतः विकसित हो जाती है।

7 से 11 वर्ष की आयु के बीच कंक्रीट के संचालन का चरण, परिचालन विचार; एक बच्चे के दृश्य और श्रवण इंद्रिय विकास काफी हद तक पूर्ण हो जाते हैं।

अतः विकल्प (C) सही है।

70. एक बच्चे की सामाजिक परिपक्वता का एक महत्वपूर्ण संकेत जीवन भर एक व्यक्ति में सामाजिक कौशल और मूल्यों का विकास है। एक बच्चे को सामाजिक तब कहा जाता है जब वह उस समूह के कुछ मानकीकृत तरीकों या मानदंडों के अनुसार व्यवहार करता है जिसमें उसका पालन-पोषण होता है।

सामाजिक परिपक्वता व्यक्ति की वह योग्यता है जिसके द्वारा वह उचित उत्तरदायित्वपूर्ण व्यवहार प्रदर्शित करता है। यह समाज के साथ-साथ व्यक्तियों का भी एक महत्वपूर्ण पहलू है। सामाजिक परिपक्वता अनिवार्य रूप से सामाजिक व्यवस्था के उद्देश्यों के साथ अपने उद्देश्यों के एकीकरण का मामला है।

अतः विकल्प (B) सही है।

71. पियाजे के अनुसार संज्ञानात्मक विकास के औपचारिक संचालन चरण में काल्पनिक सोच विकसित होती है।

औपचारिक परिचालन चरण:

- औपचारिक परिचालन चरण लगभग बारह वर्ष की आयु में शुरू होता है और वयस्कता में रहता है।
- औपचारिक परिचालन चरण को परिकल्पना तैयार करने और किसी समस्या के उत्तर में व्यवस्थित रूप से परीक्षण करने की क्षमता की विशेषता है।
- औपचारिक चरण में व्यक्ति भी गणितीय रूप से सोचने और गणितीय समस्या के रूप या संरचना को समझने में सक्षम है।

अतः विकल्प (D) सही है।

72. बाल विकास गर्भावस्था से पूर्व किशोरावस्था तक का अध्ययन है।

बाल विकास में जैविक, मनोवैज्ञानिक और भावनात्मक परिवर्तन शामिल होते हैं जो जन्म और किशोरावस्था के अंत के बीच मनुष्य में होते हैं। बचपन को जीवन के 3 चरणों में विभाजित किया जाता है जिसमें प्रारंभिक बचपन, मध्य बचपन और देर से बचपन (पूर्व किशोरावस्था) शामिल हैं।

अतः विकल्प (B) सही है।

73. बच्चों के शारीरिक विकास में सबसे महत्वपूर्ण कारक पोषण है।

पोषण जैव रासायनिक और शारीरिक प्रक्रिया है जिसके द्वारा एक जीव अपने जीवन का समर्थन करने के लिए भोजन का उपयोग करता है। यह जीवों को पोषक तत्व प्रदान करता है, जिन्हें ऊर्जा और रासायनिक संरचना बनाने के लिए चयापचय किया जा सकता है। पर्याप्त पोषक तत्व प्राप्त करने में विफलता कुपोषण का कारण बनती है। पोषण विज्ञान पोषण का अध्ययन है, हालांकि यह आमतौर पर मानव पोषण पर जोर देता है।

अतः विकल्प (C) सही है।

74. किशोरावस्था में बुद्धि का अधिकतम विकास होता है।

किशोरावस्था अधिक जटिल सोच प्रक्रियाओं (जिसे औपचारिक तार्किक संचालन भी कहा जाता है) के विकास की शुरुआत का प्रतीक है। इस बार अमूर्त सोच में अपने स्वयं के नए विचार या प्रश्न बनाने की क्षमता शामिल हो सकती है। इसमें कई दृष्टिकोणों पर विचार करने और विचारों या विचारों की तुलना या बहस करने की क्षमता भी शामिल हो सकती है।

अतः विकल्प (A) सही है।

75. सामाजिक-सांस्कृतिक कारक सामाजिक और सांस्कृतिक कारकों के संयोजन को संदर्भित करते हैं जो मानव विकास को प्रभावित करते हैं। ये कारक बच्चे की क्षमताओं और व्यवहार को आकार देने में महत्वपूर्ण भूमिका निभाते हैं।

विकास को प्रभावित करने वाले सामाजिक-सांस्कृतिक कारकों में शामिल हैं:

- जातीय मूल्य
- सांस्कृतिक विश्वास
- सांस्कृतिक पहचान
- तत्काल पर्यावरण
- क्रॉस-सांस्कृतिक अंतर

अतः विकल्प (C) सही है।

76. बच्चा भौतिक और सामाजिक वास्तविकता की अवधारणाओं को बनाना शुरू कर देता है, यह "बौद्धिक विकास" की विशेषताओं में से एक है।

बच्चे का बौद्धिक विकास, बच्चा रंग, आकार, वस्तुओं के आकार (भौतिक वास्तविकता) को पहचान सकता है। साथ ही, उसकी कल्पनाशीलता विकसित

होती है, वह अपने आस-पास की चीजों के बारे में जानना चाहता है और इस प्रकार वह इसके बारे में सवाल करता है, वह सामाजिक वास्तविकता की अवधारणाओं को भी बनाने में रुचि रखता है।

विकास, जो निरंतर परिवर्तन है, एक ऐसी घटना है जिसे गुणवत्ता और मात्रा दोनों के संदर्भ में देखा जाता है। मात्रा में, हम ऊंचाई, वजन जैसे शब्दों को मापते हैं। मात्रात्मक रूप से मापने को विकास कहा जाता है जो विकास का एक सबसेट है। जब गुणात्मक रूप से या कौशल के संदर्भ में भी मापा जाता है, तो यह विकास बन जाता है।

अत: विकल्प (B) सही है।

77. छात्रों का भावनात्मक समायोजन व्यक्तित्व निर्माण, वर्ग-शिक्षण और अनुशासन में प्रभावी है। छात्र में भावनात्मक समायोजन का विकास आवश्यक है यह छात्रों के भावनात्मक विकास में मदद करता है। यह विकास एक बच्चे के आत्मविश्वास, सहानुभूति, सार्थक और स्थायी दोस्ती और साझेदारी विकसित करने की क्षमता और उसके आसपास के लोगों के लिए महत्व और मूल्य की भावना को प्रभावित करता है।

अत: विकल्प (D) सही है।

78. बच्चे के प्रारंभिक सामाजिक विकास का मूल कारक उसकी सामाजिक बातचीत है।

सामाजिक विकास उस प्रक्रिया को संदर्भित करता है जिसके माध्यम से बच्चे दूसरों के साथ कैसे मिलें, यह समझने के लिए आवश्यक मूल्यों, ज्ञान और कौशल को सीखकर संबंध बनाना सीखते हैं।

अत: विकल्प (C) सही है।

79. मां के शरीर में तनाव हार्मोन का उच्च स्तर गर्भाशय में ऑक्सीजन को कम करता है। अध्ययनों में यह भी पाया गया है कि एक माँ का उच्च तनाव बच्चे के स्वभाव और न्यूरोबिहेवियरल विकास को प्रभावित करता है।

तनाव का उच्च स्तर जो लंबे समय तक बना रहता है, उच्च रक्तचाप और हृदय रोग जैसी स्वास्थ्य समस्याओं का कारण बन सकता है। गर्भावस्था के दौरान, तनाव समय से पहले बच्चे (गर्भावस्था के 37 सप्ताह से पहले पैदा हुआ) या जन्म के समय कम वजन के बच्चे (5 पाउंड, 8 औंस से कम वजन) और बच्चे के स्वभाव को बदल सकता है।

अतः विकल्प (D) सही है।

80. यूटरीन इनवर्जन वह स्थिति है जिसे गर्भाशय आंशिक रूप से या पूरी तरह से अंदर बाहर कर दिया जाता है।

यह प्रसव के तीसरे चरण में घातक जटिलताएँ होती हैं।

प्रतिलोमन के प्रकार:

प्रथम कोटि: प्रतिलोमित फंडस ग्रैव वलय तक फैला हुआ होता है, लेकिन उससे आगे नहीं।

द्वितीय कोटि: प्रतिलोमित फंडस गर्भाशय ग्रैव वलय के आगे तक आ जाता है लेकिन योनि के भीतर रहता है।

तृतीय कोटि: प्रतिलोमित फंडस योनिद्वार तक आ जाता है।

चतुर्थ कोटि: योनि भी प्रतिलोमित होती है।

अतः विकल्प (B) सही है।

81. 7 वर्षीय अस्पताल में भर्ती बच्चों के एक छोटे समूह के लिए नर्स को खेल नियमों के साथ गतिविधियों का आयोजन करना चाहिए। खेल के माध्यम से तार्किक तर्क और सामाजिक कौशल विकसित होते हैं। विभिन्न खेल अस्पताल में बच्चे के अनुभवों से संबंधित मुद्दों की जांच करने में मदद करते हैं और अस्पताल में भर्ती होने और अस्पताल में भर्ती होने पर नकारात्मक भावनाओं की तीव्रता को कम करते हैं।

अतः विकल्प (A) सही है।

82. कुछ संकेत जो बताते हैं कि शिशु ठोस आहार के लिए तैयार है:

- सिर और गर्दन पर अच्छा नियंत्रण है और सहारा देने पर सीधा बैठ सकता है।
- भोजन में रुचि दिखाता है - उदाहरण के लिए, वे देखते हैं कि आपकी थाली में क्या है।
- अपने भोजन के लिए पहुँचता है।
- जब आप उन्हें चम्मच से खाना खिलाते हैं तो उनका मुंह खुल जाता है।

अधिकांश बच्चे लगभग 6 महीने तक ये लक्षण दिखाना शुरू कर देते हैं, हालांकि यह अलग-अलग हो सकता है। यह अनुशंसा की जाती है कि 4 महीने से पहले ठोस पदार्थ न खिलायें।

अतः विकल्प (D) सही है।

83. पट्टी मुख्य रूप से घावों को ढंकने, जगह पर ड्रेसिंग करने, दबाव लगाने, रक्तस्राव को नियंत्रित करने, कुशा का सहारा देना या शरीर के अंग को स्थिर करने के लिए उपयोग की जाने वाली सामग्री है। घाव के संपर्क में पहली परत ड्रेसिंग है।

ड्रेसिंग:

- गीली या सूखी ड्रेसिंग।
- गीली से सूखी ड्रेसिंग में, नम महीन कपड़ा या पट्टी का उपयोग करके एक नम वातावरण बनाए रखा जाता है, जिसे बाद में सूखने दिया जाता है।
- यह घाव के जल निकासी और मृत ऊतकों को हटाने में मदद करता है।
- सूखी ड्रेसिंग में, घाव के चारों ओर सूखे महीन कपड़े या पट्टी को दवा और रुई से लपेटा जाता है ताकि घाव को सूखा रखा जा सके, संक्रमण से बचाया जा सके, और सबसे महत्वपूर्ण बात यह है कि रक्तस्राव को रोकने के लिए दबाव प्रदान करें।

इसलिए, रक्तस्राव को रोकने के लिए सूखी पट्टी की जाती है।

अतः विकल्प (A) सही है।

84. मेडिकल प्राथमिक उपचार में DRAB का पूर्ण रूप खतरा, प्रतिक्रिया, श्वासनली, और साँस लेना है।

DRAB सर्वेक्षण:

- जब आप मदद के आने की प्रतीक्षा कर रहे हों, तो प्राथमिक DRAB सर्वेक्षण चरणों का पालन करें - खतरा, प्रतिक्रिया, श्वासनली और साँस लेना।

खतरा:

- जांचें कि न तो आप और न ही बेहोश व्यक्ति को कोई खतरा है।
- यदि आवश्यक हो तो क्षेत्र को सुरक्षित बनाएं और फिर उनका आकलन करें।

प्रतिक्रिया - बेहोश वयस्क या बच्चा:

- अगर आप अभी भी अकेले हैं, तो मदद के लिए फिर से चिल्लाएं और देखें कि क्या वह व्यक्ति जवाब देता है।
- उन पर चिल्लाओ - उदाहरण के लिए: 'क्या तुम मुझे सुन सकते हो?' या 'अपनी आँखें खोलो'।
- उनके कंधों को धीरे से हिलाएं।

श्वासनली:

- यदि वे प्रतिक्रिया करते हैं, तो वे सांस ले रहे हैं लेकिन गंभीर रक्तस्राव और अन्य चोटों की जाँच करें।

- आपको उनकी श्वासनली खोलकर उन्हें सांस लेने में मदद करने की आवश्यकता हो सकती है।
- एक हाथ माथे पर रखें और दो अंगुलियों का प्रयोग करते हुए ठुड्डी को ऊपर उठाएं।

सांस लेना:

- यदि वे प्रतिक्रिया नहीं देते हैं, तो आपको यह जांचना होगा कि क्या वे सांस ले रहे हैं।
- अपने गाल को उनके मुंह के पास रखें।
- देखें, सुनें और 10 सेकंड से अधिक न महसूस करें।

अतः विकल्प (A) सही है।

85. मार्गदर्शन व्यक्तिगत के साथ-साथ समूह में भी दिया जा सकता है।

मार्गदर्शन में शिक्षा की पूरी प्रक्रिया शामिल होती है जो बच्चे के जन्म से शुरू होती है। चूंकि व्यक्तियों को जीवन भर सहायता की आवश्यकता होती है, इसलिए यह कहना गलत नहीं है कि पालने से लेकर कब्र तक मार्गदर्शन की आवश्यकता है। मार्गदर्शन शब्द सभी प्रकार की शिक्षा से संबंधित है - औपचारिक, गैर-औपचारिक, व्यावसायिक, आदि। जिसका उद्देश्य व्यक्ति को उसके वातावरण को प्रभावी ढंग से समायोजित करने में मदद करना है। यह भी कहा जा सकता है कि व्यक्तियों को उचित विकल्प और समायोजन करने में मार्गदर्शन दिया जाता है। मार्गदर्शन व्यक्तिगत रूप से और समूहों में भी दिया जा सकता है।

अतः विकल्प (B) सही है।

86. रोगी की गोपनीयता बनाए रखें:

ANM राष्ट्रीय ग्रामीण स्वास्थ्य मिशन के तहत भारत की एक ग्रामीण स्तर की महिला स्वास्थ्य कार्यकर्ता है। आचार संहिता सिद्धांतों की एक मार्गदर्शिका है जिसे पेशेवरों को ईमानदारी से और सत्यनिष्ठा के साथ व्यवसाय करने में सहायता करने के लिए बनाया गया है।

अतः विकल्प (B) सही है।

87. परिवार नियोजन को व्यक्तियों और दम्पतियों की वांछित संख्या में बच्चों का अनुमान लगाने और प्राप्त करने की क्षमता और उनके जन्म के अंतराल और समय के रूप में परिभाषित किया जाता है। इसे गर्भनिरोधक विधियों के उपयोग और अनैच्छिक बांझपन के उपचार के माध्यम से प्राप्त किया जाता है। परिवार नियोजन कार्यक्रम में प्राथमिक जिम्मेदारी ANM की है कि वह पात्र दंपति और बच्चे के पंजीकरण के विषय में जानकारी जुटाती है।

अतः विकल्प (A) सही है।

88. मार्गदर्शन में शिक्षा की पूरी प्रक्रिया शामिल होती है जो बच्चे के जन्म से शुरू होती है। चूंकि व्यक्तियों को जीवन भर सहायता की आवश्यकता होती है, इसलिए यह कहना गलत नहीं है कि पालने से लेकर कब्र तक मार्गदर्शन की आवश्यकता है।

- मार्गदर्शन शब्द सभी प्रकार की शिक्षा से संबंधित है - औपचारिक, गैर-औपचारिक, व्यावसायिक, आदि। जिसका उद्देश्य व्यक्ति को उसके वातावरण को प्रभावी ढंग से समायोजित करने में मदद करना है। यह भी कहा जा सकता है कि व्यक्तियों को उचित विकल्प और समायोजन करने में मार्गदर्शन दिया जाता है।
- मार्गदर्शन व्यक्तिगत रूप से और समूहों में भी दिया जा सकता है।

अतः विकल्प (B) सही है।

89. रुकावट, स्टर्नल रिट्रैक्शन स्ट्रिडर या घरघराहट के संकेतों का आकलन करने से पहले वायुमार्ग की पैटेन्सी का मूल्यांकन करना पहली प्राथमिकता है। वायुमार्ग प्रबंधन हमेशा नर्स की पहली प्राथमिकता होती है। कुंद आघात, कुल मिलाकर, दर्दनाक चोटों का एक अधिक सामान्य कारण है और समान रूप से जीवन के लिए खतरा हो सकता है। तंत्र को जानना महत्वपूर्ण है क्योंकि प्रबंधन भिन्न हो सकता है। अधिकांश कुंद आघात को गैर-ऑपरेटिव रूप से प्रबंधित किया जाता है जबकि छाती के आघात को भेदने के लिए अक्सर ऑपरेटिव हस्तक्षेप की आवश्यकता होती है। रोगी के आराम के लिए दर्द प्रबंधन और स्प्लिंटिंग महत्वपूर्ण हैं लेकिन वायुमार्ग के मूल्यांकन के बाद किये जाएंगे।

अतः विकल्प (A) सही है।

90. मूल्यांकन नर्सिंग प्रक्रिया का पहला चरण है जहां एक नर्स रोगी के बारे में जानकारी एकत्र करती है। मूल्यांकन पहला कदम है और इसमें महत्वपूर्ण सोच कौशल और डेटा संग्रह, व्यक्तिपरक और उद्देश्य शामिल हैं। विषयपरक डेटा में रोगी या देखभाल करने वाले के मौखिक बयान शामिल होते हैं। उद्देश्य डेटा मापने योग्य मूर्त डेटा जैसे महत्वपूर्ण संकेत, सेवन और आउटपुट और ऊंचाई और वजन।

अतः विकल्प (A) सही है।

91. आंगनबाड़ी कार्यकर्ता/एएनएम को माताओं को समझाना होगा कि दस्त के दौरान उन्हें अधिक बार स्तनपान कराना चाहिए और लंबे समय तक दस्त होने पर प्रत्येक फीडिंग में अधिक तरल पदार्थ देना चाहिए। यदि बच्चा 6 महीने से कम उम्र का है, केवल स्तनपान करता है, तो स्तन के दूध के साथ ओआरएस दें।

यदि बच्चा 6 महीने से अधिक का है, तो उसे ओआरएस के साथ-साथ घरों में उपलब्ध तरल पदार्थ जैसे चावल की कांजी (मांड), छाछ (लस्सी), चीनी और नमक के साथ नींबू पानी (शिकंजी), दाल का सूप, सब्जी देना चाहिए। सूप, ताजे फलों का रस (बिना मीठा) सादा साफ पानी या अन्य स्थानीय रूप से उपलब्ध तरल पदार्थ।

अतः विकल्प (B) सही है।

92. आशा कार्यकर्ता, एएनएम और आंगनवाड़ी कार्यकर्ता हमारे स्वास्थ्य कार्यकर्ताओं की रीढ़ हैं। सामुदायिक स्वास्थ्य कार्यकर्ता प्रजनन स्वास्थ्य सेवाओं को बढ़ावा देने और महिलाओं और बच्चों के लिए प्रसवपूर्व और प्रसवोत्तर देखभाल प्रदान करने में प्रमुख भूमिका निभाते हैं।

वे देश भर में बड़े पैमाने पर टीकाकरण जैसी गतिविधियों को चलाने में सरकार की मदद करते हैं। राष्ट्रीय ग्रामीण स्वास्थ्य मिशन के प्रमुख घटकों में से एक देश के प्रत्येक गांव को एक प्रशिक्षित महिला सामुदायिक स्वास्थ्य कार्यकर्ता (आशा) या एक मान्यता प्राप्त सामाजिक स्वास्थ्य कार्यकर्ता प्रदान करना है।

अतः विकल्प (D) सही है।

93. प्रोटीन सैकड़ों या हजारों छोटी इकाइयों से बने होते हैं जिन्हें अमीनो एसिड कहा जाता है, जो लंबी श्रृंखलाओं में एक दूसरे से जुड़े होते हैं। 20 विभिन्न प्रकार के अमीनो एसिड होते हैं जिन्हें एक प्रोटीन बनाने के लिए जोड़ा जा सकता है।

अतः विकल्प (B) सही है।

94. एक नर्स के सामान्य कर्तव्य:

- शारीरिक परीक्षा करना
- विस्तृत स्वास्थ्य देखभाल इतिहास का ध्यान रखना
- मरीजों की बात सुनना और उनकी शारीरिक और भावनात्मक जरूरतों का विश्लेषण करना
- रोगियों को परामर्श और स्वास्थ्य देखभाल शिक्षा प्रदान करना
- अन्य स्वास्थ्य देखभाल प्रदाताओं और विशेषज्ञों के साथ समन्वय देखभाल
- स्वास्थ्य देखभाल विकल्पों, दवाओं और उपचार योजनाओं में प्रगति के साथ अपडेट रहना
- रक्त लेना, और अन्य स्वास्थ्य संबंधी परीक्षण करना
- रोगी के महत्वपूर्ण लक्षणों की जाँच करना

निदानकर्ता एक चिकित्सक है जो रोग का निदान करने के लिए काम करता है। उनकी जिम्मेदारियों में आमतौर पर ऐसे मामले शामिल होते हैं जिनका अन्य डॉक्टर निदान नहीं कर सकते।

अतः विकल्प (C) सही है।

95. हीमोग्लोबिन A1c (HbA1c) का स्तर, जिसे ग्लाइकेटेड हीमोग्लोबिन के रूप में भी जाना जाता है, यह निर्धारित करता है कि पिछले 8-12 हफ्तों में रोगी के रक्त शर्करा के स्तर को कितनी अच्छी तरह नियंत्रित किया गया है। HbA1c का स्तर रोगियों और डॉक्टरों को यह समझने में मदद करता है कि क्या कोई विशेष मधुमेह उपचार काम कर रहा है और क्या उपचार में समायोजन करने की आवश्यकता है।

अतः विकल्प (A) सही है।

96. राज्य स्वास्थ्य मिशन की तर्ज पर जनता के स्वास्थ्य के लिए प्रत्येक जिले में मुख्य चिकित्सा अधिकारी की अध्यक्षता में जिला स्वास्थ्य मिशन है। इसमें मिशन निदेशक के रूप में मुख्य चिकित्सा अधिकारी हैं। उस क्षेत्र के स्वास्थ्य के लिए मिशन निदेशक या सीएमओ जिम्मेदार होते हैं। इनकी देखरेख में अनेक स्वास्थ्य देखभाल कार्यक्रम चलाए जाते हैं।

अतः विकल्प (C) सही है।

97. रक्त के प्रवाह में पूर्ण रुकावट से दिल का दौरा पड़ सकता है। कोरोनरी धमनी रोग अक्सर दशकों में विकसित होता है। लक्षणों पर किसी का ध्यान नहीं जा सकता है जब तक कि एक महत्वपूर्ण रुकावट समस्या का कारण न बने या दिल का दौरा न पड़े। हृदय-स्वस्थ जीवन शैली का पालन करने से कोरोनरी धमनी रोग को रोकने में मदद मिल सकती है।

अतः विकल्प (C) सही है।

98. एक संक्रमित व्यक्ति के अतिसंवेदनशील व्यक्ति से मिलने की संभावना कम होती है जब समूह के सदस्यों का एक बड़ा हिस्सा प्रतिरक्षात्मक होता है जिसे झुंड प्रतिरक्षा कहा जाता है।

झुंड प्रतिरक्षा संक्रामक रोग से अप्रत्यक्ष सुरक्षा का एक रूप है जो कुछ बीमारियों के साथ हो सकता है जब जनसंख्या का पर्याप्त प्रतिशत किसी संक्रमण के प्रति प्रतिरक्षित हो जाता है, चाहे वह पिछले संक्रमण या टीकाकरण के माध्यम से हो, जिससे प्रतिरक्षा की कमी वाले व्यक्तियों के लिए संक्रमण की संभावना कम हो जाती है।

अतः विकल्प (C) सही है।

99. फ्लोराइड की अधिकता से बच्चों के दांत धब्बेदार और बदरंग हो जाते हैं। फ्लोरोसिस एक ऐसी स्थिति है जो छोटे बच्चों में दांतों के इनेमल की उपस्थिति को बदल देती है और यह बहुत अधिक फ्लोराइड के संपर्क में आने का परिणाम है। गंभीर फ्लोरोसिस के लक्षणों में शामिल हैं:

- दांतों के इनेमल पर भूरे धब्बे
- दाँत के इनेमल का पिट जाना
- बच्चों के दांतों को स्थायी नुकसान

टूथपेस्ट या पीने के पानी में मौजूद फ्लोराइड बच्चों के दांतों में धब्बे पैदा कर सकता है, जो आमतौर पर आठ साल से कम उम्र के बच्चों में फ्लोराइड के दांतों के अत्यधिक संपर्क में आने के कारण होता है।

अतः विकल्प (A) सही है।

100. मनुष्य की मूलभूत आवश्यकता रोटी, कपड़ा और मकान है। जब मानव जीवन की इन मूलभूत आवश्यकताओं की पूर्ति हो जाएगी तो कोई भी व्यक्ति अपने स्वास्थ्य को बेहतर बनाने के लिए प्राथमिक स्वास्थ्य देखभाल पर ध्यान देगा। एक गरीब परिवार जो अपने 2 समय के भोजन का प्रबंधन नहीं कर सकता है वह कभी भी प्राथमिक स्वास्थ्य देखभाल पर ध्यान नहीं देगा क्योंकि भोजन उसकी मूलभूत आवश्यकता है, वहाँ परिवार भोजन नहीं बचा सकता है। इसलिए, यदि हम प्राथमिक स्वास्थ्य देखभाल प्रदान करके किसी भी व्यक्ति के

स्वास्थ्य में सुधार करना चाहते हैं, तो सबसे पहले जीवन की बुनियादी आवश्यकता पर ध्यान देना चाहिए।

अतः विकल्प (B) सही है।

Q.1 गर्भावस्था के बाद की परिपक्वता क्या है?
A. गर्भावस्था जो 42 पूर्ण सप्ताहों के बाद भी जारी रहती है
B. गर्भावस्था जो 28 पूर्ण सप्ताहों के बाद भी जारी रहती है
C. गर्भावस्था जो पूरे 37 सप्ताह से अधिक जारी है
D. गर्भावस्था जो 40 पूर्ण सप्ताहों के बाद भी जारी रहती है

Q.2 औसत गर्भावस्था के दौरान आयरन की कुल आवश्यकता कितनी होती है?

[UPPSC Staff Nurse, 2021]

A. 300 मिलीग्राम
B. 800 मिलीग्राम
C. 1000 मिलीग्राम
D. 1200 मिलीग्राम

Q.3 गर्भावस्था के दौरान अत्यधिक उल्टी होने से माँ के स्वास्थ्य का बिगड़ना क्या कहलाता है?
A. गर्भावस्था प्रेरित उच्च रक्तचाप
B. प्री-एक्लेम्प्सिया (गर्भक्षेप)
C. हाइपरमेसिस ग्रेविडेरम
D. गर्भपात (अबॉर्शन)

Q.4 गर्भावस्था के दौरान A.N.M को कम-से-कम कितनी A.N.C दौरा करना चाहिए?

[UPPSC Staff Nurse, 2017]

A. 3   **B.** 5   **C.** 4   **D.** 9

Q.5 निम्नलिखित में से कौन सी उच्चरक्तचापरोधी औषधि गर्भावस्था में प्रतिदिष्ट है:
A. एनालाप्रिल
B. हाइड्रैलाज़िन
C. मेटोप्रोलोल
D. अल्फा मेथिल्डोपा

Q.6 स्वाभाविक रूप से गर्भावस्था का नुकसान किस प्रकार का गर्भपात है?
A. सहज गर्भपात
B. चिकित्सीय गर्भपात
C. विफल गर्भपात
D. अधूरा गर्भपात

Q.7 किस प्रकार के अबॉर्शन (गर्भपात) में सर्वाइकल ओएस बंद रहता है और ऊतक का कोई मार्ग नहीं होता है?

[UPPSC Staff Nurse, 2021]

A. कम्प्लीट अबॉर्शन
B. इनएविटेबल अबॉर्शन
C. इन्कम्प्लीट अबॉर्शन
D. थ्रेटेनेड अबॉर्शन

Q.8 अधिकांश गर्भपात किस दौरान होता है?
A. पहली तिमाही
B. दूसरी तिमाही
C. तीसरी तिमाही
D. चौथी तिमाही

Q.9 लगातार तीन या चार सहज गर्भपात के इतिहास को कहा जाता है:
A. हैबीटुअल गर्भपात
B. अधूरा गर्भपात
C. विफल गर्भपात
D. संभावित गर्भपात

Q.10 केवल स्तनपान कराने से माँ को मदद मिलती है, इसके अलावा:
A. सर्वाइकल कैंसर से बचाव
B. स्तन कैंसर की रोकथाम
C. गर्भनिरोधक विधि के रूप में कार्य करें
D. गर्भाशय के त्वरित और शीघ्र समावेश में मदद करता है

Q.11 भ्रूण की हृदय गति को फीटोस्कोप के साथ निम्न पर जांचा जा सकता है:
A. 5 सप्ताह गर्भावधि
B. 20 सप्ताह गर्भावधि
C. 10 सप्ताह गर्भावधि
D. 25 सप्ताह गर्भावधि

Q.12 एक या एक से अधिक कपाल टांके का समयपूर्व संलयन, या तो बड़ा या छोटा कहा जाता है:
A. हाइड्रोसेफलस
B. क्रानियोसिनेस्टोसिस
C. माइक्रोसेफली
D. मैक्रोसेफली

Q.13 नवजात का औसत वजन कितने किलो होता है?
A. 10 किलो
B. 2.5-3 किलो
C. 2 किलो
D. 8 किलो

Q.14 किस उम्र पर एक शिशु सर्वप्रथम सहारे के साथ बैठना शुरू कर देता है?
A. 5 माह पर
B. 3 माह पर
C. 12 माह पर
D. 9 माह पर

Q.15 गैलेक्टोसीमिया में नवजात शिशु को निम्न में से क्या प्रदान नहीं करना चाहिए?
A. दूध
B. स्टार्च
C. ग्लूटिन
D. ग्लाइकोजन

Q.16 अपगार स्कोर में निम्न में से किस लक्षण का परीक्षण किया जाता है?
A. जन्मजात विकृतियाँ
B. श्वसन दर
C. Rh-संवेदनशीलता
D. भावनात्मक स्थिरता

Q.17 एक सामान्य शिशु के सिर की परिधि होती है:
A. 22-28 सेमी
B. 28-33 सेमी
C. 33-35 सेमी
D. 25-39 सेमी

Q.18 बच्चों के अधिगम में शारीरिक स्वास्थ्य और सांवेगिक अवस्था:

[CTET Paper-II (Science & Mathematics), 2021], [CTET Paper-II (Social Science), 2021]

A. का कोई आपसी संबंध नहीं है।
B. की भूमिका नगण्य है।
C. का कोई प्रभाव नहीं होता है।
D. की एक महत्त्वपूर्ण भूमिका है।

Q.19 एक बच्चा किस उम्र में चलना प्रारम्भ कर देता है?
A. 8 से 10 महीने में
B. 11 से 13 महीने में
C. 14 से 16 महीने में
D. 18 महीने या उससे अधिक

Q.20 निम्नलिखित में से कौन सा टीका जन्म के 24 घंटे के भीतर नवजात शिशु को दिया जाता है?
A. रूबेला
B. हेपेटाइटिस बी
C. रोटावायरस
D. खसरा

Q.21 निम्नलिखित में से किसे छोड़कर, अन्य सभी, HIV से प्रभावित नवजात शिशु की देखभाल करते समय सही नर्सिंग हस्तक्षेप हैं?
A. पहला दूध नवजात शिशुओं के लिए घातक है
B. रोग संचरण प्रक्रिया के बारे में परिवार को शिक्षित करें

C. उन्हें शिक्षित करें कि टीकाकरण डॉक्टरों से परामर्श के बाद ही किया जाना चाहिए

D. यदि बच्चा मां के दूध से संतुष्ट नहीं है तो उसे फार्मूला दूध दें

Q.22 गर्भनिरोधक गोली देने पर स्वास्थ्य कार्यकर्ता एक को छोड़कर निम्नलिखित सभी के बारे में पूछेगा:

[UPPSC Staff Nurse, 2017]

A. वजन घटना

B. पैर की मांसपेशियों (काफ) में चुभन

C. सिरदर्द

D. पैरों में सूजन

Q.23 जब किसी रोगी को मूत्रवर्धक(डाइयूरेटिक) औषधियाँ दी जा रही हो, तो नर्स को निम्न सावधानी रखनी चाहिए:

A. रोगी की रुधिर शर्करा तथा मूत्र शर्करा जाँचनी चाहिए

B. रोगी को धूम्रपान नहीं करने की सलाह देनी चाहिए

C. रोगी को लगातार शारीरिक व्यायाम करने की सलाह देनी चाहिए

D. रोगी को संतुलित आहार लेने की सलाह देनी चाहिए

Q.24 एक ग्रामीण स्तर का स्वास्थ्य कार्यकर्ता जिसे आशा के रूप में जाना जाता है, निम्नलिखित में से किस मिशन का हिस्सा है?

A. स्वच्छ भारत अभियान

B. राष्ट्रीय ग्रामीण स्वास्थ्य मिशन (एनआरएचएम) योजना

C. राष्ट्रीय स्वास्थ्य बीमा योजना (आरएसबीवाई)

D. केंद्र सरकार स्वास्थ्य योजना (सीजीएचएस)

Q.25 एक मरीज बाथरूम में होता है जब नर्स एक निर्धारित दवा देने के लिए प्रवेश करती है तो प्रभारी नर्स को क्या करना चाहिए?

A. रोगी के बिस्तर पर दवा छोड़ दें

B. रोगी से कहें कि वह दवा अवश्य लें और फिर उसे बेडसाइड पर छोड़ दें

C. रोगी के कमरे में शीघ्र ही लौटें और जब तक रोगी दवा न ले ले, तब तक वहीं रहें

D. रोगी के बिस्तर पर लौटने की प्रतीक्षा करें, और फिर दवा को बेडसाइड पर छोड़ दें

Q.26 निम्नलिखित में से कौन सा नर्सिंग उपाय उस रोगी की देखभाल के लिए सबसे उपयुक्त होगा जिसे तीव्र एपिस्टेक्सिस है?

A. रोगी के मस्तक को पीछे झुकाना

B. रोगी के मस्तक को उसके पैरों के बीच रखना

C. नाक को पकड़ना (पिंच) और रोगी को आगे की ओर झुकाना

D. रोगी के नाक के शीर्ष पर गर्म सेक रखना

Q.27 सुरक्षित मातृत्व में एएनएम की भूमिकाएँ:

A. गर्भावस्था के दौरान महिलाओं को आयरन फोलिक एसिड की गोलियों का वितरण

B. अपने क्षेत्र में होने वाली डिलीवरी को स्टरलाइज्ड तकनीक से मैनेज करना

C. परिवार नियोजन के संबंध में जनता को उनकी आवश्यकता के अनुसार जानकारी उपलब्ध कराना

D. ऊपर के सभी

Q.28 मूल्यांकन के दौरान प्रभारी नर्स द्वारा माना गया कौन सा मानवीय तत्व औषधि प्रशासन को प्रभावित कर सकता है?

A. रोगी की ठीक होने की क्षमता

B. रोगी के व्यावसायिक खतरे

C. रोगी की सामाजिक आर्थिक स्थिति

D. रोगी की संज्ञानात्मक क्षमता

Q.29 ANM काउंसलर की भूमिका:

A. गर्भावस्था के दौरान सामान्य देखभाल

B. सुरक्षित प्रसव और आपातकालीन योजना के लिए जन्म की तैयारी

C. गर्भावस्था में खतरे के संकेतों के बारे में की जानकारी

D. उपरोक्त सभी

Q.30 गुणवत्तापूर्ण स्वास्थ्य देखभाल को कई तरह से परिभाषित किया जा सकता है लेकिन इस बात को स्वीकार किया जा रहा है कि गुणवत्तापूर्ण स्वास्थ्य सेवाएं होनी चाहिए:

A. प्रभावी **B.** सुरक्षित

C. केंद्रित **D.** उपरोक्त सभी

Q.31 डिप्थीरिया रोग किसके कारण होता है?

A. ज़ैंथोमोनास **B.** स्यूडोमोनास

C. कोरीनोबैक्टीरियम **D.** वेरिओला

Q.32 निम्नलिखित में से कौन सा रोग बोर्डेटेला पर्टुसिस बैक्टीरिया के कारण होता है?

A. प्लेग **B.** काली खांसी

C. क्षय **D.** कुष्ठ रोग

Q.33 टिटेनस किसके कारण होता है?

A. जीवाणु **B.** वायरस **C.** कवक **D.** प्रोटोजोआ

Q.34 पोलियोमाइलाइटिस विषाणु निम्नलिखित में से किस प्रकार से संबंधित है?

A. DNA विषाणु **B.** RNA विषाणु

C. जीवाणु **D.** इनमें से कोई नहीं

Q.35 निम्नलिखित कथनों पर विचार कीजिये:

1. हेपेटाइटिस बी HIV/AIDS से कई गुना अधिक संक्रामक है।

2. हेपेटाइटिस बी यकृत कैंसर का कारण बन सकता है।

उपरोक्त कथनों में से कौन-से सही है/हैं?

A. केवल 1 **B.** केवल 2

C. 1 और 2 दोनों **D.** न तो 1 और न ही 2

Q.36 BCG टीके का उपयोग _______ की रोकथाम के लिए किया जाता है।

A. तपेदिक **B.** डेंगू **C.** टाइफाइड **D.** प्लेग

Q.37 चिकन पॉक्स _______ के कारण होता है।

A. जीवाणु **B.** विषाणु **C.** कवक **D.** प्रोटोजोआ

Q.38 निम्न में से कौन सा रोग/संक्रमण विषाणुजनित है?

A. गलगण्ड रोग (Mumps) **B.** टाइफाइड (Typhoid)

C. मलेरिया (Malaria) **D.** यक्ष्मा (Tuberculosis)

Q.39 रूबेला एक _______ रोग है।

A. प्रोटोजोआ **B.** कवक

C. विषाणु-जनित **D.** जीवाणु-संबंधी

Q.40 आंत्र ज्वर जठरांत्र संबंधी मार्ग का एक अत्यंत गंभीर संक्रमण है। यह कारण है:

A. साल्मोनेला टाइफी

B. विब्रियो कोलरा

C. माइकोबैक्टेरियम ट्यूबरक्यूलोसिस

D. ट्रिपैनोसोमा

Q.41 छह महीने की उम्र तक शिशु _______ को छोड़कर निम्नलिखित कार्य करने में सक्षम होते हैं।

A. तुतलाहट **B.** घुड़कना

C. बैठना **D.** ठोस खाद्य पदार्थ खाना

Q.42 निम्नलिखित में से कौन सा कारक बच्चे के विकास को प्रभावित करता है?

A. अंतःस्रावी ग्रंथियां
B. पौष्टिक आहार
C. रोग और चोट
D. उपरोक्त सभी

Q.43 शैशवावस्था के दौरान कौन से मूल संवेग विकसित होते हैं?

A. भय, उदासीनता, खुशी
B. भय, क्रोध, ईर्ष्या
C. भय, क्रोध, जलन
D. भय, क्रोध, प्रेम

Q.44 शिशु का सामाजिक विकास इस पर निर्भर करता है:

[MPTET Paper I - Varg 3, 2012]

A. दूसरों के साथ बातचीत करने के मौका
B. बच्चे को दिखाया गया प्यार और स्नेह
C. वह किस हद तक दूसरों का ध्यान आकर्षित करने में सक्षम है।
D. उपरोक्त सभी

Q.45 जन्म के बाद बच्चे को स्तनपान कब शुरू करना चाहिए?

A. दो घण्टे के अन्दर
B. 1 घण्टे के अन्दर
C. दूसरे दिन
D. एक सप्ताह बाद

Q.46 बाल विकास के पक्षों में निम्नलिखित में से किन क्षेत्रों में शामिल है?

A. शारीरिक एवं गतिक विकास
B. संज्ञानात्मक विकास
C. भाषिक विकास
D. उपरोक्त सभी

Q.47 एकीकृत बाल विकास सेवा (ICDS) के मुख्य उद्देश्य हैं:

A. प्रतिरक्षण
B. स्वास्थ्य जांच और परामर्श सेवाएं
C. प्री-स्कूल और अनौपचारिक शिक्षा
D. उपरोक्त सभी

Q.48 महिला और बाल विकास योजनाओं में निम्नलिखित में से कौन सी योजनाएँ शामिल हैं?

A. आंगनवाड़ी सेवा योजना
B. प्रधानमंत्री मातृ वंदना योजना
C. राष्ट्रीय पोषण मिशन
D. उपरोक्त सभी

Q.49 सतत विकास लक्ष्य के अनुसार, नवजात मृत्यु दर को कम करना है:

[UPPSC Staff Nurse, 2017]

A. < 12 प्रति 1000 जीवित जन्म
B. < 14 प्रति 1000 जीवित जन्म
C. < 36 प्रति 1000 जीवित जन्म
D. < 48 प्रति 1000 जीवित जन्म

Q.50 बच्चे का समग्र विकास किस पर आधारित है?

A. देखभाल और शिक्षा की अविभाज्य प्रकृति पर
B. छोटे बच्चों की देखभाल, पोषण, स्वास्थ्य और भलाई की आवश्यकता को संबोधित करने पर
C. विकास के सभी क्षेत्रों को शामिल करते हुए परस्पर जुड़ी गतिविधियाँ पर
D. उपरोक्त सभी

Q.51 ज्वर को नियन्त्रित करने हेतु ली जाने वाली दवाओं को कहते हैं:

A. एन्टीपाइरेटिक्स
B. एन्टीहीमोरिक्स
C. एम्फैटेमिन
D. एन्टीहाइपोथर्मिया

Q.52 आँखों के लिए रोगाणुरोधक (Antiseptic) ____ है।

A. एट्रोपिन
B. एड्रीनेलिन
C. बोरिक अम्ल
D. उपरोक्त सभी

Q.53 अस्थि बायोप्सी (जीवऊति परीक्षा) के बाद नर्सिंग (परिचर्या) देखभाल में पंचर स्थल की सूक्ष्म निगरानी शामिल है:

A. रक्तस्राव
B. सूजन
C. रक्तगुल्म गठन
D. उपरोक्त सभी

Q.54 मलेरिया के इलाज के लिए भारत में निम्न में से कौन सी दवा का व्यापक रूप से उपयोग किया जाता है?

A. रिफैम्पिसिन
B. हाइड्रोक्सीक्लोरोकीन
C. इथाम्बुटोल
D. पाइरैजिनेमाइड

Q.55 गैलेक्टागॉग वह औषधि है, जो ____।

A. स्तन दुग्ध के स्रावण को बढ़ाती है
B. रुधिर में ग्लूकोस के स्तर को बढ़ाती है
C. रुधिर में ग्लूकोस के स्तर को कम करती है
D. भूख (appetite) को बढ़ाती है

Q.56 5% ग्लूकोस सलाइन का अर्थ ____ होता है।

A. प्रत्येक 100 मिली में 0.5 ग्राम ग्लूकोस तथा 0.45 ग्राम सोडियम क्लोराइड
B. प्रत्येक 100 मिली में 5 ग्राम ग्लूकोस तथा 0.9 ग्राम सोडियम क्लोराइड
C. प्रत्येक 100 मिली में 5 ग्राम ग्लूकोस तथा 0.45 ग्राम सोडियम क्लोराइड
D. प्रत्येक 100 मिली में 0.5 ग्राम ग्लूकोस तथा 0.9 ग्राम सोडियम क्लोराइड

Q.57 प्रशामक देखभाल क्या है?

A. जीवन उपचार बीमारी का सामना कर रहे रोगियों और उनके परिवार के जीवन की गुणवत्ता में सुधार करने के लिए एक दृष्टिकोण है
B. टर्मिनल कैंसर के रोगियों के जीवन की गुणवत्ता के लिए एक दृष्टिकोण है
C. उपचार की लागत को कम करने का एक तरीका है
D. देश की मृत्यु दर और रुग्णता को कम करने के लिए एक दृष्टिकोण है

Q.58 दवा पेरासिटामोल है:

A. एक पीड़ानाशक
B. एक ज्वर नाशक
C. एक पीड़ानाशक और ज्वरनाशक
D. एक गैर स्टेरायडल विरोधी भड़काऊ दवा

Q.59 परिचारिकाओं/नर्सों के लिए सामुदायिक स्वास्थ्य देखभाल में, निम्न में कौन-से तथ्य का अध्ययन आवश्यक है?

A. सांस्कृतिक व पारिवारिक
B. सामाजिक समस्याएँ
C. आर्थिक स्तरीकरण
D. उपरोक्त सभी

Q.60 निम्नलिखित में से कौन एक मायड्रायटिक है?

A. एट्रोपिन
B. एड्रैनैलिन
C. नोवोकेन
D. सिल्वर नाइट्रेट

Q.61 मानसिक स्वास्थ्य और मानसिक स्वच्छता के बारे में निम्नलिखित में से कौन सा कथन गलत है?

A. मानसिक स्वास्थ्य को समायोजित करने की क्षमता है और मानसिक स्वास्थ्य से निपटने के लिए मानसिक स्वच्छता एक विज्ञान है।
B. मानसिक स्वच्छता के बिना मानसिक स्वास्थ्य प्राप्त किया जा सकता है।
C. मानसिक स्वच्छता मानसिक स्वास्थ्य को प्रभावित करती है।
D. मानसिक स्वास्थ्य और मानसिक स्वच्छता एक दूसरे से संबंधित हैं।

Q.62 विश्व मानसिक स्वास्थ्य दिवस 2022 का विषय क्या है?
A. बदलती दुनिया में युवा और मानसिक स्वास्थ्य
B. मनोवैज्ञानिक प्राथमिक चिकित्सा
C. मानसिक स्वास्थ्य और कल्याण को सभी के लिए वैश्विक प्राथमिकता बनाएं
D. मानसिक स्वास्थ्य संवर्धन और आत्महत्या रोकथाम

Q.63 शरीर के तापमान और भूख के लिए मस्तिष्क का कौन सा भाग जिम्मेदार होता है?
A. पोंस
B. थैलेमस
C. हाइपोथेलेमस
D. सेरिबैलम

Q.64 मानव शरीर में छड़ और शंकु संबंधित होते हैं:
A. नज़र
B. श्रवण
C. गंध
D. स्पर्श

Q.65 हमारे शरीर में द्रव्य का सन्तुलन (Fluid balance) निम्न में से कौन-सा अंग (Organ) करता है?
A. त्वचा
B. हृदय
C. फेफड़े
D. गुर्दा

Q.66 चिन्ता (Anxiety) को मानसिक रोग की श्रेणी में रखने के लिए चिन्ता कितने समय तक रहनी चाहिए?
A. 2 माह तक
B. 4 माह तक
C. 5 माह तक
D. 6 माह तक

Q.67 संचारी रोग के रोगी की देखभाल करने में महत्वपूर्ण बिंदु कौन सा है?
A. इस्तेमाल किए गए बर्तनों और वस्तुओं की देखभाल
B. प्रतिरक्षा
C. अस्पताल में भर्ती
D. अलगाव (आइसोलेशन)

Q.68 मानव के फेफड़े विभक्त होते हैं:
A. 2 दाहिने और 3 बाएँ पिण्ड
B. 2 दाहिने और 2 बाएँ पिण्ड
C. 3 दाहिने और 2 बाएँ पिण्ड
D. उपरोक्त में से कोई नहीं

Q.69 फेफड़ों का आवरण होता है:
A. फुप्फुसावरण
B. ग्लिसन का कैप्सूल
C. पेरीटोनियम
D. पेरीकार्डियम

Q.70 कान का संतुलन अंग कौन सा है?
A. कॉर्टि के अंग
B. कोक्लीअ
C. टेक्टोरियल झिल्ली
D. वेस्टिबुलर उपकरण

Q.71 हम आम तौर पर सभी खनिजों को _____ से प्राप्त करते हैं।
A. केवल रातिब से
B. केवल खनिज युक्त जल से
C. केवल खनिज युक्त गोलियों से
D. भोजन

Q.72 निम्नलिखित में से कौन शरीर की वृद्धि और नई कोशिकाओं के निर्माण के लिए आवश्यक है?
A. कार्बोहाइड्रेट
B. खनिज
C. प्रोटीन
D. मोटा

Q.73 निम्नलिखित में से कौन सा सूक्ष्म पोषक तत्व नियमित रूप से TPN में जोड़ा जाता है?
A. विटामिन D
B. आयरन
C. विटामिन K
D. मैगनीज

Q.74 निम्नलिखित में से कौन 5 वर्ष से कम आयु के बच्चे में प्रोटीन ऊर्जा कुपोषण का कारण नहीं है?
A. मां द्वारा गलत फीडिंग प्रैक्टिस
B. मां की खराब पोषण स्थिति
C. पीने के पानी की गुणवत्ता
D. वातावरणीय कारक

Q.75 उचित पोषण के बारे में सही कथन की पहचान करें।
A. संतुलित आहार लेने का अर्थ है ऐसा भोजन जो किसी विशेष पोषक तत्व से भरपूर हो।
B. फलों और सब्जियों को काटने के बाद उन्हें धोना चाहिए।
C. चावल और दाल को कई बार नहीं धोना चाहिए।
D. विटामिन सी युक्त खाद्य पदार्थों को कुछ देर के लिए पकाना चाहिए।

Q.76 निम्नलिखित में से किस खनिज की कमी से एनीमिया होता है?
A. मैगनीशियम
B. लोहा
C. जिंक
D. लेड

Q.77 विटामिन C है:
A. एस्कॉर्बिक अम्ल
B. निकोटिनिक अम्ल
C. लाइपोलेईक अम्ल
D. एस्पार्टिक अम्ल

Q.78 निम्नलिखित में से कौन मुख्य रूप से विटामिन सी का स्रोत है?
A. टमाटर
B. गाजर
C. दूध
D. चिकन लिवर

Q.79 निम्नलिखित में से कौन से मानव शरीर में सूक्ष्म खनिज है?
A. सल्फर
B. फास्फोरस
C. मैगनीशियम
D. सेलेनियम

Q.80 उचित पोषण __________ को संदर्भित करता है।
A. पोषक तत्वों का पर्याप्त सेवन
B. पोषक तत्वों का अपर्याप्त सेवन
C. आवश्यकता से अधिक पोषक तत्वों का सेवन
D. असंतुलित पोषण की स्थिति

Q.81 सभी टीकों में से एक टीका राष्ट्रीय टीकाकरण कार्यक्रम का हिस्सा नहीं है।
A. बीसीजी
B. न्यूमोकोकल
C. पेंटावेलेंट
D. ओपीवी

Q.82 निम्नलिखित में से कौन स्वास्थ्य को बढ़ावा देने वाली जीवन शैली नहीं है?
A. प्रातः काल नियमित रूप से टहलना
B. अत्यधिक वसायुक्त, मसालेदार और तैलीय व्यंजनों का सेवन
C. नशीली दवाओं से परहेज
D. व्यक्तिगत स्वच्छता का ध्यान रखना

Q.83 निम्नलिखित में से कौन वायु प्रदूषण का खतरा है?
A. श्वसन संबंधी विकार जैसे अस्थमा, श्वासनली शोथ, वातस्फीति आदि
B. आंखों में जलन और आंखों से आंसू निकलना
C. गर्भपात, समय से पहले प्रसव और कम वजन वाले बच्चों का जन्म
D. उपरोक्त सभी

Q.84 कुछ खाने की आदतें जो हृद्वाहिका रोग की घटनाओं में योगदान करती हैं, वे हैं:
A. ऐसा आहार जिसमें वसा की मात्रा अधिक हो
B. ऐसा आहार जिसमें सब्जियों की मात्रा कम हो
C. ऐसा आहार जिसमें फलों की मात्रा कम हो
D. उपरोक्त सभी

Q.85 भारत में जन्मजात असामान्यताएं बढ़ी हैं, भारत में उच्च दर क्यों है?

A. विवाह की सार्वभौमिकता

B. अनियोजित गर्भधारण की बड़ी संख्या

C. मातृ पोषण की खराब स्थिति

D. उपरोक्त सभी

Q.86 भारत में मोतियाबिंद अंधापन की वार्षिक घटना लगभग
___________ है।

A. 3.8 मिलियन   **B.** 2.8 मिलियन

C. 1.8 मिलियन   **D.** 4.8 मिलियन

Q.87 केंद्रीय प्रदूषण नियंत्रण बोर्ड की स्थापना कब की गई थी?

A. जून 16, 1978   **B.** 22 सितंबर 1974

C. जून 16, 1986   **D.** जून 16, 1986

Q.88 भारत में समुदायों के लिए मोटापा एक प्रमुख स्वास्थ्य समस्या कैसे है?

A. यह गैर-संचारी रोगों (ओआर-एनसीडी) के विकास के लिए महत्वपूर्ण है, जिसमें मधुमेह, उच्च रक्तचाप और कोरोनरी धमनी रोग आदि शामिल हैं।

B. संचारी रोगों (ओआर-एनसीडी) को विकसित करने के लिए यह महत्वपूर्ण है, जिसमें मधुमेह, उच्च रक्तचाप और कोरोनरी धमनी रोग शामिल हैं।

C. यह गैर-संचारी रोगों (ओआर-एनसीडी) के विकास के लिए महत्वपूर्ण है, जिसमें मधुमेह, हाइपोटेंशन और कोरोनरी धमनी रोग शामिल हैं।

D. इनमें से कोई नहीं

Q.89 भारत को विश्व की मधुमेह राजधानी क्यों कहा जाता है?

A. यह दुनिया में मधुमेह रोगियों की कुल संख्या का 17% है।

B. यह दुनिया में मधुमेह रोगियों की कुल संख्या का 25% है।

C. यह दुनिया में मधुमेह रोगियों की कुल संख्या का 35% है।

D. इनमें से कोई नहीं

Q.90 भारतीय समुदाय में बांझपन दर क्या है?

A. 15% लगभग   **B.** 20% लगभग

C. 25% लगभग   **D.** 30% लगभग

Q.91 घाव की ड्रेसिंग करते समय कौन-सी तकनीक अपनानी चाहिए?

A. सेप्टिक तकनीक

B. मेडिकल असेप्सिस

C. सर्जिकल असेप्सिस

D. मेडिकल एवं सर्जिकल असेप्सिस

Q.92 'जलन' मुख्यतया कितने प्रकार की होती है?

A. तीन   **B.** चार   **C.** पाँच   **D.** छः

Q.93 स्कैल्ड्स निम्नलिखित कारणों से होने वाली जलन है:

A. नम ऊष्मा   **B.** अग्नि   **C.** रसायन   **D.** विद्युत

Q.94 एक जले हुए रोगी के लिए नर्स को आरंभिक चरण में निम्नलिखित में से आकलन करना चाहिए:

[UPPSC Staff Nurse, 2017]

A. पोटेशियम की अधिकता

B. सोडियम की कमी

C. सोडियम की अधिकता

D. मेटाबॉलिक एल्केलोसिस

Q.95 प्राथमिक चिकित्सा प्रदान करने से पूर्व हमें किस बात पर ध्यान देना चाहिए?

A. पीड़ित व्यक्ति बेहोश है कि नहीं

B. पीड़ित व्यक्ति साँस ले रहा है कि नहीं

C. पीड़ित व्यक्ति के शरीर से रुधिर तो नहीं बह रहा है

D. उपरोक्त सभी बातों पर ध्यान देना चाहिए

Q.96 सिर की चोट के लिए किस प्रकार की पट्टियों का उपयोग किया जाता है?

A. कैपलाइन   **B.** कुंडली   **C.** स्पाइका   **D.** परिपत्र

Q.97 'रुधिरस्राव' पर नियन्त्रण के लिए हम प्राथमिक चिकित्सा कैसे कर सकते हैं?

A. रुधिरस्रावित अंग को ऊपर उठाकर

B. घाव को दबाकर

C. घाव पर रुई या कपड़ा रखकर

D. उपरोक्त सभी विधियों को अपनाकर

Q.98 जलने के मामले में, केवल एपिडर्मिस का हस्तक्षेप ______ के अंतर्गत आता है।

A. फर्स्ट डिग्री   **B.** सेकेंड डिग्री

C. थर्ड डिग्री   **D.** फोर्थ डिग्री

Q.99 जब 'जलन' के अन्तर्गत स्नायु तन्तु के साथ-साथ क्षतिग्रस्त ऊतकों की गहराई हड्डियों तक पहुँच जाती है, तो ऐसी जलन को किस श्रेणी में रखते हैं?

A. प्रथम श्रेणी   **B.** द्वितीय श्रेणी

C. तृतीय श्रेणी   **D.** चतुर्थ श्रेणी

Q.100 'घाव पर पट्टी बाँधना' हमें किस प्रकार की सहायता देती है?

A. हानिकारक रोगाणुओं से बचाती है

B. रुधिर का थक्का बनाने में सहायक है

C. घाव को ढकने में सहायक है

D. उपरोक्त सभी में सहायक होती है

// स्मार्ट उत्तर पुस्तिका //

सही उत्तर — उन छात्रों का प्रतिशत जिन्होंने प्रश्नों का सही उत्तर दिया था। **छोड़ दिया** — उन छात्रों का प्रतिशत जिन्होंने प्रश्नों को छोड़ दिया था।

प्रश्न संख्या	उत्तर	सही उत्तर / छोड़ दिया	प्रश्न संख्या	उत्तर	सही उत्तर / छोड़ दिया	प्रश्न संख्या	उत्तर	सही उत्तर / छोड़ दिया	प्रश्न संख्या	उत्तर	सही उत्तर / छोड़ दिया	प्रश्न संख्या	उत्तर	सही उत्तर / छोड़ दिया
1	A	54.57 % / 1.41 %	17	C	41.16 % / 1.33 %	33	A	80.39 % / 0.0 %	49	A	69.76 % / 1.32 %	65	D	55.35 % / 1.16 %
2	C	52.37 % / 1.2 %	18	D	66.82 % / 1.9 %	34	B	53.67 % / 1.04 %	50	D	27.47 % / 3.8 %	66	D	45.82 % / 1.06 %
3	C	47.59 % / 1.91 %	19	B	63.96 % / 1.4 %	35	C	29.46 % / 3.05 %	51	A	67.54 % / 1.86 %	67	D	51.85 % / 1.56 %
4	C	46.02 % / 1.57 %	20	B	51.33 % / 1.03 %	36	A	67.16 % / 1.66 %	52	C	49.0 % / 1.57 %	68	C	46.91 % / 1.72 %
5	A	51.8 % / 1.72 %	21	D	62.03 % / 1.71 %	37	B	77.8 % / 0.0 %	53	D	41.0 % / 1.59 %	69	A	52.89 % / 1.36 %
6	A	49.91 % / 1.95 %	22	A	67.33 % / 1.18 %	38	A	48.92 % / 1.84 %	54	B	61.35 % / 1.21 %	70	D	57.86 % / 1.94 %
7	D	46.93 % / 1.37 %	23	A	45.5 % / 2.0 %	39	C	51.35 % / 1.92 %	55	A	57.79 % / 1.84 %	71	D	48.34 % / 1.73 %
8	A	50.63 % / 1.58 %	24	B	67.19 % / 1.44 %	40	A	49.4 % / 1.69 %	56	B	51.54 % / 1.27 %	72	C	54.77 % / 1.24 %
9	A	66.69 % / 1.18 %	25	C	63.96 % / 1.83 %	41	B	22.14 % / 3.76 %	57	A	20.52 % / 4.97 %	73	D	40.82 % / 1.08 %
10	A	41.38 % / 1.54 %	26	C	57.49 % / 1.5 %	42	D	54.56 % / 1.89 %	58	C	53.16 % / 1.28 %	74	C	50.27 % / 1.06 %
11	B	50.2 % / 1.15 %	27	D	30.03 % / 3.03 %	43	D	41.31 % / 1.04 %	59	C	42.21 % / 1.75 %	75	C	57.24 % / 1.9 %
12	B	31.4 % / 4.36 %	28	D	69.72 % / 1.75 %	44	D	55.28 % / 1.83 %	60	A	47.93 % / 1.26 %	76	B	41.44 % / 1.47 %
13	B	55.79 % / 1.01 %	29	D	52.91 % / 1.83 %	45	B	58.75 % / 1.82 %	61	B	55.29 % / 1.52 %	77	A	51.03 % / 1.78 %
14	A	42.03 % / 1.41 %	30	D	53.06 % / 1.6 %	46	D	47.64 % / 1.7 %	62	C	51.87 % / 1.25 %	78	A	64.14 % / 1.69 %
15	A	62.89 % / 1.45 %	31	C	48.85 % / 1.69 %	47	D	40.21 % / 1.89 %	63	C	57.95 % / 1.3 %	79	D	66.05 % / 1.67 %
16	B	64.68 % / 1.5 %	32	B	69.06 % / 1.23 %	48	D	27.83 % / 3.7 %	64	A	41.82 % / 1.28 %	80	A	47.62 % / 1.91 %

प्रश्न संख्या	उत्तर	सही उत्तर / छोड़ दिया		प्रश्न संख्या	उत्तर	सही उत्तर / छोड़ दिया		प्रश्न संख्या	उत्तर	सही उत्तर / छोड़ दिया		प्रश्न संख्या	उत्तर	सही उत्तर / छोड़ दिया		प्रश्न संख्या	उत्तर	सही उत्तर / छोड़ दिया
81	B	10.83 % / 3.34 %		85	D	82.02 % / 0.0 %		89	A	68.17 % / 1.79 %		93	A	50.79 % / 1.62 %		97	D	69.37 % / 1.92 %
82	B	52.39 % / 1.71 %		86	A	54.87 % / 1.38 %		90	A	53.7 % / 1.07 %		94	B	46.67 % / 1.74 %		98	A	44.48 % / 1.71 %
83	D	16.09 % / 3.45 %		87	B	60.4 % / 1.88 %		91	C	53.69 % / 1.89 %		95	D	65.19 % / 1.29 %		99	D	62.0 % / 1.73 %
84	D	49.31 % / 1.63 %		88	A	27.14 % / 3.77 %		92	B	78.95 % / 0.0 %		96	A	66.36 % / 1.19 %		100	D	59.13 % / 1.18 %

//संकेत और समाधान//

1. परिपक्व गर्भावस्था तब होती है जब गर्भधारण के 42 सप्ताह से अधिक समय तक गर्भावस्था जारी रहती है (या> पहले दिन एलएमपी से 294 दिन)। परिपक्वता के बाद का औसत प्रसार लगभग 10% है।

निम्न कारक परिपक्वता के बाद की ओर ले जाते हैं:

- भ्रूण संबंधी असामान्यताएं जैसे जन्मजात विसंगतियां
- मातृ संबंधी कारक जैसे एकप्रसविता, गर्भावस्था के बाद का इतिहास, बुजुर्ग मां
- अपरा संबंधी कारक जैसे सल्फेट की कमी और कम एस्ट्रोजन

अतः विकल्प (A) सही है।

2. औसत गर्भावस्था के लिए शरीर में आयरन की आवश्यकता लगभग 1,000 मिलीग्राम होती है।

- गर्भावस्था में आयरन की आवश्यकता गैर-गर्भवती अवस्था की तुलना में अधिक होती है।
- यद्यपि मासिक धर्म की अनुपस्थिति के कारण पहली तिमाही में आयरन की आवश्यकता कम हो जाती है, लेकिन उसके बाद उनमें लगातार वृद्धि होती है; 55 किलो वजन वाली महिला की कुल आवश्यकता 1000 मिलीग्राम है।
- दैनिक जरूरतों में अनुवादित, आवश्यकता पहली तिमाही में ≈ 0.8 मिलीग्राम फ्रे, दूसरी तिमाही में 4 से 5 मिलीग्राम और तीसरी तिमाही में> 6 मिलीग्राम है।
- अवशोषण व्यवहार तदनुसार बदलता है: पहली तिमाही में आयरन के अवशोषण में कमी के बाद शेष गर्भावस्था के दौरान अवशोषण में उत्तरोत्तर वृद्धि होती है।
- हालांकि, एक इष्टतम आहार से भी जितनी मात्रा में अवशोषित किया जा सकता है, वह बाद की गर्भावस्था में लोहे की आवश्यकताओं से कम है और एक महिला को 300 मिलीग्राम के लोहे के भंडार के साथ गर्भावस्था में प्रवेश करना चाहिए, अगर उसे अपनी आवश्यकताओं को पूरी तरह से पूरा करना है।

अतः विकल्प (C) सही है।

3. गर्भावस्था के दौरान अत्यधिक उल्टी होने से मां का स्वास्थ्य बिगड़ जाता है जिसे हाइपरमेसिस ग्रेविडेरम कहा जाता है।

- हाइपरमेसिस ग्रेविडेरम, गर्भावस्था के दौरान अत्यधिक मतली और उल्टी को संदर्भित करता है। यह HCG (ह्यूमन कोरियोनिक गोनाडोट्रोपिन) और एस्ट्रोजन जैसे हॉर्मोन के सीरम स्तर में तेजी से वृद्धि के कारण हो सकता है।
- यह मुख्य रूप से पहली तिमाही में होता है और इसे मॉर्निंग सिकनेस भी कहा जाता है।
- अत्यधिक उल्टी से निर्जलीकरण और इलेक्ट्रोलाइट असंतुलन हो सकता है।
- इससे वजन भी कम हो सकता है।

अतः विकल्प (C) सही है।

4. गर्भावस्था के दौरान A.N.M को कम-से-कम 4, A.N.C दौरा करना चाहिए। गर्भावस्था के दौरान महिलाओं के प्रणालीगत पर्यवेक्षण को ANC (प्रसव पूर्व देखभाल) कहा जाता है।

न्यूनतम 4 ANC दौरे:

- 16 सप्ताह में 1 दौरा
- 24-28 सप्ताह के बीच 2 दौरे
- 32 सप्ताह में 3 दौरे
- 36 सप्ताह में 4 दौरे

अतः विकल्प (C) सही है।

5. एनालाप्रिल, उच्चरक्तचापरोधी औषधि गर्भावस्था में प्रतिदिष्ट है।

- उच्च रक्तदाब, जिसे उच्चरक्तचाप भी कहा जाता है, एक सामान्य रोगहै जो तब होता है जब आपकी धमनियों में दाब जितना होना चाहिए उससे अधिक होता है।
- एनालाप्रिल को गर्भावस्था के दौरान प्रतिदिष्ट माना जाता है। एनालाप्रिल एक औषधि है जो सीधे रेनिन-एंजियोटेंसिन प्रणाली पर कार्य करती है, गर्भावस्था के दौरान प्रशासित होने पर भ्रूण और नवजात मृत्यु दर और मृत्यु का कारण बन सकती है।
- एनालाप्रिल ACE (एंजियोटेंसिन-परिवर्तित एंजाइम) अवरोधकों के रूप में जानी जाने वाली दवाओं के एक समूह से संबंधित है। हृदयघात पड़ने के बाद निर्धारित किया जा सकता है। और इसका व्यापक रूप से उच्च रक्तदाब और हृद्पात के इलाज के लिए उपयोग किया जाता है।

उच्चरक्तचापरोधी औषधियों का एक वर्ग है जिसका उपयोग उच्चरक्तचाप (उच्च रक्तदाब) के इलाज के लिए किया जाता है। उच्चरक्तचापरोधी रोगोपचार उच्च रक्तदाबकी जटिलताओं को रोकने का प्रयास करती है, जैसे कि दौरा और हृद्पेशी रोधगलन।

अतः विकल्प (A) सही है।

6. स्वाभाविक रूप से गर्भावस्था का नुकसान सहज गर्भपात है।

- सहज गर्भपात गर्भावस्था को समाप्त करने के लिए वैकल्पिक चिकित्सा या शल्य चिकित्सा उपायों के अभाव में गर्भधारण के 20 सप्ताह से पहले गर्भावस्था के नुकसान को संदर्भित करता है।
- गर्भपात सहज गर्भपात का पर्याय है।
- भ्रूण के अंदर आनुवंशिक असामान्यताएं गर्भपात का ज्ञात कारण हैं।

अतः विकल्प (A) सही है।

7. थ्रेटेनेड अबॉर्शन (गर्भपात) में सर्वाइकल ओएस बंद रहता है और ऊतक का कोई मार्ग नहीं होता है।

थ्रेटेनेड अबॉर्शन:

- थ्रेटेनेड अबॉर्शन वैजाइनल ब्लीडिंग होती है जो गर्भावस्था के पहले 20 हफ्तों में होता है।
- ब्लीडिंग कभी-कभी पेट में ऐंठन के साथ होता है।
- इन लक्षणों से संकेत मिलता है कि अबॉर्शन संभव है, यही वजह है कि इस स्थिति को थ्रेटेनेड अबॉर्शन या थ्रेटेनेड मिसकैरेज के रूप में जाना जाता है।
- निर्धारित करने वाले कारकों में ब्लीडिंग की मात्रा और साइट शामिल है, क्या सर्विक्स फैला हुआ है, और क्या भ्रूण ऊतक पारित हो गया है।
- थ्रेटेनेड अबॉर्शन में, वैजाइनल जाँच बिना ऊतक के एक बंद सर्विक्स ओएस को प्रकट कर सकती है।

अतः विकल्प (D) सही है।

8. अधिकांश गर्भपात पहली तिमाही के दौरान होते हैं।

- लगभग 80% गर्भपात पहली तिमाही के दौरान होते हैं।
- उनमें से 50-60% आनुवंशिक असामान्यताओं पर आधारित हैं।
- हृदय क्रिया की पहचान के बाद गर्भावस्था के नुकसान का जोखिम 2-5% है।
- 5% उन महिलाओं के लिए जिनमें दो गर्भपात होते हैं।

- अंत में 1% उन महिलाओं के लिए जो तीन से अधिक गर्भपात का उल्लेख करती हैं।

अतः विकल्प (A) सही है।

9. लगातार तीन या चार सहज गर्भपात के इतिहास को हैबीटुअल गर्भपात कहा जाता है।

हैबीटुअल गर्भपात को तीन या अधिक पूर्व-व्यवहार्य गर्भधारण के सहज अनुक्रमिक नुकसान के रूप में परिभाषित किया जाना चाहिए। सहज एकल और बार-बार होने वाले क्रमिक गर्भपात की घटना और एटियलजि पर चर्चा की गई है। गर्भपात के उपचार में विभिन्न हार्मोनों की सैद्धांतिक भूमिका की जांच की जाती है।

अतः विकल्प (A) सही है।

10. 'सरवाइकल कैंसर की रोकथाम' को छोड़कर केवल स्तनपान कराने से माताओं को मदद मिलती है।

- विशेष स्तनपान माताओं को स्तन कैंसर को रोकने में मदद करता है। स्तनपान एक प्राकृतिक गर्भनिरोधक के रूप में कार्य करता है, गर्भधान को रोकता है और यह गर्भाशय के त्वरित समावेश में मदद करता है और प्रसवोत्तर रक्तस्राव को कम करता है। सर्वाइकल कैंसर का स्तनपान से कोई संबंध नहीं है।

- सबूतों से पता चलता है कि, सामान्य तौर पर, जितने अधिक महीने महिलाएं अपने बच्चों को स्तनपान कराती रहती हैं, इन महिलाओं को स्तन कैंसर से उतनी ही अधिक सुरक्षा मिलती है।

- स्तनपान स्वाभाविक रूप से ओव्यूलेशन (अंडाशय से अंडे की रिहाई) के लिए जरूरी हार्मोन को दबा देता है, बदले में गर्भधारण को रोकता है। शिशु का लगातार चूसना उन हार्मोनों को उत्तेजित कर सकता है जो ओव्यूलेशन की प्रक्रिया को दबा देते हैं। अगर शरीर में अंडे का उत्पादन नहीं होता है तो गर्भधारण नहीं होता है।

अतः विकल्प (A) सही है।

11. भ्रूण हृदय ध्वनि (FHT) को डॉपलर के माध्यम से 3 सप्ताह में, फीटोस्कोप द्वारा 18-20 सप्ताह में देखा जा सकता है।

- लिनिया नाइग्रा गर्भावस्था के 20वें सप्ताह में ही दिखाई देती है।

- गर्भावस्था के 20वें सप्ताह में भ्रूण के अंगों का स्पर्श संभव है।

- गर्भावस्था के 20वें सप्ताह तक गर्भाशय पर हाथ रखकर भ्रूण की सक्रिय हलचल को महसूस किया जा सकता है।

- भ्रूण हृदय ध्वनि गर्भावस्था का सबसे निर्णायक नैदानिक संकेत है।

अतः विकल्प (B) सही है।

12. एक या एक से अधिक कपाल टांके का समय से पहले संलयन, या तो बड़े या छोटे को क्रानियोसिनेस्टोसिस कहा जाता है।

- बच्चों के शारीरिक मूल्यांकन के दौरान, खोपड़ी की विषमता क्रानियोसिनेस्टोसिस को इंगित करती है।

- क्रानियोसिनेस्टोसिस स्थितीय प्लेगियोसेफली के रूप में जाना जाता है।

- बच्चे की खोपड़ी लचीली होती है, सिर को एक ही स्थिति में रखने से सिर का आकार असमान हो सकता है।

- सिर का पिछला भाग एक तरफ दूसरे की तुलना में अधिक चपटा लग सकता है।

- सिनेस्टोसिस क्रानियोसिनेस्टोसिस का सबसे आम प्रकार है।

- क्रानियोसिनेस्टोसिस में, एक या अधिक टांके जल्दी बंद हो जाते हैं। खोपड़ी फिर जुड़े हुए के समानांतर बढ़ने का प्रयास करती है

- टांके, इसके लंबवत होने के बजाय, सिर के असामान्य आकार का कारण बनते हैं।

अतः विकल्प (B) सही है।

13. नवजात शिशु का औसत वजन 2.5-3 किलो होता है।

जन्म के समय वजन	ग्रेड
>3500g	मोटा
3500-2500 ग्राम	सामान्य जन्म के वजन के बच्चे
2500-2000 ग्राम	जन्म के समय कम वजन का बच्चा
2000-1000 ग्राम	जन्म के समय बहुत कम वजन का बच्चा
<1000 ग्राम	जन्म के समय बेहद कम वजन के बच्चे

अतः विकल्प (B) सही है।

14. बच्चा 5 महीने की उम्र में सहारे से बैठना और 10 महीने की उम्र में खड़ा होना शुरू कर देता है। विकास की इन अनुसूचियों को विकास का मील का पत्थर कहा जाता है।

- मील का पत्थर शब्द उस विकास को संदर्भित करता है जो बच्चे की उम्र के अनुसार होना चाहिए।

- उदाहरण के लिए, लगभग सभी बच्चे 1 वर्ष या उससे अधिक की उम्र में खड़े होकर चलना शुरू कर देते हैं, डेढ़ से दो साल की उम्र तक कुछ शब्द कहना शुरू कर देते हैं, आदि। विकास का चरण सफलतापूर्वक पारित हो गया है, यह इंगित करता है विकास की विशेष अवधि के विकासात्मक कार्यों में महारत हासिल करने वाला बच्चा।

अतः विकल्प (A) सही है।

15. गैलेक्टोसीमिया में नवजात शिशु को दूध प्रदान नहीं करना चाहिए।

- गैलेक्टोसिमिया एक ऐसी स्थिति है जिसमें शरीर गैलेक्टोज (साधारण शर्करा) को चयापचय करने में असमर्थ होता है।

- यदि गैलेक्टोसिमिया वाले बच्चे को दूध दिया जाता है, तो बच्चे के सिस्टम में गैलेक्टोज से बने पदार्थ जमा हो जाते हैं।

- ये पदार्थ नवजात शिशु के मस्तिष्क, लीवर, किडनी और आंखों को नुकसान पहुंचाते हैं।

- गैलेक्टोसिमिया वाले लोग किसी भी प्रकार के दूध (मानव या पशु) को बर्दाश्त नहीं कर सकते।

- उन्हें गैलेक्टोज युक्त अन्य खाद्य पदार्थ खाने से सावधान रहना चाहिए।

अतः विकल्प (A) सही है।

16. अपगार स्कोर में श्वसन दर का परीक्षण किया जाता है।

APGAR जन्म के 1 और 5 मिनट बाद एक बच्चे पर किया जाने वाला एक त्वरित परीक्षण है। इसे 1952 में कोलंबिया विश्वविद्यालय के एक एनेस्थेसियोलॉजिस्ट डॉ वर्जीनिया अपगर द्वारा विकसित किया गया था।

अतः विकल्प (B) सही है।

17. एक सामान्य शिशु के सिर की परिधि होती 33-35 सेमी है।

बच्चे के सिर के चारों ओर की दूरी:

- औसत नवजात शिशु का सिर $13\frac{3}{4}$ (35 सेमी) में मापता है।

- आम तौर पर, एक नवजात शिशु का सिर सेमी प्लस 10 सेमी में बच्चे के शरीर की लंबाई का लगभग आधा होता है। तो 18 इंच लंबा बच्चा 45.7 सेंटीमीटर (18 × 2.54) होगा। उनका सिर लगभग 32.9 सेमी या 13 इंच से थोड़ा कम होगा।

अतः विकल्प (C) सही है।

18. बच्चों का शारीरिक और सांवेगिक स्वास्थ्य उनके अधिगम में महत्वपूर्ण भूमिका निभाता है।

अधिगम को "अनुभव द्वारा उत्पादित व्यवहार या व्यवहार क्षमता में किसी भी अपेक्षाकृत स्थायी परिवर्तन" के रूप में परिभाषित किया जा सकता है। अभ्यास (ड्रिल) और पुनरावृत्ति के माध्यम से सीखना तथ्यों और कौशलों के ज्ञान या अधिग्रहण के लिए एक मात्र जोड़ नहीं है। इसमें अनुभव का पुनर्गठन शामिल है।

अतः विकल्प (D) सही है।

19. बच्चे को चलना शुरू करने के लिए 11 से 13 महीने की परिपक्वता अवधि लगती है।

- चलना एक बच्चे के जीवन में महत्वपूर्ण मील के पत्थर में से एक है और अधिकांश माता-पिता अपने बच्चे को चलते हुए देखने के लिए बेसब्री से इंतजार करते हैं। लेकिन टॉडलर्स के सकल मोटर कौशल को विकसित होने में अपना समय लगता है।

अतः विकल्प (B) सही है।

20. जन्म के 24 घंटे के भीतर नवजात को हेपेटाइटिस बी का टीका लगाया जाता है।

- सेंटर फॉर डिजीज कंट्रोल (सीडीसी) के अनुसार, हेपेटाइटिस बी टीकाकरण सबसे अच्छा काम करता है जब बच्चे को उसके जीवन के पहले 24 घंटों के भीतर मिल जाता है।

रूबेला, रोटावायरस वैक्सीन 6 सप्ताह में दिया जाता है। खसरा और रूबेला के टीके 9 महीने में दिए जाते हैं।

अतः विकल्प (B) सही है।

21. 'यदि बच्चा मां के दूध से संतुष्ट नहीं है तो उसे फार्मूला दूध दें' को छोड़कर, अन्य सभी, HIV से प्रभावित नवजात शिशु की देखभाल करते समय सही नर्सिंग हस्तक्षेप हैं।

सार्वभौमिक सावधानियां दिशानिर्देशों का एक समूह है जिसका उपयोग स्वास्थ्य देखभाल कर्मियों को रक्त जनित स्थितियों, विशेष रूप से HIV एड्स और हेपेटाइटिस B से संबंधित संक्रमणों को विकसित करने से रोकने के लिए किया जाता है।

अतः विकल्प (D) सही है।

22. गर्भनिरोधक गोली देने पर स्वास्थ्य कार्यकर्ता वजन घटना को छोड़कर सभी के बारे में पूछेगा।

मौखिक गर्भनिरोधक गोलियों के स्वास्थ्य पर कई दुष्प्रभाव हो सकते हैं। इसलिए, चिकित्सा इतिहास का आकलन करना महत्वपूर्ण है। ये हैं गर्भनिरोधक गोली के कुछ दुष्प्रभाव

- पैर की मांसपेशियों (काफ) में चुभन
- सिरदर्द
- पैरों में सूजन

जन्म नियंत्रण की गोलियाँ अक्सर वजन बढ़ने में हेल्प करती जो दुष्प्रभाव के रूप में सूचीबद्ध हैं।

अतः विकल्प (A) सही है।

23. जब किसी रोगी को मूत्रवर्धक(डाइयूरेटिक) औषधियाँ दी जा रही हो, तो नर्स को 'रोगी की रुधिर शर्करा तथा मूत्र शर्करा के जाँच' की सावधानी रखनी चाहिए।

मूत्रवर्धक जल के वृक्क अवशोषण को धीमा कर देता है। प्रक्रिया को मूत्रवर्धकता कहा जाता है। मूत्र उत्पादन में वृद्धि हुई है। यह मात्रा कम करता है।

मधुमेह में पॉल्यूरिया (बहुमूत्रता) का लक्षण होता है। मैनिटोल जैसे परासरणी मूत्रवर्धक के साथ दिए जाने पर बढ़े हुए मूत्र उत्पादन से बड़ी मात्रा में द्रव में कमी आएगी।

अतः विकल्प (A) सही है।

24. ग्रामीण स्तर पर स्वास्थ्य कार्यकर्ता आशा के रूप में जाना जाता है जो राष्ट्रीय ग्रामीण स्वास्थ्य मिशन (एनआरएचएम) योजना का एक हिस्सा है।

- आशा का संबंध मान्यता प्राप्त सामाजिक स्वास्थ्य कार्यकर्ता से है।
- आशा, राष्ट्रीय ग्रामीण स्वास्थ्य मिशन के प्रमुख अंगों में से एक है, जो देश के प्रत्येक गाँव को एक प्रशिक्षित महिला सामुदायिक स्वास्थ्य कार्यकर्ता आशा या मान्यता प्राप्त सामाजिक स्वास्थ्य कार्यकर्ता मुहैया कराता है।
- गांव से ही चयनित और उनके प्रति उत्तरदायी, आशा, समुदाय और सार्वजनिक स्वास्थ्य प्रणाली के बीच काम करने वाली स्वयंसेविका है। जो इनके बीच किसी कड़ी की तरह जुड़ी होती है।

अतः विकल्प (B) सही है।

25. नर्स को जल्द ही रोगी के कमरे में लौटना चाहिए और तब तक वहां रहना चाहिए जब तक कि रोगी यह सत्यापित करने के लिए दवा नहीं लेता कि इसे निर्देशित के रूप में लिया गया था। अधिकांश बीमारियों के लिए प्राथमिक हस्तक्षेप के रूप में दवा चिकित्सा पर बढ़ती निर्भरता के साथ, दवा हस्तक्षेप प्राप्त करने वाले रोगियों को संभावित नुकसान के साथ-साथ लाभों का भी सामना करना पड़ता है। लाभ रोग का प्रभावी प्रबंधन, रोग की धीमी प्रगति, और कुछ त्रुटियों के साथ बेहतर रोगी परिणाम हैं। दवाओं से नुकसान अनपेक्षित परिणामों के साथ-साथ दवा त्रुटि (गलत दवा, गलत समय, गलत खुराक, आदि) से उत्पन्न हो सकता है।

अतः विकल्प (C) सही है।

26. 'नाक को पकड़ना (पिंच) और रोगी को आगे की ओर झुकाना' नर्सिंग उपाय उस रोगी की देखभाल के लिए सबसे उपयुक्त होगा जिसे तीव्र एपिस्टेक्सिस है। एपिस्टेक्सिस नाक से रक्तस्राव को संदर्भित करता है।

एपिस्टेक्सिस के कारण:

- मानसिक आघात
- संक्रमण
- बाहरी वस्तु
- ट्यूमर
- दैहिक रोग
- अज्ञातहेतुक

अतः विकल्प (C) सही है।

27. गर्भवती महिला को एएनएम, आशा और आंगनबाड़ी कार्यकर्ताओं द्वारा दिए जाने वाले शिक्षण/प्रशिक्षण से अपने स्वास्थ्य के बारे में जानकारी मिलती है।

आयरन-फोलिक एसिड गोलियों का वितरण - गर्भवती महिलाओं के लिए 30 मिलीग्राम से 60 मिलीग्राम एलिमेंटल आयरन* और 400 माइक्रोग्राम (0.4 मिलीग्राम) फोलिक एसिड** के साथ दैनिक मौखिक आयरन और फोलिक एसिड अनुपूरण की सिफारिश की जाती है ताकि मातृ रक्ताल्पता, प्यूपरल सेप्सिस, जन्म वजन, और समय से पहले जन्म निम्न को रोका जा सके।

परिवार नियोजन के बारे में जानकारी प्रदान करने के लिए अवांछित गर्भधारण और बच्चे के जन्म के कारण होने वाली मौतों को रोकने में मदद करने के लिए बहुत जल्द और बहुत अधिक होने की संभावना है और इसलिए मातृ, नवजात और बाल स्वास्थ्य पर महत्वपूर्ण प्रभाव डालने की क्षमता है। इसलिए, परिवार नियोजन को जनसंख्या स्थिरीकरण के साथ-साथ मातृ एवं शिशु स्वास्थ्य हस्तक्षेप के रूप में माना जाता है।

अतः विकल्प (D) सही है।

28. दवा के निर्देशों को समझने के लिए नर्स को रोगी की संज्ञानात्मक क्षमताओं पर विचार करना चाहिए। यदि नहीं, तो नर्स को घर में दवाएं देने की जिम्मेदारी लेने के लिए परिवार के किसी सदस्य या महत्वपूर्ण अन्य को ढूंढना होगा।

व्यावसायिक खतरों और सामाजिक आर्थिक स्थिति से उबरने की रोगी की क्षमता दवा प्रशासन को प्रभावित नहीं करती है।

अतः विकल्प (D) सही है।

29. एएनएम काउंसलर की भूमिका गर्भावस्था के दौरान सामान्य देखभाल, सुरक्षित प्रसव के लिए जन्म की तैयारी और आपातकालीन योजना और गर्भावस्था में खतरे के संकेतों के बारे में जानकारी साझा करना है।

- ANM काउंसलर की भूमिका गर्भवती महिलाओं और उनके परिवार के सदस्यों के साथ संवाद करना है, खतरे के संकेत क्या हैं और प्रसवपूर्व जांच के लिए स्वास्थ्य सुविधा में आने वालों के लिए मदद के बारे में सोचें और यह तय करें कि यदि वे अनुभव करते हैं तो वे कहां जाएंगे इनमें से कोई भी या सभी लक्षण।

- भारत सरकार ANM जैसे "कुशल जन्म परिचारक" को एक ऐसे व्यक्ति के रूप में मानती है जो सामान्य प्रसूति और नवजात आपात स्थितियों को संभाल सकता है, पहचानता है कि स्थिति उसकी क्षमता से परे एक बिंदु तक पहुंच जाती है, और महिला या नवजात शिशु को संदर्भित करती है। बिना देर किए पहली रेफरल यूनिट/उपयुक्त सुविधा।

- एक ANM काउंसलर की भूमिका गर्भवती महिला की देखभाल के बारे में महिलाओं और उनके परिवार के सदस्यों के साथ प्रभावी ढंग से संवाद और परामर्श देना है।

अतः विकल्प (D) सही है।

30. देखभाल की गुणवत्ता वह डिग्री है जिस तक व्यक्तियों और आबादी के लिए स्वास्थ्य सेवाएं वांछित स्वास्थ्य परिणामों की संभावना को बढ़ाती हैं। यह साक्ष्य-आधारित पेशेवर ज्ञान पर आधारित है और सार्वभौमिक स्वास्थ्य कवरेज प्राप्त करने के लिए महत्वपूर्ण है। जैसा कि देश सभी के लिए स्वास्थ्य प्राप्त करने के लिए प्रतिबद्ध हैं, देखभाल और स्वास्थ्य सेवाओं की गुणवत्ता पर सावधानीपूर्वक विचार करना अनिवार्य है।

गुणवत्तापूर्ण स्वास्थ्य देखभाल को कई तरह से परिभाषित किया जा सकता है लेकिन इस बात को स्वीकार किया जा रहा है कि गुणवत्तापूर्ण स्वास्थ्य सेवाएं होनी चाहिए:

- प्रभावी – जिन लोगों को उनकी आवश्यकता है उन्हें साक्ष्य-आधारित स्वास्थ्य सेवाएं प्रदान करना;

- सुरक्षित – उन लोगों को नुकसान से बचाना जिनके लिए देखभाल का इरादा है; तथा

- लोग-केंद्रित – देखभाल प्रदान करना जो व्यक्तिगत प्राथमिकताओं, जरूरतों और मूल्यों के प्रति प्रतिक्रिया करता है।

अतः विकल्प (D) सही है।

31. डिप्थीरिया एक गंभीर संक्रमण है जो कोरीनोबैक्टीरियम डिप्थीरिया नामक बैक्टीरिया द्वारा उत्पादित विष के कारण होता है।

- डिप्थीरिया एक व्यक्ति से दूसरे व्यक्ति में श्वसन की बूंदों के माध्यम से फैलता है, जैसे कि खांसने या छींकने से उत्पन्न होने वाली बूंदें।

- यह डिप्थीरिया त्वचा संक्रमण के खुले घावों या अल्सर वाले किसी व्यक्ति को छूने से भी फैल सकता है।

- डिप्थीरिया संक्रमण से चर्म या श्वसन संबंधी रोग हो सकते हैं।

- डिप्थीरिया मुख्य रूप से गले और नाक को प्रभावित करता है।

अतः विकल्प (C) सही है।

32. काली खांसी को पर्टुसिस के नाम से भी जाना जाता है।

- पर्टुसिस श्वसन तंत्र का एक जीवाणु संक्रमण है जो बोर्डेटेला पर्टुसिस के कारण होता है।

- यह एक अत्यधिक संक्रामक रोग है जो ऊपरी श्वसन पथ में सूजन का कारण बनता है।

- कुछ दिनों के बाद रास्ते में बलगम बनने लगता है जिससे खांसी अनियंत्रित हो जाती है।

- तेज खांसी के बाद आने वाली 'हूप' की आवाज के कारण इसे काली खांसी कहते हैं।

- शिशुओं को अधिक जोखिम होता है, लेकिन जिन वयस्कों की अधिग्रहित प्रतिरक्षा फीकी पड़ गई है, वे भी जोखिम में हैं।

अतः विकल्प (B) सही है।

33. टिटेनस एक जीवाणु रोग है। इसे "लॉकजॉ" के रूप में भी जाना जाता है क्योंकि यह जबड़े की मांसपेशियों में जकड़न का कारण बनता है।

रोगकारक	क्लोस्ट्रीडियम टेटानी जीवाणु
उपार्जन का तरीका	संक्रमण तब होता है जब एक गहरा मांस घाव मिट्टी, धूल या जानवरों के मल के संपर्क में आता है जो जीवाणु से दूषित होता है।
प्रभाव	तंत्रिका तंत्र जो मांसपेशियों में अकड़न और ऐंठन का कारण बनता है।
लक्षण	• जबड़े, गर्दन और पेट की मांसपेशियों में अकड़न • निगलने में कठिनाई • दर्दनाक ऐंठन

अतः विकल्प (A) सही है।

34. पोलियोमाइलाइटिस विषाणु 'RNA विषाणु' से संबंधित है।

RNA विषाणु:

- यह एक विषाणु है जिसमें RNA आनुवंशिक सामग्री के रूप में होती है।

- यह RNA का उपयोग करके प्रतिकृति बनाता है।

अतः विकल्प (B) सही है।

35. हेपेटाइटिस बी:

- यह एक यकृत की बीमारी है जो हेपेटाइटिस बी वायरस (HBV) के कारण होती है।

- यह विषाणु यकृत के कार्यों में हस्तक्षेप करने के लिए जाना जाता है और रोग संबंधी क्षति का कारण बनता है।

- यह तीव्र या पुरानी दोनों तरह की बीमारी हो सकती है।

- HBV संक्रमित व्यक्ति के रक्त या शरीर के तरल पदार्थ के संपर्क में आने से फैलता है।

HIV/AIDS:

- ह्यूमन इम्युनोडेफिशिएंसी वायरस (HIV) मनुष्यों की प्रतिरक्षा प्रणाली को संक्रमित करता है और बाद में एक्वायर्ड इम्यूनोडेफिशिएंसी सिंड्रोम (AIDS) में परिणत होता है।

- एड्स एक ऐसी स्थिति है जिसमें प्रतिरक्षा प्रणाली कमजोर हो जाती है और मानव शरीर जानलेवा अवसरवादी संक्रमण और कैंसर के प्रति संवेदनशील हो जाता है।

- HIV संभोग, संक्रमित रक्त के आधान, गर्भावस्था के दौरान संक्रमित मां को अपने शिशु को और स्तन के दूध के माध्यम से फैल सकता है।

विश्व स्वास्थ्य संगठन के अनुसार HBV HIV से 50 से 100 गुना अधिक संक्रामक है, हालांकि दोनों वायरस एक ही तरह से फैलते हैं, यानी संक्रमित व्यक्ति के रक्त या शरीर के तरल पदार्थ के संपर्क में आने से। इसलिए, कथन 1 सही है।

HBV से यकृत सिरोसिस और यकृत कैंसर भी हो सकता है। संक्रमित लोगों का एक छोटा प्रतिशत वायरस से छुटकारा नहीं पा सकता है और कालानुक्रमिक

रूप से संक्रमित हो सकता है। ऐसे लोगों को यकृत सिरोसिस और यकृत कैंसर से मृत्यु का अधिक खतरा होता है। इसलिए, कथन 2 सही है।

अतः विकल्प (C) सही है।

36. BCG टीके का उपयोग तपेदिक (ट्यूबरकुलोसिस) की रोकथाम के लिए किया जाता है।

- BCG का मतलब बेसिल कैलमेट-गुएरिन है।
- क्षय रोग (TB) माइकोबैक्टीरियम ट्यूबरकुलोसिस के कारण होता है।
- क्षय रोग (टीबी) आमतौर पर फेफड़ों पर हमला करता है।
- BCG वैक्सीन पर सबसे पहले WHO विशेषज्ञ समिति ने अपनी तेरहवीं रिपोर्ट में जैविक मानकीकरण पर विचार किया था।
- BCG वैक्सीन सभी उपस्थित टीकों में सबसे व्यापक रूप से इस्तेमाल की जाने वाली वैक्सीन में से एक है।
- BCG वैक्सीन का मेनिन्जाइटिस और बच्चों में प्रसारित TB के खिलाफ एक प्रलेखित सुरक्षात्मक प्रभाव है।

अतः विकल्प (A) सही है।

37. चिकन पॉक्स विषाणु के कारण होता है। हरपीज ज़ोस्टर वायरस को वैरीसेला ज़ोस्टर वायरस के रूप में भी जाना जाता है जो चिकन पॉक्स का कारण बनता है।

- वयस्कों में, इसे मुख्य रूप से हरपीज ज़ोस्टर वायरस के रूप में जाना जाता है।
- चिकन पॉक्स के लिए दी जाने वाली वैक्सीन वैरीसेला वैक्सीन है।
- यह खुजली वाले लाल फफोले की विशेषता है जो पूरे शरीर में दिखाई देते हैं।

अतः विकल्प (B) सही है।

38. गलगण्ड रोग (Mumps), मम्प्स वायरस के कारण होने वाला एक वायरल रोग है। यह लार ग्रंथियों और पैरोटिड ग्रंथियों में सूजन का कारण बनता है। लार ग्रंथियों में दर्द, बुखार और सिरदर्द इसके लक्षण हैं।

अतः विकल्प (A) सही है।

39. रूबेला एक विषाणु-जनित रोग है। इसे जर्मन खसरा या तीन दिन का खसरा भी कहा जाता है क्योंकि यह खसरे के साथ कुछ विशेषताओं को साझा करता है लेकिन यह एक अलग विषाणु के कारण होता है और कम गंभीर भी होता है।

लक्षण:

- एक चकता जो पहले चेहरे पर दिखाई देता है और फिर धड़ और अंगों पर चला जाता है
- जोड़ों का दर्द (मुख्य रूप से महिलाओं में)
- दबी नाक
- हल्का बुखार और सिरदर्द
- सूजन लसीका पर्व और नसों की सूजन

अतः विकल्प (C) सही है।

40. आंत्र ज्वर जठरांत्र संबंधी मार्ग का एक अत्यंत गंभीर संक्रमण है जो क्रमशः साल्मोनेला सीरोटाइप टाइफी और साल्मोनेला सीरोटाइप पैराटाइफी के कारण होता है।

- साल्मोनेला एंटेरिका टाइफी एक ग्राम-नकारात्मक जीवाणु है जो आंत्र ज्वर के लिए जिम्मेदार है।
- यह किसी संक्रमित या वाहक द्वारा तैयार किए गए दूषित भोजन या पेय के सेवन से फैलता है (वाहक वह है जो बीमारी से उबर चुका

है, लेकिन अपने शरीर में जीवाणु को ले जाना जारी रखता है और दूसरों को संक्रमित कर सकता है)।

- खाने के लिए तैयार भोजन का सेवन जो सीवेज से दूषित हो गया है, जैसे कि रात की मिट्टी से निषेचित फल, या सीवर आउटफॉल से दूषित क्षेत्र।
- यह एक रक्त, मल या मूत्र संस्कृति के माध्यम से एक एस टाइफी संक्रमण द्वारा निदान कर सकता है।

अतः विकल्प (A) सही है।

41. छह महीने की उम्र तक शिशु घुड़कना छोड़कर निम्नलिखित कार्य करने में सक्षम होते हैं।

सभी बच्चों का भाषा विकास एक निश्चित अनुक्रम का अनुसरण करता है। इसका अर्थ यह है कि सभी बच्चे भाषा सीखते समय समान चरणों से गुजरते हैं और वे लगभग समान उम्र में ऐसा करते हैं, चाहे वे जिस भी भाषा में बोलते हों।

भाषा अधिग्रहण के चरण:

- रोना: बच्चों द्वारा उपयोग किया जाने वाला संचार का सबसे प्रारंभिक रूप रोना है। जन्म से लेकर एक महीने की उम्र तक, यह एकमात्र ऐसी ध्वनि होती है जिसे बच्चा अपनी परेशानी और तकलीफ बताने के लिए निकालता है। अधिकांश माताएं यह पता लगाने में सक्षम होती हैं कि शिशु का रोना क्या इंगित करता है-क्या वह भूखा है, गीला है या सिर्फ चिड़चिड़ा है।
- किलकना: लगभग एक महीने की उम्र के बच्चे रोने के अलावा किलकना आवाज निकालने लगते हैं। यह चरण जन्म के बाद 4-5 महीने तक चलता है। किलकना एक स्वर जैसी विशेष रूप से 'मू .....' की तरह ध्वनि होती है। जब वे खुश और संतुष्ट होते हैं, तो बच्चे किलकना की ध्वनियां निकालते हैं।
- तुतलाहट: छह और दस महीने के बीच शिशु तुतलाना शुरू कर देते हैं। वह 'ma', 'da', 'ki', और 'ne' जैसे अक्षरों को बार-बार दोहराती है जिससे हम "dadada ...", "kikikikiki...", "mamama...." जैसे ध्वनियाँ सुन सकते हैं। चूँकि प्रारंभिक अवस्था में शिशु नयी ध्वनियाँ निकालना और उनके साथ प्रयोग करना जारी रखते हैं।

अतः विकल्प (B) सही है।

42. गर्भाधान से ही, एक माँ के गर्भ में जीवन की शुरुआत, मनुष्य की वृद्धि और विकास विभिन्न कारकों से प्रभावित होती है। विकास कई चर से प्रभावित होता है जैसे माता-पिता की ऊंचाई, पोषण, बीमारी, और आदि।

कारक जो बच्चे के विकास को प्रभावित करते हैं:

- जैविक और शारीरिक कारक: एक बच्चे की शारीरिक दैहिक संरचना, काया, और शरीर रसायन जीवन भर उसकी वृद्धि और विकास को प्रभावित करते हैं।
  - अंतःस्रावी ग्रंथियां व्यक्ति के जन्म से उसकी वृद्धि और विकास को प्रभावित करने वाले गुणकारी कारक हैं। शरीर का रसायन विज्ञान इन ग्रंथियों द्वारा नियंत्रित होता है। इन ग्रंथियों में से प्रत्येक अपने स्वयं के रसायनों को हार्मोन के रूप में जानता है।
  - ये हार्मोन रक्तप्रवाह तक पहुंचते हैं और पूरे शरीर में प्रसारित होते हैं।
  - वे उन सभी मुद्दों को प्रभावित करते हैं जिन पर शरीर प्रणाली, भावनात्मक क्रियाओं, और यहां तक कि विचारों का कार्य निर्भर करता है और इसलिए, वाहिनी रहित ग्रंथियों का कार्य एक व्यक्ति के वृद्धि और विकास के विभिन्न पहलुओं जैसे शारीरिक, सामाजिक, मानसिक, भावनात्मक और नैतिक पर बहुत प्रभाव डालता है।

- पोषण: बच्चे के स्वस्थ विकास के लिए उचित पोषण आवश्यक है। कुपोषित बच्चे की वृद्धि मंद या धीमी हो सकती है।
- बुद्धि: उच्चतर बुद्धि तीव्र विकास से जुड़ी होती है जबकि निम्न बुद्धि विकास के विभिन्न पहलुओं में मंदता के साथ जुड़ी होती है।
- प्रसवकालीन वातावरण: यह गर्भ में भ्रूण का वातावरण है। यदि मां को खराब पोषण मिलता है, वह भावनात्मक रूप से परेशान होती है या धूम्रपान करती है, मदिरा पीती है, या कुछ दवा लेती है, या कुछ बीमारियों से ग्रस्त है, तो बच्चे की वृद्धि पर प्रतिकूल प्रभाव पड़ सकता है।

इसलिए, हम यह निष्कर्ष निकाल सकते हैं कि उपरोक्त सभी कारक ऐसे कारक हैं जो बच्चे के विकास को प्रभावित करते हैं।

अतः विकल्प (D) सही है।

43. शैशवावस्था में खुशी, भय, क्रोध के मूल संवेग दिखाई देते हैं।

शैशवावस्था के दौरान मूल संवेग:

- लगभग दो महीने की आयु के शिशुओं द्वारा मानवीय चेहरों की प्रतिक्रिया के रूप में सामाजिक मुस्कुराहट प्रदर्शित की जाती है।
- जब वे चार महीने के हो जाते हैं, तो वे हँसी दिखाते हैं और छह महीने तक क्रोध, दुख और आश्चर्य व्यक्त करते हैं।
- जब कोई उन्हें छह से बारह महीने की उम्र में उनके नाम से बुलाता है तो वे प्रतिक्रिया देना सीखते हैं।
- वे डर की भावना व्यक्त करते हैं जब उनके माता-पिता या देखभाल करने वाले (अभिभावक) उन्हें छोड़ कर जाते हैं। वे अपनी जरूरत पूरी न होने पर क्रोध जाहिर करने लगते हैं।
- बच्चे अपने विश्वास, भय, आत्मविश्वास, प्रेम आदि को व्यक्त करना शुरू कर देते हैं।

अतः विकल्प (D) सही है।

44. एक शिशु, उसके और उसके कार्यवाहक, आमतौर पर माता, पिता और परिवार के सदस्यों के बीच मजबूत संबंध स्थापित होते हैं।

- शिशुओं का सामाजिक विकास दूसरों के साथ उनकी बातचीत पर निर्भर करता है।
- यह माता, पिता और बच्चे के परिवार के सदस्यों द्वारा प्यार और स्नेह पर भी निर्भर करता है।
- रिश्तों के पोषण और विश्वास के माध्यम से, शिशुओं और बच्चों को दुनिया के बारे में पता चलता है।
- शिशुओं का सामाजिक विकास भी इस बात पर निर्भर करता है कि वह किस हद तक दूसरों का ध्यान आकर्षित करने में सक्षम है।
- जब शिशु सुरक्षित और सतर्क महसूस करते हैं, तो उनका निरीक्षण करने, तलाशने, खेलने, बातचीत करने और प्रयोग करने की संभावना अधिक होती है।

इसलिए, एक शिशु का सामाजिक विकास सभी दिए गए बिंदुओं पर निर्भर करता है।

अतः विकल्प (D) सही है।

45. जन्म के एक घंटे के भीतर ही बच्चा स्तनपान कराना शुरू कर देता है।

- स्तन से 'पहला दूध' न छोड़ें क्योंकि यह बहुत महत्वपूर्ण है और पहला दूध (कोलोस्ट्रम) पोषक तत्वों और सुरक्षात्मक कारकों से भरपूर होता है जो बच्चे को बीमारियों से बचाते हैं।
- यह बच्चे और मां दोनों के लिए अच्छा है। माँ के साथ प्रारंभिक त्वचा से त्वचा का संपर्क बच्चे को गर्म करता है और यह स्तन के दूध के जल्दी स्राव में मदद करता है।

अतः विकल्प (B) सही है।

46. एक बच्चे में विकास को अक्सर शारीरिक, संज्ञानात्मक, संवेगात्मक और सामाजिक जैसे व्यापक क्षेत्रों में विभाजित किया जाता है। अभी तक एक विकासात्मक प्रक्रिया के रूप में यह क्षेत्र संबंधित है।

एक बच्चे में शारीरिक, संज्ञानात्मक, भावनात्मक और सामाजिक क्षेत्र एक एकीकृत और समग्र निर्माण में विकास है।

- एक बच्चे के समग्र दृष्टिकोण में विकास में शारीरिक, सामाजिक और भावनात्मक, संवेदी, संज्ञानात्मक और संचार अर्थात भाषा का विकास शामिल है।
- विकास से तात्पर्य अंगों के बेहतर और वर्धित कामकाज के लिए संरचना में होने वाली वृद्धि से है। यह आनुवंशिकता और पर्यावरण की परस्पर क्रिया का एक उत्पाद है।
- विकास के प्रमुख क्षेत्र जैसे शारीरिक, संज्ञानात्मक, सामाजिक-भावनात्मक और भाषा एक एकीकृत और समग्र प्रक्रिया में विकसित होते हैं।

आइए संक्षेप में समझते हैं:

शारीरिक विकास	यह जीवन भर मनुष्यों में होने वाले शारीरिक परिवर्तनों को संदर्भित करता है।
संज्ञानात्मक विकास	यह किसी समस्या को तर्क करने, सोचने, समझने और हल करने की क्षमता के विकास को संदर्भित करता है।
सामाजिक विकास	यह जीवन भर सामाजिक कौशल और मूल्यों के विकास को संदर्भित करता है।
संवेगात्मक विकास	यह अपनी और दूसरों की भावनाओं को नियंत्रित और प्रबंधित करने की क्षमता के विकास को संदर्भित करता है।
भाषा विकास	यह भाषा को समझने, देखने और उपयोग करने की क्षमता के विकास को संदर्भित करता है।

इसलिए, यह निष्कर्ष निकाला जा सकता है कि बाल विकास के पक्षों में उपरोक्त सभी पहलू शामिल हैं।

अतः विकल्प (D) सही है।

47. इन उद्देश्यों को प्राप्त करने के लिए, छह सेवाओं का समूह निम्नलिखित है:

- अनुपूरक पोषण (एसएनपी)
- टीकाकरण
- स्वास्थ्य जांच
- परामर्श सेवाएं
- स्कूल-पूर्व गैर-औपचारिक शिक्षा और
- पोषण और स्वास्थ्य शिक्षा प्रदान की जाती है।

इसलिए, उपरोक्त सभी एकीकृत बाल विकास सेवा (ICDS) के मुख्य उद्देश्य हैं।

अतः विकल्प (D) सही है।

48. महिला एवं बाल विकास योजनाओं में आंगनवाड़ी सेवा योजना, प्रधानमंत्री मातृ वंदना योजना और राष्ट्रीय पोषण मिशन शामिल हैं।

आंगनवाड़ी और आईसीडीएस मिशन:

- आंगनवाड़ी सेवा योजना भारत सरकार द्वारा जारी दिशा-निर्देशों/निर्देशों के अनुसार राज्यों/केन्द्र शासित प्रदेशों द्वारा कार्यान्वित एक केन्द्र प्रायोजित योजना है। यह योजना भारत सरकार के आईसीडीएस कार्यक्रम के तहत आती है।
- एकीकृत बाल विकास सेवा (आईसीडीएस) 6 वर्ष से कम उम्र के बच्चों और उनकी माताओं को भोजन, पूर्वस्कूली शिक्षा और प्राथमिक स्वास्थ्य सेवा प्रदान करती है।

प्रधानमंत्री मातृवंदना योजना:

- प्रधानमंत्री मातृवंदना योजना (पीएमएमवीवाई) को 2016 में भारत सरकार के एक प्रमुख मातृत्व लाभ कार्यक्रम के रूप में शुरू किया गया था।
- यह योजना महिला और बाल विकास मंत्रालय के तत्वावधान में चलती है।
- इस योजना का उद्देश्य गर्भवती या स्तनपान कराने वाली 19 वर्ष या उससे अधिक आयु की महिलाओं को पहले जीवित जन्म के लिए देना है।

राष्ट्रीय पोषण मिशन:

- एनएनएम के लक्ष्य 2017-18 से शुरू होने वाले तीन वर्षों के दौरान 0-6 वर्ष के बच्चों, किशोरवय लड़कियों, गर्भवती महिलाओं और स्तनपान कराने वाली माताओं के पोषण की स्थिति में सुधार करना है।
- महिला और बाल विकास मंत्रालय द्वारा शुरू की गई योजना।

अतः विकल्प (D) सही है।

49. सतत विकास लक्ष्य के अनुसार, नवजात मृत्यु दर को कम करना '<12 प्रति 1000 जीवित जन्म' है। दूसरा लक्ष्य अंडर-पाँच मृत्यु दर को कम से कम 25 प्रति 1,000 जीवित जन्मों तक कम करना है।

अतः विकल्प (A) सही है।

50. बच्चे का समग्र विकास देखभाल और शिक्षा की अविभाज्य प्रकृति पर आधारित है, जिसमें छोटे बच्चों की देखभाल, पोषण, स्वास्थ्य और कल्याण की आवश्यकता को व्यापक रूप से संबोधित किया जाता है और माता-पिता परामर्श के साथ-साथ परस्पर जुड़ी सभी क्षेत्रों के विकास की गतिविधियों का समर्थन करते हैं।

बच्चे का समग्र विकास निम्न पर आधारित है:

- देखभाल और शिक्षा की अविभाज्य प्रकृति: बच्चों को कोमल प्रेमपूर्ण देखभाल और ध्यान देने की आवश्यकता है, न केवल इसलिए कि वे एक दिन उत्पादक वयस्क बनेंगे, बल्कि इसलिए कि उन्हें बच्चों के रूप में जीने और अपनी पूरी क्षमता से बढ़ने का अधिकार है। बच्चों को सक्रिय रूप से दिलचस्पी लेनी चाहिए और विभिन्न क्षेत्रों में कौशल का पता लगाने और निर्माण करने के लिए प्रेरणा की उच्च भावना और सकारात्मक स्वभाव के साथ अपने अधिगम में संलग्न होना चाहिए।
- छोटे बच्चों की देखभाल, पोषण, स्वास्थ्य और कल्याण की आवश्यकता को संबोधित करना: बाल विकास का संबंध न केवल बच्चे के भीतर हो रहा है, बल्कि उस देखभाल से भी है जिसकी बच्चे को आवश्यकता होती है। यह जरूरी है कि सुरक्षा, भोजन और स्वास्थ्य देखभाल की बुनियादी जरूरतों को पूरा किया जाए। स्नेह और सुरक्षा के लिए, उद्दीपन और अन्तः क्रिया के लिए बच्चे की जरूरतों को पूरा करना भी उतना ही महत्वपूर्ण है। बच्चे के लिए खेल और कल्पना के माध्यम से अन्वेषण और खोज के माध्यम से सीखना सामान्य और स्वस्थ है। बच्चे के स्वास्थ्य और पोषण संबंधी जरूरतों को पूरा करना निश्चित रूप से बच्चे के सर्वोत्तम विकास के लिए एक अनिवार्य शर्त है।
- विकास के सभी क्षेत्रों को शामिल करते हुए परस्पर जुड़ी गतिविधियाँ: विकास के सभी क्षेत्रों को कवर करते हुए परस्पर संबंधित गतिविधियों के प्रावधान के लिए समग्र विकास दृष्टिकोण महत्वपूर्ण है।

अतः विकल्प (D) सही है।

51. ज्वर को नियंत्रित करने के लिए ली जाने वाली दवाओं को एंटीपायरेटिक्स कहा जाता है।

- एंटीपीयरेटिक्स (ज्वरनाशक) औषधि का प्रयोग तापमान/बुखार को कम करने के लिए किया जाता है।

- एंटीपीयरेटिक्स (ज्वरनाशक) (विरोधी ज्वरनाशक, ज्वर से संबंधित), ऐसे पदार्थ हैं जो ज्वर को कम करते हैं।
- एंटीपीयरेटिक्स (ज्वरनाशक) हाइपोथैलेमस को तापमान में एक इंटरल्यूकिन-प्रेरित वृद्धि को रद्द करने का कारण बनता है।
- तब शरीर तापमान को कम करने का काम करता है, जिसके परिणामस्वरूप बुखार में कमी आती है। एस्पिरिन, पैरासिटामोल, एनालगिन आदि सामान्य ज्वरनाशक दवाओं के कुछ उदाहरण हैं।

अतः विकल्प (A) सही है।

52. बोरिक एसिड आंखों के लिए रोगाणुरोधक होता है।

बोरिक अम्ल: यह एक जीवाणुस्तम्भक और कवकरोधी दवा है जो त्वचा कीटाणुशोधन के उपचार और दृष्टि संबंधी सतह चिकित्सा की सिंचन में इंगित की जाती है।

अतः विकल्प (C) सही है।

53. हड्डी की बायोप्सी के बाद नर्सिंग देखभाल में रक्तस्राव, सूजन और हेमेटोमा गठन के लिए पंचर साइट की बारीकी से निगरानी शामिल है।

अस्थि का एक छोटा सा नमूना शरीर से लिया जाता है और कैंसर, संक्रमण या अस्थि के अन्य विकारों का पता लगाने के लिए सूक्ष्मदर्शी (माइक्रोस्कोप) के अंतर्गत जांच की जाती है।

जटिलता:

- चोट
- असहजता
- सूजन
- रक्तगुल्म
- रक्तस्राव
- संक्रमण
- अस्थिभंग

अतः विकल्प (D) सही है।

54. भारत में मलेरिया के इलाज के लिए, हाइड्रोक्सीक्लोरोक्वीन का उपयोग किया जाता है। यह दवा प्रभावी है, जहां मलेरिया की बीमारी अभी भी प्रचलित है।

- ल्यूपस, रूमेटाइड अर्थराइटिस और पोर्फिरीया के उपचार के लिए भी इस दवा का उपयोग किया जाता है।
- मुंह से शरीर को दवा दी जाती है।
- दवा हाइड्रोक्सीक्लोरोक्वीन सल्फेट के रूप में दी जाती है।

अतः विकल्प (B) सही है।

55. गैलेक्टागॉग एक औषधि है जो स्तन के दूध के स्राव को बढ़ाती है।

- गैलेक्टागॉग औषधियां वे हैं जिनका उपयोग मनुष्यों और जानवरों में स्तनपान (दूध उत्पादन) को बढ़ावा देने के लिए किया जाता है।
- ये औषधियां पौधों, अंतर्जात और कृत्रिम रूप से प्राप्त की जा सकती हैं।

अतः विकल्प (A) सही है।

56. 5% ग्लूकोस सलाइन का अर्थ 'प्रत्येक 100 मिली में 5 ग्राम ग्लूकोस तथा 0.9 ग्राम सोडियम क्लोराइड' होता है। एक विलयन एक विलायक में घुले एक या अधिक विलेय का एक सजातीय मिश्रण होता है।

- 5% द्राक्ष शर्करा, द्राक्ष शर्करा और पानी का मिश्रण। इसमें प्रति 100 मिलिलीटर पानी में 5 ग्राम द्राक्ष शर्करा घुली होती है। यह एक समपरासरी विलयन है। इसका उपयोग कार्बोहाइड्रेट और कैलोरी प्रदान करने के लिए किया जाता है।

- जबकि लवणीय द्राक्ष शर्करा द्राक्ष शर्करा, सोडियम क्लोराइड और पानी का मिश्रण है। इसमें 5% द्राक्ष शर्करा और सोडियम क्लोराइड पानी में घुल जाता है। सोडियम सामग्री भिन्न हो सकती है। लवणीय द्राक्ष शर्करा मुख्य रूप से इलेक्ट्रोलाइट पुनःपूर्ति के रूप में उपयोग किया जाता है।

- उदाहरण के लिए, 5% द्राक्ष शर्करा और 0.45% सोडियम क्लोराइड में एक सौ मिलीलीटर पानी होता है जिसमें 5 ग्राम स्क्रू और 0.45 ग्राम सोडियम क्लोराइड होता है। या 5% द्राक्ष शर्करा 0.9% लवण में प्रत्येक 100 मिलीलीटर विलयन में 5 ग्राम ग्लूकोज और 0.9 ग्राम सोडियम क्लोराइड होता है। लवणीय में 5% ग्लूकोज ग्लूकोज-उत्तेजन कर्मकों के अंतर्गत आता है।

अतः विकल्प (B) सही है।

57. प्रशामक देखभाल रोगियों और उनके परिवार के जीवन की गुणवत्ता में सुधार के लिए एक दृष्टिकोण है जो जीवन उपचार बीमारी का सामना कर रहे हैं।

प्रशामक देखभाल:

- उपशामक देखभाल रोगियों और उनके परिवारों के जीवन की गुणवत्ता में सुधार करती है, जो जीवन के लिए खतरनाक बीमारी से जुड़ी चुनौतियों का सामना कर रहे हैं, चाहे वह शारीरिक, मनोवैज्ञानिक, सामाजिक या आध्यात्मिक हो। देखभाल करने वालों के जीवन की गुणवत्ता में भी सुधार होता है।

- पीड़ा को संबोधित करने में शारीरिक लक्षणों से परे मुद्दों का ध्यान रखना शामिल है।

- उपशामक देखभाल रोगियों और उनके देखभाल करने वालों का समर्थन करने के लिए एक टीम दृष्टिकोण का उपयोग करती है। इसमें व्यावहारिक जरूरतों को संबोधित करना और शोक परामर्श प्रदान करना शामिल है।

अतः विकल्प (A) सही है।

58. दवा पेरासिटामोल एक एनाल्जेसिक और ज्वरनाशक है।

पीड़ानाशक:

- वे दवाओं का वह वर्ग है जो दर्द को दूर करने के लिए उपयोग किया जाता है।

- इन्हें दर्द निवारक या दर्द निवारक के रूप में भी जाना जाता है।

- एस्पिरिन, आईबुप्रोफेन और पेरासिटामोल पीड़ानाशक दवाओं के उदाहरण हैं।

ज्वरनाशक:

- बुखार में शरीर के तापमान को कम करने के लिए ज्वरनाशक दवा का उपयोग किया जाता है।

- उदाहरण एस्पिरिन, एसिटामिनोफेन/पेरासिटामोल (टाइलेनॉल)

अतः विकल्प (C) सही है।

59. नर्सों के लिए सामुदायिक स्वास्थ्य देखभाल में, आर्थिक स्तरीकरण का अध्ययन।

परिचारिकाओं के लिए सामुदायिक स्वास्थ्य देखभाल में अध्ययन: इसे सार्वजनिक स्वास्थ्य परिचर्या/सामुदायिक परिचर्या के रूप में भी जाना जाता है जिसमें प्राथमिक स्वास्थ्य देखभाल और सामुदायिक परिचर्या शामिल हैं।

सामुदायिक स्वास्थ्य परिचारिकाओं द्वारा प्रदान की जाने वाली सेवाएं:

- स्वास्थ्य सेवाएं

- निवारक देखभाल

- हस्तक्षेप

- समुदायों को स्वास्थ्य शिक्षा

अतः विकल्प (C) सही है।

60. एट्रोपिन एक मायड्रायटिक है।

एट्रोपिन:

- एट्रोपिन में मायड्रायटिक और साइक्लोपलेजिक दोनों गुण होते हैं।

- यह एक पैरासिम्पेथोलिटिक दवा है।

- एकाग्रता 0.5 से 2 प्रतिशत है।

अतः विकल्प (A) सही है।

61. मानसिक स्वच्छता: मानसिक स्वास्थ्य को बनाए रखने और मानसिक बीमारी के विकास को रोकने का विज्ञान। मानसिक स्वच्छता व्यक्ति को अधिकतम क्षमता को महसूस करने और विकसित करने का अवसर प्रदान करती है। यह निम्नानुसार हमारी मदद करता है:

- व्यक्ति के शारीरिक, मानसिक और आध्यात्मिक क्षमताओं का सामंजस्यपूर्ण विकास।

- समूह में व्यक्ति के मानसिक स्वास्थ्य को बनाए रखना।

- यह मानसिक बीमारी को ठीक करने के लिए चिकित्सीय उपायों की खोज और उपयोग करना है।

- मानसिक अशांति का पुनर्वास।

मानसिक स्वास्थ्य: मानसिक और भावनात्मक रूप से ध्वनि होने की स्थिति जो मानसिक बीमारी की अनुपस्थिति और विशेष रूप से पर्याप्त समायोजन द्वारा विशेषता है जैसा कि स्वयं के बारे में सहज महसूस करने में, दूसरों के बारे में सकारात्मक भावनाओं और दैनिक जीवन की मांगों को पूरा करने की क्षमता में परिलक्षित होता है। मानसिक स्वास्थ्य संज्ञानात्मक, व्यवहारिक और भावनात्मक कल्याण की स्थिति को संदर्भित करता है जिसमें एक व्यक्ति:

- दूसरों के साथ सद्भाव में रह सकते हैं

- कोई मानसिक या व्यक्तित्व विकार नहीं है

- लक्ष्य-निर्देशित व्यवहार कर सकते हैं

- अपनी क्षमताओं या कौशल को पहचान सकता है

- दैनिक जीवन के दबाव से निपटने या निपटने के लिए

मानसिक स्वास्थ्य और मानसिक स्वच्छता के बीच संबंध: मानसिक स्वच्छता यह है कि मानसिक स्वास्थ्य की प्रक्रिया कैसे होती है। "मानसिक स्वच्छता का उद्देश्य एक पूर्ण, खुश, अधिक सामंजस्यपूर्ण और अधिक प्रभावी अस्तित्व की प्राप्ति में हर व्यक्ति की सहायता करना है"।

- मानसिक स्वच्छता और मानसिक स्वास्थ्य को साधन और अंत के रूप में विभेदित किया जा सकता है लेकिन वे एक दूसरे से संबंधित हैं।

- मानसिक स्वास्थ्य को समायोजित करने की क्षमता है और मानसिक स्वच्छता मानसिक स्वास्थ्य से निपटने का विज्ञान है।

- मानसिक स्वच्छता मानसिक स्वास्थ्य को प्रभावित करती है क्योंकि अच्छी स्वच्छता आत्म-जागरूकता का संकेत हो सकती है और यह व्यक्तियों को अवसाद या मानसिक विकारों जैसे मानसिक या भावनात्मक विकारों से बचाती है।

- मानसिक स्वच्छता के बिना मानसिक स्वास्थ्य प्राप्त नहीं किया जा सकता है।

- मानसिक स्वच्छता मानसिक स्वास्थ्य को प्राप्त करने के साधन और उपाय प्रदान करती है।

- मानसिक स्वच्छता एक विज्ञान है जो मानसिक स्वास्थ्य प्राप्त करने की प्रक्रिया से संबंधित है और मानसिक बीमारी को रोकता है।

इसलिए, हम यह निष्कर्ष निकाल सकते हैं कि मानसिक स्वच्छता के बिना मानसिक स्वास्थ्य प्राप्त किया जा सकता है गलत है।

अतः विकल्प (B) सही है।

62. 2022 विश्व मानसिक स्वास्थ्य दिवस की थीम "मानसिक स्वास्थ्य और कल्याण को सभी के लिए वैश्विक प्राथमिकता बनाएं" है। यह विषय हमें दुनिया को एक बेहतर जगह बनाने के हमारे प्रयासों को फिर से प्रज्वलित करने का अवसर प्रदान करता है।

हर साल विश्व मानसिक स्वास्थ्य दिवस मनाने का उद्देश्य दुनिया भर में विभिन्न मानसिक स्वास्थ्य मुद्दों के बारे में लोगों के बीच जागरूकता बढ़ाना और ऐसे स्वास्थ्य मुद्दों से निपटने में लोगों का समर्थन करना है।

अतः विकल्प (C) सही है।

63. हाइपोथैलेमस एक व्यक्ति के वर्तमान शरीर के तापमान की जांच करता है और इसकी तुलना सामान्य तापमान से करता है, जो कि 37 डिग्री है। यदि हमारा तापमान कम है, तो हाइपोथैलेमस यह सुनिश्चित करता है कि हमारा शरीर आवश्यक तापमान उत्पन्न करता है और बनाए रखता है।

अतः विकल्प (C) सही है।

64. मानव शरीर में छड़ें और शंकु नज़र से संबंधित होते हैं।

- छड़ और शंकु को सामूहिक रूप से फोटोरिसेप्टर कोशिका कहा जाता है।
- ये विशेष न्यूरोपीथेलियल कोशिकाएं हैं।
- मुख्य रूप से रेटिना में पाया जाता है।
- दृश्य फोटोट्रांसडक्शन में सक्षम।
- रेटिना में लगभग 6 मिलियन शंकु और 120 मिलियन छड़ होते हैं।

अतः विकल्प (A) सही है।

65. हमारे शरीर में द्रव का संतुलन (Fluid balance) गुर्दे करते हैं।

शारीरिक तरल पदार्थों की मात्रा और संरचना को विनियमित करने के लिए गुर्दे आवश्यक हैं। यह पृष्ठ मात्रा, सोडियम और पोटेशियम सांद्रता, और शारीरिक तरल पदार्थ के पीएच को नियंत्रित करने के लिए गुर्दे से जुड़ी प्रमुख नियामक प्रणालियों की रूपरेखा तैयार करता है।

अतः विकल्प (D) सही है।

66. मानसिक बीमारी के रूप में वर्गीकृत होने के लिए चिंता 6 माह तक रहनी चाहिए।

चिंता विकार मानसिक बीमारियों का एक समूह है जो चिंता और भय की महत्वपूर्ण और बेकाबू भावनाओं द्वारा विशेषित है, जैसे कि एक व्यक्ति के सामाजिक, व्यावसायिक और व्यक्तिगत कार्य महत्वपूर्ण रूप से प्रभावित होते हैं।

अतः विकल्प (D) सही है।

67. एक संचारी रोग के रोगी की देखभाल करने में अलगाव (आइसोलेशन) एक महत्वपूर्ण बिंदु है।

अलगाव: एक प्रक्रिया जो एक प्रजाति के अलग या अलग समूहों के बीच मुक्त अंतःक्रिया को रोकती है, अलगाव कहलाती है।

अतः विकल्प (D) सही है।

68. विदर ने मानव फेफड़ों को 3 दाएं और 2 बाएं खंड में विभाजित किया।

3 दाहिने खंड:

1. ऊपरी
2. मध्य
3. निचला

2 बाहिने खंड:

1. ऊपरी
2. निचला

ऊपरी भाग (दायां फेफड़ा)	यह शीर्ष, अग्र और पश्च ब्रोंकोपुलमोनरी खंडों को धारण करता है।
मध्यस्थ भाग (दायां फेफड़ा)	यह मध्यस्थ और पार्श्व ब्रोंकोपुलमोनरी खंडों को धारण करता है।
निचला भाग (दायां फेफड़ा)	यह मध्यस्त, पार्श्व, बेहतर, पूर्वकाल और पश्च ब्रोंकोपुलमोनरी खंडों को धारण करता है।
ऊपरी भाग (बाएं फेफड़े)	बाएं फेफड़े के ऊपरी भाग में अग्रवर्ती और एपिकोपोस्टीरियर ब्रोंकोपुलमोनरी खंड होते हैं।
निचला भाग (बाएं फेफड़े)	बाएं फेफड़े के निचले भाग में उच्च, अग्र, पश्च, मध्यस्थ और पार्श्व ब्रोंकोपुलमोनरी खंड होते हैं।

अतः विकल्प (C) सही है।

69. फुप्फुसावरण: फेफड़ो के बाहरी आवरण को फुप्फुसावरण कहा जाता है।

फुप्फुसावरण के प्रकार	
अंतरंग फुप्फुसावरण	**भित्तिक फुप्फुसावरण**
प्रत्येक फेफड़े के अनुकूल	वक्षभित्ति के अंदर अनुकूल
प्रत्येक खंड को ढंकना, एक विदर बनाना	अंतरंग फुप्फुसावरण के साथ जारी

अतः विकल्प (A) सही है।

70. आंतरिक कान में मौजूद वेस्टिबुलर सिस्टम संतुलन की भूमिका निभाता है। इसमें दो संरचनाएं शामिल हैं; आंतरिक वर्ष में मौजूद एक बोनी भूलभुलैया, वेस्टिब्यूल और अर्धवृत्ताकार नाली।

अतः विकल्प (D) सही है।

71. मानव शरीर के खनिज की सभी जरूरतें भोजन से पूरी होती हैं। मानव शरीर को ठीक से काम करने के लिए पोषक तत्व और खनिज की आवश्यकता होती है।

जिन खाद्य पदार्थों में बड़ी मात्रा में खनिज पाए जाते हैं वे निम्न हैं:

- ब्राउन राइस, साबुत रोटी, बादाम और दालें
- दही और दूध
- हरी पत्तेदार सब्जियां, स्वीट कॉर्न और मटर

अतः विकल्प (D) सही है।

72. प्रोटीन शरीर के विकास और नई कोशिकाओं के निर्माण के लिए आवश्यक है।

कार्बोहाइड्रेट हमारे शरीर के लिए ऊर्जा का मुख्य स्रोत हैं। स्टार्च, चीनी और सेल्युलोज कार्बोहाइड्रेट की तीन प्रमुख श्रेणियां हैं।

वसा वे पदार्थ हैं जिन्हें हमारा शरीर भविष्य में उपयोग के लिए संग्रहीत करता है। पशु वसा के प्रमुख स्रोत घी, मक्खन, दूध, पनीर, अंडे, मछली और मांस हैं।

अतः विकल्प (C) सही है।

73. ट्रेस तत्व TPN का एक महत्वपूर्ण हिस्सा हैं और जिंक, कॉपर, क्रोमियम, मैंगनीज और आयरन mg की आवश्यकता होती है।

अमेरिका में TPN योगों में आयरन को नियमित रूप से नहीं जोड़ा जाता है क्योंकि एनाफिलेक्सिस और असंगति संबंधी चिंताओं का खतरा होता है। कुछ अध्ययनों से पता चलता है कि गैर-लिपिड युक्त टीपीएन समाधानों में आयरन डेक्सट्रान सुरक्षित है।

TPN मिश्रण में आयरन नियमित रूप से प्रदान नहीं किया जाता है। वे अक्सर व्यावसायिक रूप से उपलब्ध ट्रेस तत्व की तैयारी का एक घटक नहीं होते हैं। वर्तमान में, TPN समाधानों में खुराक और लोहे की सिफारिश के बारे में कोई अच्छी तरह से परिभाषित सिफारिशें नहीं हैं और लोहे का अंतःशिरा प्रशासन समस्याग्रस्त बना हुआ है। आयरन ओवरलोड होने का खतरा बना रहता है।

दिए गए सभी विकल्पों में से दो सूक्ष्म पोषक तत्व दिए गए हैं जो आयरन और मैंगनीज हैं। आयरन नियमित रूप से नहीं डाला जाता है लेकिन मैंगनीज नियमित रूप से जोड़ा जा सकता है।

अतः विकल्प (D) सही है।

74. पीने के पानी की गुणवत्ता को छोड़कर पीईएम के लिए मां द्वारा गलत आहार अभ्यास, मां की खराब पोषण स्थिति और पर्यावरणीय कारक जिम्मेदार हैं।

प्रोटीन-ऊर्जा कुपोषण (पीईएम):

- यह भारत में एक प्रमुख सार्वजनिक स्वास्थ्य समस्या है।
- यह विकास के सबसे महत्वपूर्ण समय में बच्चे को प्रभावित करता है, जिससे बाद के जीवन में स्थायी हानि हो सकती है।
- पीईएम को कम वजन (उम्र के हिसाब से कम वजन), स्टंटिंग (उम्र के हिसाब से कम कद) और वेस्टिंग (ऊंचाई के हिसाब से कम वजन) के तौर पर मापा जाता है।

अतः विकल्प (C) सही है।

75. 'चावल और दाल को कई बार नहीं धोना चाहिए' उचित पोषण के बारे में सही कथन है।

- फलों और सब्जियों को काटने के बाद उन्हें नहीं धोना चाहिए। ऐसा करने से पोषक तत्व नष्ट हो जाते हैं।
- चावल और दालों को बार-बार धोने से कुछ विटामिन निकल सकते हैं।
- चावल और दाल को कई बार नहीं धोना चाहिए। यह एकमात्र सही कथन है।
- विटामिन सी युक्त खाद्य पदार्थ आमतौर पर नहीं पकाया जाता है।

अतः विकल्प (C) सही है।

76. एनीमिया आयरन की कमी के कारण होता है।

- आयरन की कमी से होने वाला एनीमिया किसी को थका हुआ और सांस लेने में तकलीफ दे सकता है।
- विटामिन की कमी वाले एनीमिया से जुड़े विटामिन में फोलेट, विटामिन बी -12 और विटामिन सी शामिल हैं।

अतः विकल्प (B) सही है।

77. एस्कॉर्बिक अम्ल को विटामिन C के रूप में भी जाना जाता है।

- यह एक ऑक्सीकरणरोधी के रूप में कार्य करता है।
- यह शरीर के लिए एक आवश्यक पोषक तत्व है क्योंकि यह ऊतक की मरम्मत और एंजाइम से संबंधित कार्यों में शामिल है।
- विटामिन C की कमी से स्कर्वी नामक बीमारी हो सकती है।
- एस्कॉर्बिक अम्ल या विटामिन C मुख्य रूप से नींबू, संतरा, अमरूद जैसे खट्टे फलों में मौजूद होता है।
- इसका एक रासायनिक सूत्र $C_6H_8O_6$ है।

अतः विकल्प (A) सही है।

78. टमाटर मुख्य रूप से विटामिन सी का स्रोत है।

- विटामिन सी एक पानी में घुलनशील विटामिन है जो कई खाद्य पदार्थों, विशेष रूप से फलों और सब्जियों में पाया जाता है।
- यह एक शक्तिशाली एंटीऑक्सीडेंट होने के साथ-साथ त्वचा के स्वास्थ्य और प्रतिरक्षा कार्य पर सकारात्मक प्रभाव डालने के लिए जाना जाता है।
- यह कोलेजन संश्लेषण, संयोजी ऊतक, हड्डियों, दांतों और छोटी रक्त वाहिकाओं के लिए भी महत्वपूर्ण है।

- मानव शरीर विटामिन सी का उत्पादन या भंडारण नहीं कर सकता है।
- इसलिए जरूरी है कि इसका नियमित रूप से पर्याप्त मात्रा में सेवन किया जाए।
- विटामिन सी के लिए वर्तमान दैनिक मूल्य (डीवी) 90 मिलीग्राम है।
- कमी के लक्षणों में मसूड़ों से खून आना, बार-बार चोट लगना और संक्रमण, खराब घाव भरना, एनीमिया और स्कर्वी शामिल हैं।

अतः विकल्प (A) सही है।

79. सेलेनियम मानव शरीर में एक ट्रेस खनिज है।

- एक ट्रेस तत्व/सूक्ष्म तत्व; एक रासायनिक तत्व है जिसकी सांद्रता बहुत कम है।
- इनमें लोहा, मैंगनीज, तांबा, आयोडीन, जस्ता, कोबाल्ट, फ्लोराइड और सेलेनियम शामिल हैं।
- ये खनिज मानव शरीर के जीवित ऊतकों में कम मात्रा में मौजूद होते हैं।
- उनमें से कुछ को पौष्टिक रूप से आवश्यक माना जाता है, अन्य आवश्यक हो सकते हैं और शेष को गैर-आवश्यक माना जाता है।

अतः विकल्प (D) सही है।

80. उचित पोषण पोषक तत्वों के पर्याप्त सेवन को संदर्भित करता है।

उचित पोषण:

- स्वास्थ्य को बनाए रखने के लिए किसी पदार्थ की सटीक मात्रा (जैसे, एक विटामिन या खनिज) की आवश्यकता होती है।
- आनुवंशिक विविधताओं, पर्यावरण और भौतिक मांगों के अनुसार भिन्न हो सकते हैं।
- सिद्धांत फाइबर, प्रोटीन, वसा, कार्बोहाइड्रेट, खनिज, विटामिन और प्रोबायोटिक बैक्टीरिया का उचित संतुलन प्राप्त करना है।

अतः विकल्प (A) सही है।

81. न्यूमोकोकल टीका राष्ट्रीय टीकाकरण का हिस्सा नहीं है।

- राष्ट्रीय टीकाकरण कार्यक्रम के अनुसार जन्म के समय बीसीजी दिया जाता है।
- ओपीवी: संस्थागत प्रसव के लिए जन्म की खुराक, 6, 10 और 14 सप्ताह में प्राथमिक तीन खुराक और 16-24 महीने की उम्र में एक बूस्टर खुराक।
- पेंटावेलेंट (हिब+डीपीटी+हेप बी युक्त) 6, 10 और 14 सप्ताह की उम्र में दिया जाता है। पेंटावेलेंट वैक्सीन को 8 राज्यों यानी तमिलनाडु, केरल, हरियाणा, जम्मू-कश्मीर, गुजरात, कर्नाटक, गोवा और पुडुचेरी में पेश किया गया।

अतः विकल्प (B) सही है।

82. वसायुक्त भोजन (अत्यधिक वसायुक्त, मसालेदार और तैलीय व्यंजनों का सेवन) वजन, रक्तचाप और कोलेस्ट्रॉल पर उनके प्रभाव के कारण हृदय रोग और स्ट्रोक के जोखिम को बढ़ा सकता है।

स्वास्थ्य को बढ़ावा देने वाली जीवन शैली (HPL) जीवन शैली के माध्यम से जीवन को बढ़ावा देने पर केंद्रित है जिसमें "शारीरिक गतिविधि", "पोषण", "स्वास्थ्य जिम्मेदारी", "आध्यात्मिक विकास", "पारस्परिक संबंध" और "तनाव प्रबंधन" शामिल हैं। "छह पहलू शामिल हैं।"

अतः विकल्प (B) सही है।

83. वायु प्रदूषण के उच्च स्तर के संपर्क में आने से कई तरह के प्रतिकूल स्वास्थ्य परिणाम हो सकते हैं। इससे श्वसन संक्रमण, हृदय रोग और फेफड़ों के कैंसर का खतरा बढ़ जाता है।

वायु प्रदूषण के कारण होने वाली सबसे सामान्य आंखों की स्थिति में आंखों में पानी आना, जलन या बेचैनी, आंखों में दर्द होना है।

गर्भावस्था के दौरान वायु प्रदूषण के लिए मातृ जोखिम समय से पहले प्रसव के बढ़ते जोखिम से जुड़ा है, खासकर गर्भावस्था के पहले तिमाही में।

किसी समुदाय की स्वास्थ्य स्थिति को निर्धारित करने के लिए कई चिह्नक हैं, जिनमें से सबसे महत्वपूर्ण जन्म वजन है, जो सीधे शिशु मृत्यु दर से संबंधित है।

अतः विकल्प (D) सही है।

84. हृद्वाहिका रोग विकसित होने की संभावना अस्वास्थ्यकर आहार पैटर्न (अर्थात, सोडियम और प्रसंस्कृत खाद्य पदार्थों का अत्यधिक सेवन, अतिरिक्त शर्करा, वसा में उच्च, फलों और सब्जियों का निम्न सेवन, साबुत अनाज, फाइबर, फलियां, मछली और मेवों का कम सेवन) से जुड़ी है। साथ में व्यायाम की कमी, अधिक वजन और मोटापा, तनाव।

मोटापा और हृद्वाहिका रोग आमतौर पर बहुत अधिक खाने और बहुत कम चलने के कारण होते हैं।

अतः विकल्प (D) सही है।

85. भारतीय लोग जन्म दोषों के लिए जोखिम कारकों के बीच रह रहे हैं, जैसे, विवाह की सार्वभौमिकता, उच्च प्रजनन क्षमता, अनियोजित गर्भधारण की बड़ी संख्या, प्रसव पूर्व देखभाल की खराब कवरेज, मातृ पोषण की खराब स्थिति, उच्च सजातीय विवाह दर और उच्च वाहक दर हीमोग्लोबिनोपैथी के लिए

लगभग 94% गंभीर जन्मजात विसंगतियाँ कम और मध्यम आय वाले देशों में पर्याप्त और स्वस्थ भोजन की खराब पहुँच, विभिन्न संक्रमणों और शराब के संपर्क में वृद्धि (भ्रूण शराब सिंड्रोम का कारण), और अपर्याप्त स्वास्थ्य देखभाल वितरण प्रणाली के कारण होती हैं।

अतः विकल्प (D) सही है।

86. WHO/NPCB (नेशनल प्रोग्राम फॉर कंट्रोल ऑफ ब्लाइंडनेस) सर्वेक्षण से पता चला है कि भारत में 22 मिलियन से अधिक नेत्रहीन (12 मिलियन अंधे लोग) हैं, और इनमें से 80.1% मोतियाबिंद के कारण अंधे हैं। मोतियाबिंद अंधापन की वार्षिक घटना लगभग 3.8 मिलियन है।

मोतियाबिंद तब होता है जब लेंस, आपकी आंख के अंदर एक छोटी पारदर्शी डिस्क, बादलदार पैच विकसित करती है। समय के साथ ये पैच आमतौर पर बड़े हो जाते हैं, जिससे धुंधली, धुंधली दृष्टि और अंततः अंधापन हो जाता है। जब हम छोटे होते हैं, तो हमारे लेंस आमतौर पर स्पष्ट कांच की तरह होते हैं, जिससे हम उनके आर-पार देख सकते हैं।

अतः विकल्प (A) सही है।

87. भारतीय केंद्रीय प्रदूषण नियंत्रण बोर्ड की स्थापना 1974 में जल (प्रदूषण की रोकथाम और नियंत्रण) अधिनियम के अंतर्गत की गई थी और बाद में इसे 1981 में वायु (प्रदूषण की रोकथाम और नियंत्रण) अधिनियम के अंतर्गत कार्यों और जिम्मेदारियों को सौंप दिया गया था।

- स्थापित: 22 सितंबर 1974
- मुख्यालय: नई दिल्ली

अतः विकल्प (B) सही है।

88. गैर-संचारी रोगों (ओआर-एनसीडी) के विकास के लिए बाल मोटापा महत्वपूर्ण है, जिसमें मधुमेह, उच्च रक्तचाप और कोरोनरी धमनी रोग शामिल हैं।

यह भारत में एक उभरती हुई महामारी है, विशेष रूप से महामारी द्वारा वैध एक गतिहीन दुनिया में और एक इच्छाधारी जीवन जो भोजन-पर-आपके-द्वार सेवा पर पनपता है। 2022 के लिए यूनिसेफ के वर्ल्ड ओबेसिटी एटलस के अनुसार, 2030 तक भारत में 27 मिलियन से अधिक मोटे बच्चे होने का अनुमान है, जो वैश्विक स्तर पर 10 बच्चों में से एक का प्रतिनिधित्व करता है।

अतः विकल्प (A) सही है।

89. भारत में समुदायों में मधुमेह एक प्रमुख स्वास्थ्य समस्या है।

भारत को अक्सर 'विश्व की मधुमेह राजधानी' के रूप में जाना जाता है, क्योंकि यह दुनिया में मधुमेह रोगियों की कुल संख्या का 17 प्रतिशत है। भारत में वर्तमान में लगभग 80 मिलियन लोग मधुमेह से पीड़ित हैं और यह संख्या 2045 तक बढ़कर 135 मिलियन होने की उम्मीद है।

अतः विकल्प (A) सही है।

90. बांझपन लगभग 15% भारतीय जोड़ों को प्रभावित करता है। देर से विवाह, तनावपूर्ण जीवन शैली, मोटापा, जंक फूड का अधिक सेवन, धूम्रपान, शराब और नशीली दवाओं की लत समस्या में योगदान करती है।

अतः विकल्प (A) सही है।

91. घाव की ड्रेसिंग करते समय 'सर्जिकल असेप्सिस' तकनीक अपनानी चाहिए।

घाव भराव के सर्जिकल असेप्सिस के लिए निर्देश:

- क्रियाविधि समझाइए।
- गोपनीयता बनाए रखें।
- हाथ धोएं और रोगी के बिस्तर के पास वस्तुओं को इकट्ठा करें।
- सर्जिकल असेप्सिस से हाथ धोएं।
- यदि आवश्यक हो तो जीवाणुहीन दस्ताने और मास्क पहनकर जीवाणुहीनता बनाए रखें।
- जीवाणुहीन और अजीवाणुहीन क्षेत्रों को अलग-अलग रखें।
- असेप्सिस तकनीकों का पालन करते हुए प्रक्रिया को पूरा करें।

अतः विकल्प (C) सही है।

92. 'जलन' मुख्यतः चार प्रकार का होता है।

जलना: जलना त्वचा पर एक प्रकार की चोट है जो ऊष्मा, विद्युत, रसायन, घर्षण या विकिरण के कारण हो सकती है।

डिग्री के आधार पर जलने के प्रकार:

- फर्स्ट-डिग्री बर्न: इसे सुपर फेशियल बर्न के रूप में भी जाना जाता है। यह त्वचा की बाहरी परत (एपिडर्मिस) को नुकसान पहुंचाता है।
- सेकेंड-डिग्री बर्न: बाहरी त्वचा और अंतर्निहित ऊतक परतों (एपिडर्मिस और डर्मिस) दोनों को नुकसान पहुंचाता है।
- थर्ड-डिग्री बर्न: क्षति ऊतक (एपिडर्मिस, डर्मिस, हाइपोडर्मिस) में गहराई तक फैली हुई है। ऊतक विनाश के साथ पूरी मोटी परत जलती है।
- फोर्थ-डिग्री बर्न: गहरी चोटें मांसपेशियों, हड्डियों और स्नायु को नुकसान पहुंचाती हैं।

अतः विकल्प (B) सही है।

93. स्कैल्ड्स 'नम ऊष्मा' के कारण होने वाली जलन है।

जलन चोटों के प्रकार:

- ऊष्मीय जलन को अग्नि जैसी सूखी ऊष्मा या भाप जैसी नम ऊष्मा के संपर्क में आने से होने वाली जलन के रूप में जाना जाता है। यह जलन चोटों का सबसे आम कारण है।
- रासायनिक जलन अम्ल या क्षारीय कारकों के साथ सीधे त्वचा के संपर्क के कारण होती है। इसके अलावा, अम्ल जलन की तुलना में, क्षारीय कारकों के कारण होने वाली जलन गहराई से प्रवेश करती है और इसे निष्प्रभावित करना मुश्किल होता है।

- विद्युत जलन उच्च वोल्टता विद्युत के सीधे संपर्क में आना के कारण होता है। इसके परिणामस्वरूप आंतरिक ऊतक क्षति होती है।

- विकिरण जलन धूप दाह और कैंसर के विकिरण उपचार जैसे माध्यमों के कारण होते हैं। यह आमतौर पर सतही होते हैं और सभी कार्य बरकरार रहते हैं।

अतः विकल्प (A) सही है।

94. एक जले हुए रोगी के लिए नर्स को आरंभिक चरण में 'सोडियम की कमी' का आकलन करना चाहिए।

हाइपोनेटेमिया: 135 mEq/L से कम सीरम सोडियम स्तर को हाइपोनेटेमिया के रूप में जाना जाता है।

कारण:

- कम सोडियम खपत
- सोडियम की बढ़ी हुई हानि
- ओवरहाइड्रेशन

मूत्रवर्धक का उपयोग

- बढ़ा हुआ ADH हॉर्मोन
- एडिसन के रोग
- हाइपोएल्डोस्टेरोनिज़म

संकेत और लक्षण: भ्रम, उनींदापन, मांसपेशियों में कमजोरी, दौरे

अतः विकल्प (B) सही है।

95. प्राथमिक चिकित्सा में विभिन्न क्रियाएं शामिल होती हैं जो दुर्घटना, गिरने, चोट, बीमारियों या किसी अन्य कारणों से आपातकाल की स्थितियों में आवश्यक होने पर की जाती हैं, जो जरूरत (शिकार) में व्यक्ति की सुरक्षा और कल्याण को खतरा देती हैं। जिन स्थितियों में प्राथमिक चिकित्सा की आवश्यकता होती है वे कहीं भी हो सकती हैं और तत्काल उपचार से पीड़ित की स्थिति में सुधार कर सकते हैं।

प्राथमिक चिकित्सा के विभिन्न उद्देश्य हैं:

- पीड़ित के आराम को बनाए रखें।
- पीड़ित को जल्द से जल्द चिकित्सा देखभाल तक पहुंचने में मदद करें।
- यह जीवन बचाता है।
- पीड़ित की स्थिति को बिगड़ने से रोकें।
- दर्द और पीड़ा को कम करने के लिए।
- जल्दी ठीक होने में बढ़ावा देना या मदद करना।
- आगे की चोट या क्षति को रोकें।
- चोट या बीमारी से संबंधित जटिलताओं को रोकें।

अतः विकल्प (D) सही है।

96. सिर की चोट के लिए कैपलाइन की पट्टियों का उपयोग किया जाता है।

कुंडली पट्टियाँ आमतौर पर शरीर के बेलनाकार भागों के लिए उपयोग की जाती हैं।

स्पाइका पट्टियाँ: इसका उपयोग अंगूठे की चोट, गेमकीपर के अंगूठे, पुराने ऑस्टियोआर्थराइटिस, डी कर्वेन सिंड्रोम या स्केफॉइड, लूनेट या पहले मेटाकार्पल के फ्रैक्चर के लिए समर्थन प्रदान करने के लिए किया जाता है।

शरीर के अंगों जैसे हाथ, पैर, छाती या पेट पर ड्रेसिंग रखने के लिए सर्कुलर बैंडिंग का उपयोग किया जाता है।

अतः विकल्प (A) सही है।

97. 'रुधिरस्राव' पर नियंत्रण के लिए हम प्राथमिक चिकित्सा रुधिरस्रावित अंग को ऊपर उठाकर, घाव को दबाकर और घाव पर रुई या कपड़ा रखकर कर सकते हैं।

रक्तस्राव का वर्गीकरण:

- वर्ग I रक्त की मात्रा के 15% तक रक्तस्राव की हानि
- वर्ग II रक्त की कुल मात्रा का 15-30% रक्तस्राव की हानि
- वर्ग III में परिसंचारी रक्त की मात्रा का 30-40% रक्तस्राव की हानि
- वर्ग IV रक्तस्राव की हानि >40% परिसंचारी रक्त की मात्रा

अतः विकल्प (D) सही है।

98. जलने के मामले में, केवल एपिडर्मिस का हस्तक्षेप फर्स्ट डिग्री के अंतर्गत आता है।

जलना: जलना त्वचा पर एक प्रकार की चोट है जो ऊष्मा, विद्युत, रसायन, घर्षण या विकिरण के कारण हो सकती है।

अतः विकल्प (A) सही है।

99. जब 'जलन' के अन्तर्गत स्नायु तन्तु के साथ-साथ क्षतिग्रस्त ऊतकों की गहराई हड्डियों तक पहुँच जाती है, तो ऐसी जलन को चौथी श्रेणी में रखते हैं।

डिग्री के आधार पर जलने के प्रकार: प्रथम श्रेणी, द्वितीय श्रेणी, तृतीय श्रेणी, चतुर्थ श्रेणी

अतः विकल्प (D) सही है।

100. 'घाव पर पट्टी बाँधना' हमें हानिकारक रोगाणुओं से बचाती है, रुधिर का थक्का बनाने में सहायक है और घाव को ढकने में सहायक होती है।

खुले घाव में संक्रमण होने का खतरा अधिक होता है। संक्रमण हाथ के दूषित होने से फैलता है। इसलिए, सर्जिकल एसेप्सिस का उपयोग करके घाव का भराव किया जाता है।

अतः विकल्प (D) सही है।

Q.1 निम्नलिखित में से कौन सा सामुदायिक स्वास्थ्य केंद्र की भूमिका है?

A. यह लोगों को कल्याण के बारे में जागरूक करने में मदद करने के लिए परामर्श प्रदान करता है

B. स्वास्थ्य देखभाल सेवाओं के लिए केंद्रों पर विभिन्न प्रकार के परीक्षण किए जाते हैं

C. यह विशिष्ट चिकित्सा प्रतिनिधि प्रदान करता है, जैसे पैरामेडिकल स्टाफ, चिकित्सक, सर्जन, बाल रोग विशेषज्ञ, या स्त्री रोग विशेषज्ञ।

D. उपरोक्त सभी

Q.2 निम्नलिखित में से क्या स्वास्थ्य निर्धारक है?

A. पर्यावरणीय कारक
B. वजन
C. रहने की जगह
D. व्यवहार

Q.3 निम्नलिखित में से कौन सा स्वास्थ्य के सामाजिक निर्धारकों का उदाहरण है?

A. दैनिक जरूरतों को पूरा करने के लिए संसाधनों की उपलब्धता, जैसे शैक्षिक और नौकरी के अवसर, जीवित मजदूरी या स्वास्थ्यप्रद भोजन

B. सामाजिक मानदंड और व्यवहार जैसे भेदभाव

C. अपराध, हिंसा और सामाजिक अव्यवस्था का जोखिम

D. उपरोक्त सभी

Q.4 स्वास्थ्य की निम्नलिखित में से किस अवधारणा द्वारा स्वास्थ्य को एक बहुआयामी घटना के रूप में परिभाषित किया गया था?

A. बायोमेडिकल अवधारणा
B. पारिस्थितिक अवधारणा
C. मनोवैज्ञानिक अवधारणा
D. समग्र अवधारणा

Q.5 "स्वास्थ्य मनुष्य और उसके पर्यावरण के बीच गतिशील संतुलन है"। दिया गया कथन स्वास्थ्य की किस अवधारणा में आता है?

A. स्वास्थ्य की जैव चिकित्सा अवधारणा

B. स्वास्थ्य की पारिस्थितिकी अवधारणा

C. स्वास्थ्य की मनोवैज्ञानिक अवधारणा

D. स्वास्थ्य की समग्र अवधारणा

Q.6 पहाड़ी क्षेत्र और मैदानी क्षेत्र में सामुदायिक स्वास्थ्य केंद्र द्वारा कवर की गई जनसंख्या:

A. 3000 और 5000
B. 20000 और 30000
C. 80000 और 120000
D. 3000 और 8000

Q.7 भारत में खराब स्वास्थ्य के कारण क्या हैं?

A. निवारक स्वास्थ्य सुविधाओं में सार्वजनिक निवेश का निम्न स्तर

B. कुपोषण

C. उच्च जन्म दर और तीव्र जनसंख्या वृद्धि

D. उपरोक्त सभी

Q.8 किसी व्यक्ति के स्वास्थ्य को प्रभावित करने वाले कारक हो सकते हैं:

A. जीवन शैली
B. पृष्ठभूमि
C. आर्थिक स्थिति
D. उपरोक्त सभी

Q.9 राष्ट्रीय मलेरिया नियंत्रण कार्यक्रम को किस वर्ष राष्ट्रीय मलेरिया उन्मूलन कार्यक्रम में परिवर्तित किया गया था?

A. 1958 में
B. 1953 में
C. 1954 में
D. 1955 में

Q.10 मानसिक रूप से स्वस्थ व्यक्ति में _______ के कोई लक्षण नहीं होते।

A. आत्म मूल्यांकन
B. गैर समायोज्य क्षमता

C. परिवक्ता
D. नियमित जीवन

Q.11 सुरक्षित मातृत्व में एएनएम की भूमिकाएँ है?

A. गर्भावस्था के दौरान महिलाओं को आयरन फोलिक एसिड की गोलियों का वितरण

B. अपने क्षेत्र में होने वाली डिलीवरी को स्टरलाइज्ड तकनीक से मैनेज करना।

C. परिवार नियोजन के संबंध में जनता को उनकी आवश्यकता के अनुसार जानकारी उपलब्ध कराना।

D. उपरोक्त सभी

Q.12 व्यावसायिक स्वास्थ्य नर्स की भूमिका में निम्नलिखित को छोड़कर शामिल हैं:

A. कार्यस्थल दुर्घटनाओं और चोटों की रोकथाम

B. स्वास्थ्य और कार्य क्षमता को बढ़ावा देना

C. व्यावसायिक स्वास्थ्य कार्यकर्ताओं के लिए पर्यावरण स्वास्थ्य में सुधार

D. श्रमिकों के उत्पादकता परिणाम में सुधार

Q.13 कंगारू मदर केयर की मुख्य विशेषताएं निम्नलिखित हैं, सिवाय:

A. माँ और बच्चे के बीच त्वचा से त्वचा का संपर्क

B. विशेष स्तनपान

C. एक सुविधा में शुरू किया और घर पर जारी रखा गया

D. साइनोसिस वाले बच्चों का इलाज

Q.14 निम्न में से ANM की जॉब सम्बन्धित उत्तरदायित्वों में सम्मिलित नहीं है:

A. गर्भवती माँ की देखभाल

B. पात्र दंपत्तियों को गर्भ निरोधकों का वितरण

C. टीकाकरण

D. स्टाफ नर्सों के बीच अनुशासन बनाए रखना

Q.15 नर्स का अपने नर्सिंग अधीक्षक के प्रति उत्तरदायित्व को ______ कहा जाता है।

A. प्रत्यायोजन
B. जवाबदेही
C. प्राधिकरण
D. जिम्मेदारी

Q.16 निम्नलिखित में से कौन-सा एएनएम नर्स का कर्तव्य है?

A. एएनएम से बहुउद्देश्यीय स्वास्थ्य कार्यकर्ता होने की उम्मीद की जाती है।

B. एएनएम को महिलाओं की होम डिलीवरी करनी होती है।

C. एएनएम अनटाइड फंड का उपयोग उपकेंद्र के लिए जरूरी सामान जैसे ब्लड प्रेशर उपकरण, तौल मशीन, तराजू और सफाई के लिए करती हैं।

D. उपरोक्त सभी

Q.17 निम्नलिखित में से कौन नर्सिंग के दृष्टिकोण से संचार के बारे में सही नहीं है?

A. इसमें सूचनाओं, विचारों या विचारों का आदान-प्रदान शामिल है

B. रोगी की सुरक्षा और प्रदान की जाने वाली देखभाल की गुणवत्ता को प्रभावित नहीं करता है

C. यह इंटरैक्टिव है

D. उपर्युक्त सभी

Q.18 प्रभावी संचार बढ़ाने के लिए कार्य करने से निम्नलिखित हो सकते हैं:

A. देखभाल की बेहतर गुणवत्ता

B. रोगी सुरक्षा में कमी

C. टीम एकजुटता की कमी
D. नर्स की संतुष्टि में कमी

Q.19 उचित प्रतिक्रिया देने वाली नर्स का उद्देश्य क्या है?
A. ग्राहक को अच्छी सलाह देना
B. ग्राहक को उचित व्यवहार के बारे में सलाह देना
C. ग्राहक के व्यवहार का मूल्यांकन करना
D. ग्राहक को महत्वपूर्ण जानकारी देना

Q.20 एक बेघर रोगी को कई स्वास्थ्य देखभाल समस्याओं के साथ अस्पताल में भर्ती कराया गया है। रोगी की देखभाल के लिए नर्सिंग केस मैनेजर, चिकित्सक, सामाजिक कार्यकर्ता और नैदानिक आहार विशेषज्ञ मिलकर काम करते हैं। इस इंटरप्रोफेशनल इंटरैक्शन को कहा जाता है:
A. सहकार्यता   B. परामर्श   C. निरंतरता   D. समन्वय

Q.21 प्रोटीन की बुनियादी संरचनात्मक इकाई क्या हैं?
A. वसायुक्त अम्ल   B. सुक्रोज
C. अमीनो अम्ल   D. पेप्टाइड

Q.22 निम्नलिखित में से ______को छोड़कर, सभी वसा में घुलनशील विटामिन है।
A. विटामिन A   B. विटामिन B12
C. विटामिन D   D. विटामिन E

Q.23 शुद्ध प्रोटीन अधिकतम किसके उपयोग से मिलता है?
A. अंडा   B. मांस   C. दूध   D. सोयाबीन

Q.24 हमारे आहार में कैल्शियम के अत्यधिक सेवन से _________ हो जाता है।
A. आघात   B. दस्त
C. कब्ज   D. गुर्दे की पथरी

Q.25 _________ रक्त की मात्रा और रक्तचाप के नियमन में मदद करता है।
A. आयरन   B. आयोडीन   C. सोडियम   D. फास्फोरस

Q.26 गर्भावस्था के दौरान पाए जाने वाले बैक्टीरिया के विषाक्त पदार्थों के कारण सबसे अधिक फुलमिनेंट अधिग्रहित हेमोलिटिक एनीमिया _________ के कारण होता है।
A. क्लोस्ट्रीडियम परफ्रिंजेंस
B. स्टेफिलोकोकस ऑरियस
C. एस्चेरिचिया कोली
D. प्रोटीन पूरक

Q.27 वयस्कता में, वज़न बढ़ने से रोकने के लिए ऊर्जा की ज़रूरतों को आहार के साथ संतुलित करना चाहिए क्योंकि:
A. उनकी वृद्धि रुक गयी है
B. उन्हें उतने भोजन की आवश्यकता नहीं होती है
C. वे उतने सक्रिय नहीं हो सकते
D. वे काम कर रहे हैं

Q.28 वयस्कों में अस्थिमृदुता और बच्चों में रिकेट्स किस विटामिन की कमी के कारण होता है?
A. विटामिन C   B. विटामिन D
C. विटामिन A   D. विटामिन E

Q.29 पैशन फ्रूट और अनार किस खनिज से भरपूर होते हैं?
A. फास्फोरस   B. कैल्शियम
C. मैंगनीज   D. इनमे से कोई भी नहीं

Q.30 फ्लोराइड की कमी के संकेत और लक्षणों में क्या शामिल है?

A. कमज़ोर हड्डियाँ
B. दांतों का पीला-भूरा दाग
C. डर्मेटाइटिस (त्वचाशोथ)
D. जोड़ो में अकड़न

Q.31 कॉर्पस लेक्टम किसका स्राव करता है?
A. एस्ट्रोजन
B. मानव प्लेसेंटल लेक्टोजन
C. प्रोजेस्ट्रोन
D. ह्यूमन कोरिओनिक गोनाडोट्रोपिन

Q.32 निम्नलिखित में से कौन हड्डियों और मांसपेशियों को जोड़ता है?
A. स्नायु   B. अस्थि-बंधन
C. उपास्थि   D. स्टेपेडियस

Q.33 आमाशय में पेप्सिनोजेन किसके द्वारा स्रावित होता है:
A. ग्लोबेट कोशिकाएं   B. जी कोशिकाएं
C. पैराइटल कोशिकाएं   D. चीफ कोशिकाएं

Q.34 कौन सा मानसिक स्वास्थ्य में शामिल नहीं है?
A. वंशानुगत कारक   B. बचपन के अनुभव
C. मस्तिष्क में परिवर्तन   D. वातज्वर

Q.35 किसी भी रक्त वाहिनी का एक स्थानीय असामान्य फैलाव क्या कहलाता है?
A. थ्रोम्बोसिस   B. एम्बोलिज्म
C. धमनीविस्फार   D. एथेरोस्क्लेरोसिस

Q.36 निषेचित कोशिका को कहा जाता है:
A. भ्रूण   B. गर्भाशय
C. युग्मनज   D. इनमे से कोई भी नहीं

Q.37 कौन सी ग्रंथि अन्य अंतःस्रावी ग्रंथियों के कामकाज को नियंत्रित करती है?
A. थाइरॉयड ग्रंथि   B. पीनियल ग्रंथि
C. अधिवृक्क ग्रंथि   D. पीयूष ग्रंथि

Q.38 निम्नलिखित में से कौन एक एक्सोक्राइन स्राव है?
A. ऑक्सीटोसिन   B. लार
C. थाइरॉक्सिन   D. वैसोप्रेसिन

Q.39 जक्सटा ग्लोमेरुलर एप्रैटस स्तनधारियों में निम्नलिखित में से किस कोशिका का एक हिस्सा है?
A. ऊसाइट   B. मायोसाइट   C. न्यूरॉन्स   D. नेफ्रॉन

Q.40 हड्डियों को प्रत्यास्थ ऊतकों द्वारा एक साथ रखा जाता है जिसे _________ के रूप में भी जाना जाता है।
A. स्नायुबंधन   B. कण्डरा
C. फाइब्रिन   D. इनमे से कोई भी नहीं

Q.41 निम्न में से कौन सा चिकित्सीय मामले के इतिहास का एक आवश्यक घटक नहीं है?
A. रोगी की आदतें   B. रोगी के शौक
C. भूतकालिक इतिहास   D. ड्रग इतिहास

Q.42 सड़क यातायात दुर्घटना के इतिहास वाले रोगी के लिए निम्नलिखित में से कौन सा सत्य है?
A. रक्त आधान उपचार की पहली पंक्ति है
B. सर्वाइकल स्पाइन इंजरी की आशंका है
C. श्वसनली नलिका प्रवेशन प्रतिदिष्ट होती है
D. रोगी को तुरंत पार्श्व स्थिति में रखा जाना चाहिए

Q.43 कार्डियक परीक्षण के दौरान, नर्स स्टेथोस्कोप को ग्राहकों के सामने कहाँ रखकर हृदय ध्वनि को सबसे अच्छी तरह से सुन सकती है?

A. हृदय का आधार
B. पल्मोनिक वाल्व क्षेत्र
C. दिल का शीर्ष
D. दूसरा बायां इंटरस्पेस

Q.44 निम्नलिखित में से कौन सी दवा को आमतौर पर घाव के कीटाणुनाशक के रूप में प्रयोग किया जाता है?

A. नेओस्पोरिन
B. प्रेद्रिसोलोने
C. पोवीडोन आयोडीन
D. बाकीट्रासिन पाउडर

Q.45 नर्स के पास एक रोगी आता है जिसमें सचेत बेहोश करने की क्रिया के तहत एक शल्य चिकित्सा प्रक्रिया की गई है। इस रोगी में शल्यचिकित्सा के बाद की क्रिया करने के लिए निम्नलिखित में से कौन-सा आकलन सबसे महत्वपूर्ण है?

A. दर्द का आकलन
B. मूत्र उत्पादन
C. तरल पदार्थों को निगलने की क्षमता
D. श्वास की सीमा और गहराई

Q.46 क्रोहन रोग के लिए एक रोगी के लिए, चिकित्सा सर्जिकल नर्स कैसे आहार की सलाह देती है?

A. फाइबर में समृद्ध और प्रोटीन एवं कैलोरी में निम्न
B. पोटैशियम में समृद्ध
C. फाइबर में निम्न और प्रोटीन एवं कैलोरी में समृद्ध
D. पोटैशियम में निम्न

Q.47 कोलेसिस्टिटिस के रोगी के लिए पोषण परामर्श देने वाली नर्स द्वारा निम्नलिखित में से कौन सी जानकारी बताना महत्वपूर्ण है?

A. रोगी को कम कैलोरी वाला आहार लेना चाहिए।
B. रोगी को उच्च प्रोटीन/कम कार्बोहाइड्रेट वाला आहार लेना चाहिए।
C. रोगी को मिठाई और शर्करा युक्त पेय सीमित मात्रा में लेना चाहिए।
D. रोगी को वसायुक्त भोजन सीमित मात्रा में लेना चाहिए।

Q.48 निम्न में से कौन-सा कथन ECT लगाने से पहले रोगी को दी जाने वाली नर्सिंग देखभाल का हिस्सा नहीं है?

A. रोगी के सभी सौन्दर्य प्रसाधनों को हटाना
B. कसे वस्त्रों को ढीला करना
C. रोगी को अधिक तरल पदार्थ देना
D. सभी धात्विक पदार्थों को हटाना

Q.49 एक नर्स पल्मोनरी एम्बोलिज्म से पीड़ित एक मरीज की देखभाल कर रही है। रोगी में नर्स निम्नलिखित में से कौन से लक्षण देखेगी?

A. परिवार के प्रति रोगी की प्रतिक्रिया में कमी
B. रोगी को अचानक सीने में दर्द और सांस लेने में तकलीफ की शिकायत होती है।
C. रोगी को गीली खाँसी हो गई है और नर्स फेफड़ों के गुदाभ्रंश पर चटकने की आवाज सुनती है।
D. रोगी को बुखार होता है, ठंड लगती है और भूख कम लगती है।

Q.50 आपातकालीन विभाग की एक नर्स 4 साल के बच्चे को साइकिल से गिरने के बाद बढ़े हुए इंट्राक्रैनील दबाव के संकेत देख रही है, जिसके परिणामस्वरूप सिर में चोट लगी है। निम्नलिखित में से कौन सा संकेत या लक्षण चिंता का कारण होगा?

A. उभरा हुआ अग्रवर्ती फॉन्टानेल
B. बार-बार उल्टी होना
C. जल्दी सो जाने के लक्षण
D. छोटे शब्दों को पढ़ने में असमर्थता

Q.51 आप एक अकेले प्राथमिक उपचारकर्ता हैं और एक बेहोशी में सांस न लेने वाले वयस्क हैं, तो आपको सबसे पहले क्या करना चाहिए?

A. सीपीआर को 30 चेस्ट कंप्रेशन के साथ शुरू करें।
B. पाँच प्रारंभिक बचाव साँसें दें।
C. एईडी (डिफाइब्रिलेटर) और एम्बुलेंस का अनुरोध करते हुए 911/112 पर कॉल करें।
D. दो प्रारंभिक बचाव साँसें दें।

Q.52 जलने के बाद क्या नहीं करना चाहिए?

A. सूरज की तेज रोशनी से बचाना चाहिए।
B. जल जाने पर तेल का उपयोग ना करें।
C. टूथपेस्ट का उपयोग जलने पर नहीं करना चाहिए।
D. उपरोक्त सभी

Q.53 एक सड़क यातायात दुर्घटना के बाद नीचे लेटे हुए मरीज़ में, निम्नलिखित में से कौन सा पहले किया जाना चाहिए?

A. प्रतिक्रियाशीलता स्थापित करना
B. छाती संकोचन शुरू करना
C. मुँह से साँस लेना शुरू करना
D. पल्स दर की जाँच करना

Q.54 बिजली से जलने का इलाज करते समय आपकी पहली कार्रवाई क्या होनी चाहिए?

A. सुनिश्चित करें कि पीड़ित अभी भी सांस ले रहा है।
B. जले हुए स्थान को ठंडे पानी से धो लें।
C. खतरे की जाँच करें और सुनिश्चित करें कि विद्युत स्रोत से संपर्क टूट गया है।
D. प्रतिक्रिया के स्तर की जाँच करें।

Q.55 एक आदमी को दिल का दौरा पड़ रहा है, उसके पास दवा है, आपको क्या करना चाहिए?

A. जीभ के नीचे रखकर उसे दवा दें, 108 पर कॉल करें
B. दवा के साथ उसकी सहायता करें, 108 पर कॉल करें, सहायता आने तक उसे आश्वस्त करें
C. 108 पर कॉल करें, मुंह में दवा डालें और सीपीआर शुरू करें
D. क्या पीड़ित को लेटा दिया गया है, 108 पर कॉल करें

Q.56 एक पीड़ित के पैर में गहरी चोट लगने से काफी खून बह गया है। वह तेजी से सांस ले रहा है और नीरस और बेचैन महसूस कर रहा है। वह शायद ______ है।

A. दौरा पड़ रहा
B. दिल का दौरा पड़ रहा
C. सदमे में
D. इनमें से कोई नहीं

Q.57 आप उस पीड़ित के लिए क्या करते हैं जिसके मुंह से खून बह रहा है और आप सुनिश्चित हैं कि सिर, गर्दन या रीढ़ की हड्डी में कोई चोट नहीं है?

A. पीड़ित को बैठाकर सिर को थोड़ा आगे की ओर झुकाकर रखें
B. पीड़ित को बैठाकर सिर को थोड़ा पीछे की ओर झुकाकर रखें
C. या पीड़ित को उनकी तरफ लेटा दिया गया है
D. या तो (A) या (C)

Q.58 सामान्य तौर पर, एक स्प्लिंट को ______ होना चाहिए।

A. ढीला, ताकि पीड़ित अभी भी घायल अंग को हिला सके
B. आरामदायक, लेकिन इतना टाइट नहीं कि यह सर्कुलेशन को धीमा कर दे
C. घायल क्षेत्र पर क्रैवेट्स से बंधे
D. इनमें से कोई भी नहीं

Q.59 गंभीर रक्तस्राव के लिए आपको सबसे पहले क्या करना चाहिए?

A. पीड़ित को रिकवरी पोजीशन में लिटाएं
B. साफ कपड़े या हाथ से सीधा दबाव
C. साफ कपड़े से ढक दें
D. ऑक्सीजन दें

Q.60 निम्नलिखित में से कौन सा प्राथमिक चिकित्सा का उद्देश्य है?
A. जीवन की रक्षा करना
B. पीड़ित की चिकित्सीय स्थिति को बिगड़ने से रोकना
C. रिकवरी को बढ़ावा देना
D. उपरोक्त सभी

Q.61 निम्नलिखित में से कौन सा शब्द एक सूक्ष्म जीव की रोगजनकता की डिग्री या दूसरे शब्दों में रोग पैदा करने के लिए एक सूक्ष्म जीव की सापेक्ष क्षमता को संदर्भित करता है?
A. संवेदनशीलता
B. विषाणु
C. संक्रमण
D. खतरनाक

Q.62 प्रसवकालीन संचरण तब होता है जब एक रोगज़नक़ _______ में संचरित होता है।
A. अमानव से मानव
B. असंक्रमित से संक्रमित
C. माँ से शिशु
D. उपरोक्त सभी

Q.63 एक व्यक्ति जो सूक्ष्मजीव को आश्रय देता है लेकिन रोग के चिह्न और लक्षण प्रकट नहीं करता है, उसे कहा जाता है:
A. संपर्क
B. संक्रमित
C. संदिग्ध व्यक्ति
D. वाहक

Q.64 निम्न में से कौन सा कथन हैजा के लिए सही है?
A. यह विब्रियो कोलेरी जीवाणु के कारण होता है।
B. हैजा एक जल जनित रोग है।
C. इसका उपचार टेट्रासाइक्लिन और सिप्रोफ्लोक्सासिन द्वारा किया जा सकता है।
D. उपरोक्त सभी

Q.65 काली खांसी _______ है।
A. ड्रॉपलेट (छोटी बूंद) संक्रमण
B. खाद्य जनित संक्रमण
C. जल जनित संक्रमण
D. इनमे से कोई भी नहीं

Q.66 टाइफाइड में होने वाले बुखार की विशेषता है:
A. रिलेप्सिंग बुखार
B. स्टेप लैडर बुखार
C. निरंतर बुखार
D. आंतरायिक बुखार

Q.67 लिस्मानिया डोनोवानी _______ का प्रेरक एजेंट है।
A. नींद की बीमारी
B. एथलीट फुट
C. काला अजार
D. खसरा

Q.68 एचआईवी _______ के माध्यम से फैल सकता है।
A. एचआईवी पॉजिटिव व्यक्ति के साथ यौन संपर्क
B. एचआईवी संक्रमित सुई प्रयोग करना
C. गर्भावस्था, जन्म या स्तनपान के दौरान एचआईवी पॉजिटिव मां से बच्चे तक
D. उपरोक्त सभी

Q.69 एडीज एजिप्टी _______ वाहक है।
A. डेंगू और पीला बुखार दोनों
B. डेंगू बुखार
C. पीला बुखार
D. जापानी मस्तिष्कोप

Q.70 एस्कारियासिस _____ से फैलता है।
A. संक्रमित अंडे खाने
B. पानी
C. वायु
D. दोनों (A) और (C)

Q.71 छह महीने की उम्र के बाद:
A. ब्रेस्ट फीडिंग बंद कर देनी चाहिए और पूरक आहार देना शुरू कर देना चाहिए
B. ब्रेस्ट फीडिंग जारी रखें और पूरक आहार न दें
C. ब्रेस्ट फीडिंग जारी रखें और पूरक आहार देना शुरू करें
D. ब्रेस्ट फीडिंग बंद कर दें

Q.72 शिशुओं में _______ पूर्वकाल फॉन्टेनेल का अस्थिभंग होता है।
A. जन्म के एक महीने बाद
B. जन्म के 6 महीने बाद
C. जन्म के 18 महीने बाद
D. जन्म के 25 महीने बाद

Q.73 नवजात मृत्यु दर की गणना _______ के भीतर नवजात मृत्यु की संख्या का अनुमान लगाकर की जाती है।
A. 24 घंटे
B. 28 दिनों
C. एक सप्ताह
D. एक वर्ष

Q.74 शारीरिक, मानसिक और व्यक्तित्व विकास की मूल नींव _____ में रखी गई है।
A. शैशव अवस्था
B. बचपन की अवस्था
C. किशोर अवस्था
D. वयस्क अवस्था

Q.75 कौन सी उम्र में बच्चे के दांत निकलना शुरू हो जाते हैं?
A. 6 से 8 महीने में
B. 4 से 5 महीने में
C. 8 से 10 महीने में
D. 12 से 14 महीने में

Q.76 विकासात्मक मनोवैज्ञानिक मानते हैं कि मानव विकास को प्रभावित करने वाले दो कारक _______ हैं।
A. प्रेरणा और भावना
B. स्वयं और अन्य
C. आनुवंशिक बनावट और अनुभव
D. पुरस्कार और दंड

Q.77 बच्चे के प्रारंभिक सामाजिक विकास का मूल कारक है:
A. उसकी शारीरिक स्थिति
B. उनकी वंशानुगत विशेषताएं
C. उनकी सामाजिक बातचीत
D. उसकी मानसिक स्थिति

Q.78 निम्नलिखित में से कौन सा एकीकृत बाल विकास सेवा (आईसीडीएस) का उद्देश्य है?
A. प्रतिरक्षा
B. स्वास्थ्य जांच और रेफरल सेवाएं
C. प्री-स्कूल और अनौपचारिक शिक्षा
D. उपरोक्त सभी

Q.79 जन्म के बाद किस समय सिर की परिधि और छाती की परिधि बराबर हो जाती है?
A. छह महीने में
B. एक वर्ष की आयु के अंत में
C. उम्र के दूसरे वर्ष के अंत में
D. कभी भी बराबर नहीं होती है

Q.80 7 महीने के बच्चे में कौन सा माइलस्टोन विकास पाया जाता है?
A. अकेला बैठना
B. दो शब्द बोलना
C. हाथ हिलाकर अलविदा कहना
D. अकेला खड़ा होना

Q.81 ORS में मुख्य रूप से क्या शामिल होता है?
A. सोडियम और फ्रुक्टोज
B. सोडियम और ग्लूकोज
C. कैल्शियम और ग्लूकोज
D. कैल्शियम और फ्रुक्टोज

Q.82 किन शिशुओं को हाइपोथर्मिया होने का अधिक खतरा होता है?

A. जन्मजात असामान्यता वाला बच्चा

B. जन्म के समय कम वज़न वाले बच्चे

C. स्वस्थ बच्चा

D. एक वर्ष का बच्चा

Q.83 आमतौर पर शिशु किस उम्र तक उसके जन्म के समय के वजन से दोगुने वजन का हो जाता है?

A. 3 महीने   **B.** 5 महीने   **C.** 9 महीने   **D.** 12 महीने

Q.84 इनमें से एक चार साल के बच्चे में भाषण क्षीणता का सबसे संभावित कारण कौन सा है?

A. फटे होंठ और तालु   **B.** ऐटविज़म

C. श्वसन तंत्र में संक्रमण   **D.** मुखर गर्भनाल हानि

Q.85 आप कैसे बता सकते हैं कि स्तनपान करते समय आपके बच्चे को पर्याप्त दूध मिल रहा है या नहीं?

A. आपका शिशु एक दिन में कम से कम 6 गीले डायपर करता हैं।

B. आपका शिशु हर दिन कई मल त्याग करता है।

C. आपके शिशु का वजन लगातार बढ़ता है।

D. उपरोक्त सभी

Q.86 बच्चों की नर्सों का दायित्व है कि वे बच्चों के स्वास्थ्य को बढ़ावा दें। ऐसा करने के लिए बच्चे के विकास, विशेष रूप से संज्ञानात्मक विकास की समझ के साथ-साथ यह समझना भी आवश्यक है कि बच्चे कैसे सीखते हैं। पूर्वस्कूली बच्चों के स्वास्थ्य को बढ़ावा देने के संबंध में, निम्नलिखित में से कौन से कारक सबसे महत्वपूर्ण हैं?

A. लिखित सूचना/प्रश्न/खेल के लिए समय

B. मित्र/संवेदनशीलता/पत्रक

C. खेल / अच्छा संचार / पुरस्कार

D. प्रश्न / योजना / पत्रक के लिए समय

Q.87 एक नवजात में सामान्य श्वसन दर कितनी होती है?

A. 30-40 प्रति मिनट   **B.** 20-25 प्रति मिनट

C. 15-25 प्रति मिनट   **D.** 10-20 प्रति मिनट

Q.88 निम्न में से किसका उपयोग करके नवजात परिपक्वता रेटिंग की जाती है?

A. बैलार्ड स्कोर   **B.** चांडलर स्कोर

C. अप्गर स्कोर   **D.** ओलियंडर स्कोर

Q.89 पूर्व-सेवा नर्सों और दाइयों के लिए किशोर स्वास्थ्य की मुख्य दक्षताओं को पूरा करने के लिए उन्हें चाहिए:

A. किशोरों का आकलन करते समय संपत्ति ढांचे का प्रयोग करें

B. स्वास्थ्य देखभाल योजनाएँ विकसित करते समय किशोरों और परिवारों के साथ सम्मानजनक, भरोसेमंद संबंध बनाएँ

C. सुरक्षा, निजता, गोपनीयता, सूचना, जुड़ाव और समर्थन के लिए किशोरों की जरूरतों को पहचानें

D. उपरोक्त सभी

Q.90 हेपेटाइटिस बी का टीका कितने वजन से कम बच्चे को देने की सलाह नहीं दी जाती है?

A. 1 किग्रा   **B.** 2 किग्रा   **C.** 2.5 किग्रा   **D.** 3 किग्रा

Q.91 टोकोलिटिक दवाएं ऐसी दवाएं हैं जो _____ हैं।

A. GI गतिशीलता बढ़ाती

B. गर्भाशय की गतिशीलता को बढ़ाती

C. गर्भाशय की गतिशीलता को कम करती

D. GI गतिशीलता को कम करती

Q.92 प्रारंभिक गर्भावस्था बनाए रखता है:

A. गर्भनाल (प्लासेंटा)

B. पीतपिंड (कॉर्पस ल्यूटियम)

C. स्तन

D. ग्राफियन फॉलिकल

Q.93 निश्चित काल में मानव प्लेसेंटा का औसत वजन ______ है।

A. 500 ग्राम   **B.** 1,000 ग्राम

C. 1,500 ग्राम   **D.** 2000 ग्राम

Q.94 अवास्तविक प्रसव (फॉल्स लेबर) के विपरीत एक नर्स वास्तविक प्रसव (टू लेबर) की पहचान कैसे कर सकती है?

A. प्रगामी सरवाइकल डाइलेशन

B. क्लाइंट के चलने पर संकुचन बंद हो जाता है

C. संकुचन केवल एक तरफ लेटने की स्थिति में होते हैं

D. झिल्लियों के फटने के तुरंत बाद संकुचन होता है

Q.95 एक नर्स एक 18 वर्षीय महिला का आकलन कर रही है जो द्विपक्षीय पेट दर्द के लिए आपातकालीन विभाग में आई है। निम्नलिखित में से किसे अस्थानिक गर्भावस्था के लिए नर्स को जोखिम कारक नहीं मानना चाहिए?

A. एंडोमेट्रियोसिस   **B.** क्लैमाइडिया ट्रैकोमैटिस

C. गर्भाशय फाइब्रॉएड   **D.** यीस्ट संक्रमण

Q.96 गर्भावस्था के दौरान कितना वजन बढ़ना सामान्य है?

A. 50 पाउंड   **B.** 28 पाउंड   **C.** 40 पाउंड   **D.** 15 पाउंड

Q.97 एक श्रमिक रोगी द्वारा नर्स को एक कमरे में बुलाया जाता है। रोगी पीठ दर्द की शिकायत करता है और बेचैन दिखाई देता है। उसकी उंगलियां कांप रही हैं और माथे से पसीने की बूंदें गिर रही हैं। नर्स को संदेह है कि वह प्रसव के किस चरण का अनुभव कर रही होगी?

A. चरण 3, अवस्था 1   **B.** चरण 1, अवस्था 3

C. चरण 2, अवस्था 2   **D.** चरण 1, अवस्था 2

Q.98 निम्न में से कौन सा एक्टोपिक गर्भावस्था के लिए पूर्ण जोखिम कारक नहीं है?

A. पूर्व ट्यूबल सर्जरी

B. प्रोजेस्टेरोन के ऊंचे स्तर के संपर्क में

C. इन विट्रो फर्टिलाइजेशन (आईवीएफ)

D. अंतर्गर्भाशयी डिवाइस (आईयूडी) का उपयोग

Q.99 पहली तिमाही में सहज गर्भपात का सबसे आम कारण क्या है?

A. गर्भाशय की असामान्यता

B. गुणसूत्र संबंधी असामान्यता

C. अंतःस्रावी विकार

D. थ्रोम्बोफिलिया

Q.100 30 और 40 वर्ष की आयु के लोग स्वस्थ गर्भधारण कर सकते हैं, लेकिन किस स्थिति का खतरा बढ़ जाता है?

A. जीर्ण थकान सिंड्रोम   **B.** मधुमेह

C. उच्च रक्तचाप   **D.** (B) और (C) दोनों

// स्मार्ट उत्तर पुस्तिका //

सही उत्तर — उन छात्रों का प्रतिशत जिन्होंने प्रश्नों का सही उत्तर दिया था। **छोड़ दिया** — उन छात्रों का प्रतिशत जिन्होंने प्रश्नों को छोड़ दिया था।

प्रश्न संख्या	उत्तर	सही उत्तर / छोड़ दिया	प्रश्न संख्या	उत्तर	सही उत्तर / छोड़ दिया	प्रश्न संख्या	उत्तर	सही उत्तर / छोड़ दिया	प्रश्न संख्या	उत्तर	सही उत्तर / छोड़ दिया	प्रश्न संख्या	उत्तर	सही उत्तर / छोड़ दिया
1	D	18.02 % / 3.2 %	17	D	77.94 % / 0.0 %	33	D	65.97 % / 1.04 %	49	B	78.56 % / 0.0 %	65	A	63.21 % / 1.54 %
2	A	86.5 % / 0.0 %	18	A	51.54 % / 1.82 %	34	D	86.64 % / 0.0 %	50	B	88.41 % / 0.0 %	66	B	50.43 % / 1.93 %
3	D	29.05 % / 4.37 %	19	D	82.04 % / 0.0 %	35	C	51.71 % / 1.46 %	51	C	60.92 % / 1.75 %	67	C	86.39 % / 0.0 %
4	D	60.94 % / 1.51 %	20	A	56.75 % / 1.41 %	36	C	65.52 % / 1.61 %	52	D	81.95 % / 0.0 %	68	D	81.9 % / 0.0 %
5	B	78.02 % / 0.0 %	21	C	83.68 % / 0.0 %	37	D	52.78 % / 1.32 %	53	A	85.57 % / 0.0 %	69	A	46.38 % / 1.19 %
6	C	84.51 % / 0.0 %	22	B	81.1 % / 0.0 %	38	B	42.85 % / 1.55 %	54	C	78.0 % / 0.0 %	70	A	85.09 % / 0.0 %
7	D	78.98 % / 0.0 %	23	A	79.45 % / 0.0 %	39	D	86.68 % / 0.0 %	55	B	54.87 % / 1.1 %	71	C	81.36 % / 0.0 %
8	D	87.32 % / 0.0 %	24	D	40.53 % / 1.46 %	40	A	61.2 % / 1.25 %	56	C	55.58 % / 1.93 %	72	C	50.11 % / 1.42 %
9	A	65.7 % / 1.91 %	25	C	66.38 % / 1.11 %	41	B	89.34 % / 0.0 %	57	D	62.01 % / 1.27 %	73	B	69.05 % / 1.63 %
10	B	52.01 % / 1.8 %	26	A	86.85 % / 0.0 %	42	B	85.19 % / 0.0 %	58	B	81.41 % / 0.0 %	74	A	48.99 % / 1.31 %
11	D	47.74 % / 1.56 %	27	A	76.37 % / 0.0 %	43	C	82.09 % / 0.0 %	59	B	89.34 % / 0.0 %	75	A	43.59 % / 1.84 %
12	D	53.61 % / 1.39 %	28	B	45.69 % / 1.6 %	44	C	57.94 % / 1.63 %	60	D	84.35 % / 0.0 %	76	C	41.29 % / 1.65 %
13	D	83.58 % / 0.0 %	29	A	82.0 % / 0.0 %	45	D	69.5 % / 1.73 %	61	B	60.6 % / 1.54 %	77	C	58.1 % / 1.39 %
14	D	54.15 % / 1.37 %	30	A	76.99 % / 0.0 %	46	C	80.23 % / 0.0 %	62	C	87.65 % / 0.0 %	78	D	42.7 % / 1.48 %
15	B	84.54 % / 0.0 %	31	C	64.94 % / 1.16 %	47	D	42.0 % / 1.94 %	63	D	86.38 % / 0.0 %	79	B	59.07 % / 1.73 %
16	D	69.35 % / 1.64 %	32	A	55.03 % / 1.32 %	48	C	79.73 % / 0.0 %	64	D	89.63 % / 0.0 %	80	A	64.34 % / 1.14 %

प्रश्न संख्या	उत्तर	सही उत्तर / छोड़ दिया		प्रश्न संख्या	उत्तर	सही उत्तर / छोड़ दिया		प्रश्न संख्या	उत्तर	सही उत्तर / छोड़ दिया		प्रश्न संख्या	उत्तर	सही उत्तर / छोड़ दिया		प्रश्न संख्या	उत्तर	सही उत्तर / छोड़ दिया
81	B	78.58 %	0.0 %	85	D	56.84 %	1.67 %	89	D	89.79 %	0.0 %	93	A	54.82 %	1.5 %	97	B	52.4 %	1.96 %
82	B	69.4 %	1.61 %	86	C	25.1 %	3.52 %	90	B	62.39 %	1.67 %	94	A	47.79 %	1.18 %	98	D	24.79 %	4.89 %
83	B	80.29 %	0.0 %	87	A	86.08 %	0.0 %	91	C	42.52 %	1.3 %	95	D	48.97 %	1.38 %	99	B	67.69 %	1.98 %
84	A	54.32 %	1.39 %	88	A	77.72 %	0.0 %	92	B	48.02 %	1.99 %	96	B	85.52 %	0.0 %	100	D	46.15 %	1.6 %

//संकेत और समाधान//

1. सामुदायिक स्वास्थ्य केंद्र भारत में राज्य सरकार द्वारा बनाए जाते हैं और विभाग में उनकी भूमिकाओं के आधार पर विभिन्न श्रमिकों को नियुक्त करते हैं। एक सामुदायिक स्वास्थ्य केंद्र में अलग-अलग चिकित्सा प्रतिनिधि होते हैं, जैसे पैरामेडिकल स्टाफ, चिकित्सक, सर्जन, बाल रोग विशेषज्ञ या स्त्री रोग विशेषज्ञ। स्वास्थ्य देखभाल सेवाओं के लिए केंद्रों पर विभिन्न प्रकार के परीक्षण किए जाते हैं। ये सामुदायिक स्वास्थ्य केंद्र लोगों को तंदुरूस्ती के बारे में जागरूक करने में मदद करने के लिए परामर्श भी प्रदान करते हैं। सामुदायिक स्वास्थ्य केन्द्रों में मरीजों को प्राथमिक स्वास्थ्य केन्द्रों से रेफर किया जाता है।

अतः विकल्प (D) सही है।

2. पर्यावरणीय कारक एक स्वास्थ्य निर्धारक है। पर्यावरणीय कारक किसी व्यक्ति को आकार देने में विभिन्न भूमिका निभाते हैं क्योंकि प्रत्येक व्यक्ति का विकास उसके आनुवंशिक संरचना द्वारा निर्धारित किया जाता है। आनुवंशिक और पर्यावरणीय दोनों कारक मानव वृद्धि और विकास को प्रभावित करते हैं।

अतः विकल्प (A) सही है।

3. स्वास्थ्य के सामाजिक निर्धारक पर्यावरण की उन स्थितियों को दर्शाति हैं जिनमें लोग पैदा होते हैं, रहते हैं, सीखते हैं, खेलते हैं, काम करते हैं और उम्र बढ़ाते हैं।

स्वास्थ्य के सामाजिक निर्धारकों के उदाहरण:

- दैनिक जरूरतों को पूरा करने के लिए संसाधनों की उपलब्धता, जैसे शैक्षिक और नौकरी के अवसर, जीवित मजदूरी या स्वास्थ्यप्रद भोजन
- सामाजिक मानदंड और व्यवहार जैसे भेदभाव
- अपराध, हिंसा और सामाजिक अव्यवस्था का जोखिम
- सामाजिक समर्थन और सामाजिक संपर्क
- केंद्रित गरीबी जैसी सामाजिक आर्थिक स्थितियां
- गुणवत्ता वाले स्कूल
- परिवहन विकल्प
- शहरीकरण और निर्मित वातावरण जैसे भवन या परिवहन
- कार्यस्थल, स्कूल और मनोरंजक सेटिंग्स

अतः विकल्प (D) सही है।

4. स्वास्थ्य की एक बहुआयामी घटना के रूप में स्वास्थ्य को स्वास्थ्य की समग्र अवधारणा द्वारा परिभाषित किया गया था। समग्र स्वास्थ्य कल्याण के लिए एक दृष्टिकोण है जो एक साथ स्वास्थ्य के शारीरिक, मानसिक, भावनात्मक, सामाजिक और आध्यात्मिक घटकों को संबोधित करता है। नैदानिक गुणवत्ता के लिए एक बहुआयामी घटना का उद्देश्य चिकित्सा त्रुटियों की रोकथाम के संबंध में एक अधिक व्यापक परिप्रेक्ष्य विकसित करना है।

अतः विकल्प (D) सही है।

5. "स्वास्थ्य मनुष्य और उसके पर्यावरण के बीच गतिशील संतुलन है"। कथन स्वास्थ्य की पारिस्थितिक अवधारणा में आता है। यह रोग मनुष्य और पर्यावरण के बीच कुसमायोजन का परिणाम है। सामाजिक-पर्यावरणीय परिस्थितियों में सुधार से लंबा जीवन और जीवन की बेहतर गुणवत्ता हो सकती है। यह मॉडल धूम्रपान, एचआईवी/एड्स और दुर्घटनाओं जैसी व्यवहार संबंधी समस्याओं की व्याख्या नहीं कर सकता है। मानव व्यवहार का व्यक्तिगत स्वास्थ्य और इस प्रकार सामुदायिक स्वास्थ्य पर बहुत गहरा प्रभाव पड़ता है।

अतः विकल्प (B) सही है।

6. मैदानी इलाकों में 120000 लोगों की आबादी और आदिवासी और पहाड़ी इलाकों में 80000 लोगों के लिए एक सामुदायिक स्वास्थ्य केंद्र (सीएचसी/ग्रामीण अस्पताल) है।

सामुदायिक स्वास्थ्य केंद्र (सीएचसी): विशेष सेवाओं के साथ 4 पीएचसी के लिए 30 बिस्तरों वाला अस्पताल/रेफरल यूनिट है।

त्रि-स्तरीय प्रणाली निम्नलिखित जनसंख्या मानदंडों पर आधारित है:

केंद्र	जनसंख्या मानदंड	
	मैदानी क्षेत्र	पहाड़ी/आदिवासी/कठिन क्षेत्र
उप केंद्र	5000	3000
प्राथमिक स्वास्थ्य केंद्र	30,000	20,000
सामुदायिक स्वास्थ्य केंद्र	1,20,000	80,000

अतः विकल्प (C) सही है।

7. भारत में खराब स्वास्थ्य के कारण:

- स्वच्छता और अपशिष्ट प्रबंधन जैसी निवारक स्वास्थ्य सुविधाओं में सार्वजनिक निवेश का निम्न स्तर
- कुपोषण
- उच्च जन्म दर और तीव्र जनसंख्या वृद्धि
- विषम परिस्थितियाँ और आवास
- प्रदूषण
- खराब शिक्षा व्यवस्था

अतः विकल्प (D) सही है।

8. स्वास्थ्य तीन कारकों पर निर्भर है - सामाजिक, शारीरिक और मानसिक। कई अन्य कारकों को व्यक्तियों की स्वास्थ्य स्थिति को प्रभावित करने के लिए जाना जाता है, जिसमें उनकी पृष्ठभूमि, जीवन शैली, आर्थिक और सामाजिक स्थिति और आध्यात्मिकता शामिल हैं।

अतः विकल्प (D) सही है।

9. राष्ट्रीय मलेरिया नियंत्रण कार्यक्रम को वर्ष 1958 में राष्ट्रीय मलेरिया उन्मूलन कार्यक्रम में परिवर्तित किया गया था। राष्ट्रीय मलेरिया नियंत्रण कार्यक्रम (NMCP) 1953 में शुरू किया गया था। 1947 के बाद यह माना गया कि भारत की 22% आबादी मलेरिया से पीड़ित है, जिसमें 75 मिलियन मामले और सालाना 0.8 मिलियन मौतें होती हैं।

राष्ट्रीय मलेरिया नियंत्रण कार्यक्रम में प्रमुख गतिविधियां

- DDT के साथ कीटनाशक चिरप्रभावी छिड़काव (IRS)।
- मामलों की जाँच और निगरानी।
- रोगियों का उपचार।
- 1958 में इसे राष्ट्रीय मलेरिया उन्मूलन कार्यक्रम (NMEP) में बदल दिया गया।
- 1976 में, 6.46 मिलियन मामलों के साथ मलेरिया का व्यापक प्रकोप हुआ था।
- क्लोरोक्वीन के लिए प्लास्मोडियम फाल्सीपेरम प्रतिरोध और कीटनाशकों के लिए रोगवाहक प्रतिरोध को भी प्रतिवेदित किया गया था।
- संचालन की संशोधित योजना (MPO) 1977 में शुरू की गई थी।

अतः विकल्प (A) सही है।

10. मानसिक रूप से स्वस्थ व्यक्ति में गैर समायोज्य क्षमता के कोई लक्षण नहीं होते हैं।

मानसिक स्वास्थ्य: यह व्यक्ति और आसपास की दुनिया के बीच संतुलन की स्थिति, स्वयं और दूसरों के बीच सामंजस्य की स्थिति, अपनी वास्तविकताओं और अन्य लोगों और पर्यावरण के बीच सह-अस्तित्व की स्थिति है।

मानसिक रूप से स्वस्थ व्यक्ति के लक्षण:

- वह समायोजन करने की क्षमता रखता है।
- उसके पास व्यक्तिगत मूल्य की भावना है, वह सार्थक और महत्वपूर्ण महसूस करता है।
- वह अपनी समस्याओं को काफी हद तक अपने प्रयास से हल करता है और अपने निर्णय खुद लेता है।
- वह व्यक्तिगत सुरक्षा की भावना रखता है और एक समूह में सुरक्षित महसूस करता है, अन्य लोगों की समस्याओं और उद्देश्यों की समझ दिखाता है।
- उसके पास जिम्मेदारी की भावना है।
- वह प्यार दे सकता है और स्वीकार कर सकता है।
- वह कल्पना के बजाय वास्तविकता की दुनिया में रहता है।
- वह अपने व्यवहार में भावनात्मक परिपक्वता दिखाता है और अपने दैनिक जीवन में कुंठा और निराशा को सहन करने की क्षमता विकसित करता है।
- उन्होंने जीवन का एक दर्शन विकसित किया है जो उनकी दैनिक गतिविधियों को अर्थ और उद्देश्य देता है।
- उसके कई तरह के शौक हैं और आम तौर पर काम, आराम और मनोरंजन का एक संतुलित जीवन जीता है।

अतः विकल्प (B) सही है।

11. जो माताएं गर्भवती हैं यदि वे एएनएम, आशा और आंगनवाड़ी कार्यकर्ता द्वारा शिक्षण के माध्यम से स्वास्थ्य की स्थिति के बारे में जान पाती हैं। मदर एंड चाइल्ड कार्ड के इस्तेमाल से उन्हें सही तरीके से पढ़ाया जा सकेगा।

आयरन-फोलिक एसिड गोलियों का वितरण - गर्भवती महिलाओं के लिए 30 मिलीग्राम से 60 मिलीग्राम एलिमेंटल आयरन और 400 माइक्रोग्राम (0.4 मिलीग्राम) फोलिक एसिड के साथ दैनिक मौखिक आयरन और फोलिक एसिड अनुपूरण की सिफारिश की जाती है ताकि मातृ रक्ताल्पता, प्यूपरल सेप्सिस, जन्म वजन, और समय से पहले जन्म निम्न को रोका जा सके।

परिवार नियोजन के बारे में जानकारी प्रदान करने के लिए अवांछित गर्भधारण और बच्चे के जन्म के कारण होने वाली मौतों को रोकने में मदद करने के लिए बहुत जल्द और बहुत अधिक होने की संभावना है और इसलिए मातृ, नवजात और बाल स्वास्थ्य पर महत्वपूर्ण प्रभाव डालने की क्षमता। इसलिए, परिवार नियोजन को जनसंख्या स्थिरीकरण के साथ-साथ मातृ एवं शिशु स्वास्थ्य हस्तक्षेप के रूप में माना जाता है।

अतः विकल्प (D) सही है।

12. WHO द्वारा दी गई सिफारिश के अनुसार व्यावसायिक स्वास्थ्य नर्स की भूमिका है:

- एक व्यापक सक्रिय व्यावसायिक स्वास्थ्य और सुरक्षा रणनीति के माध्यम से व्यावसायिक चोट और बीमारी की रोकथाम।
- स्वास्थ्य और व्यवहारिकता को बढ़ावा देना, गैर-व्यावसायिक, कार्यस्थल की रोकथाम योग्य स्थितियों पर ध्यान केंद्रित करके, जो सीधे काम के कारण नहीं होते हैं, एक व्यापक कार्यस्थल स्वास्थ्य प्रचार रणनीति के माध्यम से, काम पर उपस्थिति या प्रदर्शन को बनाए रखने की कर्मचारी की क्षमता को प्रभावित कर सकते हैं।
- कामकाजी आबादी और व्यापक समुदाय के लिए जोखिम को कम करके पर्यावरणीय स्वास्थ्य प्रबंधन में सुधार करना, जो व्यापक सार्वजनिक स्वास्थ्य एजेंडे में योगदान देता है।

अतः विकल्प (D) सही है।

13. 'साइनोसिस वाले बच्चों का इलाज' के सिवाय अन्य सभी कंगारू मदर केयर की मुख्य विशेषताएं हैं।

कंगारू मदर केयर (KMC):

- यह कम वजन वाले शिशुओं की देखभाल का एक सरल तरीका है जिसमें मां के साथ जल्दी और लंबे समय तक त्वचा से त्वचा का संपर्क, और विशेष और लगातार स्तनपान शामिल है।
- मानव देखभाल का यह प्राकृतिक रूप शरीर के तापमान को स्थिर करता है, स्तनपान को बढ़ावा देता है, संक्रमण और अन्य रुग्णता को रोकता है।

अतः विकल्प (D) सही है।

14. 'स्टाफ नर्सों के बीच अनुशासन बनाए रखना' ANM की जॉब सम्बन्धित उत्तरदायित्वों में सम्मिलित नहीं है।

- आशा कार्यकर्ता, एएनएम और आंगनवाड़ी कार्यकर्ता हमारे स्वास्थ्य कार्यकर्ताओं की रीढ़ हैं।
- सामुदायिक स्वास्थ्य कार्यकर्ता प्रजनन स्वास्थ्य सेवाओं को बढ़ावा देने और महिलाओं और बच्चों के लिए प्रसवपूर्व और प्रसवोत्तर देखभाल प्रदान करने में प्रमुख भूमिका निभाते हैं।
- वे देश भर में बड़े पैमाने पर टीकाकरण जैसी गतिविधियों को चलाने में सरकार की मदद करते हैं।
- राष्ट्रीय ग्रामीण स्वास्थ्य मिशन के प्रमुख घटकों में से एक देश के प्रत्येक गांव को एक प्रशिक्षित महिला सामुदायिक स्वास्थ्य कार्यकर्ता (आशा) या एक मान्यता प्राप्त सामाजिक स्वास्थ्य कार्यकर्ता प्रदान करना है।

अतः विकल्प (D) सही है।

15. नर्स का अपने नर्सिंग अधीक्षक के प्रति उत्तरदायित्व को जवाबदेही कहा जाता है।

- "जवाबदेही का अर्थ अपने और दूसरों के प्रति अपने कार्यों के लिए जवाबदेह होना है।" नर्सिंग में जवाबदेही के लिए नर्सों को "मानवीय गरिमा, मूल्य और आत्मनिर्णय के लिए निष्ठा और सम्मान के सिद्धांतों" पर आधारित एक नैतिक आचरण संहिता का पालन करने की आवश्यकता होती है।
- इसलिए एक नर्स की अपने नर्सिंग अधीक्षक के प्रति जिम्मेदारी जवाबदेही का एक उदाहरण है।

अतः विकल्प (B) सही है।

16. एएनएम नर्स के कर्तव्य:

- एएनएम से बहुउद्देश्यीय स्वास्थ्य कार्यकर्ता होने की उम्मीद की जाती है।
- एएनएम को महिलाओं की होम डिलीवरी करनी होती है।
- एएनएम अनटाइड फंड का उपयोग उपकेंद्र के लिए जरूरी सामान जैसे ब्लड प्रेशर उपकरण, तौल मशीन, तराजू और सफाई के लिए करती हैं।
- एएनएम से संबंधित कार्यों में परिवार नियोजन सेवाओं के साथ-साथ मातृ एवं शिशु स्वास्थ्य, स्वास्थ्य और पोषण शिक्षा, पर्यावरण स्वच्छता बनाए रखने के प्रयास, संचारी रोगों के नियंत्रण के लिए टीकाकरण, मामूली चोटों का उपचार और आपात स्थिति और आपदाओं में प्राथमिक चिकित्सा शामिल है।
- एएनएम के कार्यों में बाल स्वास्थ्य (टीकाकरण) और ग्रामीणों की प्राथमिक उपचारात्मक देखभाल शामिल है।

अतः विकल्प (C) सही है।

17. उपर्युक्त सभी एक नर्सिंग दृष्टिकोण से संचार के लिए सही नहीं हैं।

नर्सें संचार के केंद्र के रूप में कार्य करती हैं, चिकित्सकों, देखभाल करने वालों, परिवार के सदस्यों और रोगियों के बीच सूचना को रिले और व्याख्या करती हैं। नर्सिंग में प्रभावी संचार स्थापित करने की क्षमता सर्वोत्तम देखभाल और रोगी परिणाम संभव प्रदान करने के लिए अनिवार्य है।

अतः विकल्प (D) सही है।

18. प्रभावी संचार बढ़ाने के लिए कार्य करने से देखभाल की गुणवत्ता में सुधार हो सकता है।

गुणवत्ता रणनीति में सुधार के लिए प्रभावी संचार रोगियों, परिवारों और चिकित्सकों के लिए प्रभावी संचार व्यवहार की पहचान करता है जो पूरे अस्पताल में रहने के लिए साझेदारी की नींव हैं। रणनीति व्यक्तिगत उपकरणों के माध्यम से व्यवहार परिवर्तन का समर्थन करती है।

अतः विकल्प (A) सही है।

19. उचित प्रतिक्रिया प्रदान करने का उद्देश्य ग्राहक को महत्वपूर्ण जानकारी देना है। अच्छी तरह से दी गई, प्रतिक्रिया प्राप्तकर्ता को प्रदर्शन में सुधार करने और वांछित परिणाम प्राप्त करने के लिए प्रेरित कर सकता है। कठोर रूप से दिया गया, यह विपरीत प्रभाव पैदा कर सकता है और क्रोध, आहत भावनाओं और आक्रोश को प्रेरित कर सकता है।

अतः विकल्प (D) सही है।

20. इस इंटरप्रोफेशनल इंटरैक्शन को सहकार्यता के रूप में जाना जाता है।

सहकार्यता का अर्थ है 'कुछ हासिल करने या करने के लिए किसी अन्य व्यक्ति या समूह के साथ काम करना'। कार्यस्थल सहकार्यता के लिए पारस्परिक कौशल, संचार कौशल, ज्ञान साझाकरण और रणनीति की आवश्यकता होती है, और यह एक पारंपरिक कार्यालय में या एक आभासी टीम के सदस्यों के बीच हो सकता है।

अतः विकल्प (A) सही है।

21. प्रोटीन की बुनियादी संरचनात्मक इकाई अमीनो अम्ल है। प्रोटीन बनाने के लिए, अमीनो एसिड को लंबी श्रृंखलाओं में जोड़ा जाता है। सभी समान या अलग-अलग अमीनो एसिड में 20 अलग-अलग अमीनो एसिड होते हैं जो एक साथ मिलकर एक श्रृंखला बनाते हैं जिसे पॉलीपेप्टाइड श्रृंखला के रूप में जाना जाता है। प्रोटीन बनाने के लिए कई पॉलीपेप्टाइड श्रृंखलाएं एक साथ जुड़ती हैं, जो एक जटिल संरचना है।

अतः विकल्प (C) सही है।

22. विटामिन B12 को छोड़कर, सभी वसा में घुलनशील विटामिन है।

- जल में घुलनशील विटामिन: B12, C
- वसा में घुलनशील विटामिन: A, D, E. K

अतः विकल्प (B) सही है।

23. शुद्ध प्रोटीन अधिकतम अंडे के उपयोग से मिलता है।

प्रोटीन:

- जीवन प्रणाली में प्रोटीन सबसे प्रचुर मात्रा में कार्बनिक अणु है।
- वे कोशिकीय शुष्क भार का लगभग 50% बनाते हैं।
- वे जीवन की मौलिक संरचना और कार्य का निर्माण करते हैं।
- प्रोटीन शब्द ग्रीक शब्द प्रोटीन से लिया गया है, जिसका अर्थ है प्रथम स्थान।

प्रोटीन का स्रोत:

- पशु-आधारित खाद्य पदार्थ (मांस, मुर्गी पालन, मछली, अंडे और डेयरी खाद्य पदार्थ) पूर्ण प्रोटीन के अच्छे स्रोत होते हैं, जबकि पौधे आधारित खाद्य पदार्थ (फल, सब्जियां, अनाज, सूखे मेवे और बीज) में अक्सर एक या अधिक आवश्यक अमीनो अम्ल की कमी होती है।
- अंडे के द्वारा शुद्ध प्रोटीन का अधिकतम उपयोग किया जाता है।

अतः विकल्प (A) सही है।

24. हमारे आहार में कैल्शियम के अत्यधिक सेवन से गुर्दे की पथरी हो जाती है। यदि आपके मूत्र में बहुत अधिक कैल्शियम है, तो आपके गुर्दे में क्रिस्टल बन सकते हैं। समय के साथ, क्रिस्टल गुर्दे की पथरी बनाने के लिए संयोजित हो सकते हैं। आपके रक्त में बहुत अधिक कैल्शियम आपकी हड्डियों को कमजोर कर सकता है, गुर्दे की पथरी बना सकता है और आपके हृदय और मस्तिष्क के काम करने के तरीके में बाधा उत्पन्न कर सकता है।

अतः विकल्प (D) सही है।

25. सोडियम रक्त की मात्रा और रक्तचाप के नियमन में मदद करता है। जब सोडियम उचित मात्रा में उपस्थित होता है, तो कम मूत्र बनता है, जिससे अंततः रक्त की मात्रा बढ़ जाती है। सोडियम एक इलेक्ट्रोलाइट है जो द्रव, रक्तचाप और रक्त की मात्रा को बनाए रखकर आपके शरीर को सामान्य रूप से कार्य करने में मदद करता है। गुर्दे की प्रणाली, और अधिक विशेष रूप से गुर्दा, रक्त की मात्रा को विनियमित करने के लिए मुख्य रूप से जिम्मेदार है। गुर्दे का प्राथमिक कार्य निस्पंदन, पुनःअवशोषण और स्राव के माध्यम से रक्त के विलेय और जल सामग्री को संशोधित करना है।

अतः विकल्प (C) सही है।

26. गर्भावस्था के दौरान पाए जाने वाले बैक्टीरिया के विषाक्त पदार्थों के कारण सबसे अधिक फुलमिनेंट अधिग्रहित हेमोलिटिक एनीमिया क्लोस्ट्रीडियम परफ्रिंजेंस के कारण होता है। यह बैक्टीरिया हेमोलिटिक एनीमिया विकसित करता है, जिसकी मृत्यु दर 74% है, जिसमें मृत्यु 96 घंटों के भीतर होती है। यह गैस्ट्रोइंटेस्टाइनल ट्रैक्ट में या हेपेटोबिलरी ट्रैक्ट के माध्यम से म्यूकोसल दोषों के माध्यम से रक्त प्रवाह तक पहुंच प्राप्त करता है।

अतः विकल्प (A) सही है।

27. वयस्कता में, वजन बढ़ने से रोकने के लिए ऊर्जा की जरूरतों को आहार के साथ संतुलित करना चाहिए क्योंकि उनकी वृद्धि रुक गयी है। एक ऊर्जा संतुलन हमें यह समझने में मदद करता है कि उत्पाद एक दूसरे में कैसे परिवर्तित होते हैं, इन उत्पादों के बीच विभिन्न संबंधों को उजागर करते हैं, और दिखाते हैं कि सभी प्रकार की ऊर्जा का अंततः उपयोग कैसे किया जाता है। वयस्कों में, एक सकारात्मक ऊर्जा संतुलन, जिसमें ऊर्जा का सेवन खर्च से अधिक हो जाता है, वजन बढ़ने का कारण बनता है, जिसके परिणामस्वरूप वजन बढ़ने का 60-80% शरीर में वसा के कारण होता है। और नकारात्मक ऊर्जा संतुलन में, जब ऊर्जा व्यय अंतर्ग्रहण से अधिक हो जाता है, तो शरीर द्रव्यमान में होने वाली हानि भी 60-80% शरीर वसा के कारण होती है।

अतः विकल्प (A) सही है।

28. वयस्कों में अस्थिमृदुता और बच्चों में रिकेट्स विटामिन D की कमी के कारण होता है।

अस्थिमृदुता (ओस्टीयोमलेशिया) वह स्थिति है जिसमें अपर्याप्त कैल्शियम, फॉस्फेट और विटामिन-D, दोषपूर्ण अस्थि खनिजकरण, या कैल्शियम के पुनः अवशोषण के कारण अस्थियां मृदु होती है। बच्चों में, इसे रिकेट्स के रूप में जाना जाता है। संकेतों और लक्षणों में व्याप्त जोड़ों का दर्द और अस्थि में दर्द, पॉजिटिव च्वोस्टेक संकेत (हाइपोकैल्सीमिया), श्रोणि का चपटा होना आदि शामिल हो सकते हैं। इसे विटामिन D और कैल्शियम पूरकता और सूर्य प्रकाश के संपर्क में आने से प्रबंधित किया जा सकता है।

अतः विकल्प (B) सही है।

29. पैशन फ्रूट और अनार फॉस्फोरस से भरपूर होते हैं। फास्फोरस की कमी के लक्षणों में भूख न लगना, घबराहट, हड्डियों में दर्द, नाजुक हड्डियां, जोड़ों में अकड़न, थकान, अनियमित सांस, चिड़चिड़ापन, सुन्नता, कमजोरी और वजन में बदलाव शामिल हैं। बच्चों में, विकास में कमी और हड्डियों और दांतों का खराब विकास हो सकता है।

अतः विकल्प (A) सही है।

30. फ्लोराइड की अधिकतम मात्रा हड्डियों और दांतों में जमा होती है। फ्लोराइड के उच्च स्तरों के कारण दांतों का विवर्णन और खराब खनिजन होता है। फ्लोराइड के निम्न स्तरों के कारण कैविटी और हड्डियाँ कमज़ोर हो

जाती हैं। प्राकृतिक जल फ्लोराइड का मुख्य स्रोत है, इसके अलावा पालक, आलू, अंगूर, किशमिश, काली चाय और वाइन में भी फ्लोराइड होता है।

अत: विकल्प (A) सही है।

31. कॉर्पस लेक्टम प्रोजेस्ट्रोन का स्राव करता है।

- अंडजनन (ओजेनेसिस) वह प्रक्रिया है जिसमें अंडाशय में ओगोनिया से अंडाणु निकलता है।

- ग्राफियन फॉलिकल होता है जो अंडाणु को घेरता है और उसकी रक्षा करता है।

- अंडोत्सर्जन (ओव्यूलेशन) (मासिक धर्म चक्र के 14 दिन) के बाद टूटे हुए ग्रैफियन फॉलिकल को पीत पिंड (कॉर्पस ल्यूटियम) कहा जाता है।

- जब डिम्बवाहिनी (फैलोपियन ट्यूब) में निषेचन होता है, तो पीत पिंड नौ महीने तक स्थिर रहता है।

- गर्भावस्था की अनुपस्थिति में, यह पीत पिंड बनने के 14 दिनों के बाद पूरी तरह से नष्ट हो जाएगा। नष्ट पीत-पिण्ड को कॉर्पस एल्बिकंस कहा जाता है।

अतः विकल्प (C) सही है।

32. स्नायु हड्डियों और मांसपेशियों को जोड़ता है।

- एक कण्डरा या स्नायु रेशेदार संयोजी ऊतक का एक कठोर बैंड है जो मांसपेशियों को हड्डी से जोड़ता है और तनाव को समझने में सक्षम है।

- अस्थि-बंधन आपके जोड़ों के चारों ओर कठोर प्रत्यास्थ ऊतक के बैंड होते हैं। वे हड्डी को हड्डी से जोड़ते हैं, अपने जोड़ों को समर्थन देते हैं, और उनके हलचल को सीमित करते हैं। मनुष्य के टखनों, घुटनों, कंधों, कोहनी और अन्य जोड़ों के आसपास स्नायुबंधन होते हैं।

- उपास्थि एक लचीला और चिकनी लोचदार ऊतक है, रबर जैसा पैडिंग है जो जोड़ों और नसों पर लंबी हड्डियों के सिरों को कवर करता है और उनकी रक्षा करता है, और यह पंजर, कान, नाक, ब्रोन्कियल ट्यूब, अंतः कशेरुक कुण्डल और कई अन्य शरीर के घटक का एक संरचनात्मक घटक है।

- स्टेपेडियस मानव शरीर में सबसे छोटी कंकाल की मांसपेशी है। लंबाई में केवल एक मिलीमीटर से अधिक, इसका उद्देश्य शरीर की सबसे छोटी हड्डी, स्टेप्स को स्थिर करना है।

अत: विकल्प (A) सही है।

33. आमाशय की चीफ कोशिकाएं या पेप्टिक कोशिकाएं प्रोएंजाइम पेप्सिनोजेन का स्राव करती हैं। हाइड्रोक्लोरिक एसिड के संपर्क में आने पर प्रोएंजाइम पेप्सिनोजेन सक्रिय एंजाइम पेप्सिन में परिवर्तित हो जाता है।

आमाशय के म्यूकोसा में गैस्ट्रिक ग्रंथियां होती हैं। जठर ग्रंथियों में तीन प्रमुख प्रकार की कोशिकाएँ होती हैं:

1. बलगम गर्दन की कोशिकाएं जो बलगम का स्राव करती हैं

2. पेप्टिक या चीफ कोशिकाएं जो प्रोएंजाइम पेप्सिनोजेन का स्राव करती हैं

3. पार्श्विका या ऑक्सीनटिक कोशिकाएं जो HCl और आंतरिक कारक (विटामिन B12 के अवशोषण के लिए आवश्यक कारक) का स्राव करती हैं।

अत: विकल्प (D) सही है।

34. वातज्वर मानसिक स्वास्थ्य में शामिल नहीं है। मानसिक स्वास्थ्य में वंशानुगत कारक, बचपन के अनुभव, मस्तिष्क में परिवर्तन, भावनात्मक, मनोवैज्ञानिक और सामाजिक कल्याण शामिल है। यह प्रभावित करता है कि हम कैसे सोचते हैं, महसूस करते हैं और कार्य करते हैं। यह निर्धारित करने में

भी मदद करता है कि हम तनाव को कैसे संभालते हैं, दूसरों से संबंधित हैं, और स्वस्थ विकल्प बनाते हैं। जबकि वातज्वर एक सूजन-संबंधी बीमारी है जो तब विकसित हो सकती है जब स्ट्रेप थ्रोट या स्कार्लेट ज्वर का ठीक से इलाज नहीं किया जाता है।

अतः विकल्प (D) सही है।

35. किसी भी रक्त वाहिनी का एक स्थानीय असामान्य फैलाव धमनीविस्फार कहलाता है।

- धमनीविस्फार, एक धमनी का चौड़ा होना जो रक्त वाहिका की औसत दर्जे की परत की कमजोरी या विनाश से विकसित होता है।

- धमनी के भीतर परिसंचारी रक्त के निरंतर दबाव से धमनी की दीवार का कमजोर हिस्सा बड़ा हो जाता है।

- इज़ाफ़ा अंततः आसपास की संरचनाओं के संपीडन या टूटने और रक्तस्राव से गंभीर और यहां तक कि घातक जटिलताओं की ओर ले जाता है।

- धमनीविस्फार महाधमनी या प्रमुख धमनियों के किसी भी हिस्से में हो सकता है।

अतः विकल्प (C) सही है।

36. निषेचित कोशिका को युग्मनज कहा जाता है। युग्मनज निषेचन का एक उत्पाद है। युग्मनज बार-बार विभाजित होता है और निषेचन के तुरंत बाद डिंबवाहिनी में चला जाता है।

यौन प्रजनन में नर और मादा युग्मकों का निर्माण होता है। युग्मकों के संलयन से युग्मनज बनता है। जीव के शरीर के अंदर एक युग्मनज बनता है।

अतः विकल्प (C) सही है।

37. पीयूष ग्रंथि अन्य अंतःस्रावी ग्रंथियों के कामकाज को नियंत्रित करती है। पीयूष को अक्सर मास्टर ग्रंथि कहा जाता है क्योंकि इसके हार्मोन थायरॉयड ग्रंथियों, अंडाशय और वृषण जैसे अंतःस्रावी तंत्र के एक अन्य भाग को नियंत्रित करते हैं।

पीयूष ग्रंथि के दो भाग होते हैं जो अग्र लोब और पश्च लोब होते हैं। दोनों भागों के अलग-अलग कार्य हैं। यह ग्रंथि मस्तिष्क के आधार पर स्थित है और यह एक इंच व्यास का एक तिहाई है।

अतः विकल्प (D) सही है।

38. लार एक एक्सोक्राइन स्राव है। एक्सोक्राइन स्राव में, एक ग्रंथि जो पसीना, आंसू, लार, दूध और पाचक रस जैसे पदार्थ बनाती है और उन्हें एक वाहिनी या शरीर की सतह पर खुलने के माध्यम से छोड़ती है। इन ग्रंथियों को एक्सोक्राइन ग्रंथियां कहते हैं जैसे पीयूष, पीनियल, अवटुग्रंथि, बाल्यग्रन्थि, जननग्रंथि आदि।

अतः विकल्प (B) सही है।

39. स्तनधारी गुर्दे की कार्यात्मक इकाइयों को नेफ्रॉन कहा जाता है।

ये नेफ्रॉन रक्त के निस्पंदन और एकत्रित नलिका में मूत्र के निक्षेपण का कार्य करते हैं।

इस मूत्र को बाद में मूत्रमार्ग के छिद्र के माध्यम से शरीर से बाहर निकाल दिया जाता है।

एक नेफ्रॉन के तीन मुख्य भाग होते हैं:

1. समीपस्थ नेफ्रॉन

2. हेनले का फंदा

3. डिस्टल नेफ्रॉन

अतः विकल्प (D) सही है।

40. हड्डियों को प्रत्यास्थ ऊतकों द्वारा एक साथ रखा जाता है जिसे स्नायुबंधन भी कहा जाता है। लिगामेंट एक रेशेदार संयोजी ऊतक है जो हड्डी को हड्डी से

जोड़ता है, और आमतौर पर संरचनाओं को एक साथ रखने और उन्हें स्थिर रखने का कार्य करता है। इसे आर्टिकुलर लिगामेंट, आर्टिकुलर लारुआ, रेशेदार लिगामेंट या ट्रू लिगामेंट के रूप में भी जाना जाता है।

अतः विकल्प (A) सही है।

41. रोगी के शौक चिकित्सीय मामले के इतिहास का एक आवश्यक घटक नहीं है।

चिकित्सीय मामले का इतिहास: एक रोगी का चिकित्सीय इतिहास, एक चिकित्सक द्वारा निदान तैयार करने और रोगी को चिकित्सा देखभाल प्रदान करने में उपयोगी जानकारी प्राप्त करने के उद्देश्य से रोगी या अन्य लोगों, जो उस व्यक्ति को जानते हैं, से प्रश्न पूछकर प्राप्त की गई जानकारी है।

चिकित्सीय मामले के इतिहास के घटक:

- व्यक्तिगत विवरण
- पारिवारिक इतिहास
- शिकायत प्रस्तुत करना
- सामाजिक व्यक्तिगत इतिहास
- भूतकालिक इतिहास
- रोगी की आदतें
- रोगी के विचार, चिंताएं और अपेक्षाएं
- ड्रग इतिहास

अतः विकल्प (B) सही है।

42. सड़क यातायात दुर्घटनाओं के मामले में सर्वाइकल स्पाइन इंजरी की आशंका होता है।

सर्वाइकल रीढ़ की चोट के मामले में गर्दन को हिलाना एक घातक कदम हो सकता है और इसलिए वायुमार्ग प्राप्त करने से पहले सर्वाइकल स्पाइन इंजरी को परख लेना आवश्यक है।

अतः विकल्प (B) सही है।

43. कार्डियक जांच के दौरान, नर्स ग्राहक के दिल के शीर्ष पर स्टेथोस्कोप रखकर दिल की आवाज को अच्छी तरह से सुन सकती है। कार्डियक परीक्षा के दौरान कार्डियोवास्कुलर सिस्टम की शारीरिक परीक्षा में महत्वपूर्ण संकेतों की व्याख्या, निरीक्षण, टटोलने का कार्य, और दिल की आवाज़ का श्रवण शामिल है क्योंकि नर्स पर्याप्त छिड़काव और कार्डियक आउटपुट के लिए मूल्यांकन करती है।

अतः विकल्प (C) सही है।

44. पोवीडोन आयोडीन:

- यह टोपिकल सोल्यूशन, सर्जिकल स्क्रब, माउथ वॉश, मलहम और वेजाइनल पेसरी के रूप में उपलब्ध है।
- यह कीटाणुनाशक विषाणु, जीवाणु, प्रोटोजोआ, यीस्ट और कवक के विरुद्ध अत्यंत प्रभावी होता है।
- इसकी अघुलनशीलता, अस्थिरता और इसके अभिरंजक और उत्तेजक गुणों के कारण इसका बार-बार उपयोग निषेधात्मक है।
- पोवीडोन आयोडीन तीव्र और दीर्घकालिक घावों की एक श्रृंखला के उपचार में सहायता करता है।
- पोवीडोन आयोडीन ग्राम-धनात्मक और ग्राम-ऋणात्मक जीवों के विरुद्ध जीवाणुनाशक है।
- पोवीडोन आयोडीन में कई गुण हैं जो इसे घाव भरने वाले औषधियों के समूह में असाधारण रूप से अच्छे स्थान पर रखती हैं, जिसमें इसके व्यापक रोगाणुरोधी स्पेक्ट्रम, प्रतिरोध की कमी, बायोफिल्म के विरुद्ध प्रभावकारिता, अच्छी सहनशीलता और अत्यधिक सूजन पर इसका प्रभाव शामिल है।

इसीलिए पोवीडोन आयोडीन दवा को आमतौर पर घाव के कीटाणुनाशक के रूप में प्रयोग किया जाता है।

अतः विकल्प (C) सही है।

45. नर्स के पास एक रोगी आता है जिसमें सचेत बेहोश करने की क्रिया के तहत एक शल्य चिकित्सा प्रक्रिया की गई है। इस रोगी में शल्य चिकित्सा के बाद की क्रिया करने के लिए श्वास की सीमा और गहराई का आकलन सबसे महत्वपूर्ण है। शल्यचिकित्सा के बाद सुनिश्चित करें कि श्वसन कार्य उचित है। शल्यचिकित्सा चिकित्सा में मनुष्य के देह पर घाव करना पड़ता है।

अतः विकल्प (D) सही है।

46. क्रोहन रोग एक प्रकार का आंत्र रोग सूजन (IBD) है। यह आपके पाचन तंत्र की सूजन का कारण बनता है, जिससे पेट में दर्द, गंभीर दस्त, थकान, वजन कम होना और कुपोषण हो सकता है। क्रोहन रोग से पीड़ित लोगों में कुपोषण और पोषक तत्वों की कमी का खतरा बढ़ जाता है। खराब पोषण आपके शरीर के लिए संक्रमण को ठीक करना और उससे लड़ना अधिक कठिन बना देता है। इसलिए, क्रोहन रोग वाले लोगों को संतुलित आहार का पालन करना चाहिए और पर्याप्त कैलोरी, प्रोटीन, विटामिन, खनिज और तरल पदार्थ प्राप्त करना सुनिश्चित करना चाहिए। निम्न-फाइबर सहित निम्न अवशेष वाले आहार पेट दर्द, ऐंठन और दस्त को कम करने में मदद कर सकते हैं। क्रोहन रोग के लिए एक रोगी के लिए, चिकित्सा सर्जिकल नर्स फाइबर में निम्न और प्रोटीन एवं कैलोरी में समृद्ध आहार की सलाह देती है।

अतः विकल्प (C) सही है।

47. कोलेसिस्टिटिस के रोगी के लिए पोषण परामर्श देने वाली नर्स रोगी को वसायुक्त भोजन सीमित मात्रा में लेने का परामर्श देगी ।

कोलेसिस्टिटिस, पित्ताशय की थैली की सूजन, आमतौर पर पित्त पथरी की उपस्थिति के कारण होती है, जो पित्त (वसा के अवशोषण के लिए आवश्यक) को आंतों में प्रवेश करने से रोक सकती है। पित्ताशय की थैली की जलन से बचने के लिए मरीजों को वसायुक्त मांस, तले हुए खाद्य पदार्थ और मलाईदार डेसर्ट जैसे खाद्य पदार्थों को सीमित करके आहार वसा कम करना चाहिए।

अतः विकल्प (D) सही है।

48. ECT (इलेक्ट्रोकोनवल्सिव थेरेपी) एक मनोचिकित्सा उपचार है जिसमें चिकित्सीय प्रभाव के लिए संवेदनाहारी रोगियों में दौरे विद्युत प्रेरित होते हैं।

ECT के लिए प्री-नर्सिंग केयर प्रोटोकॉल:

- सुनिश्चित करना कि क्या ग्राहक और परिवार को पूर्ण स्पष्टीकरण प्राप्त हुआ है, जिसमें किसी भी समय सहमति वापस लेने का विकल्प शामिल है।
- भोजन और तरल पदार्थों को 6 से 8 घंटे तक रोक कर रखना।
- आदेश के अनुसार प्रीऑपरेटिव दवाएं देना।
- तंग कपड़े ढीले करना।
- सभी कॉस्मेटिक और धातु पदार्थ जैसे चश्मा, कॉन्टैक्ट लेंस, श्रवण यंत्र, अंगूठियां, कंगन, हेयरपिन आदि हटा देना।

ECT लगाने से पहले रोगी को अधिक तरल पदार्थ देना दी जाने वाली नर्सिंग देखभाल का हिस्सा नहीं है।

अतः विकल्प (C) सही है।

49. नर्स देखेगी कि मरीज को अचानक सीने में दर्द और सांस लेने में तकलीफ है।

रोगी को अचानक सीने में दर्द और सांस लेने में तकलीफ की शिकायत पल्मोनरी एम्बोलिज्म का लक्षण है। फुफ्फुसीय अन्त: शल्यता के विशिष्ट लक्षणों में सीने में दर्द, सांस की तकलीफ और चिंता शामिल हैं।

अतः विकल्प (B) सही है।

50. चिंता का एक कारण बार-बार उल्टी होना होगा। रक्तस्राव या खोपड़ी के भीतर सूजन के कारण बढ़ता दबाव नाजुक मस्तिष्क के ऊतकों को नुकसान पहुंचा सकता है और जीवन के लिए खतरा बन सकता है। बार-बार उल्टी होना दबाव का शुरुआती संकेत हो सकता है क्योंकि मज्जा के भीतर उल्टी केंद्र उत्तेजित होता है।

अतः विकल्प (B) सही है।

51. अगर आप अकेले प्राथमिक उपचारकर्ता हैं और बेहोशी में सांस न लेने वाले वयस्क हैं, तो आपको एईडी (डिफाइब्रिलेटर) और एम्बुलेंस का अनुरोध करने के लिए 911/112 पर कॉल करना चाहिए।

एईडी, या स्वचालित बाहरी डिफाइब्रिलेटर, का उपयोग अचानक कार्डियक अरेस्ट का अनुभव करने वालों की मदद के लिए किया जाता है। यह एक परिष्कृत, अभी तक उपयोग में आसान, चिकित्सा उपकरण है जो हृदय की लय का विश्लेषण कर सकता है और यदि आवश्यक हो, तो दिल को एक प्रभावी लय को फिर से स्थापित करने में मदद करने के लिए एक बिजली का झटका, या डिफिब्रिलेशन प्रदान करता है।

अत: विकल्प (C) सही है।

52. जलने के बाद निम्न कार्य नहीं करने चाहिए:

1) सूरज की तेज रोशनी से बचाना चाहिए।

2) जल जाने पर तेल का उपयोग ना करें।

3) जलने पर मक्खन का उपयोग नहीं करना चाहिए।

4) टूथपेस्ट का उपयोग जलने पर नहीं करना चाहिए।

5) जलने पर तुरंत बर्फ नहीं लगाना चाहिए।

जलने के बाद प्राथमिक उपचार:

- जले हुए स्थान पर ठंडा पानी डालें ताकि फफोले ना पड़ें, लेकिन अगर गंभीर रूप से जल गए हों तो उस जगह का कपड़ा न हटायें और ना पानी डालें।
- आग के सीधे संपर्क में आने पर त्वचा क्षतिग्रस्त हो जाती है।
- इसे ड्राई बर्न के रूप में जाना जाता है।
- जलन त्वचा के अंतर्निहित हिस्से को उजागर करती है, जिससे संक्रमण की संभावना बढ़ जाती है।

जैसे जलने के प्रकार भिन्न होते हैं, वैसे ही विभिन्न प्रकार के जलने के लिए प्राथमिक उपचार की आवश्यकता होती है।

अत: विकल्प (D) सही है।

53. एक सड़क यातायात दुर्घटना के बाद नीचे लेटे हुए मरीज़ में, सबसे पहले प्रतिक्रियाशीलता स्थापित किया जाना चाहिए।

प्रतिक्रियाशीलता स्थापित करना: AVPU प्रणाली का उपयोग करके।

- यह देखने के लिए जांचें कि क्या रोगी सतर्क है (A),
- मौखिक आदेशों के प्रति उत्तरदायी (V),
- दर्द के प्रति प्रतिक्रिया दिखाना (P),
- अनुत्तरदायी (U) है।

प्रतिक्रियाशीलता स्थापित करने में आमतौर पर 4 से 10 सेकंड का समय लगेगा।

अत: विकल्प (A) सही है।

54. बिजली के जलने का इलाज करते समय पहली कार्रवाई यह होनी चाहिए कि खतरे की जांच करें और सुनिश्चित करें कि विद्युत स्रोत से संपर्क टूट गया है। क्योंकि अगर शक्ति स्रोत से संपर्क नहीं हटाया गया तो उपचार करने वाले व्यक्ति को भी नुकसान हो सकता है। और फिर विद्युत स्रोत को उपचार करने

वाले व्यक्ति और घायल व्यक्ति दोनों से दूर ले जाएं और सीपीआर शुरू करें यदि व्यक्ति सांस नहीं ले रहा है, खांस रहा है या चल नहीं रहा है और उसकी नाड़ी नहीं है। कपड़े न हटाएं या जले हुए स्थान को साफ करने की कोशिश न करें। किसी भी जले हुए स्थान को जीवाणुरहित धुंध पट्टी, यदि उपलब्ध हो, या एक साफ कपड़े या चादर से ढक दें। कंबल या तौलिया का उपयोग न करें, क्योंकि झाग या ढीले रेशे जले पर चिपक सकते हैं। घायल व्यक्ति को ठंड लगने से बचाने की कोशिश करें।

अत: विकल्प (C) सही है।

55. एक आदमी को दिल का दौरा पड़ रहा है, उसके पास दवा है, आपको दवा के साथ उसकी सहायता करनी चाहिए, 108 पर कॉल करें, मदद आने तक उसे आश्वस्त करें। व्यक्ति को बैठने के लिए कहें, आराम करें और शांत रहने की कोशिश करें। किसी भी तंग कपड़े को ढीला करें। पूछें कि क्या व्यक्ति सीने में दर्द की कोई दवा लेता है, जैसे कि नाइट्रोग्लिसरीन, हृदय की किसी ज्ञात स्थिति के लिए, और उसे लेने में उनकी मदद करें।

108 आपातकाल तब होता है जब किसी को चोट लगने या तत्काल खतरे के कारण तुरंत सहायता की आवश्यकता होती है।

अत: विकल्प (B) सही है।

56. एक पीड़ित के पैर में गहरी चोट लगने से काफी खून बह गया है। वह तेजी से सांस ले रहा है और नीरस और बेचैन महसूस कर रहा है। वह शायद सदमे में है। यदि आप देखते हैं कि किसी व्यक्ति को सांस लेने में कठिनाई हो रही है, तो वह घुट सकता है। अन्य लक्षणों में गैगिंग, घरघराहट और खांसी शामिल हैं। यदि वस्तु उनके वायुमार्ग को पूरी तरह से अवरुद्ध कर रही है, तो वे बात करने या सांस लेने में सक्षम नहीं हो सकते हैं।

अत: विकल्प (C) सही है।

57. एक ऐसे पीड़ित के लिए जिसके मुंह से खून बह रहा हो और आपको यकीन हो कि सिर, गर्दन या रीढ़ की हड्डी में कोई चोट नहीं है, आपको या तो पीड़ित को बैठाकर सिर को थोड़ा आगे की ओर झुकाकर रखना चाहिए या पीड़ित को उनकी तरफ लेटना चाहिए।

व्यक्ति के सिर या गर्दन को हिलाए बिना यथासंभव प्राथमिक उपचार दें। यदि व्यक्ति परिसंचरण (श्वास, खाँसी या गति) के कोई लक्षण नहीं दिखाता है, तो सीपीआर शुरू करें, लेकिन वायुमार्ग को खोलने के लिए सिर को पीछे न झुकाएं। जबड़े को धीरे से पकड़ने के लिए अपनी उंगलियों का प्रयोग करें और इसे आगे उठाएं।

अत: विकल्प (D) सही है।

58. सामान्य तौर पर, एक स्प्लिंट को आरामदायक, लेकिन इतना टाइट नहीं कि यह सर्कुलेशन को धीमा कर दे।

टूटे अंग को स्थिर करने के लिए स्प्लिंट को मजबूती से बांधना चाहिए, फिर रक्त परिसंचरण की जांच करें ताकि यह सुनिश्चित हो सके कि स्प्लिंट बहुत तंग नहीं है। सही स्प्लिंटिंग से दर्द से राहत मिलती है। यदि खंडित अंग त्वचा के माध्यम से एक तेज हड्डी के अंत के साथ मुड़ा हुआ है, तो इसे गतिहीन रखें।

अत: विकल्प (B) सही है।

59. गंभीर रक्तस्राव के लिए आपको साफ कपड़े या हाथ से सीधे दबाव डालना चाहिए। यदि विसंक्रमित ड्रेसिंग उपलब्ध नहीं है, तो किसी भी साफ कपड़े जैसे तौलिया, रूमाल या शर्ट का उपयोग करें। अपने नंगे हाथों का प्रयोग करने से बचें। लेकिन आंख की चोट या एम्बेडेड वस्तु पर दबाव न डालें। यदि आपको खोपड़ी के फ्रैक्चर का संदेह है तो सिर के घाव पर दबाव न डालें।

अत: विकल्प (B) सही है।

60. किसी भी चोट या आकस्मिक बीमारी के लिए दुर्घटना स्थल पर उपलब्ध सामग्री के साथ चिकित्सा सहायता उपलब्ध होने से पहले प्राथमिक चिकित्सा प्राथमिक सहायता है।

प्राथमिक चिकित्सा के उद्देश्य हैं:

- जीवन की रक्षा करना
- पीड़ित की चिकित्सीय स्थिति को बिगड़ने से रोकना
- रिकवरी को बढ़ावा देना
- निकटतम स्वास्थ्य देखभाल सुविधा के लिए सुरक्षित परिवहन प्रदान करना

अत: विकल्प (D) सही है।

61. विषाणु एक सूक्ष्म जीव की रोगजनकता की डिग्री या दूसरे शब्दों में रोग पैदा करने के लिए एक सूक्ष्म जीव की सापेक्ष क्षमता को संदर्भित करता है। बैक्टीरिया का विषाणु आमतौर पर एक शक्तिशाली एक्सोटॉक्सिन या एंडोटॉक्सिन बनाने की उनकी क्षमता से संबंधित होता है। उदाहरण विषाक्त सतह कोट हैं जो फागोसाइटोसिस और सतह रिसेप्टर्स को रोकते हैं जो मेजबान कोशिकाओं को बांधते हैं।

अत: विकल्प (B) सही है।

62. प्रसवकालीन संचरण तब होता है जब एक रोगज़नक़ माँ से शिशु में संचरित होता है। प्रसवकालीन, या मां से बच्चे में एचआईवी संचरण तब होता है जब एचआईवी से पीड़ित गर्भवती व्यक्ति अपने बच्चे को एचआईवी पास करता है। यह गर्भावस्था, प्रसव और स्तनपान के दौरान हो सकता है।

अतः विकल्प (C) सही है।

63. एक व्यक्ति जो सूक्ष्मजीव को आश्रय देता है लेकिन रोग के चिह्न और लक्षण प्रकट नहीं करता है उसे वाहक कहा जाता है। अमेरिकन पब्लिक हेल्थ एसोसिएशन द्वारा प्रकाशित द कंट्रोल ऑफ कम्युनिकेबल डिजीज मैनुअल, एक वाहक को एक ऐसे व्यक्ति या जानवर के रूप में परिभाषित करता है जो बिना किसी नैदानिक बीमारी के एक विशिष्ट संक्रामक एजेंट को शरण देता है और संक्रमण के संभावित स्रोत के रूप में कार्य करता है।

अतः विकल्प (D) सही है।

64. हैजा का कारण बनने वाला जीवाणु 'विब्रियो कोलेरी' आमतौर पर संक्रमण वाले व्यक्ति के मल से दूषित भोजन या पानी में पाया जाता है। हैजा एक जल जनित और संचारी रोग है। इसका उपचार टेट्रासाइक्लिन और सिप्रोफ्लोक्सासिन द्वारा किया जा सकता है। हैजा को "ब्लू डेथ" का उपनाम दिया गया है क्योंकि किसी व्यक्ति की त्वचा तरल पदार्थ (पानी) की अत्यधिक कमी से ब्लू डेथ हो सकती है।

अतः विकल्प (D) सही है।

65. काली खांसी ड्रॉपलेट (छोटी बूंद) संक्रमण है जो कि आरंभ में नाक और गला को प्रभावित करता है। यह बोर्डेटेल्ला परट्यूसिया कहलाने वाले जीवाणु के कारण होता है। यह जीवाणु व्यक्तियों के बीच श्वसन क्रिया से निष्कासित जीवाणु से फैलती है। यह तब होता है जब संक्रमण युक्त व्यक्ति खांसते या छींकते हैं। जीवाणु संक्रमण के आरंभ से 7 से 17 दिनों के बाद इसके लक्षण विकसित हो पाते हैं। जिनमें लक्षण विकसित हो जाते हैं, वे अधिकांश में 2 वर्ष की आयु से कम होते हैं।

अतः विकल्प (A) सही है।

66. टाइफाइड में होने वाले बुखार की विशेषता स्टेप लैडर बुखार है अर्थात बुखार पहले दिन आता है फिर दूसरे दिन कम हो जाता है और शुरुआत के साथ कम और ज्यादा होता रहता है। टाइफाइड बुखार में अक्सर पेट में दर्द होता है। पेयर पैच की अतिवृद्धि के कारण, कुछ मामलों में दस्त पर कब्ज की प्रधानता हो सकती है।

अतः विकल्प (B) सही है।

67. लिस्मानिया डोनोवानी काला अजार का प्रेरक एजेंट है। काला अजार एक रोग वाहक जाति का रोग है। कालाजार के लक्षण हैं:

- बुखार अक्सर रुक-रुक कर या तेजी से तथा दोहरी गति से आता है।

- भूख न लगना, पीलापन और वजन में कमी जिससे शरीर में दुर्बलता
- कमजोरी
- प्लीहा का अधिक बढ़ना- प्लीहा तेजी से अधिक बढ़ता है और सामान्यतः यह नरम और कड़ा होता है।
- त्वचा-सूखी, पतली और शल्की होती है तथा बाल झड़ सकते हैं। गोरे व्यक्तियों के हाथ, पैर, पेट और चेहरे का रंग भूरा हो जाता है। इसी से इसका नाम काला अजार पड़ा अर्थात काला बुखार।
- खून की कमी बड़ी तेजी से होती है।

अतः विकल्प (C) सही है।

68. एचआईवी निम्नलिखित के माध्यम से फैल सकता है:

- एचआईवी पॉजिटिव व्यक्ति के साथ यौन संपर्क
- एचआईवी संक्रमित सुई प्रयोग करना
- गर्भावस्था, जन्म या स्तनपान के दौरान एचआईवी पॉजिटिव मां से बच्चे तक
- इंजेक्शन उपकरण साझा करना
- दूषित रक्त आधान
- वायरस के साथ रहने वाले किसी व्यक्ति के विशिष्ट शारीरिक तरल पदार्थ के संपर्क में आना

अतः विकल्प (D) सही है।

69. एडीज एजिप्टी डेंगू और पीला बुखार दोनों का वाहक है।

एडीज एजिप्टी पीले बुखार वायरस, डेंगू वायरस चिकनगुनिया वायरस और जीका वायरस सहित कई वायरस का एक ज्ञात वाहक है। एडीज एजिप्टी, उष्णकटिबंधीय और उपोष्णकटिबंधीय क्षेत्रों में पाए जाते हैं। एडीज एजिप्टी मच्छर आम तौर पर दिन के दौरान काटते हैं, जो सुबह जल्दी और देर दोपहर शाम को बढ़ते हैं।

अतः विकल्प (A) सही है।

70. एस्कारियासिस संक्रमित अंडे खाने से होता है। यह तब हो सकता है जब दूषित गंदगी वाले हाथों या उंगलियों को मुंह में डाल दिया जाता है या उन सब्जियों या फलों का सेवन किया जाता है जिन्हें सावधानी से पकाया, धोया या छीला नहीं गया हो। एस्कारियासिस के लक्षण हैं:

- लगातार खांसी
- सांस लेने में कठिनाई
- घरघराहट
- अस्पष्ट पेट दर्द
- मतली और उल्टी
- दस्त या खूनी मल
- वजन घटना या कुपोषण

अतः विकल्प (A) सही है।

71. विश्व स्वास्थ्य संगठन की सलाह है कि शिशुओं को जीवन के पहले छह महीनों के लिए विशेष रूप से ब्रेस्ट फीडिंग कराया जाना चाहिए, इसके बाद पोषक तत्वों की दृष्टि से पर्याप्त और सुरक्षित पूरक आहार देना चाहिए, और दो साल या उससे अधिक उम्र तक ब्रेस्ट फीडिंग जारी रखना चाहिए। ब्रेस्ट फीडिंग कराने वाले शिशुओं में ब्रेस्ट फीडिंग न कराने वालों की तुलना में एसआईडीएस से मरने की संभावना 60 प्रतिशत कम होती है। विशेष रूप से ब्रेस्ट फीडिंग करने वाले शिशुओं के लिए प्रभाव और भी अधिक है। इस प्रकार छह महीने की उम्र के बाद ब्रेस्ट फीडिंग जारी रखें और पूरक आहार देना शुरू करें।

अत: विकल्प (C) सही है।

72. शिशुओं में जन्म के 18 महीने बाद पूर्वकाल फॉन्टेनेल का अस्थिभंग होता है।

एक नवजात शिशु के छह फॉन्टेनेल होते हैं: पूर्वकाल और पश्च, दो पोस्टेरोलैटरल, और दो एंटरोलेटरल। पूर्वकाल फॉन्टानेल सबसे प्रमुख, आकार में सबसे अधिक परिवर्तनशील और चिकित्सकीय रूप से महत्वपूर्ण है। यह हीरे के आकार का है और दो पार्श्विका और दो ललाट हड्डियों के जंक्शन पर स्थित है।

अत: विकल्प (C) सही है।

73. नवजात मृत्यु दर की गणना 28 दिनों के भीतर नवजात मृत्यु की संख्या का अनुमान लगाकर की जाती है।

नवजात अवधि को जन्म से लेकर 28 दिनों तक की अवधि के रूप में परिभाषित किया गया है। नवजात मृत्यु दर का अंश इसलिए एक निश्चित समय अवधि के दौरान 28 दिनों से कम उम्र के बच्चों में होने वाली मौतों की संख्या है। नवजात मृत्यु दर का भाजक, शिशु मृत्यु दर की तरह, एक ही समय अवधि के दौरान रिपोर्ट किए गए जीवित जन्मों की संख्या है।

एनएमआर आमतौर पर प्रति 1,000 जीवित जन्मों पर व्यक्त किया जाता है।

एनएमआर = (28 दिनों से कम उम्र की मौतों की संख्या/उसी अवधि के दौरान जीवित जन्मों की संख्या) $\times$ 1000

अत: विकल्प (B) सही है।

74. शारीरिक, मानसिक और व्यक्तित्व विकास की बुनियादी नींव शैशव अवस्था में ही रख दी जाती है। शैशव अवस्था अत्यंत तीव्र शारीरिक वृद्धि और संवेदी-मोटर कौशल के विकास द्वारा चिह्नित अवधि है। शैशव अवस्था संज्ञानात्मक, भाषाई और सामाजिक-भावनात्मक विकास के लिए भी महत्वपूर्ण है।

अत: विकल्प (A) सही है।

75. 6 से 8 महीने में बच्चे के दांत निकलना शुरू हो जाते हैं। नीचे के कृंतक आमतौर पर सबसे पहले लगभग 6 से 7 महीनों में निकलते हैं। ऊपर के कृंतक लगभग 6 से 8 महीनों में निकल आते हैं। शीर्ष पार्श्व कृंतक लगभग 9 से 11 महीनों में निकल आते हैं।

अतः विकल्प (A) सही है।

76. विकासात्मक मनोवैज्ञानिकों का मानना है कि मानव विकास को प्रभावित करने वाले दो कारक अनुवांशिक बनावट और अनुभव हैं। अधिकांश मनोवैज्ञानिक यह मानते हैं कि मानव विकास प्रकृति और पोषण की पारस्परिक क्रिया के कारण होता है। वास्तव में, विकास का हर पहलू जीन और पर्यावरण की परस्पर क्रिया से उत्पन्न होता है।

अत: विकल्प (C) सही है।

77. बच्चे के प्रारंभिक सामाजिक विकास का मूल कारक उसकी सामाजिक अंतःक्रियाएँ हैं। सामाजिक विकास उस प्रक्रिया को संदर्भित करता है जिसके माध्यम से बच्चे मूल्यों, ज्ञान और कौशल को सीखकर संबंध बनाना सीखते हैं, यह समझने के लिए आवश्यक है कि दूसरों के साथ कैसे मिलें।

अतः विकल्प (C) सही है।

78. एकीकृत बाल विकास सेवाओं (आईसीडीएस) के इन उद्देश्यों को प्राप्त करने के लिए सेवाओं का एक पैकेज दिया गया है:

- पूरक पोषण (एसएनपी)
- प्रतिरक्षा
- स्वास्थ्य जांच
- रेफरल सेवाएं
- प्री-स्कूल अनौपचारिक शिक्षा और
- पोषण एवं स्वास्थ्य शिक्षा प्रदान की जाती है।

इस प्रकार, विकल्पों में दिए गए उद्देश्य सभी एकीकृत बाल विकास सेवाओं (ICDS) के मुख्य उद्देश्य हैं।

अत: विकल्प (D) सही है।

79. जन्म के बाद एक वर्ष की आयु के अंत में सिर की परिधि और छाती परिधि बराबर हो जाती है। एक नवजात शिशु का सिर आमतौर पर छाती के आकार से लगभग 2 सेमी बड़ा होता है। एक वर्ष की आयु के अंत में, दोनों माप लगभग बराबर हैं। 2 साल के बाद, छाती का आकार सिर से बड़ा हो जाता है।

अत: विकल्प (B) सही है।

80. 7 महीने के बच्चे में "अकेले बैठना" माइलस्टोन विकास पाया जाता है। यह देखा जा सकता है कि आपका बच्चा भागना शुरू कर रहा है, आगे-पीछे हिल रहा है, या कमरे में रेंग रहा है। इस उम्र के कुछ बच्चे खुद को खड़े होने की स्थिति में खींच सकते हैं। 7- से 9 महीने के बच्चे के माइलस्टोन विकास के में बैठना, खड़े होना और हंसना शामिल है।

अतः विकल्प (A) सही है।

81. ORS में मुख्य रूप से सोडियम और ग्लूकोज शामिल होता है।

- ओरल रिहाइड्रेशन सॉल्यूशन (ORS) एक ओरल पाउडर है जिसमें ग्लूकोज सोडियम क्लोराइड (NaCl), टेबल शुगर ($C_{12}H_{22}O_{11}$), H_2O, पोटेशियम क्लोराइड और सोडियम साइट्रेट का मिश्रण होता है।
- पानी की अपेक्षित मात्रा में घुलने के बाद, वे रखरखाव चिकित्सा सहित दस्त के कारण निर्जलीकरण की रोकथाम और उपचार के लिए हैं।

अतः विकल्प (B) सही है।

82. जन्म के समय कम वज़न वाले बच्चे को हाइपोथर्मिया होने का अधिक खतरा होता है।

- जन्म के समय कम वज़न (LBW) वाले बच्चों को उन बच्चों के रूप में परिभाषित किया जाता है जिनका वज़न 2500 ग्राम से कम होता है।
- भारत में जन्म के समय कम वज़न की घटनाएं 25-30% के बीच होती हैं और जिनमें से 60-65% अंतर्गर्भाशयी विकास मंदता के कारण होती हैं।
- तापीय देखभाल मुख्य रूप से नवजात शिशुओं में रुग्णता और मृत्यु दर को कम करने के लिए है। ताप नियमन एक निश्चित सामान्य सीमा के भीतर शरीर के तापमान को बनाए रखने के लिए ऊष्मा उत्पादन और ऊष्मा के ह्रास को संतुलित करने की क्षमता है।

अतः विकल्प (B) सही है।

83. एक स्वस्थ बच्चे के वजन के 5 महीने में दोगुना होने की उम्मीद होती है। बच्चे का वजन 12 महीने [1 वर्ष] तक तिगुना हो जाता है।

जैसे-जैसे बच्चे की उम्र बढ़ती है उसका वजन निम्नलिखित प्रकार से बढ़ता है:

- जन्म के समय x वजन
- 5 महीने के समय 2x
- 1 साल के समय 3x
- 2 साल के समय 4x
- 5 साल के समय 6x
- 7 साल के समय 7x
- 10 साल के समय 10x

अतः विकल्प (B) सही है।

84. फटे होंठ और तालु (खंडतालु) एक चार साल के बच्चे में भाषण क्षीणता का सबसे संभावित कारण है।

- खंडतालु शिशुओं में जन्मजात स्थिति को संदर्भित करता है जो मुंह की छत या तालू में खुलती है। जब भ्रूण के विकास के दौरान ऊतक संलयित नहीं होते हैं, तो यह खंडतालु का कारण बनता है।

- खंडतालु में ऊपरी ओष्ठ में एक विभाजन शामिल हो सकता है जिसे खंड ओष्ठ कहा जाता है।

- यह एकतरफा (मुंह के एक तरफ), द्विपक्षीय (मुंह के दोनों तरफ), पूर्ण (नासिका तक फैला हुआ), या अधूरा (ओष्ठ तक सीमित) हो सकता है।

अतः विकल्प (A) सही है।

85. प्रसव के बाद सामान्य आपके शिशु का वजन घटने के बाद, वजन में लगातार वृद्धि सबसे महत्वपूर्ण है। बार-बार गीले डायपर होना भी जरूरी है। आपका शिशु एक दिन में कम से कम 6 गीले डायपर करता हैं। डायपर में पेशाब हल्का पीला होना चाहिए, गहरे पीले या नारंगी रंग का नहीं। मल ढीला और पीले रंग का होना चाहिए। जब आप स्तनपान करा रही हों, तो घूंट-घूंट की आवाज़ें सुनें ताकि आपको पता चले कि आपका शिशु वास्तव में दूध निगल रहा है। आपके शिशु का वजन लगातार बढ़ता है। बच्चे के जबड़ों को चूसते और निगलते समय धीमी, स्थिर गति से चलना चाहिए। आपका शिशु हर दिन कई मल त्याग करता है। यदि आपके बच्चे को पर्याप्त दूध मिल रहा है, तो वह अच्छी तरह से सो रहा होगा, लेकिन जागते समय सतर्क और स्वस्थ दिखें।

इस प्रकार, सभी कथन सही हैं।

अतः विकल्प (D) सही है।

86. बच्चों के स्वास्थ्य को बढ़ावा देने के लिए बच्चों की नर्सों का दायित्व है। ऐसा करने के लिए बच्चे के विकास, विशेष रूप से संज्ञानात्मक विकास की समझ के साथ-साथ यह समझना भी आवश्यक है कि बच्चे कैसे सीखते हैं। पूर्वस्कूली बच्चों के स्वास्थ्य को बढ़ावा देने के संबंध में, सबसे महत्वपूर्ण कारक खेल/अच्छा संचार/पुरस्कार हैं।

जबकि सभी कारक महत्वपूर्ण हैं, छोटे बच्चे खेल के माध्यम से सीखते हैं और सबसे अधिक ऐसी गतिविधि में संलग्न होने की संभावना होती है जिसे वे खेल के रूप में देखते हैं। संचार कौशल सभी आयु समूहों के लिए आवश्यक है और इसे किसी व्यक्ति के विकास के चरण के अनुसार समायोजित किया जाना चाहिए। छोटे बच्चे विशेष रूप से स्टिकर या मौखिक प्रशंसा जैसे पुरस्कार प्राप्त करना पसंद करते हैं।

अतः विकल्प (C) सही है।

87. श्वसन दर आपके द्वारा प्रत्येक मिनट में ली जाने वाली सांसों की संख्या है। दर आमतौर पर तब मापी जाती है जब आप आराम कर रहे होते हैं।

सामान्य श्वसन दर:

1. नवजात: 30-40 श्वसन/मिनट
2. शिशु: 20-40 श्वसन/मिनट
3. बच्चे (1-7 वर्ष): 18-30 श्वसन/मिनट
4. वयस्क: 12-20 श्वसन/मिनट

इस प्रकार, यह निष्कर्ष निकाला जाता है कि एक नवजात में सामान्य श्वसन दर 30-40 प्रति मिनट होती है।

अतः विकल्प (A) सही है।

88. बैलार्ड स्कोर को बैलार्ड परिपक्वता मूल्यांकन या डॉ. जीन एल बैलार्ड द्वारा दिए गए बैलार्ड स्केल के रूप में भी जाना जाता है।

- यह सगर्भता उम्र के आकलन के लिए आमतौर पर इस्तेमाल की जाने वाली तकनीक है।

- समय से पहले जन्म लेने वाले बच्चों के कम अंक होते हैं और देर से पैदा होने वाले बच्चों के उच्च अंक होते हैं।

- मूल्यांकन छह शारीरिक और छह न्यूरोलॉजिकल मानदंडों के अनुसार अंक प्रदान करता है।

अतः विकल्प (A) सही है।

89. पूर्व-सेवा नर्सों और दाइयों के लिए किशोर स्वास्थ्य की मुख्य दक्षताओं को पूरा करने के लिए उन्हें चाहिए:

- किशोरों का आकलन करते समय संपत्ति ढांचे का उपयोग करें;

- स्वास्थ्य देखभाल योजनाएँ विकसित करते समय किशोरों और परिवारों के साथ सम्मानजनक, भरोसेमंद संबंध बनाएँ;

- सुरक्षा, गोपनीयता, गोपनीयता, सूचना, जुड़ाव और समर्थन के लिए किशोरों की जरूरतों को पहचानें;

- किशोर स्वास्थ्य पर पर्यावरण के प्रभाव की सराहना कर सकेंगे;

- किशोर स्वास्थ्य को बढ़ावा देने और बीमारी को रोकने के लिए समुदाय के भीतर अभिनव प्राथमिक स्वास्थ्य देखभाल रणनीतियों का विकास करना;

- समुदाय की भागीदारी के माध्यम से किशोरों के स्वास्थ्य और परिवारों को मजबूत करने को बढ़ावा देने वाले कानून और नीतियों की वकालत करना;

- किशोरों की देखभाल का मार्गदर्शन करने के लिए साक्ष्य-आधारित अभ्यास शामिल करें।

इस प्रकार दिए गए सभी कथन सही हैं, इन्हें पूर्व-सेवा नर्सों और दाइयों के लिए किशोर स्वास्थ्य की मुख्य दक्षताओं को पूरा करने के लिए करना चाहिए।

अतः विकल्प (D) सही है।

90. हेपेटाइटिस बी के टीके को 2 किग्रा वजन से कम बच्चे को देने की सलाह नहीं दी जाती है। बच्चे को हेपेटाइटिस बी के टीके की पहली खुराक 1 महीने की उम्र में या बच्चे को अस्पताल से छुट्टी मिलने पर दी जाएगी। यदि आपका बच्चा वर्तमान में बीमार है तो टीके की सलाह नहीं दी जाती है, हालांकि साधारण सर्दी या अन्य छोटी बीमारियों से टीकाकरण में बाधा नहीं आनी चाहिए।

अतः विकल्प (B) सही है।

91. टोकोलिटिक दवाएं ऐसी दवाएं हैं जो गर्भाशय की गतिशीलता को कम करती हैं।

- टोकोलिटिक मायोमेट्रियल चिकनी मांसपेशियों के संकुचन को रोकने के लिए उपयोग की जाने वाली दवाएं हैं।

- टोकोलिसिस एक प्रसूति प्रक्रिया है जो समय से पहले संकुचन पेश करने वाली महिलाओं में भ्रूण के वितरण में देरी के उद्देश्य से दवाओं के उपयोग के साथ की जाती है। इन दवाओं को भ्रूण की रुग्णता और मृत्यु दर में कमी की आशा के साथ प्रशासित किया जाता है।

- ऑक्सीटोसिन रिसेप्टर प्रतिपक्षी को टर्म और प्रीटरम लेबर दोनों की शुरुआत में ऑक्सीटोसिन की महत्वपूर्ण भूमिका के कारण प्रीटरम लेबर के प्रबंधन के लिए टॉलिटिक्स के रूप में विकसित किया गया है।

- प्रीटरम लेबर के इलाज के लिए इस्तेमाल किए जाने वाले सबसे आम टोलिटिक एजेंट मैग्नीशियम सल्फेट ($MgSO_4$), इंडोमेथेसिन और निफेडिपिन हैं।

अतः विकल्प (C) सही है।

92. पीतपिंड (कॉर्पस ल्यूटियम) प्रारंभिक गर्भावस्था बनाए रखता है।

- ये महिला अंडाशय में अस्थायी अंतःस्रावी संरचनाएं हैं।

- यह ल्यूटियल चरण के दौरान एक डिम्बग्रंथि कूप से विकसित होता है।
- पीतपिंड से पहले की संरचना को कॉर्पस हेमोरेजिक कहा जाता है।

कार्य:

जब अंडा निषेचित नहीं होता है।

- प्रोजेस्टेरोन को स्रावित करना बंद कर देता है।
- योनि के माध्यम से गर्भाशय की परत को बाहर निकाल दिया जाता है।

जब अंडा निषेचित हो जाता है।

- प्रोजेस्टेरोन को स्रावित करने के लिए पीतपिंड को हॉर्मोन HCG संकेत।
- एस्ट्रोजन की थोड़ी मात्रा का उत्पादन।
- गर्भावस्था का रखरखाव।
- यदि पीतपिंड को हटा दिया जाता है, तो गर्भपात हो सकता है।

अतः विकल्प (B) सही है।

93. निश्चित काल में मानव प्लेसेंटा का औसत वजन 500 ग्राम है।

- प्लेसेंटा माता के रक्त की आपूर्ति के माध्यम से विभिन्न शारीरिक प्रक्रियाओं जैसे पोषक तत्वों का अवशोषण, अपशिष्ट निष्कासन और गैसीय विनिमय की सुविधा प्रदान करता है।
- गर्भ में भ्रूण के बढ़ने और पनपने की क्षमता प्लेसेंटल फंक्शन पर निर्भर करती है और प्लेसेंटा का औसत वजन 500 ग्राम होता है।

अतः विकल्प (A) सही है।

94. अवास्तविक प्रसव (फॉल्स लेबर) के विपरीत एक नर्स वास्तविक प्रसव (टू लेबर) की पहचान प्रगामी सरवाइकल डाइलेशन द्वारा कर सकती है।

- प्राइमिग्रेविडे के लिए सक्रिय चरण में ग्रीवा फैलाव की सामान्य दर 1.2 सेमी/घंटा है।
- मल्टीपारे के मामले में यह 1.5/घंटा है।

अवास्तविक प्रसव (फॉल्स लेबर) और वास्तविक प्रसव (टू लेबर) की तुलना:

अवास्तविक प्रसव	वास्तविक प्रसव
संकुचन अनियमित होते हैं।	संकुचन धीरे-धीरे एक नियमित स्वरूप में विकसित होते हैं।
चलने से संकुचन से राहत मिलती है।	चलने से संकुचन प्रबल और अधिक प्रभावी हो जाते हैं।
ब्लडी शो आमतौर पर मौजूद नहीं होता है।	पीठ के निचले हिस्से/उदर में बेचैनी।
गर्भाशय ग्रीवा के कटाव/विस्तार में कोई परिवर्तन नहीं होता।	ब्लडी शो अक्सर मौजूद होता है।
	गर्भाशय ग्रीवा का प्रगतिशील क्षरण और विस्तार।

अतः विकल्प (A) सही है।

95. नर्स को यीस्ट संक्रमण को अस्थानिक गर्भावस्था के लिए जोखिम कारक नहीं मानना चाहिए।

एंडोमेट्रियोसिस और गर्भाशय फाइब्रॉएड जैसी गर्भाशय की स्थिति एक्टोपिक गर्भावस्था के जोखिम को बढ़ाती है। एंडोमेट्रियोसिस गर्भाशय के बाहर गर्भाशय के ऊतकों की अनुचित वृद्धि है। गर्भाशय फाइब्रॉएड गर्भाशय के भीतर सौम्य ट्यूमर हैं। यौन संचारित संक्रमणों से पेल्विक इंफ्लेमेटरी डिजीज नामक स्थिति पैदा हो सकती है, जिसके परिणामस्वरूप निशान पड़ सकते हैं। प्रजनन प्रणाली पर निशान पड़ने से अस्थानिक गर्भावस्था और बांझपन का खतरा बहुत बढ़ जाता है। एंटीबायोटिक चिकित्सा के बाद यीस्ट संक्रमण आम हैं और

ओवर-द-काउंटर दवा के साथ इलाज किया जाता है। वे आम तौर पर शरीर को स्थायी नुकसान नहीं पहुंचाते हैं।

अतः विकल्प (D) सही है।

96. गर्भावस्था के दौरान 28 पाउंड वजन बढ़ना सामान्य है। अधिकांश अतिरिक्त वजन आपके बच्चे के बढ़ने के कारण होता है, लेकिन आपका शरीर वसा का भंडारण भी करेगा, जो आपके बच्चे के जन्म के बाद स्तन का दूध बनाने के लिए तैयार होगा। बहुत अधिक वजन बढ़ने से गर्भविधि मधुमेह और प्री-एक्लेम्पसिया का खतरा बढ़ सकता है।

अतः विकल्प (B) सही है।

97. नर्स को संदेह है कि वह प्रसव के चरण 1, अवस्था 3 का अनुभव कर रही होगी।

प्रसव के पहले चरण के तीसरे चरण के दौरान, गर्भाशय ग्रीवा 8-10 सेमी तक फैल जाती है और मलत्याग 80-100% तक पहुंच जाता है। महिला अन्य चीजों पर ध्यान केंद्रित करने में कम सक्षम होगी और सहायक व्यक्तियों से अधिक समर्थन की आवश्यकता हो सकती है। श्रम तेजी से आगे बढ़ सकता है और नर्स को श्रम के दूसरे चरण की तैयारी करनी चाहिए, जिसमें गर्भाशय ग्रीवा पूरी तरह से 10 सेमी तक फैली हुई है।

अतः विकल्प (B) सही है।

98. एक्टोपिक गर्भावस्था के जोखिम कारकों में पिछली एक्टोपिक गर्भावस्था, पूर्व ट्यूबल सर्जरी या पुनर्निर्माण सर्जरी, डीईएस के गर्भाशय के संपर्क में, पूर्व जननांग पथ संक्रमण, बांझपन, प्रोजेस्टेरोन के ऊंचे स्तर के संपर्क में, कई यौन साथी, सिगरेट धूम्रपान, यौन शुरुआत गतिविधि में कम उम्र, गर्भाधान के समय मातृ आयु >35 वर्ष और योनि को धोने का अभ्यास शामिल हैं। इन विट्रो फर्टिलाइजेशन (आईवीएफ) का एक्टोपिक गर्भधारण की समग्र घटनाओं पर बहुत कम प्रभाव दिखाया गया है, लेकिन फिर भी इसे एक जोखिम कारक है क्योंकि हेटरोटोपिक गर्भावस्था की दर (सह-अंतर्गर्भाशयी गर्भधारण के साथ एक्टोपिक) बढ़ जाती है। अंतर्गर्भाशयी डिवाइस (आईयूडी) का उपयोग, हालांकि, सभी गर्भधारण से बचाता है और इस तरह समग्र एक्टोपिक गर्भावस्था दर कम हो जाती है। इसलिए, अंतर्गर्भाशयी डिवाइस (आईयूडी) का उपयोग एक्टोपिक गर्भावस्था के लिए पूर्ण जोखिम कारक नहीं है।

अतः विकल्प (D) सही है।

99. पहली तिमाही में प्रत्यक्ष गर्भपात या सहज गर्भपात का सबसे आम कारण कॉन्सेप्टस में गुणसूत्र संबंधी असामान्यता है और कम से कम 60% गर्भपात के लिए जिम्मेदार है। सहज गर्भपात गर्भावस्था के बीस सप्ताह से पहले स्वाभाविक रूप से गर्भावस्था का नुकसान है।

अतः विकल्प (B) सही है।

100. 30 और 40 वर्ष के लोग स्वस्थ गर्भधारण कर सकते हैं, लेकिन उनमें मधुमेह और उच्च रक्तचाप का खतरा बढ़ जाता है। इसमें मधुमेह एक प्रकार का गर्भकालीन होता है। इस प्रकार के मधुमेह वाले लोगों को आहार और शारीरिक गतिविधि के माध्यम से रक्त शर्करा के कड़े नियंत्रण को बनाए रखना चाहिए। उच्च रक्तचाप के लिए, स्वास्थ्य देखभाल प्रदाता आपके बच्चे की वृद्धि और विकास के साथ-साथ आपके रक्तचाप की सावधानीपूर्वक निगरानी करेगा।

अतः विकल्प (D) सही है।

Q.1 सामुदायिक स्वास्थ्य केंद्र में _______ जनसंख्या को सेवा प्रदान की गई।

A. 5000 - 6000

B. 20,000 - 30,0000

C. 80,000 - 1,20,000

D. >1,20,000

Q.2 प्राथमिक स्वास्थ्य केन्द्र का/के कार्य है/हैं?

A. मातृत्व एवं शिशु स्वास्थ्य सेवाएँ और परिवार नियोजन सेवाएँ प्रदान करना

B. राष्ट्रीय स्वास्थ्य कार्यक्रम का क्रियान्वयन

C. स्कूल स्वास्थ्य सेवाएँ प्रदान करना

D. उपरोक्त सभी

Q.3 निम्नलिखित में से सभी प्राथमिक स्वास्थ्य देखभाल के आवश्यक तत्व हैं, सिवाय इसके:

A. बहु-क्षेत्रीय दृष्टिकोण

B. स्वास्थ्य प्रदाताओं की योग्यता

C. सामाजिक सहभागिता

D. उपरोक्त सभी

Q.4 प्राथमिक स्वास्थ्य केन्द्र का मुख्य प्रशासनिक अधिकारी कौन होता है?

A. प्रथम चिकित्सा अधिकारी

B. द्वितीय चिकित्सा अधिकारी

C. तृतीय चिकित्सा अधिकारी

D. चिकित्सा निरीक्षक

Q.5 एनआरएचएम के तहत एक आशा निम्न जनसंख्या को कवर करती है:

A. 500   B. 1000   C. 2000   D. 4000

Q.6 एक उप-केन्द्र कितनी जनसंख्या पर स्थापित होता है?

A. 3000-5000   B. 20000-30000

C. 30000-20000   D. 2 लाख

Q.7 भारत में, सार्वजनिक स्वास्थ्य सेवा सरकार द्वारा संचालित स्वास्थ्य केंद्रों और अस्पतालों की एक श्रृंखला है। इसके तहत उप-केंद्र सेवा करते हैं:

A. ग्राम स्तर पर

B. विशिष्ट नगर पालिका वार्डों में

C. कई गाँवों में

D. उप-शहरी क्षेत्रों में जिला अस्पतालों से जुड़े

Q.8 प्राथमिक स्वास्थ्य केंद्र में प्रसवपूर्व देखभाल में निम्नलिखित में से किसे छोड़कर, अन्य सभी शामिल हैं?

[NHM Uttar Pradesh Staff Nurse, 2021]

A. प्रयोगशाला जांच जैसे हीमोग्लोबिन और रक्त समूहन

B. पोषण और स्वास्थ्य परामर्श

C. गर्भावस्था के दौरान उच्च जोखिम और खतरनाक संकेतों की पहचान और प्रबंधन

D. उच्च जोखिम भरी प्रसव का संचालन

Q.9 प्राथमिक और सबसे महत्वपूर्ण, पीएचसी का तत्व है:

A. प्रतिरक्षा

B. एफपी/एमसीएच

C. स्वास्थ्य शिक्षा

D. सुरक्षित पेयजल की व्यवस्था

Q.10 निम्नलिखित में से किसे पहली रेफरल इकाई माना जाता है?

A. पीएचसी

B. सीएचसी

C. जिला अस्पताल

D. मेडिकल कॉलेज संलग्न अस्पताल

Q.11 घर पर, डिलीवरी आमतौर पर किसके द्वारा की जाती है?

A. महिला स्वास्थ्य कार्यकर्ता

B. प्रशिक्षित दाई

C. ए एन एम

D. ऊपर के सभी

Q.12 राष्ट्रीय ग्रामीण स्वास्थ्य मिशन के संदर्भ में, निम्नलिखित में से कौन एक प्रशिक्षित सामुदायिक स्वास्थ्य कार्यकर्ता 'आशा' का कार्य नहीं है?

A. प्रसव पूर्व देखभाल की जांच के लिए महिलाओं को स्वास्थ्य सुविधा से जोड़ना

B. गर्भावस्था का पता लगाने के लिए गर्भावस्था परीक्षण किट का उपयोग करना

C. पोषण और टीकाकरण के बारे में जानकारी प्रदान करना

D. बच्चे के प्रसव का संचालन

Q.13 नर्सिंग में आचारनीति का क्या अर्थ है?

[UPPSC Staff Nurse, 2017]

A. नर्स द्वारा की जाने वाली प्रणाली

B. सही व्यवहार के लिए बनाए गए नियम

C. एक नर्स की काम की जिम्मेदारी

D. एक आदर्श नर्स के लक्षण

Q.14 एक दाई की कानूनी जिम्मेदारियों में शामिल हैं:

A. परामर्श और सलाह प्रदान करें।

B. पूर्ण प्रसवपूर्व देखभाल प्रदान करें।

C. भावनात्मक सहारा।

D. ऊपर के सभी

Q.15 आंगनवाड़ी कार्यकर्ता/एएनएम नवजात शिशु की देखभाल के लिए मां को क्या सलाह देंगी?

A. पानी पीना

B. बच्चे को धूप में रखना

C. नवजात शिशु को गर्म रखना

D. ठंडे पानी से नहाना

Q.16 एएनएम/आंगनवाड़ी कार्यकर्ता मां को 'पहले दूध' के बारे में क्या सलाह देंगी?

A. पहला दूध नवजात शिशुओं के लिए घातक है

B. यह संक्रमण को रोकता है

C. यह संक्रमण का कारण बन सकता है

D. माँ के लिए अच्छा नहीं

Q.17 किसी भी जटिलता को रोकने के लिए गर्भवती महिलाओं को संपर्क करने की सलाह दी जानी चाहिए:

A. आशा/एएनएम/आंगनवाड़ी कार्यकर्ता

B. काउंसलर

C. स्वयं उपचार

D. इनमें से कोई नहीं

Q.18 आंगनवाड़ी कार्यकर्ता/एएनएम को बच्चे को सुरक्षित भोजन कैसे खिलाना है, इस बारे में मां को क्या शिक्षा देनी है:

A. बीमारी में दूध न पिलाएं

B. तैलीय भोजन करें

C. कैलोरी युक्त भोजन न करें

D. बीमारी के दौरान स्तनपान कराना जारी रखें

Q.19 ANM/FHW की क्या भूमिका होगी यदि कोई बच्चा शिड्यूल के अनुसार टीकाकरण से छूट गया है?

A. माता-पिता को प्रोत्साहित करें।

B. शेड्यूल को फिर से शुरू करने की कोई आवश्यकता नहीं है

C. स्थानीय उपकेन्द्र पर बच्चा को टीका लगाया जायगा

D. उपरोक्त सभी

Q.20 आंगनवाड़ी कार्यकर्ता/एएनएम को 2 - 3 साल के बच्चे को एक दिन में माँ/देखभाल करने वाले को _____ खाना देने के लिए कहना है।

A. 3 बार   **B.** 4 बार   **C.** 1 बार   **D.** 6 बार

Q.21 बच्चों में प्रोटीन की कमी से होने वाला रोग है:

A. मरास्मस   **B.** पॅलाग्रा   **C.** बेरी-बेरी   **D.** रिकेट्स

Q.22 कार्बोहाइड्रेट को _____ के रूप में शरीर में संग्रहित किया जाता है।

A. ग्लाइकोजन   **B.** शुगर

C. स्टार्च   **D.** सुक्रोज

Q.23 स्वस्थ हड्डियों के लिए निम्न में से क्या आवश्यक है?

A. पोटेशियम और विटामिन K

B. कैल्शियम और विटामिन E

C. कैल्शियम और विटामिन C

D. कैल्शियम और विटामिन D

Q.24 _____ वाले रोगियों के लिए ब्लैंड डाइट (अक्षोभक आहार) का उपयोग किया जाता है।

A. मधुमेह (डायाबिटीज़ मेलिटस)

B. जठरांत्र (गैस्ट्रोइंटेस्टाइनल) विक्षोभ

C. उच्च रक्तचाप

D. हृदय रोग

Q.25 केम्पनर का चावल फल आहार _____ के लिए निर्धारित है।

A. उच्च रक्तचाप   **B.** डायाबिटीज़

C. कब्ज   **D.** पेप्टिक अल्सर

Q.26 किसी पोषक तत्व की पूर्ण कमी के साथ या उसके बिना आवश्यक पोषक तत्वों के बीच असमानता के परिणामस्वरूप होने वाली रोग अवस्था को क्या कहा जाता है?

A. अल्पपोषण   **B.** अति पोषण

C. असंतुलित पोषण   **D.** विशिष्ट कमी

Q.27 इनमें से कौन सा कार्बोहाइड्रेट कार्बोहाइड्रेट के सामान्य सूत्र का पालन नहीं करता है?

A. रिबुलोस   **B.** राइबोज़   **C.** रमनोज़   **D.** रमनोज़

Q.28 विटामिन ऐसे पदार्थ हैं जिन्हें हमारी सामान्य रूप से बढ़ने और विकसित करने की आवश्यकता है। विटामिन K की कमी से होता है:

A. चोट के कारण अत्यधिक रक्तस्राव

B. कमजोर दृष्टि

C. पैरों या पैरों में सूजन

D. मंद वृद्धि

Q.29 विटामिन _____ की कमी होने पर बच्चों के अंगों की हड्डियाँ मुड़ जाती हैं।

A. A   **B.** B   **C.** D   **D.** C

Q.30 मोटापा मुख्य रूप से _____ भोजन की अधिकता के कारण होता है।

A. ऊर्जा देने वाला भोजन   **B.** बॉडी बिल्डिंग फूड

C. विटामिन युक्त भोजन   **D.** खनिज युक्त भोजन

Q.31 मौखिक बातचीत या शारीरिक हमले या दोनों के द्वारा क्रोधी वर्तव की अभिव्यक्ति या प्रदर्शन कहलाता है:

[UPPSC Staff Nurse, 2017]

A. दमन   **B.** प्रतिदान

C. आक्रामकता   **D.** इनमें से कोई नहीं

Q.32 एलएडीडीईआर प्रारूप किसके बारे में बताता है?

[UPPSC Staff Nurse, 2017]

A. सुनने की कला   **B.** संचार में बाधाएं

C. संचार के चरण   **D.** इनमें से कोई नहीं

Q.33 निम्नलिखित में से किसकी हानि से मांसपेशी समन्वय में कमी आती है?

[UPPSC Staff Nurse, 2017]

A. हाइपोथैलेमस   **B.** प्रमस्तिष्क

C. मध्यमस्तिष्क   **D.** सेरिबेलम

Q.34 निम्न में से कौन-सा कथन सत्य है?

[UPPSC Staff Nurse, 2017]

A. अल्ना रेडियस से बड़ी है।

B. रेडियस अल्ना से बड़ी होती है।

C. रेडियस और अल्ना दोनों की लंबाई समान होती है।

D. रेडियम ऊपरी भुजा की अस्थि है।

Q.35 किसी रक्तवाहिका दीवार के कमजोर हिस्से में उभार आने पर एक थैली-सा बन जाता है, उसे क्या कहते हैं?

[UPPSC Staff Nurse, 2017]

A. एथिरोस्क्लेरोसिस   **B.** एन्यूरिज्म

C. एनास्टोमोसिस   **D.** आर्टिरियोस्केलेरोसिस

Q.36 मस्तिष्क का कौन सा भाग सेरिब्रोस्पाइनल द्रव स्रावित करता है?

A. कोरोयड प्लेक्सस   **B.** वीनस साइनस

C. सबएरेक्नायड स्पेस   **D.** इनमें से कोई नहीं

Q.37 इनमें से सभी रक्त में पाए जाने वाले प्लाज्मा प्रोटीन हैं, एक को छोड़कर:

[UPPSC Staff Nurse, 2017]

A. एल्बुमिन   **B.** ग्लोब्युलिन

C. मायोसिन   **D.** फाइब्रिनोजेन

Q.38 निम्न से से सभी हड्डियां हाथ में पाई जाती हैं, एक को छोड़कर:

[UPPSC Staff Nurse, 2017]

A. कार्पल हड्डियां   **B.** मेटाकार्पल्स

C. कैल्केनीअस   **D.** फैलेन्जेस

Q.39 जब उत्तल सतह, अवतल सतह से फिट हो जाए, तो यह कहलाती है:

[UPPSC Staff Nurse, 2017]

A. प्लेन   **B.** सैडल

C. हिंज   **D.** बाल एवं सॉकिट

Q.40 मानव रक्त का पी.एच. होता है:

[UPPSC Staff Nurse, 2017]

A. 5.4   B. 6.4   C. 7.4   D. 8.4

Q.41 निम्नलिखित में से कौन सी बीमारी व्यक्तिगत संपर्क के कारण नहीं होती है?

A. छोटी माता   B. खसरा
C. डेंगू   D. आँख आना

Q.42 मलेरिया _______ के कारण होता है।

A. प्लाज्मोडियम प्रजाति
B. साल्मोनेला प्रजाति
C. एंटअमीबा हिस्टोलिटिका
D. ट्रिपैनोसोमा

Q.43 निरंतर चरण में श्रेणी- I टीबी रोगी के लिए उपचार आहार में निम्नलिखित एंटी-टीबी दवाएं शामिल हैं:

A. आइसोनियाजिड और रिफैम्पिसिन
B. पायराज़िनामाइड और एथम्ब्यूटोल
C. एथम्ब्यूटोल और स्ट्रेप्टोमाइसिन
D. पायराज़िनामाइड और एथम्ब्यूटोल

Q.44 निम्न में से कौन सा मलेरिया प्लास्मोडियम रक्त में आक्रामक होता है?

A. गैमेटोसाइट   B. ट्रोफोज़ोइट
C. मेरोज़ोइट   D. स्पोरोज़ोइट

Q.45 क्षय रोग बहुत संक्रामक है और _______ माध्यम से फैलता है।

A. वेक्टर   B. हवा   C. जल   D. खाद्य

Q.46 जानवरों से मानव में होने वाला संक्रमण _______ है।

A. प्लेग   B. काली खांसी
C. पोलियो   D. मलेरिया

Q.47 सिफलिस का कारण _____ नामक जीवाणु होता है।

A. माइकोबैक्टीरियम एवियम
B. ट्रेपोनिमा पैलिडम
C. साल्मोनेला टाइफी
D. माइकोबैक्टीरियम लेप्राई

Q.48 निम्नलिखित में से कौन-सा एक वायरल रोग नहीं है?

A. निमोनिया   B. खसरा   C. पोलियो   D. रेबीज

Q.49 क्लैमाइडिया ट्रैकोमैटिस जीवाणु _____ का कारण बन सकता है।

A. लिम्फोग्रानुलोमा वेनेरेम (एलजीवी) और ऑर्काइटिस
B. एपिडिडिमाइटिस और मूत्रमार्गशोथ
C. क्लैमाइडिया
D. उपरोक्त सभी

Q.50 सबसे पहले दर्ज की गई महामारी-ब्लैक डेथ को ____ होने का अनुमान लगाया गया था।

A. प्लेग   B. राबेई
C. कुष्ठ रोग   D. इनमें से कोई भी नहीं

Q.51 किशोरों में कृमिहरण (डी-वॉर्मिंग) के लिए एल्बेंडाजोल की मात्रा कितनी होनी चाहिए?

A. 100 मिलीग्राम BD
B. 200 मिलीग्राम OD, HS
C. 400 मिलीग्राम OD,HS
D. 800 मिलीग्राम BD

Q.52 डूबने वाले व्यक्ति को पेट के बल लेटाने के बाद, अगला कदम क्या है?

A. कुछ पीने की पेशकश करना
B. अस्पताल में भर्ती करना
C. रोगी को बैठने का निर्देश देना
D. मुख अंदर की ओर मोड़ना और पानी निकालना

Q.53 किशोर आयु में मृत्यु का सबसे सामान्य कारण क्या है?

A. आत्महत्या
B. अतिसार
C. सड़क यातायात दुर्घटना (RTA)
D. अरक्तता (एनीमिया)

Q.54 निम्नलिखित में से क्या एक तीव्रग्राही आघात (एनाफाईलैक्टिक शॉक) है?

A. कंठ रोध (घुटन)
B. हृदयघात
C. कीट का काटना / मकड़ी का काटना
D. डूबना

Q.55 प्राथमिक स्वास्थ्य देखभाल में व्यक्तियों और समुदाय की उनके स्वयं के स्वास्थ्य और कल्याण को बढ़ावा देने के लिए भागीदारी को क्या कहा जाता हैं?

[NHM Uttar Pradesh Staff Nurse, 2021]

A. समान वितरण   B. सामुदायिक भागीदारी
C. उपयुक्त प्रौद्योगिकी   D. उपरोक्त सभी

Q.56 आपदा स्थल पर एक आश्रय नर्स द्वारा तनावग्रस्त पीड़ितों के साथ संपर्क करने के लिए एक उपयुक्त मूलभूत कार्रवाई निम्नलिखित में से कौन है?

A. मानसिक स्थिति की जांच
B. शारीरिक खतरों का निवारण
C. अवसादरोधी दवाओं का प्रावधान
D. मूलभूत सहानुभूति और गरिमा प्रदान करना

Q.57 "एलीसा" का पूरा नाम क्या है?

[UPPSC Staff Nurse, 2017]

A. इन्जाइम लाइसेस इम्यून सॉल्यूशन एक्टिविटी
B. इन्जाइम लिंक्ड इम्यून सार्बेंट ऐसे
C. इन्जाम लिंक्ड इंटीग्रेटेड सॉल्यूशन एक्टिविटी
D. इन्जाम लाइसेस इम्यून सॉल्यूशन ऐसे

Q.58 रोगी देखभाल परियोजना की निम्नलिखित में से कौन सी विधि कुछ संशोधनों के साथ प्रयोग की जाने वाली क्रियात्मक और टीम विधि का एक संयोजन है?

A. प्राथमिक परिचर्या विधि
B. मॉड्यूलर परिचर्या विधि
C. केस परिचर्या विधि
D. निजी ड्यूटी परिचर्या विधि

Q.59 निम्न में से किसके परिणामस्वरूप हाइपोवोलेमिक शॉक हो सकता है?

A. पेरिटोनिटिस   B. रक्ताधान प्रतिक्रिया
C. एसिडोसिस   D. संवहनी क्षति

Q.60 इंटरपर्सनल रिलेशनशिप (IPR) में शारीरिक बाधाओं को कम करने में निम्नलिखित में से कौन-सी रणनीति प्रभावी है?

A. बातचीत शुरू करने से पहले रोगियों की संवेदी अनुभूति की अक्षुण्णता सुनिश्चित करना
B. यह सुनिश्चित करना कि बातचीत शुरू करने से पहले सांस्कृतिक

मतभेदों और मूल्यों पर विचार किया गया

C. बातचीत शुरू करने से पहले पर्याप्त तापमान और प्रकाश व्यवस्था सुनिश्चित करना

D. यह सुनिश्चित करना कि प्रेषक और प्राप्तकर्ता भय, चिंता और भ्रम से मुक्त हैं

Q.61 एनजाइना का कारण क्या है?

A. फेफड़ों तक अपर्याप्त रक्त पहुँचना

B. मस्तिष्क तक अपर्याप्त रक्त पहुँचना

C. हृदय की मांसपेशियों तक अपर्याप्त रक्त पहुँचना

D. पैर की मांसपेशियों तक अपर्याप्त रक्त पहुँचना

Q.62 रोगी की स्थिति की जांच करते समय आपकी पहली कार्रवाई क्या होती है?

A. सांस लेने की जाँच करें

B. बीमा के लिए जाँच करें

C. पीड़ित से बात करें और उसके कंधे हिलाएं

D. बाहरी चोटों की जाँच करें

Q.63 आप सांस लेने की जांच कैसे करते हैं?

A. सुनना

B. बढ़ती छाती की जांच करें

C. गाल से महसूस करो

D. देखो, सुनो और महसूस करो

Q.64 एक कवर बैंडेज के लिए क्या आवश्यकताएं हैं?

A. यह किसी भी तरल पदार्थ को अवशोषित नहीं कर सकता

B. यह 1 वर्ष से अधिक पुराना नहीं हो सकता

C. यह विसंक्रमित होना चाहिए

D. इनमें से कोई नहीं

Q.65 एक यात्री को मधुमक्खी ने काट लिया है। डंक अभी भी त्वचा के नीचे है और एनाफिलेक्टिक सदमे को रोकने के लिए इसे हटाने की जरूरत है। इसके बाद क्या करेंगे?

A. साफ चिमटी की एक जोड़ी का उपयोग करके डंक निकालें

B. पिन की सहायता से डंक निकालें

C. डंक निकालने के लिए चाकू का इस्तेमाल करें

D. उपरोक्त सभी

Q.66 त्वचा का टूटना _____ होता है।

A. जलाने की क्रिया　　　　**B.** घाव

C. जलाना　　　　**D.** दौरा

Q.67 'रुधिरस्राव' पर नियन्त्रण के लिए हम प्राथमिक चिकित्सा कैसे कर सकते हैं?

A. रुधिरस्रावित अंग को ऊपर उठाकर

B. घाव को दबाकर

C. घाव पर रुई या कपड़ा रखकर

D. उपरोक्त सभी

Q.68 कुत्ते के काटने के बाद घाव को साफ करना चाहिए:

[UPPSC Staff Nurse, 2017]

A. हाइड्रोजन पेरॉक्साइड　　　　**B.** टिंचर आयोडीन

C. साबुन एवं पानी　　　　**D.** क्लोरहेक्सिडीन

Q.69 प्राथमिक चिकित्सा में निम्नलिखित में से कौन सी तकनीक का उपयोग किया जाता है?

A. पट्टी　　　　**B.** बैंडेज

C. परिवहन तकनीक　　　　**D.** उपरोक्त सभी

Q.70 प्राथमिक चिकित्सा के क्रम को सही ढंग से व्यवस्थित करें।

1. श्वास को पुनर्स्थापित करें

2. गंभीर रक्तस्राव बंद करें

3. सदमे का इलाज करें

4. उच्च चिकित्सा सहायता को तुरंत कॉल करें

A. 2, 4, 3, 1　　　　**B.** 1, 2, 3, 4　　　　**C.** 4, 3, 2, 1　　　　**D.** 4, 2, 1, 3

Q.71 विश्व स्वास्थ्य संगठन के अनुसार निम्नतम जन्म भार का आशय होता है:

A. 2.8 किग्रा से कम　　　　**B.** 2.7 किग्रा से कम

C. 2.5 किग्रा से कम　　　　**D.** 2.3 किग्रा से कम

Q.72 बच्चे में सबसे पहले दांत विकसित होते है:

A. अग्रचर्वणक　　　　**B.** कृन्तक

C. रदनक　　　　**D.** तीसरा दाढ़

Q.73 एक बच्चा _______ की उम्र में एक वृत्त की नकल कर सकता है।

A. 2 वर्ष　　　　**B.** 1.5 वर्ष　　　　**C.** 4 वर्ष　　　　**D.** 3 वर्ष

Q.74 एक बच्चे को ब्रांज बेबी सिंड्रोम के लिए देखना चाहिए, जब उसे मिल रही हो:

[UPPSC Staff Nurse, 2017]

A. इम्यून थेरेपी　　　　**B.** कीमो थेरेपी

C. फोटो थेरेपी　　　　**D.** रेडिएशन थेरेपी

Q.75 बच्चों में विल्म्स ट्यूमर किस अंग को प्रभावित करता है?

[UPPSC Staff Nurse, 2017]

A. फेफड़े　　　　**B.** वृक्क　　　　**C.** मस्तिष्क　　　　**D.** आंत

Q.76 'दस का नियम' लागू होता है:

[UPPSC Staff Nurse, 2017]

A. कटे होंठ　　　　**B.** एम्परफोरेट एनस

C. टी.ई.एफ　　　　**D.** सी.एच.डी.

Q.77 अंगूठे चूसने के उपचार के लिए आमतौर पर उपयोग की जाने वाली चिकित्सा कौनसी हैं?

A. विरुचि चिकित्सा　　　　**B.** फ्लूडिंग

C. मनोविश्लेषण　　　　**D.** परिवेश चिकित्सा

Q.78 आहार संबंधी नवजात सलाह में निम्नलिखित में से क्या शामिल है?

A. आहार हल्का और पौष्टिक होना चाहिए

B. आहार में हरी सब्जियां और फल भरपूर मात्रा में होने चाहिए

C. सभी गर्भवती महिलाओं के लिए पूरक आयरन चिकित्सा की आवश्यकता होती है

D. उपरोक्त सभी

Q.79 _______ अग्रच्छद के खुलने की एक जन्मजात संकीर्णता है ताकि इसे पुनः अंकित नहीं किया जा सके।

A. फाइमोसिस　　　　**B.** स्टेनोसिस

C. स्ट्रिक्टर　　　　**D.** फिस्टुला

Q.80 हथेली का स्पर्श किस उम्र में होता है जब एक बच्चा उंगलियां पकड़ता है?

A. 4 महीने　　　　**B.** 6 महीने　　　　**C.** 9 महीने　　　　**D.** 3 महीने

Q.81 नर्स प्रसव में महिला का आकलन कर रही है। वह जानता है कि भ्रूण की मंदनाड़ी तब होती है जब हृदय गति _______ से कम हो जाती है।

A. 100 बीट प्रति मिनट　　　　**B.** 120 बीट प्रति मिनट

C. 110 बीट प्रति मिनट　　　　**D.** 130 बीट प्रति मिनट

Q.82 नर्स गर्भवती रोगी में भ्रूण की हृदय गति का आकलन कर रही है। नर्स प्रति मिनट 82 बीट की नाड़ी रिकॉर्ड करती है। नर्स को:

A. एक और डॉप्लर डिवाइस आज़माना चाहिए
B. डॉप्लर की सतह पर स्नेहक जोड़ना चाहिए
C. तुरंत चिकित्सक को बुलाना चाहिए
D. डॉप्लर डिवाइस को मूव करना चाहिए

Q.83 नर्स अपने श्रमिक रोगी पर एक ग्रीवा परीक्षा पूरी करती है। वह निर्धारित करती है कि उसके रोगी के गर्भाशय ग्रीवा की लंबाई 1 सेमी है। नर्स इस लंबाई का वर्णन कैसे करेगी?

A. 30% मिटा दिया
B. 25% मिटा दिया
C. 50% मिटा दिया
D. 100% मिटा दिया

Q.84 नर्स एक स्वस्थ बच्ची को जन्म देने में स्वास्थ्य सेवा टीम की मदद करती है। प्लेसेंटा की डिलीवरी पर, नर्स ने नोटिस किया कि यह 100% बरकरार नहीं है। नर्स की पहली चिंता क्या है?

A. फुप्फुसीय अंतःशल्यता
B. गहरी नस घनास्तता
C. रक्तस्राव
D. ऊतक छिड़काव

Q.85 एक लेबर और डिलीवरी नर्स एक गर्भवती क्लाइंट की देखभाल कर रही है जो संकुचन का अनुभव कर रही है और भ्रूण के दिल की टोन के साथ-साथ गर्भाशय के संकुचन को मापने के लिए बाहरी टोकोडाइनमोमीटर पर है। नर्स ने नोट किया कि संकुचन के अलग-अलग समय में भ्रूण की हृदय गति में कमी होती है।

A. श्रम का तीसरा चरण
B. संकुचन के दौरान भ्रूण के सिर का संपीड़न
C. घटी हुई पिटोसिन जलसेक के प्रभाव
D. एक प्रोलैप्सड गर्भनाल या नूकल कॉर्ड

Q.86 गर्भाक्षेप (एक्लेम्पसिया) क्या है?

A. पूर्व-प्रसवाक्षेप + आक्षेप (उच्च रक्तचाप + प्रोटीनमेह और आक्षेप)
B. उच्च रक्तचाप + आक्षेप
C. उच्च रक्तचाप + प्रोटीनमेह
D. पूर्व-प्रसवाक्षेप + उच्च रक्तचाप

Q.87 निम्नलिखित में से किसे छोड़कर अन्य सभी अपूर्ण गर्भपात के लक्षण हैं?

A. प्रति योनि रक्तस्राव का इतिहास
B. रजोरोध (एमेनोरिया) की अवधि से कम गर्भाशय का आकार
C. बंद ग्रीवा
D. गर्भाधान के उत्पादों के पारित होने का इतिहास

Q.88 प्रसवपूर्व रक्तस्राव निम्नलिखित में से किसे छोड़कर अन्य सभी से संबंधित है?

A. प्रसवोत्तर रक्तस्राव
B. रक्ताल्पता (एनीमिया)
C. प्रसवकालीन मृत्यु दर में वृद्धि
D. पोस्ट टर्म गर्भावस्था

Q.89 मानव गर्भावस्था की औसत अवधि क्या है?

A. 38-40 सप्ताह
B. 34-36 सप्ताह
C. 36-38 सप्ताह
D. 34-40 सप्ताह

Q.90 सकारात्मक गर्भावस्था परीक्षण के लिए कौन सा हार्मोन आवश्यक है?

A. प्रोजेस्टेरोन
B. एचसीजी
C. एस्ट्रोजन
D. अपरा लैक्टोजेन

Q.91 निम्नलिखित में से कौन सा 6 से 8 महीने के बच्चे के लिए विकास मानदंड है?

A. बच्चा लक्ष्यहीन रूप से लात मारता है।
B. बच्चा हाथ में खिलौना पकड़ना शुरू कर देता है।
C. बच्चा स्वतंत्र और सक्रिय गतिविधियाँ करता है।
D. बच्चा वस्तुओं को उठा सकता है।

Q.92 विद्यालय में छोटे बच्चों के लिए मध्याह्न भोजन की आवश्यकता क्यों है?

A. बच्चों को बार-बार खाने की आदत होती है
B. दोपहर के भोजन के लालच के कारण, बच्चे विद्यालय से अनुपस्थित नहीं रहते हैं
C. बच्चों को कुछ पोषण आहार मिलता है
D. बच्चों का आलस्य दूर होता है

Q.93 निम्नलिखित में से कौन-सा बालक के मानसिक स्वास्थ्य पर प्रभाव डालने वाला कारक नहीं है?

A. परिवार में गरीबी
B. कक्षा में नींद आना
C. स्नेह का अभाव
D. पारिवारिक क्लेश

Q.94 एरिक्सन के अनुसार किस उम्र में बच्चे में शर्म और संदेह पैदा हो जाता है?

A. 1-3 साल
B. 3-6 साल
C. 6-12 साल
D. 12-18 साल

Q.95 निम्नलिखित में से कौन सा एक बच्चे के शारीरिक विकास को प्रभावित करने वाला कारक है?

A. अनुवांशिकता
B. शिक्षक
C. धार्मिक स्थल
D. साथी

Q.96 निम्नलिखित में से कौन सा विकास को प्रभावित करने वाला पर्यावरणीय कारक नहीं है?

A. मनोवैज्ञानिक कारक
B. सामाजिक कारक
C. सांस्कृतिक कारक
D. भौतिक कारक

Q.97 निम्नलिखित में से कौन से कारक बच्चों के शारीरिक विकास को प्रभावित करते हैं?

A. भौगोलिक वातावरण
B. पौष्टिक भोजन
C. अंत: स्रावी ग्रंथियां
D. उपरोक्त सभी

Q.98 वृद्धि और विकास किसके उत्पाद हैं?

A. आनुवांशिकता
B. पर्यावरण
C. (A) और (B) दोनों
D. इनमें से कोई नहीं

Q.99 स्तनपान के लाभों में क्या शामिल नहीं है?

A. यह पोषक तत्व प्रदान करता है
B. कोलोस्ट्रम (प्रथमस्तन्य) उच्च स्तर की प्रतिरक्षा सुरक्षा प्रदान करता है
C. जठरांत्र (गैस्ट्रोइंटेस्टाइनल) संक्रमण के लिए कम प्रवण
D. यह समय से पहले जन्मे नवजात को पर्याप्त आयरन प्रदान करता है

Q.100 विशेष स्तनपान शिशु को कब तक कराया जाता है?

A. 1 वर्ष
B. 2 वर्ष
C. 6 माह
D. 4 माह

// स्मार्ट उत्तर पुस्तिका //

सही उत्तर	उन छात्रों का प्रतिशत जिन्होंने प्रश्नों का सही उत्तर दिया था।	छोड़ दिया	उन छात्रों का प्रतिशत जिन्होंने प्रश्नों को छोड़ दिया था।

प्रश्न संख्या	उत्तर	सही उत्तर / छोड़ दिया	प्रश्न संख्या	उत्तर	सही उत्तर / छोड़ दिया	प्रश्न संख्या	उत्तर	सही उत्तर / छोड़ दिया	प्रश्न संख्या	उत्तर	सही उत्तर / छोड़ दिया	प्रश्न संख्या	उत्तर	सही उत्तर / छोड़ दिया
1	C	88.32 % / 0.0 %	17	A	43.29 % / 1.82 %	33	D	51.55 % / 1.29 %	49	D	57.94 % / 1.53 %	65	A	86.16 % / 0.0 %
2	D	49.16 % / 1.14 %	18	D	56.01 % / 1.9 %	34	A	44.45 % / 1.22 %	50	A	52.99 % / 1.46 %	66	B	79.56 % / 0.0 %
3	B	43.18 % / 1.95 %	19	D	64.92 % / 1.72 %	35	B	59.35 % / 1.83 %	51	C	47.95 % / 1.95 %	67	D	82.92 % / 0.0 %
4	A	62.51 % / 1.27 %	20	A	50.0 % / 1.94 %	36	A	60.17 % / 1.12 %	52	D	65.12 % / 1.39 %	68	C	88.11 % / 0.0 %
5	B	48.55 % / 1.71 %	21	A	65.1 % / 1.55 %	37	C	48.95 % / 1.54 %	53	C	54.43 % / 1.75 %	69	D	84.42 % / 0.0 %
6	A	61.21 % / 1.77 %	22	A	63.68 % / 1.04 %	38	C	58.58 % / 1.25 %	54	C	64.12 % / 1.12 %	70	B	76.31 % / 0.0 %
7	A	40.69 % / 1.67 %	23	D	47.52 % / 2.0 %	39	C	55.24 % / 1.19 %	55	B	52.82 % / 1.33 %	71	C	43.17 % / 1.1 %
8	D	85.65 % / 0.0 %	24	B	50.42 % / 1.83 %	40	C	59.26 % / 1.69 %	56	D	66.18 % / 1.49 %	72	B	63.67 % / 1.05 %
9	D	84.79 % / 0.0 %	25	A	56.58 % / 1.1 %	41	C	43.64 % / 1.95 %	57	B	83.04 % / 0.0 %	73	D	76.35 % / 0.0 %
10	B	42.35 % / 1.97 %	26	C	58.87 % / 1.79 %	42	A	40.28 % / 1.37 %	58	B	88.59 % / 0.0 %	74	C	89.16 % / 0.0 %
11	D	45.57 % / 1.86 %	27	C	67.34 % / 1.85 %	43	A	54.65 % / 1.92 %	59	A	86.51 % / 0.0 %	75	B	80.33 % / 0.0 %
12	D	55.89 % / 1.92 %	28	A	51.85 % / 1.45 %	44	C	53.6 % / 1.9 %	60	A	76.73 % / 0.0 %	76	A	77.03 % / 0.0 %
13	B	41.62 % / 1.06 %	29	C	69.75 % / 1.3 %	45	B	44.12 % / 1.38 %	61	C	83.49 % / 0.0 %	77	A	77.14 % / 0.0 %
14	D	41.6 % / 1.25 %	30	A	40.06 % / 1.57 %	46	A	43.96 % / 1.48 %	62	C	77.01 % / 0.0 %	78	D	85.4 % / 0.0 %
15	C	52.06 % / 1.73 %	31	C	66.36 % / 1.93 %	47	B	83.64 % / 0.0 %	63	D	76.06 % / 0.0 %	79	A	87.3 % / 0.0 %
16	B	51.84 % / 1.56 %	32	A	41.41 % / 1.11 %	48	A	54.75 % / 1.07 %	64	C	88.13 % / 0.0 %	80	D	86.91 % / 0.0 %

प्रश्न संख्या	उत्तर	सही उत्तर / छोड़ दिया
81	C	60.95 % / 1.48 %
82	D	48.55 % / 1.44 %
83	C	55.6 % / 1.02 %
84	C	42.49 % / 1.76 %

प्रश्न संख्या	उत्तर	सही उत्तर / छोड़ दिया
85	D	66.62 % / 1.31 %
86	A	43.12 % / 1.16 %
87	C	45.31 % / 1.35 %
88	A	44.48 % / 1.99 %

प्रश्न संख्या	उत्तर	सही उत्तर / छोड़ दिया
89	A	46.19 % / 1.61 %
90	B	42.4 % / 1.69 %
91	D	53.69 % / 1.52 %
92	C	47.93 % / 1.18 %

प्रश्न संख्या	उत्तर	सही उत्तर / छोड़ दिया
93	B	56.04 % / 1.91 %
94	A	89.06 % / 0.0 %
95	A	81.07 % / 0.0 %
96	A	82.68 % / 0.0 %

प्रश्न संख्या	उत्तर	सही उत्तर / छोड़ दिया
97	D	84.9 % / 0.0 %
98	C	78.18 % / 0.0 %
99	D	87.84 % / 0.0 %
100	C	86.74 % / 0.0 %

//संकेत और समाधान//

1. सामुदायिक स्वास्थ्य केंद्र भारत में स्वास्थ्य उपचार के पहले रेफरल स्तर को संदर्भित करता है।

- प्रत्येक सामुदायिक स्वास्थ्य केंद्र '4 प्राथमिक स्वास्थ्य केंद्र के रेफरल केंद्र' के रूप में कार्य करता है।
- पहाड़ी (जनजातीय क्षेत्रों) में 80,000 की जनसंख्या और मैदानी क्षेत्रों में 1,20,000 की जनसंख्या को सेवा प्रदान करता है।

अत: विकल्प (C) सही है।

2. प्राथमिक स्वास्थ्य केंद्र (PHC): PHC का मुख्य उद्देश्य लोगों को सुलभ, सस्ती और उपलब्ध प्राथमिक स्वास्थ्य देखभाल प्रदान करना है।

PHC के कार्य:

- चिकित्सा देखभाल
- सुरक्षित पानी और मूल स्वच्छता
- मातृ एवं शिशु स्वास्थ्य सेवाएं और परिवार नियोजन सेवाएं प्रदान करना
- महत्वपूर्ण आँकड़ों का संग्रह और रिपोर्टिंग
- स्वास्थ्य के बारे में शिक्षा
- राष्ट्रीय स्वास्थ्य कार्यक्रम का कार्यन्वयन
- स्कूल स्वास्थ्य सेवाएं प्रदान करना
- निर्देशपरक सेवाएं
- मूल प्रयोगशाला सेवाएं

अत: विकल्प (D) सही है।

3. 'स्वास्थ्य प्रदाताओं की योग्यता' के सिवाय सभी प्राथमिक स्वास्थ्य देखभाल के आवश्यक तत्व हैं।

प्राथमिक स्वास्थ्य देखभाल (PHC) के 8 तत्व हैं। निम्नलिखित सूचीबद्ध है:

- शिक्षा
- पोषण
- पानी और स्वच्छता
- मातृ एवं शिशु स्वास्थ्य
- टीकाकरण
- स्थानिक रोगों की रोकथाम
- उपचार और दवा की उपलब्धता

प्राथमिक स्वास्थ्य देखभाल (PHC) के सिद्धांत हैं: -

- सामान वितरण
- सामाजिक सहभागिता
- अंतरक्षेत्रीय समन्वय
- उपयुक्त तकनीक

अत: विकल्प (B) सही है।

4. प्रथम चिकित्सा अधिकारी: PHC का नेतृत्व करने के लिए MBBS डिग्री वाले एक मेडिकल डॉक्टर अधिकारी का चयन किया जाना चाहिए।

- प्रथम चिकित्सा अधिकारी नैदानिक और उपचारात्मक सेवाएं प्रदान करने के अलावा प्राथमिक स्वास्थ्य केंद्र के प्रशासक के रूप में कार्य करता है।
- प्रथम चिकित्सा अधिकारी, वरिष्ठ प्रबंधन और समन्वय चिकित्सा और प्रशासनिक कर्मचारियों को रिपोर्ट करता है।

अत: विकल्प (A) सही है।

5. 1000 की आबादी वाले प्रत्येक गांव के लिए एक सामुदायिक स्वास्थ्य स्वयंसेवी यानी आशा (मान्यता प्राप्त सामाजिक स्वास्थ्य कार्यकर्ता) है। आदिवासी, पहाड़ी, रेगिस्तानी इलाकों में काम के बोझ आदि के आधार पर प्रति बस्ती एक आशा के मानदंड में छूट दी जा सकती है।

आशा समुदाय को स्वास्थ्य के निर्धारकों जैसे पोषण, बुनियादी स्वच्छता और स्वच्छ प्रथाओं, स्वस्थ रहने और काम करने की स्थिति, मौजूदा स्वास्थ्य सेवाओं की जानकारी और स्वास्थ्य और परिवार कल्याण सेवाओं के समय पर उपयोग की आवश्यकता पर जानकारी प्रदान करेगी।

अत: विकल्प (B) सही है।

6. उपकेंद्र: अधिकांश परिधीय स्वास्थ्य केंद्र।

समुदाय और स्वास्थ्य केंद्र के बीच पहला संपर्क बिंदु।

स्वास्थ्य केंद्र	केंद्र के दायरे में आने वाली आबादी		बिस्तर	कर्मचारी	द्वारा विनियमित
	ग्रामीण	नगरीय			
उप-केंद्र	3000	5000	2	3	केन्द्रीय सरकार
प्राथमिक स्वास्थ्य केंद्र	20000	3000	4-6	15	राज्य सरकार
सामुदायिक स्वास्थ्य केंद्र	80000	120000	30	45-55	राज्य सरकार

अत: विकल्प (A) सही है।

7. ग्राम स्तर पर, उप-स्वास्थ्य केंद्र होते हैं जहां आमतौर पर एक नर्स और एक ग्राम स्वास्थ्य कार्यकर्ता होता है। उन्हें सामान्य बीमारियों से निपटने के लिए प्रशिक्षित किया जाता है।

- वे प्राथमिक स्वास्थ्य केंद्र (पीएचएस) में डॉक्टरों की देखरेख में काम करते हैं जो कि पदानुक्रम में है। इस तरह के केंद्र में ग्रामीण क्षेत्र के कई गांव शामिल हैं।
- प्रखंड स्तर पर, आमतौर पर पीएचएस की तुलना में अधिक सुविधाओं वाला एक सामुदायिक स्वास्थ्य केंद्र है।
- जिला स्तर पर जिला अस्पताल है जो सभी स्वास्थ्य केंद्रों की देखरेख भी करता है।

अत: विकल्प (A) सही है।

8. प्राथमिक स्वास्थ्य केंद्र में प्रसवपूर्व देखभाल में दिए गए में से 'उच्च जोखिम भरी प्रसव का संचालन' छोड़कर, अन्य सभी शामिल हैं।

प्रसवपूर्व देखभाल वह देखभाल है जो एक महिला को अपनी गर्भावस्था के दौरान प्राप्त होती है और यह एक स्वस्थ गर्भावस्था की स्थिति और सुरक्षित प्रसव सुनिश्चित करने में मदद करने के लिए महत्वपूर्ण है।

- PHC एक संपूर्ण समाज दृष्टिकोण है जिसमें स्वास्थ्य संवर्धन, रोग निवारण, उपचार, स्वास्थ्यलाभ और प्रशामक देखभाल शामिल हैं।
- प्राथमिक स्वास्थ्य देखभाल में, सभी मातृ एवं शिशु स्वास्थ्य सेवाएं समाज के व्यक्ति को दी जाती हैं।
- PHC प्रसवपूर्व पंजीकरण में उच्च जोखिम वाली गर्भावस्था की जांच, प्रयोगशाला जांच, टीकाकरण, पोषण परामर्श, IFA और प्रदान की जाने वाली कैल्शियम संपूरकता शामिल हैं।
- गर्भावस्था के दौरान सगर्भताजन्य मधुमेह और सिफलिस (सूजाक) के मामलों में परामर्श और अनुवर्ती देखभाल।
- उच्च जोखिम वाली प्रसूति के लिए एक परामर्श प्रणाली प्रदान करना।

अत: विकल्प (D) सही है।

9. सबसे पहले और सबसे महत्वपूर्ण, PHC का तत्व सुरक्षित पेयजल का प्रावधान है।

सभी लोगों को, हर जगह, स्वास्थ्य के उच्चतम प्राप्य स्तर को प्राप्त करने का अधिकार है। यह प्राथमिक स्वास्थ्य देखभाल (PHC) का मूलभूत आधार है।

अत: विकल्प (D) सही है।

10. भारत में पहली रेफरल इकाई सामुदायिक स्वास्थ्य केंद्र (सीएचसी) है जो 24 ×7 घंटे आपातकालीन देखभाल प्रदान करने के लिए सुसज्जित एक नैदानिक सुविधा है। सीएचसी में नियमित रूप से इन-पेशेंट और आउट-पेशेंट सेवाएं, सर्जिकल और गैर-सर्जिकल, प्रसूति और स्त्री रोग विभागों सहित व्यापक परिवार कल्याण सेवाएं और उच्च जोखिम वाले गर्भधारण, सर्जिकल सेवाओं, विशेष चिकित्सा सेवाओं आदि से निपटने के लिए लेबर रूम सेवाओं सहित विशेष सेवाएं शामिल हैं।

अत: विकल्प (B) सही है।

11. घर पर, प्रसव आमतौर पर एएनएम/प्रशिक्षित दाई/स्वास्थ्य कार्यकर्ता महिला द्वारा किया जाता है।

एक नियम के रूप में, उच्च जोखिम वाले मामलों को छोड़कर, घर पर दूसरा और तीसरा डिलीवरी हो सकता है।

- सामान्य प्रसूति इतिहास वाली माताओं को अपने घरों में ही डिलीवरी रखने की अनुमति दी जा सकती है, बशर्ते घर का वातावरण संतोषजनक और सुरक्षित हो।
- माँ अपने घर के परिचित परिवेश में प्रसव कराती है और इससे अस्पताल में प्रसव से जुड़े डर को दूर किया जा सकता है।
- अच्छी तरह से रखे गए घरों में, नर्सरी या अस्पताल की तुलना में क्रॉस-संक्रमण की संभावना कम हो सकती है।
- माँ या बच्चा घर चिकित्सा सहायता से दूर हो सकता है, ऑक्सीजन उपलब्ध नहीं हो सकता है, कमरा छोटा हो सकता है और हल्का खराब हो सकता है और परिवार के सदस्यों (जिन्हें संक्रामक रोग हो सकता है, जैसे तपेदिक) को नए प्रसव से दूर रखना मुश्किल हो सकता है।

अत: विकल्प (D) सही है।

12. भारत के मान्यता प्राप्त सामाजिक स्वास्थ्य कार्यकर्ता (आशा) कार्यक्रम को 2006 में राष्ट्रीय ग्रामीण स्वास्थ्य मिशन द्वारा स्थापित किया गया था, जिसका उद्देश्य स्वास्थ्य परिणामों में सुधार करना था—विशेषकर महिलाओं और बच्चों के बीच—और भौगोलिक और सामाजिक आर्थिक विषमताओं को कम करना।

- आशाओं को भर्ती किया जाता है और अपने स्वयं के समुदायों में स्वास्थ्य कार्यकर्ताओं, शिक्षकों और बुनियादी आवश्यक सेवाओं के प्रदाताओं के रूप में काम करने के लिए प्रशिक्षित किया जाता है।

आशा कार्यकर्ताओं की जिम्मेदारियां

- नई गर्भधारण, जन्म और मृत्यु की पहचान और पंजीकरण।
- स्वास्थ्य सेवाओं की मांग और सहायता के लिए समुदाय को जुटाना, परामर्श देना और उसका समर्थन करना।
- बीमारी के मामलों की पहचान करना, प्रबंधन करना या उनका जिक्र करना।
- घर के दौरे, प्राथमिक चिकित्सा और टीकाकरण सत्र के माध्यम से स्वास्थ्य सेवा वितरण का समर्थन करना।
- डेटा को बनाए रखना और सामुदायिक-स्तर की स्वास्थ्य योजना में भाग लेना।

अत: विकल्प (D) सही है।

13. नर्सिंग आचारनीति लागू अनुशासन है जो नर्सिंग अभ्यास की नैतिक विशेषताओं को संबोधित करता है।

- यह स्वास्थ्य देखभाल नैतिकता या जैवआचारनीति का एक उपवर्ग है।
- नर्सिंग आचारनीति के तीन आयाम परस्पर संबंधित हैं क्योंकि वे नैतिक मानदंडों को निर्धारित करते हैं, नर्सिंग के नैतिक पहलुओं का वर्णन करते हैं, और नैतिक मार्गदर्शन उत्पन्न करते हैं।

इसलिए, सही व्यवहार के नियम नर्सिंग में आचारनीति का साधन है।

अत: विकल्प (B) सही है।

14. दाइयाँ गर्भावस्था के दौरान पूर्ण देखभाल प्रदान करती हैं, जिसमें नियमित मुलाकातें, नैदानिक परीक्षण, नियमित कार्य और भावनात्मक समर्थन शामिल हैं।

- अस्पताल, समुदाय और घर में स्क्रीनिंग परीक्षणों सहित पूर्ण प्रसवपूर्व देखभाल प्रदान करें।
- मिडवाइफरी सर्विसेज इनिशिएटिव का उद्देश्य मिडवाइफरी में नर्स प्रैक्टिशनरों का एक कैडर बनाना है जो इंटरनेशनल कॉन्फेडरेशन ऑफ मिडवाइव्स (आईसीएम) द्वारा निर्धारित दक्षताओं के अनुसार कुशल हैं और ज्ञानवान, महिला, प्रजनन, मातृ और नवजात शिशु स्वास्थ्य देखभाल सेवाएं प्रदान करने में सक्षम और ज्ञानवान हैं।

अत: विकल्प (D) सही है।

15. आंगनवाड़ी कार्यकर्ता/एएनएम को परिवार को यह समझाना होता है कि जन्म के समय नवजात का वजन किया जाना चाहिए और जन्म के एक घंटे के भीतर उसके भीतर स्तनपान शुरू कर देना चाहिए।

- आंगनवाड़ी कार्यकर्ता/एएनएम को नवजात को गर्म रखने के लिए मां से कहना होगा।
- नवजात को पहले 24 घंटों तक न नहलाएं और जन्म के समय कम वजन वाले नवजात को भी न नहलाएं क्योंकि पहले 7 दिनों तक नहाने से शिशु को ठंड लग सकती है जो नवजात के लिए घातक हो सकता है।
- आंगनवाड़ी कार्यकर्ता को जीवन के पहले छह महीनों में स्तनपान का महत्व समझाना होता है, बच्चे को सिर्फ मां का दूध ही पिलाना चाहिए और कुछ नहीं, पानी तक नहीं।
- बच्चे को प्रीलैक्टिकल यानी शहद, ग्राइप वाटर, गुड़ का पानी, चाय, गाय/बकरी का दूध न दें।

अत: विकल्प (C) सही है।

16. एएनएम/आंगनवाड़ी कार्यकर्ता को जन्म के एक घंटे के भीतर मां को स्तनपान शुरू करने के लिए एजुकेशन देना होगा।

- स्तन से 'पहला दूध' न छोड़ें क्योंकि यह बहुत महत्वपूर्ण है और पहला दूध (कोलोस्ट्रम) पोषक तत्वों और सुरक्षात्मक कारकों से भरपूर होता है जो बच्चे को बीमारियों से बचाते हैं।
- यह बच्चे और मां दोनों के लिए अच्छा है। माँ के साथ प्रारंभिक त्वचा से त्वचा का संपर्क बच्चे को गर्म करता है और यह स्तन के दूध के जल्दी स्राव में मदद करता है।

अत: विकल्प (B) सही है।

17. किसी भी जटिलता को रोकने के लिए गर्भवती महिलाओं को सलाह दी जानी चाहिए कि वे आशा / एएनएम / आंगनवाड़ी कार्यकर्ताओं से संपर्क करें, जननी सुरक्षा योजना (जेएसवाई) के तहत पंजीकरण करें, जेएसवाई और आईजीएमएसवाई के तहत लाभ प्राप्त करें।

- निकटतम कार्यात्मक पीएचसी, सीएचसी, या एक जिला अस्पताल की अग्रिम रूप से पहचान करें, जिसमें सुरक्षित प्रसव के लिए सभी आवश्यक सुविधाएं हों, स्वास्थ्य सुविधा के लिए परिवहन के सबसे तेज़ साधन की पहचान करने के लिए आशा/एएनएम/आंगनवाड़ी कार्यकर्ताओं और एक सामुदायिक संसाधन की मदद लें।

- आवश्यक व्यवस्था पहले से कर लें। माँ और बच्चे की सुरक्षा सुनिश्चित करने के लिए - जन्म देने के बाद माँ 48 घंटे तक अस्पताल में रहे, जहाँ तक संभव हो, प्रसव एक अस्पताल में किया जाना चाहिए।

अत: विकल्प (A) सही है।

18. आंगनवाड़ी कार्यकर्ता/एएनएम बताती हैं कि माता को कैसे बच्चे को सुरक्षित भोजन खिलाना है: खाना पकाने और खिलाने से पहले भोजन को अच्छी तरह से साफ करके, सुरक्षित पानी और ताजी सामग्री का उपयोग करके, ताजा तैयार भोजन खिलाकर और ठंडे तापमान पर भोजन का भंडारण करके।

- माँ को बच्चे की भूख के संकेतों को समझना चाहिए और उनका जवाब देना चाहिए। तदनुसार, बीमारी के दौरान माँ को स्तनपान जारी रखना चाहिए।
- बीमारी के बाद बच्चे को अतिरिक्त भोजन की आवश्यकता होती है, इसलिए स्वस्थ बच्चे को पर्याप्त मात्रा में खिलाएं। परिवार और शिशु आहार में हमेशा आयोडीन युक्त नमक का प्रयोग करें।

अत: विकल्प (D) सही है।

19. बाल टीकाकरण में एएनएम/एफएचडब्ल्यू की भूमिका

- यदि किसी बच्चे को टीका नहीं लगाया गया है, तो माता-पिता को उसी यात्रा के दौरान सुविधा में उपयुक्त टीका के साथ बच्चे को प्रतिरक्षित करने के लिए प्रोत्साहित करें।
- यदि बच्चे को उपयुक्त टीकों की पहली खुराक मिल गई है, तो माता-पिता को टीकाकरण पूरा करने के लिए प्रोत्साहित करें।
- यदि परिवार टीकाकरण के लिए नहीं आ सकता है, तो उन्हें बच्चे को प्राप्त करने के लिए प्रोत्साहित करें यदि संभव हो तो संबंधित एएनएम के साथ बच्चे को टीका लगाने के लिए समन्वय करें।
- माता-पिता को बताएं कि खुराक के लिए बच्चे को देर से लाए जाने पर भी शेड्यूल को फिर से शुरू करने की कोई आवश्यकता नहीं है।
- बच्चे को स्टाफ नर्स या एएनएम के पास रेफर करें। वे टीकाकरण उठाएंगे जहां शेड्यूल छूट गया था।

अत: विकल्प (D) सही है।

20. आंगनवाड़ी कार्यकर्ता/एएनएम को 2 से 3 साल के बच्चे को दिन में 3 बार परिवार का खाना देने के लिए मां/देखभाल करने वाले को बताना होगा।

- साथ ही दिन में दो बार भोजन के बीच नाश्ते के रूप में पौष्टिक आहार दें, जैसे: केला/बिस्किट/चीकू/आम/ पपीता / खीर / पकोड़ा।
- यह समझाना होगा कि इस उम्र में बच्चे कुछ खाद्य पदार्थ पसंद करते हैं और दूसरों को नापसंद करते हैं। यह एक समस्या हो सकती है क्योंकि बच्चों को अच्छे पोषण के लिए विभिन्न प्रकार के खाद्य पदार्थों की आवश्यकता होती है।

अत: विकल्प (A) सही है।

21. मरासमस प्रोटीन-ऊर्जा कुपोषण का एक गंभीर रूप है जिसके परिणामस्वरूप इनके बिना कोई व्यक्ति पर्याप्त प्रोटीन और कैलोरी का उपभोग नहीं करता है।

- महत्वपूर्ण पोषक तत्व, ऊर्जा का स्तर खतरनाक रूप से कम हो जाता है, और महत्वपूर्ण कार्य रुकने लगते हैं।
- वयस्कों और बच्चों दोनों में मरासमस हो सकता है, लेकिन विकासशील देशों में यह अक्सर छोटे बच्चों को प्रभावित करता है।

अत: विकल्प (A) सही है।

22. कार्बोहाइड्रेट को ग्लाइकोजन के रूप में शरीर में संग्रहित किया जाता है।

- जो खाद्य हम ग्रहण करते है उसमे से कार्बोहाइड्रेट अलग होने के बाद टूट कर शर्करा में परिवर्तित हो जाता है जिसे हम ग्लूकोज़ कहते हैं।
- ग्लूकोज़ कोशिकाओं के लिए ऊर्जा का सर्व प्रमुख स्रोत है।
- जब शरीर को ऊर्जा के लिए ग्लूकोज का उपयोग करने की आवश्यकता नहीं होती है, तो यह ग्लाइकोजन के रूप में संग्रहीत होता है।
- ग्लाइकोजन मुख्य रूप से यकृत और कंकाल की मांसपेशियों की कोशिकाओं में संगृहीत होतें है।

अत: विकल्प (A) सही है।

23. स्वस्थ हड्डियों के लिए कैल्शियम और विटामिन D की आवश्यकता होती है।

कैल्शियम:

- कैल्शियम हड्डियों का एक अभिन्न अंग है।
- कैल्शियम की कमी किसी भी अवस्था में होती है।
- इसके परिणामस्वरूप रिकेट्स, ऑस्टियोपोरोसिस और ऑस्टियोपीनिया हो सकता है।
- यह हड्डियों के स्वास्थ्य के लिए महत्वपूर्ण है।

विटामिन D:

- यह आंतों से कैल्शियम और फॉस्फेट को अवशोषित करने में हमारे शरीर की मदद करता है।
- हम दूध, अंडे और मछली जैसे विभिन्न खाद्य उत्पादों से विटामिन D प्राप्त कर सकते हैं।
- सूर्य की किरणें विटामिन D का सबसे अच्छा स्रोत हैं।
- विटामिन D की कमी से हमारे शरीर के लिए कैल्शियम और फॉस्फेट के पर्याप्त स्तर को बनाए रखना मुश्किल हो जाता है।
- विटामिन D एक हार्मोन के रूप में कार्य करता है।
- वे गुर्दे द्वारा निर्मित होते हैं यह रक्त में कैल्शियम की एकाग्रता को नियंत्रित करने में मदद करता है और मजबूत हड्डियों के विकास के लिए महत्वपूर्ण है।

अत: विकल्प (D) सही है।

24. जठरांत्र विकारों के रोगियों के लिए ब्लैंड डाइट का उपयोग किया जाता है।

- जठर व्रण, अम्लशूल, GERD, मिचली, उल्टी और आंतों संबंधित शल्य कुछ जठरांत्र संबंधी विकार हैं जिनके लिए एक ब्लैंड डाइट की आवश्यकता होती है।
- ब्लैंड डाइट को पेरिस्टलसिस को कम करने और जठरांत्र संबंधी मार्ग की जलन से बचने के लिए डिज़ाइन किया गया है।
- एक नरम आहार ऐसे खाद्य पदार्थों से बना होता है जो नरम होते हैं, बहुत मसालेदार नहीं होते हैं और फाइबर में कम होते हैं।

अत: विकल्प (B) सही है।

25. केम्पनर का चावल फल आहार उच्च रक्तचाप के लिए निर्धारित है।

- चावल, फल और शर्करा के साथ विटामिन और आयरन की खुराक वाला आहार है, इस आहार का वर्णन केम्पनर द्वारा उच्च रक्तचाप के उपचार के लिए किया गया है, जिसमें 2000 कैलोरी, 5 ग्राम या उससे कम वसा वाले आहार और लगभग 20 ग्राम प्रोटीन और 150 मिलीग्राम तक (150 मिलीग्राम से अधिक नहीं) सोडियम का उपयोग करके उच्च रक्तचाप का उपचार किया जाता है।

- उच्च रक्तचाप एक ऐसी स्थिति है जिसमें धमनी की भित्तियों के प्रति रक्त का बल अत्यधिक होता है, सामान्यतः उच्च रक्तचाप को 140/90 मिमी Hg से ऊपर रक्तचाप के रूप में निर्धारित किया जाता है, और यदि रक्तचाप 180/120 मिमी Hg से ऊपर हो तो इसे गंभीर माना जाता है।

अत: विकल्प (A) सही है।

26. किसी पोषक तत्व की पूर्ण कमी के साथ या उसके बिना आवश्यक पोषक तत्वों के बीच असमानता के परिणामस्वरूप होने वाली रोग अवस्था को असंतुलित पोषण कहा जाता है।

असंतुलित पोषण:

- इसे उस पोषण के रूप में परिभाषित किया जाता है जो शरीर की आवश्यकताओं और उपापचय संबंधी जरूरतों से अधिक या कम होता है।
- संतुलित पोषण व्यक्ति के स्वास्थ्य और कल्याण के लिए महत्वपूर्ण होता है।

अत: विकल्प (C) सही है।

27. कार्बोहाइड्रेट का सामान्य सूत्र $Cx(H_2O)_Y$ है।

- रमनोज़ एक कार्बोहाइड्रेट है और इसका रासायनिक सूत्र $C_6H_{12}O_5$ है।
- यह कार्बोहाइड्रेट कार्बोहाइड्रेट के सामान्य सूत्र का पालन नहीं करता है।
- एसिटिक एसिड का रासायनिक सूत्र CH_3COOH है या हम $C_2(H_2O)_2$ लिख सकते हैं। यह कार्बोहाइड्रेट के सामान्य सूत्र का भी पालन करता है।
- लेकिन एसिटिक एसिड कार्बोहाइड्रेट नहीं है।

अत: विकल्प (C) सही है।

28. विटामिन:

- इसका आविष्कार सबसे पहले एफ. जी. हॉपकिंस ने किया था। हालाँकि, विटामिन शब्द सी. फंक. द्वारा गढ़ा गया था।
- वे कोई कैलोरी प्रदान नहीं करते हैं, वे केवल शरीर के चयापचय में होने वाली रासायनिक प्रतिक्रियाओं को नियंत्रित करते हैं।
- वे शरीर की वृद्धि और दवाओं के चयापचय में भी मदद करते हैं।
- विटामिन K को बैक्टीरिया द्वारा कोलोन में संश्लेषित किया जाता है और वहाँ से इसे अवशोषित किया जाता है।
- यह रासायनिक रूप से फाइलोक्विनोन के रूप में जाना जाता है।
- इसकी कमी से रक्त प्रवाह प्रवणता होती है।
- पत्तेदार हरी सब्जियां, अंडे की जर्दी विटामिन K का एक समृद्ध स्रोत हैं।

अत: विकल्प (A) सही है।

29. विटामिन D एक वसा में घुलनशील विटामिन है जो स्वाभाविक रूप से बहुत कम खाद्य पदार्थों जैसे वसायुक्त मछली, और मछली के जिगर के तेल, बीफ लीवर, पनीर और अंडे की जर्दी में मौजूद होता है।

- विटामिन D रक्त में पर्याप्त कैल्शियम और फॉस्फेट सांद्रता रखता है। यह हड्डियों को कमजोर होने से बचाता है।
- विटामिन D के शरीर में अन्य कार्य होते हैं, जिसमें कोशिका वृद्धि, न्यूरोमस्कुलर और प्रतिरक्षा कार्य और सूजन में कमी शामिल है।
- वैज्ञानिक नाम: कैल्सीफेरॉल।
- विटामिन D की कमी से बच्चों में रिकेट्स और वयस्कों में ऑस्टियोमलेशिया हो सकता है।

इसलिए, विटामिन D की कमी होने पर बच्चों के अंगों की हड्डियाँ मुड़ जाती हैं।

अत: विकल्प (C) सही है।

30. मोटापा एक ऐसी स्थिति है जहां एक व्यक्ति के शरीर में इतनी अधिक वसा (कार्बोहाइड्रेट) जमा हो जाती है कि इसका उनके स्वास्थ्य पर नकारात्मक प्रभाव पड़ सकता है।

- भोजन वसा से भरपूर होता है - तला हुआ भोजन जैसे समोसा और पूरी (नाश्ता), मलाई, रबड़ी और पेड़ा (मिठाई)।
- यह हमारे लिए बहुत ही हानिकारक की वसा युक्त भोजन रों भी कई खाने के लिए हो सकता है और हम एक ऐसी स्थिति है मोटापा कहा जाता है से पीड़ित हो सकती।

इसलिए, सही विकल्प ऊर्जा देने वाला भोजन है।

अत: विकल्प (A) सही है।

31. मौखिक बातचीत या शारीरिक हमले या दोनों के द्वारा क्रोधी वर्तव की अभिव्यक्ति या प्रदर्शन आक्रामकता कहलाता है।

- आक्रामकता किसी अन्य व्यक्ति के प्रति जबरदस्ती और शत्रुतापूर्ण व्यवहार है जिसके परिणामस्वरूप भावनात्मक या शारीरिक नुकसान हो सकता है।
- रक्षा युक्तियां ऐसे व्यवहार हैं जिनका उपयोग लोग अप्रिय घटनाओं, कार्यों या विचारों से खुद को अलग करने के लिए करते हैं।
- ये मनोवैज्ञानिक रणनीतियाँ लोगों को आपस में और खतरों या अवांछित भावनाओं, जैसे अपराधबोध या शर्म के बीच दूरी बनाने में मदद कर सकती हैं।

अत: विकल्प (C) सही है।

32. एलएडीडीईआर प्रारूप सुनने की कला बारे में बताता है।

- सुनने का अर्थ है ध्वनि या क्रिया पर ध्यान देना। सुनते समय, कोई व्यक्ति, दूसरे क्या कह रहे हैं, इसे सुनने की कोशिश कर रहा होता है, और इसका अर्थ समझने की कोशिश कर रहा होता है।
- सुनने की क्रिया में जटिल भावात्मक, संज्ञानात्मक और व्यवहारिक प्रक्रियाएं शामिल होती हैं।
- सुनने से आपको भाषा और अपने उच्चारण की समझ में सुधार करने में मदद मिलेगी।

एलएडीडीईआर:

- वक्ता को देखें
- प्रश्न पूछें
- बीच में बाधा न डालें
- विषय न बदलें
- भावनाओं पर नियंत्रण
- उत्तरदायी श्रवण

अत: विकल्प (A) सही है।

33. सेरिबेलम की हानि से मांसपेशी समन्वय में कमी आती है।

- सेरिबेलम गति, वाक्, दृष्टि, गंध, स्वाद, श्रवण, बुद्धि आदि को नियंत्रित नहीं करता है।
- एक सीधी रेखा में चलना, साइकिल की सवारी करना, पेंसिल उठाना जैसी गतिविधियाँ सेरिबेलम नामक हिंडब्रेन के एक हिस्से के कारण संभव हैं।
- यह स्वैच्छिक क्रियाओं की शुद्धता और शरीर की मुद्रा और संतुलन को बनाए रखने के लिए जिम्मेदार है।

- यह पश्चमस्तिष्क का एक भाग है।

अत: विकल्प (D) सही है।

34. अल्ना रेडियस से बड़ी है।

- अग्रपाद / ऊपरी अंगों की अस्थियों में ह्यूमरस, रेडियस, अल्ना, कार्पल्स और मेटाकार्पल्स शामिल हैं।
- रेडियस छोटी है और अल्ना बड़ी है।
- शर प्रवर्ध (स्टायलॉइड प्रक्रिया) अल्ना और रेडियस दोनों के बाहर के छोर में मौजूद होती है।
- कूर्पर प्रवर्ध (ओलेक्रानोन प्रक्रिया) सिस्ट में मौजूद होती है। लगभग, जो कोहनी की प्रमुखता बनाती है।

अत: विकल्प (A) सही है।

35. किसी रक्तवाहिका दीवार के कमजोर हिस्से में उभार आने पर एक थैली-सा बन जाता है, उसे एन्यूरिज्म कहते हैं।

- एन्यूरिज्म, एक धमनी का चौड़ा होना जो रक्त वाहिका की औसत दर्जे की परत की कमजोरी या विनाश से विकसित होता है।
- धमनी के भीतर परिसंचारी रक्त के निरंतर दबाव से धमनी की दीवार का कमजोर हिस्सा बड़ा हो जाता है।
- वृद्धि अंततः आसपास की संरचनाओं के संपीड़न या टूटने और रक्तस्राव से गंभीर और यहां तक कि घातक जटिलताओं की ओर ले जाता है।
- एन्यूरिज्म महाधमनी या प्रमुख धमनियों के किसी भी हिस्से में हो सकता है।
- एथरोस्क्लेरोसिस, जिसे कभी-कभी " धमनियों का सख्त होना " कहा जाता है, तब होता है जब धमनियों की दीवारों में वसा, कोलेस्ट्रॉल और अन्य पदार्थ जमा हो जाते हैं ।

अत: विकल्प (B) सही है।

36. मस्तिष्क का कोरोयड प्लेक्सस सेरिब्रोस्पाइनल द्रव स्रावित करता है।

- सेरिब्रोस्पाइनल द्रव (सीएसएफ), स्पष्ट, रंगहीन तरल जो मस्तिष्क और रीढ़ की हड्डी को भरता है और घेरता है और झटके के खिलाफ एक यांत्रिक बाधा प्रदान करता है।
- मस्तिष्क के निलय में मुख्य रूप से निर्मित, सेरिब्रोस्पाइनल द्रव मस्तिष्क का समर्थन करता है और आसपास की हड्डियों और मस्तिष्क और रीढ़ की हड्डी के बीच स्नेहन प्रदान करता है।

अत: विकल्प (A) सही है।

37. मायोसिन को छोड़कर सभी रक्त में पाए जाने वाले प्लाज्मा प्रोटीन हैं।

ग्लोब्युलिन, एल्ब्युमिन और फाइब्रिनोजेन रक्त में पाए जाने वाले प्लाज्मा प्रोटीन हैं।

- धारीदार मांसपेशी फाइबर के एच-ज़ोन में केवल मायोसिन नामक मोटे तंतु होते हैं।
- मायोसिन मोटर प्रोटीन होते हैं जो एक्टिन फिलामेंट्स और एटीपी के युगल हाइड्रोलिसिस के साथ क्रिया करते हैं, जिसके परिणामस्वरूप एक दूसरे के सापेक्ष मायोसिन और एक्टिन फिलामेंट की गति होती है।
- मायोसिन । और मायोसिन ॥ मायोसिन प्रोटीन का सबसे प्रचुर मात्रा में और अच्छी तरह से अध्ययन किया गया है और लगभग सभी यूकेरियोटिक कोशिकाओं में मौजूद हैं।
- मायोसिन । और V झिल्ली पुटिकाओं के परिवहन जैसे साइटोस्केलेटन-झिल्ली अंत:क्रियाओं से जुड़े हैं।
- मायोसिन ॥ मांसपेशियों के संकुचन और साइटोकाइनेसिस को शक्ति प्रदान करता है।

अत: विकल्प (C) सही है।

38. कैल्केनीअस हड्डी हाथ में नहीं पाई जाती है।

- कार्पल हड्डियां, मेटाकार्पल्स और फैलेन्जेस हड्डियां हाथ में पाई जाती हैं।
- कैल्केनीअस हिंदफुट में तालु के साथ स्थित होता है और पैर की सबसे बड़ी हड्डी होती है ।
- इसे आमतौर पर एड़ी के रूप में जाना जाता है।

अत: विकल्प (C) सही है।

39. जब उत्तल सतह, अवतल सतह से फिट हो जाए, तो यह हिंज कहलाती है।

- घुटने का जोड़ एक हिंग जोड़ का एक उदाहरण है जो एक गमन में गति की अनुमति देता है।
- इस घुटने के जोड़ में हड्डी आपस में रगड़ती नहीं है।
- काज जोड़ एक प्रकार का श्लेष जोड़ है जो श्लेष द्रव की उपस्थिति के कारण झुकने और घर्षण से बचने में मदद करता है।
- श्लेष द्रव एक स्नेहक पदार्थ है जो बिना रगड़े गति करता है ।
- स्नायुबंधन, मांसपेशियों और टेंडन के साथ संयुक्त हड्डी संयुक्त स्थान को शक्ति प्रदान करती है।

अत: विकल्प (C) सही है।

40. मानव रक्त का पी.एच. 7.4 होता है।

- लगभग 7.35 से 7.45 के सामान्य पी.एच. श्रेणी के साथ, रक्त प्रकृति में थोड़ा क्षारीय होता है।
- पी.एच. स्केल का उपयोग यह जानने के लिए किया जाता है कि पदार्थ अम्लीय है या क्षारीय।
- पैमाना 0 से 14 तक होता है।
- 0 प्रबल अम्लीय है और 14 प्रबल क्षारकीय या क्षारीय है।
- पी.एच. 7 उदासीन माना जाता है।

अत: विकल्प (C) सही है।

41. डेंगू व्यक्तिगत संपर्क से नहीं होता है। हालांकि, डेंगू बुखार से संक्रमित और पीड़ित व्यक्ति अन्य मच्छरों को संक्रमित कर सकता है। मनुष्य उस चरण के दौरान संक्रमण को एक देश से दूसरे देश या एक क्षेत्र से दूसरे क्षेत्र में ले जाने के लिए जाने जाते हैं जब वायरस रक्त प्रणाली में फैलता है और प्रजनन करता है।

अत: विकल्प (C) सही है।

42. मलेरिया प्लाज्मोडियम प्रजाति के कारण होता है। मलेरिया एक परजीवी के कारण होने वाली बीमारी है। यह परजीवी संक्रमित मच्छरों के काटने से इंसानों में फैलता है। जिन लोगों को मलेरिया होता है वे आमतौर पर तेज बुखार और कंपकंपी वाली ठंड से बहुत बीमार महसूस करते हैं। जबकि समशीतोष्ण जलवायु में रोग असामान्य है, उष्णकटिबंधीय और उपोष्णकटिबंधीय देशों में मलेरिया अभी भी आम है।

अत: विकल्प (A) सही है।

43. निरंतर चरण में श्रेणी- I टीबी रोगी के लिए उपचार के नियम में एंटी-टीबी दवाएं आइसोनियाज़िड और रिफैम्पिसिन शामिल हैं। इसे अकेले या टीबी के लिए एक या अधिक अन्य दवाओं के साथ लिया जा सकता है। रिफैम्पिन एंटीबायोटिक्स नामक दवाओं के वर्ग से संबंधित है और बैक्टीरिया के विकास को मारने या रोकने के लिए काम करता है। आइसोनायाज़िड एक एंटीबायोटिक है जिसका इस्तेमाल टीबी के इलाज में और असक्रिय टीबी को सक्रिय होने से रोकने के लिए किया जाता है। जब आइसोनायाज़िड को सक्रिय टीबी के इलाज के लिए इस्तेमाल करते हैं तब इसे अन्य दवाईयों के मिश्रण के साथ देते हैं।

अतः विकल्प (A) सही है।

44. मेरोजोइट मलेरिया प्लास्मोडियम रक्त में आक्रामक होता है। मलेरिया परजीवी, मेरोज़ोइट्स के आक्रामक रक्त चरण, लाल रक्त कोशिकाओं को पकड़ने और प्रवेश करने के लिए विशेषीकृत जटिल संस्थाएं हैं। एक मच्छर के भीतर गैमेटोसाइट्स स्पोरोज़ोइट्स में विकसित होते हैं। स्पोरोज़ोइट्स एक खिला मच्छर की लार के माध्यम से मानव रक्तप्रवाह में प्रेषित होते हैं। वहां से वे यकृत पैरेन्काइमा कोशिकाओं में प्रवेश करते हैं, जहां वे विभाजित होते हैं और मेरोजोइट्स बनाते हैं।

अतः विकल्प (C) सही है।

45. क्षय रोग बहुत संक्रामक है और हवा के माध्यम से फैलता है। क्षय रोग (टीबी) माइकोबैक्टीरियम ट्यूबरकुलोसिस नामक जीवाणु के कारण होता है। बैक्टीरिया आमतौर पर फेफड़ों पर हमला करते हैं, लेकिन टीबी के बैक्टीरिया शरीर के किसी भी हिस्से जैसे किडनी, रीढ़ और मस्तिष्क पर हमला कर सकते हैं।

अतः विकल्प (B) सही है।

46. जानवरों से इंसान में जो संक्रमण होता है, उसे प्लेग कहते हैं। प्लेग एक संक्रामक रोग है जो यर्सिनिया पेस्टिस बैक्टीरिया के कारण होता है, जो आमतौर पर छोटे स्तनधारियों और उनके पिस्सू में पाया जाता है। यह रोग जानवरों के बीच उनके पिस्सू के माध्यम से फैलता है और, क्योंकि यह एक जूनोटिक जीवाणु है, यह जानवरों से मनुष्यों में भी फैल सकता है।

अतः विकल्प (A) सही है।

47. सिफलिस का कारण ट्रेपोनिमा पैलिडम नामक जीवाणु होता है। यौन क्रिया के दौरान संक्रमित व्यक्ति के घाव के संपर्क में आने से सिफलिस फैलता है। बैक्टीरिया त्वचा या श्लेष्मा झिल्ली में मामूली कटौती या घर्षण के माध्यम से शरीर में प्रवेश करते हैं।

अतः विकल्प (B) सही है।

48. निमोनिया कोई वायरल बीमारी नहीं है। निमोनिया आपके फेफड़ों में एक संक्रमण है, और यह आपको बहुत बीमार महसूस करा सकता है। यह आमतौर पर बैक्टीरिया, वायरस या कवक के कारण होता है। निमोनिया के लक्षण:

- सूखी खाँसी
- बुखार
- ठंड लगना
- सांस लेने में कठिनाई
- खांसते या सांस लेते समय आपके सीने में दर्द
- तेजी से साँस लेने

अतः विकल्प (A) सही है।

49. क्लैमाइडिया ट्रैकोमैटिस एक जीवाणु है जो क्लैमाइडिया का कारण बनता है, जो विभिन्न तरीकों से प्रकट हो सकता है, जिसमें शामिल हैं: ट्रेकोमा, लिम्फोग्रानुलोमा वेनेरियम, नोंगोनोकोकल मूत्रमार्गशोथ, गर्भाशयग्रीवाशोथ, सल्पिंगिटिस, श्रोणि सूजन की बीमारी।

क्लैमाइडिया ट्रैकोमैटिस जीवाणु निम्नलिखित का कारण बन सकता है:

- लिम्फोग्रानुलोमा वेनेरेम (एलजीवी) और ऑर्काइटिस
- एपिडीडिमाइटिस और मूत्रमार्गशोथ
- क्लैमाइडिया

अतः विकल्प (D) सही है।

50. सबसे पहले दर्ज की गई महामारी-ब्लैक डेथ को प्लेग होने का अनुमान लगाया गया था। एफ्रो-यूरेशिया में होने वाली बुबोनिक प्लेग महामारी के रूप में ब्लैक डेथ 1346 से 1353 तक। यह मानव इतिहास में दर्ज सबसे घातक महामारी है, जिसके कारण यूरेशिया और उत्तरी अफ्रीका में 75–200 मिलियन लोगों की मौत हुई, जो 1347 से 1351 तक यूरोप में चरम पर थी।

अतः विकल्प (A) सही है।

51. किशोरों में कृमिहरण (डी-वॉर्मिंग) के लिए एल्बेंडाजोल की मात्रा 400 मिलीग्राम OD,HS होनी चाहिए।

- एल्बेंडाजोल का उपयोग न्यूरोसिस्टिसरकोसिस (पेशियों, मस्तिष्क और आंखों में पॉर्क फीताकृमि के कारण होने वाला संक्रमण जो दौरे, मस्तिष्क में सूजन और दृष्टि संबंधी समस्याओं का कारण हो सकता है) के उपचार के लिए किया जाता है।
- एल्बेंडाजोल का उपयोग शल्य-चिकित्सा के साथ सिस्टिक हाइडैटिड रोग (यकृत, फेफड़े और उदर की आस्तर में कुत्ता फीताकृमि के कारण होने वाला संक्रमण जो इन अंगों को क्षति पहुँचा सकता है) के उपचार के लिए भी किया जाता है। एल्बेंडाजोल, कृमिनाशक नामक दवाओं का एक वर्ग है। यह कृमि को मारकर अपना कार्य करता है।

अतः विकल्प (C) सही है।

52. डूबने से फेफड़ों में पानी भर जाता है। ऐसे में फेफड़े कार्य करना बंद कर देते हैं क्योंकि वहां हवा नहीं पहुंच पाती है।

- व्यक्ति के पेट में भी अत्यधिक पानी चला जाता है। लेकिन आंतें कुछ हद तक इस अतिरिक्त पानी को अवशोषित कर लेती हैं। हालांकि, फेफड़ों में पानी होना घातक है।
- सांस रुकने के 3 मिनट के भीतर मृत्यु हो जाती है। फेफड़ों से पानी परिसंचरण तंत्र (रक्त नलियों) में भी चला जाता है। हृदय को भी अतिरिक्त पानी का सामना करना पड़ता है और वह कार्य करना बंद कर देता है।

अतः विकल्प (D) सही है।

53. सड़क यातायात की क्षति 5-29 वर्ष की आयु के बच्चों और युवा वयस्कों की मृत्यु का प्रमुख कारण हैं।

RTA के कारण:

- बहुत तेज वाहन चलाना
- नशे में वाहन चलाना
- चालक के लिए विकर्षण
- लाल बत्ती को पार करना
- सीट बेल्ट और हेलमेट जैसे सुरक्षा गियर का उपयोग न करना
- एक ही लेन में वाहन चलाने का पालन न करना और गलत तरीके से ओवरटेक करना

अतः विकल्प (C) सही है।

54. एलर्जी संबंधी आघात एक प्रकार का विकार है जिसका शरीर पर गंभीर प्रभाव पड़ता है। इसकी अत्यधिक प्रतिक्रिया के कारण व्यक्ति की मृत्यु भी हो सकती है। यदि एक पीड़ित ने किसी ऐसे पदार्थ का सेवन किया है जिससे उसको एलर्जी है या फिर उसका स्वास्थ्य खराब है तो उसको ऐसे पदार्थ का सेवन नहीं करना चाहिए।

- इसके अलावा, कोई भी जानवर जिसके हमले से व्यक्ति के स्वास्थ्य में गंभीर गिरावट आती है जैसे बिच्छू का डंक, सांप का काटना, मधुमक्खी का डंक आदि।
- इसका प्रभाव कुछ ही मिनटों में शुरू हो जाता है और ये शरीर की प्रतिरक्षा को कमजोर करना शुरू कर देता है और इसके कारण व्यक्ति को आघात लग सकता है, जिसके परिणामस्वरूप एक अवस्था होती है जिसे तीव्रग्राही आघात के रूप में जाना जाता है।

अतः विकल्प (C) सही है।

55. सामुदायिक भागीदारी प्राथमिक स्वास्थ्य सेवाएं प्रदान करने में सबसे महत्वपूर्ण सिद्धांतों में से एक है।

- व्यक्तियों, परिवारों और समुदायों की अपने स्वयं के स्वास्थ्य और कल्याण को बढ़ावा देने में भागीदारी।
- स्वास्थ्य सेवाओं के नियोजन, क्रियान्वयन और रखरखाव में समुदाय की भागीदारी होनी चाहिए।

अतः विकल्प (B) सही है।

56. आपदाएं एक समुदाय के कार्य में गंभीर रुकावटें हैं, जो अपने स्वयं के संसाधनों का उपयोग करके सामना करने की क्षमता से अधिक है।

- आपदाएं प्राकृतिक, मानव निर्मित और तकनीकी खतरों के कारण हो सकती हैं।
- आपदा नर्सिंग, को आपदा के परिणामस्वरूप प्रभावित समुदाय की शारीरिक, स्वास्थ्य और भावनात्मक जरूरतों को पहचानने और पूरा करने में पेशेवर नर्सिंग कौशल के अनुकूलन के रूप में परिभाषित किया जा सकता है।
- नर्स आश्रय प्रबंधकों के रूप में कार्य कर सकती हैं, उनकी जिम्मेदारी पीड़ितों की बात सुनना, पीड़ितों को संकट से उबरने के लिए प्रोत्साहित करना होना चाहिए।
- मूलभूत संसाधन उपलब्ध कराएं। जैसे भोजन, पानी आदि। पीड़ित को सहानुभूति और सम्मान प्रदान करें।

अत: विकल्प (D) सही है।

57. "एलीसा" का पूरा नाम इन्जाइम लिंक्ड इम्यून सार्बेंट ऐसे है।

- एलीसा का अर्थ एंजाइम सहलग्न प्रतिरक्षा शोषक आमापन है।
- एलीसा तकनीक से रोग की प्रारंभिक पहचान की जा सकती है।
- एलीसा प्रतिजन-प्रतिरक्षी पारस्परिक क्रिया के सिद्धांत पर आधारित है।
- रोग जनकों के द्वारा उत्पन्न संक्रमण की पहचान प्रतिजनों (प्रोटीन, ग्लाइकोप्रोटीन, आदि) की उपस्थिति से या रोग जनकों के विरूद्ध संश्लेषित प्रतिरक्षी की पहचान के आधार पर की जाती है।

अत: विकल्प (B) सही है।

58. मॉड्यूलर परिचर्या टीम, परिचर्या का एक संशोधन है और कर्मचारी परियोजना के लिए रोगी की भौगोलिक स्थिति पर केंद्रित है।

- रोगी इकाई को मॉड्यूल या जिलों में विभाजित किया जाता है, और देखभाल करने वालों की एक ही टीम को लगातार उसी भौगोलिक स्थिति में नियुक्त किया जाता है।
- प्रत्येक स्थान, या मॉड्यूल में टीम लीडर के रूप में एक RN की नियुक्ति होती है, और टीम के अन्य सदस्यों में LVN/LPN या UAP शामिल हो सकते हैं।
- टीम परिचर्या के समान ही मॉड्यूलर परिचर्या में भी टीम लीडर सभी रोगी की देखभाल के लिए जवाबदेह होता है और टीम के सदस्यों को नेतृत्व प्रदान करने और सहकारी कार्य पर्यावरण को बनाए रखने के लिए जिम्मेदार होता है।
- मॉड्यूलर परिचर्या की अवधारणा में रोगियों के एक छोटे समूह की देखभाल के लिए कर्मचारियों के एक छोटे समूह का गठन शामिल है।
- इसका लक्ष्य, योजना और देखभाल के समन्वय में RNs की भागीदारी को बढ़ाना है।

अत: विकल्प (B) सही है।

59. पेरिटोनिटिस के परिणामस्वरूप हाइपोवोलेमिक शॉक हो सकता है।

- पेरिटोनिटिस पेरिटोनियम की सूजन है, पेरिटोनियम वे ऊतक है जो उदर की भीतरी भित्ति को रेखाबद्ध करता है और आपके उदर के अधिकांश अंगों को ढकता है और अंगो को सहारा प्रदान करता है। पेरिटोनिटिस आमतौर पर जीवाणु या कवक के संक्रमण के कारण होता है।
- जब अन्य क्षेत्रों से पेरिटोनियम में अत्यधिक मात्रा में द्रव की गति होती है, तो इससे रक्त की मात्रा कम हो सकती है। इसके कारण, अंगों को पर्याप्त रक्त नहीं मिलता है, जिससे अंग अधःपतन या ऊतक मृत्यु हो सकती है। द्रव में असंतुलन के कारण, रक्त की मात्रा कम हो जाती है, और व्यक्ति को हाइपोवोलेमिक शॉक विकसित होने का जोखिम होता है। यह तब होता है जब हृदय को शरीर के विभिन्न क्षेत्रों में पंप करने के लिए पर्याप्त रक्त नहीं मिलता है।

अत: विकल्प (A) सही है।

60. 'बातचीत शुरू करने से पहले रोगियों की संवेदी अनुभूति की अक्षुण्णता (intactness) सुनिश्चित करना' इंटरपर्सनल रिलेशनशिप (IPR) में शारीरिक बाधाओं को कम करने में रणनीति प्रभावी है।

- पारस्परिक संबंध (इंटरपर्सनल रिलेशनशिप) दो या दो से अधिक लोगों के बीच की परस्पर क्रिया है जो समाज में अपनी भूमिकाओं से मूल्यों और ऊर्जा का संचार और हस्तांतरण करते हैं। नर्सिंग देखभाल में इस तरह की परस्पर क्रिया निम्न से लेकर उच्च प्रभावशीलता अनुपात तक जारी रहती है।
- शारीरिक बाधाएं किसी भी प्रकार के पारस्परिक संबंधों में प्रभावी संचार में बाधा डालती हैं। यदि भौतिक बाधाओं को कम या समाप्त कर दिया जाता है, तो पारस्परिक संबंध मजबूत हो जाते हैं क्योंकि उनमे कम व्याकुलता और हस्तक्षेप होता है।

अत: विकल्प (A) सही है।

61. एनजाइना का कारण हृदय की मांसपेशियों तक अपर्याप्त रक्त पहुंचना है।

एनजाइना आमतौर पर हृदय की मांसपेशियों को रक्त की आपूर्ति करने वाली धमनियों के कारण होता है जो वसायुक्त पदार्थों के निर्माण से संकुचित हो जाती हैं। इसे एथेरोस्क्लेरोसिस कहते हैं।

अत: विकल्प (C) सही है।

62. रोगी की स्थिति की जांच करते समय रोगी से बात करें और उसके कंधों को हिलाएं आपकी पहली कार्रवाई होनी चाहिए।

यहां प्रस्तुत ढांचे में चरणों के निम्नलिखित अनुक्रम शामिल हैं: मूल्यांकन के उद्देश्य की पहचान करना; एक स्वास्थ्य इतिहास लेना; एक व्यापक या केंद्रित दृष्टिकोण चुनना; और निरीक्षण, तालमेल, टक्कर और गुदाभ्रंश के अनुक्रम का उपयोग करके रोगी की जांच करना।

अत: विकल्प (C) सही है।

63. सांस लेने की जांच के लिए आपको देखना, सुनना और महसूस करना चाहिए।

यह जांचने के लिए कि क्या कोई व्यक्ति अभी भी सांस ले रहा है:

- देखें कि क्या उनकी छाती उठ रही है और गिर रही है।
- सांस लेने की आवाज़ के लिए उनके मुंह और नाक पर सुनें।
- 10 सेकंड के लिए अपने गालों पर उसकी सांस को महसूस करें।

अत: विकल्प (D) सही है।

64. एक कवर पट्टी के लिए आवश्यकता यह है कि यह विसंक्रमित होना चाहिए।

एक घाव की रक्षा और संक्रमण को रोकने के लिए, लेकिन उपचार की अनुमति देने के लिए भी ड्रेसिंग का उपयोग किया जाता है। घाव को पूरी तरह से ढकने के लिए एक ड्रेसिंग काफी बड़ी होनी चाहिए, घाव से परे सभी तरफ लगभग

2.5 सेमी की सुरक्षा मार्जिन के साथ। एक बड़े घाव से रक्तस्राव को नियंत्रित करने के लिए या एक मामूली घाव से किसी भी निर्वहन को अवशोषित करने के लिए एक विसंक्रमित ड्रेसिंग का उपयोग किया जा सकता है।

अत: विकल्प (C) सही है।

65. एक यात्री को मधुमक्खी ने काट लिया है। डंक अभी भी त्वचा के नीचे है और एनाफिलेक्टिक सदमे को रोकने के लिए इसे हटाने की जरूरत है। आपको साफ चिमटी की एक जोड़ी का उपयोग करके डंक को हटा देना चाहिए।

चिमटी छोटे उपकरण होते हैं जिनका उपयोग बहुत छोटी वस्तुओं को उठाने के लिए किया जाता है जिन्हें आसानी से मानव उंगलियों से नियंत्रित किया जा सकता है। उपकरण सबसे अधिक संभावना चिमटे, चिमटी, या कैंची जैसे सरौता से प्राप्त होता है जिसका उपयोग गर्म वस्तुओं को पकड़ने या पकड़ने के लिए किया जाता है।

अत: विकल्प (A) सही है।

66. घाव त्वचा/ऊतक का टूटना है।

घावों के प्रकार:

- चोट लगे हुए घाव
- जख्मी घाव
- छिद्र घाव
- कटे हुए घाव

अत: विकल्प (B) सही है।

67. रक्तस्राव या रक्तस्राव को क्षतिग्रस्त रक्त वाहिकाओं के माध्यम से संचार प्रणाली से रक्त की हानि के रूप में वर्णित किया जा सकता है।

प्रबंधन रक्तस्राव नियंत्रण का एल्गोरिदम (चरण):

- रक्तस्राव बंद होने तक एक बाँझ कपड़े, ऊतक या धुंध के टुकड़े के साथ कट या घाव पर सीधा दबाव डालें। सबसे उपयुक्त सामग्री गमजी पैड हैं।
- अगर सामग्री खून से लथपथ है तो उसे न हटाएं, उस पर कुछ और धुंध या पैड लगाएं
- यदि घाव अंगों पर है, तो रक्तस्राव को धीमा करने के लिए अंग को हृदय के स्तर से ऊपर उठाएं
- कुछ धमनी दबाव बिंदुओं पर दबाव डालें
- यदि गंभीर रक्तस्राव को सीधे दबाव से नियंत्रित नहीं किया जा सकता है, तो टूर्निकेट लगाएं।
- रोगी को तुरंत चिकित्सा देखभाल सुविधा में स्थानांतरित करें।

अत: विकल्प (D) सही है।

68. कुत्ते के काटने के बाद घाव को साबुन एवं पानी से साफ करना चाहिए।

- काटने के घाव को साबुन और पानी से बहुत धीरे से धोएं और सुखाएं।
- कीटाणुओं को मारने में मदद करने के लिए घाव को दबाने के लिए हाइड्रोजन पेरोक्साइड, क्लोरहेक्सिडिन या बीटाडीन का उपयोग करें।
- घाव को सुखाने के लिए एक साफ सूखे गौज पैड का उपयोग करें और फिर एक एंटीबायोटिक मरहम जैसे कि नियोस्पोरिन लगाएं।

अत: विकल्प (C) सही है।

69. प्राथमिक चिकित्सा में उपयोग की जाने वाली तकनीकें निम्नलिखित हैं:

- पट्टी: पट्टी एक सुरक्षात्मक आवरण है जिसे घाव पर लगाया जाता है।

- बैंडेज: एक बैंडेज सामग्री का एक काफी लंबा बैंडेज होता है जिसे घाव या घायल शरीर के हिस्से को बचाने, स्थिर करने, संपीड़ित करने या समर्थन करने के लिए उपयोग किये जाने वाले गौज के रूप में किया जाता है।
- तेजी से निकासी तकनीक (एकल-बचावकर्ता): यदि घायल एक खतरनाक स्थिति में है, तो एक बेहोशी की हालत में घायल को सुरक्षित निकालने के लिए एक बेहोश हताहत को बहुत कम दूरी पर ले जाने के लिए एक बचाव बचाव तकनीक संभव है।
- परिवहन तकनीक: उचित प्राथमिक उपचार दिए जाने के बाद, रोगी को ले जाने की आवश्यकता हो सकती है।

अत: विकल्प (D) सही है।

70. प्राथमिक चिकित्सा किसी भी व्यक्ति को मामूली या गंभीर बीमारी या चोट के साथ दी जाने वाली पहली और तत्काल सहायता है, जिसमें जीवन को बचाने, स्थिति को बिगड़ने से रोकने, या स्वास्थ्य लाभ को बढ़ावा देने के लिए देखभाल प्रदान की जाती है।

प्राथमिक चिकित्सा हमेशा निम्नलिखित क्रम में करें:

1. श्वास को पुनर्स्थापित करें: यदि श्वास को बहाल नहीं किया जाता है तो व्यक्ति 6 मिनट में ब्रेन डेड हो जाता है।
2. गंभीर रक्तस्राव रोकें: रक्त के बिना, ऑक्सीजन किसी व्यक्ति के शरीर के महत्वपूर्ण अंगों तक नहीं पहुंच पाती है।
3. सदमे का इलाज करें: स्वस्थ रहने के लिए पीड़ित के दिमाग और शरीर को एक साथ काम करना चाहिए। सदमे की स्थितियों को कभी भी नजरअंदाज न करें, चाहे वे मानसिक हों या शारीरिक।
4. उच्च चिकित्सा सहायता को तुरंत कॉल करें: हमेशा महसूस करें कि आप किसी घायल व्यक्ति को स्टॉप-गैप फंक्शन प्रदान कर रहे हैं। हमेशा जल्द से जल्द प्रशिक्षित चिकित्सा सहायता प्राप्त करें। विशेषज्ञ चिकित्सा सहायता उपलब्ध होने पर मामूली घावों की भी जाँच करवाना अच्छा प्राथमिक उपचार अभ्यास है।

अत: विकल्प (B) सही है।

71. विश्व स्वास्थ्य संगठन के अनुसार निम्नतम जन्म भार का आशय 2.5 किग्रा से कम होता है।

जन्म के समय वजन	ग्रेड
>3500g	मोटा
3500-2500 ग्राम	सामान्य जन्म के वजन के बच्चे
2500-2000 ग्राम	जन्म के समय कम वजन का बच्चा
2000-1000 ग्राम	जन्म के समय बहुत कम वजन का बच्चा
<1000 ग्राम	जन्म के समय बहुत ज्यादा कम वजन के बच्चे

अत: विकल्प (C) सही है।

72. निचले कृन्तक पहले दांत होते हैं जो 6-8 महीने की उम्र में बच्चों में निकलते हैं।

दांतों का प्रकार	विवरण
कृन्तक	स्थायी दांतों में ऊपरी जबड़े पर चार कृन्तक और निचले जबड़े पर चार कृन्तक होते हैं। आठ कृन्तकों का प्राथमिक कार्य अपने तीखेपन के कारण भोजन को काटने का होता है।
रदनक दांत	वे दांत रदनक दांत की तुलना में तेज होते हैं और भोजन को चीरने और फाड़ने के लिए होते हैं। ऊपरी जबड़े पर दो रदनक दांत और निचले जबड़े में दो रदनक दांत होते हैं।
अग्रचर्वणक	ऊपरी जबड़े पर दो अग्रचर्वणक होते हैं और मुंह के दोनों तरफ निचले जबड़े पर भी दो अग्रचर्वणक होते हैं। अग्रचर्वणक भोजन को चबाने और पीसने के लिए प्रयोग होते

	हैं।
दाढ़	एक वर्ष और 1.5 वर्ष के बीच दूध के दांतों के हिस्से के रूप में एक बच्चे में दाढ़ विकसित होती है।

अत: विकल्प (B) सही है।

73. एक बच्चा 3 वर्ष की उम्र में एक वृत्त की नकल कर सकता है।

इस उम्र में चित्रों में निम्नलिखित आकृतियाँ शामिल हैं, जिन्हें विभिन्न तरीकों से संयोजित किया गया है:

- वृत्त और वर्ग
- पार
- डॉट्स
- अक्षर टी, वी और एच समान आकार

अत: विकल्प (D) सही है।

74. एक बच्चे को ब्रांज बेबी सिंड्रोम के लिए देखना चाहिए, जब उसे फोटो थेरेपी मिल रही हो।

- " ब्रांज बेबी" सिंड्रोम नवजात पीलिया के लिए फोटोथेरेपी की एक दुर्लभ जटिलता है, जो संशोधित यकृत कार्य, विशेष रूप से विभिन्न मूल के कोलेस्टेसिस के कारण होता है।
- फोटो थेरेपी एक प्रकार का चिकित्सा उपचार है जिसमें कुछ चिकित्सीय स्थितियों का इलाज करने के लिए फ्लोरोसेंट लाइट बल्ब या प्रकाश के अन्य स्रोतों जैसे हलोजन रोशनी, सूरज की रोशनी और प्रकाश उत्सर्जक डायोड (एल ई डी) के संपर्क में आना शामिल है।

अत: विकल्प (C) सही है।

75. विल्म्स ट्यूमर जिसे नेफ्रोब्लास्टोमा कहा जाता है, यह बच्चों में वृक्क का सबसे आम कैंसर है।

- विल्म्स ट्यूमर अक्सर 3 से 4 वर्ष की आयु के बच्चों को प्रभावित करता है और 5 की आयु के बाद कम आम हो जाता है।
- विल्म्स ट्यूमर ज्यादातर केवल एक वृक्क में होता है, लेकिन कभी-कभी यह एक ही समय में दोनों वृक्क में हो सकता है।
- विल्म्स ट्यूमर उदर और फेफड़ों में और कभी-कभी यकृत में लिम्फ नोड्स में फैल सकता है, लेकिन अस्थियों, अस्थि मज्जा या मस्तिष्क तक नहीं फैलता है।

अत: विकल्प (B) सही है।

76. 'दस का नियम' कटे होंठ पर लागू होता है।

कटे होंठ/खंड ओष्ठ एक जन्म दोष है जिसके परिणामस्वरूप मुख और नाक के बीच ऊपरी होंठ में एकपक्षीय या द्विपक्षीय मुख होता है।

कटे होंठ का विकास:

- मध्य अनुनासिक प्रक्रिया और ऊर्ध्वहनु प्रक्रिया के बीच संलयन की विफलता।
- मध्यजन स्तर प्रवास की विफलता।
- एक पुटी का टूटना

10 का नियम:

- 10 सप्ताह पुराना
- 10 पाउंड का भार
- 10 ग्राम हीमोग्लोबिन

अत: विकल्प (A) सही है।

77. अंगूठे चूसने के उपचार के लिए विरुचि चिकित्सा का उपयोग किया जाता है।

विरुचि चिकित्सा:

- यह एक उपचार पद्धति है जिसमें एक व्यक्ति को एक अप्रिय उत्तेजना के साथ बार-बार जुड़ने के कारण एक निश्चित उत्तेजना को नापसंद करने के लिए वातानुकूलित किया जाता है।
- विरुचि चिकित्सा चिरसम्मत अनुबंधन के सिद्धांत पर आधारित है। जिसमें व्यक्ति किसी विशेष उद्दीपन के कारण अनजाने में या स्वत: ही किसी व्यवहार को सीख लेता है। दूसरे शब्दों में, एक व्यक्ति किसी चीज के साथ बार-बार होने वाली बातचीत के आधार पर उसका जवाब देना सीखता है।

अत: विकल्प (A) सही है।

78. नवजात देखभाल: गर्भावस्था के दौरान एक महिला की दैहिक देखरेख को नवजात देखभाल कहा जाता है।

आहार संबंधी नवजात सलाह:

- आहार हल्का और पौष्टिक होना चाहिए।
- आहार में हरी सब्जियां और फल भरपूर मात्रा में होने चाहिए।
- सभी गर्भवती महिलाओं के लिए पूरक आयरन चिकित्सा की आवश्यकता होती है।
- प्रतिदिन लगभग 300 अतिरिक्त कैलोरी की आवश्यकता होती है।
- कैलोरी प्रोटीन, फलों, सब्जियों और साबुत अनाज के संतुलित आहार से आती है।
- मिठाई और वसा को कम से कम खाना चाहिए।

अत: विकल्प (D) सही है।

79. फाइमोसिस को एक ऐसी स्थिति के रूप में वर्णित किया जाता है जिसमें यह अग्रच्छद इतनी कड़ी होती है कि उसे सिर या शिश्न मुंड पर वापस नहीं किया जा सकता।

- जन्मजात फाइमोसिस- यह जन्म से ही मौजूद एक कड़ी अग्रच्छद है और समय के साथ अलगाव प्राकृतिक रूप से होता है।
- यह खतनारहित बच्चों में सामान्य है और लगभग 5-7 वर्ष की आयु में ठीक हो जाता है।
- जन्मजात फाइमोसिस का उपचार शिश्न के सिर के ऊपर अग्रच्छद को बार-बार हल्के से तनन किया जा सकता है।

अत: विकल्प (A) सही है।

80. मुष्टि प्रतिवर्त: यह लगभग 3 महीने की उम्र में गायब हो जाता है। अर्थात शिशु के हाथ की हथेली का स्पर्श और आकुंचन होता है।

- परिग्रहण: यह लगभग 5-6 महीने की उम्र में होता है। इसका अर्थ है उंगलियों और अंगूठे के बीच वस्तुओं को पकड़ना। जैसे: पीने का प्याला पकड़ सकते हैं।
- पैराशूट प्रतिवर्त: यह लगभग 7 से 9 महीनों में एक सुरक्षात्मक भुजा प्रक्रिया के रूप में प्रकट होता है। इसका अर्थ है कि जब शिशु प्रवण होने पर अचानक नीचे की ओर धकेला जाता है।
- पिंसर मुष्टि: यह 1 वर्ष की आयु तक अच्छी तरह से विकसित हो जाता है। इसका अर्थ तर्जनी और अंगूठे का समन्वय है।

अत: विकल्प (D) सही है।

81. नर्स प्रसव में महिला का आकलन कर रही है। वह जानता है कि भ्रूण की मंदनाड़ी तब होती है जब हृदय गति 110 बीट प्रति मिनट से कम हो जाती है।

भ्रूण ब्रेडीकार्डिया तब पहचाना जाता है जब भ्रूण की हृदय गति 10 मिनट या उससे अधिक समय तक 110 बीट प्रति मिनट से कम हो जाती है। सामान्य भ्रूण की हृदय गति 120 बीट प्रति मिनट और 160 बीट प्रति मिनट के बीच होती है। भ्रूण तचीकार्डिया 160 बीट प्रति मिनट से ऊपर की हृदय गति है।

अतः विकल्प (C) सही है।

82. नर्स गर्भवती रोगी में भ्रूण की हृदय गति का आकलन कर रही है। नर्स प्रति मिनट 82 बीट की नाड़ी रिकॉर्ड करती है। नर्स को डॉप्लर डिवाइस को मूव करना चाहिए।

82 बीट प्रति मिनट की रीडिंग मां की हृदय गति हो सकती है, यह दर्शाता है कि नर्स के पास सही स्थिति में डॉप्लर नहीं। एक सामान्य भ्रूण की हृदय गति 120 से 160 बीट प्रति मिनट के बीच होती है। भ्रूण की हृदय गति का आकलन करने से पहले नर्स को हमेशा मां की नब्ज लेना याद रखना चाहिए। चिकित्सक को बुलाने से पहले, यह निर्धारित करना महत्वपूर्ण है कि डेटा सटीक है। भ्रूण को ऑक्सीजन का छिड़काव बढ़ाने के लिए, माँ को अपनी बाईं ओर लेटने के लिए कहें।

अतः विकल्प (D) सही है।

83. सामान्य ग्रीवा नहर की लंबाई 2 सेमी है। प्रयास गर्भाशय ग्रीवा का पतला होना है क्योंकि शरीर प्रसव के लिए तैयार होता है। इस प्रकार, 2 सेमी गर्भाशय ग्रीवा 0% मिट जाती है और 0 सेमी गर्भाशय ग्रीवा 100% मिट जाती है। इस प्रकार रोगी का गर्भाशय ग्रीवा 1 सेमी लंबा होता है और 50% मिट जाता है।

अतः विकल्प (C) सही है।

84. रक्तस्राव नर्स की पहली चिंता है।

यदि प्रसव के समय प्लेसेंटा पूर्ण नहीं है, तब भी गर्भाशय में एक टुकड़ा मौजूद हो सकता है। यह गर्भाशय के आकार में सिकुड़ने की क्षमता को रोकता है और रक्तस्राव का कारण बन सकता है। लापता टुकड़े का तुरंत पता लगाने की जरूरत है।

अतः विकल्प (C) सही है।

85. संकुचन के दौरान या संकुचन के बिना किसी भी समय परिवर्तनशील मंदी हो सकती है। वे गर्भनाल के कारण होते हैं जो भ्रूण की गर्दन के चारों ओर फैला हुआ या लिपटा होता है जिसे नूकल कॉर्ड भी कहा जाता है। गर्भनाल के संपीड़न से अंततः भ्रूण हाइपोक्सिया हो सकता है और इसलिए संपीड़न को कम करने के लिए एक हस्तक्षेप की आवश्यकता होगी।

नूकल कॉर्ड एक जटिलता है जो तब होती है जब गर्भनाल एक या अधिक बार बच्चे की गर्दन के चारों ओर लपेटती है। यह सामान्य है और लगभग 15 से 35 प्रतिशत गर्भधारण में होता है। अक्सर, नूकल कॉर्ड के तार गर्भावस्था के परिणामों को प्रभावित नहीं करते हैं। हालांकि, कुछ खास तरह के नूकल कॉर्ड बच्चे के लिए एक महत्वपूर्ण जोखिम पैदा कर सकते हैं।

अतः विकल्प (D) सही है।

86. गर्भक्षेप (एक्लेम्पसिया) पूर्व-प्रसवक्षेप (प्रीएक्लेम्पसिया) की एक अत्यंत गंभीर जटिलता है। यह एक दुर्लभ लेकिन गंभीर स्थिति है जिसमें गर्भावस्था के दौरान उच्च रक्तचाप के कारण दौरे पड़ते हैं।

पूर्व-प्रसवक्षेप को गर्भावस्था का विषरक्तता (टॉक्सिमिया) भी कहा जाता है, यह एक ऐसी स्थिति है जब गर्भवती महिलाओं को उच्च रक्तचाप होता है जो 140/90 mmHg से अधिक होता है, उनके मूत्र में प्रोटीन होता है, और उनके पैरों, तलवों और हाथों में सूजन होती है। यह हल्के से लेकर गंभीर तक हो सकता है। यह आमतौर पर गर्भावस्था के 20वें सप्ताह के बाद गर्भावस्था में देर से होता है। यदि स्थिति बिगड़ती है तो यह गर्भक्षेप जैसी जटिलताओं को उत्पन्न कर सकता है।

अतः विकल्प (A) सही है।

87. अपूर्ण गर्भपात: जब गर्भाधान के सभी उत्पादों को निकाला नहीं जाता है, बल्कि उसका एक हिस्सा गर्भाशय गुहा के भीतर छोड़ दिया जाता है, तो इसे अपूर्ण गर्भपात कहा जाता है।

अपूर्ण गर्भपात के कारण:

निम्न के कारण असामान्य भ्रूण निर्माण:

- विरूपजनक कारक
- गुणसूत्र विपथन

प्रतिरक्षात्मक कारक:

- प्रतिरक्षा अनुक्रिया द्वारा अस्वीकृति

अंतर्रोपण असामान्यताएं - खराब अंतर्रोपण परिणाम;

- अपर्याप्त गर्भाशय अंतःस्तर (एंडोमेट्रियल) निर्माण
- प्रत्यारोपण का एक अनुचित स्थान

अतः विकल्प (C) सही है।

88. प्रसवपूर्व रक्तस्राव (APH): इसे गर्भावस्था के 22 सप्ताह से और बच्चे के जन्म से पहले होने वाले जननांग पथ से रक्तस्राव के रूप में परिभाषित किया जाता है।

कारण:

- प्लेसेंटा प्रेविया
- अपरा पृथक्भवन (अबरप्टियो प्लेसेंटा)
- वासा प्रेविया
- अत्यधिक दृश्य

APH की जटिलता:

- रक्ताल्पता (एनीमिया)
- कुप्रसूति
- समय से पहले प्रसव,
- आघात,
- प्रतिधारित अपरा (प्लेसेंटा)
- प्रसवकालीन मृत्यु दर में वृद्धि
- पोस्ट टर्म गर्भावस्था

अतः विकल्प (A) सही है।

89. गर्भावस्था लगभग 280 दिन या 40 सप्ताह तक चलती है।

- आपकी गर्भावस्था के 37 सप्ताह से पहले समय से पहले या समय से पहले बच्चे का जन्म होता है।
- अत्यधिक समय से पहले जन्म लेने वाले शिशु 23 से 28 सप्ताह की उम्र में पैदा होते हैं।

अतः विकल्प (A) सही है।

90. मूत्र में मानव कोरियोनिक गोनाडोट्रोपिन (HCG) हॉर्मोन की उपस्थिति गर्भावस्था के लिए सामान्य परीक्षण का आधार है।

- HCG गर्भावस्था के दौरान उत्पादित एक हॉर्मोन है।
- यह गर्भधारण के 10 दिन बाद से ही गर्भवती महिलाओं के रक्त और मूत्र में दिखाई देता है।
- मूत्र HCG परीक्षण अक्सर तैयार रासायनिक पट्टी पर मूत्र की एक बूंद रखकर किया जाता है। एक परिणाम के लिए 1 से 2 मिनट का समय लगता है।
- HCG मूत्र परीक्षण आमतौर पर नियमित गर्भावस्था परीक्षण के लिए उपयोग किया जाता है।

अतः विकल्प (B) सही है।

91. 'बच्चा वस्तुओं को उठा सकता है' 6 से 8 महीने के बच्चे के लिए विकास मानदंड है।

बच्चों में गत्यात्मक विकास:

6-8 महीने: बिना सहारे के सिर को स्थिर करके सीधे बैठ सकते हैं। बैंस चम्मच या फर्श को थपथपाना, फर्श से वस्तुओं को उठा सकते हैं। प्रत्येक हाथ में एक खिलौना पकड़ सकते हैं। चीजों को पकड़ने के लिए अंगूठे का इस्तेमाल करना सीख लेते हैं।

अतः विकल्प (D) सही है।

92. मध्याह्न भोजन योजना, जिसे आमतौर पर MDMS के रूप में जाना जाता है, भारत सरकार का एक स्कूल भोजन कार्यक्रम है जो देश में स्कूली बच्चों के बेहतर पोषण मूल्य के लिए बनाया गया है।

- कार्यक्रम में, छात्रों को उनकी पौष्टिक स्थिति में सुधार करके शिक्षा की प्रभावशीलता में सुधार करने के लिए 300 कैलोरी और 12 ग्राम प्रोटीन युक्त तैयार भोजन के साथ परोसा जाता है।
- MDMS का उद्देश्य पोषण, भूख, शिक्षा के मुद्दों को संबोधित करना है, और स्कूलों में गर्म पके हुए पौष्टिक भोजन प्रदान करके नामांकन, उपस्थिति और प्रतिधारण दरों में सुधार करना है।
- तमिलनाडु बच्चों को आकर्षित करने के लिए 1962 में MDMS शुरू करने वाला पहला राज्य है और बाद में इसे 15 अगस्त 1995 को केंद्र प्रायोजित योजना के रूप में शुरू किया गया था।

इसलिए, बच्चों को कुछ पोषण आहार प्रदान करने के लिए स्कूल में सभी छोटे बच्चों के लिए मध्यान्ह भोजन की आवश्यकता होती है।

अतः विकल्प (C) सही है।

93. मानसिक स्वास्थ्य मन की स्थिति को संदर्भित करता है जो किसी व्यक्ति की सोचने, ध्यान केंद्रित करने, संवाद करने की क्षमता आदि को प्रभावित करता है। यह एक परिवर्तनशील स्थिति है जिसका उचित उपचार द्वारा निदान किया जा सकता है।

एक बच्चे के मानसिक स्वास्थ्य को प्रभावित करने वाले कारक (नकारात्मक):

- परिवार में गरीबी: गरीबी से बच्चों में मानसिक समस्याओं की संभावना बढ़ जाती है। गरीबी में रहने वाले बच्चे पर्याप्त संसाधनों की कमी के कारण अवसाद और चिंता से ग्रस्त हैं।
- स्नेह की कमी: बच्चों में उचित स्नेह का अभाव मानसिक स्वास्थ्य से जुड़ा होता है। अपनेपन की कमी के कारण उन्हें अकेलापन और तनाव का अनुभव होता है।
- घरेलू झगड़ा: माता-पिता का संघर्ष बच्चों में बढ़ती आक्रामकता और अवसाद से संबंधित है। एक स्वस्थ पारिवारिक संबंध बच्चों को तनाव से निपटने में मदद करता है।

इसलिए, यह निष्कर्ष निकाला जा सकता है कि कक्षा में नींद महसूस करना एक बच्चे के मानसिक स्वास्थ्य को प्रभावित करने वाला कारक नहीं है।

अतः विकल्प (B) सही है।

94. एरिक्सन के अनुसार 1-3 साल में बच्चे में शर्म और संदेह पैदा हो जाता है।

एरिक्सन ने आठ चरणों की श्रृंखला में मानव व्यक्तित्व विकास को कवर किया, जो जन्म के समय से होता है और व्यक्ति के संपूर्ण जीवन में जारी रहता है।

चरण	मनोसामाजिक संकट	मूल गुण	आयु	लक्षण
2.	स्वायत्तता बनाम शर्म	इच्छा	प्रारंभिक बाल्यावस्था (1½ से 3)	बच्चे अभ्यास करना और अपने लिए चीजें करना सीखते हैं, या वे अपनी क्षमताओं पर संदेह करते हैं।

अत: विकल्प (A) सही है।

95. एक बच्चे का शारीरिक विकास मुख्य रूप से आनुवंशिकता से निर्धारित होता है।

- आनुवंशिकता का तात्पर्य जन्मजात लक्षणों और क्षमताओं से है।
- ये जन्मजात क्षमताएं माता-पिता से बच्चे में संचारित होती हैं।
- प्रत्येक बच्चे को 23 जोड़े गुणसूत्र प्राप्त होते हैं (आधे पिता से और आधे माता से)।
- इन गुणसूत्रों को माता-पिता से बच्चों में विशेषताओं का वाहक माना जाता है।

अत: विकल्प (A) सही है।

96. वृद्धि और विकास को प्रभावित करने वाले विभिन्न पर्यावरणीय कारक हैं:

- भौतिक वातावरण: इसमें किसी विशेष क्षेत्र की भौतिक और भौगोलिक परिस्थितियाँ शामिल होती हैं।
- समाजीकरण: इसमें परिवार के साथ-साथ बच्चों के पालन-पोषण की प्रथाओं को शामिल किया गया है।
- स्कूल: चूंकि एक बच्चा अपना अधिकांश समय स्कूल में व्यतीत करता है, इसलिए यह बच्चे के समग्र विकास को बहुत प्रभावित करता है।
- शिक्षक: शिक्षक का व्यवहार और मनोभाव, जैसे कि शिक्षक सत्तावादी है या लोकतांत्रिक।
- संस्कृति: विचार, मूल्य, विश्वास और नैतिकता जो संस्कृति की प्रक्रिया के माध्यम से स्थानांतरित होते हैं।

इसलिए, हम यह निष्कर्ष निकाल सकते हैं कि मनोवैज्ञानिक कारक विकास को प्रभावित करने वाले पर्यावरणीय कारक नहीं हैं।

अत: विकल्प (A) सही है।

97. बच्चों के शारीरिक विकास को प्रभावित करने वाले कारक:

- भौगोलिक वातावरण:- भौगोलिक वातावरण बच्चे के विकास में महत्वपूर्ण भूमिका निभाता है। जिस वातावरण में बच्चा रहता है वह विकास को प्रभावित करता है। हिमाचल प्रदेश में पैदा हुए व्यक्ति की तुलना में चेन्नई में पैदा हुआ व्यक्ति गर्म, आर्द्र वातावरण के प्रति अधिक सहिष्णु होगा।
- अंत: स्रावी ग्रंथियां:- अंत: स्रावी ग्रंथियां या नलिकाविहीन ग्रंथियां ऐसे प्रबल कारक हैं जो जन्म से ही बच्चे के विकास को प्रभावित करते हैं। इनमें से प्रत्येक ग्रंथि अपने रसायनों को स्रावित करती है जिन्हें हार्मोन कहा जाता है। ये हार्मोन रक्तप्रवाह में पहुंच जाते हैं और पूरे शरीर में फैल जाते हैं। वे उन सभी ऊतकों को प्रभावित करते हैं जिन पर शरीर प्रणाली, संवेगात्मक क्रियाओं और यहां तक कि विचारों के कार्य पर निर्भर करता है और इसलिए, नलिकाविहीन ग्रंथियों के कामकाज का नैतिक एक व्यक्ति की वृद्धि और विभिन्न पहलुओं- शारीरिक, सामाजिक, मानसिक, भावनात्मक और विकास पर बहुत प्रभाव पड़ता है। संतुलित वृद्धि और विकास के लिए इन ग्रंथियों का सामान्य कामकाज आवश्यक है।
- पौष्टिक भोजन:- बच्चे के समुचित विकास के लिए उचित पोषण आवश्यक है। हम वही हैं जो हम खाते हैं - बहुत अधिक या बहुत कम - स्वस्थ या अस्वस्थ हमारी वृद्धि और विकास को प्रभावित करते हैं। इसलिए, पौष्टिक भोजन का संतुलित आहार लेना आवश्यक है।

इस प्रकार, यह निष्कर्ष निकाला जाता है कि भौगोलिक वातावरण, अंतःस्रावी ग्रंथियां और पौष्टिक भोजन ऐसे कारक हैं जो बच्चों के शारीरिक विकास को प्रभावित करते हैं।

अत: विकल्प (D) सही है।

98. मानव वृद्धि और विकास 'आनुवंशिकता और पर्यावरण' दोनों से प्रभावित होते हैं क्योंकि वे ऐसे तत्व हैं जो किसी व्यक्ति के विकास को निर्धारित करने में महत्वपूर्ण भूमिका निभाते हैं।

- सभी मानसिक और सामाजिक लक्षण पर्यावरण पर निर्भर करते हैं।

- सभी जन्मजात लक्षण, प्रवृत्ति, और बुद्धिलब्धि आनुवंशिकता पर निर्भर करते है।

- विकास और वृद्धि के लिए सभी संभावित इनपुट आनुवंशिकता पर निर्भर करते हैं।

- दोनों व्यक्ति के जीवन को आकार देने में एक दूसरे के पूरक हैं।

- किसी व्यक्ति का विकास कैसे होगा यह वातावरण पर निर्भर करता है लेकिन व्यक्ति कितनी दूर तक विकसित हो सकता है यह आनुवंशिकता पर निर्भर करता है।

- आनुवंशिकता IQ पर सीमित होती है और पर्यावरण इन सीमाओं के भीतर IQ की संख्यात्मक स्थिति निर्धारित करता है।

अत: विकल्प (C) सही है।

99. मानव दूध में बहुत कम आयरन होता है, इसलिए जिन शिशुओं को विशेष रूप से स्तनपान कराया जाता है, उनमें चार महीने की आयु के बाद आयरन की कमी का खतरा बढ़ जाता है।

अपरिपक्व शिशुओं में आयरन का भंडारण कम होता है क्योंकि गर्भ के तीसरे तिमाही के दौरान आयरन ज्यादातर जमा होता है।

अत: विकल्प (D) सही है।

100. विशेष स्तनपान शिशु को 6 माह तक कराया जाता है।

- स्तनपान शिश को दूध पिलाने की सामान्य विधि है।

- स्तनपान माँ और शिशु दोनों के लिए फायदेमंद होता है।

- यह माँ और शिशु के बीच भावनात्मक बंधन को बढ़ाता है।

- यह पाचन के लिए बहुत आसान है और इम्युनोग्लोबिन की उपस्थिति के कारण शिशु को कई संक्रमणों से बचाता है।

- पहले 6 महीने तक केवल स्तनपान कराने की सलाह दी जाती है।

- 7 वें महीने से माँ के दूध के साथ पूरक आहार भी शिशु को दिए जा सकते हैं।

इस प्रक्रिया को वीनिंग के रूप में जाना जाता है।

अत: विकल्प (C) सही है।

Q.1 एक नर्स जानती है कि सक्रिय क्षय रोग का सबसे सकारात्मक संकेत _______ है।

A. सकारात्मक त्वचा परीक्षण परिणाम

B. कुल ल्यूकोसाइट की गिनती में वृद्धि

C. छाती का एक्स-रे निष्कर्ष सकारात्मक होना

D. बलगम जीवाणुओं की वृद्धि

Q.2 किसी समुदाय में 'जांच परीक्षण' की उपयोगिता _______ पर निर्भर करती है।

A. विश्वसनीयता   **B.** संवेदनशीलता

C. विशेषता   **D.** इनमें से कोई नहीं

Q.3 प्राथमिक स्वास्थ्य देखभाल आमतौर पर निम्नलिखित में की जाती है:

A. सामुदायिक स्वास्थ्य सेवाएं और गैर सरकारी संगठन

B. सामुदायिक और तीव्र देखभाल क्लीनिक

C. आदिवासी स्वास्थ्य सेवाएं और गैर सरकारी संगठन

D. स्वास्थ्य शिक्षा इकाइयां

Q.4 पर्टुसिस की मुख्य जटिलता _______ है।

A. ब्रोंकाइटिस   **B.** ब्रोन्को न्यूमोनिया

C. ब्रोन्किइक्टेसिस   **D.** उपरोक्त सभी

Q.5 मनोरोग इकाई में प्रवेश पर, रोगी कांप रहा है और भयभीत दिखाई दे रहा है। नर्स की प्रारंभिक प्रतिक्रिया_____________ होनी चाहिए।

A. रोगी अभिविन्यास सामग्री प्रदान करें और इकाई नियमों और विनियमों की समीक्षा करें।

B. उसका परिचय कराएं और रोगी के साथ रोगी के कमरे में जाएं।

C. रोगी को दिन के कमरे में ले जाएँ और अन्य रोगियों से उसका परिचय कराएँ।

D. नर्सिंग सहायक से रोगी के महत्वपूर्ण लक्षण प्राप्त करने और प्रक्रिया को पूरा करने के लिए कहें।

Q.6 एक नर्स स्वास्थ्य एजेंसी के पास पड़ोस का जायजा ले रही थी। नर्स ने आसपास की इमारतों, फुटपाथों और समुदाय के लोगों की स्थिति को देखा। निम्नलिखित में से कौन नर्स के कार्यों का सबसे अच्छा वर्णन करता है?

A. एक ड्राइव-थ्रू   **B.** एक पड़ोस अवलोकन

C. एक त्वरित अवलोकन   **D.** एक विंडशील्ड सर्वेक्षण

Q.7 एक समुदाय में, चकत्तों वाले अप्रतिरक्षित बच्चे होते हैं। निम्नलिखित में से कौन सा अवलोकन इंगित करता है कि बच्चों को रूबेला (खसरा) हो सकता है?

A. म्यूकोसा पर छोटे-छोटे नीले-सफेद धब्बे दिखाई देते हैं।

B. दाने गले से शुरू होकर बाहर की ओर फैलते हैं।

C. हल्का बुखार

D. घावों की उपस्थिति

Q.8 हाइपरपैराथायरायडिज्म के निदान के लिए एक रोगी को अस्पताल में भर्ती कराया जाता है। रोगी की जाँच करने वाली एक नर्स प्रयोगशाला के निष्कर्षों में निम्नलिखित में से किसका निरीक्षण करेगी?

A. एलिवेटेड सीरम कैल्शियम

B. निम्न-स्तर का सीरम पैराथायराइड हार्मोन (PTH)

C. एलिवेटेड सीरम विटामिन डी

D. निम्न स्तर का यूरिन कैल्शियम

Q.9 जिला अस्पताल और सामुदायिक केंद्रों में आमतौर पर देखभाल के स्तर को क्या कहा जाता है?

A. प्रारम्भिक स्तर   **B.** प्राथमिक स्तर

C. माध्यमिक स्तर   **D.** तृतीयक स्तर

Q.10 मायोकार्डियल रोधगलन के साथ अस्पताल में भर्ती एक मरीज को गंभीर फुप्फुसीय एडिमा होती है। रोगी में नर्स निम्नलिखित में से किस लक्षण की अपेक्षा करेगी?

A. धीमी और गहरी सांसें

B. स्ट्राइडर (सांस लेने के दौरान शोर या तेज आवाज)

C. मंदनाड़ी

D. सांस फूलना

Q.11 प्रतिबंध लगाते समय नर्स की कानूनी जिम्मेदारी निम्नलिखित में से कौन सी है?

A. रोगी के व्यवहार का दस्तावेजीकरण करना

B. उपयोग किए गए प्रतिबंध के प्रकार का दस्तावेजीकरण करना

C. आपात स्थिति को छोड़कर जब रोगी को खुद को या दूसरों को चोट लगने से बचाया जाना चाहिए, तो चिकित्सक से लिखित आदेश प्राप्त करना

D. उपरोक्त सभी

Q.12 एक शीशी में पाउडर दवा को पतला करते समय समरूपता सुनिश्चित करने के लिए नर्स को _______ चाहिए।

A. शीशी को जोर से हिलाए

B. हथेलियों के बीच शीशी को धीरे से घुमाना

C. शीशी को उल्टा करके 1 मिनट तक खड़े रहने दें

D. शीशी में घोल डालने के बाद कुछ न करें

Q.13 पेट दर्द वाले रोगी की जांच करते समय प्रभारी नर्स को क्या आकलन करना चाहिए?

A. पहले कोई भी क्वाड्रन्ट

B. सिम्प्टोमैटिक क्वाड्रन्ट पहले

C. सिम्प्टोमैटिक क्वाड्रन्ट अंतिम

D. सिम्प्टोमैटिक क्वाड्रन्ट या तो दूसरा या तीसरा

Q.14 एक मरीज को दर्द के लिए मुंह से सिर्फ 30 मिलीग्राम कोडीन मिला है। पांच मिनट बाद उसे उल्टी हो जाती है। नर्स को पहले क्या करना चाहिए?

A. चिकित्सक को बुलाना

B. रोगी का उपचार करना

C. उत्सर्जन का निरीक्षण करना

D. रोगी को समझाएं कि वह उसकी मदद के लिए कुछ नहीं कर सकती

Q.15 लगातार एंटरल फीडिंग प्रदान करते समय कौन सी नर्सिंग क्रिया आवश्यक है?

A. बिस्तर के सिर को ऊपर उठाना

B. रोगी को बाईं ओर रखना

C. इसे प्रशासित करने से पहले फ़ॉर्मूला को गर्म करना

D. एक बार में पूरे दिन का फ़ॉर्मूला लगा देना

Q.16 एक पुरुष रोगी के पास एक नरम कलाई-सुरक्षा उपकरण होता है नर्स को किस आकलन खोज को असामान्य मानना चाहिए?

A. एक स्पष्ट रेडियल नाड़ी   **B.** एक स्पष्ट उलनार नाड़ी

C. ठंडी पीली उंगलियां   **D.** गुलाबी नाखून

Q.17 प्रभारी नर्स रोगी को बिस्तर से कुर्सी पर स्थानांतरित कर रही है इस रोगी के स्थानांतरण के दौरान नर्स द्वारा की जाने वाली कौन सी कार्रवाई सबसे उपयुक्त है?

A. बिस्तर के सिर को सपाट रखें
B. रोगी को पैर लटकाने में मदद करती है
C. रोगी के पीछे खड़ी हो जाती है
D. कुर्सी को बिस्तर के सामने की ओर रखें

Q.18 एक महिला रोगी में बढ़ी हुई चिंता के लक्षण दिखाई देते हैं। नर्स की कौन सी प्रतिक्रिया रोगी की चिंता को कम करेगी?

A. "सब कुछ ठीक हो जाएगा। चिंता मत करो"
B. "इस मैनुअल को पढ़ें और फिर मुझसे कोई भी प्रश्न पूछें जो आपके पास हो"
C. "आप रेडियो क्यों नहीं सुनती"
D. "चलो इस बारे में बात करते हैं कि आपको क्या परेशान कर रहा है"

Q.19 ऑपरेटिंग रूम में एक स्क्रब नर्स की कौन सी जिम्मेदारी होती है?

A. रोगी की स्थिति बनाना
B. गाउनिंग और ग्लोविंग में सहायता करना
C. सर्जन के सर्जिकल उपकरणों को संभालना
D. सर्जिकल पर्दे लगाना

Q.20 सर्जिकल बिस्तर बनाते समय प्रभारी नर्स क्या करती है?

A. समाप्त होने पर बिस्तर को उच्च स्थिति में छोड़ देती है
B. तकिये को बिस्तर के सिरहाने रखती है
C. रोगी को बिस्तर के दूर की ओर लेटा देती है
D. ऊपर की चादर और कंबल को बिस्तर के तल के नीचे दबा देती है

Q.21 _______ मानव शरीर में कार्बोहाइड्रेट या प्रोटीन द्वारा प्रदान की जाने वाली ऊर्जा से दोगुने से अधिक प्रदान करते हैं।

A. विटामिन
B. वसा
C. खनिज पदार्थ
D. स्टार्च

Q.22 भोजन का वह कौन सा घटक है जो मनुष्य के शरीर को संक्रमणों से लड़ने में मदद करता है?

A. प्रोटीन
B. वसा
C. कार्बोहाइड्रेट
D. स्टार्च

Q.23 मानव शरीर के समुचित कार्य के लिए आवश्यक विटामिनों की कुल संख्या _____ है।

A. 12
B. 13
C. 15
D. 22

Q.24 निम्नलिखित में से किस विटामिन को वसा में घुलनशील विटामिन कहा जाता है?

A. विटामिन बी
B. विटामिन ई
C. विटामिन सी
D. विटामिन बी 2

Q.25 मध्याह्न भोजन योजना में भोजन की खुराक कम से कम _____ प्रदान करनी चाहिए।

A. 8 से 12 ग्राम प्रोटीन के साथ 300 कैलोरी
B. 5 ग्राम प्रोटीन के साथ 300 कैलोरी
C. 8 से 12 ग्राम प्रोटीन के साथ 250 कैलोरी
D. 5 से 12 ग्राम प्रोटीन के साथ 250 कैलोरी

Q.26 कौन सा प्रोटीन परिवहन प्रोटीन में आयरन का भंडारण करता है?

A. फेरिटिन
B. केराटिन्स
C. इलास्टिन
D. इनमें से कोई नहीं

Q.27 निम्नलिखित में से कौन सा पाचक एंजाइम है जो पेट में भोजन को पचाने का काम करता है?

A. लैक्टेज
B. पेप्सिन
C. केरातिन
D. कोलेजन

Q.28 निम्नलिखित में से कौन सा प्रोटीन मानव शरीर में रासायनिक प्रतिक्रिया की दर को बढ़ाता है?

A. एंजाइम
B. एंटीबॉडी
C. संरचनात्मक प्रोटीन
D. परिवहन प्रोटीन

Q.29 लंबे समय तक भोजन में पोषक तत्वों की कमी के कारण कौन सा रोग होता है?

A. हीनताजन्य रोग
B. रतौंधी
C. स्कर्वी (शिताद)
D. एनीमिया (अरक्तता)

Q.30 निम्नलिखित में से कौन सा खाद्य पदार्थ आहार फाइबर प्रदान करता है?

A. दाल
B. साबुत अनाज
C. फल और सब्जियां
D. उपरोक्त सभी

Q.31 शरीर में वसा _____ ऊतक में जमा होता है।

A. ऐरोलर ऊतक
B. उपकला ऊतक
C. आदिपोस ऊतक
D. पेशी ऊतक

Q.32 मांसपेशियों को _____ नामक संयोजी ऊतक द्वारा हड्डियों से जोड़ा जाता है।

A. टेंडन
B. लिगामेंट
C. न्यूरॉन
D. अडीपोज

Q.33 मानसिक बीमारी के लक्षण हैं:

A. सोच, धारणा और निर्णय में असामान्य परिवर्तन
B. भावना और स्मृति में असामान्य परिवर्तन
C. दूसरों के प्रति व्यवहार में असामान्य परिवर्तन
D. ऊपर के सभी

Q.34 मनोविकृति की विशेषता है:

A. वास्तविकता के साथ संपर्क का टूटना
B. किसी दिए गए तनाव के लिए लंबे समय तक भावनात्मक प्रतिक्रिया
C. चिंता, भय, उदासी, अस्पष्ट दर्द और दर्द
D. उपरोक्त सभी

Q.35 BCG वैक्सीन किस बीमारी की रोकथाम के लिए दी जाती है?

A. TB
B. हेपेटाइटिस
C. हैजा
D. टेटनस

Q.36 निम्नलिखित में से कौन मनुष्य में हृदय की धड़कन और श्वसन गति को नियंत्रित करता है?

A. पीयूष ग्रंथि
B. मेरुरज्जु
C. मेरुदण्ड
D. मेरुरज्जुशीर्ष

Q.37 न्यूरोसिस की विशेषता है:

A. पागलपन
B. किसी दिए गए तनाव के लिए लंबे समय तक भावनात्मक प्रतिक्रिया
C. सिर में दर्द
D. ऐंठन के दौरे

Q.38 ग्लियाल कोशिकाएं _____ में सबसे प्रचुर मात्रा में कोशिकाएं हैं।

A. फेफड़ो
B. वृक्क
C. पित्ताशय
D. तंत्रिका तंत्र

Q.39 अनुमस्तिष्क (सेरिबैलम) के लिए निम्नलिखित में से कौन सा सही नहीं है?

A. यह मस्तिष्क के पीछे के क्षेत्र में स्थित है
B. यह संचलन, बोलने, दृष्टि, गंध, स्वाद, श्रवण, बुद्धिमत्ता आदि को नियंत्रित करता है

C. यह पश्च मस्तिष्क का एक हिस्सा है
D. यह शरीर के संतुलन को बनाए रखता है

Q.40 एक अध्ययन जो रोग की घटनाओं को मापता है:

A. केस रिपोर्ट
B. क्रॉस-सेक्शनल
C. केस-कंट्रोल
D. कोहोर्ट

Q.41 चिकनगुनिया का कारक घटक क्या है?

A. गैर-क्लोरोफिलस बैक्टीरिया
B. सूत्रकृमि
C. वायरस
D. कवक

Q.42 इटाई-इटाई रोग किसके कारण होता है?

A. पारा
B. कैडमियम
C. आर्सेनिक
D. नाइट्रेट

Q.43 खसरे के चकते सबसे पहले शरीर के किस अंग पर दिखाई देते हैं?

A. ट्रंक
B. चेहरा
C. टांग
D. हाथ

Q.44 रूबेला रोग को _______ के रूप में भी जाना जाता है।

A. रुबेओला
B. जर्मन खसरा
C. खसरा
D. काली खांसी

Q.45 चेचक की संक्रामकता कितने समय तक रहती है?

A. आखिरी पपड़ी गिरने तक
B. दाने की शुरुआत के 6 दिन बाद
C. दाने की शुरुआत के 3 दिन बाद
D. जब तक बुखार उतर न जाए

Q.46 H5N1 के संक्रमण से निम्न में से कौन-सा रोग होता है?

A. HIV
B. स्वाइन फ्लू
C. बर्ड फ्लू
D. कुक्कुट हैजा

Q.47 पैरोटिड ग्रंथि में सूजन किस रोग के कारण होती है?

A. चिकन पॉक्स
B. रूबेला
C. कण्ठमाला
D. इनमें से कोई नहीं

Q.48 डिप्थीरिया किस घटक के कारण होता है?

A. क्लोस्ट्रीडियम टेटनी
B. बोर्डेटेला पर्टुसिस
C. एम लेप्रोसी
D. कोरिनेबैक्टीरियम

Q.49 स्किक टेस्ट किस रोग की पहचान के लिए प्रयोग किया जाता है?

A. टाइफाइड
B. पेचिश
C. कण्ठमाला का रोग
D. डिप्थीरिया

Q.50 हाइड्रोफोबिया _______ है।

A. रेबीज
B. खसरा
C. टायफाइड
D. मलेरिया

Q.51 त्वचा के रूखेपन को ठीक करने के लिए सबसे महत्वपूर्ण नर्सिंग हस्तक्षेप क्या है?

A. रोगी की चर्बी बढ़ाने के बारे में आहार विशेषज्ञ से परामर्श लें और संक्रमण से बचाव के लिए आवश्यक उपाय करें।
B. चिकित्सक से रोगी को त्वचा विशेषज्ञ के पास रेफर करने के लिए कहें, और सुझाव दें कि रोगी होम-लॉन्ड्रेड नाइटवियर पहनें।
C. रोगी को अपने तरल पदार्थ का सेवन बढ़ाने के लिए प्रोत्साहित करें, रोगी को नहलाते समय गैर-परेशान करने वाले साबुन का उपयोग करें और संबंधित क्षेत्रों पर लोशन लगाएं।
D. जब तक स्थिति ठीक न हो जाए तब तक रोगी को न नहलाएं और चिकित्सक को सूचित करें।

Q.52 रोगी के हाथ-पैरों को नहलाते समय, नर्स को दूरस्थ से समीपस्थ क्षेत्रों तक लंबे, दृढ़ स्ट्रोक का उपयोग करना चाहिए। यह तकनीक _______।

A. त्वचा मूल्यांकन के लिए एक अवसर प्रदान करता है
B. नर्स पर अनुचित दबाव से बचा जाता है
C. शिरापरक रक्त वापसी को बढ़ाता है
D. वाहिकासंकीर्णन का कारण बनता है और परिसंचरण में वृद्धि करता है

Q.53 भिन्न सांस्कृतिक पृष्ठभूमि वाले रोगी के लिए नर्सिंग देखभाल की योजना बनाते समय नर्स को क्या करना चाहिए?

A. परिवार को अस्पताल में रहने के दौरान देखभाल प्रदान करने की अनुमति दें ताकि कोई भी रीति-रिवाज या रीति-रिवाज न टूटे
B. पहचानें कि ये सांस्कृतिक चर स्वास्थ्य समस्या को कैसे प्रभावित करते हैं
C. धीरे-धीरे बोलें और यह सुनिश्चित करने के लिए चित्र दिखाएं कि रोगी हमेशा समझे
D. समझाएं कि अस्पताल में रहते हुए प्रभावी ढंग से देखभाल करने के लिए रोगी को अस्पताल की दिनचर्या के अनुकूल कैसे होना चाहिए

Q.54 नर्सिंग हस्तक्षेप जो रोगी को आराम करने और आराम से सोने में मदद कर सकते हैं, उनमें निम्नलिखित को छोड़कर सभी शामिल हैं:

A. रोगी को दोपहर में 30 से 60 मिनट की झपकी लेने दें।
B. रोगी के कमरे में टेलीविजन चालू करें।
C. शांत संगीत और रोचक पठन सामग्री प्रदान करें।
D. लंबे समय तक रोगी की पीठ की मालिश करें।

Q.55 एक बेहोश रोगी पर मौखिक देखभाल करते समय, नर्स को चाहिए:

A. नींबू ग्लिसरीन को कम से कम हर 2 घंटे में रोगी के होठों पर लगाना चाहिए।
B. लेटे हुए रोगी के दाँत ब्रश करना चाहिए।
C. रोगी को बगल की स्थिति में लेटा देना चाहिए, बिस्तर का सिर नीचे कर देना चाहिए।
D. हाइड्रोजन पेरोक्साइड से रोगी का मुंह साफ करना चाहिए।

Q.56 एक नर्स पैरेंट्रल न्यूट्रिशन (पीएन) सॉल्यूशन बैग और ट्यूबिंग को बदलने की तैयारी कर रही है। रोगी की केंद्रीय शिरापरक रेखा दाहिनी उपक्लावियन नस में स्थित होती है। नर्स रोगी से ट्यूब बदलने के दौरान कौन सी आवश्यक कार्रवाई करने के लिए कहती है?

A. सिर को दायीं ओर मोड़ें
B. गहरी सांस लें, इसे पकड़ें और नीचे झुकें
C. सामान्य रूप से सांस लें
D. धीरे-धीरे और समान रूप से साँस छोड़ें

Q.57 दूषित दस्तानों को हटाते समय रोगी के रोगजनकों के संक्रमण के जोखिम को कम करने का सबसे अच्छा तरीका क्या है?

A. दस्ताने हटाने से पहले उन्हें धो लें।
B. दस्ताने को हटाते समय उनकी उंगलियों को धीरे से खींचे।
C. कफ के ठीक नीचे धीरे से खींचें और दस्ताने को हटाते समय उन्हें उल्टा कर दें।
D. दस्ताने हटा दें और फिर उन्हें अंदर बाहर कर दें।

Q.58 72 घंटे तक आई.वी. लाइन लगाने के बाद मरीज को कोमलता, जलन और सूजन की शिकायत होती है। आई.वी. के आकलन साइट से पता चलता है कि यह गर्म और एरिथेमेटस है। यह आमतौर पर _______ को इंगित करता है।

A. संक्रमण
B. अंतःस्यंदन
C. फ्लेबिटिस
D. खून बहना

Q.59 नर्स एक मरीज को स्व-इंजेक्शन के लिए U-100 NPH इंसुलिन की 40 इकाइयों के साथ एक सिरिंज तैयार करना सिखा रही है। इस स्थिति में स्व-इंजेक्शन से संबंधित रोगी की पहली प्राथमिकता है:

A. इंजेक्शन साइट का आकलन करें।

B. उपयुक्त इंजेक्शन साइट का चयन करें।

C. यह सत्यापित करने के लिए सिरिंज की जाँच करें कि नर्स ने निर्धारित इंसुलिन खुराक को हटा दिया है।

D. इंजेक्शन साइट को अल्कोहल स्पंज से गोलाकार तरीके से साफ करें।

Q.60 नियमित और एनपीएच दोनों इंसुलिन लेने वाले रोगी के लिए नर्स को इंजेक्शन कैसे तैयार करना चाहिए?

A. उसी सिरिंज में एनपीएच इंसुलिन, फिर नियमित इंसुलिन बनाएं।

B. उसी सिरिंज में नियमित इंसुलिन, फिर एनपीएच इंसुलिन बनाएं।

C. दो अलग सीरिंज का प्रयोग करें।

D. चिकित्सक से जांच कराएं।

Q.61 शरीर के 1% से अधिक जलने पर अस्पताल में जाँच की जानी चाहिए। 1% के बराबर आकार क्या है?

A. सिर

B. उंगलियों सहित हथेली

C. उंगली

D. बांह की कलाई

Q.62 खुले, खून बहने वाले घावों की देखभाल करते समय आप रोग संचरण के जोखिम को कैसे कम कर सकते हैं?

A. देखभाल करने के तुरंत बाद अपने हाथ धो लें

B. रक्त के सीधे संपर्क से बचें

C. दस्ताने या प्लास्टिक रैप जैसे सुरक्षात्मक अवरोधों का उपयोग करें

D. उपरोक्त सभी

Q.63 फीमर या जांघ के फ्रैक्चर के लिए स्वीकृत उपचार है:

A. पैर के प्रत्येक तरफ एक छोटा गद्देदार स्प्लिंट रखें

B. इस प्रकार के फ्रैक्चर को विशेष प्रशिक्षण वाले लोगों द्वारा लगाए गए ट्रैक्शन स्प्लिंट द्वारा सबसे अच्छी तरह से संभाला जाता है

C. ठीक से पैर स्प्लिंट लगाने से पहले पीड़ित को हिलाएं

D. दोनों पैरों को दो लंबे खपच्चियों से बांधें, दो क्रावेट्स का उपयोग करके, एक ऊपर और एक ब्रेक के नीचे

Q.64 मोच वाले टखने के लिए स्वीकृत उपचार है:

A. जूता निकालें और केशिका प्रतिवर्त विधि का उपयोग करके सूजन की जांच करें

B. जूते को ऊपर रखें, समर्थन के लिए टखने की पट्टी लगाएं, ऊपर उठाएं और ठंडे तौलिये लगाएं

C. जूते ऊपर रखें, टखने का स्प्लिंट लगाएं, और हो सके तो हीट लगाएं

D. जकड़न को रोकने के लिए पीड़ित को जल्द से जल्द चलने या हिलने-डुलने के लिए कहें

Q.65 एक पीड़ित जो ज़हर आइवी लता के संपर्क में आया है उसे चाहिए:

A. प्रभावित क्षेत्र को गर्म पानी और साबुन से धोने से पहले कम से कम 20 मिनट तक प्रतीक्षा करें

B. प्रभावित क्षेत्र को तुरंत साबुन और पानी से धो लें

C. ऐसे कपड़े पहनना जारी रखें जो पौधे के संपर्क में आए हों

D. खुजली से दीर्घकालिक राहत प्रदान करने के लिए प्रभावित क्षेत्र को तुरंत खरोंचें और रगड़ें

Q.66 निम्नलिखित में से कौन सी तकनीक बेहोश पीड़ित को हिलाने के लिए उपयुक्त नहीं है?

A. इम्प्रोवाइज्ड स्ट्रेचर

B. चार हाथ वाली सीट कैरी

C. दो व्यक्ति ले जाते हैं

D. कंबल खींचें

Q.67 यह मानते हुए कि आप ठीक से प्रशिक्षित हैं, जल बचाव के लिए पालन करने की सर्वोत्तम प्रक्रिया है:

A. फेंको, पंक्तिबद्ध करो फिर जाओ

B. किनारे से पहुंचने की कोशिश करें, फिर रस्सी या बचाव उपकरण फेंकें, आखिरी बार समर्थन के साथ जाएं

C. समर्थन के साथ तैरना, रस्सी या प्लवनशीलता उपकरण फेंकना, किनारे से एक पोल के साथ पहुंचना

D. पहुंचें, चप्पू तैरना

Q.68 एक संदिग्ध टूटी हुई कॉलरबोन या कंधे के लिए उपयुक्त उपचार क्या है?

A. एक साधारण गोफन लागू करें। गोफन को छाती से एक क्रेवेट से बांधें।

B. क्रॉस योर हार्ट पैडेड चेस्ट सपोर्ट मेथड का इस्तेमाल करें।

C. फ्लेल चेस्ट प्रोटेक्शन सिस्टम का इस्तेमाल करें।

D. एक संशोधित 'जॉनसन ट्रैक्शन स्प्लिंट' लागू करें।

Q.69 दम घुटने वाले व्यक्ति पर 'पेट जोर' लगाने से पहले आपको क्या नहीं करना चाहिए?

A. जिस व्यक्ति को खांसी हो रही है उसे बताएं

B. मदद के लिए चिल्लाओ

C. घुट रहे व्यक्ति को पीछे की ओर झुकना

D. कंधे के ब्लेड के बीच 5 तेज बैक वार तक

Q.70 किसी के कान, नाक या गाल पर सफेद या भूरे-पीले धब्बे किसके लक्षण हैं?

A. शीतदंश

B. ठंड से संबंधित तनाव विकार

C. तीव्रगाहिता संबंधी सदमा

D. अल्पताप

Q.71 संदिग्ध आमवाती बुखार वाले बच्चे को बाल चिकित्सा इकाई में भर्ती कराया जाता है। बच्चे का इतिहास प्राप्त करते समय, नर्स किस जानकारी को सबसे महत्वपूर्ण मानती है?

A. 3 दिन पहले शुरू हुआ बुखार

B. भोजन में रुचि की कमी

C. ग्रसनीशोथ का एक हालिया प्रकरण

D. 2 दिन से उल्टी

Q.72 नर्स इस बात से अवगत है कि अल्सरेटिव कोलाइटिस वाले बच्चे में सबसे आम आकलन है:

A. तीव्र पेट में ऐंठन

B. विपुल दस्त

C. गुदा विदर

D. पेट बढ़ाना

Q.73 अस्पताल में भर्ती बच्चे की देखभाल की योजना विकसित करते समय, नर्स जानती है कि किस आयु वर्ग के बच्चों में बीमारी को क़सूर की सजा के रूप में देखने की सबसे अधिक संभावना है?

A. बचपन

B. पूर्वस्कूली आयु

C. शिक्षा आयु

D. किशोरावस्था

Q.74 17 साल की हन्ना 7 महीने की गर्भवती है। एक किशोर को पालन-पोषण कौशल सिखाते समय, नर्स जानती है कि कौन सी शिक्षण रणनीति सबसे कम प्रभावी है?

A. एक जीवित शिशु मॉडल का उपयोग करके एक-एक प्रदर्शन प्रदान करना और वापसी प्रदर्शन का अनुरोध करना

B. पहली और दूसरी बार माताओं के साथ एक किशोर माता-पिता सहायता समूह की शुरुआत करना

C. भावनाओं और कौशल की चर्चा दिखाने वाले दृश्य-श्रव्य साधनों का उपयोग करना

D. आयु-उपयुक्त पठन सामग्री प्रदान करना

Q.75 5 साल की एक बच्ची को हाल ही में कावासाकी रोग का पता चला है। रोग के पहचाने गए लक्षणों के अलावा, उसे निम्नलिखित में से कौन सा विकसित होने की संभावना है?

A. घाव का सड़ना
B. मस्तिष्कावरण शोथ
C. माइट्रल वाल्व रोग
D. धमनीविस्फार गठन

Q.76 बेट्टी एक 9 वर्षीय लड़की है जिसे सिस्टिक फाइब्रोसिस का निदान किया गया है। बच्चे के लिए देखभाल योजना विकसित करते समय नर्स आर्ची को निम्नलिखित में से किसे ध्यान में रखना चाहिए?
A. पल्मोनरी स्राव असामान्य रूप से मोटे होते हैं।
B. पसीने में पोटेशियम का उच्च स्तर पाया जाता है।
C. CF एक ऑटोसोमल प्रमुख वंशानुगत विकार है।
D. अंतः स्रावी ग्रंथियों में रुकावट आती है।

Q.77 बेबी मेलोडी एक नवजात शिशु है जिसका जन्म के समय वजन बहुत कम होता है। नर्स निम्नलिखित में से किसको रोकने के लिए श्वसन दबाव और ऑक्सीजन (O_2) एकाग्रता की सावधानीपूर्वक निगरानी करती है?
A. मेकोनियम एस्पिरेशन सिंड्रोम
B. ब्रोंकोपुलमोनरी डिस्प्लेसिया (बीपीडी)
C. रेस्पिरेटरी सिंकाइटियल वायरस (आरएसवी)
D. रेस्पिरेटरी डिस्ट्रेस सिंड्रोम (आरडीएस)

Q.78 बच्चे की सांस्कृतिक पृष्ठभूमि का आकलन करते समय, प्रभारी नर्स को यह ध्यान रखना चाहिए कि:
A. विरासत समूह के साझा मूल्यों को निर्धारित करती है।
B. शारीरिक विशेषताएं बच्चे को एक विशेष संस्कृति के हिस्से के रूप में चिह्नित करती हैं।
C. सांस्कृतिक पृष्ठभूमि का आमतौर पर परिवार की स्वास्थ्य प्रथाओं पर बहुत कम प्रभाव पड़ता है।
D. व्यवहार के पैटर्न एक पीढ़ी से दूसरी पीढ़ी में पारित हो जाते हैं।

Q.79 श्रीमान और सुश्री बायर्स का बच्चा जन्म के बाद पहले 24 घंटों के भीतर मेकोनियम पारित करने में विफल रहा, यह निम्न में से किसका संकेत कर सकता है?
A. सीलिएक रोग
B. सोख लेना
C. हिर्शस्प्रुंग रोग
D. उदर-दीवार दोष

Q.80 नर्स ऐलेना एक 7 साल के बच्चे को संभाल रही है जिसे सिस्टिटिस है। बच्चे का आकलन करते समय नर्स ऐलेना निम्नलिखित में से किसकी अपेक्षा करेगी?
A. डायसुरिया
B. कॉस्टओवरटेब्रल कोमलता
C. कमर में तेज दर्द
D. उच्च बुखार

Q.81 प्यूएरपेरियम (प्रसवोत्तरकाल) की अवधि क्या है?
A. 2 सप्ताह
B. 6 सप्ताह
C. 4 सप्ताह
D. 8 सप्ताह

Q.82 निम्नलिखित में से कौन गर्भाशय गुहिका की श्लेष्मा युक्त परत है?
A. एक्टोमेट्रियम
B. एंडोमेट्रियम
C. पेरिमेट्रियम
D. मायोमेट्रियम

Q.83 निम्नलिखित में से कौन वास्तविक प्रसव पीड़ा का संकेत नहीं है?
A. प्रगतिशील विलोपन
B. दर्द निचले पेट और कमर तक ही सीमित है
C. पानी की थैली का निर्माण
D. आभ्यंतर गर्भाशय मुख का फैलाव

Q.84 वह प्रक्रिया जब प्रसूति करने वाला भाग वास्तविक श्रोणि में मिल जाता है, वह _____ कहलाती है।
A. फ्लोटिंग
B. लूज़निंग
C. क्विकनिंग
D. लाइटनिंग

Q.85 भ्रूण की लंबी धुरी का मातृ रीढ़ की लंबी धुरी से क्या संबंध होता है?
A. लाई
B. प्रजेंटेशन

C. एटीट्यूड
D. डिनोमिनेटर

Q.86 सरवाइकल इनकॉम्पिटेंस के मामले में गर्भपात को रोकने के लिए कौन सी प्रक्रिया की जाती है?
A. सेरक्लेज
B. मेट्रोप्लास्टी
C. इंडक्शन
D. कोल्पोटोमी

Q.87 इम्युनोग्लोबुलिन जो प्लेसेंटा को पार कर सकता है और विकासशील भ्रूण में मां की प्रतिरक्षा को स्थानांतरित कर सकता है:
A. इम्युनोग्लोबिन G
B. इम्युनोग्लोबिन M
C. इम्युनोग्लोबिन D
D. इम्युनोग्लोबिन A

Q.88 जब उल्टी पूरे दिन बनी रहती है और महिला का स्वास्थ्य खराब हो जाता है, तो उसे _____ कहा जाता है।
A. मॉर्निंग सिकनेस
B. नौसिया वोमेटिंग
C. हाइपरमेसिस ग्रेविडेरम
D. इनमें से सभी

Q.89 उस स्थिति को क्या कहते हैं जब गर्भाशय आंशिक रूप से या पूरी तरह से उलटा हो जाता है?
A. रेट्रोवर्जन
B. इनवर्जन
C. इनवोल्युशन
D. सबइनवोल्युशन

Q.90 किस प्रकार के प्रसव में, पहले और दूसरे चरण की संयुक्त अवधि दो घंटे से कम होती है?
A. सामान्य प्रसव
B. दीर्घ प्रसव
C. सहसा प्रसव
D. परीक्षण प्रसव

Q.91 नर्स छह महीने के बच्चे का आकलन कर रही है। कौन से विकासात्मक कौशल सामान्य हैं और जिनकी अपेक्षा की जानी चाहिए?
A. खड़े होने की स्थिति तक खींचना
B. चम्मच से खुद खा सकते हैं
C. अकेला बैठता है
D. छोटे-छोटे वाक्यों में बोलता है

Q.92 वृद्ध रोगी की देखभाल करते समय रंग दृष्टि में होने वाले परिवर्तनों को ध्यान में रखना महत्वपूर्ण है। बुजुर्गों के लिए भेद करने के लिए कौन से रंग सबसे कठिन होते हैं?
A. लाल और नीला
B. नीला और हरा
C. लाल और हरा
D. नीला और गोल्ड

Q.93 नर्स अपने नवजात शिशु को दूध पिलाने वाली एक नई माँ का मूल्यांकन कर रही है। किस अवलोकन से संकेत मिलता है कि माँ अपने नवजात शिशु के लिए उचित आहार विधियों को समझती है?
A. बोतल को इस तरह से पकड़ें कि निप्पल हमेशा फॉर्मूला से भरा रहे।
B. बोतल से 1 ½ औंस लेने के बाद अपने सात पाउंड के बच्चे को सोने देना।
C. दूध पिलाने के दौरान हर दस मिनट में बच्चे को डकार दिलाएं।
D. 15 सेकंड के लिए माइक्रोवेव में फॉर्मूला बोतल को गर्म करके सीधे बच्चे को दें।

Q.94 5 साल के बच्चे के लिए निम्न में से कौन सी गतिविधि सबसे उपयुक्त है?
A. निचोड़ खिलौना
B. बोर्ड खेल
C. प्ले-दोह
D. कंप्यूटर गेम

Q.95 जब भी बेन अपने पिता को उसकी माँ के प्रति स्नेह दिखाते हुए देखता है तो उसे घृणा महसूस होती है। फ्रायड के अनुसार इस व्यवहार को किस नाम से जाना जाता है?
A. मिसोमैटर
B. ओडिपस कॉम्प्लेक्स
C. सुपीरियरिटी कॉम्प्लेक्स
D. इलेक्ट्रा कॉम्प्लेक्स

Q.96 प्रारंभिक वयस्कता के दौरान, निम्न में से किसे अपने चरम पर माना जाता है?

A. ऊँची-ऊँची आवाजें सुनना

B. उपापचय

C. लचीलापन

D. प्रतिक्रिया समय

Q.97 विकास के सिद्धांतों के बारे में निम्नलिखित में से कौन-सा कथन ग़लत है?

A. विकास एक परिमाणात्मक प्रक्रिया है जिसका ठीक-ठीक मापन हो सकता है।

B. विकास परिपक्वन और अधिगम पर आधारित होता है।

C. विकास वंशानुगतता और वातावरण के बीच सतत अन्योन्यक्रिया से होता है।

D. प्रत्येक बच्चा विकास के चरणों से गुजरता है, फिर भी बच्चों के बीच व्यापक व्यक्तिगत मतभेद होते हैं।

Q.98 निम्नलिखित में से कौन सा बाल विकास का सिद्धांत नहीं है?

A. सभी विकास एक क्रम का अनुसरण करते हैं

B. विकास के सभी क्षेत्र महत्वपूर्ण हैं

C. सभी विकास परिपक्वता और अनुभव की अंतःक्रिया का परिणाम है

D. सभी विकास और सीखना एक समान गति से आगे बढ़ते हैं

Q.99 सामान्यतः लड़के और लड़कियों में शारीरिक विकास की निम्नलिखित विशेषता देखी जाती है-

A. समान आयु में दोनों में समान विकास होता है।

B. लड़के शारीरिक विकास में दो वर्ष आगे होते हैं।

C. लड़कियाँ शारीरिक विकास में दो-तीन वर्ष आगे होती हैं।

D. लड़कियाँ लड़कों से पाँच वर्ष पीछे होती हैं।

Q.100 लड़कियाँ मध्य बाल्यावस्था में अधिक महत्व देती हैं ______ और पारिवारिक सम्बन्धों को। वहीं लड़के ज्यादा महत्व देते हैं सामाजिक ______ को।

A. पारस्परिक, प्रतिष्ठा

B. पारस्परिक, भाषा

C. भाषा, कौशल

D. कौशल, भाषा

// स्मार्ट उत्तर पुस्तिका //

सही उत्तर उन छात्रों का प्रतिशत जिन्होंने प्रश्नों का सही उत्तर दिया था। **छोड़ दिया** उन छात्रों का प्रतिशत जिन्होंने प्रश्नों को छोड़ दिया था।

प्रश्न संख्या	उत्तर	सही उत्तर / छोड़ दिया	प्रश्न संख्या	उत्तर	सही उत्तर / छोड़ दिया	प्रश्न संख्या	उत्तर	सही उत्तर / छोड़ दिया	प्रश्न संख्या	उत्तर	सही उत्तर / छोड़ दिया	प्रश्न संख्या	उत्तर	सही उत्तर / छोड़ दिया
1	C	67.72 % / 1.81 %	17	B	59.8 % / 1.61 %	33	D	43.64 % / 1.03 %	49	D	66.19 % / 1.88 %	65	B	57.63 % / 1.5 %
2	B	58.24 % / 1.98 %	18	D	54.46 % / 1.41 %	34	A	43.49 % / 1.62 %	50	A	60.59 % / 1.91 %	66	B	59.83 % / 1.09 %
3	A	52.9 % / 1.86 %	19	C	41.48 % / 1.54 %	35	A	65.45 % / 1.69 %	51	C	58.94 % / 1.67 %	67	B	64.39 % / 1.83 %
4	D	66.48 % / 1.81 %	20	A	43.92 % / 1.14 %	36	D	54.71 % / 1.15 %	52	C	53.19 % / 1.89 %	68	A	45.7 % / 1.39 %
5	B	81.71 % / 0.0 %	21	B	60.24 % / 1.26 %	37	B	56.04 % / 1.97 %	53	B	21.89 % / 3.52 %	69	C	76.48 % / 0.0 %
6	D	41.61 % / 1.83 %	22	A	49.83 % / 1.28 %	38	D	25.96 % / 3.63 %	54	A	60.94 % / 1.02 %	70	A	48.43 % / 1.36 %
7	A	17.24 % / 4.41 %	23	B	68.07 % / 1.12 %	39	B	49.52 % / 1.55 %	55	C	56.18 % / 1.07 %	71	C	62.19 % / 1.05 %
8	A	29.71 % / 3.0 %	24	B	45.42 % / 1.57 %	40	D	52.87 % / 1.0 %	56	B	50.14 % / 1.41 %	72	B	86.62 % / 0.0 %
9	C	66.23 % / 1.39 %	25	A	15.85 % / 4.72 %	41	C	68.22 % / 1.01 %	57	C	51.08 % / 1.16 %	73	B	47.3 % / 1.12 %
10	D	20.46 % / 4.71 %	26	A	45.26 % / 1.66 %	42	B	51.42 % / 1.98 %	58	C	54.93 % / 1.29 %	74	D	63.96 % / 1.71 %
11	D	62.03 % / 1.54 %	27	B	81.4 % / 0.0 %	43	B	52.05 % / 1.04 %	59	C	58.72 % / 1.83 %	75	D	89.75 % / 0.0 %
12	B	10.6 % / 4.54 %	28	A	21.87 % / 3.19 %	44	B	61.28 % / 1.89 %	60	B	61.17 % / 1.36 %	76	A	31.48 % / 3.82 %
13	C	29.48 % / 4.09 %	29	A	69.31 % / 1.82 %	45	B	48.46 % / 1.35 %	61	B	57.9 % / 1.43 %	77	B	49.98 % / 1.46 %
14	C	53.28 % / 1.34 %	30	D	53.96 % / 1.68 %	46	C	28.34 % / 3.4 %	62	D	54.8 % / 1.46 %	78	D	60.69 % / 1.23 %
15	A	79.84 % / 0.0 %	31	C	81.47 % / 0.0 %	47	C	56.71 % / 1.53 %	63	B	50.21 % / 1.87 %	79	C	62.66 % / 1.87 %
16	C	82.09 % / 0.0 %	32	A	78.53 % / 0.0 %	48	D	43.42 % / 1.5 %	64	B	13.35 % / 3.62 %	80	A	59.27 % / 1.67 %

प्रश्न संख्या	उत्तर	सही उत्तर / छोड़ दिया
81	B	64.47 % / 1.23 %
82	B	22.44 % / 5.0 %
83	B	50.46 % / 1.17 %
84	D	51.95 % / 1.53 %

प्रश्न संख्या	उत्तर	सही उत्तर / छोड़ दिया
85	A	22.56 % / 4.54 %
86	A	23.0 % / 4.27 %
87	A	52.39 % / 1.73 %
88	C	60.18 % / 1.25 %

प्रश्न संख्या	उत्तर	सही उत्तर / छोड़ दिया
89	B	82.34 % / 0.0 %
90	C	17.99 % / 4.49 %
91	C	46.58 % / 1.53 %
92	B	41.07 % / 1.55 %

प्रश्न संख्या	उत्तर	सही उत्तर / छोड़ दिया
93	A	68.88 % / 1.73 %
94	C	44.16 % / 1.58 %
95	B	17.57 % / 3.49 %
96	D	49.76 % / 1.31 %

प्रश्न संख्या	उत्तर	सही उत्तर / छोड़ दिया
97	A	40.51 % / 1.7 %
98	D	45.59 % / 1.69 %
99	C	58.33 % / 1.41 %
100	A	29.34 % / 4.27 %

//संकेत और समाधान//

1. एक नर्स जानती है कि सक्रिय क्षय रोग का सबसे सकारात्मक संकेत छाती का एक्स-रे निष्कर्ष सकारात्मक होना है। क्षय रोग (टीबी) माइकोबैक्टीरियम ट्यूबरकुलोसिस नामक जीवाणु के कारण होता है। क्षय रोग (टीबी) एक संभावित गंभीर संक्रामक रोग है जो मुख्य रूप से फेफड़ों को प्रभावित करता है।

जब कोई संक्रमित व्यक्ति खांसता या छींकता है तो टीबी पैदा करने वाले बैक्टीरिया फैलते हैं। क्षय रोग पैदा करने वाले जीवाणु से संक्रमित अधिकांश लोगों में लक्षण नहीं होते हैं। जब लक्षण होते हैं, तो उनमें आमतौर पर खांसी, वजन कम होना, रात को पसीना और बुखार शामिल होते हैं।

अतः विकल्प (C) सही है।

2. किसी समुदाय में 'जांच परीक्षण' की उपयोगिता उसकी संवेदनशीलता पर निर्भर करती है। उन लोगों में संभावित स्वास्थ्य विकारों या बीमारियों का पता लगाने के लिए एक स्क्रीनिंग टेस्ट किया जाता है, जिनमें बीमारी के कोई लक्षण होते हैं। स्क्रीनिंग टेस्ट के उदाहरण हैं पैप स्मीयर, मैमोग्राम, क्लिनिकल ब्रेस्ट टेस्ट, ब्लड प्रेशर निर्धारण, कोलेस्ट्रॉल स्तर, आंखों की जांच/दृष्टि परीक्षण और यूरिन एनालिसिस ।

अतः विकल्प (B) सही है।

3. प्राथमिक स्वास्थ्य देखभाल आमतौर पर सामुदायिक स्वास्थ्य सेवाओं और गैर सरकारी संगठनों में की जाती है। प्राथमिक स्वास्थ्य देखभाल सुनिश्चित करती है कि लोगों को गुणवत्तापूर्ण व्यापक देखभाल- पदोन्नति और रोकथाम से लेकर उपचार, पुनर्वास और उपशामक देखभाल तक - जितना संभव हो लोगों के रोजमर्रा के वातावरण के करीब प्राप्त हो।

अतः विकल्प (A) सही है।

4. पर्टुसिस की मुख्य जटिलता ब्रोंकाइटिस, ब्रोन्को न्यूमोनिया और ब्रोन्किइक्टेसिस सभी हैं।

पर्टुसिस, जिसे काली खांसी के रूप में भी जाना जाता है, एक अत्यधिक संक्रामक श्वसन रोग है। यह जीवाणु बोर्डेटेला पर्टुसिस के कारण होता है। पर्टुसिस को अनियंत्रित, तेज़ खांसी के लिए जाना जाता है जिससे अक्सर सांस लेने में कठिनाई होती है।

अतः विकल्प (D) सही है।

5. मनोरोग इकाई में प्रवेश पर, रोगी कांप रहा है और भयभीत दिखाई दे रहा है। नर्स की प्रारंभिक प्रतिक्रिया अपना परिचय देने और रोगी के साथ रोगी के कमरे में जाने की होनी चाहिए।

चिंता उस परिवर्तन से उत्पन्न होती है जो व्यक्ति की सुरक्षा की भावना को खतरे में डालती है। मरीजों में चिंता के जवाब में, नर्स को शांत रहना चाहिए, उत्तेजनाओं को कम करना चाहिए, और रोगी का परिचय कराना चाहिए और रोगी के साथ रोगी के कमरे में जाना चाहिए।

अतः विकल्प (B) सही है।

6. विंडशील्ड सर्वेक्षण एक अनौपचारिक सर्वेक्षण है जहां स्वास्थ्य पेशेवर उस समुदाय/क्षेत्र के चारों ओर भ्रमण करते हैं जिस पर वे शोध कर रहे हैं, और अपनी टिप्पणियों को रिकॉर्ड करते हैं। यह डेटा समुदाय में काम करने या सामुदायिक मूल्यांकन करने के लिए पृष्ठभूमि और संदर्भ प्रदान करता है। यह एक तरीका है जिससे नर्स समुदाय के लिए एक ऐसा अनुभव प्राप्त कर सकती है जिसे केवल इसके बारे में पढ़ने से प्राप्त नहीं किया जा सकता है।

अतः विकल्प (D) सही है।

7. रूबेला संक्रमण में म्यूकोसा पर छोटे नीले-सफेद धब्बे दिखाई देते हैं।

धब्बे छोटे नीले-सफेद धब्बे होते हैं जो मौखिक श्लेष्मा पर दिखाई देते हैं और खसरे के संक्रमण के लक्षण हैं। ये धब्बे आमतौर पर दाने की उपस्थिति से 1-2 दिन पहले दिखाई देते हैं और दाने के प्रकट होने के 2 दिनों तक बने रहते हैं। जैसे ही दाने दिखाई देते हैं, वे गायब होने लगते हैं।

अतः विकल्प (A) सही है।

8. हाइपरपैराथायरायडिज्म के निदान के लिए आए हुए रोगी की जाँच करने वाली एक नर्स प्रयोगशाला के निष्कर्षों में एलिवेटेड सीरम कैल्शियम का निरीक्षण करेगी।

हाइपरपैराथायरायडिज्म एक ऐसी स्थिति है जिसमें आपकी एक या अधिक पैराथाइरॉइड ग्रंथियां अति सक्रिय हो जाती हैं और बहुत अधिक पैराथाइरॉइड हार्मोन (पीटीएच) निकालती हैं। इससे आपके रक्त में सीरम कैल्शियम का स्तर बढ़ जाता है, ऐसी स्थिति को हाइपरलकसीमिया कहा जाता है।

अतः विकल्प (A) सही है।

9. जिला अस्पताल और सामुदायिक केंद्रों में आमतौर पर देखभाल के स्तर को माध्यमिक स्तर कहा जाता है।

देखभाल का अगला उच्च स्तर माध्यमिक स्वास्थ्य देखभाल स्तर है। इस स्तर पर अधिक जटिल समस्याओं से निपटा जाता है। देखभाल आमतौर पर जिला अस्पताल और सामुदायिक केंद्रों में प्रदान की जाती है जो पहले रेफरल स्तर के रूप में भी कार्य करता है। इस स्तर पर उपचारात्मक सेवाएं प्रदान की जाती हैं।

अतः विकल्प (C) सही है।

10. फुफ्फुसीय एडिमा के रोगियों को सांस फूलना, चिंता और अशांति का अनुभव होता है। लक्षणों में खांसी से खून आना या खूनी झाग भी शामिल हो सकते हैं। लेटते समय उन्हें सांस लेने में कठिनाई होती है। वे "डूबते हुए" भी महसूस करते हैं (इस भावना को "पैरॉक्सिस्मल नोक्टर्नल डिस्पेनिया" कहा जाता है यदि यह आपको सोने के 1 से 2 घंटे बाद जगाती है)।

अतः विकल्प (D) सही है।

11. प्रतिबंध को लागू करते समय, नर्स को व्यवहार के प्रकार का दस्तावेजीकरण करना चाहिए, जिसने उन्हें उनका उपयोग करने के लिए प्रेरित किया, उपयोग किए गए प्रतिबंधों के प्रकार का दस्तावेजीकरण करना चाहिए और प्रतिबंधों के लिए एक चिकित्सक का लिखित आदेश प्राप्त करना चाहिए। नर्स सर्वोत्तम संभव रोगी देखभाल प्रदान करने, सुविधाजनक बनाने, हिमायत करने और बढ़ावा देने के लिए जवाबदेह हैं और जब रोगी सुरक्षा और स्वास्थ्य से समझौता किया जाता है, तो कार्रवाई करने के लिए, जिसमें प्रतिबंध लागू करने का निर्णय लेना शामिल है।

अतः विकल्प (D) सही है।

12. एक शीशी में पाउडर दवा को पतला करते समय समरूपता सुनिश्चित करने के लिए नर्स को हथेलियों के बीच शीशी को धीरे से घुमाना चाहिए। हथेलियों के बीच एक सीलबंद शीशी को धीरे से घुमाने से चूर्ण दवा के विघटन को बढ़ाने के लिए पर्याप्त गर्मी पैदा होती है।

अतः विकल्प (B) सही है।

13. पेट में दर्द वाले रोगी की जांच करते समय, प्रभारी नर्स को सिम्प्टोमैटिक क्वाड्रन्ट का अंतिम आकलन करना चाहिए क्योंकि यह उस क्षेत्र से सबसे दूर है जिसके बारे में रोगी शिकायत कर रहा है और ऐसा करते हुए रोगी से बात करना जारी रखें। ऐसा करने से रोगी का ध्यान भटक सकता है और आप यह निर्धारित कर सकते हैं कि दर्द कितना विकिरण करता है और वास्तव में यह कितना गंभीर है। चूंकि दिल का दौरा और निमोनिया जैसी स्थितियां पेट दर्द सहित लक्षणों के साथ मौजूद हैं, इसलिए इन निदानों को भी खारिज करना महत्वपूर्ण है।

यदि समय और रोगी की स्थिति सिम्प्टोमैटिक क्षेत्र के साथ समाप्त होने की अनुमति देती है, तो नर्स को पेट के सभी क्षेत्रों का व्यवस्थित रूप से आकलन करना चाहिए। अन्यथा, नर्स सिम्प्टोमैटिक क्षेत्र में दर्द का कारण बन सकती है, जिससे अन्य क्षेत्रों में मांसपेशियां कस जाती हैं। यह आगे के आकलन में हस्तक्षेप करेगा।

अतः विकल्प (C) सही है।

14. एक मरीज के उल्टी होने के बाद, नर्स को रंग, स्थिरता और मात्रा का दस्तावेजीकरण करने के लिए उत्सर्जन का निरीक्षण करना चाहिए। मतली या उल्टी एक आम तौर पर देखा जाने वाला प्रतिकूल प्रभाव है जो कोडीन के निरंतर संपर्क के अगले कुछ दिनों से लेकर हफ्तों तक में कम होने की उम्मीद है। मतली या उल्टी के इलाज के लिए मौखिक और रेक्टल फॉर्मूलेशन में एंटीमेटिक उपचार उपलब्ध हैं।

अतः विकल्प (C) सही है।

15. एंटरल फीडिंग के दौरान बिस्तर के सिर को ऊपर उठाना आकांक्षा के जोखिम को कम करता है और फ़ॉर्मूला को रोगी की आंतों में प्रवाहित करने की अनुमति देता है। दूध पिलाने के दौरान प्रवण / लापरवाह लेटने से आकांक्षा का खतरा बढ़ जाता है और इसलिए जहां नैदानिक रूप से संभव हो, रोगी को एक सीधी स्थिति में रखा जाना चाहिए। यदि बोलस फीड के लिए बैठने में असमर्थ हों या लगातार फीडिंग प्राप्त कर रहे हों तो फीडिंग के दौरान बेड के सिर को 30–45 डिग्री तक और फीड के बाद कम से कम 30 मिनट तक एस्पिरेशन के जोखिम को कम करने के लिए ऊपर उठाना चाहिए।

अतः विकल्प (A) सही है।

16. कलाई पर एक सुरक्षा उपकरण परिसंचरण को खराब कर सकता है और शरीर के ऊतकों को रक्त की आपूर्ति को प्रतिबंधित कर सकता है इसलिए नर्स को खराब परिसंचरण के संकेतों के लिए रोगी का आकलन करना चाहिए जैसे ठंडी पीली उंगलियां एक रेडियल या चंद्र नाड़ी और गुलाबी नाखून सामान्य निष्कर्ष हैं।

अतः विकल्प (C) सही है।

17. प्रभारी नर्स रोगी को बिस्तर से कुर्सी पर स्थानांतरित कर रही है इस रोगी के स्थानांतरण के दौरान नर्स रोगी को पैर लटकाने में मदद करती है।

रोगी को हाई फाउलर की स्थिति में रखने और रोगी को बिस्तर के किनारे पर ले जाने के बाद नर्स रोगी को बिस्तर के किनारे पर बैठने में मदद करती है और पैरों को घुमाती है नर्स फिर रोगी की ओर मुंह करती है और कुर्सी को बिस्तर के सिर के बगल में और उसके सामने रखती है।

अतः विकल्प (B) सही है।

18. चिंता असहायता अलगाव, या असुरक्षा की भावनाओं के परिणामस्वरूप हो सकती है। मानसिक प्रतिक्रिया रोगी की भावनाओं को व्यक्त करने के लिए प्रोत्साहित करके चिंता को कम करने में मदद करती है। रोगी को चिंता-उत्प्रेरण की स्थिति पर नियंत्रण देने के लिए नर्स को सहायक होना चाहिए और रोगी के साथ मिलकर लक्ष्य विकसित करना चाहिए। क्योंकि अन्य विकल्प रोगी की भावनाओं को अनदेखा करते हैं और संचार को अवरुद्ध करते हैं, वे चिंता को कम नहीं करेंगे।

अतः विकल्प (D) सही है।

19. ऑपरेटिंग रूम में एक स्क्रब नर्स के पास सर्जन के लिए सर्जिकल उपकरणों को संभालने की जिम्मेदारी होती है।

स्क्रब नर्स एक सर्जिकल स्क्रब करती हैं और सर्जिकल रोगी और डॉक्टरों के साथ सर्जरी में जाती हैं। वे रोगी के लिए ऑपरेटिंग रूम की स्थापना करते हैं, यह सुनिश्चित करते हैं कि सभी उपकरण बाँझ हैं और जाने के लिए तैयार हैं, सर्जरी के दौरान डॉक्टर के लिए उपकरण संभालते हैं, और सर्जिकल रूम के अंदर अन्य कर्तव्यों का पालन करते हैं।

अतः विकल्प (C) सही है।

20. सर्जिकल बिस्तर बनाते समय प्रभारी नर्स समाप्त होने पर बिस्तर को उच्च स्थिति में छोड़ देती है। शीर्ष लिनेन को बिस्तर पर बिना पाउच के रखने के बाद, नर्स इन लिनेन को उस तरफ मोड़ देती है जहां से रोगी प्रवेश करेगा और तकिए को बेडसाइड कुर्सी पर रख देगा। ये सभी क्रियाएं पोस्टऑपरेटिव रोगी को स्ट्रेचर से बिस्तर पर स्थानांतरित करने में मदद करती हैं।

अतः विकल्प (A) सही है।

21. वसा मानव शरीर में कार्बोहाइड्रेट या प्रोटीन द्वारा प्रदान की जाने वाली ऊर्जा से दोगुने से अधिक प्रदान करते हैं। वसा में कार्बोहाइड्रेट और प्रोटीन की तुलना में प्रति ग्राम दोगुनी कैलोरी होती है। एक ग्राम वसा में लगभग 9 कैलोरी होती है, जबकि एक ग्राम कार्बोहाइड्रेट या प्रोटीन में लगभग 4 कैलोरी होती है। दूसरे शब्दों में, आप उतनी ही कैलोरी के लिए वसा से दोगुना कार्बोहाइड्रेट या प्रोटीन खा सकते हैं।

अतः विकल्प (B) सही है।

22. प्रोटीन भोजन का वह घटक है जो मनुष्य के शरीर को संक्रमणों से लड़ने में मदद करता है। प्रोटीन विटामिन और खनिज होते हैं, जो कीटाणुओं से लड़ते हैं। प्रोटीन शरीर के ऊतकों के निर्माण और मरम्मत और वायरल और बैक्टीरियल संक्रमणों से लड़ने के लिए महत्वपूर्ण है। प्रतिरक्षा प्रणाली पावरहाउस जैसे एंटीबॉडी और प्रतिरक्षा प्रणाली कोशिकाएं प्रोटीन पर निर्भर करती हैं। आहार में बहुत कम प्रोटीन कमजोरी, थकान, उदासीनता और खराब प्रतिरक्षा के लक्षण पैदा कर सकता है।

अतः विकल्प (A) सही है।

23. मानव शरीर के समुचित कार्य के लिए आवश्यक विटामिनों की कुल संख्या 13 है।

13 आवश्यक विटामिन हैं- ए, सी, डी, ई, के और बी विटामिन (थियामिन, राइबोफ्लेविन, नियासिन, पैंटोथेनिक एसिड, बायोटिन, बी6, बी12 और फोलेट)। शरीर को ठीक से काम करने में मदद करने के लिए विटामिन के अलग-अलग काम होते हैं।

अतः विकल्प (B) सही है।

24. विटामिन ई को वसा में घुलनशील विटामिन कहा जाता है।

विटामिन ई एक वसा में घुलनशील विटामिन है जिसके कई रूप हैं, लेकिन अल्फा-टोकोफेरॉल मानव शरीर द्वारा उपयोग किया जाने वाला एकमात्र विटामिन है। इसकी मुख्य भूमिका एक एंटीऑक्सीडेंट के रूप में कार्य करना है, ढीले इलेक्ट्रॉनों को नष्ट करना - तथाकथित "मुक्त कण" - जो कोशिकाओं को नुकसान पहुंचा सकते हैं।

अतः विकल्प (B) सही है।

25. मध्याह्न भोजन योजना में भोजन की खुराक को न्यूनतम 8 से 12 ग्राम प्रोटीन के साथ 300 कैलोरी प्रदान करना चाहिए। उच्च प्राथमिक समूह के बच्चों के लिए 25 से 30 ग्राम, दालों की मात्रा 65 से 75 ग्राम, तेल और वसा की मात्रा 10 ग्राम से 7.5 ग्राम तक घटाकर, संतुलित और पौष्टिक आहार सुनिश्चित करने के लिए खाद्य मानदंडों को संशोधित किया गया है।

अतः विकल्प (A) सही है।

26. फेरिटिन प्रोटीन आयरन को ट्रांसपोर्ट प्रोटीन में स्टोर करता है। फेरिटिन एक प्रकार का प्रोटीन है जो यकृत में भंडारण के लिए लोहे के साथ मिलकर बनता है। फेरिटिन में एक खोखले गोले का आकार होता है। गोले के अंदर, आयरन को Fe (III) ऑक्सीकरण अवस्था में संग्रहित किया जाता है। जब शरीर को इसकी आवश्यकता हो तो आयरन को छोड़ने के लिए, लोहे को Fe (III) से Fe (II) ऑक्सीकरण अवस्था में बदलना चाहिए।

अतः विकल्प (A) सही है।

27. पेप्सिन एक पाचक एंजाइम है जो पेट में भोजन को पचाने का काम करता है। पेप्सिन एक पेट का एंजाइम है जो अंतर्ग्रहण भोजन में पाए जाने वाले प्रोटीन को पचाने का काम करता है। गैस्ट्रिक मुख्य कोशिकाएं पेप्सिन को एक निष्क्रिय ज़ाइमोजेन के रूप में स्रावित करती हैं जिसे पेप्सिनोजेन कहा जाता है। पेट की परत के भीतर पार्श्विका कोशिकाएं हाइड्रोक्लोरिक एसिड का स्राव करती हैं जो पेट के pH को कम करता है। कम pH (1.5 से 2) पेप्सिन को सक्रिय करता है।

अतः विकल्प (B) सही है।

28. एंजाइम प्रोटीन होते हैं जो मानव शरीर में उत्प्रेरक का काम करते हैं और रासायनिक प्रतिक्रियाओं को तेज करते हैं। एंजाइम प्रोटीन होते हैं जिनका एक विशिष्ट कार्य होता है। वे एक सेल में या एक सेल के बाहर रासायनिक प्रतिक्रियाओं की दर को तेज करते हैं। एंजाइम उत्प्रेरक के रूप में कार्य करते हैं; वे रासायनिक अभिक्रियाओं में प्रयुक्त नहीं होते हैं बल्कि अभिक्रिया की गति को बढ़ा देते हैं।

अत: विकल्प (A) सही है।

29. लंबे समय तक भोजन में पोषक तत्वों की कमी के कारण हीनताजन्य रोग रोग होता है। एक या एक से अधिक पोषक तत्वों की कमी से शरीर में रोग या विकार उत्पन्न हो सकते हैं।

उदाहरण के लिए - यदि एक व्यक्ति को अपने भोजन में लंबे समय तक पर्याप्त प्रोटीन नहीं मिलता है, तो उसके विकास में रूकावट, चेहरे की सूजन, बालों का रंग फीका पड़ना, त्वचा रोग और दस्त होने की संभावना है। यदि आहार में लंबे समय तक कार्बोहाइड्रेट और प्रोटीन दोनों की कमी होती है, तो विकास पूरी तरह से रुक सकता है। ऐसा व्यक्ति बहुत दुबला-पतला और इतना कमजोर हो जाता है कि वह हिल भी नहीं पाता है।

अतः विकल्प (A) सही है।

30. दालें, साबुत अनाज, फल और सब्जियां स्थूलखाद्य या आहार फाइबर के मुख्य स्रोत हैं। स्थूलखाद्य हमारे शरीर को अपचित भोजन से छुटकारा दिलाने में सहायता करता है।

घुलनशील फाइबर के अच्छे स्रोतों में शामिल हैं:

- फल और सब्जियां।
- जई चोकर, जौ, बीज की भूसी, अलसी, ईसबगोल।
- फलियां - सूखे बीन्स, दाल, मटर।
- सोया दूध और सोया उत्पाद।

अत: विकल्प (D) सही है।

31. वसा ऊतकों में कोशिकाएँ फैट ग्लोब्यूल्स से भरी होती हैं। इसलिए यह वसा को संग्रहीत करता है। ये ऊतक त्वचा के नीचे, गुर्दे के आसपास और कई आंतरिक अंगों में पाए जाते हैं। ये ऊतक ऊष्मा के प्रतिकूल एक इन्सुलेटर के रूप में कार्य करते हैं।

एरोलर ऊतक त्वचा और मांसपेशियों के बीच, रक्त वाहिकाओं, तंत्रिका तंतुओं और अस्थि मज्जा के अंदर भी होते हैं।

उपकला ऊतक एक साधारण ऊतक है जो निरंतर परतों का निर्माण करता है। मांसपेशियों के ऊतक मांसपेशियों के तंतुओं की लंबी कोशिकाओं से बने होते हैं।

मांसपेशियों में एक विशेष प्रकार का प्रोटीन होता है, जिसे 'संकुचनशील प्रोटीन' कहा जाता है, जो मांसपेशियों के संकुचन और ढील के लिए जिम्मेदार होता है।

अतः विकल्प (C) सही है।

32. मांसपेशियों को टेंडन नामक संयोजी ऊतक द्वारा हड्डियों से जोड़ा जाता है।

टेंडन रेशेदार संयोजी ऊतक होते हैं। टेंडन मांसपेशियों को हड्डी से जोड़ता है। टेंडन हड्डी या संरचना को स्थानांतरित करने का कार्य करता है। लिगामेंट एक रेशेदार संयोजी ऊतक है जो हड्डी को हड्डी से जोड़ता है, और आमतौर पर संरचनाओं को एक साथ रखने और उन्हें स्थिर रखने का कार्य करता है।

अत: विकल्प (A) सही है।

33. सोच, धारणा, निर्णय, भावना, स्मृति, और दूसरों के प्रति व्यवहार में परिवर्तन में असामान्य परिवर्तन मानसिक बीमारी के लक्षण हैं।

विकार, परिस्थितियों और अन्य कारकों के आधार पर मानसिक बीमारी के लक्षण अलग-अलग हो सकते हैं। मानसिक बीमारी के लक्षण भावनाओं, विचारों और व्यवहारों को प्रभावित कर सकते हैं। मानसिक बीमारी के लक्षणों में शामिल हैं: सामाजिक अलगाव, अत्यधिक संवेदनशीलता, आक्रामकता, खुद को नुकसान पहुंचाना, खुद पर नियंत्रण में कमी, गतिविधियों को दोहराना, दुश्मनी, लगातार कुछ करने से खुद को रोक न पाना, या व्याकुलता आदि।

अतः विकल्प (D) सही है।

34. मनोविकार वास्तविकता के साथ संपर्क के टूटने की विशेषता है।

मनोविकृति मानसिक या शारीरिक बीमारी या किसी अन्य आघात से उत्पन्न होती है जिसके कारण विचार और भावनाएं इस हद तक प्रभावित होती हैं कि वास्तविकता से संपर्क टूट जाता है। लोग अपने आसपास की चीजों की अलग-अलग तरह से व्याख्या करते हैं। प्रभावित व्यक्ति में मतिभ्रम और भ्रम भी होता है। व्यक्ति व्यथित हो जाता है और ऐसी आवाजें सुन सकता है जो वास्तव में वहां नहीं होती हैं।

अतः विकल्प (A) सही है।

35. BCG वैक्सीन TB की रोकथाम के लिए दी जाती है।

BCG का विस्तारित नाम बेसिली कैलमेट-गुएरिन है। यह तपेदिक (TB) रोग के लिए एक वैक्सीन है। तपेदिक (TB) रोग माइकोबैक्टीरियम ट्यूबरक्युलोसिस के कारण होता है। तपेदिक (TB) आमतौर पर फेफड़ों को प्रभावित करता है। BCG वैक्सीन सभी मौजूदा टीकों के सबसे व्यापक रूप से इस्तेमाल में से एक है। BCG वैक्सीन से मेनिन्जाइटिस और बच्चों में प्रसारित TB के खिलाफ एक सुरक्षात्मक प्रभाव पड़ता है।

अतः विकल्प (A) सही है।

36. मेरुरज्जुशीर्ष मनुष्य में हृदय की धड़कन और श्वसन गति को नियंत्रित करता है।

मेरुरज्जुशीर्ष, जिसे मज्जा भी कहा जाता है, मस्तिष्क का सबसे निचला हिस्सा और मस्तिष्ककांड का सबसे निचला हिस्सा। मेरुरज्जुशीर्ष या केवल मज्जा एक लंबी कांड जैसी संरचना है जो मस्तिष्क का हिस्सा बनाती है। यह पूर्वकाल और आंशिक रूप से अनुमस्तिष्क से निम्न है।

अतः विकल्प (D) सही है।

37. न्यूरोसिस को किसी दिए गए तनाव के लिए लंबे समय तक भावनात्मक प्रतिक्रिया की विशेषता है।

न्यूरोसिस एक हल्के प्रकार का मानसिक विकार है जो चिंता, फोबिया, अवसाद, अस्पष्ट दर्द और दर्द और अन्य शारीरिक लक्षणों के संयोजन की विशेषता है। न्यूरोटिक रोगी अपनी समस्याओं के बारे में जानते हैं और मदद मांगते हैं।

अतः विकल्प (B) सही है।

38. ग्लियाल कोशिकाएं तंत्रिका तंत्र में सबसे प्रचुर मात्रा में कोशिकाएं हैं।

ग्लियाल कोशिकाएँ इन्हें न्यूरोग्लिया कोशिकाएँ भी कहा जाता है। वे प्रमुख रूप से मस्तिष्क और रीढ़ की हड्डी में पाए जाते हैं। वे विद्युत आवेगों का संचालन नहीं करते हैं। उनका प्राथमिक कार्य न्यूरॉन्स को सहायता प्रदान करना है। मस्तिष्क की कुल कोशिकाओं का लगभग 50% तंत्रिका कोशिकाएं हैं। सीएनएस और पीएनएस में क्रमशः विभिन्न प्रकार के न्यूरोलॉजिकल कोशिकाएं मौजूद हैं।

अतः विकल्प (D) सही है।

39. अनुमस्तिष्क संचलन, बोलने, दृष्टि, गंध, स्वाद, श्रवण, बुद्धिमत्ता आदि को नियंत्रित नहीं करता है।

- सीधी रेखा में चलना, साइकिल की सवारी करना, पेंसिल उठाना जैसी गतिविधियाँ पश्च मस्तिष्क के एक हिस्से के कारण संभव होती हैं जिन्हें अनुमस्तिष्क कहा जाता है।
- यह स्वैच्छिक कार्यों की सटीकता और शरीर के आसन और संतुलन को बनाए रखने के लिए जिम्मेदार है।

* यह पश्च मस्तिष्क का एक हिस्सा है।

अतः विकल्प (B) सही है।

40. एक अध्ययन जो रोग की घटनाओं को मापता है, कोहोर्ट है।

कोहोर्ट अध्ययन एक प्रकार का महामारी विज्ञान अध्ययन है जिसमें एक सामान्य विशेषता वाले लोगों के एक समूह का समय के साथ पालन किया जाता है ताकि यह पता लगाया जा सके कि कितने लोग रुचि के एक निश्चित स्वास्थ्य परिणाम (बीमारी, स्थिति, घटना, मृत्यु, या स्वास्थ्य स्थिति या व्यवहार में परिवर्तन) तक पहुंचते हैं।

अतः विकल्प (D) सही है।

41. चिकनगुनिया एक मच्छर जनित बीमारी है जो चिकनगुनिया वायरस के कारण होती है। वायरस छोटे इंट्रासेल्युलर परजीवी होते हैं, जिनमें या तो एक आरएनए या डीएनए जीनोम होता है जो एक सुरक्षात्मक, वायरस-कोडित प्रोटीन कोट से घिरा होता है। एक पूर्ण वायरस कण को विरिअन कहते हैं। वायरस मेजबान कोशिका के बाहर निष्क्रिय होते हैं और उन्हें क्रिस्टलीकृत किया जा सकता है। वायरस का मुख्य उद्देश्य अपने जीनोम को मेजबान सेल में पहुंचाना है ताकि मेजबान सेल द्वारा इसके ट्रांसक्रिप्शन और अनुवाद की अनुमति मिल सके। बैक्टीरियोफेज एक वायरस है जो बैक्टीरिया को नष्ट कर देता है।

अतः विकल्प (C) सही है।

42. कैडमियम (Cd) इटाई-इटाई रोग का कारण बनता है। इसे पहली बार 1960 के दशक में जापान में मान्यता मिली थी। यह औद्योगीकरण से जुड़ी मानवीय गतिविधियों का परिणाम है। अस्थिमृदुता के साथ अस्थिमृदुता इटाई-इटाई रोग का एक लक्षण है। यह भी गुर्दे की ट्यूबलर विफलता का एक कारण है।

अतः विकल्प (B) सही है।

43. खसरे के चकत्ते आमतौर पर सपाट लाल धब्बों के रूप में शुरू होते हैं जो चेहरे पर हेयरलाइन पर दिखाई देते हैं और गर्दन, धड़, हाथ, पैर और पैरों तक नीचे की ओर फैलते हैं। चपटे लाल धब्बों के ऊपर छोटे उभरे हुए उभार भी दिखाई दे सकते हैं। खसरा एक वायरस के कारण होने वाला बचपन का संक्रमण है।

अतः विकल्प (B) सही है।

44. रूबेला रोग को जर्मन खसरा भी कहा जाता है। रूबेला एक संक्रामक वायरल संक्रमण है जिसे इसके विशिष्ट लाल चकत्ते से जाना जाता है। इसे जर्मन खसरा या तीन दिन का खसरा भी कहा जाता है। हालांकि यह संक्रमण ज्यादातर लोगों में हल्के लक्षण या यहां तक कि कोई लक्षण नहीं पैदा कर सकता है, लेकिन यह उन अजन्मे बच्चों के लिए गंभीर समस्या पैदा कर सकता है जिनकी मां गर्भावस्था के दौरान संक्रमित हो जाती हैं।

अतः विकल्प (B) सही है।

45. चेचक की संक्रामकता दाने की शुरुआत के बाद 6 दिनों तक रहती है।

चेचक एक हल्की और सामान्य बचपन की बीमारी है जो ज्यादातर बच्चों को किसी न किसी समय होती है। यह लाल, खुजली वाले धब्बे का कारण बनता है जो द्रव से भरे फफोले में बदल जाता है। वे फिर पपड़ी बनाने के लिए पपड़ी बनाते हैं, जो अंततः गिर जाती हैं। चेचक दाने के शुरू होने से 1 से 2 दिन पहले तक संक्रामक होता है जब तक कि सभी फफोले खत्म नहीं हो जाते (आमतौर पर दाने शुरू होने के 5 से 6 दिन बाद)।

अतः विकल्प (B) सही है।

46. बर्ड फ्लू के वायरस को H5N1 के नाम से भी जाना जाता है। यह एक प्रकार का इन्फ्लूएंजा (फ्लू) है जो पक्षियों में अत्यधिक संक्रामक, गंभीर श्वसन रोग का कारण बनता है। मनुष्यों में इसका इलाज एंटीवायरल दवा ओसेल्टामिविर ले कर किया जा सकता है।

अतः विकल्प (C) सही है।

47. कण्ठमाला रोग पैरोटिड ग्रंथि की सूजन का कारण बनता है। कण्ठमाला एक वायरल संक्रमण है जो मुख्य रूप से आपके कानों के पास स्थित लार-उत्पादक (लार) ग्रंथियों को प्रभावित करता है। कण्ठमाला इन दोनों ग्रंथियों में से एक या दोनों में सूजन पैदा कर सकता है। सूजी हुई ग्रंथियां कोमल या दर्दनाक हो सकती हैं।

अतः विकल्प (C) सही है।

48. डिप्थीरिया एक गंभीर संक्रमण है जो कोरीनेबैक्टीरियम डिप्थीरिया नामक बैक्टीरिया के उपभेदों के कारण होता है जो एक विष (जहर) बनाते हैं। यह विष है जो लोगों को बहुत बीमार कर सकता है। डिप्थीरिया बैक्टीरिया एक व्यक्ति से दूसरे व्यक्ति में फैलता है, आमतौर पर सांस की बूंदों के माध्यम से, जैसे खांसने या छींकने से।

अतः विकल्प (D) सही है।

49. स्किन टेस्ट डिप्थीरिया रोग की पहचान के लिए प्रयोग किया जाता है।

1913 में विकसित स्किन टेस्ट, एक त्वचा परीक्षण है जिसका उपयोग यह निर्धारित करने के लिए किया जाता है कि कोई व्यक्ति डिप्थीरिया के लिए अतिसंवेदनशील है या नहीं। इसमें एक सूक्ष्म मात्रा में डिप्थीरिया टॉक्सिन को बांह की कलाई की त्वचा में इंजेक्ट किया जाता है और यह इंजेक्शन टॉक्सिन के खिलाफ एंटीबॉडी के निम्न स्तर (यानी कम प्रतिरक्षा) वाले व्यक्तियों में लालिमा और सूजन पैदा करता है।

अतः विकल्प (D) सही है।

50. हाइड्रोफोबिया रेबीज है। यह संक्रमण के बाद के चरणों में लक्षणों के एक समूह को संदर्भित करता है जिसमें व्यक्ति को निगलने में कठिनाई होती है, पीने के लिए तरल पदार्थ के साथ पेश किए जाने पर घबराहट दिखाता है, और अपनी प्यास नहीं बुझा सकता है।

अतः विकल्प (A) सही है।

51. त्वचा के रूखेपन को ठीक करने के लिए सबसे महत्वपूर्ण नर्सिंग हस्तक्षेप रोगी को अपने तरल पदार्थ का सेवन बढ़ाने के लिए प्रोत्साहित करना है, रोगी को नहलाते समय गैर-परेशान करने वाले साबुन का उपयोग करना और शामिल क्षेत्रों पर लोशन लगाना है।

सूखी त्वचा अंततः फट जाएगी, जिससे रोगी को संक्रमण होने का अधिक खतरा होगा। इसे रोकने के लिए, नर्स को तरल पदार्थ के सेवन के माध्यम से पर्याप्त जलयोजन प्रदान करना चाहिए, रोगी को नहलाते समय गैर-परेशान करने वाले साबुन या बिना साबुन का उपयोग करना चाहिए, और रोगी की त्वचा को लोशन से चिकना करना चाहिए। ज्यादातर मामलों में, शुष्क त्वचा जीवन शैली के उपायों के लिए अच्छी प्रतिक्रिया देती है, जैसे कि मॉइस्चराइज़र का उपयोग करना और लंबे, गर्म स्नान और स्नान से बचना। पानी को निकलने से रोकने के लिए मॉइस्चराइज़र त्वचा पर एक सील प्रदान करते हैं। दिन में कई बार और नहाने के बाद मॉइस्चराइज़र लगाएं।

अतः विकल्प (C) सही है।

52. रोगी के हाथ-पैरों को नहलाते समय, नर्स को दूरस्थ से समीपस्थ क्षेत्रों तक लंबे, दृढ़ स्ट्रोक का उपयोग करना चाहिए। यह तकनीक शिरापरक रक्त वापसी को बढ़ाती है।

दूरस्थ से समीपस्थ क्षेत्रों में धोने से शिरापरक रक्त प्रवाह उत्तेजित होता है, जिससे शिरापरक ठहराव को रोका जा सकता है। त्वचा के स्वास्थ्य के लिए अच्छी व्यक्तिगत स्वच्छता आवश्यक है, लेकिन आत्म-सम्मान और जीवन की गुणवत्ता को बनाए रखने में भी इसकी महत्वपूर्ण भूमिका है। व्यक्तिगत स्वच्छता बनाए रखने के लिए रोगियों की सहायता करना नर्सिंग देखभाल का एक मूलभूत पहलू है।

अतः विकल्प (C) सही है।

53. नर्स को यह पहचानना चाहिए कि ये सांस्कृतिक चर स्वास्थ्य समस्या को कैसे प्रभावित करते हैं।

सांस्कृतिक आवश्यकताओं के मूल्यांकन और पहचान के बिना, नर्स यह समझना शुरू नहीं कर सकती कि ये स्वास्थ्य समस्या या स्वास्थ्य देखभाल प्रबंधन को कैसे प्रभावित कर सकती हैं। स्वास्थ्य में कई स्तरों पर संस्कृति प्रभावशाली है, नए नैदानिक समूहों के गठन से लेकर रोग के निदान तक, जिसे रोग कहा जाता है।

अत: विकल्प (B) सही है।

54. नर्सिंग हस्तक्षेप जो रोगी को आराम करने और आराम से सोने में मदद कर सकते हैं, उनमें रोगी को दोपहर में 30- से 60 मिनट की झपकी लेने के अलावा निम्नलिखित सभी शामिल हैं।

दोपहर में सोना रात की नींद के लिए अनुकूल नहीं है। झपकी के बारे में कुछ विचार हैं। उदाहरण के लिए, 15-30 मिनट की एक छोटी दिन की झपकी बड़ों के लिए आरामदेह हो सकती है और रात की नींद में हस्तक्षेप नहीं करेगी। दूसरी ओर, अनिद्रा के रोगियों को झपकी से बचने के लिए आगाह किया जाता है। शांत संगीत, टीवी देखना, पढ़ना और मालिश आमतौर पर रोगी को आराम देगा, जिससे उसे सोने में मदद मिलेगी।

अत: विकल्प (A) सही है।

55. एक नर्स को रोगी के सिर को बहुत ही सौम्य तरीके से बगल की ओर रखना चाहिए। जब मौखिक देखभाल प्रदान की जाती है तो एक बेहोश रोगी को बगल की स्थिति में रखा जाता है क्योंकि यह स्थिति मौखिक गुहा के पीछे स्राव को जमा होने से रोकती है, जिससे बेहोशी का खतरा कम हो जाता है।

अत: विकल्प (C) सही है।

56. ट्यूबिंग परिवर्तन के दौरान रोगी को वलसाल्वा पैंतरेबाज़ी करने के लिए कहा जाना चाहिए। यह ट्यूब परिवर्तन के दौरान एयर एम्बोलिज्म से बचने में मदद करता है। नर्स रोगी को एक गहरी सांस लेने, उसे थामे रखने और सहन करने के लिए कहती है। सुनिश्चित करें कि सभी कनेक्शन क्लैंप और बंद हैं। क्लैंप कैथेटर, बाएं ट्रेंडेलनबर्ग स्थिति में रोगी की स्थिति, स्वास्थ्य देखभाल प्रदाता को कॉल करें, और आवश्यकतानुसार ऑक्सीजन का प्रबंध करें।

अत: विकल्प (B) सही है।

57. दूषित दस्तानों को हटाते समय रोगी में रोगजनकों के संक्रमण के जोखिम को कम करने का सबसे अच्छा तरीका है कि कफ के ठीक नीचे धीरे से खींचे और उन्हें हटाते समय दस्ताने को उल्टा कर दें।

दस्ताने को हटाते समय उन्हें अंदर से उल्टा करने पर सभी दूषित पदार्थ दस्ताने के अंदर रहते हैं। फिर उन्हें एक प्लास्टिक बैग में गंदे ड्रेसिंग के साथ रखा जाना चाहिए और एक गंदे उपयोगिता कक्ष कचरा बाल्टी (डबल बैग) में त्याग दिया जाना चाहिए। अन्य विकल्प पर्यावरण के भीतर रोगजनकों को फैला सकते हैं।

अत: विकल्प (C) सही है।

58. 72 घंटे तक आई.वी. लाइन लगाने के बाद मरीज को कोमलता, जलन और सूजन की शिकायत होती है। आई.वी. के आकलन साइट से पता चलता है कि यह गर्म और एरिथेमेटस है। यह आमतौर पर फ्लेबिटिस को इंगित करता है।

कोमलता, गर्मी, सूजन, और, कुछ मामलों में, जलन फ्लेबिटिस के लक्षण और लक्षण हैं। सतही फ्लेबिटिस त्वचा की सतह पर नसों को प्रभावित करता है। स्थिति शायद ही कभी गंभीर होती है और उचित देखभाल के साथ, आमतौर पर तेजी से हल हो जाती है। कभी-कभी सतही फ्लेबिटिस वाले लोगों को भी गहरी शिरा थ्रोम्बोफ्लिबिटिस हो जाता है, इसलिए एक चिकित्सा मूल्यांकन आवश्यक है।

अत: विकल्प (C) सही है।

59. इस स्थिति में स्व-इंजेक्शन से संबंधित रोगी की पहली प्राथमिकता यह सत्यापित करने के लिए सिरिंज की जांच करना है कि नर्स ने निर्धारित इंसुलिन खुराक को हटा दिया है।

जब नर्स रोगी को इंसुलिन इंजेक्शन तैयार करना सिखाती है, तो रोगी की पहली प्राथमिकता खुराक की सटीकता को सत्यापित करना होता है। अगले चरण में साइट का चयन करना, साइट का आकलन करना और इंसुलिन का इंजेक्शन लगाने से पहले साइट को अल्कोहल से साफ करना है।

अत: विकल्प (C) सही है।

60. नर्स को नियमित इंसुलिन, फिर एनपीएच इंसुलिन, उसी सिरिंज में लेना चाहिए।

संगत दवाओं को एक सिरिंज में एक साथ मिलाया जा सकता है। इंसुलिन के मामले में, सटीक माप सुनिश्चित करने के लिए कम-अभिनय, स्पष्ट इंसुलिन (नियमित) को लंबे समय तक अभिनय करने वाले, बादल वाले इंसुलिन (एनपीएच) से पहले तैयार किया जाना चाहिए।

अत: विकल्प (B) सही है।

61. शरीर के 1% से अधिक जलने पर अस्पताल में जाँच की जानी चाहिए। 1% के बराबर आकार हथेली सहित उंगलियों का होता है।

"हथेली का नियम" जलने के आकार का अनुमान लगाने का एक और तरीका है। जले हुए व्यक्ति की हथेली (उंगलियां या कलाई क्षेत्र नहीं) शरीर का लगभग 1% है। शरीर की जली हुई सतह को मापने के लिए व्यक्ति की हथेली का उपयोग करें। जलने के आकार का अनुमान लगाना कठिन हो सकता है।

अत: विकल्प (B) सही है।

62. देखभाल करने के तुरंत बाद अपने हाथ धोएं, रक्त के सीधे संपर्क से बचें, और दस्ताने या प्लास्टिक रैप जैसे सुरक्षात्मक अवरोधों का उपयोग करें, आप खुले, खून बहने वाले घावों की देखभाल करते समय रोग संचरण के जोखिम को कम कर सकते हैं।

कुछ बुनियादी दिशानिर्देशों का पालन करके, आप प्राथमिक चिकित्सा प्रदान करते समय रोग संचरण को कम करने में मदद कर सकते हैं: जब भी संभव हो शरीर के तरल पदार्थों के संपर्क से बचें। प्राथमिक चिकित्सा देते समय। उन वस्तुओं को न छुएं जो खून से लथपथ हो सकती हैं। प्राथमिक चिकित्सा किट हाथ में लेकर तैयार रहें।

अत: विकल्प (D) सही है।

63. फीमर या जांघ के फ्रैक्चर के लिए स्वीकृत उपचार विशेष प्रशिक्षण वाले लोगों द्वारा लगाए गए ट्रैक्शन स्प्लिंट द्वारा सबसे अच्छा किया जाता है।

फेमोरल ट्रैक्शन स्प्लंट्स का उपयोग अस्थायी रूप से स्थिर करने और संभवतः फेमोरल शाफ्ट फ्रैक्चर को कम करने के लिए किया जाता है। फेमोरल ट्रैक्शन स्प्लंट्स को पैर के निचले हिस्से में ट्रैक्शन लागू करने के लिए डिज़ाइन किया गया है, फ्रैक्चर से दूर, आमतौर पर टखने को स्थिर श्रोणि से दूर खींचकर।

अत: विकल्प (B) सही है।

64. मोच वाले टखने के लिए स्वीकृत उपचार जूता को ऊपर रखना, टखने की पट्टी को सहारा देना, ऊपर उठाना और ठंडे तौलिये लगाना है।

मोच वाली टखना एक ऐसी चोट है जो तब होती है जब आप अपने टखने को अजीब तरीके से घुमाते, मोड़ते या मोड़ते हैं। यह ऊतक (स्नायुबंधन) के सख्त बैंड को खींच या फाड़ सकता है जो आपकी टखने की हड्डियों को एक साथ रखने में मदद करते हैं।

अत: विकल्प (B) सही है।

65. एक पीड़ित जो ज़हर आइवी के संपर्क में आया है, उसे प्रभावित क्षेत्र को तुरंत साबुन और पानी से धोना चाहिए।

उस जगह को कम से कम 10 मिनट तक साबुन और पानी से साफ करें। ठंडा स्नान करें। खुजली से राहत पाने के लिए दिन में तीन से चार बार कैलामाइन या कोई अन्य एंटी-इचिंग लोशन लगाएं। ओटमील उत्पादों या 1 प्रतिशत हाइड्रोकार्टिसोन क्रीम के साथ सूजन वाले क्षेत्रों को शांत करें।

अत: विकल्प (B) सही है।

66. बेहोश पीड़ित को हिलाने के लिए चार-हाथ वाली सीट कैरी एक उपयुक्त तकनीक नहीं है।

चार-हाथ वाली सीट कैरी दोनों ही हताहतों के पीछे खुद की स्थिति रखते हैं और एक दूसरे का सामना करते हैं। प्रत्येक वाहक अपनी बायीं कलाई को अपने दाहिने हाथ से पकड़ता है और दूसरे वाहक की दाहिनी कलाई को अपने बाएं हाथ से पकड़ता है। यह हताहत के लिए सीट बनाता है।

अत: विकल्प (B) सही है।

67. यह मानते हुए कि आप ठीक से प्रशिक्षित हैं, जल के बचाव के लिए पालन करने की सबसे अच्छी प्रक्रिया किनारे से पहुंचने की कोशिश करना है, फिर रस्सी या बचाव उपकरण फेंकना है, अंत में समर्थन के साथ जाना है।

जल बचाव के तरीके:

- पहुंच - पीड़ित तक अपने हाथ या पैर से पहुंचने की कोशिश करें। यदि कोई डंडा या मजबूत छड़ी उपलब्ध है, तो पीड़ित तक पहुंचने और उसे सुरक्षित निकालने के लिए उसका उपयोग करने का प्रयास करें।
- फेंकना - पीड़ित को कुछ फेंकना।
- पंक्ति - शिकार के लिए एक नाव बाहर निकालो।
- जाओ (समर्थन के साथ) - शिकार को बचाने के लिए तैर कर बाहर निकलें।

अत: विकल्प (B) सही है।

68. एक साधारण गोफन लागू करें। गोफन को छाती से क्रैवेट से बांधना एक संदिग्ध टूटी हुई कॉलरबोन या कंधे के लिए उपयुक्त उपचार है।

टूटी हुई कॉलरबोन एक आम चोट है, खासकर बच्चों और युवा वयस्कों में। आपकी कॉलरबोन आपके ब्रेस्टबोन के ऊपरी हिस्से को आपके कंधे के ब्लेड से जोड़ती है। अधिकांश बर्फ, दर्द निवारक, एक गोफन, भौतिक चिकित्सा और समय के साथ ठीक हो जाते हैं। लेकिन एक जटिल ब्रेक के लिए टूटी हुई हड्डी को फिर से संरेखित करने के लिए सर्जरी की आवश्यकता हो सकती है और उपचार के दौरान हड्डी को ठीक करने के लिए प्लेट, स्क्रू या रॉड को हड्डी में प्रत्यारोपित करने के लिए सर्जरी की आवश्यकता हो सकती है।

अत: विकल्प (A) सही है।

69. जिस व्यक्ति का दम घुट रहा है, उसे 'पेट जोर' लगाने से पहले आपको पीछे की ओर झुकना नहीं चाहिए।

पेट का जोर, जिसे हेमलिच पैंतरेबाज़ी के रूप में भी जाना जाता है या एक प्राथमिक चिकित्सा प्रक्रिया है जिसका उपयोग विदेशी वस्तुओं द्वारा ऊपरी वायुमार्ग अवरोधों (या घुट) के इलाज के लिए किया जाता है।

अत: विकल्प (C) सही है।

70. किसी के कान, नाक या गाल पर सफेद या भूरे-पीले धब्बे शीतदंश के लक्षण हैं।

शीतदंश एक चोट है जो त्वचा और अंतर्निहित ऊतकों के जमने के कारण होती है। पहले आपकी त्वचा बहुत ठंडी और लाल हो जाती है, फिर सुन्न, सख्त और पीली हो जाती है। शीतदंश उंगलियों, पैर की उंगलियों, नाक, कान, गाल और ठुड्डी पर सबसे आम है। ठंड, हवा के मौसम में उजागर त्वचा शीतदंश के लिए सबसे अधिक संवेदनशील होती है।

अत: विकल्प (A) सही है।

71. नर्स ग्रसनीशोथ की जानकारी के हालिया प्रकरण को सबसे महत्वपूर्ण मानती है।

ग्रसनीशोथ का एक हालिया प्रकरण आमवाती बुखार के निदान को स्थापित करने में सबसे महत्वपूर्ण कारक है। जन्मजात प्रतिरक्षा प्रणाली का सक्रियण

एक ग्रसनी संक्रमण से शुरू होता है जो टी और बी कोशिकाओं के लिए एस पाइोजेन्स एंटीजेन की प्रस्तुति की ओर जाता है। सीडी4+ टी कोशिकाएं सक्रिय होती हैं और बी कोशिकाओं द्वारा विशिष्ट आईजीजी और आईजीएम एंटीबॉडी का उत्पादन होता है (कनिंघम, समूह ए स्ट्रेप्टोकोकल संक्रमणों का रोगजनन, 2000)।

अत: विकल्प (C) सही है।

72. नर्स इस बात से अवगत है कि अल्सरेटिव कोलाइटिस वाले बच्चे में सबसे आम आकलन है विपुल मात्रा में दस्त।

अल्सरेटिव कोलाइटिस वाले बच्चे में सबसे आम आकलन अत्यधिक दस्त है। अल्सरेटिव कोलाइटिस का मुख्य लक्षण बलगम के साथ या बिना खूनी दस्त है। अन्य लक्षणों में शौचालय में, टॉयलेट पेपर पर या मल में रक्त शामिल है। विशेष रूप से, इसमें सूजन शामिल है जो कोलन के म्यूकोसा और सबम्यूकोसा तक सीमित है। आमतौर पर, रोग मलाशय में शुरू होता है और लगभग निरंतर तरीके से फैलता है।

अत: विकल्प (B) सही है।

73. अस्पताल में भर्ती बच्चे की देखभाल की योजना विकसित करते समय, नर्स जानती है कि पूर्वस्कूली आयु वर्ग के बच्चों में बीमारी को क़सूर की सजा के रूप में देखने की सबसे अधिक संभावना है।

पूर्वस्कूली आयु के बच्चों में बीमारी को कुकर्मों की सजा के रूप में देखने की सबसे अधिक संभावना है। जब इस आयु वर्ग के बच्चे गंभीर रूप से बीमार हो जाते हैं, तो वे सोच सकते हैं कि यह उनके द्वारा किए गए या उनके बारे में सोचा गया दंड है। उन्हें समझ में नहीं आता कि उनके माता-पिता उन्हें इस बीमारी से कैसे बचा नहीं सकते थे।

अत: विकल्प (B) सही है।

74. नर्स जानती है कि आयु-उपयुक्त पठन सामग्री प्रदान करना शिक्षण रणनीति कम से कम प्रभावी है, चूंकि किशोर पढ़ने के माध्यम से कम जानकारी को अवशोषित करते हैं। किशोर गर्भावस्था कार्यक्रम कार्यालय (ओएपीपी) के माध्यम से आयोजित किशोर पारिवारिक जीवन (एफएल) प्रदर्शन परियोजनाओं का उद्देश्य सामाजिक समर्थन और चिकित्सा देखभाल के माध्यम से युवा परिवारों का समर्थन करना है।

अत: विकल्प (D) सही है।

75. 5 साल की एक बच्ची को हाल ही में कावासाकी रोग का पता चला है। रोग के पहचाने गए लक्षणों के अलावा, उसे धमनीविस्फार गठन की भी संभावना हो सकती है।

यदि आपके धमनीविस्फार गठन है, तो इसका मतलब है कि आपके पास धमनी की दीवार में एक उभार है। यह तब होता है जब रक्त के दबाव ने धमनी के कमजोर हिस्से को बाहर की ओर फूलने के लिए मजबूर कर दिया है या जब रक्त वाहिका की दीवार किसी अन्य कारण से कमजोर हो जाती है।

अत: विकल्प (D) सही है।

76. पल्मोनरी स्राव असामान्य रूप से गाढ़ा होता है, जिसे नर्स आर्ची को बच्चे के लिए देखभाल योजना विकसित करते समय ध्यान में रखना चाहिए।

अत्यधिक पल्मोनरी स्राव जीवन भर पल्मोनरी सूजन, बिगड़ा हुआ श्वास और फेफड़ों के संक्रमण का कारण बनता है। फेफड़ों के कार्य को बनाए रखने और संभावित घातक संक्रमणों से बचने के लिए, रोगियों को पल्मोनरी स्राव को हटाने के लिए एक कठोर दैनिक आहार से गुजरना होगा।

अत: विकल्प (A) सही है।

77. ब्रोंकोपुलमोनरी डिसप्लेसिया (बीपीडी) को रोकने के लिए नर्स सावधानीपूर्वक श्वसन दबाव और ऑक्सीजन (O_2) एकाग्रता की निगरानी करती है।

ब्रोंकोपुलमोनरी डिसप्लेसिया (बीपीडी) फेफड़ों की पुरानी बीमारी का एक रूप है जो नवजात शिशुओं को प्रभावित करता है, ज्यादातर वे जो समय से पहले

पैदा होते हैं और उन्हें ऑक्सीजन थेरेपी की आवश्यकता होती है। बीपीडी में फेफड़े और वायुमार्ग (ब्रांकाई) क्षतिग्रस्त हो जाते हैं, जिससे फेफड़े (एल्वियोली) की छोटी वायु थैली में ऊतक विनाश (डिसप्लासिया) हो जाता है।

अत: विकल्प (B) सही है।

78. एक बच्चे की सांस्कृतिक पृष्ठभूमि का आकलन करते समय, प्रभारी नर्स को यह ध्यान रखना चाहिए कि व्यवहार के पैटर्न एक पीढ़ी से दूसरी पीढ़ी में पारित हो जाते हैं।

एक परिवार के व्यवहार पैटर्न और मूल्य एक पीढ़ी से दूसरी पीढ़ी को हस्तांतरित होते हैं। बाल चिकित्सा स्वास्थ्य देखभाल प्रदाताओं को जनसांख्यिकीय प्रवृत्तियों के बारे में पता होना चाहिए और व्यापक रूप से भिन्न समूहों के बच्चों को सबसे सुरक्षित, उच्चतम गुणवत्ता देखभाल प्रदान करने के लिए सांस्कृतिक रूप से सक्षम होना चाहिए।

अत: विकल्प (D) सही है।

79. श्रीमान और सुश्री बायर्स का बच्चा जन्म के बाद पहले 24 घंटों के भीतर मेकोनियम पारित करने में विफल रहा, यह हिर्शस्प्रिंग रोग का संकेत दे सकता है।

जन्म के बाद पहले 24 घंटों के भीतर मेकोनियम पारित करने में विफलता हिर्शस्प्रुंग रोग का संकेत हो सकता है, एक जन्मजात विसंगति जिसके परिणामस्वरूप आंतों के खंड में कमजोर गतिशीलता के कारण यांत्रिक बाधा उत्पन्न होती है। बृहदांत्र रुकावट का इतिहास, जो प्रारंभिक नवजात अवधि के दौरान वयस्कता तक हो सकता है, साथ ही जीवन के पहले 48 घंटों के दौरान मेकोनियम पारित करने में विफलता, जो प्रभावित रोगियों के 90% तक मौजूद है, इस धारणा के साथ अत्यधिक संगत है।

अत: विकल्प (C) सही है।

80. बच्चे का आकलन करते समय नर्स ऐलेना को डिसुरिया की उम्मीद करनी चाहिए।

डायसुरिया सिस्टिटिस जैसे निचले मूत्र पथ के संक्रमण (यूटीआई) का एक लक्षण है। सामान्य लक्षणों में आवृत्ति, डिसुरिया, तात्कालिकता, सुपरप्यूबिक दर्द, धूमिल, हेमट्यूरिया, मतली, उल्टी और बुखार शामिल हैं। तीव्र सीधी सिस्टिटिस के निदान के लिए इतिहास सबसे महत्वपूर्ण उपकरण है, और इसे एक केंद्रित परीक्षण और यूरिनलिसिस द्वारा समर्थित किया जाना चाहिए।

अत: विकल्प (A) सही है।

81. प्यूएरपेरियम (प्रसवोत्तरकाल) वह अवधि है जिसके दौरान जरायु के प्रसव के बाद प्रजनन अंग और शरीर की सभी प्रणाली अपनी सामान्य स्थिति में लौट आती है और लगभग 6 सप्ताह बाद समाप्त होती है। यह गर्भाशय और अन्य शरीर प्रणालियों के पूर्व-गर्भवती स्थिति में लौटने की अवधि है। साथ ही, इस अवधि के दौरान स्तनपान शुरू किया जाता है। प्रसव के पहले 2 सप्ताह के भीतर कई बदलाव होते हैं।

अतः विकल्प (B) सही है।

82. गर्भाशय गुहिका में तीन परतें होती हैं।

पेरिमेट्रियम: यह एक सीरमी परत है जो अंग को ढकती है।

मायोमेट्रियम: इसमें चिकनी पेशी तंतु होते हैं। इसमें बाहरी अनुदैर्घ्य, अंतर्गुम्फन और गोलाकार के विभिन्न दिशाओं में संयोजी ऊतकों से जुड़े पेशी तंतु की तीन परतें होती हैं।

एंडोमेट्रियम: सबसे भीतरी परत श्लेष्मा युक्त परत है। यह सीधे पेशियों से जुड़ा होता है।

अंतर्भिशयकला में स्तरिका विशेष और सतह उपकला होती है। स्तरिका विशेष पीठिका कोशिकाएं (स्ट्रोमल सेल्स), अन्तर्भिशयकला सम्बन्धी ग्रंथियां, वाहिकाएं और तंत्रिकाएं। सतही उपकला में स्तंभाकार कोशिकाएँ होती हैं। गर्भावस्था के दौरान अंतर्भिशयकला पतनिका में बदल जाता है।

अत: विकल्प (B) सही है।

83. पेट के निचले हिस्से और कमर तक सीमित दर्द वास्तविक प्रसव पीड़ा का संकेत नहीं है।

वास्तविक प्रसव पीड़ा की विशेषता निम्नलिखित है:

* नियमित अंतराल पर दर्दनाक गर्भाशय संकुचन
* संकुचन की तीव्रता, आवृत्ति और अवधि प्रगतिशील रूप से बढ़ती जाती है
* प्रदर्शन
* गर्भाशय ग्रीवा का प्रगतिशील विलोपन और फैलाव
* प्रस्तुत करने वाले भाग का अवतरण
* "फोरवाटर्स के बैग" का गठन
* एनीमा या शामक से राहत नहीं मिलती है

मिथ्या प्रसव पीड़ा (फॉल्स लेबर पेन) की विशेषता होती है:

* प्रकृति में मंद
* निचले पेट और कमर तक सीमित
* गर्भाशय का सख्त नहीं होना,
* वास्तविक प्रसव पीड़ा की कोई विशेषता नहीं
* एनीमा या शामक से राहत मिलती है

अत: विकल्प (B) सही है।

84. वह प्रक्रिया जब प्रसूति करने वाला हिस्सा वास्तविक श्रोणि में मिल जाता है, उसे लाइटनिंग कहा जाता है। यह प्रसव की शुरुआत से कुछ सप्ताह पहले होता है। प्रसूति भाग श्रोणि में संलग्न है। डायाफ्राम से फंडल की ऊँचाई कम हो जाती है। फंडल ऊँचाई कम होने से दबाव कम करके माता को हृद्श्वसन दबाव से राहत मिलती है।

अत: विकल्प (D) सही है।

85. फीटल लाई: माता की लंबी धुरी के संबंध में भ्रूण के अनुदैर्ध्य अक्ष के बीच संबंध।

तीन फीटल लाई होते हैं:

लॉन्गीट्यूडनल लाई: जब भ्रूण की लंबी धुरी माता की लंबी धुरी से मेल खाती है। जैसे- मस्तक या पीछे के भाग का प्रजेंटेशन।

ऑब्लिक लाई: जब भ्रूण की लंबी धुरी माता की लंबी धुरी के लंबवत होती है। जैसे- मस्तक और पीछे के भाग के प्रजेंटेशन में।

ट्रांसवर्स लाई: जब भ्रूण की लंबी धुरी मातृ लंबी धुरी को समकोण के अलावा किसी अन्य कोण पर तिर्यक रूप से पार करती है।

अत: विकल्प (A) सही है।

86. सरवाइकल इनकॉम्पिटेंस के मामले में गर्भपात को रोकने के लिए सेरक्लेज प्रक्रिया की जाती है।

सरवाइकल सेरक्लेज: यह गर्भाशय ग्रीवा को और छोटा होने और गर्भावस्था के दौरान बहुत जल्दी खुलने से रोकने के लिए किया जाता है।

प्रक्रिया:

* एनेस्थीसिया दिया जाएगा ताकि आपको कोई दर्द महसूस न हो।
* सरवाइकल स्टिच आमतौर पर योनि में किया जाता है, लेकिन इसे पेट में भी किया जा सकता है।
* इसमें एक घंटे से भी कम समय लगता है।
* प्रक्रिया के बाद $1-2$ दिनों के लिए रोगी को योनि से रक्तस्राव या भूरे रंग के निर्वहन का अनुभव हो सकता है।

- लगभग 36 − 37 सप्ताह में स्टिच हटा दिए जाते हैं।

अतः विकल्प (A) सही है।

87. इम्युनोग्लोबिन G: रक्त में उच्चतम सांद्रता में पाया जाता है, इसलिए यह एंटीबॉडी-मीडिएटेड डिफेंस मैकेनिज्म में एक प्रमुख भूमिका है। यह एक मोनोमर है।

- IgG एकमात्र एंटीबॉडी वर्ग है जो मानव प्लेसेंटा को महत्वपूर्ण रूप से पार करता है। यह शिशु को सुरक्षा प्रदान करता है जबकि उसकी ह्यूमरल प्रतिक्रिया अक्षम होती है।

- अपने आकार के कारण, यह रक्त वाहिकाओं से अधिक आसानी से बच सकता है।

- इसलिए यह ऊतक रिक्त स्थान और शरीर की सतहों की रक्षा में भाग लेता है।

- IgG एंटीजन को ऑप्सोनाइज, एग्लूटिनेट और प्रेसीपिटेट कर सकता है।

- मुख्य रूप से द्वितीयक प्रतिरक्षा प्रतिक्रिया में उत्पादित।

अतः विकल्प (A) सही है।

88. जब उल्टी पूरे दिन बनी रहती है और महिला का स्वास्थ्य खराब हो जाता है, तो उसे हाइपरमेसिस ग्रेविडेरम कहा जाता है।

हाइपरमेसिस ग्रेविडेरम गर्भावस्था के दौरान अत्यधिक मतली और उल्टी को संदर्भित करता है। अत्यधिक उल्टी से निर्जलीकरण और इलेक्ट्रोलाइट असंतुलन हो सकता है। इससे वजन कम भी हो सकता है।

अतः विकल्प (C) सही है।

89. प्रतिलोमन (इनवर्जन): यह एक ऐसी स्थिति है जिसमें गर्भाशय आंशिक रूप से या पूरी तरह से उलटा हो जाता है।

यह प्रसव के तीसरे चरण में घातक जटिलताएँ होती हैं।

प्रतिलोमन के प्रकार:

प्रथम कोटि: प्रतिलोमित फंडस ग्रैव वलय तक फैला हुआ होता है, लेकिन उससे आगे नहीं।

द्वितीय कोटि: प्रतिलोमित फंडस गर्भाशय ग्रैव वलय के आगे तक आ जाता है लेकिन योनि के भीतर रहता है।

तृत्तीय कोटि: प्रतिलोमित फंडस योनिद्वार तक आ जाता है।

चतुर्थ कोटि: योनि भी प्रतिलोमित होती है।

अतः विकल्प (B) सही है।

90. सहसा प्रसव: जब प्रसव के पहले और दूसरे चरण की संयुक्त अवधि दो घंटे से कम होती है, जिसके परिणामस्वरूप बच्चे का तेजी से निष्कासन होता है, तो उसे सहसा प्रसव कहा जाता है। कुछ महिलाओं में, गर्भाशय अति-कुशल होता है और प्रसव से लेकर जन्म तक की शुरुआत एक घंटे या उससे कम समय में होती है। पहले चरण के अधिकांश या सभी को पहचाना नहीं जाता है क्योंकि संकुचन दर्दनाक नहीं होते हैं और सिर के निकलने का अहसास पहला संकेत हो सकता है कि प्रसव वास्तव में शुरू हो गया है।

अतः विकल्प (C) सही है।

91. नर्स छह महीने के बच्चे का आकलन कर रही है। अकेले बैठना विकासात्मक कौशल सामान्य है और इसकी अपेक्षा की जानी चाहिए।

एक छह महीने का बच्चा बिना सहारा अकेले बैठना शुरू कर देता है, दोनों दिशाओं में (आगे से पीछे और पीछे से पीछे) लुढ़कता है, खड़े होने की स्थिति में उछलता है, पैरों पर वजन का समर्थन करता है, और हाथों और घुटनों पर आगे-पीछे हिलता है। तैयार होने के लिए, बच्चे पहले अपने हाथों से खुद को सहारा देते हैं, लेकिन समय के साथ वे जाने देना शुरू कर सकते हैं और बिना सहारे के बैठ सकते हैं।

अतः विकल्प (C) सही है।

92. बुजुर्गों के लिए नीला और हरा रंग भेद करना सबसे कठिन होता है।

बुजुर्गों में नीले-हरे रंग का भेदभाव होता है। आयु का प्रभाव लघु तरंगदैर्घ्य पर सबसे अधिक होता है। ये बदलाव उम्र के साथ लेंस के पीले पड़ने से संबंधित हैं। लगभग 80 प्रतिशत असामान्यताओं में नीले बनाम बैंगनी और पीले बनाम हरे और पीले-हरे रंग के हल्के (पेस्टल) रंगों का भ्रम शामिल था। ये "नीली-पीली" त्रुटियां "लाल-हरी" त्रुटियों से अलग हैं, जो विरासत में मिली रंगहीनता वाले लोगों में देखी गई हैं, जो लगभग आठ प्रतिशत पुरुषों और 0.5 प्रतिशत महिलाओं को प्रभावित करती हैं।

अतः विकल्प (B) सही है।

93. बोतल को इस तरह से पकड़ना कि निप्पल हमेशा फॉर्मूला से भरा रहे, यह अवलोकन इंगित करता है कि माँ अपने नवजात शिशु के लिए उचित आहार विधियों को समझती है।

शिशु को दूध पिलाते समय बोतल को इस तरह झुकाएं कि निप्पल में दूध पूरी तरह से भर जाए। बोतल को इस तरह से पकड़ना कि निप्पल हमेशा फॉर्मूला से भरा रहे, बच्चे को हवा चूसने से रोकता है। हवा को चूसने से गैस्ट्रिक डिस्टेंशन और आंतों में गैस का दर्द हो सकता है।

अतः विकल्प (A) सही है।

94. 5 साल के बच्चे के लिए प्ले-दोह सबसे उपयुक्त गतिविधि है।

प्रीस्कूलर में, खेल सरल और कल्पनाशील होता है जिसमें कठपुतलियाँ, नाटक-दोह और रंग भरने वाली किताबें शामिल होती हैं। जब बच्चे खेल के आटे को अलग-अलग आकार में ढाल रहे होते हैं, तो वे वास्तव में अपने छोटे हाथों में ताकत बना रहे होते हैं। स्कीश करने, घुमाने, चपटा करने, और बहुत कुछ करने से आपके बच्चों को भविष्य में उपयोगी ठीक मोटर चालन के लिए अपने हाथों में उपयोग की जाने वाली मांसपेशियों को विकसित करने में मदद मिलती है, जैसे पेंसिल पकड़ना या कैंची का उपयोग करना।

अतः विकल्प (C) सही है।

95. जब भी बेन अपने पिता को उसकी माँ के प्रति स्नेह दिखाते हुए देखता है तो उसे घृणा महसूस होती है। फ्रायड के अनुसार इस व्यवहार को इडिपस कॉम्प्लेक्स के नाम से जाना जाता है।

ओडिपस कॉम्प्लेक्स एक फ्रायडियन अवधारणा है जो विपरीत लिंग के माता-पिता के लिए बच्चे की यौन इच्छा और समान लिंग के माता-पिता के साथ प्रतिद्वंद्विता की भावना का वर्णन करती है। इस इच्छा को दमन के माध्यम से सचेत जागरूकता से बाहर रखा जाता है, लेकिन फ्रायड का मानना था कि यह अभी भी एक बच्चे के व्यवहार पर प्रभाव डालता है और विकास में भूमिका निभाता है।

अतः विकल्प (B) सही है।

96. प्रारंभिक वयस्कता के दौरान, प्रतिक्रिया समय अपने चरम पर माना जाता है।

प्रारंभिक वयस्कता (उम्र 20-40) में, हमारी शारीरिक क्षमताएं अपने चरम पर होती हैं, जिसमें मांसपेशियों की ताकत, प्रतिक्रिया समय, संवेदी क्षमताएं और हृदय की कार्यप्रणाली शामिल होती है। उम्र बढ़ने की प्रक्रिया भी प्रारंभिक वयस्कता के दौरान शुरू होती है और त्वचा, दृष्टि और प्रजनन क्षमता में परिवर्तन की विशेषता होती है।

अतः विकल्प (D) सही है।

97. विकास एक परिमाणात्मक प्रक्रिया है जिसका ठीक-ठीक मापन हो सकता है यह कथन विकास के सिद्धांतों के बारे में गलत है।

विकास में गुणात्मक और प्रगतिशील परिवर्तन की एक श्रृंखला शामिल होती है, और इसे ठीक से मापा नहीं जा सकता है। विकास अनुकूलन की एक प्रक्रिया है जो प्राकृतिक बलों और पर्यावरणीय प्रभावों की बातचीत पर निर्भर करती है।

यह एक कुल प्रक्रिया है, जिसके तहत व्यक्ति अपने पर्यावरण के अनुकूल होते हैं। विकास में विकास, परिपक्वता, और सीखना शामिल हैं।

अत: सही विकल्प (A) है।

98. सभी विकास और सीखना एक समान गति से आगे बढ़ते हैं, यह बाल विकास का सिद्धांत नहीं है।

यह सिद्धांत विकास को जीवन भर की प्रक्रिया के रूप में परिभाषित करता है क्योंकि यह परिपक्वता पर नहीं रुकता है और धीरे-धीरे जारी रहता है जब तक कि इसकी अधिकतम वृद्धि तक नहीं पहुंच जाता। गर्भाधान के क्षण से लेकर मृत्यु तक, व्यक्ति लगातार बदल रहा है। विकास में कोई विराम/अलगाव नहीं है, कुछ चरणों में विकास तेज होता है और कुछ में यह धीमा होता है।

अत: सही विकल्प (D) है।

99. लड़कियों और लड़कों के शारीरिक विकास की विशेषता यह देखी जाती है कि 'लड़कियाँ शारीरिक विकास में दो-तीन साल आगे होती हैं':

- लड़कियों में, यौवन आमतौर पर 9 से 11 साल के बीच शुरू होता है जबकि लड़कों में, यौवन आमतौर पर 11 साल की उम्र के आसपास शुरू होता है।

- लड़कियों में शारीरिक बदलाव आमतौर पर 12 साल की उम्र के बाद शुरू होते हैं जबकि लड़कों में यह आमतौर पर 13 साल की उम्र में शुरू होते हैं।

- लड़कियों में, मुँहासे पहली बार 12 साल की उम्र में दिखाई देती है जबकि लड़कों में, मुँहासे 14 साल की उम्र के आसपास दिखाई देती है।

अत: सही विकल्प (C) है।

100. लड़कियाँ मध्य बाल्यावस्था में अधिक महत्व देती हैं पारस्परिक और पारिवारिक सम्बन्धों को। वहीं लड़के ज्यादा महत्व देते हैं सामाजिक प्रतिष्ठा को।

बच्चे की चिंतन शक्ति का तेजी से विकास होता है और उसकी सूचनाओं का भंडार तेज गति से बढ़ता है। स्कूली आयु के बच्चे अपने साथियों के साथ घनिष्ठ संबंध विकसित करते हैं। बच्चे अपनी क्षमताओं, उपस्थिति और विशेषताओं की तुलना अपने साथियों से करते हैं।

मध्य बाल्यावस्था में लड़कियां अच्छे पारस्परिक संबंधों और परिवार को अधिक महत्व देती हैं जहां वे अपनी सच्ची भावनाओं और संवेगों को साझा कर सकती हैं।

लड़के सामाजिक प्रतिष्ठा के महत्व पर जोर दे सकते हैं क्योंकि वे हमेशा प्रकाश में रहना और पहचाने जाना पसंद करते हैं, चाहे वे दोस्तों या परिवार के द्वारा कहीं भी जाते हों।

अत: सही विकल्प (A) है।

Q.1 नेग्री बॉडीज किस रोग की स्थिति में पाए जाते हैं?

A. खसरा   B. रूबेला   C. रुबेओला   D. रेबीज

Q.2 निम्नलिखित में कौन-सा वायरस जनित रोग नहीं है?

A. टिटनेस   B. पोलियो   C. खसरा   D. एड्स

Q.3 निम्नलिखित में से कौन-सा एक वायरल रोग है?

A. डिप्थीरिया

B. प्लेग

C. चिकन पॉक्स

D. टॉयफायड बुखार

Q.4 हैजा एक _______ है।

A. जीवाणु रोग

B. विषाणुजनित रोग

C. प्रोटोजोअल रोग

D. कवक रोग

Q.5 खसरा का कारक जीव है:

A. वेरिसेला जोस्टर वायरस

B. मायक्सोवायरस

C. एचआईवी

D. पैरामाइक्सोविरिडे

Q.6 चेचक की नैदानिक विशेषताओं में शामिल हैं:

A. त्वचा के चकत्ते

B. बुखार

C. पीठ में दर्द

D. उपरोक्त सभी

Q.7 स्क्रब टाइफस किसके द्वारा फैलता है?

A. घुन   B. चूहा   C. टिकटिक   D. लूस

Q.8 चिकनपॉक्स की विशेषताएं हैं:

A. दाने सममित है

B. मूल्यांकन तेज है

C. दाने फुफ्फुसावरण

D. उपरोक्त सभी

Q.9 चिकनपॉक्स के दाने प्लेमोरफिज्म होते है। प्लेमोरफिज्म का क्या अर्थ है?

A. एक ही समय पर पूरे शरीर पर दाने

B. पूरे शरीर पर एक ही समय पर दाने गायब हो जाते हैं

C. दाने के सभी चरणों को एक समय में एक साथ एक क्षेत्र में देखा जा सकता है

D. उपरोक्त सभी

Q.10 वायरल गुणन को रोकने वाले वायरल संक्रमण के जवाब में कशेरुक कोशिकाओं द्वारा उत्पादित छोटे प्रोटीन को _____ के रूप में जाना जाता है।

A. लाइपोप्रोटीन

B. इम्मुनोग्लोबुलिन

C. इंटरफेरॉन

D. एंटीटॉक्सिन

Q.11 प्राथमिक स्वास्थ्य देखभाल को प्राथमिक देखभाल से क्या अलग करता है?

A. प्राथमिक, माध्यमिक और तृतीयक हस्तक्षेप पर ध्यान देना

B. स्वास्थ्य आवश्यकता के लिए विशिष्ट हस्तक्षेपों का प्रावधान

C. एक बहु-विषयक ढांचे के भीतर काम करता है

D. सेवाओं की योजना और संचालन केंद्रीकृत है

Q.12 सी.ई. विंसलो के अनुसार, सार्वजनिक स्वास्थ्य का लक्ष्य निम्नलिखित में से कौन सा है?

A. लोगों को स्वास्थ्य और दीर्घायु के अपने जन्मसिद्ध अधिकार प्राप्त करने के लिए

B. स्वास्थ्य को बढ़ावा देने और रोग की रोकथाम के लिए

C. लोगों को बुनियादी स्वास्थ्य सेवाओं तक पहुंच बनाने के लिए

D. लोगों के लिए उनके स्वास्थ्य प्रयासों में संगठित होने के लिए

Q.13 नर्स एम्फोटेरिसिन बी प्राप्त करने वाले व्यक्ति की देखभाल कर रही है। निम्नलिखित में से कौन सा इंगित करता है कि व्यक्ति ने इस दवा के लिए विषाक्तता का अनुभव किया है?

A. दृष्टि में परिवर्तन

B. उबकाई

C. मूत्र आवृत्ति

D. त्वचा के रंग में बदलाव

Q.14 चयनात्मक प्राथमिक स्वास्थ्य देखभाल शब्द का क्या अर्थ है?

A. समानता के बजाय व्यक्तिगत प्रौद्योगिकी पर केंद्रित देखभाल

B. समानता और न्याय को बढ़ावा देने की प्रमुखता

C. बीमारी के निर्धारकों का सामना करने की योजना

D. रोग के कारणों की पहचान करने पर ध्यान केंद्रित देखभाल

Q.15 CHN एक समुदाय-आधारित अभ्यास है। कौन सा कथन इस कथन की सर्वोत्तम व्याख्या करता है?

A. लोगों के प्राकृतिक वातावरण में सेवा प्रदान की जाती है

B. नर्स को नर्सिंग की जरूरतों और समस्याओं का निर्धारण करने के लिए सामुदायिक निदान करना होता है

C. सेवा समुदाय के भीतर उपलब्ध संसाधनों पर आधारित होती है

D. प्राथमिकता निर्धारण पहचान की गई स्वास्थ्य समस्याओं के परिमाण पर आधारित है

Q.16 हैजा के प्रकोप के दौरान अपनाए जाने वाले सर्वोत्तम आपातकालीन स्वच्छता के उपाय होंगे:

A. रसायनरोगनिरोध

B. सामूहिक टीकाकरण

C. मल कीटाणुशोधन

D. क्लोरीनयुक्त पानी की व्यवस्था

Q.17 प्रत्येक सामुदायिक स्वास्थ्य केंद्र कितने प्राथमिक स्वास्थ्य केंद्रों के लिए एक रेफरल केंद्र के रूप में कार्य करता है?

A. दो   B. तीन   C. चार   D. पांच

Q.18 सामुदायिक स्वास्थ्य नर्स की भूमिकाएं और जिम्मेदारियां क्या हैं?

A. एक चिकित्सक की भूमिका या प्रत्यक्ष देखभाल प्रदाता के रूप में

B. शिक्षक की भूमिका

C. प्रबंधकीय भूमिका

D. उपरोक्त सभी

Q.19 भारत में स्वास्थ्य नियोजन के लिए निम्नलिखित में से कौन सी समिति "स्वास्थ्य और परिवार नियोजन के तहत बहुउद्देशीय श्रमिकों पर समिति" के रूप में जानी जाती है?

A. भोरे समिति

B. मुदलियार समिति

C. करतार सिंह कमेटी

D. श्रीवास्तव समिति

Q.20 एक विशिष्ट स्वास्थ्य देखभाल उपचार, सेवा, प्रक्रिया, कार्यक्रम, या अन्य हस्तक्षेप किस हद तक आदर्श नियंत्रित परिस्थितियों में लाभकारी परिणाम देता है:

A. प्रभावशीलता

B. प्रभाव

C. क्षमता

D. प्रभाव संशोधन

Q.21 जीन एक 33 वर्षीय महिला है, जिसे पहले नियमित मासिक धर्म हो चुका है, लेकिन छह महीने से उसकी अवधि नहीं हुई है। नर्स निम्नलिखित में से किस कारण से इंकार करेगी?

A. अवसादरोधी उपयोग

B. खाने की खराब आदतें

C. सप्ताह में एक बार योग   **D.** गुर्दे की बीमारी

Q.22 आपका रोगी 24 घंटे भ्रूण अवलोकन और निगरानी में है। भ्रूण की निगरानी पट्टी संकुचन के चरम के बाद शुरू होकर और देर से ठीक होने के बाद मंदी दिखाना शुरू कर देती है। निम्नलिखित में से कौन सा हस्तक्षेप नर्स को करने का अनुमान है?

A. ऑक्सीटोसिन की बढ़ती दर
B. दवा देना
C. ऑक्सीजन सप्लीमेंट को हटाना
D. माँ का स्थान बदलना

Q.23 नर्स भ्रूण निगरानी पट्टी की समीक्षा कर रही है। मंदी प्रत्येक संकुचन की शुरुआत के साथ शुरू होती है और प्रत्येक संकुचन के अंत में ठीक हो जाती है। यह किस प्रकार का मंदी है, और यह क्यों होता है?

A. परिवर्तनीय मंदी, गर्भनाल संपीडन
B. परिवर्तनीय मंदी, सिर का संपीडन
C. प्रारंभिक मंदी, गर्भाशय अपरा अपर्याप्तता
D. प्रारंभिक मंदी, सिर का संपीडन

Q.24 निम्नलिखित में से कौन श्रेणी II भ्रूण की हृदय गति (FHR) अनुरेखण का वर्णन करता है?

A. बेसलाइन FHR 90bpm; चिह्नित परिवर्तनशीलता; शून्य त्वरण; देर से मंदी
B. बेसलाइन FHR145 बीपीएम; मध्यम परिवर्तनशीलता; दो त्वरण; शून्य मंदी
C. बेसलाइन FHR170 बीपीएम; मध्यम परिवर्तनशीलता; दो त्वरण; शून्य मंदी
D. बेसलाइन FHR 100bpm; न्यूनतम परिवर्तनशीलता; शून्य त्वरण; परिवर्तनशील मंदी

Q.25 निम्नलिखित में से कौन गर्भकालीन मधुमेह के लिए जोखिम कारक नहीं है?

A. मोटापा
B. पिछला मैक्रोसोमिक शिशु
C. अल्प खुराक
D. पिछला मृत जन्म

Q.26 नर्स 37 सप्ताह के भ्रूण की भ्रूण निगरानी पट्टी देख रही है। उन्होंने भ्रूण की हृदय गति एफएचआर में 140 की आधार रेखा से 159 की चोटी तक एक स्पष्ट रूप से स्पष्ट और अचानक वृद्धि देखी। एफएचआर 20 सेकंड के बाद बेसलाइन पर लौटता है। किस प्रकार की भ्रूण की हृदय गति विशेषता हुई है?

A. आवर्तक त्वरण   **B.** सुस्त होना
C. त्वरण   **D.** लंबे समय तक त्वरण

Q.27 नर्स एक इलेक्ट्रॉनिक भ्रूण निगरानी पट्टी देखती है। समीक्षा करने पर, भ्रूण की हृदय गति (FHR) 140bpm से 160bpm तक कम हो जाती है और 35 मिनट की अवधि में लगातार चक्र में 140bpm तक वापस आ जाती है। इस इलेक्ट्रॉनिक भ्रूण निगरानी पट्टी पर किस प्रकार की भ्रूण की हृदय गति विशेषता हो रही है?

A. परिवर्तनीय   **B.** मंदस्पंदन
C. आवर्तक   **D.** साइनसॉइडल

Q.28 लेफ्ट ओसीसीपुट एंटीरियर (एलओए) में स्थित भ्रूण में, नर्स को भ्रूण की हृदय गति (एफएचआर) का आकलन कहां करना चाहिए?

A. नाभि के नीचे माँ की बाईं ओर
B. नाभि के ऊपर माँ की बाईं ओर
C. माँ के दाहिनी ओर नाभि के ऊपर
D. नाभि के नीचे माँ की दाहिनी ओर

Q.29 एंडोमेट्रियोसिस के साथ लक्षण पेश करने का त्रय क्या है?

A. हिर्सुटिज़्म, बांझपन, और ओलिगोमेनोरिया
B. डिसमेनोरिया, बांझपन, और डिस्पेर्यूनिया
C. डिसमेनोरिया, मेट्रोरहागिया, और डिसुरिया
D. मेनोरेजिया, बांझपन, और डिस्प्र्यूनिया

Q.30 निम्नलिखित में से कौन एंडोमेट्रियोसिस के जोखिम को बढ़ाता है?

A. व्यायाम की कमी
B. अंतर्गर्भाशयी डिवाइस (आईयूडी) की उपस्थिति
C. एंडोमेट्रियोसिस का पारिवारिक इतिहास
D. ये सभी

Q.31 जब किसी का हाथ टूट जाए तो आप क्या करते हैं?

A. चिल्लाओ और भागो
B. इस पर प्लास्टर करें
C. एंटीसेप्टिक वाइप का इस्तेमाल करें
D. हाथ में स्लिंग पहनने की आवश्यकता

Q.32 गर्मी में ऐंठन से पीड़ित छात्र की देखभाल करते समय:

A. ठंडा पैक लगाएं
B. ठंडा पानी या स्पोर्ट्स ड्रिंक दें
C. छात्र ऐंठन को दूर करने के लिए धीरे-धीरे चलते रहें
D. परिसंचरण बढ़ाने के लिए मांसपेशियों की जोरदार मालिश करें

Q.33 निम्नलिखित में से किस जले हुए पीड़ितों के लिए आपको तुरंत अपने स्थानीय आपातकालीन फोन नंबर पर कॉल करना चाहिए?

A. गर्म कॉफी से हाथ जला चुका 40 साल का शख्स
B. एक 68 वर्षीय महिला जिसके हाथों और भुजाओं पर छाले पड़ गए हैं
C. एक 26 वर्षीय महिला जिसके कंधों पर सनबर्न है
D. उपरोक्त सभी।

Q.34 जब किसी पीड़ित के सिर और रीढ़ की हड्डी में चोट लगती है तो आपको क्या संदेह करना चाहिए:

A. बिजली गिरने से जुड़ी एक घटना
B. अज्ञात कारणों से बेहोश मिला व्यक्ति
C. पीड़ित की ऊंचाई से अधिक ऊंचाई से गिरना
D. उपरोक्त सभी।

Q.35 आप अपने बाएं पैर के निचले हिस्से में अचानक तेज दर्द महसूस करते हैं। आप अपने बाएं जूते के नीचे देखें और देखें कि आपके जूते में एक कील चिपकी हुई है। आपको शायद किस प्रकार का घाव है?

A. उच्छृंखल   **B.** खरोंच   **C.** नोच   **D.** छिद्रित

Q.36 बेहोश हताहत के वायुमार्ग को कैसे खोलना चाहिए?

A. सिर झुकाना और ठुड्डी उठाना
B. जबड़ा धकेलना
C. सिर का झुकाव और जबड़ा धकेलना
D. ठुड्डी को ऊपर उठाएं

Q.37 एक लड़के की आँख में काँच लग गए है, आपको करना चाहिए:

A. चिमटी से काँच को निकलने का प्रयास
B. आंखों को ठंडे पानी या दूध से धोएं
C. ठंडे पानी से आंखों को धोएं और अस्पताल ले जाएं
D. दोनों आँखों को ढँकते हुए सिर के चारों ओर साफ़ कपडे लपेटें

Q.38 सिर और रीढ़ की चोटों के संकेत हैं:

A. कान या नाक में रक्त या अन्य तरल पदार्थ
B. सिर या रीढ़ पर असामान्य धक्का या दबाव
C. दौरे पड़ते हैं, गंभीर सिरदर्द होते हैं, या बोलने में दिक्कत होती है
D. (A) और (B) दोनों

Q.39 दाब डालने से पूर्व क्या सोचना आवश्यक नहीं है?

A. दाब किस पर डाला जाना है

B. दाब कैसे डाला जाना है

C. दाब क्यों डाला जाना है

D. दाब कहाँ डाला जाना है

Q.40 एक बच्चे पर सीपीआर करते समय, छाती का संकुचन कितना गहरा होना चाहिए?

A. 1.5 इंच **B.** 2 इंच **C.** 2.5 इंच **D.** 3 इंच

Q.41 निम्नलिखित में से कौन नर्स टोनी अपने रोगी क्ले को हृदय गति रुकने का निदान करने के लिए एक कार्डिनल अभिव्यक्ति या डिगॉक्सिन विषाक्तता के लक्षण के रूप में मानती है?

A. सिरदर्द **B.** सांस लेने में परेशानी

C. एक्सट्रीम ब्रैडीकार्डिया **D.** कब्ज

Q.42 नई समस्याओं को संभालने के लिए अलग-अलग सोचने की क्षमता किस प्रकार की बुद्धि के पास होती है?

A. संगीतमय बुद्धि **B.** रचनात्मक बुद्धि

C. प्रकृतिवादी बुद्धि **D.** मौखिक बुद्धि

Q.43 निम्नलिखित में से कौन बालक में नैतिक मूल्यों के विकास में महत्वपूर्ण भूमिका निभाता है?

A. प्रार्थना सभा **B.** पूर्ण सामाजीकरण

C. बुद्धि **D.** उपरोक्त सभी।

Q.44 किशोरावस्था के वैज्ञानिक अध्ययन का जनक किसे वर्णित किया जाता है?

A. मागारिट मीड **B.** जी. स्टेनली हॉल

C. लेटा हॉलिंगवर्थ **D.** अरस्तू

Q.45 निम्नलिखित में से कौन किशोरावस्था का विकसात्मक कार्य नहीं है?

A. व्यवसाय का चयन

B. वस्तु स्थायित्व प्राप्त करना

C. आत्म-पहचान का विकास

D. शारीरिक परिवर्तनों को स्वीकार करना

Q.46 डायबिटीज मेलिटस से पीड़ित एक बच्चे को प्रतिदिन इंसुलिन के इंजेक्शन से स्थिर किया गया है। एक नर्स इंसुलिन के संबंध में एक निर्वहन शिक्षण योजना तैयार करती है। शिक्षण योजना को निम्नलिखित में से किस अवधारणा को सुदृढ़ करना चाहिए?

A. इंसुलिन की शीशियों को हमेशा फ्रिज में रखें

B. व्यायाम से पहले इंसुलिन की मात्रा बढ़ाएं

C. यूरिन में केटोन्स कम इंसुलिन की आवश्यकता का संकेत देते हैं

D. इंजेक्शन साइटों को व्यवस्थित रूप से घुमाएं

Q.47 बच्चे को कीमोथेरपी देते समय निम्नलिखित में से कौन सा अनुचित होगा?

A. सामान्य और विशिष्ट दोनों प्रतिकूल प्रभावों के लिए बच्चे की निगरानी करना

B. एनाफिलेक्सिस के लक्षणों पर ध्यान देने के लिए 10 मिनट तक बच्चे का अवलोकन करना

C. एक मुक्त बहने वाली अंतःशिरा रेखा के माध्यम से दवा का प्रशासन करना

D. आसव घुसपैठ और जलन के संकेतों के लिए आकलन

Q.48 मैंडी, जिसकी उम्र 12 साल है, जिसे एक संदिग्ध खाने के विकार के मूल्यांकन के लिए क्लिनिक लाया जाता है। बच्चे के पोषण सेवन पर भूमिका और संबंध पैटर्न के प्रभावों का सर्वोत्तम मूल्यांकन करने के लिए, नर्स को यह पूछना चाहिए:

A. "आप दिन के दौरान किन गतिविधियों में संलग्न होते हैं?"

B. "क्या आपको खाद्य पदार्थों से कोई एलर्जी है?"

C. "क्या आप खुद को शारीरिक रूप से स्वस्थ महसूस करते हैं?"

D. "आप किस तरह का खाना खाना पसंद करते हैं?"

Q.49 एक बच्चे को विल्म्स ट्यूमर का पता चला है। मूल्यांकन के दौरान, प्रभारी नर्स का पता लगाने की उम्मीद है:

A. पूर्ण रक्तमेह

B. पेशाब में जलन

C. जी मिचलाना और उल्टी

D. पेट-संबंधी रोग

Q.50 नर्स व्यवहार के नियमों को स्थापित करने में प्रत्येक माता-पिता की भूमिकाओं के बारे में विपक्षी अवज्ञा विकार वाले बच्चे के माता-पिता से सवाल करती है। इस प्रकार की पूछताछ का उद्देश्य परिवार व्यवस्था के किस तत्व का आकलन करना है?

A. चिंता का स्तर

B. पीढ़ीगत सीमाएं

C. वृद्धि और विकास का ज्ञान

D. संचार की गुणवत्ता

Q.51 निम्नलिखित में से कौन सा पाचक एंजाइम है जो पेट में भोजन को तोड़ने का काम करता है?

A. लैक्टेज **B.** पेप्सिन **C.** कैरोटीन **D.** कोलेजन

Q.52 दूध में पाए जाने वाले शर्करा लैक्टोज को कौन से एंजाइम तोड़ते हैं?

A. कैरोटीन **B.** कोलेजन **C.** लैक्टेज **D.** पेप्सिन

Q.53 कौन सा प्रोटीन शरीर में संक्रमण, बैक्टीरिया, वायरस, बीमारी और बीमारियों से बचाने में मदद करता है?

A. एंटीबॉडी **B.** एंजाइम

C. प्रोटीन भंडारण **D.** प्रोटीन परिवहन

Q.54 निम्न में से एक ऊर्जा उपज भोजन नहीं है:

A. कार्बोहाइड्रेट **B.** वसा

C. विटामिन और खनिज **D.** प्रोटीन

Q.55 आयोडीन की कमी से होने वाला रोग है:

A. एनीमिया **B.** घेंघा

C. चिकन पॉक्स **D.** स्वाइन फ्लू

Q.56 __________ हमारे शरीर में शरीर के तापमान को स्थिर बनाए रखने में मदद करता है।

A. रूखा भोजन

B. विटामिन

C. ऊर्जा प्रदान करने वाला भोजन

D. पानी

Q.57 5 वर्षीय रशिम करीब 3 वर्ष की लगती है। उसके हाथ और पैर बहुत पतुले हैं और उसका पेट पॉट बेली (गुब्बारे की तरह पेट) है। वह प्रायः बीमार रहती है। वह सदैव थका हुआ महसूस करती है और नियमित रूप से स्कूल नहीं जा पाती है। उसमें खेलने की भी शक्ति नहीं है। वह किससे पीड़ित है?

A. क्राशियोरकर **B.** रक्ताल्पता

C. सूखारोग **D.** कंठमाला

Q.58 निम्नलिखित में से कौन सा पाचन तंत्र के स्वास्थ्य के लिए आवश्यक हमारे आहार का अपचनीय भाग है?

[SSC MTS, 2021]

A. कार्बोहाइड्रेट **B.** प्रोटीन

C. वसा **D.** रफेज

Q.59 आपकी सहेली कमज़ोर दाँत और अस्थियों के कारण अस्वस्थ रहती है। उसके सही होने के लिए निम्न में से कौन-सा विकल्प सर्वोत्तम है?

[CTET Paper - I, 2022]

A. चावल, नींबू, आँवला, गुड़
B. घी, दाल, रोटी, चावल
C. दूध, सब्ज़ियाँ, पालक, फल
D. तेल, अण्डा, चावल, रोटी

Q.60 निम्न में से कौन-सा रोग हीमोग्लोबिन की कमी से होता है?

A. मलेरिया B. रक्ताल्पता C. रेबीज D. हैजा

Q.61 दुर्घटना के कारण बेहोश रोगी में नर्स द्वारा सबसे पहले किस चीज की जाँच की जाती है?

A. श्वसन मार्ग की स्पष्टता B. रक्तस्राव
C. अस्थि-भंग (फ्रैक्चर) D. सिर पर चोट

Q.62 नर्स द्वारा दुर्घटना के मामले में, पीड़ित को तुरंत करना चाहिए?

A. आराम करने को कहा
B. हादसे के बारे में पूछताछ की
C. प्राथमिक उपचार करें
D. बिना इलाज के खुद को छोड़ दिया

Q.63 नर्सिंग में आचार संहिता होती है जिसका पालन पेशेवर पंजीकृत नर्स करती हैं और:

A. रोगी को नुकसान से बचाता है
B. सभी रोगी के लिए समान देखभाल सुनिश्चित करता है
C. उन सिद्धांतों को परिभाषित करता है जिनके द्वारा नर्स अपने रोगी की देखभाल करती हैं
D. स्व-स्वास्थ्य देखभाल में सुधार

Q.64 एक बेहोश पुरुष वयस्क के तेजी से मूल्यांकन के दौरान नर्स को कौन सी नाड़ी को टटोलना चाहिए?

A. रेडियल B. ब्रेकियल C. ऊरु D. कैरोटिड

Q.65 रक्त प्रतिक्रिया के मामले में आप तत्काल नर्सिंग हस्तक्षेप क्या करेंगे?

A. चिकित्सक को सूचित करें
B. ब्लड बैंक को सूचित करें
C. महत्वपूर्ण संकेतों की निगरानी करें
D. आधान को तुरंत रोकें और महत्वपूर्ण संकेतों की निगरानी करें

Q.66 उचित अलगाव सावधानियों को स्थापित करने के लिए नर्स को पहले____________निर्धारण करना चाहिए।

A. जीव के संचरण का तरीका
B. जीव के ग्राम-धुंधला लक्षण
C. एंटीबायोटिक दवाओं के लिए जीव की संवेदनशीलता
D. जीव के लिए रोगी की संवेदनशीलता

Q.67 एक बच्चे में CPR के दौरान कार्डियक कम्प्रेसन एवं श्वसन का आदर्श अनुपात क्या होना चाहिए?

A. 3 : 1 B. 15 : 2 C. 5 : 1 D. 1 : 1

Q.68 रोगियों के सभी डेटा को उस सूचना से जोड़ने के लिए जिनकी उनको आवश्यकता है, अस्पताल में किस प्रकार की अस्पताल प्रबंधन सूचना प्रणाली का उपयोग किया जाता है?

A. आदेश प्रविष्टि नैदानिक उन्मुख प्रणाली
B. कम्प्यूटरीकृत मानव संसाधन सूचना प्रणाली
C. प्रवेश, डिस्चार्ज (छुट्टी) और स्थानांतरण प्रणाली
D. ड्रग लॉजिस्टिक सूचना और प्रबंधन प्रणाली

Q.69 आपदा स्थल पर एक आश्रय नर्स द्वारा तनावग्रस्त पीड़ितों के साथ संपर्क करने के लिए एक उपयुक्त मूलभूत कार्रवाई निम्नलिखित में से कौन-सी है?

A. मानसिक स्थिति की जांच
B. शारीरिक खतरों का निवारण
C. अवसादरोधी दवाओं का प्रावधान
D. मूलभूत सहानुभूति और गरिमा प्रदान करना

Q.70 एक नर्स एक रोगी के साथ बात कर रही है जो कब्ज की रिपोर्ट करता है जब नर्स आहार परिवर्तन पर चर्चा करती है जो कब्ज को रोकने में मदद कर सकती है तो नर्स को निम्नलिखित में से किस खाद्य पदार्थ की सिफारिश करनी चाहिए?

A. मैकरोनी और चीज
B. ताजा भोजन और साबुत गेहूं का टोस्ट
C. चावल का हलवा और पका हुआ केला
D. रोस्ट चिकन और सफेद चावल

Q.71 चेचक और रेबीज रोग किसके कारण होते हैं?

A. विषाणु B. प्रोटोजोआ C. जीवाणु D. सूत्रकृमि

Q.72 राष्ट्रीय गैर संचारी रोग निवारण और नियंत्रण कार्यक्रम में शामिल हैं:

A. कैंसर, मधुमेह, कुष्ठ और क्षय रोग
B. कैंसर, कुष्ठ, मधुमेह और तपेदिक
C. कैंसर, मधुमेह, हृदय रोग और स्ट्रोक
D. कैंसर, उच्च रक्तचाप, हृदय रोग और मधुमेह

Q.73 अनुचित साफ-सफाई और स्वच्छता के कारण होने की अधिक संभावना है:

A. डायरिया या हेपेटाइटिस
B. अस्थमा और ब्रोंकाइटिस
C. हृदय रोग और मधुमेह
D. अल्जाइमर रोग और मायस्थेनिया ग्रेविस

Q.74 ______ प्रकार के मच्छर भारत में जापानी एन्सेफलाइटिस वायरस के मुख्य रोगवाहक हैं।

A. क्यूलेक्स B. एनोफेलीज
C. एडीज D. इनमे से कोई भी नहीं

Q.75 मिशन इन्द्रधनुष किस वर्ष में शुरू किया गया था?

A. दिसंबर 2019 B. दिसंबर 2014
C. मार्च 2014 D. दिसंबर 2004

Q.76 जिला अस्पतालों और सामुदायिक स्वास्थ्य केंद्रों में आमतौर पर किस स्तर की देखभाल का वर्णन किया जाता है?

A. प्रारम्भिक स्तर B. प्राथमिक स्तर
C. द्वितीयक स्तर D. तृतीय स्तर

Q.77 हैजा के विषय में निम्नलिखित में से कौनसा कथन सही है?

[UPSC NDA, 2019]

A. यह एक रोग है जिसके कारण याददाश्त में कमी हो जाती है
B. यह पेशियों का एक रोग है जो शराब (एल्कोहॉल) का सेवन करने से होता है
C. यह एक रोग है जो संदूषित खाद्य या जल के सेवन करने से होता है
D. यह एक आनुवांशिक रोग है

Q.78 चबाने योग्य गोलियाँ कौन-सी हैं जो बच्चों में विभिन्न प्रकार के परजीवी कृमि संक्रमण के उपचार के लिए उपयोग की जाती हैं?

A. कारपूल B. एल्बेनडैजोल
C. इग्नाटिया D. पैरासिटामोल

Q.79 कौन सा रोगाणुवाहक फ़िलेरियेसिस रोग का संक्रमण करता है?

A. पिस्सू चूहा

B. एनोफ़ेलीज़

C. क्यूलेक्स

D. एडीज

Q.80 हेपेटाइटिस सी के संबंध में निम्नलिखित में से कौन सा कथन सही नहीं है?

A. यह एक वायरस के कारण होता है।

B. हेपेटाइटिस सी लिवर कैंसर का एक प्रमुख कारण है।

C. संक्रमण का सबसे आम तरीका छोटी मात्रा में रक्त के संपर्क में है।

D. हेपेटाइटिस सी को टीके द्वारा रोका जा सकता है।

Q.81 बीमार होने पर प्रतिगमन प्रदर्शित करने के लिए किस आयु वर्ग की सबसे बड़ी क्षमता है?

A. शिशु

B. बहुत छोटा बच्चा

C. किशोर

D. वयस्क

Q.82 माता-पिता की कक्षा में भाग लेने वाले प्रतिभागियों में से एक शिक्षक से पूछता है, "जीवन के पहले महीने के दौरान मृत्यु का प्रमुख कारण क्या है?

A. जीवाणु सेप्सिस

B. नवजात शिशु की सांस की तकलीफ

C. एसआईडीएस

D. नवजात रक्तस्राव

Q.83 व्यक्तिगत पहचान के विकास के संबंध में विकास की कौन-सी अवस्था सर्वाधिक अस्थिर और चुनौतीपूर्ण है?

A. किशोरावस्था

B. बचपन

C. मध्य बचपन

D. युवा वयस्कता

Q.84 किस आयु वर्ग में खाने के विकारों की ओर सबसे अधिक प्रवृत्ति होगी?

A. किशोरावस्था

B. बचपन

C. पूर्वस्कूली

D. शैशव

Q.85 वृद्ध वयस्क का आकलन करते समय, नर्स इसमें वृद्धि की उम्मीद कर सकती है:

A. नाखून वृद्धि

B. त्वचा का मरोड़

C. मूत्र अवशिष्ट

D. तंत्रिका प्रवाहकत्व वेग

Q.86 एक प्रसूति नर्स नवजात शिशु के मनोसामाजिक विकास के बारे में एक नई माँ को निर्देश दे रही है। एरिकसन के मनोसामाजिक विकास सिद्धांत का उपयोग करते हुए, नर्स मां को निम्नलिखित निर्देश देगी:

A. नवजात शिशु को एक आवश्यकता का संकेत देने दें

B. नवजात शिशु की सभी जरूरतों को पूरा करें

C. नवजात शिशु के रोने के पहले 10 मिनट के दौरान उससे दूर रहें

D. एक बार शिशु को रोने दें, फिर शिशु की देखभाल करें

Q.87 एक तीन (3) वर्षीय बच्चे की माँ एक क्लिनिक की नर्स को बताती है कि बच्चा लगातार विद्रोह कर रहा है और गुस्सा कर रहा है। नर्स सबसे उचित रूप से माँ को बताती है:

A. बच्चे के व्यवहार को बदलने के लिए हर बार बच्चे को "नहीं" कहने पर उसे सजा दें

B. व्यवहार की अनुमति दें क्योंकि यह इस आयु अवधि में सामान्य है

C. बच्चे के व्यवहार की सीमा निर्धारित करें

D. ऐसा व्यवहार होने पर बच्चे की उपेक्षा करें

Q.88 एक नर्स दो (2) वर्ष के बच्चे के विकासात्मक स्तर का मूल्यांकन कर रही है। नर्स इस बच्चे में निम्नलिखित में से किसका निरीक्षण करने की अपेक्षा करती है?

A. खाने के लिए कांटे का इस्तेमाल करते हैं

B. पीने के लिए एक कप का प्रयोग करता है

C. खाने को काटने के लिए चाकू का इस्तेमाल करता है

D. प्याले में अपना दूध डालती है

Q.89 एक क्लिनिक नर्स पांच (5) महीने के शिशु के संचार पैटर्न का आकलन करती है। नर्स निर्धारित करती है कि शिशु उच्चतम स्तर की विकासात्मक उपलब्धि का प्रदर्शन कर रहा है यदि शिशु:

A. "माँ" जैसे सरल शब्दों का उपयोग करता है

B. मोनोसैलिक प्रलाप का उपयोग करें

C. अक्षरों को आपस में जोड़ता है

D. आराम मिलने पर कूज करें

Q.90 एक 16 साल के बच्चे को तीव्र एपेंडिसाइटिस के लिए अस्पताल में भर्ती कराया जाता है, और एक एपेन्डेक्टॉमी की जाती है। सामान्य वृद्धि और विकास को सुविधाजनक बनाने के लिए निम्नलिखित में से कौन सा नर्सिंग हस्तक्षेप सबसे उपयुक्त है?

A. परिवार को बच्चे के पसंदीदा कंप्यूटर गेम्स लाने दें

B. माता-पिता को बच्चे के साथ कमरे में रहने के लिए प्रोत्साहित करें

C. बच्चे को आराम करने और पढ़ने के लिए प्रेरित करें

D. जब स्थिति अनुमति दे, बच्चे को उसी आयु वर्ग के अन्य व्यक्तियों के साथ गतिविधियों में भाग लेने की अनुमति दें

Q.91 हड्डी में कौन - सा लवण सबसे अधिक होता है?

A. कैल्शियम फॉस्फेट

B. कैल्शियम कार्बोनेट

C. मैग्निशियम क्लोराइड

D. सोडियम क्लोराइड

Q.92 आहार नली में अंगों द्वारा स्रावित कौन सा रस वसा के पाचन में महत्वपूर्ण भूमिका निभाता है?

A. अग्नाशयी रस, लार

B. हाइड्रोक्लोरिक अम्ल, श्लेम

C. पित्त रस, अग्नाशयी रस

D. लार, हाइड्रोक्लोरिक अम्ल

Q.93 इनमें से क्या रक्त का थक्का ज़माने में सहायक है?

A. विटामिन A

B. विटामिन D

C. विटामिन K

D. फोलिक अम्ल

Q.94 कोशिकीय श्वसन में ऑक्सीजन की वास्तविक भूमिका क्या है?

A. यह ग्लूकोज का विश्लेषण करता है

B. यह ईटीसी में इलेक्ट्रॉनों का अंतिम स्वीकर्ता है

C. यह माइटोकॉन्ड्रिया को सक्रिय करता है

D. यह एंजाइम को उत्तेजित करता है

Q.95 किस कोशिका में अक्षतंतु और डेंड्राइट होते हैं?

A. न्यूरॉन

B. डब्ल्यूबीसी

C. प्लेटलेट्स

D. आरबीसी

Q.96 निम्नलिखित में से कौन सा अंग तंत्र पूरे शरीर में रक्त का संचार करता है?

A. तंत्रिका तंत्र

B. हृदय तंत्र

C. जनन तंत्र

D. मांसपेशी तंत्र

Q.97 मनुष्य के गुर्दे किस तंत्र के अंग हैं?

A. उत्सर्जन

B. मूत्र संबंधी

C. श्वसन

D. परिवहन

Q.98 पीनियल ग्रंथि __________ का स्राव करती है।

A. मेलाटोनिन

B. वैसोप्रेसिन

C. एमएसएच

D. प्रोलैक्टिन

Q.99 मानव शरीर में पाचन तंत्र का सबसे लम्बा अंग कौन सा है ?

A. अग्न्याशय नलिका

B. छोटी आँत

C. बड़ी आँत

D. ग्रासनली

Q.100 किस प्रकार का संयोजी ऊतक दो हड्डियों को एक साथ जोड़ता है?

A. कण्डरा **B.** मांसपेशी **C.** उपास्थि **D.** स्नायुबंधन

// स्मार्ट उत्तर पुस्तिका //

सही उत्तर उन छात्रों का प्रतिशत जिन्होंने प्रश्नों का सही उत्तर दिया था।   **छोड़ दिया** उन छात्रों का प्रतिशत जिन्होंने प्रश्नों को छोड़ दिया था।

प्रश्न संख्या	उत्तर	सही उत्तर / छोड़ दिया	प्रश्न संख्या	उत्तर	सही उत्तर / छोड़ दिया	प्रश्न संख्या	उत्तर	सही उत्तर / छोड़ दिया	प्रश्न संख्या	उत्तर	सही उत्तर / छोड़ दिया	प्रश्न संख्या	उत्तर	सही उत्तर / छोड़ दिया
1	D	82.49 % / 0.0 %	17	C	86.26 % / 0.0 %	33	B	80.56 % / 0.0 %	49	D	87.65 % / 0.0 %	65	D	82.69 % / 0.0 %
2	A	51.54 % / 1.74 %	18	D	88.97 % / 0.0 %	34	D	64.15 % / 1.3 %	50	B	83.09 % / 0.0 %	66	A	53.4 % / 1.68 %
3	C	44.62 % / 1.21 %	19	C	56.45 % / 1.62 %	35	D	56.3 % / 1.34 %	51	B	76.22 % / 0.0 %	67	C	43.79 % / 1.95 %
4	A	88.82 % / 0.0 %	20	B	78.42 % / 0.0 %	36	A	82.49 % / 0.0 %	52	C	51.33 % / 1.79 %	68	C	76.42 % / 0.0 %
5	D	46.72 % / 1.19 %	21	C	88.53 % / 0.0 %	37	C	48.96 % / 1.68 %	53	A	56.78 % / 1.35 %	69	D	69.1 % / 1.47 %
6	D	27.56 % / 4.57 %	22	D	40.1 % / 1.48 %	38	D	42.1 % / 1.04 %	54	C	47.21 % / 1.43 %	70	B	80.65 % / 0.0 %
7	A	89.38 % / 0.0 %	23	D	76.54 % / 0.0 %	39	C	40.02 % / 1.82 %	55	B	48.76 % / 1.46 %	71	A	55.69 % / 1.58 %
8	D	50.38 % / 1.01 %	24	D	59.05 % / 1.2 %	40	A	88.9 % / 0.0 %	56	D	84.56 % / 0.0 %	72	C	77.37 % / 0.0 %
9	C	68.21 % / 1.42 %	25	C	60.73 % / 1.1 %	41	C	44.67 % / 1.38 %	57	A	65.11 % / 1.61 %	73	A	65.58 % / 1.69 %
10	C	60.09 % / 1.56 %	26	C	53.43 % / 1.68 %	42	B	78.09 % / 0.0 %	58	D	69.88 % / 1.08 %	74	A	86.97 % / 0.0 %
11	C	79.44 % / 0.0 %	27	D	47.88 % / 1.59 %	43	D	24.4 % / 4.49 %	59	C	79.13 % / 0.0 %	75	B	43.16 % / 1.59 %
12	A	51.86 % / 1.62 %	28	D	89.7 % / 0.0 %	44	B	56.78 % / 1.4 %	60	B	57.79 % / 1.82 %	76	C	63.11 % / 1.91 %
13	D	76.17 % / 0.0 %	29	B	51.99 % / 1.71 %	45	B	76.68 % / 0.0 %	61	B	66.08 % / 1.69 %	77	C	59.83 % / 1.14 %
14	A	51.63 % / 1.03 %	30	D	61.29 % / 1.53 %	46	D	48.4 % / 1.63 %	62	C	62.45 % / 1.83 %	78	B	82.93 % / 0.0 %
15	B	67.89 % / 1.62 %	31	D	60.82 % / 1.77 %	47	B	41.73 % / 1.05 %	63	C	54.94 % / 1.75 %	79	C	85.96 % / 0.0 %
16	D	54.92 % / 1.74 %	32	B	44.39 % / 1.1 %	48	C	54.85 % / 1.33 %	64	D	45.45 % / 1.06 %	80	D	66.0 % / 1.38 %

प्रश्न संख्या	उत्तर	सही उत्तर / छोड़ दिया	प्रश्न संख्या	उत्तर	सही उत्तर / छोड़ दिया	प्रश्न संख्या	उत्तर	सही उत्तर / छोड़ दिया	प्रश्न संख्या	उत्तर	सही उत्तर / छोड़ दिया	प्रश्न संख्या	उत्तर	सही उत्तर / छोड़ दिया
81	B	82.49 % / 0.0 %	85	C	59.87 % / 1.48 %	89	B	52.89 % / 1.95 %	93	C	78.29 % / 0.0 %	97	A	85.87 % / 0.0 %
82	C	82.39 % / 0.0 %	86	A	63.34 % / 1.33 %	90	D	58.41 % / 1.16 %	94	B	50.9 % / 1.09 %	98	A	44.18 % / 1.72 %
83	A	67.92 % / 1.37 %	87	C	57.52 % / 1.95 %	91	A	76.16 % / 0.0 %	95	A	80.2 % / 0.0 %	99	B	69.47 % / 1.23 %
84	A	48.18 % / 1.08 %	88	B	54.54 % / 1.07 %	92	C	46.55 % / 1.49 %	96	B	67.11 % / 1.54 %	100	D	42.59 % / 1.83 %

//संकेत और समाधान//

1. नेग्री बॉडीज इओसिनोफिलिक तीव्र रूप से उल्लिखित, पैथोग्नोमोनिक समावेशन निकाय (2-10 माइक्रोन व्यास में) रेबीज के वायरस युक्त कुछ तंत्रिका कोशिकाओं के साइटोप्लाज्म में पाए जाते हैं। ये विशेष रूप से हिप्पोकैम्पस के अम्मोन के सींग के भीतर पिरामिड कोशिकाओं में होते हैं।

अतः विकल्प (D) सही है।

2. टिटनेस कोई वायरस जनित रोग नहीं हैं। टिटनेस क्लोस्ट्रीडियम टेटानी नामक बैक्टीरिया के कारण होने वाला संक्रमण है। टिटनेस या टेटनस एक गंभीर बैक्टीरियल बीमारी होती है, जो शरीर के तंत्रिका तंत्र को प्रभावित करती है। इससे मांसपेशियां संकुचित (सिकुड़ना) होने लगती हैं, जिससे काफी दर्द होता है। टिटनेस विशेष रूप से जबड़े और गर्दन की मांसपेशियों को ही प्रभावित करती है। टिटनेस आपके सांस लेने की समर्थता में हस्तक्षेप करती है और अंत में जीवन के लिए एक गंभीर खतरा बन सकती है।

अतः विकल्प (A) सही है।

3. चिकन पॉक्स एक वायरल बीमारी है। चिकनपॉक्स वैरीसेला-जोस्टर वायरस के कारण होने वाला संक्रमण है। यह छोटे, द्रव से भरे फफोले के साथ एक खुजलीदार दाने का कारण बनता है। चिकनपॉक्स उन लोगों के लिए अत्यधिक संक्रामक है जिन्हें यह बीमारी नहीं हुई है या इसके खिलाफ टीका नहीं लगाया है।

अतः विकल्प (C) सही है।

4. हैजा एक जीवाणु रोग है जो आमतौर पर दूषित पानी से फैलता है। हैजा गंभीर दस्त और निर्जलीकरण का कारण बनता है। हैजा, जिसे एशियाई महामारी के रूप में भी जाना जाता है, एक संक्रामक आंत्रशोथ है जो विब्रियो कॉलेरी नामक जीवाणु के एंटेरोटॉक्सिन उतपन्न करने वाले उपभेदों के कारण होता है।आमतौर पर पानी या भोजन का यह दूषण हैजे के एक वर्तमान रोगी द्वारा ही होता है। विब्रियो कॉलेरी एक ग्राम-नेगेटिव जीवाणु है जो एक एंटेरोटॉक्सिन, कॉलेरा टोक्सिन का उत्पादन करता है, जिसका छोटी आंत के श्लेष्मीय उपकला अस्तर पर हुआ असर इस रोग के सबसे कुख्यात लक्षण बहुत अधिक दस्त के लिए जिम्मेदार है।

अतः विकल्प (A) सही है।

5. खसरा एक बहुत ही संक्रामक रोग है, जो पैरामाइक्सोविरिडे परिवार के एक वायरस के कारण होता है। खसरा को रुबेला भी कहा जाता है। खसरा अनेक विकासशील देशों में बच्चों की मृत्यु का एक मुख्य कारण है। खसरा श्वसन प्रणाली में वायरस, विशेष रूप से मोर्बिलीवायरस के जीन्स पैरामाइक्सोविरिडे के संक्रमण से होता है।

अतः विकल्प (D) सही है।

6. चेचक एक आम बीमारी है। यह मुख्यतः बच्चों को प्रभावित करती है; जिससे शरीर में खुजली वाले धब्बेदार दाने हो जाते हैं। आमतौर पर ये नुकसानदायक नहीं होता और एक सप्ताह या दो सप्ताह में ठीक हो जाता है, लेकिन कुछ लोगों के लिए खतरनाक हो सकता है, जैसे गर्भवती महिलाएं, नवजात शिशु और कमजोर प्रतिरक्षा प्रणाली वाले लोग। चेचक की नैदानिक विशेषतायें:

- त्वचा के चकत्ते
- फफोले और पपड़ी
- बुखार
- छाले
- पीठ में दर्द

अतः विकल्प (D) सही है।

7. स्क्रब टाइफस घुन से फैलता है। स्क्रब टाइफस, जिसे बुश टाइफस के नाम से भी जाना जाता है, एक बीमारी है जो ओरिएंटिया त्सुत्सुगामुशी नामक बैक्टीरिया के कारण होती है। स्क्रब टाइफस संक्रमित चिगर्स (लार्वा माइट्स) के काटने से लोगों में फैलता है। स्क्रब टाइफस के सबसे आम लक्षणों में बुखार, सिरदर्द, शरीर में दर्द और कभी-कभी दाने शामिल हैं।

अतः विकल्प (A) सही है।

8. चिकनपॉक्स वैरीसेला-जोस्टर वायरस के कारण होने वाला संक्रमण है। यह छोटे, द्रव से भरे फफोले के साथ एक खुजलीदार दाने का कारण बनता है। चिकनपॉक्स उन लोगों के लिए अत्यधिक संक्रामक है जिन्हें यह बीमारी नहीं हुई है या इसके खिलाफ टीका नहीं लगाया गया है।

चिकनपॉक्स की विशेषताएं हैं:

- दाने सममित होते है।
- मूल्यांकन तेज होता है।
- दाने फुफ्फुसावरण

अतः विकल्प (D) सही है।

9. प्लेमोरफिज्म का मतलब है कि दाने के सभी चरणों को एक साथ एक समय में एक क्षेत्र में देखा जा सकता है। प्लेमोरफिज्म दाने वैरिकाला की विशेषता है। पपल्स, वेसिकल्स और पस्ट्यूल एक साथ मौजूद होते है। शिशु में वैरीसेला के साथ पैपुलोवेसिक्युलर घाव उपचार के विभिन्न चरणों में होता है।

अतः विकल्प (C) सही है।

10. वायरल गुणन को रोकने वाले वायरल संक्रमण के जवाब में कशेरुक कोशिकाओं द्वारा उत्पादित छोटे प्रोटीन को इंटरफेरॉन के रूप में जाना जाता है। सफेद रक्त कोशिकाओं और अन्य कोशिकाओं द्वारा शरीर में इंटरफेरॉन बनाए जाते हैं, लेकिन उन्हें विभिन्न रोगों के उपचार के रूप में उपयोग करने के लिए प्रयोगशाला में भी बनाया जा सकता है।

अतः विकल्प (C) सही है।

11. 'एक बहु-विषयक ढांचे के भीतर काम करता है' प्राथमिक स्वास्थ्य देखभाल को प्राथमिक देखभाल से अलग करता है। प्राथमिक स्वास्थ्य देखभाल एक व्यापक शब्द है जो विश्व स्वास्थ्य संगठन द्वारा व्यक्त किए गए मूल सिद्धांतों से निकला है और जो स्वास्थ्य नीति और सेवा प्रावधान के लिए एक दृष्टिकोण का वर्णन करता है जिसमें व्यक्तियों (प्राथमिक देखभाल सेवाओं) और जनसंख्या-स्तर "सार्वजनिक स्वास्थ्य-प्रकार" कार्यक्रम दोनों को प्रदान की जाने वाली सेवाएं शामिल हैं।

अतः विकल्प (C) सही है।

12. सी.ई. विंसलो के अनुसार, सभी सार्वजनिक स्वास्थ्य प्रयास लोगों को स्वास्थ्य और लंबी उम्र के अपने जन्मसिद्ध अधिकार को समझने के लिए हैं। उनके अनुसार सार्वजनिक स्वास्थ्य समाज, संगठनों, सार्वजनिक और निजी समुदायों, और व्यक्तियों के संगठित प्रयासों और सूचित विकल्पों के माध्यम से बीमारी को रोकने, जीवन को लम्बा खींचने और स्वास्थ्य को बढ़ावा देने का विज्ञान और कला है।

अतः विकल्प (A) सही है।

13. एम्फोटेरिसिन बी प्राप्त करने वाले व्यक्ति की देखभाल नर्स कर रही है। त्वचा के रंग में परिवर्तन इंगित करता है कि व्यक्ति ने इस दवा के लिए विषाक्तता का अनुभव किया है।

एम्फोटेरिसिन बी लेने वाले व्यक्ति को लीवर, रीनल और बोन मैरो फंक्शन की निगरानी करनी चाहिए क्योंकि यह दवा किडनी और लीवर के लिए जहरीली है और बोन मैरो को कम करती है। पीलिया जिगर की विषाक्तता का संकेत है और एम्फोटेरिसिन बी के उपयोग के लिए विशिष्ट नहीं है। स्तनधारी और कवक झिल्ली की समानता के कारण, जिसमें दोनों में स्टेरोल्स (एम्फोटेरिसिन बी के लिए चिकित्सीय लक्ष्य) होते हैं, एम्फोटेरिसिन बी सेलुलर विषाक्तता प्रदर्शित कर सकता है जिससे त्वचा की मलिनकिरण हो सकती है।

अतः विकल्प (D) सही है।

14. चयनात्मक प्राथमिक स्वास्थ्य देखभाल का अर्थ समानता के बजाय व्यक्तिगत प्रौद्योगिकी पर केंद्रित देखभाल है। यह उन कुछ बीमारियों की रोकथाम या उपचार पर केंद्रित है जो सबसे अधिक मृत्यु दर और रुग्णता का कारण बनती हैं और जिनके लिए प्रभावी हस्तक्षेप हैं। लक्षित रोगों का चयन करते समय निर्णयकर्ताओं को व्यापकता, रुग्णता, मृत्यु दर और नियंत्रण की व्यवहार्यता पर विचार करना चाहिए।

अतः विकल्प (A) सही है।

15. CHN एक समुदाय-आधारित अभ्यास है। नर्स को नर्सिंग की जरूरतों को निर्धारित करने के लिए सामुदायिक निदान करना होता है। सामुदायिक स्वास्थ्य परिचर्या समुदाय में व्यक्तियों की स्वास्थ्य देखभाल है। सामुदायिक स्वास्थ्य परिचर्या का प्राथमिक लक्ष्य एक समुदाय को उसके सदस्यों के स्वास्थ्य की रक्षा और संरक्षण में मदद करना है, जबकि दूसरा लक्ष्य व्यक्तियों और परिवारों के बीच स्वयं की देखभाल को बढ़ावा देना है।

अतः विकल्प (B) सही है।

16. क्लोरीनयुक्त पानी की व्यवस्था, हैजा के प्रकोप के दौरान अपनाए जाने वाले सर्वोत्तम आपातकालीन स्वच्छता के उपाय होंगे।

हैजा विब्रियो कॉलेरा के कारण होने वाला एक तीव्र डायरिया रोग है और यह दूषित पानी, भोजन और पेय और संक्रमित व्यक्ति के सीधे संपर्क से एक व्यक्ति से दूसरे व्यक्ति में फैलता है। यदि हैजा रोग प्रकृति में स्थानिक है तो सबसे अच्छा आपातकालीन प्रबंधन उबालकर या क्लोरीनीकरण द्वारा सुरक्षित पानी की व्यवस्था है।

अतः विकल्प (D) सही है।

17. प्रत्येक सामुदायिक स्वास्थ्य केंद्र चार प्राथमिक स्वास्थ्य केंद्रों के लिए एक रेफरल केंद्र के रूप में कार्य करता है। एक सामुदायिक स्वास्थ्य केंद्र एक निश्चित क्षेत्र में लोगों को स्वास्थ्य सेवाएं प्रदान करने वाले सामान्य चिकित्सकों और नर्सों के समूह द्वारा कार्यरत क्लीनिकों के नेटवर्क में से एक है। कवर की जाने वाली विशिष्ट सेवाएं आंतरिक चिकित्सा, बाल चिकित्सा, महिलाओं की देखभाल, परिवार नियोजन, फार्मेसी, ऑप्टोमेट्री, प्रयोगशाला परीक्षण और बहुत कुछ हैं। पीएचसी की पहल कार्यान्वयन और निर्णय लेने में समुदाय के सदस्यों की पूर्ण भागीदारी की अनुमति देती है।

अतः विकल्प (C) सही है।

18. सामुदायिक स्वास्थ्य नर्स की कुछ प्रमुख भूमिकाएं और जिम्मेदारियां हैं:

- सामुदायिक स्वास्थ्य नर्स में चिकित्सक की भूमिका का मतलब है कि नर्स न केवल व्यक्तियों और परिवारों के लिए बल्कि समुदाय के समूहों और आबादी के लिए भी स्वास्थ्य देखभाल सेवाएं सुनिश्चित करती है।

- एक शिक्षक के रूप में वे समुदाय के लोगों के ज्ञान, दृष्टिकोण, मूल्यों, विश्वासों, व्यवहारों, प्रथाओं, परिवर्तन के चरण और कौशल का आकलन करते हैं और ज्ञान स्तर के अनुसार स्वास्थ्य शिक्षा प्रदान करते हैं।

- एक प्रबंधक के रूप में नर्स मरीजों की जरूरतों का आकलन करके, उन जरूरतों को पूरा करने के लिए योजना और आयोजन करके, लक्ष्य को पूरा करने के लिए प्रगति का निर्देशन और नियंत्रण और मूल्यांकन करके निर्दिष्ट लक्ष्यों की पूर्ति के लिए प्रशासनिक दिशा का प्रयोग करती है।

अतः विकल्प (D) सही है।

19. करतार सिंह समिति, 1973 स्वास्थ्य के अतिरिक्त सचिव की अध्यक्षता में और "स्वास्थ्य और परिवार नियोजन के तहत बहुउद्देशीय श्रमिकों पर समिति" शीर्षक वाली इस समिति का गठन परिधीय और पर्यवेक्षी स्तरों पर स्वास्थ्य और चिकित्सा सेवाओं के एकीकरण के लिए एक रूपरेखा तैयार करने के लिए किया गया था। इसकी मुख्य उद्देश्य परिधीय और पर्यवेक्षी स्तरों पर एकीकृत सेवाओं और क्षेत्र में (बहुउद्देशीय कर्मियों) होने की व्यवहार्यता का अध्ययन करना था। पूर्ववर्ती सहायक नर्स दाइयों को एमपीडब्ल्यू (एफ) में परिवर्तित

किया जाना था और बुनियादी स्वास्थ्य कार्यकर्ता, मलेरिया निगरानी कार्यकर्ता आदि को एमपीडब्ल्यू (एम) में परिवर्तित किया जाना था। एक प्राथमिक स्वास्थ्य केंद्र को 50,000 की आबादी को कवर करना चाहिए। इसे 16 उप-केंद्रों (3000 से 3500 की आबादी के लिए) में विभाजित किया जाना चाहिए, प्रत्येक में एक पुरुष और एक महिला स्वास्थ्य कार्यकर्ता होंगे।

अतः विकल्प (C) सही है।

20. जिस हद तक एक विशिष्ट स्वास्थ्य देखभाल उपचार, सेवा, प्रक्रिया, कार्यक्रम, या अन्य हस्तक्षेप आदर्श नियंत्रित परिस्थितियों में लाभकारी परिणाम उत्पन्न करता है, वह इसकी प्रभावकारिता है।

प्रभावकारिता शब्द पूरे स्वास्थ्य सेवा समुदाय में एक विशेष अर्थ रखता है। एक उपचार को उस हद तक प्रभावी कहा जाता है कि यह रोगियों के लिए इष्टतम परिचालन परिभाषा, वितरण, उपचार, खुराक उपचार, उपचार के प्रभावों को अनुक्रमित करने के लिए अत्यधिक नियंत्रित परिस्थितियों में वांछित परिणाम लाता है। सांख्यिकीय निष्कर्ष सामान्य अपेक्षा की गारंटी देता है कि एक विशेष उपचार नैदानिक अभ्यास में प्रशासित होने पर वांछित परिणाम लाता है। नतीजतन, उपचार प्रभावकारिता का सबूत एक विशेष नैदानिक आबादी के सदस्यों को प्रशासित होने पर लाभकारी परिवर्तन लाने के लिए एक विशेष उपचार प्रोटोकॉल की क्षमता को स्थापित करता है।

अतः विकल्प (B) सही है।

21. प्रति सप्ताह एक बार योग (हल्का व्यायाम) नियमित मासिक धर्म में बदलाव का कारण बनने के लिए उपरोक्त की सबसे कम संभावना है। क्रॉस कंट्री या लंबी दूरी की दौड़ (जोरदार व्यायाम) से महिला के चक्र में बदलाव होने की संभावना अधिक होती है। खराब जीवनशैली विकल्प जैसे खाने की आदतें और स्वास्थ्य संबंधी समस्याएं जैसे कि किडनी की बीमारी भी अनियमित मासिक धर्म का कारण बन सकती हैं। इसी तरह, फार्मास्यूटिकल्स का एक ही प्रभाव हो सकता है।

अत: विकल्प (C) सही है।

22. नर्स माँ का स्थान बदलने का अनुमान लगाती है।

देर से मंदी गर्भाशय अपरा अपर्याप्तता के कारण होती है। नर्स को गर्भाशय के रक्त प्रवाह को बढ़ावा देने के लिए कई हस्तक्षेपों का अनुमान लगाना चाहिए। प्रारंभ में, नर्स को ऑक्सीजन पूरकता लागू करनी चाहिए, ऑक्सीटोसिन जलसेक को रोकना चाहिए, माँ को बाईं ओर स्थानांतरित करना चाहिए, और लैक्टेटेड रिंगर सॉल्यूशन (LR) का एक द्रव बोल्ट देना चाहिए।

अत: विकल्प (D) सही है।

23. यह प्रारंभिक मंदी है। यह सिर के संपीड़न के कारण होता है।

प्रारंभिक मंदी संपीड़न के चरम से पहले शुरू होती है। प्रारंभिक मंदी तब हो सकती है जब बच्चे का सिर संपीड़ित हो। यह अक्सर प्रसव के बाद के चरणों के दौरान होता है क्योंकि बच्चा जन्म नहर से नीचे उतर रहा होता है। वे प्रारंभिक श्रम के दौरान भी हो सकते हैं यदि बच्चा समय से पहले या ब्रीच स्थिति में है।

अत: विकल्प (D) सही है।

24. बेसलाइन FHR 100bpm; न्यूनतम परिवर्तनशीलता; शून्य त्वरण; चर मंदी एक श्रेणी II भ्रूण हृदय गति (FHR) अनुरेखण का वर्णन करती है।

एक श्रेणी II भ्रूण हृदय गति अनुरेखण में सभी FHR अनुरेखण शामिल हैं जो श्रेणी I या श्रेणी III नहीं हैं। श्रेणी I FHR ट्रेसिंग इस प्रकार हैं: बेसलाइन 110-160bpm, मध्यम परिवर्तनशीलता, अनुपस्थित देर से या परिवर्तनशील मंदी, वर्तमान या अनुपस्थित प्रारंभिक मंदी, और वर्तमान या अनुपस्थित त्वरण। श्रेणी III FHR अनुरेखण इस प्रकार हैं: अनुपस्थित बेसलाइन FHR परिवर्तनशीलता, आवर्तक देर से मंदी, आवर्तक चर मंदी, ब्रैडीकार्डिया और साइनसोइडल पैटर्न।

अत: सही विकल्प (D) है।

25. गर्भकालीन मधुमेह के लिए खराब आहार जोखिम कारक नहीं है।

गर्भकालीन मधुमेह के जोखिम कारकों में मोटापा, मधुमेह का पारिवारिक इतिहास, गर्भकालीन मधुमेह का इतिहास, उच्च रक्तचाप, प्री-एक्लेमप्सिया / एक्लम्पसिया, बार-बार मूत्र पथ के संक्रमण, योनिशोथ, पॉलीहाइड्रमनिओस, पिछले बड़े शिशु (9 पाउंड या 4000 ग्राम से अधिक), ग्लाइकोसुरिया या प्रोटीनूरिया शामिल हैं। जबकि खराब आहार मधुमेह संबंधी चिंताओं में योगदान दे सकता है, यह सीधे तौर पर गर्भकालीन मधुमेह के उच्च जोखिम से जुड़ा नहीं है क्योंकि अन्य जोखिम कारक हैं। प्रसवपूर्व अवधि के दौरान, नर्सें अपने रोगियों को इन सभी जोखिम कारकों के साथ-साथ उचित प्रसवपूर्व आहार के बारे में शिक्षित करने के लिए जिम्मेदार होती हैं।

अत: विकल्प (C) सही है।

26. भ्रूण की हृदय गति विशेषता का त्वरण प्रकार हुआ है।

भ्रूण की हृदय गति में एक त्वरण को एफएचआर में एक स्पष्ट रूप से स्पष्ट और अचानक वृद्धि के रूप में परिभाषित किया गया है, जहां एफएचआर त्वरण की शुरुआत से 30 सेकंड से कम समय में चरम तक बढ़ जाता है। 32 सप्ताह से कम समय में, त्वरण बेसलाइन से कम से कम 10 बीपीएम ऊपर और कम से कम 10 सेकंड तक चलना चाहिए। 32 सप्ताह से अधिक समय में, त्वरण बेसलाइन से कम से कम 15 बीपीएम ऊपर होना चाहिए और कम से कम 15 सेकंड तक चलना चाहिए। एक लंबा त्वरण त्वरण के समान दिशानिर्देशों का पालन करता है, लेकिन 2 मिनट से अधिक समय तक रहता है और अवधि में 10 मिनट से अधिक नहीं होता है; 10 मिनट के बाद, यह बेसलाइन FHR में बदलाव है। डिसेलेरेशन, बेसलाइन से एफएचआर में एक स्पष्ट रूप से स्पष्ट कमी है, धीरे-धीरे या अचानक, जो मूल बेसलाइन पर लौटता है। किसी भी 20-मिनट की विंडो में 50% से अधिक अनुबंधों के साथ आवर्तक त्वरण होते हैं। तचीकार्डिया 160 बीपीएम से अधिक का आधारभूत एफएचआर है।

अत: विकल्प (C) सही है।

27. इस इलेक्ट्रॉनिक भ्रूण निगरानी पट्टी पर एक साइनसॉइडल प्रकार की भ्रूण की हृदय गति विशेषता हो रही है।

एक साइनसॉइडल पैटर्न भ्रूण की हृदय गति बेसलाइन में एक नेत्रहीन स्पष्ट, चिकनी, साइन वेव जैसी लहरदार पैटर्न है जिसमें कम से कम 3-5 / मिनट की चक्र आवृत्ति होती है जो 20 मिनट से अधिक समय तक बनी रहती है। वैरिएबल 30 सेकंड से कम समय तक चलने वाले बेसलाइन से भ्रूण की हृदय गति (FHR) में नेत्रहीन स्पष्ट कमी और वापसी में अचानक गिरावट का वर्णन करता है। ब्रेडीकार्डिया तब होता है जब बेसलाइन एफएचआर 110 बीपीएम से कम होता है। आंतरायिक किसी भी 20 मिनट की खिड़की में 50% से कम संकुचन के साथ होने वाले त्वरण या मंदी का वर्णन करता है। आवर्तक किसी भी 20 मिनट की खिड़की में 50% से अधिक संकुचन के साथ होने वाले त्वरण या मंदी का वर्णन करता है।

अत: विकल्प (D) सही है।

28. लेफ्ट ओसीसीपुट एंटिरियर (एलओए) में स्थित भ्रूण में, नर्स को मां के दाहिने तरफ नाभि के नीचे भ्रूण की हृदय गति (एफएचआर) का आकलन करना चाहिए।

यह विचार करते समय कि भ्रूण की हृदय गति को सबसे अच्छा कहाँ सुना जाए, नर्स को भ्रूण के पीछे के स्थान पर विचार करना चाहिए। सप्ताह का गर्भ या आकार भ्रूण की हृदय गति का आकलन करने के लिए सर्वोत्तम स्थान के स्थान को भी प्रभावित कर सकता है। एलओए या बाएं पश्चकपाल पूर्वकाल सबसे आम भ्रूण विषयक झूठ है। एलओए में एक भ्रूण शीर्ष प्रस्तुति में होता है, जिसमें भ्रूण उसके श्रोणि के सामने की ओर माँ के बाईं ओर होता है।एलओए में, एफएचआर को मां के बाईं ओर नाभि के नीचे सबसे अच्छी तरह से सुना जाता है।

अतः सही विकल्प (D) है।

29. डिसमेनोरिया, बांझपन और डिस्पेर्यूनिया एंडोमेट्रियोसिस के साथ लक्षण पेश करने का त्रय है।

एंडोमेट्रियोसिस के लक्षणों को प्रस्तुत करने की त्रय है डिसमेनोरिया (दर्दनाक मासिक धर्म), बांझपन और डिस्पेर्यूनिया (संभोग पर दर्द)। सबसे आम पेश करने वाला लक्षण अत्यधिक, तीव्र गर्भाशय ऐंठन है जो जांघों के पीछे या नीचे तक फैल सकता है। एंडोमेट्रियोसिस भी स्थानीय पैरासरीन प्रभाव के कारण बांझपन का एक सामान्य कारण है। संभोग पर दर्द योनि या गर्भाशय ग्रीवा के आसपास के क्षेत्र में एंडोमेट्रियल कोशिकाओं के आरोपण के कारण हो सकता है। एंडोमेट्रियोसिस जरूरी नहीं कि मेनोरेजिया या अत्यधिक भारी रक्तस्राव हो। हिर्सुटिज्म, इनफर्टिलिटी और ऑलिगोमेनोरिया एंडोमेट्रियोसिस के बजाय आमतौर पर पॉलीसिस्टिक ओवेरियन सिंड्रोम (पीसीओएस) में देखे जाने वाले लक्षण हैं।

अत: विकल्प (B) सही है।

30. व्यायाम की कमी, अंतर्गर्भाशयी डिवाइस (आईयूडी) की उपस्थिति, और एंडोमेट्रियोसिस के पारिवारिक इतिहास से एंडोमेट्रियोसिस का खतरा बढ़ जाता है।

उपरोक्त स्थिति के पारिवारिक इतिहास वाले व्यक्तियों में एंडोमेट्रियोसिस की घटना काफी बढ़ जाती है। अन्य योगदान कारक गतिहीन जीवन शैली (व्यायाम की कमी), अंतर्गर्भाशयी उपकरण की उपस्थिति, वसा में उच्च आहार, एस्ट्रोजन प्रभुत्व की उपस्थिति और यकृत की शिथिलता (एस्ट्रोजन चयापचय में कमी के कारण) हैं।

अत: विकल्प (D) सही है।

31. जब किसी का हाथ टूट जाए तो हाथ में स्लिंग पहनने की आवश्यकता है।

कंधे के फ्रैक्चर, कोहनी के फ्रैक्चर या कलाई के फ्रैक्चर के लिए आपको स्लिंग पहनने की आवश्यकता हो सकती है। 1 फ्रैक्चर के बाद अपने हाथ को स्थिर करना महत्वपूर्ण है ताकि यह सुनिश्चित हो सके कि हड्डियां ठीक से ठीक हो जाएं। स्लिंग आपके हाथ को स्थिर रखता है और यह सुनिश्चित करने के लिए कि ऐसा होता है।

अत: विकल्प (D) सही है।

32. गर्मी में ऐंठन से पीड़ित छात्र को ठंडा पानी या स्पोर्ट्स ड्रिंक पिलाएं। गर्मी की ऐंठन आमतौर पर अपने आप दूर हो जाती है, लेकिन आप इनमें से किसी एक घरेलू उपचार को आजमा सकते हैं: ठंडी जगह पर आराम करें और एक स्पोर्ट्स ड्रिंक पीएं, जिसमें इलेक्ट्रोलाइट्स और नमक हो, या ठंडा पानी पिएं।

अत: विकल्प (B) सही है।

33. एक 68 वर्षीय महिला के लिए, जिसके हाथों और भुजाओं पर छाले पड़ गए हैं, आपको तुरंत अपने स्थानीय आपातकालीन फोन नंबर पर कॉल करना चाहिए।

एक बड़ी जलन के इलाज में पहला कदम 911 पर कॉल करना या आपातकालीन चिकित्सा देखभाल प्राप्त करना है। आपात स्थिति आने तक उठाए जाने वाले कदमों में शामिल हैं: सुनिश्चित करें कि आप और जला हुआ व्यक्ति सुरक्षित हैं और नुकसान से बाहर हैं। उन्हें जलने के स्रोत से दूर ले जाएं।

अत: विकल्प (B) सही है।

34. आपको संदेह होना चाहिए कि बिजली गिरने से हुई घटना, अज्ञात कारणों से बेहोश पाया गया व्यक्ति, और पीड़ित की ऊंचाई से अधिक ऊंचाई से गिरने के कारण पीड़ित के सिर और रीढ़ की हड्डी में चोट लगी है।

रीढ़ की हड्डी में चोट का संदेह होना चाहिए यदि रोगी को: चोट के स्थान पर या नीचे दर्द हो। सनसनी का नुकसान, या असामान्य सनसनी जैसे हाथ या पैर में झुनझुनी। चोट की साइट के नीचे आंदोलन या बिगड़ा हुआ आंदोलन का नुकसान।

अत: विकल्प (D) सही है।

35. आप अपने बाएं पैर के निचले हिस्से में अचानक तेज दर्द महसूस करते हैं। आप अपने बाएं जूते के नीचे देखें और देखें कि आपके जूते में एक कील चिपकी हुई है। एक छिद्रित प्रकार का घाव जो आपको शायद होगा।

एक छिद्रित घाव एक तेज, नुकीली वस्तु के कारण होने वाली एक जबरदस्त चोट है जो त्वचा में प्रवेश करती है। छिद्रित घाव आमतौर पर कट या खुरचने की तुलना में संकरा और गहरा होता है। कई लोगों को गलती से घरेलू या काम की वस्तुओं, यार्ड टूल्स, या मशीनरी का संचालन करते समय छिद्रित घाव हो जाते हैं।

अत: विकल्प (D) सही है।

36. सिर झुकाकर और ठुड्डी को ऊपर उठाकर आपको बेहोश हताहत के वायुमार्ग को खोलना चाहिए।

वायुमार्ग को खोलने के लिए, 1 हाथ पीड़ित के माथे पर रखें और धीरे से उनके सिर को पीछे की ओर झुकाएं, 2 अंगुलियों का उपयोग करके ठुड्डी के सिरे को ऊपर उठाएं। यह जीभ को गले के पिछले हिस्से से दूर ले जाता है। मुंह के फर्श पर धक्का न दें, क्योंकि यह जीभ को ऊपर की ओर धकेलेगा और वायुमार्ग को बाधित करेगा।

अत: विकल्प (A) सही है।

37. एक लड़के की आंख में काँच लग गए हैं तो ठंडे पानी से आंख को धोकर अस्पताल ले जाएं।

कॉर्नियल घर्षण तब होता है जब चिमटी से काँच को निकलने का प्रयास किया जाता है और ऐसा लगता है कि आंख में कुछ फंस गया है। आंख लाल, दर्दनाक और फटी हो सकती है। एक डॉक्टर को सुई और एक कपास की नोक का उपयोग करके काँच को हटाने की आवश्यकता हो सकती है। एक से दो दिनों में एक छोटी सी खरोंच ठीक हो जाएगी।

अत: सही विकल्प (C) है।

38. सिर और रीढ़ की चोटों के संकेत कान या नाक में रक्त या अन्य तरल पदार्थ और सिर या रीढ़ पर असामान्य धक्का या दबाव हैं। आपकी गर्दन, सिर या पीठ में अत्यधिक पीठ दर्द या दबाव। आपके शरीर के किसी भी हिस्से में कमजोरी, असंयम या लकवा। आपके हाथों, उंगलियों, पैरों या पैर की उंगलियों में सुन्नता, झुनझुनी या सनसनी का नुकसान। मूत्राशय या आंत्र नियंत्रण का नुकसान।

अत: विकल्प (D) सही है।

39. दाब डालने से पूर्व दाब क्यों डाला जाना है, सोचना आवश्यक नहीं है।

दाब क्यों डाला जाना है:

- रक्तस्राव को रोकने के लिए घाव पर दाब डालना चाहिए।
- यह गर्मी और तरल पदार्थ के हानि को रोकने के लिए भी डाला जाता है।
- सर्पदंश की स्थिति में भी इसका उपयोग विष को फैलने से रोकने के लिए किया जाता है।
- व्यक्ति के पद के निरपेक्ष दाब डाला जाता है।
- यह किसी व्यक्ति की जान बचाने के लिए किया जाता है।
- डाला गया दाब स्थान और चोट के प्रकार के अनुसार होना चाहिए।
- घाव/चोट के क्षेत्र में रक्त के प्रवाह को कम करने और रक्त की हानि को कम करने के लिए प्रमुख धमनी पर दाब डाला जा सकता है।

अत: विकल्प (C) सही है।

40. एक बच्चे पर सीपीआर करते समय, छाती का संकुचन 1.5 इंच गहरा होना चाहिए।

5 प्रारंभिक बचाव श्वास दें। 2 अंगुलियों को छाती के बीच में रखें और 4 सेमी (लगभग 1.5 इंच) नीचे धकेलें, जो छाती के व्यास का लगभग एक तिहाई है। छाती के संकुचन की गुणवत्ता (गहराई) बहुत महत्वपूर्ण है।

अत: विकल्प (A) सही है।

41. एक्सट्रीम ब्रैडीकार्डिया डिगॉक्सिन विषाक्तता का एक प्रमुख संकेत है। Na-K ट्रांसपोर्टर के विषाक्तता से बढ़े हुए इंट्रासेल्युलर कैल्शियम और बढ़े हुए योनि स्वर से AV नोडल ब्लॉकेड, डिगॉक्सिन विषाक्तता के प्राथमिक कारण हैं। पूर्व स्वचालितता और इनोट्रॉपी में वृद्धि की ओर जाता है; उत्तरार्द्ध ड्रोमोट्रॉपी में कमी की ओर जाता है।

अत: विकल्प (C) सही है।

42. नई समस्याओं को संभालने के लिए अलग-अलग सोचने की क्षमता रचनात्मक बुद्धि के पास होती है।

रचनात्मक बुद्धि का तात्पर्य अपसारी चिंतन में संलग्र होकर समस्या-समाधान के नए रूपों से है। यह नए विचारों के साथ आने और समस्याओं को हल करने के लिए पूर्व ज्ञान और अनुभव का उपयोग करता है। इसमें दो घटक: स्वचालन और नवीनता शामिल हैं। नवीनता इस बात से संबंधित है कि कोई व्यक्ति पहली बार कुछ नया मिलने पर कैसे प्रतिक्रिया करता है। स्वचालितकरण इस बात से संबंधित है कि कोई व्यक्ति दोहराए गए कार्यों को स्वचालित रूप से कैसे करना सीखता है। अनुभवात्मक उप सिद्धांत रचनात्मक बुद्धि से संबंधित है, जो नई समस्याओं का सामना करने या नई परिस्थितियों का सामना करने के लिए नई विधि बनाने के लिए मौजूदा ज्ञान का उपयोग करने की क्षमता है।

अत: विकल्प (B) सही है।

43. एक व्यक्ति का नैतिक विकास होना है, जिसके बिना शिक्षा को केवल साक्षरता तक सीमित कर दिया जाता है और यह न केवल व्यक्ति के लिए हानिकारक है बल्कि समाज के लिए भी खतरनाक साबित होता है। भावनाएं मनुष्य के नैतिक विकास में महत्वपूर्ण भूमिका निभाती हैं। उन्हें केवल मानव दुर्बलता का एक अप्रिय अनुस्मारक के रूप में नहीं माना जाता है।

नैतिक विकास में कारक महत्वपूर्ण भूमिका निभाते हैं: स्कूली वातावरण, सामाजिक, घरेलू वातावरण, प्रार्थना सभा, अनुभूति जैसे कई कारक हैं जो एक बच्चे के नैतिक विकास में महत्वपूर्ण भूमिका निभाते हैं।

अत: विकल्प (D) सही है।

44. जी. स्टेनली हॉल को किशोरावस्था के वैज्ञानिक अध्ययन के जनक के रूप में जाना जाता है।

जी. स्टेनली हॉल को उनकी विलक्षण विद्वता के लिए जाना जाता है, जिन्होंने मनोविज्ञान, शिक्षा और लोकप्रिय संस्कृति में किशोर विषयों को आकार दिया।

स्टेनली हॉल के अनुसार:

- किशोरावस्था एक अशांत समय होता है जो संघर्ष और मनोभाव में परिवर्तन से पूर्ण होता है।
- बाल्यावस्था और किशोरावस्था में संक्रमण का समय अत्यधिक तनाव का होता है।
- किशोरावस्था स्पष्ट रूप से सोचने में विफल हो जाती है और यह उनके जीवन में बड़ी निराशा और तनाव पैदा करती है।

अत: विकल्प (B) सही है।

45. वस्तु स्थायित्व प्राप्त करना किशोरावस्था का विकसात्मक कार्य नहीं है।

किशोरावस्था बाल्यावस्था से वयस्कता तक की संक्रमणकालीन अवस्था है जो 11 और 19 वर्ष की आयु के बीच होती है। यह जीवन का एक तनावपूर्ण काल है, जिसमें शारीरिक, मानसिक, भावनात्मक, सामाजिक और व्यवहारिक परिवर्तन दिखाई देते हैं।

अत: विकल्प (B) सही है।

46. इंजेक्शन साइटों को घुमाना आवश्यक है क्योंकि एक ही स्थान पर अधिक समय तक इंजेक्शन लगाने से कठोर गांठ या अतिरिक्त वसा जमा हो सकता है। अंतर्जत इंसुलिन शरीर क्रिया विज्ञान का अनुकरण करने के लिए इंसुलिन वितरण कई दैनिक इंजेक्शन (एमडीआई) या एक इंसुलिन पंप द्वारा होता है। कई दैनिक इंजेक्शन में बेसल इंसुलिन एक या दो बार दैनिक शामिल होता है और बोलस इंसुलिन आमतौर पर भोजन में तीन या अधिक बार दैनिक रूप से

दिया जाता है और यह कार्बोहाइड्रेट सामग्री और वर्तमान रक्त ग्लूकोज पर आधारित होता है।

अत: विकल्प (D) सही है।

47. कीमोथेरेपी देते समय, नर्स को 10 मिनट के लिए एनाफिलेक्टिक प्रतिक्रिया के लिए निरीक्षण करना चाहिए और संदेह होने पर दवा बंद कर देनी चाहिए। एनाफिलेक्सिस एक गंभीर एलर्जी प्रतिक्रिया है, जो सदमे, निम्न रक्तचाप और कभी-कभी मृत्यु का कारण बन सकती है। मूंगफली और ट्री नट्स से एलर्जी सहित खाद्य एलर्जी को संयुक्त राज्य अमेरिका में अधिकांश घातक या निकट घातक एनाफिलेक्टिक प्रतिक्रियाओं के लिए जिम्मेदार माना जाता है, विशेष रूप से जब कीमोथेरेपी दवाओं को सामान्य एलर्जी प्रतिक्रिया उत्पादकों के रूप में जाना जाता है, तो प्रतिक्रिया को रोकने या कम करने के लिए प्रीमेडिकेट किया जाता है।

अत: विकल्प (B) सही है।

48. बच्चे के पोषण सेवन पर भूमिका और संबंध पैटर्न के प्रभावों का सर्वोत्तम मूल्यांकन करने के लिए, नर्स को यह पूछना चाहिए कि "क्या आप खुद को शारीरिक रूप से स्वस्थ महसूस करते हैं?"

भूमिका और संबंध पैटर्न शरीर की छवि और दूसरों के साथ रोगी के संबंधों पर ध्यान केंद्रित करते हैं, जो आमतौर पर भोजन के सेवन से जुड़े होते हैं। जीवन के पहले वर्षों के दौरान खाने का व्यवहार विकसित होता है; बच्चे भोजन के साथ प्रत्यक्ष अनुभवों और दूसरों के खाने के व्यवहार को देखकर सीखते हैं कि क्या, कब और कितना खाना है।

अत: विकल्प (C) सही है।

49. एक बच्चे को विल्स ट्यूमर का पता चला है। मूल्यांकन के दौरान, प्रभारी नर्स पेट-संबंधी रोग का पता लगाने की अपेक्षा करती है।

विल्स ट्यूमर का सबसे साधारण लक्षण एक दर्द रहित, स्पष्ट पेट-संबंधी रोग है, कभी-कभी पेट की परिधि में वृद्धि के साथ होता है। विल्स ट्यूमर आमतौर पर अधिकांश बच्चों में एक स्पर्शोन्मुख पेट-संबंधी रोग के रूप में प्रस्तुत होता है। शिशु को नहलाने के दौरान माँ ने इस रोग का पता लगाया होगा।

अत: विकल्प (D) सही है।

50. नर्स ग्लोरिया व्यवहार के नियमों को स्थापित करने में प्रत्येक माता-पिता की भूमिकाओं के बारे में विपक्षी अवज्ञा विकार वाले बच्चे के माता-पिता से सवाल करती है। इस प्रकार की पूछताछ का उद्देश्य परिवार व्यवस्था की पीढ़ीगत सीमाओं का आकलन करना है।

परिवार प्रणाली का आकलन करने में एक महत्वपूर्ण तत्व यह निर्धारित करता है कि क्या माता-पिता अपनी भूमिका के हिस्से के रूप में स्पष्ट नियमों और अपेक्षाओं को स्थापित करते हुए उचित पीढ़ीगत सीमाओं को स्थापित और बनाए रखते हैं। विघटनकारी और जोड़ तोड़ व्यवहार के परिणामों सहित स्पष्ट व्यवहार संबंधी दिशानिर्देश प्रदान करें।

अत: विकल्प (B) सही है।

51. पेप्सिन एक पाचक एंजाइम है जो पेट में भोजन को तोड़ने का काम करता है। पेप्सिन एक पेट का एंजाइम है जो अंतर्ग्रहण भोजन में पाए जाने वाले प्रोटीन को पचाने का काम करता है। गैस्ट्रिक मुख्य कोशिकाएं पेप्सिन को एक निष्क्रिय जाइमोजेन के रूप में स्रावित करती हैं जिसे पेप्सिनोजेन कहा जाता है। पेट की परत के भीतर पार्श्विका कोशिकाएं हाइड्रोक्लोरिक एसिड का स्राव करती हैं जो पेट के pH को कम करता है। कम pH (1.5 से 2) पेप्सिन को सक्रिय करता है।

अत: विकल्प (B) सही है।

52. लैक्टेज एंजाइम दूध में पाए जाने वाले शर्करा लैक्टोज को तोड़ते हैं। लैक्टोज एक चीनी है जो दूध और दूध उत्पादों में पाई जाती है। लैक्टोज असहिष्णुता तब होती है जब आपकी छोटी आंत लैक्टेज नामक एक पाचक एंजाइम का पर्याप्त उत्पादन नहीं करती है। लैक्टेज भोजन में लैक्टोज को तोड़ देता है ताकि आपका शरीर इसे अवशोषित कर सके।

अत: विकल्प (C) सही है।

53. एंटीबॉडी शरीर में संक्रमण, बैक्टीरिया, वायरस, बीमारी और बीमारियों से बचाने में मदद करते हैं। ये प्रोटीन हैं जो एंटीजन से शरीर की रक्षा करते हैं। वे रक्तप्रवाह के माध्यम से यात्रा करते हैं। बैक्टीरिया, वायरस और अन्य दूसरे की पहचान करने और उनका बचाव करने के लिए प्रतिरक्षा प्रणाली द्वारा एंटीबॉडी का उपयोग किया जाता है।

अत: विकल्प (A) सही है।

54. विटामिन और खनिज एक ऊर्जा उपज भोजन नहीं है। कार्बोहाइड्रेड (सैकेराइड्स), प्रोटीन, विटामिन्स, वसा, खनिज, फाइबर, जल संतुलित आहार के अलग-अलग भाग है। जिनका शारीरिक निर्माण में महत्वपूर्ण भूमिका होती है। कार्बोहाइड्रेट्स, वसा, प्रोटीन शरीर के दीर्घ पोषक तत्व है, जो लगभग 90 % शरीर की वृद्धि एवं ऊर्जा में भाग लेते हैं। कार्बोहाइड्रेट एवं वसा मुख्य रूप से शरीर को ऊर्जा देते है, प्रोटीन शरीर की वृद्धि, मरम्मत एवं ऊर्जा निर्माण में सहायक होती है। विटामिन एवं खनिज शरीर की अन्य कमी जैसे हड्डियों के निर्माण, रोग प्रतिरोधक क्षमता को बढ़ाना आदि कार्यों में सहायक होते है।

अत: विकल्प (C) सही है।

55. आयोडीन की कमी से होने वाला रोग घेंघा है। आयोडीन की कमी दुनिया में घेंघा का सबसे आम कारण है। घेंघा शुरू में फैला हुआ होता है, लेकिन अंत में यह गांठदार हो जाता है। कुछ नोड्यूल स्वायत्त हो सकते हैं और टीएसएच स्तर की परवाह किए बिना थायराइड हार्मोन का स्राव कर सकते हैं।

अत: विकल्प (B) सही है।

56. पानी हमारे शरीर में शरीर के तापमान को स्थिर बनाए रखने में मदद करता है। पानी में ज्यादा ऊष्मीय क्षमता होती है जो गर्म या ठंडे वातावरण में शरीर के तापमान में बदलाव को सीमित करने में मदद करती है। थर्मोरेगुलेटर के रूप में शरीर के पानी की एक महत्वपूर्ण भूमिका होती है, जो गर्मी को खत्म करने में मदद करके शरीर के समग्र तापमान को नियंत्रित करता है। यदि शरीर बहुत अधिक गर्म हो जाता है, तो पसीने के माध्यम से पानी की कमी हो जाती है और त्वचा की सतह से इस पसीने का वाष्पीकरण शरीर से गर्मी को दूर कर देता है।

अत: विकल्प (D) सही है।

57. वह क्वाशियोरकर रोग से पीड़ित है।

क्वाशियोरकर: क्वाशियोरकर अपर्याप्त प्रोटीन सेवन के कारण होता है। यह रोग तब होता है जब माताएँ अपने बच्चों को स्तन का दुध पिलाना बंद कर देती हैं। इस अभावजन्य रोग के कारण बच्चे का पेट गुब्बारे की तरह हो जाता है। प्रतिरक्षा प्रणाली कमजोर हो जाती है और इसलिए बच्चा प्रायः बीमार पड़ जाता है। इसके अन्य लक्षण लगातार थका हुआ महस करना, पतले हाथ और पैर कम वृद्धि आदि। पर्याप्त प्रोटीन युक्त भोजन दिए जाने पर क्वाशियोरकोर से पीड़ित बच्चा ठीक हो सकता है।

अत: विकल्प (A) सही है।

58. रफेज पाचन तंत्र के स्वास्थ्य के लिए आवश्यक हमारे आहार का अपचनीय भाग है।

रफेज/रूक्षांश को फाइबर/रेशे के रूप में भी जाना जाता है। आहारी फाइबर या रफेज पादपों से प्राप्त भोजन का हिस्सा है जिसे मानव पाचन एंजाइमों द्वारा पूरी तरह से तोड़ा नहीं जा सकता है। रफेज पादपों के खाद्य पदार्थों का हिस्सा है, जैसे कि साबुत अनाज, नट, बीज, फलियां, फल और सब्जियां, जिन्हें आपका शरीर पचा नहीं सकता है। रफेज से भरपूर भोजन पोषक तत्व प्रदान करने में मदद नहीं कर सकता है।

अत: विकल्प (D) सही है।

59. यहां जिन खाद्य पदार्थों में कैल्शियम, विटामिन और फॉस्फोरस की अच्छी मात्रा होती है, वे हैं - दूध, सब्जियां, पालक, फल।

रिकेट्स एक रोके जाने योग्य हड्डी की बीमारी है जो शिशुओं और छोटे बच्चों को प्रभावित करती है और नरम और कमजोर हड्डियों का कारण बनती है। रिकेट्स विटामिन डी, कैल्शियम या फॉस्फोरस की कमी के कारण होता है। त्वचा का रंग सांवला होना, सूरज की रोशनी में त्वचा के संपर्क में न आना, पोषक तत्वों की कमी और लीवर, किडनी या छोटी आंत के विकारों के परिणामस्वरूप विटामिन डी की कमी हो सकती है। उपचार के विकल्पों में बेहतर सूरज की रोशनी, आहार, विटामिन डी और खनिज पूरक शामिल हैं। रिकेट्स उन बच्चों में सबसे आमम है जिनकी उम्र 6 से 36 महीने के बीच है। इस अवधि के दौरान, बच्चे आमतौर पर तेजी से विकास का अनुभव करते हैं।

अत: विकल्प (C) सही है।

60. रक्ताल्पता रोग हीमोग्लोबिन की कमी से होता है।

रक्ताल्पता एक ऐसी स्थिति है जिसमें आपके शरीर के ऊतकों तक पर्याप्त ऑक्सीजन ले जाने के लिए आपके पास पर्याप्त स्वस्थ लाल रक्त कोशिकाओं की कमी होती है। रक्ताल्पता को कम हीमोग्लोबिन के रूप में भी जाना जाता है, जो आपको थका हुआ और कमजोर महसूस करा सकता है।

संकेत और लक्षणों में शामिल हैं: थकान, कमजोरी, जर्द या पीली त्वचा, अनियमित दिल की धड़कन, सांस लेने में कठिनाई, चक्कर आना या सिर घूमना, छाती में दर्द, हाथ और पैर ठंडे पड़ना, सिर दर्द आदि।

अत: विकल्प (B) सही है।

61. दुर्घटना के कारण बेहोश रोगी में नर्स द्वारा सबसे पहले रक्तस्राव चीज की जाँच की जाती है।

यदि रोगी बेहोश है और सांस नहीं ले रहा है, तो स्पष्ट श्वसन मार्ग को बनाए रखने और रुकावट को दूर करने के लिए CPR शुरू किया जाना चाहिए। दुर्घटनाओं के मामले में अधिकांश मौतें श्वसन मार्ग में रुकावट के कारण होती हैं। श्वसन को प्रबंधित करने के बाद, घाव पर दबाव डालकर रक्तस्राव या रक्त की हानि को नियंत्रित किया जाता है। फ्रैक्चर, गर्दन और सिर की चोट के मामले में, रोगी की गतिविधि को रोकना चाहिए।

अत: विकल्प (B) सही है।

62. नर्स द्वारा दुर्घटना के मामले में, पीड़ित को तुरंत प्राथमिक उपचार करना चाहिए।

दुर्घटना की स्थिति में, पीड़ित का तुरंत इलाज किया जाना चाहिए और प्रशिक्षित चिकित्सा कर्मचारी के आने से पहले प्राथमिक उपचार दिया जाना चाहिए। पहले जांच लें कि पीड़ित खतरे में तो नहीं है और यदि संभव हो तो स्थिति को सुरक्षित बनाएं यदि आवश्यक हो, तो एम्बुलेंस के लिए 108 पर कॉल करें जब ऐसा करना सुरक्षित हो। प्राथमिक उपचार करें।

अत: विकल्प (C) सही है।

63. नर्सिंग में आचार संहिता होती है जिसका पालन पेशेवर पंजीकृत नर्स करती हैं और उन सिद्धांतों को परिभाषित करता है जिनके द्वारा नर्सें अपने रोगी की देखभाल करती हैं।

नर्सिंग नैतिकता लागू अनुशासन है जो नर्सिंग अभ्यास की नैतिक विशेषताओं को संबोधित करता है। यह स्वास्थ्य देखभाल नैतिकता या जैवनैतिकता का एक उपसमुच्चय है। नर्सिंग नैतिकता के तीन आयाम आपस में जुड़े हुए हैं क्योंकि वे नैतिक मानदंड निर्धारित करते हैं, नर्सिंग के नैतिक पहलुओं का वर्णन करते हैं और नैतिक मार्गदर्शन उत्पन्न करते हैं।

अत: विकल्प (C) सही है।

64. नर्स को रोगी के परिसंचरण की जाँच के लिए कैरोटिड धमनी का उपयोग करना चाहिए। तेजी से मूल्यांकन के दौरान नर्स की पहली प्राथमिकता रोगी के महत्वपूर्ण कार्यों की जांच करने के लिए उसके वायुमार्ग की श्वास और परिसंचरण का आकलन करना है। रोगी के परिसंचरण की जाँच करने के लिए नर्स को उसके हृदय और संवहनी नेटवर्क के कार्य का आकलन करना चाहिए।

यह उसकी त्वचा के रंग के तापमान की मानसिक स्थिति और सबसे महत्वपूर्ण उसकी नाड़ी की जाँच करके किया जाता है।

अत: विकल्प (D) सही है।

65. यदि रक्त प्रतिक्रिया होती है, तो सबसे पहले और सबसे महत्वपूर्ण नर्सिंग हस्तक्षेप संक्रमण को तुरंत रोकना और महत्वपूर्ण संकेतों की निगरानी करना है। इन्हें निम्नलिखित चरणों द्वारा प्राप्त किया जा सकता है:

- IV लाइन शुरू करें (0.9% NaCl) - यह लगभग 308 mOsm/l की ऑस्मोलरिटी के साथ एक अंतःशिरा आइसोटोनिक समाधान है।
- मरीज को फाउलर की स्थिति में रखें (एक अर्ध-बैठने की स्थिति (45-60 डिग्री)) और घुटने या तो मुड़े हुए या सीधे हो सकते हैं।
- यदि रोगी को सांस की तकलीफ है, तो तुरंत O2 थेरेपी दें
- नर्स को रोगी के साथ रहना चाहिए और नियमित समय पर महत्वपूर्ण लक्षणों की जांच करनी चाहिए। तुरंत चिकित्सक को सूचित करें।
- नर्स को तब चिकित्सक के आदेशानुसार आपातकालीन दवाएं जैसे एंटीहिस्टामाइन, वैसोप्रेसर्स, तरल पदार्थ और स्टेरॉयड तैयार करने की आवश्यकता होती है

अतः विकल्प (D) सही है।

66. उचित अलगाव सावधानियों को स्थापित करने से पहले नर्स को पहले जीव के संचरण के तरीके का निर्धारण करना चाहिए। उदाहरण के लिए, नाक के स्राव के माध्यम से प्रसारित एक जीव के लिए आवश्यक है कि रोगी को श्वसन अलगाव में रखा जाए, जिसमें रोगी को एक निजी कमरे में दरवाजा बंद करके रखना और रोगी के सीधे संपर्क में आने पर मास्क और दस्ताने पहनना शामिल है।

अतः विकल्प (A) सही है।

67. एक-बचावकर्ता हृत्फुफ्फुसीय पुनर्वसन (CPR) के लिए संवातन अनुपात के लिए इष्टतम छाती संपीड़न ज्ञात नहीं है, वर्तमान अमेरिकन हार्ट एसोसिएशन की सिफारिशों के अनुसार नवजात शिशुओं के लिए 3:1, बच्चों के लिए 5:1 और वयस्कों के लिए 15:2 है।

अतः विकल्प (C) सही है।

68. रोगियों के सभी डेटा को उस सूचना से जोड़ने के लिए जिनकी उनको आवश्यकता है, अस्पताल में प्रवेश, डिस्चार्ज (छुट्टी) और स्थानांतरण प्रणाली अस्पताल प्रबंधन सूचना प्रणाली का उपयोग किया जाता है।

अस्पताल प्रबंधन सूचना प्रणाली किसी भी आकार के अस्पताल के लिए एक महत्वपूर्ण भूमिका निभाती है। जैसे-जैसे दुनिया डिजिटल होती जा रही है, अस्पताल पूरी तरह से डिजिटल हो रहे हैं। अस्पताल प्रबंधन सभी लोगों, उनकी गतिविधियों और अस्पताल में उनके डेटा के प्रबंधन के बारे में है।

अतः विकल्प (C) सही है।

69. आपदा स्थल पर एक आश्रय नर्स द्वारा तनावग्रस्त पीड़ितों के साथ संपर्क करने के लिए एक उपयुक्त मूलभूत कार्रवाई मूलभूत सहानुभूति और गरिमा प्रदान करना है।

आपदा नर्सिंग, को आपदा के परिणामस्वरूप प्रभावित समुदाय की शारीरिक स्वास्थ और भावनात्मक जरूरतों को पहचानने और पूरा करने में पेशेवर नर्सिंग कौशल के अनुकूलन के रूप में परिभाषित किया जा सकता है। नर्स आश्रय प्रबंधकों के रूप में कार्य कर सकती हैं, उनकी जिम्मेदारी पीड़ितों की बात सुनना, पीड़ितों को संकट से उबरने के लिए प्रोत्साहित करना होना चाहिए। मूलभूत संसाधन उपलब्ध कराएं। जैसे भोजन, पानी आदि। पीड़ित को सहानुभूति और सम्मान प्रदान करें।

अतः विकल्प (D) सही है।

70. एक उच्च फाइबर आहार सामान्य आंत्र उन्मूलन को बढ़ावा देता है ताजा भोजन और साबुत गेहूं का टोस्ट का चुनाव उच्चतम फाइबर विकल्प है। अधिकांश अमेरिकी प्रति दिन अनुशंसित फाइबर के केवल आधे स्तर का उपभोग करते हैं जो प्रति दिन लगभग 15 ग्राम है। सभी मौजूदा परिभाषाएं फाइबर को "कार्बोहाइड्रेट या लिग्निन के रूप में पहचानती हैं जो छोटी आंत में पाचन को छोड़ देती है और आंशिक रूप से या पूरी तरह से बड़ी आंत या कोलन में किण्वित होती है।"

अतः विकल्प (B) सही है।

71. चेचक और रेबीज रोग विषाणु कारण होते हैं।

विषाणु: विषाणु एक उपसूक्ष्मदर्शी संक्रामक कारक है जो केवल एक जीवित जीव की कोशिकाओं के अंदर प्रतिकृति करता है। विषाणु जानवरों और पौधों से लेकर सूक्ष्मजीव, बैक्टीरिया सहित सभी प्रकार के जीव रूपों को संक्रमित कर सकते हैं। विषाणु की खोज 1892 में दिमित्री इवानोवस्की ने की थी।

अतः विकल्प (A) सही है।

72. राष्ट्रीय गैर संचारी रोग निवारण और नियंत्रण कार्यक्रम में कैंसर, मधुमेह, हृदय रोग और स्ट्रोक शामिल हैं।

प्रमुख एनसीडी को रोकने और नियंत्रित करने के लिए, कैंसर, मधुमेह, हृदय रोग और स्ट्रोक (एनपीसीडीसीएस) की रोकथाम और नियंत्रण के लिए राष्ट्रीय कार्यक्रम 2010 में शुरू किया गया था, जिसमें बुनियादी ढांचे को मजबूत करने, मानव संसाधन विकास, स्वास्थ्य संवर्धन, शीघ्र निदान, और प्रबंधन शामिल है।

अतः विकल्प (C) सही है।

73. अनुचित साफ-सफाई और स्वच्छता के कारण डायरिया या हेपेटाइटिस होने की अधिक संभावना है।

अनुचित साफ-सफाई और स्वच्छता, हैजा, दस्त, पेचिश, हेपेटाइटिस ए, टाइफाइड और पोलियो जैसी बीमारियों के संचरण से जुड़ी है। अनुपस्थित, अपर्याप्त, या अनुपयुक्त रूप से प्रबंधित जल और स्वच्छता सेवाएं व्यक्तियों को निवारण योग्य स्वास्थ्य जोखिमों से अवगत कराती हैं।

अतः विकल्प (A) सही है।

74. क्यूलेक्स प्रकार के मच्छर भारत में जापानी एन्सेफलाइटिस वायरस के मुख्य रोगवाहक हैं।

जापानी एन्सेफलाइटिस वायरस एक मस्तिष्क संक्रमण का कारण बनता है। हालांकि अधिकांश बीमारियों का कोई लक्षण नहीं होता है, मस्तिष्क की सूजन इस अवसर पर होती है। इन मामलों में लक्षणों में सिरदर्द, उल्टी, बुखार, भ्रम और दौरे शामिल हो सकते हैं। संक्रमण के 5 से 15 दिन बाद ऐसा होता है। यह फ्लैवीवायरस परिवार का एक वायरस है। जेईवी मुख्य रूप से, विशेष रूप से क्यूलेक्स वंश के मच्छरों द्वारा फैलता है। जैसा कि एक रोगवाहक (क्यूलेक्स मच्छर) से फैलता है, इसे रोगवाहक-जनित बीमारी भी कहा जाता है। रक्त या मस्तिष्कमेरु द्रव परीक्षा का उपयोग निदान करने के लिए किया जाता है।

अतः विकल्प (A) सही है।

75. मिशन इन्द्रधनुष दिसंबर 2014 में शुरू किया गया था।

मिशन इन्द्रधनुष भारत सरकार का एक स्वास्थ्य मिशन है। इसे 25 दिसंबर 2014 को केंद्रीय स्वास्थ्य मंत्री जे. पी. नड्डा द्वारा शुरू किया गया था। यह योजना भारत के 90% पूर्ण टीकाकरण कवरेज की ओर बढ़ने और वर्ष 2022 तक इसे बनाए रखने का प्रयास करती है। राष्ट्रीय स्तर पर आठ वैक्सीन क्रमशः - काली खांसी, टेटनस, पोलियो, खसरा, बचपन के तपेदिक और हेपेटाइटिस बी का गंभीर रूप और हेरोफिलस इन्फ्लुएंजा टाइप बी के कारण मेनिन्जाइटिस और निमोनिया, रोटावायरस डायरिया और जापानी एन्सेफलाइटिस के खिलाफ चयनित राज्यों और जिलों में शुरू किया गया था।

अतः विकल्प (B) सही है।

76. जिला अस्पताल और सामुदायिक केंद्रों में आमतौर पर देखभाल के स्तर को द्वितीयक स्तर की देखभाल का वर्णन किया जाता है।

द्वितीयक देखभाल स्तर:

- देखभाल का अगला उच्च स्तर द्वितीयक स्वास्थ्य देखभाल स्तर है।

- इस स्तर पर अधिक जटिल समस्याओं से निपटा जाता है।

- देखभाल आमतौर पर जिला अस्पताल और सामुदायिक केंद्रों में प्रदान की जाती है जो पहले रेफरल स्तर के रूप में भी कार्य करता है।

- इस स्तर पर उपचारात्मक सेवाएं प्रदान की जाती हैं।

अतः विकल्प (C) सही है।

77. हैजा एक तीव्र अतिसारीय रोग है जो संदूषित खाद्य या जल के सेवन करने से होता है।

यह दूषित भोजन या पानी के सेवन के कारण होता है। हैजा और अन्य जलजनित रोगों के संचरण को नियंत्रित करने के लिए सुरक्षित पानी और स्वच्छता का प्रावधान महत्वपूर्ण है। यह जीवाणु विब्रियो कोलरा के कारण होता है। बच्चों और वयस्कों दोनों पर प्रभाव। लोगों को उनके पेट में दर्द महसूस, मतली, उल्टी या पानी के दस्त हो सकते हैं। पूरे शरीर में निर्जलीकरण, सुस्ती या पानी-इलेक्ट्रोलाइट असंतुलन महसूस होगा। हैजा एक आनुवांशिक बीमारी नहीं है। शराब के सेवन से शराब मायोपैथी होती है। अल्जाइमर रोग से याददाश्त की हानि होती है।

अतः विकल्प (C) सही है।

78. एल्बेनडैजोल गोलियाँ दी गई थी। एल्बेनडैजोल, जो अल्बेन्ज़ा के नाम से बेची जाती हैं, विभिन्न परजीवी कृमि संक्रमणों के इलाज के लिए इस्तेमाल की जाने वाली दवा है। यह विश्व स्वास्थ्य संगठन की आवश्यक दवाओं की सूची में से एक है, मूलभूत स्वास्थ्य प्रणाली के लिए सबसे महत्वपूर्ण दवाइयां हैं।

अतः विकल्प (B) सही है।

79. क्यूलेक्स एक रोगाणुवाहक है जो रोग फ़िलेरियेसिस को प्रसारित करता है।

संक्रमण फ़िलेरियेडीआ के सुपरफॅमिली से परजीवी कृमि के कारण होता है। (सुपरफॅमिली क्रम के नीचे आती है लेकिन वर्गीकरण के दौरान परिवार से ऊपर) इस सुपरफॅमिली के भीतर की प्रजातियां गोलकृमि हैं जिन्हें फ़िलेरियाई कृमि कहा जाता है इसलिए वे जिस रोग का कारण बनते हैं उसे फ़िलेरियेसिस कहते हैं। मनुष्य आठ ज्ञात फ़िलेरियेसिस कृमि के लिए निश्चित मेजबान हैं। इन्हें प्रभावित करने वाले अंग के आधार पर तीन श्रेणियों में वर्गीकृत किया गया है:

- लसीका फ़िलेरियेसिस: कृमि लसीका प्रणाली पर कब्जा कर लेते हैं।

- अधस्त्वक फ़िलेरियेसिस: कृमि सिर्फ त्वचा के नीचे की परत पर कब्जा कर लेते हैं।

- सीरस गुहा फ़िलेरियेसिस: कृमि पेट की सीरमी गुहा पर कब्जा कर लेते हैं।

अतः विकल्प (C) सही है।

80. हेपेटाइटिस सी को टीके द्वारा रोका जा सकता है कथन सही नहीं है।

हेपेटाइटिस सी: हेपेटाइटिस सी हेपेटाइटिस सी वायरस (एचसीवी) के कारण होने वाला यकृत रोग है। यह वायरस तीव्र और पुरानी दोनों तरह के हेपेटाइटिस का कारण बन सकता है, जिसमें हल्के बीमारी से लेकर कुछ हफ्तों से लेकर गंभीर, आजीवन बीमारी तक होती है। इसलिए कथन (A) सही है।

हेपेटाइटिस सी लिवर कैंसर का एक प्रमुख कारण है। इसलिए कथन (B) सही है।

हेपेटाइटिस सी वायरस एक रक्तजनित वायरस है: संक्रमण का सबसे आम तरीका रक्त की थोड़ी मात्रा के संपर्क में है। इसलिए कथन (C) सही है।

अतः विकल्प (D) सही है।

81. बीमार होने पर प्रतिगमन प्रदर्शित करने के लिए बहुत छोटा आयु वर्ग बच्चा की क्षमता सबसे बड़ी है।

प्रतिगमन बच्चों में सबसे अधिक देखा जाता है और यह तनावपूर्ण स्थितियों जैसे कि अस्पताल में भर्ती होने, नए भाई-बहन के आगमन या नया स्कूल शुरू करने के कारण हो सकता है। जब कोई बच्चा पीछे हटता है, तो वह विकास के पहले चरण में पीछे की ओर जाता हुआ प्रतीत होता है, जहां वह सहज महसूस करता/करती है।

अतः विकल्प (B) सही है।

82. सीडीसी के अनुसार, अचानक शिशु मृत्यु सिंड्रोम (एसआईडीएस) शिशु मृत्यु के प्रमुख कारणों में से एक है। इस स्थिति के कारण 2018 में लगभग 1,300 शिशुओं की मृत्यु हो गई। एसआईडीएस को 1 वर्ष से कम उम्र के बच्चे की अचानक और अस्पष्टीकृत मृत्यु के रूप में परिभाषित किया गया है। ज्यादातर मौतें एक से छह महीने की उम्र के बीच हुईं। एसआईडीएस के जोखिम को बढ़ाने वाले कारकों में पेट में सोना, एसआईडीएस से मरने वाले भाई-बहन, गर्भावस्था के दौरान धूम्रपान करने वाली माताएँ, सेकेंड हैंड धूम्रपान के संपर्क में आना, मुलायम कंबल, तकिए या खिलौने वाले सोने के क्षेत्र और प्रसवपूर्व देखभाल की कमी शामिल हैं।

अतः विकल्प (C) सही है।

83. व्यक्तिगत पहचान के विकास के संबंध में विकास की किशोरावस्था सर्वाधिक अस्थिर और चुनौतीपूर्ण है।

यद्यपि यह पूरे जीवनकाल में होता है, पहचान विकास को किशोरावस्था का प्राथमिक मनोसामाजिक कार्य माना जाता है या जैसा कि एरिक्सन द्वारा पहचान बनाम पहचान भ्रम पर वर्णित है। इस चरण में व्यक्ति अपने मूल्यों, क्षमताओं, आंतरिक प्रेरणाओं और पिछले अनुभवों को एकीकृत करना शुरू करते हैं कि वे व्यक्ति के रूप में कौन हैं।

अतः विकल्प (A) सही है।

84. किशोरावस्था वह समय होता है जब शरीर बदलना शुरू होता है और मीडिया से संपर्क और उन्हें प्रदान करने वाले सहकर्मी दबाव सहित कारकों के साथ एक आदर्श शरीर की छवि की धारणा जो तब उनके आहार संबंधी व्यवहारों को प्रभावित करेगी जिससे खाने के विकार पैदा होंगे।

अतः विकल्प (A) सही है।

85. मधुमेह, बढ़े हुए प्रोस्टेट (पुरुष), या पेल्विक ऑर्गन प्रोलैप्स (महिला) जैसी अन्य स्वास्थ्य स्थितियों वाले वृद्ध वयस्कों के कारण अधूरा मूत्राशय खाली हो सकता है जिसके परिणामस्वरूप मूत्र अवशिष्ट में वृद्धि हो सकती है।

अतः विकल्प (C) सही है।

86. यदि एक नवजात शिशु को आवश्यकता का संकेत देने की अनुमति नहीं दी जाती है, तो नवजात शिशु पर्यावरण को नियंत्रित करना नहीं सीख पाएगा। देखभाल करने वाला प्राथमिक तरीका बच्चे के साथ विश्वास का निर्माण कर सकता है जब वे संवाद करने का प्रयास करते हैं। क्योंकि बच्चे खुद को अभिव्यक्त करने के लिए शब्दों का उपयोग नहीं कर सकते हैं, वे हर समय जो सोच रहे हैं और महसूस कर रहे हैं उसे संप्रेषित करने के लिए अशाब्दिक रणनीतियों का उपयोग करते हैं।

अतः विकल्प (A) सही है।

87. बच्चे के व्यवहार पर सुसंगत होना और सीमा निर्धारित करना आवश्यक तत्व हैं ताकि बच्चे को यह सीखने में मदद मिल सके कि क्या स्वीकार्य है ताकि वे अपने व्यवहार के प्रभाव को समझ सकें।

अतः विकल्प (C) सही है।

88. 2 साल की उम्र तक, बच्चा कप का उपयोग कर सकता है और चम्मच का सही ढंग से उपयोग कर सकता है लेकिन कुछ छलकने के साथ। बच्चे 9 महीने के होने पर बिना ढक्कन के कप का उपयोग करना सीखना शुरू कर सकते हैं। अधिकांश विशेषज्ञ 10 से 12 महीने के बीच बर्तन पेश करने की सलाह देते

हैं, क्योंकि एक लगभग-बच्चा यह संकेत दिखाना शुरू कर देता है कि उसकी दिलचस्पी है। एक चम्मच पहले बच्चे की ट्रे पर होना चाहिए क्योंकि इसका उपयोग करना आसान होता है।

अतः विकल्प (B) सही है।

89. मोनोसैलिक प्रलाप 3 से 6 महीने की उम्र के बीच होती है। शिशु स्वरों का उत्पादन करना शुरू कर देता है और उन्हें व्यंजन के साथ जोड़कर शब्दांश (जैसे, बा, दा, ला, गा) का निर्माण करता है। एक शिशु को अब तक प्रलाप चाहिए, और वे प्रलाप वास्तविक शब्दों की तरह लगने लग सकते हैं। पांच महीने के बच्चे व्यंजन और स्वर को एक साथ रखना शुरू कर सकते हैं।

अतः विकल्प (B) सही है।

90. जब स्थिति अनुमति दे तो बच्चे को उसी आयु वर्ग के अन्य व्यक्तियों के साथ गतिविधियों में भाग लेने दें। किशोरों को अक्सर यकीन नहीं होता कि जब वे अस्पताल में भर्ती होते हैं तो वे अपने माता-पिता को अपने साथ रखना चाहते हैं या नहीं। हमउम्र समूह के महत्व के कारण, मित्रों से अलगाव चिंता का एक स्रोत है। आदर्श रूप से, हमउम्र समूह के सदस्य अपने बीमार मित्र का समर्थन करेंगे।

अतः विकल्प (D) सही है।

91. हड्डियों में कैल्शियम फॉस्फेट लवण सर्वाधिक मात्रा में पाया जाता है।

हड्डी के तीन प्रमुख घटक खनिज कोशिकाएं और एक कार्बनिक अतिरिक्त-सेलुलर मैटिक्स यानी कोलेजन तंतु हैं। हड्डी का मुख्य वजन के हिसाब से लगभग 70% खनिज और 30% कार्बनिक घटक होते हैं। हड्डी का खनिज लवण मुख्य रूप से कैल्शियम फॉस्फेट होता है।

अतः विकल्प (A) सही है।

92. अंगों द्वारा स्रावित पित्त रस, अग्राशयी रस वसा के पाचन में महत्वपूर्ण भूमिका निभाता है।

पित्त रस यकृत द्वारा स्रावित होता है। इसमें किसी भी प्रकार के एंजाइम नहीं होते हैं। पित्त रस भोजन को क्षारीय बनाने और वसा के अणुओं को तोड़ने में सहायता करता है।

अग्राशयी रस अग्राशय द्वारा स्रावित होता है। इसमें एमाइलेज, ट्रिप्सिन, अग्राशयी लाइपेज, न्यूक्लियेज, एमाइलेज और लाइपेज जैसे एंजाइम होते हैं। अग्राशयी रस का स्राव हार्मोन स्रावी और कोलेसिस्टोकिनिन द्वारा नियंत्रित किया जाता है।

अतः विकल्प (C) सही है।

93. विटामिन K वह विटामिन है जो हरी पत्तेदार सब्जियाँ, फूलगोभी और ब्रसल स्पाउट में पाया जाता है। शरीर में विटामिन K रक्त का थक्का ज़माने में बहुत ही महत्वपूर्ण भूमिका अदा करता है। यह नवजात बच्चों में रक्त के पतले करने के असर को उल्क्रम करने के लिए उपयोग किया जाता है, जिनमें आवश्यक रूप से विटामिन K नहीं होता है, उनमें रक्त के थक्के जमने की समस्या के उपचार के लिए, और उपचार के दौरान रक्त बहाव को रोकने के लिए उपयोग किया जाता है।

अतः विकल्प (C) सही है।

94. कोशिकीय श्वसन वह प्रक्रिया है जो कोशिकाओं द्वारा ऊर्जा को संचालित करने के लिए उपयोग की जाती है। इधर, ऑक्सीजन का उपयोग प्रक्रिया के अंतिम चरण में किया जाता है जिसे इलेक्ट्रॉन परिवहन श्रृंखला (ईटीसी) कहा जाता है। यह माइटोकॉन्ड्रिया की झिल्ली में होता है। इस चरण के दौरान, एटीपी की अधिकतम संख्या संश्लेषित होती है और ऑक्सीजन की उपस्थिति इलेक्ट्रॉन स्वीकर्ता की उपलब्धता सुनिश्चित करती है।

अतः विकल्प (B) सही है।

95. तंत्रिका कोशिकाएं, या न्यूरॉन्स, मस्तिष्क से सूचना प्रसारित और प्राप्त करते हैं। एक डेंड्राइट, कोशिका और अक्षतंतु न्यूरॉन के तीन घटक हैं।

अक्षतंतुः अक्षतंतु एक छोटा फाइबर है जो एक न्यूरॉन, या तंत्रिका कोशिका से जुड़ा होता है, और विद्युत संदेशों को ले जाने का प्रभारी होता है जो संवेदी धारणा में सहायता करता है।

डेंड्राइटः डेंड्राइट उंगली जैसी कोशिकाएं एक न्यूरॉन के टर्मिनल पर पाई जाती हैं। वे छोटे, शाखाओं वाले तंतु होते हैं जो तंत्रिका कोशिका के कोशिका शरीर से फैलते हैं। डेंड्राइट नामक उपांग पड़ोसी कोशिकाओं से संकेत प्राप्त करने के लिए बने होते हैं।

अतः विकल्प (A) सही है।

96. संचार तंत्र हृदय तंत्र का दूसरा नाम है। यह उन वाहिकाओं से बनी होती है जो शरीर के माध्यम से रक्त और लसीका ले जाती हैं। धमनियां और नसें पूरे शरीर में रक्त का परिवहन करती हैं, ऊतकों को ऑक्सीजन और पोषण प्रदान करती हैं और कोशिकाओं से अपशिष्ट उत्पादों को हटाती हैं।

अतः विकल्प (B) सही है।

97. मनुष्यों में गुर्दा, उत्सर्जन तंत्र के प्रमुख घटकों में से एक है। किडनी द्वारा रक्त को फ़िल्टर किया जाता है, जिससे शरीर के अपशिष्ट और जहरीले पदार्थ भी साफ हो जाते हैं। मूत्र के द्वारा अपशिष्ट पदार्थ और अतिरिक्त तरल पदार्थ बाहर निकल जाते हैं। जिस व्यक्ति की किडनी फेल हो गई हो उसे डायलिसिस करवाना चाहिए। डायलिसिस एक चिकित्सा प्रक्रिया है जो रक्त को छानने और शुद्ध करने के लिए एक मशीन का उपयोग करती है।

अतः विकल्प (A) सही है।

98. पीनियल ग्रंथि मेलाटोनिन का स्राव करती है।

यह नींद और जागने को नियंत्रित करता है। मेलाटोनिन पूरक का उपयोग जेट लैग या नींद की समस्याओं के इलाज के लिए किया जाता है। पीनियल ग्रंथि द्वारा स्रावित मेलाटोनिन शरीर के सर्कैडियन टाइमिंग सिस्टम का एक महत्वपूर्ण हिस्सा है और दैनिक लय को सिंक्रनाइज़ कर सकता है।

अतः विकल्प (A) सही है।

99. मानव शरीर में पाचन तंत्र का सबसे लम्बा अंग छोटी आँत है। छोटी आँत की लंबाई 7 मीटर (22 फीट) होती है। छोटी आँत का प्राथमिक कार्य पोषक तत्वों को अवशोषित करना और भोजन के पाचन को समाप्त करना है। भोजन आम तौर पर तीन से छह घंटे में छोटी आँत से होकर गुजरता है। छोटी आँत को तीन मुख्य पदार्थ मिलते हैं: पित्त, अग्न्याशयी एंजाइम और क्षारीय रस। छोटी आंत लगभग 80% पानी को अवशोषित करने के लिए जिम्मेदार होती है, बड़ी आँत 10% पानी को अवशोषित करने के लिए जिम्मेदार होती है, और अंतिम 10% पानी मल के रूप में बाहर निकल जाता है।

अतः विकल्प (B) सही है।

100. स्नायुबंधन संयोजी ऊतक होते हैं जो दो हड्डियों को एक साथ जोड़ते हैं। स्नायुबंधन कठोर लचीले संयोजी ऊतकों का एक छोटा बैंड होता है। रंध्र कोलेजन से बने होते हैं। उपास्थि हड्डियों को मांसपेशियों से जोड़ते हैं। मानव में 11 प्रमुख अंग प्रणालियां हैं। उपास्थि शरीर का एक मुख्य संरचनात्मक घटक है। यह एक दृढ़ ऊतक है लेकिन हड्डी की तुलना में नरम और अधिक लचीला होता है।

अतः विकल्प (D) सही है।

Q.1 भोजन का वह घटक जो हमारे शरीर को संक्रमणों से लड़ने में मदद करता है वह है:

A. प्रोटीन

B. वसा

C. कार्बोहाइड्रेट

D. स्टार्च

Q.2 शिशुओं में प्रोटीन और कार्बोहाइड्रेट की कमी के कारण होता है:

A. मरास्मस

B. घेंघा

C. मोटापा

D. इनमें से कोई नहीं

Q.3 वृद्धि, ऊर्जा, मरम्मत और रखरखाव के लिए भोजन प्राप्त करने की विधि कहलाती है:

A. कार्बोहाइड्रेट

B. पोषण

C. कैलोरी

D. वसा अम्ल

Q.4 निम्नलिखित में से कौन से सूक्ष्म पोषक तत्व हैं?

A. विटामिन और खनिज

B. प्रोटीन और विटामिन

C. कार्बोहाइड्रेट और वसा

D. प्रोटीन और खनिज

Q.5 निम्नलिखित में से कौन सा पोषक तत्व ऊर्जा उत्पादक है?

A. कार्बोहाइड्रेट और प्रोटीन

B. प्रोटीन और वसा

C. कार्बोहाइड्रेट और वसा

D. प्रोटीन और विटामिन

Q.6 निम्नलिखित में से कौन प्रकाश संश्लेषण के प्राथमिक उत्पाद हैं?

A. प्रोटीन

B. कार्बोहाइड्रेट

C. खनिज पदार्थ

D. पानी

Q.7 विशिष्ट पोषक तत्वों के साथ भोजन का दृढ़ीकरण। जैसे आयोडीन युक्त नमक। निम्न में से किसका उदाहरण है?

A. द्वितीयक रोकथाम

B. प्राथमिक रोकथाम

C. प्रारंभिक रोकथाम

D. तृतीयक रोकथाम

Q.8 माँ के दूध को कक्ष ताप पर कितने घंटे तक संग्रहित किया जा सकता है?

A. 2 घंटे

B. 4 घंटे

C. 6 घंटे

D. 8 घंटे

Q.9 विटामिन A की कमी के कारण निम्न में से कौन सा रोग होता है?

A. बेरीबेरी

B. एनीमिया

C. रतौंधी

D. मरास्मस

Q.10 कूली एनीमिया (रक्ताल्पता) को क्या कहा जाता है?

A. थैलेसीमिया

B. ल्यूकेमिया

C. हीमोफीलिया

D. परप्यूरा

Q.11 राष्ट्रीय परिवार स्वास्थ्य सर्वेक्षण की रिपोर्ट के अनुसार, भारत की कुल प्रजनन दर (TFR) 2015-16 में 2.2 बच्चों से घटकर 2022 में प्रति महिला _______ हो गई है।

A. 1.5

B. 1.8

C. 2.0

D. 0.8

Q.12 जिला अस्पताल और सामुदायिक केंद्रों में आमतौर पर देखभाल के स्तर को क्या कहा जाता है?

A. प्रारम्भिक स्तर

B. प्राथमिक स्तर

C. द्वितीयक स्तर

D. तृतीय स्तर

Q.13 DMPA एक इंजेक्शन योग्य गर्भनिरोधक है जिसे प्रत्येक _______ में दिया जाता है।

A. 3 सप्ताह

B. 3 महीने

C. 2 महीने

D. 2 वर्ष

Q.14 मलेरिया का सबसे घातक प्रकार कौन सा है?

A. पी. ओवले

B. पी. वैवाक्स

C. पी. मलेरिया

D. पी. फाल्सीपेरम

Q.15 PMJAY किसका लघु रूप है?

A. प्रधानमंत्री जन आरोग्य योजना

B. प्रधानमंत्री जननी आरोग्य योजना

C. प्रधानमंत्री जन-स्वास्थ्य आरोग्य योजना

D. इनमें से कोई नहीं।

Q.16 वयस्कों में हेपेटाइटिस B टीकाकरण कार्यक्रम _______ में होता है।

A. 0, 1, 2 महीने

B. 2, 4, 6 महीने

C. 0, 6, 12 महीने

D. 0, 1, 6 महीने

Q.17 सबसे पहले और सबसे महत्वपूर्ण, PHC का तत्व है:

A. प्रतिरक्षा

B. एफपी/एमसीएच

C. स्वास्थ्य शिक्षा

D. सुरक्षित पेयजल की व्यवस्था

Q.18 किसी विशेष समय और स्थान में किसी रोग की घटनाओं में अचानक वृद्धि को किस रूप में जाना जाता है:

A. प्रकोप

B. इनब्रेक

C. रोग संकट

D. ये सभी

Q.19 जिला अस्पतालों के लिए भारतीय सार्वजनिक स्वास्थ्य मानकों के अनुसार, 10 लाख की आबादी वाले प्रत्येक जिले में कम से कम कितने बिस्तर होने चाहिए?

A. 195

B. 300

C. 350

D. 50

Q.20 निम्नलिखित में से कौन सा अस्पताल में भर्ती होने के 24 घंटे के बाद होने वाली मौतों की गणना करके निर्धारित किया जाता है?

A. सकल मृत्यु दर

B. यादृच्छिक मृत्यु दर

C. ऑन-द-स्पॉट मृत्यु दर

D. शुद्ध मृत्यु दर

Q.21 प्रसव के दौरान भ्रूण की सबसे सामान्य प्रस्तुति क्या है?

A. मुख

B. कन्धा

C. शिखर

D. नितम्ब

Q.22 दूध के उत्पादन को प्रेरित करने के लिए कौन सा हॉर्मोन उत्तरदायी है?

A. एस्ट्रोजन

B. प्रोजेस्टेरॉन

C. प्रोलैक्टिन

D. ऑक्सीटोसिन

Q.23 गर्भावधि के 38वें सप्ताह के बाद फंडल हाइट में कमी को दिया जाने वाला शब्द क्या है?

A. क्विकिंग

B. मोल्डिंग

C. लाइटनिंग

D. इनमें से कोई नहीं

Q.24 भ्रूण क्षिप्रहृदयता को भ्रूण की हृदय गति से कितने अधिक के रूप में परिभाषित किया जाता है:

A. 120-140 बीट्स/मिनट

B. 140-160 बीट्स/मिनट

C. 150-170 बीट्स/मिनट

D. 160-180 बीट्स/मिनट

Q.25 सामान्य गर्भाशय गुहा के बाहर अंतर्गर्भाशय कला ऊतक की उपस्थिति को कहा जाता है:

A. रजोदर्शन
B. अंतर्भिशय-प्रथानता
C. अत्यार्तव
D. अनार्तव

Q.26 FHR को निम्न में से किसके द्वारा प्रारंभिक अवस्था में एक भ्रूण-दर्शी द्वारा परखा जा सकता है?
A. 5 सप्ताह की गर्भावधि
B. 10 सप्ताह की गर्भावधि
C. 25 सप्ताह की गर्भावधि
D. 20 सप्ताह की गर्भावधि

Q.27 एक सामान्य गर्भावस्था कितने सप्ताह तक चलती है?
A. 40
B. 38
C. 42
D. 44

Q.28 PPIUCD का अर्थ है:
A. प्रसवोत्तर अंतर्भिशायी गर्भनिरोधक उपकरण
B. पूर्व-प्रसवोत्तरकाल अंतर्भिशायी गर्भनिरोधक उपकरण
C. गर्भावस्था के बाद अंतर्भिशायी गर्भनिरोधक उपकरण
D. प्रसव के बाद अंतर्भिशायी गर्भनिरोधक उपकरण

Q.29 डिलीवरी के बाद केगेल व्यायाम किस लिए किया जाता है?
A. मूत्र और मलाशय की मांसपेशियों को मजबूत करना
B. पेट की मांसपेशियों को मजबूत बनाना
C. सबइनवोल्यूशन
D. PPH को रोकना

Q.30 नैगेले के नियम का उपयोग किसके लिए किया जाता है?
A. अनुमान
B. प्रसव की अपेक्षित तिथि का निर्धारण
C. भ्रूण की हृदयगति दर की गणना
D. एमनीओटिक द्रव का आंकलन

Q.31 एक व्यक्ति ने पैरासिटामोल की 50 गोलियां खा लीं और आपातकालीन विभाग में पहुंच गया। निम्नलिखित में से कौन-सी इस रोगी के लिए प्राथमिक नर्सिंग क्रिया है?
A. N-एसिटाइल सिस्टीन का एडमिनिस्ट्रेशन
B. सीरम PCM स्तर की जाँच करना
C. सक्रिय चारकोल का एडमिनिस्ट्रेशन
D. IV द्रव

Q.32 जलने के बाद लगाया जाने वाला प्राथमिक उपचार किस पर निर्भर करता है?
A. त्वचा की क्षति की गहराई
B. घायल व्यक्ति का लिंग
C. प्राथमिक केंद्र से दूरी
D. उपलब्ध मरहम और दवा

Q.33 अस्थि-भंग के उपचार के लिए महत्वपूर्ण नर्सिंग क्रिया कौन सी है?
A. स्थिरीकरण
B. कैल्शियम पूरक
C. व्यायाम
D. प्रतिजैविक पदार्थ

Q.34 रोगी डिस्पेनिया से पीड़ित है। रोगी को राहत देने के लिए आप कौन सी स्थिति प्रदान करेंगे?
A. उत्तान स्थिति
B. अवतान स्थिति
C. ट्रेंडेलेनबर्ग स्थिति
D. फाउलर स्थिति

Q.35 दुर्घटनाग्रस्त व्यक्ति के लिए सहायताप्रद हो सकते हैं?
A. वाहन मरम्मत
B. प्राथमिक उपचार
C. वैधानिक सहायता
D. पुलिस सहायता

Q.36 यदि विद्यार्थी को मिर्गी का दौरा पड़ता है, तो आप उसे सबसे पहले:
A. प्राथमिक चिकित्सा देंगे।
B. प्राचार्य को अवगत कराएंगे।
C. अभिभावकों को बुलाएंगे।
D. उसे घर भेज देंगे।

Q.37 विष खाने वाले व्यक्ति की पहली पहचान है:
A. पुतलियों का सिकुड़ जाना या फैल जाना
B. व्यक्ति को नींद आना
C. बुखार होना
D. व्यक्ति का चिल्लाना

Q.38 रोगी के जलने की चोट पर नर्स टॉपिकल जेंटामाइसिन सल्फेट (गैरामाइसिन) का उपयोग करती है। नर्स किस प्रयोगशाला मूल्य की निगरानी करेगी?
A. क्रिएटिनिन
B. लाल रक्त कोशिका
C. सोडियम
D. मैग्नीशियम का स्तर

Q.39 आमतौर पर कोहनी और टखनों जैसे जोड़ों पर बंधी हुई पट्टियों को क्या कहा जाता है?
A. केपलाइन पट्टी
B. आठ की आकृति
C. स्पाइका
D. रिवर्स स्पाइका

Q.40 एक रोगी के दाहिने हाथ पर एक बड़ा जला हुआ क्षेत्र है। जला हुआ क्षेत्र गुलाबी दिखाई देता है, उसमें फफोले होते हैं, और वह दर्ददायी होता है। नर्स इस चोट को कैसे वर्गीकृत करेगी?
A. पूर्ण-मोटाई
B. आंशिक-मोटाई सतही
C. आंशिक-मोटाई गहरा
D. पूर्ण-मोटाई गहरा

Q.41 एक सार्वजनिक स्वास्थ्य नर्स की मुख्य भूमिका क्या है?
A. सूत्रधार भूमिका
B. विकासात्मक भूमिका
C. नैदानिक भूमिका
D. उपरोक्त सभी

Q.42 स्कूल स्वास्थ्य कार्यक्रम में सामुदायिक नर्स की भूमिका, सिवाय:
A. बच्चों को टीकाकरण प्रदान करने के लिए
B. विद्यालय में बच्चों की शारीरिक, मानसिक एवं अन्य विशेष जांच में सहयोग करना
C. संचारी रोग नियंत्रण में सहायता
D. स्कूल चिकित्सा परीक्षा में सहायता करना और अनुवर्ती कार्रवाई करना

Q.43 निम्नलिखित में से कौन-सी परामर्शदाता की भूमिका है?
A. जोखिम की पहचान
B. भावनात्मक समर्थन
C. निर्णय लेने में सहायता
D. उपरोक्त सभी

Q.44 निम्नलिखित में से कौनसी स्टाफ नर्स की जिम्मेदारी है?
A. गुणवत्ता देखभाल
B. अवलोकन और रिपोर्टिंग
C. रिकॉर्ड कीपिंग
D. उपरोक्त सभी

Q.45 ASHA का पूरा नाम क्या है?
A. गौण सामाजिक स्वास्थ्य उत्प्रेरक
B. गौण सामाजिक स्वास्थ्य गतिविधियाँ
C. मान्यता प्राप्त सामाजिक स्वास्थ्य कार्यकर्ता
D. मान्यता प्राप्त सामाजिक स्वास्थ्य गतिविधियाँ

Q.46 बाल चिकित्सा नर्स की प्राथमिक भूमिका ________ के रूप में नर्सिंग देखभाल प्रदान करना है।
A. सहयोगी, देखभाल समन्वयक और सलाहकार
B. एक अधिवक्ता, शिक्षक और प्रबंधक
C. स्वतंत्र और स्वायत्त चिकित्सक
D. नैदानिक विशेषज्ञ और रोगी प्रबंधक

Q.47 रोगी के मानवीय और कानूनी अधिकारों की रक्षा करने में एक नर्स की भूमिका होती है:
A. रोगी देखभाल दाता
B. संचारक

C. शिक्षक   **D.** रोगी समर्थक

Q.48 शल्य कक्ष में अपूतिक नर्स की क्या भूमिका होती है?

A. शल्य-चिकित्सा के दौरान शल्य-चिकित्सक की सहायता करना और निर्जीवाणुक टेबल सेट करना

B. शल्य-चिकित्सक और संज्ञाहारक के अनुरोधों का जवाब देना और निर्जीवाणुक क्षेत्र में आपूर्ति वितरित करना

C. शल्य-चिकित्सा के दौरान संज्ञाहारक की सहायता करना

D. रोगी को शल्य-चिकित्सा के लिए तैयार करना

Q.49 रोगी को मैनिटोल दवा दी जाती है, मैनिटोल दवा लेने वाले रोगी के लिए नर्स की क्या भूमिका है?

A. चिकित्सीय मान की निगरानी करना

B. मूत्र उत्पादन की निगरानी करना

C. मरीज की सुरक्षा

D. आहार प्रबंधन

Q.50 अवसादग्रस्त रोगी के लिए एक व्यापक प्रबंधन योजना में नर्स की कौन सी भूमिका अनिवार्य रूप से शामिल होगी?

A. अवसादरोधी औषधियां निर्धारित करना

B. चिकित्सा स्थिति और रोग के स्तर का मूल्यांकन करना

C. संज्ञानात्मक व्यवहार चिकित्सा के माध्यम से मनोवैज्ञानिक सहायता प्रदान करना

D. रोगियों की जांच के आदेश देना

Q.51 रोगी के उपचार का रिकॉर्ड किसके द्वारा रखा जाता है?

A. अस्पताल

B. स्वास्थ्य देखभाल एजेंसी

C. उप-केन्द्र

D. इनमें से कोई भी नहीं

Q.52 चिकित्सा विज्ञान की वह शाखा जो दवाओं के संश्लेषण और मानव शरीर पर उनके प्रभाव का अध्ययन करती है, कहलाती है?

A. कार्यिकी (फिजियोलॉजी)

B. रोग विज्ञान (पैथोलॉजी)

C. औषधि विज्ञान (फार्माकोलॉजी)

D. सूक्ष्मजीव विज्ञान (माइक्रो बायोलॉजी)

Q.53 किसी रोग के वितरण और निर्धारकों के अध्ययन को क्या कहा जाता है?

A. विकृति विज्ञान   **B.** जानपदिक रोगविज्ञान

C. कीट विज्ञान   **D.** वंशावली

Q.54 निम्नलिखित में से कौन एक भारतीय चिकित्सा पद्धति नहीं है?

A. यूनानी चिकित्सा   **B.** फेंग शुई

C. आयुर्वेद   **D.** होम्योपैथी

Q.55 प्रतिअवसादक दवा लेने वाले मरीज को दी जाने वाली नर्सिंग देखभाल में _____ शामिल नहीं है।

A. रोगी को दवाइयाँ सोते समय लेने की सलाह देना

B. रोगी को दवाइयाँ भूखे पेट लेने की सलाह दें, ताकि अवशोषण अच्छी तरह से हो सके

C. रोगी को दवाइयाँ भूखे पेट न दें अन्यथा उल्टी हो सकती है

D. रोगी को अधिक पानी पीने के लिए कहे

Q.56 हिपैरिन एक _____ औषधि है।

A. एंटीएलर्जिक   **B.** एंटीकोएगुलेण्ट

C. एंटीपायरेटिक   **D.** एंटीकन्वलजेन्ट

Q.57 सामान्यतः, शरीर के लसीका तंत्र के माध्यम से गति करने वाले प्रोटीन से समृद्ध द्रव के संचय के कारण ऊतक में होने वाली सूजन को _____ कहा जाता है।

A. फुफ्फुसीय शोफ   **B.** लसीका शोफ

C. क्षतचिह्न शोफ   **D.** पीत पिंड शोफ

Q.58 निम्नलिखित में से किस प्रकार के रोगी में सन्निपात विकसित होने की सर्वाधिक जोखिम-दर होती है?

A. कार्डियोटॉमी के बाद के रोगी

B. AIDS से ग्रसित रोगी

C. सामान्य शल्यचिकित्सा वाले रोगी

D. गंभीर रूप से घायल रोगी

Q.59 हृदपेशी रोधगलन (मायोकार्डियल इन्फार्क्शन) के निदान के साथ भर्ती रोगी को निम्नलिखित में से कौन सी दवा सबसे पहले दी जानी चाहिए?

A. ACE अवरोधक

B. एस्पिरिन

C. कैल्शियम चैनल अवरोधक

D. स्टैटिन

Q.60 DOTs की द्वितीय श्रेणी में उपचार की समय सीमा कितनी होती है?

A. 6 महीने   **B.** 8 महीने   **C.** 5 महीने   **D.** 4 महीने

Q.61 मानव में उत्सर्जन तंत्र के निस्यंदन इकाइयों का नाम बताइए।

A. मूत्रवाहिनी   **B.** वृक्काणु

C. तंत्रिकोशिका   **D.** मूत्रमार्ग

Q.62 स्तनधारियों में हार्मोन द्वारा महिला माध्यमिक यौन पात्रों का विकास किया जाता है?

A. एस्ट्रोजन   **B.** रिलैक्सिन

C. प्रोजेस्टेरोन   **D.** गोनैडोट्रॉपिंस

Q.63 निम्नलिखित में से कौन सा हार्मोन मानव में दूध निकालने के दौरान एक प्रमुख भूमिका निभाता है?

A. एस्ट्रोजन   **B.** प्रोलैक्टिन

C. ऑक्सीटोसिन   **D.** प्रोजेस्टेरोन

Q.64 एड्रिनलिन हार्मोन से बढ़ता है:

A. दिल की धड़कन   **B.** रक्तचाप

C. (A) और (B) दोनों   **D.** इनमें से कोई नहीं

Q.65 शरीर की सबसे लंबी पेशी कौन सी है?

A. सोलयूस   **B.** ग्रासिलिस   **C.** ट्रपेजियस   **D.** सार्टोरियस

Q.66 गुर्दे निम्नलिखित में से किसके द्वारा pH संतुलन बनाए रखने में मदद कर रहे हैं?

A. छानने के लिए हाइड्रोजन आयनों को जोड़ना

B. रक्त से हाइड्रोजन आयनों को निकालना

C. रक्त में कैल्शियम और सोडियम आयनों को भंग करना

D. रक्त से कार्बोनेट आयनों को निकालना

Q.67 एस्केरिस के उत्सर्जन अंग हैं:

A. गुर्दा   **B.** फ्लेम सेल

C. रेनेट ग्रंथियां   **D.** नेफ्रिडिया

Q.68 निम्नलिखित में से कौन तंत्रिका तंत्र की बुनियादी संरचनात्मक और कार्यात्मक इकाई है?

A. न्यूरॉन   **B.** नेफ्रॉन

C. प्रमस्तिष्क   **D.** अनुमस्तिष्क

Q.69 उस पेशीय नलिका को क्या कहते हैं जिसके द्वारा संचित मूत्र को शरीर से बाहर निकाला जाता है?

A. वृक्क   B. मूत्रनली   C. मूत्राशय   D. मूत्रमार्ग

Q.70 किस हॉर्मोन को गर्भावस्था हॉर्मोन भी कहा जाता है?

A. एस्ट्रोजन   B. प्रोजेस्टेरोन
C. ऑक्सीटोसिन   D. टेस्टोस्टेरोन

Q.71 निम्नलिखित में से कौनसे आकार का सक्शन कैथेटर नवजात शिशु में मुंह और नाक के सक्शन के लिए उपयोग किया जाता है?

A. 12 नंबर   B. 10 नंबर   C. 6 नंबर   D. 20 नंबर

Q.72 शिशु का अपने सिर पर नियंत्रण किस माह तक संभव होता है?

A. 1   B. 2   C. 3   D. 6

Q.73 एक 1 महीने का लड़का विकास में विफलता को दर्शाता है। जाँच करने पर, वह रक्ताधिक्य हृद्पात के लक्षण दर्शाता है। ऊर्विका स्पंदन, बाहु स्पंदन की तुलना में कमज़ोर हैं। सबसे संभावित नैदानिक निदान क्या है?

A. जन्मजात महाधमनी संकीर्णता
B. महाधमनी निकुंचन
C. विवृत धमनी वाहिनी
D. जन्मजात महाधमनी रोग

Q.74 नवजात शिशु के जीवन के पहले दिन में, मिर्गी के संभावित कारण सभी हैं, सिवाय कि:

[NHM Uttar Pradesh Staff Nurse, 2021]

A. हाइपोग्लाइसेमिया   B. टेटनस
C. एस्फिक्सिया   D. इंट्रावेंट्रिकुलर रक्तस्राव

Q.75 ऑप्थेल्मिया नियोनेटरम का सबसे आम कारण कौन सा है?

A. क्लैमाइडिया ट्रैकोमैटिस   B. कैंडिडा ऐल्बीकैंस
C. स्ट्रैपटोकोकस   D. स्टेफिलोकोकस

Q.76 एक नर नवजात शिशु के बाएं हाथ में दर्दनाक उपची कठोर गांठ प्रकट होती है, जो एरिथेमेटस त्वचा से ढकी होती है। निम्नलिखित में से कौन-सी, उपचर्म वसा परिगलन की जटिलता है?

A. अतिपोटैशियमरक्तता   B. अतिकैल्सियमरक्तता
C. अल्पसोडियमरक्तता   D. स्नायु परिगलन

Q.77 अस्थमा से पीड़ित 10 साल के बच्चे को वार्ड में भर्ती कराया गया है। निम्नलिखित में से किस अवलोकन के लिए नर्स द्वारा तत्काल क्रिया की आवश्यकता है?

A. श्वसन दर 20/मिनट
B. सीधे बैठना और लेटने से मना करना
C. खाना खाने से मना करना
D. ऑक्सीजन संतृप्ति 96%

Q.78 ___ एंजाइम की कमी या निम्न स्तर के कारण एक छोटा बच्चा क्रेटिनिज्म से पीड़ित होता है।

A. कैल्सिटोनिन   B. टेट्राआयोडोथायरोनिन
C. हाइड्रोकार्टिसोन   D. ऐल्डोस्टेरोन

Q.79 बच्चों में रेक्टल रूट से तापमान लेते समय थर्मामीटर लगाना चाहिए:

A. 1.5 इंच   B. 2 इंच   C. 1 इंच   D. 0.5 इंच

Q.80 किन शिशुओं को हाइपोथर्मिया होने का अधिक खतरा होता है?

A. जन्मजात असामान्यता वाला शिशु
B. जन्म के समय कम वज़न वाले शिशुओं
C. स्वस्थ शिशु
D. एक वर्ष का शिशु

Q.81 स्ट्रेप्टोकल गले का संक्रमण बाद में ______ का कारण बन सकता है।

A. मलेरिया   B. कुष्ठ रोग
C. आमवाती हृदय रोग   D. उपरोक्त सभी

Q.82 यदि व्यक्ति अपने शरीर में इंटरफेरॉन का उत्पादन दिखाता है, तो संभावना है कि वह पीड़ित है:

A. एंथ्रेक्स   B. मलेरिया   C. खसरा   D. टिटनेस

Q.83 निम्नलिखित में से कौन से रोग जीवाणु संक्रमण के कारण होते हैं?

(a) टाइफाइड
(b) एलीफैंटियासिस
(c) हैजा
(d) क्षय रोग

A. (a) और (b)   B. (b) और (c)
C. (a), (c) और (d)   D. उपरोक्त सभी

Q.84 इन्फ्लुएंजा रोग निम्नलिखित में से किसके कारण होता है?

A. जीवाणु   B. वायरस   C. कवक   D. प्रोटोजोआ

Q.85 चेचक किसके कारण होता है?

A. वैरीसेला जोस्टर   B. वेरियोला वायरस
C. हर्पीस ज़ोस्टर   D. चिकन पॉक्स

Q.86 चिकन पॉक्स की ऊष्मायन अवधि ______ दिन है।

A. 6 से 7 दिन   B. 5 से 10 दिन
C. 10 से 21 दिन   D. 7 से 8 दिन

Q.87 निम्नलिखित में से कौन सा जीवाणु हैजा का कारण बनता है?

A. कोकस   B. स्पाइरिलम   C. विब्रियो   D. बेसिलस

Q.88 कुष्ठ रोग के लिए चयनित की गयी दवा _____ है।

A. डेक   B. स्ट्रेप्टोमाइसिन
C. डैप्सोन   D. उपरोक्त में से कोई नहीं

Q.89 BCG का टीका किस रोग की रोकथाम के लिए दिया जाता है?

A. टीबी   B. हेपेटाइटिस
C. हैज़ा   D. टिटनेस

Q.90 जल जनित रोग का एक उदाहरण है:

[MPTET Paper I - Varg 3, 2012]

A. डिप्थीरिया   B. टॉन्सिल्लिटिस
C. दस्त   D. खसरा

Q.91 जेरियाट्रिक नर्सिंग का अर्थ है नर्सिंग देखभाल है, जो निम्नलिखित को दी जाती है:

A. शिशुओं को   B. गर्भवती महिलाओं को
C. वृद्ध व्यक्ति को   D. सभी रोगियों को

Q.92 किस आयु तक के बच्चे को शिशु कहा जाता है?

A. 1 महीना   B. 28 दिन   C. 6 महीने   D. 1 वर्ष

Q.93 एक नवजात शरीर पहले लगभग दो महीनों में अपने सिर पर नियंत्रण प्राप्त करता है, उसके बाद अन्य अंगों पर नियंत्रण प्राप्त करता है। मनुष्यों में इस प्रकार के विकास को कहते हैं:

A. सामान्य से विशिष्ट   B. समीपाभिमुख
C. क्रमिक   D. शीर्षाभिमुख

Q.94 कौन सा एक आंतरिक कारक नहीं है जो बच्चों में वृद्धि और विकास को प्रभावित करता है?

A. सामाजिक प्रकृति   **B.** आनुवांशिक कारक
C. तकनीकी कारक   **D.** बुद्धि

Q.95 वयःसंधि अवस्था का आयु विस्तार क्या होता है ?
A. 10 से 12 वर्ष   **B.** 6 से 12 वर्ष
C. 11 से 16 वर्ष   **D.** 8 से 10 वर्ष

Q.96 बच्चे में पर्याप्त स्तनपान इंगित करता है:
A. आवृत्ति रोता नहीं है
B. मूत्र 5-7 बार/दिन
C. बच्चा दूध पिलाने के बाद 2 घंटे सोता है
D. मल 4 बार/दिन

Q.97 बच्चों के दांत निकलना शुरू हो जाते हैं:
A. 6 महीने   **B.** 7 महीने   **C.** 8 महीने   **D.** 9 महीने

Q.98 _______ भाषा के विकास से संबंधित एक 'संवेदनशील अवधि' है।
[CTET Paper - I, 2021]

A. जन्मपूर्व का समय   **B.** प्रारंभिक बाल्यावस्था
C. मध्य बाल्यावस्था   **D.** किशोरावस्था

Q.99 विकास कभी न समाप्त होने वाली प्रक्रिया है, यह विचार निम्नलिखित में से किससे सम्बन्धित है:
[RTET - Level 2 (Mathematics & Science), 2021]

A. निरंतरता के सिद्धान्त से
B. अन्तः सम्बन्ध के सिद्धान्त से
C. अन्योन्य क्रिया के सिद्धान्त से
D. एकीकरण के सिद्धान्त से

Q.100 लोकप्रिय असामाजिक बच्चों को आम तौर पर क्यों ऐसा नाम दिया जाता है?
A. अकादमिक और सामाजिक क्षमता दिखाने के लिए
B. समकक्षों के साथ संवेदनशील होते हैं
C. एथलेटिक और शारीरिक रूप से सुगठित
D. वयस्कों के अधिकार को चुनौती देना

// स्मार्ट उत्तर पुस्तिका //

सही उत्तर उन छात्रों का प्रतिशत जिन्होंने प्रश्नों का सही उत्तर दिया था।   **छोड़ दिया** उन छात्रों का प्रतिशत जिन्होंने प्रश्नों को छोड़ दिया था।

प्रश्न संख्या	उत्तर	सही उत्तर / छोड़ दिया	प्रश्न संख्या	उत्तर	सही उत्तर / छोड़ दिया	प्रश्न संख्या	उत्तर	सही उत्तर / छोड़ दिया	प्रश्न संख्या	उत्तर	सही उत्तर / छोड़ दिया	प्रश्न संख्या	उत्तर	सही उत्तर / छोड़ दिया
1	A	42.75 % / 1.7 %	17	C	68.93 % / 1.18 %	33	A	67.8 % / 1.7 %	49	B	41.5 % / 1.87 %	65	D	48.93 % / 1.98 %
2	A	62.23 % / 1.24 %	18	A	32.39 % / 4.36 %	34	D	26.6 % / 3.81 %	50	C	45.1 % / 1.95 %	66	B	40.51 % / 1.56 %
3	B	88.76 % / 0.0 %	19	B	61.99 % / 1.94 %	35	B	88.35 % / 0.0 %	51	A	51.29 % / 1.19 %	67	C	50.55 % / 1.79 %
4	A	86.23 % / 0.0 %	20	D	66.6 % / 1.72 %	36	A	40.14 % / 1.92 %	52	C	78.54 % / 0.0 %	68	A	22.21 % / 4.85 %
5	C	57.02 % / 1.35 %	21	C	66.04 % / 1.12 %	37	B	57.89 % / 1.63 %	53	B	60.99 % / 1.63 %	69	D	51.97 % / 1.12 %
6	B	44.95 % / 1.8 %	22	C	56.24 % / 1.92 %	38	A	42.61 % / 1.54 %	54	B	47.38 % / 1.09 %	70	B	56.47 % / 1.72 %
7	B	67.25 % / 1.42 %	23	C	23.25 % / 4.41 %	39	B	60.94 % / 1.62 %	55	B	41.3 % / 1.68 %	71	C	43.44 % / 1.86 %
8	B	64.85 % / 1.12 %	24	D	68.98 % / 1.6 %	40	C	50.21 % / 1.58 %	56	B	51.55 % / 1.25 %	72	C	48.2 % / 1.05 %
9	C	48.61 % / 1.36 %	25	B	45.19 % / 1.38 %	41	D	43.09 % / 1.9 %	57	B	20.78 % / 4.57 %	73	B	66.14 % / 1.07 %
10	A	29.27 % / 3.58 %	26	D	48.03 % / 1.33 %	42	A	12.52 % / 4.48 %	58	A	60.67 % / 1.93 %	74	B	21.51 % / 4.13 %
11	C	61.51 % / 1.24 %	27	A	83.19 % / 0.0 %	43	D	44.84 % / 1.09 %	59	B	62.91 % / 1.1 %	75	A	52.84 % / 1.11 %
12	C	52.58 % / 1.24 %	28	A	41.89 % / 1.91 %	44	D	44.96 % / 1.06 %	60	B	48.67 % / 1.87 %	76	B	19.0 % / 3.12 %
13	B	53.0 % / 1.49 %	29	A	57.58 % / 1.41 %	45	C	59.84 % / 1.67 %	61	B	42.41 % / 1.64 %	77	B	59.89 % / 1.85 %
14	D	83.93 % / 0.0 %	30	B	43.81 % / 1.51 %	46	B	63.09 % / 1.32 %	62	A	41.38 % / 1.85 %	78	B	49.48 % / 1.72 %
15	A	86.81 % / 0.0 %	31	A	47.3 % / 1.86 %	47	D	50.01 % / 1.07 %	63	C	68.28 % / 1.53 %	79	C	56.98 % / 1.09 %
16	D	42.64 % / 1.49 %	32	A	43.18 % / 1.56 %	48	A	31.2 % / 3.33 %	64	C	78.28 % / 0.0 %	80	B	43.32 % / 1.31 %

प्रश्न संख्या	उत्तर	सही उत्तर / छोड़ दिया
81	C	46.98 % / 1.7 %
82	C	52.48 % / 1.01 %
83	C	27.8 % / 3.29 %
84	B	48.18 % / 1.96 %

प्रश्न संख्या	उत्तर	सही उत्तर / छोड़ दिया
85	B	85.94 % / 0.0 %
86	C	46.99 % / 1.35 %
87	C	30.6 % / 3.62 %
88	C	76.05 % / 0.0 %

प्रश्न संख्या	उत्तर	सही उत्तर / छोड़ दिया
89	A	12.0 % / 4.37 %
90	C	59.46 % / 1.61 %
91	C	45.44 % / 1.46 %
92	D	50.41 % / 1.65 %

प्रश्न संख्या	उत्तर	सही उत्तर / छोड़ दिया
93	D	55.83 % / 1.19 %
94	C	52.93 % / 1.84 %
95	C	48.43 % / 1.87 %
96	C	56.78 % / 1.47 %

प्रश्न संख्या	उत्तर	सही उत्तर / छोड़ दिया
97	A	80.93 % / 0.0 %
98	B	57.93 % / 1.3 %
99	A	53.71 % / 1.57 %
100	D	78.95 % / 0.0 %

//संकेत और समाधान//

1. भोजन का वह घटक जो हमारे शरीर को संक्रमणों से लड़ने में मदद करता है, प्रोटीन है।

प्रोटीन विटामिन और खनिज होते हैं, जो कीटाणुओं से लड़ते हैं। प्रोटीन शरीर के ऊतकों के निर्माण और मरम्मत और वायरल और बैक्टीरियल संक्रमणों से लड़ने के लिए महत्वपूर्ण है। प्रतिरक्षा प्रणाली पावरहाउस जैसे एंटीबॉडी और प्रतिरक्षा प्रणाली कोशिकाएं प्रोटीन पर निर्भर करती हैं। आहार में बहुत कम प्रोटीन कमजोरी, थकान, उदासीनता और खराब प्रतिरक्षा के लक्षण पैदा कर सकता है।

अत: विकल्प (A) सही है।

2. शिशुओं में प्रोटीन और कार्बोहाइड्रेट की कमी से मरास्मस होता है।

मरास्मस एक प्रकार का प्रोटीन-ऊर्जा कुपोषण है जो किसी को भी प्रभावित कर सकता है लेकिन मुख्य रूप से बच्चों में देखा जाता है। यदि आपके पास कैलोरी, प्रोटीन, कार्बोहाइड्रेट, विटामिन और खनिजों जैसे पोषक तत्वों की गंभीर कमी है तो आपको मरास्मस हो सकता हैं।

अत: विकल्प (A) सही है।

3. पोषण भोजन प्राप्त करने की विधि है। पोषण दो प्रकार का होता है। पहला है स्वपोषी पोषण और दूसरा है विषमपोषण पोषण। पोषण एक स्वस्थ और संतुलित आहार खाने के बारे में है। भोजन और पेय आपको स्वस्थ रहने के लिए आवश्यक ऊर्जा और पोषक तत्व प्रदान करते हैं।

अत: विकल्प (B) सही है।

4. विटामिन और खनिजों को सूक्ष्म पोषक या भोजन के सुरक्षात्मक सिद्धांत कहा जाता है। सूक्ष्म पोषक तत्व आपके शरीर के आवश्यक पोषक तत्वों के प्रमुख समूहों में से एक हैं। इनमें विटामिन और खनिज शामिल हैं। ऊर्जा उत्पादन, प्रतिरक्षा कार्य, रक्त के थक्के और अन्य कार्यों के लिए विटामिन आवश्यक हैं। जबकि, खनिज विकास, हड्डियों के स्वास्थ्य, द्रव संतुलन और कई अन्य प्रक्रियाओं में महत्वपूर्ण भूमिका निभाते हैं।

अत: विकल्प (A) सही है।

5. कार्बोहाइड्रेट और वसा ऊर्जा उत्पादक हैं।

कार्बोहाइड्रेट सबसे अधिक बार ऊर्जा स्रोत के रूप में उपयोग किए जाने वाले पोषक तत्व होते हैं (जिसमें प्रति ग्राम 4 किलो कैलोरी होता है), क्योंकि वे तेजी से अभिनय कर रहे हैं और जैसे ही वे निगले जाते हैं, ऊर्जा में बदल जाते हैं। वसा का उपयोग वसा अम्लों में टूटने के बाद ऊर्जा के लिए किया जाता है। प्रोटीन का उपयोग ऊर्जा के लिए भी किया जा सकता है, लेकिन पहला काम हार्मोन, मांसपेशियों और अन्य प्रोटीन बनाने में मदद करना है।

अत: विकल्प (C) सही है।

6. प्रकाश संश्लेषण के प्राथमिक उत्पाद कार्बोहाइड्रेट हैं।

प्रकाश संश्लेषण का मुख्य उत्पाद ग्लूकोज है, जो कार्बोहाइड्रेट अणु है जो कोशिका की प्रक्रियाओं को चलाने के लिए ऊर्जा पैदा करता है। ऑक्सीजन मुख्य रूप से प्रकाश संश्लेषण की प्रक्रिया का एक उपोत्पाद है। ग्लूकोज के एक अणु के उत्पादन के लिए कार्बन डाइऑक्साइड के छह अणुओं और पानी के छह अणुओं की आवश्यकता होती है।

अत: विकल्प (B) सही है।

7. विशिष्ट पोषक तत्वों के साथ भोजन का वृद्धीकरण। जैसे नमक के साथ आयोडीन। यह प्राथमिक रोकथाम का एक उदाहरण है।

यह संवेदनशील जनसंख्या के उद्देश्य से प्राथमिक निवारक उपाय है। इसका उद्देश्य किसी रोग को हमेशा होने से रोकना है। इसकी लक्षित जनसंख्या स्वस्थ व्यक्ति हैं। यह आमतौर पर ऐसी गतिविधियों को स्थापित करता है जो किसी रोग की घटना को रोकने के लिए व्यक्तियों के जोखिम कारकों को सीमित

करती हैं। अत:, संवेदनशील जनसंख्या को तत्व बहुल आयोडीनयुक्त लवण प्रदान किया जाता है, जिन्हें रोकथाम के उद्देश्य से आयोडीन की कमी से होने वाले विकार होने का खतरा होता है।

अत: विकल्प (B) सही है।

8. माँ के दूध को कक्ष ताप पर 4 घंटे तक संग्रहित किया जा सकता है।

- स्तन दूध भंडारण बैग और खाद्य ग्रेड कंटेनर का उपयोग स्तन दूध को संग्रहित करने के लिए किया जाता है।
- रेफ्रिजरेटर (फ्रीज) में दूध को संग्रहित करने का समय 4 दिन का है।
- आवश्यकता: जब शिशु भूखा होता है तब ये दूध बच्चे को दिया जा सकता है।

अत: विकल्प (B) सही है।

9. विटामिन A की कमी के कारण रतौंधी रोग होता है।

- रोशनी के पूर्ण स्पेक्ट्रम को देखने के लिए विटामिन A दृष्टि में एक महत्वपूर्ण भूमिका निभाता है, जिसमें आंख को रेटिना के लिए कुछ वर्णक उत्पन्न करने की आवश्यकता होती है।
- विटामिन A की कमी से वर्णक का उत्पादन रुक जाता है, जिससे रतौंधी हो जाती है।
- विटामिन A के बिना आंखें स्नेहन के लिए पर्याप्त नमी उत्पन्न नहीं कर पाती हैं।

अत: विकल्प (C) सही है।

10. कूली एनीमिया (रक्ताल्पता) को थैलेसीमिया कहा जाता है।

- थैलेसीमिया मेजर या कूली एनीमिया सबसे सामान्य वंशानुगत हीमोग्लोबिन विकारों में से एक है।
- यह हीमोग्लोबिन उत्पादन के मार्ग में बीटा-ग्लोबिन श्रृंखला की अनुपस्थिति के कारण होता है।
- थैलेसीमिया एक वंशानुगत विकार है जो शरीर में सामान्य हीमोग्लोबिन के उत्पादन को प्रभावित करता है।

अत: विकल्प (A) सही है।

11. भारत की कुल प्रजनन दर (TFR) 2015-16 में 2.2 बच्चों से घटकर अब प्रति महिला 2 बच्चे हो गई है, जैसा कि राष्ट्रीय परिवार स्वास्थ्य सर्वेक्षण (NFHS) के नवीनतम संस्करण में दिखाया गया है।

TFR वर्तमान में प्रति महिला 2.1 बच्चों की प्रजनन क्षमता के प्रतिस्थापन स्तर से नीचे है। रिपोर्ट के अनुसार, 25-49 आयु वर्ग की महिलाओं में पहले जन्म के समय औसत आयु 21.2 वर्ष है।

अत: विकल्प (C) सही है।

12. जिला अस्पताल और सामुदायिक केंद्रों में आमतौर पर देखभाल के स्तर को द्वितीयक स्तर कहा जाता है।

इस स्तर पर अधिक जटिल समस्याओं से निपटा जाता है। देखभाल आमतौर पर जिला अस्पताल और सामुदायिक केंद्रों में प्रदान की जाती है जो पहले रेफरल स्तर के रूप में भी कार्य करता है। इस स्तर पर उपचारात्मक सेवाएं प्रदान की जाती हैं।

अत: विकल्प (C) सही है।

13. DMPA एक इंजेक्शन योग्य गर्भनिरोधक है जिसे प्रत्येक 3 महीने में दिया जाता है।

- डिपो मेड्रोक्सीप्रोजेस्टेरोन एसीटेट [DMPA], अंतरा उच्च स्वीकार्यता वाला एक हार्मोन गर्भनिरोधक है क्योंकि यह प्रत्येक 3 महीने में एक इंजेक्शन द्वारा प्रदान किया जाता है।

- जिसे नैदानिक सुविधाओं के बाहर भी दिया जा सकता है। यह कम लागत वाला और अत्यधिक प्रभावी भी है।
- यह एक प्रतिवर्ती विधि है और इसका उपयोग बंद करने के बाद महिलाओं के गर्भवती होने की संभावना उन लोगों से अलग नहीं है जिन्होंने DMPA का उपयोग नहीं किया है।

अत: विकल्प (B) सही है।

14. मलेरिया एक गंभीर और कभी-कभी घातक बीमारी है, जो एक परजीवी के कारण होती है जो आमतौर पर एक निश्चित प्रकार के मच्छर को संक्रमित करती है जो मनुष्यों पर भोजन के लिए निर्भर है। मलेरिया एक संक्रमित मादा एनोफिलीज मच्छर द्वारा काटे जाने से फैलता है।

- प्लास्मोडियम फाल्सीपेरम मलेरिया का एक प्रकार है जो अक्सर गंभीर और जानलेवा मलेरिया का कारण बनता है।
- संक्रमण के 10 दिन से 4 सप्ताह बाद लक्षण शुरू होते हैं।
- काला बुखार पी.फाल्सीपेरुम के कारण होता है।
- सामान्य लक्षण हैं लगातार बुखार, वजन कम होना, तिल्ली और यकृत का बढ़ना और अन्य लोगों में एनीमिया। कुछ मामलों में, पैच में त्वचा शुष्क, पतली और पपड़ीदार हो सकती है और बाल झड़ सकते हैं।

अत: विकल्प (D) सही है।

15. PMJAY का पूरा नाम प्रधानमंत्री जन आरोग्य योजना है।

इस योजना को सितंबर 2018 में शुरू किया गया था और सार्वभौमिक स्वास्थ्य कवरेज (UHC) के दृष्टिकोण को प्राप्त करने के लिए राष्ट्रीय स्वास्थ्य नीति 2017 द्वारा अनुशंसित किया गया था। यह आयुष्मान भारत मिशन के तहत केंद्रीय क्षेत्र के घटक वाली एक केंद्र प्रायोजित योजना है। PM-JAY को पहले राष्ट्रीय स्वास्थ्य सुरक्षा योजना (NHPS) के नाम से जाना जाता था। इसने तत्कालीन मौजूदा राष्ट्रीय स्वास्थ्य बीमा योजना (RSBY) को शामिल किया, जिसे 2008 में शुरू किया गया था।

अत: विकल्प (A) सही है।

16. टीकाकरण को किसी विशेष संक्रामक रोग के खिलाफ सक्रिय अधिग्रहित प्रतिरक्षा के रूप में वर्णित किया गया है।

हेपेटाइटिस B टीका:

- हेपेटाइटिस B वायरस के विरुद्ध
- मार्ग: अंत:पेशीय

टीकाकरण कार्यक्रम: 3 टीके अर्थात्

- शिशुओं में 0, 6, 14 सप्ताह
- बच्चों, किशोरों और वयस्कों के लिए 0,1,6 महीने
- त्वरित सुरक्षा के लिए 0,1, 2

अत: विकल्प (D) सही है।

17. सबसे पहले और सबसे महत्वपूर्ण, PHC का तत्व स्वास्थ्य शिक्षा और उन्हें कैसे रोका और नियंत्रित किया जाए।

सभी लोगों को, हर जगह, स्वास्थ्य के उच्चतम प्राप्य स्तर को प्राप्त करने का अधिकार है। यह प्राथमिक स्वास्थ्य देखभाल (PHC) का मूलभूत आधार है।

अत: विकल्प (C) सही है।

18. किसी विशेष समय और स्थान में किसी बीमारी की घटनाओं में अचानक वृद्धि को प्रकोप के रूप में जाना जाता है।

- एक प्रकोप एक विशेष अवधि में उस क्षेत्र में उस जनसंख्या में अपेक्षित से अधिक मामलों (HAI) की घटना में वृद्धि है।

- प्रकोप की घटना हमेशा रोगकारक, परपोषी और पर्यावरण के बीच मौजूदा संतुलन में कुछ महत्वपूर्ण बदलाव का संकेत देती है।
- स्वास्थ्य कर्मियों, प्रयोगशालाओं की आधिकारिक रोग अधिसूचना प्रणाली, समाचार पत्रों और मीडिया ग्राम स्वास्थ्य स्वयंसेवकों के माध्यम से प्रकोप का पता लगाया जा सकता है।

अत: विकल्प (A) सही है।

19. 10 लाख की आबादी वाले जिले के लिए आवश्यक बिस्तरों की संख्या लगभग 300 बिस्तरों की होगी।

भारतीय सार्वजनिक स्वास्थ्य मानक (IPHS), देश में स्वास्थ्य देखभाल वितरण की गुणवत्ता में सुधार के लिए एकसमान मानकों का एक सम्मुच्य है। आईपीएचएस दस्तावेजों को मौजूदा कार्यक्रमों के बदलते प्रोटोकॉल और विशेष रूप से गैर-संचारी रोगों के लिए नए कार्यक्रमों की शुरूआत को ध्यान में रखते हुए संशोधित किया गया है।

राष्ट्रीय ग्रामीण स्वास्थ्य मिशन (NRHM) के तहत पहली बार, देश में परिधीय सार्वजनिक स्वास्थ्य संस्थानों के विशाल नेटवर्क के लिए भारतीय सार्वजनिक स्वास्थ्य मानक (IPHS) विकसित करने का प्रयास किया गया था और 2007 के आरंभ में मानकों का पहला सम्मुच्य जारी किया गया था।

अत: विकल्प (B) सही है।

20. शुद्ध मृत्यु दर अस्पताल में भर्ती होने के 24 घंटे के बाद होने वाली मौतों की गणना करके निर्धारित की जाती है।

शुद्ध मृत्यु दर:

अस्पताल में भर्ती होने के 48 घंटे या उससे अधिक समय के बाद होने वाली मौतों की कुल संख्या का अनुपात, उस अवधि के लिए 48 घंटे और उससे अधिक डिस्चार्ज और मौतों की कुल संख्या से है।

अत: विकल्प (D) सही है।

21. प्रसव के दौरान भ्रूण की सबसे सामान्य प्रस्तुति शिखर है।

भ्रूण प्रस्तुति भ्रूण के उस हिस्से को संदर्भित करती है जो मातृ श्रोणि के ऊपर स्थित होती है। भ्रूण माँ के अनुदैर्ध्य अक्ष (अनुदैर्ध्य स्थिति, अनुप्रस्थ स्थिति, तिरछी स्थिति) के संबंध में भ्रूण के अनुदैर्ध्य अक्ष के बीच संबंध को संदर्भित करता है।

अत: विकल्प (C) सही है।

22. प्रोलैक्टिन अग्र पीयूष ग्रंथि द्वारा स्रावित एक हार्मोन है जो बच्चे के जन्म के बाद दूध के उत्पादन को प्रेरित करता है।

- प्रोलैक्टिन हार्मोन मानव शरीर में उत्पादित दूध की मात्रा को नियंत्रित करता है, सगर्भता के प्रारंभ में शरीर प्रोलैक्टिन का उत्पादन शुरू कर देता है।
- सबसे पहले, एस्ट्रोजन, प्रोजेस्टेरॉन और अन्य सगर्भता हार्मोन के उच्च स्तर प्रोलैक्टिन का संदमन करते हैं।
- एक बार जब माता द्वारा अपरा (प्लेसेंटा) की प्रसूति होती है, तब वे सगर्भता हार्मोन कम हो जाते हैं और प्रोलैक्टिन कार्य शुरू कर देता है।

अत: विकल्प (C) सही है।

23. गर्भधारण के 38वें सप्ताह के बाद फंडल हाइट में कमी को लाइटनिंग कहते हैं।

गर्भविधि गर्भावस्था के सप्ताहों की संख्या है। तीसरी तिमाही के अंत में, बच्चा नीचे माँ के श्रोणि में स्थिर हो जाता है या नीचे चला जाता है। इसे ड्रापिंग या लाइटनिंग के रूप में जाना जाता है।

अत: विकल्प (C) सही है।

24. भ्रूण क्षिप्रहृदयता भ्रूण की हृदय गति में असामान्य वृद्धि है। इसे 160-180 बीट्स/मिनट से अधिक की हृदय गति के रूप में परिभाषित किया जाता है और हृदय गति आमतौर पर 170-220 बीट्स/मिनट के बीच होती है, क्षिप्रहृदयता में उच्च दर हो सकती है।

अत: विकल्प (D) सही है।

25. सामान्य गर्भाशय गुहा के बाहर अंतर्भिशय कला ऊतक की उपस्थिति को अंतर्भिशय-प्रधानता कहा जाता है।

- श्रोणि अंतर्भिशय-प्रधानता की सबसे आम स्थल है, लेकिन एंडोमेट्रियोटिक प्रत्यारोपण शरीर में लगभग कहीं भी हो सकता है।
- यह प्रजनन-आयु वाली महिलाओं में एक सामान्य स्त्री रोग संबंधी समस्या है, जिन्हें श्रोणीय पीड़ा, कुच्छ्रमैथुन या बांझपन है।
- यह असामान्य वृद्धि महिला के शरीर में कहीं भी हो सकती है लेकिन ज्यादातर महिलाओं के शरीर के अंगों जैसे डिंबवाहिनी नलिका, अंडाशय आदि में देखी जाती है।

अत: विकल्प (B) सही है।

26. FHR को 20 सप्ताह के गर्भ के रूप में भ्रूण दर्शी के साथ परिश्रवण किया जा सकता है।

भ्रूण के हृदय दर की निगरानी के प्रकार और तरीके:

- आंतरायिक परिश्रवण क्रिया: यह भ्रूण के स्टेथोस्कोप या हाथ से पकड़ने वाले डॉपलर अल्ट्रासाउंड उपकरण का उपयोग करके लगभग 60 सेकंड के लिए भ्रूण के हृदय स्पंदन को सुनने की एक विधि है। 20 सप्ताह के गर्भविधि में FHR का भ्रूण-दर्शी से परिश्रवण किया जा सकता है।
- इलेक्ट्रॉनिक भ्रूण निगरानी: यह एक इलेक्ट्रॉनिक मॉनिटर है जिसका उपयोग भ्रूण की हृदय दर को लगातार मापने के लिए किया जाता है और एक ही समय में माँ के संकुचन की निगरानी के लिए एक दबाव सेंसर का उपयोग करता है।

अत: विकल्प (D) सही है।

27. एक सामान्य गर्भावस्था 40 सप्ताह या 280 दिनों तक चलती है।

एक पूर्ण-अवधि वाली गर्भावस्था 39 सप्ताह, 0 दिन से 40 सप्ताह, 6 दिनों के बीच रहती है। यह नियत तारीख से 1 सप्ताह पहले से नियत तारीख के 1 सप्ताह बाद तक होती है। गर्भावस्था आमतौर पर अंतिम आर्तव चक्र के पहले दिन से नियत तारीख तक लगभग 40 सप्ताह तक चलती है और यह नियत तारीख स्वास्थ्य देखभाल प्रदाता द्वारा प्रसव की गणना की गई तारीख होती है।

अत: विकल्प (A) सही है।

28. PPIUCD का अर्थ प्रसवोत्तर अंतर्भिशयी गर्भनिरोधक उपकरण है।

- प्रसवोत्तर अंतर्भिशयी गर्भनिरोधक उपकरण गर्भनिरोधक की विधि है जो सबसे सुविधाजनक विधि है, और इसे जन्म देने के तुरंत बाद अर्थात् 48 घंटों के भीतर डाला जा सकता है।
- PPIUCD को गर्भाशय में ऊँचा रखा जाता है। क्योंकि प्रसव के दौरान गर्भाशय का आकार फैलता है और इसलिए विशेष संदंश (फॉरसेप) का उपयोग करके एक उच्च फंडल विधि द्वारा एक IUCD रखा जाता है।

अत: विकल्प (A) सही है।

29. डिलीवरी के बाद केगेल व्यायाम मूत्र और मलाशय की मांसपेशियों को मजबूत करने के लिए किया जाता है।

- केगेल व्यायाम ऐसे व्यायाम हैं जिन्हें शुरू में 1948 में दक्षिणी कैलिफोर्निया विश्वविद्यालय के एक प्रसिद्ध स्त्री रोग विशेषज्ञ अमोल्ड केगेल द्वारा तैयार और वर्णित किया गया था।
- केगेल व्यायाम से श्रोणि खंड की मांसपेशियां मजबूत होती हैं।

- श्रोणि खंड में मांसपेशियां और ऊतक होते हैं जो श्रोणि के नीचे गोफन बनाते हैं और मूत्र और प्रजनन तंत्र को रोकते हैं।
- उम्र, बच्चे के जन्म, सर्जरी, मोटापे या आघात के कारण श्रोणि मांसपेशियां कमजोर हो जाती हैं। कमजोर श्रोणि मांसपेशियों के कारण आंत्र या मूत्राशय की गतिविधियों को नियंत्रित करना कठिन हो जाता हैं।

अत: विकल्प (A) सही है।

30. नैगेले के नियम का उपयोग प्रसव की अपेक्षित तिथि का निर्धारण करने के लिए किया जाता है।

- नैगेले के नियम का उपयोग करके अपनी अनुमानित देय तिथि की गणना करने का सूत्र:
- पिछले आर्तव काल की तिथि + 7 दिन + 9 कैलेंडर महीने = प्रसव की अनुमानित तिथि
- एक महिला नैगेले के नियम द्वारा निर्धारित तिथि पर प्रसव पीड़ा का अनुभव कर सकती है।

अत: विकल्प (B) सही है।

31. औषधि विषाक्तता के मामले में एक प्रतिविष (ऐंटिडोट) दिया जाना चाहिए। N-एसिटाइल सिस्टीन का एडमिनिस्ट्रेशन क्योंकि यह पेरासिटामोल विषाक्तता के लिए प्रतिविष है। यह एसिटामिनोफेन के हानिकारक संयुग्मों को बांधता है, यकृत विषाक्तता को रोकता है।

अत: विकल्प (A) सही है।

32. जलने के बाद लगाया जाने वाला प्राथमिक उपचार त्वचा की क्षति की गहराई पर निर्भर करता है।

त्वचा की क्षति की गहराई के आधार पर, जलने को तीन प्रकारों में वर्गीकृत किया जाता है।

- सतही जलन में केवल त्वचा की सबसे बाहरी परत पर जलन होती है, जिसे एपिडर्मिस कहा जाता है।
- आंशिक-मोटाई वाली जलन आमतौर पर बहुत दर्दनाक होती है, यह एपिडर्मिस को नष्ट कर देती है। अगर इस तरह के घाव शरीर के 20 फीसदी से ज्यादा हिस्से पर हों तो यह जानलेवा हो सकता है।
- एक पूर्ण मोटाई जला तो यह पहली सहायता और चोट की गंभीरता के बारे में हताहत गुमराह कर सकते हैं, ज्यादातर मामलों में दर्दनाक नहीं है। इसके लिए तत्काल चिकित्सा ध्यान देने की आवश्यकता है।

जैसे जलने के प्रकार भिन्न होते हैं, वैसे ही विभिन्न प्रकार के जलने के लिए प्राथमिक उपचार की आवश्यकता होती है।

अत: विकल्प (A) सही है।

33. अस्थि-भंग के उपचार के लिए स्थिरीकरण सबसे महत्वपूर्ण नर्सिंग क्रिया है।

स्थिरीकरण के लिए कार्यकारी विधि में आंतरिक या बाहरी स्थिरता शामिल है।आंतरिक स्थिरता में, अस्थि-भंग के एक बार कम हो जाने पर अस्थि-भंग को कुछ धातु या अधातु उपकरण जैसे स्टील के तार, स्क्रू, प्लेट आदि की मदद से आंतरिक रूप से स्थिर किया जाता है। बाह्य स्थिरता में, अस्थि-भंग को अंग के बाहर स्टील के फ्रेम में रखा जाता है।

अस्थि-भंग के स्थिरीकरण के लिए संरक्षी विधियों में निम्नलिखित शामिल हैं:

- घाव पर मलहम आदि के साथ पट्टा बाँधना
- गलपट्टी, सांचा आदि का उपयोग करके स्थिरीकरण
- कार्यात्मक सम्बन्ध
- कर्षण लागू करना

अत: विकल्प (A) सही है।

34. रोगी डिस्पेनिया से पीड़ित है। रोगी को राहत देने के लिए आप जो स्थिति प्रदान करेंगे वह फाउलर की है।

फाउलर स्थिति में, गुरुत्वाकर्षण डायाफ्राम को नीचे की ओर खींचता है, जिससे छाती और फेफड़ों का अधिक विस्तार होता है। साथ ही पेट की पेशियों में तनाव को कम करने में मदद करता है और श्वसन में सुधार करता है।

अत: विकल्प (D) सही है।

35. दुर्घटनाग्रस्त व्यक्ति के लिए प्राथमिक उपचार सहायताप्रद हो सकते हैं।

यह उस आपात स्थिति या तत्काल देखभाल को संदर्भित करता है जो आपको तब प्रदान करनी चाहिए जब कोई व्यक्ति घायल या बीमार हो, जब तक कि पूर्ण चिकित्सा उपचार उपलब्ध न हो जाए।

गोल्डन ऑवर:

- चोट लगने के बाद के पहले घंटे को 'गोल्डन ऑवर' कहा जाता है। इस समय सड़क दुर्घटना के शिकार लोगों को तत्काल और उचित प्राथमिक उपचार देने से उनके बचने की संभावना कई गुना बढ़ जाती है और चोटों की गंभीरता कम हो जाती है।

अत: विकल्प (B) सही है।

36. एक शिक्षक को पहले उस बच्चे को प्राथमिक उपचार देना चाहिए जिसे मिर्गी का दौरा पड़ता है। प्राथमिक उपचार किसी बीमारी से पीड़ित व्यक्ति को दी जाने वाली तत्काल सहायता है।

- प्राथमिक उपचार की आवश्यकता इसलिए होती है ताकि छात्र की स्थिति खराब न हो।
- एक बच्चा जो त्वरित हो जाता है उसे इलाज के लिए डॉक्टर के पास ले जाना चाहिए। दौरे को ऐसी दवाओं से नियंत्रित किया जा सकता है जिन्हें मिर्गी-रोधी दवाएं कहा जाता है।
- यदि दवा द्वारा उसके दौरे को नियंत्रित किया जाए तो बच्चा सामान्य जीवन जी सकता है।

अत: विकल्प (A) सही है।

37. विषाक्त व्यक्ति की पहली पहचान नींद आना या उनींदापन है।

वे पदार्थ जो शरीर में प्रवेश कर चोट पहुँचाते हैं या मनुष्यों के लिए घातक होते हैं, विष या टोक्सिन कहलाते हैं। विषाक्तता तब होता है जब ये विषाक्त पदार्थ त्वचा के माध्यम से साँस लेने, इंजेक्शन लगाने, निगलने या अवशोषण के माध्यम से शरीर में प्रवेश करते हैं।

अत: विकल्प (B) सही है।

38. टॉपिकल जेंटामाइसिन लाल रक्त कोशिकाओं की संख्या को प्रभावित नहीं करेगा। जेंटामाइसिन का वृक्क समीपस्थ नलिकीय कोशिकाओं में जमा होने का जोखिम होता है और इससे क्षति हो सकती है।

टॉपिकल जेंटामाइसिन सोडियम को प्रभावित नहीं करेगा। वृक्क की हानि के मामलों में, गुच्छीय निस्पंदन दर (GFR) के आधार पर खुराक समायोजन किया जाना चाहिए; उच्च खुराक, विस्तारित अंतराल खुराक दृष्टिकोण के लिए, खुराक को संरक्षित किया जा सकता है, लेकिन खुराक के बीच अंतराल GFR में कमी के अनुरूप बढ़ना चाहिए।

टॉपिकल जेंटामाइसिन मैग्नीशियम के स्तर को प्रभावित नहीं करेगा। सीरम क्रिएटिनिन और रक्त यूरिया नाइट्रोजन के माध्यम से वृक्क की पूर्व बीमारी के बिना रोगियों में सप्ताह में दो बार वृक्क के कार्य का मूल्यांकन किया जाना चाहिए।

अत: विकल्प (A) सही है।

39. आमतौर पर कोहनी और टखनों जैसे जोड़ों पर बंधी हुई पट्टियों को आठ की आकृति कहा जाता है।

एक पट्टी को वैकल्पिक रूप से 2 भागों में, जोड़ के ऊपर और नीचे दो खंडों में इस प्रकार से लगाया जाता है कि यह 8 की आकृति को दर्शाता है।

अत: विकल्प (B) सही है।

40. गहरे आंशिक-मोटाई वाले बर्न गुलाबी या लाल रंग के होते हैं, सूजे हुए और दर्ददायी होते हैं, जिनमें फफोले होते हैं जो एक स्पष्ट द्रव छोड़ सकते हैं। गहरी आंशिक-मोटाई (सेकंड-डिग्री) वाले बर्न में गहरी त्वचा शामिल है। 3 से 8 सप्ताह में निशान ठीक हो जाते हैं।

अत: विकल्प (C) सही है।

41. पब्लिक हेल्थ नर्सिंग (सीएचएन) व्यक्ति, परिवार और सामुदायिक स्तर पर लोगों के स्वास्थ्य को बनाए रखने के लिए सार्वजनिक स्वास्थ्य प्रथाओं के साथ नर्सिंग प्रथाओं को एकीकृत करने का विचार है, जिसे सामुदायिक स्वास्थ्य नर्सिंग के रूप में भी जाना जाता है।

सार्वजनिक स्वास्थ्य नर्स की भूमिकाएं और कार्य एक स्वास्थ्य टीम के सदस्य के रूप में:

- सामुदायिक स्वास्थ्य नर्स परिवारों को नर्सिंग सेवाएं प्रदान करती है और बढ़ावा देती है।
- देखभाल प्रदान करने की प्रत्यक्ष जिम्मेदारी मानते हुए या देखभाल प्रदान करने के लिए दूसरों की देखरेख और निर्देशन करना।
- नर्सिंग देखभाल देने के तरीके पर दूसरों की शिक्षा जैसे अन्य पेशेवर व्यक्ति परिवार, समूह आदि रेफर करती है।

अत: विकल्प (D) सही है।

42. CHN बच्चों की टीकाकरण की निगरानी करता है और सुनिश्चित करता है।

सामुदायिक स्वास्थ्य नर्सिंग (CHN) व्यक्तिगत, परिवार और समुदाय स्तर पर लोगों के स्वास्थ्य को बनाए रखने के लिए सार्वजनिक स्वास्थ्य प्रथाओं के साथ नर्सिंग प्रथाओं को एकीकृत करने का विचार है।

अत: विकल्प (A) सही है।

43. परामर्श एक सुगम प्रक्रिया है जिसमें चरण-दर-चरण दृष्टिकोण शामिल होता है। प्रक्रिया परामर्शदाता द्वारा संचालित की जाती है जिसमें क्लाइंट प्रक्रिया के साथ सहज होता है।

परामर्श प्रक्रिया में परामर्शदाता की निम्न पाँच महत्वपूर्ण भूमिकाएँ होती हैं।

- क्लाइंट के साथ एक अच्छा संबंध बनाना।
- समस्याओं की पहचान करना और समस्याओं का विश्लेषण करना।
- उचित लक्ष्य निर्धारित करना।
- समस्या पर कार्रवाई की योजना बनाना।
- लक्ष्य प्राप्ति के साथ समस्याओं पर विजय प्राप्त करना।

अत: विकल्प (D) सही है।

44. गुणवत्ता की देखभाल, अवलोकन और रिपोर्टिंग और रिकॉर्ड कीपिंग स्टाफ नर्स की जिम्मेदारी है।

स्टाफ नर्स की भूमिका:

- अवलोकन
- रिकॉर्ड और रिपोर्टिंग
- रोगी को गुणवत्तापूर्ण देखभाल प्रदान करना
- अभ्यास के मानक को सुनिश्चित करना
- रोगी की गोपनीयता बनाए रखना
- सामुदायिक स्तर पर स्वास्थ्य शिक्षा प्रदान करना
- प्रभावी संचार बनाए रखना

- सही जानकारी देना
- जोखिम कारकों को रोकना

अत: विकल्प (D) सही है।

45. ASHA का अर्थ 'मान्यता प्राप्त सामाजिक स्वास्थ्य कार्यकर्ता' है।

ASHA कार्यकर्ताओं की भूमिका और जिम्मेदारियां:

- जागरूकता पैदा करना और स्वास्थ्य शिक्षा प्रदान करना
- मां और बच्चे की देखभाल जैसे ANC, टीकाकरण और परिवार नियोजन
- संक्रामक रोगों की रोकथाम
- स्वास्थ्य सेवाओं तक पहुँचने में सुविधा प्रदान करके समुदाय को संगठित करना
- स्वास्थ्य एवं स्वच्छता समिति के समन्वय से कार्य करते हुए निवासियों की आवश्यकताओं के अनुरूप व्यापक स्वास्थ्य देखभाल योजना तैयार करना।

अत: विकल्प (C) सही है।

46. बाल चिकित्सा नर्स की प्राथमिक भूमिका एक अधिवक्ता, शिक्षक और प्रबंधक के रूप में नर्सिंग देखभाल प्रदान करना है।

बाल चिकित्सा नर्सिंग विशिष्टताओं को विशेष शिक्षा की आवश्यकता होती है। नर्सों को पहले एक पंजीकृत नर्स (RN) बनना चाहिए, बाल चिकित्सा स्वास्थ्य देखभाल सुविधा में अनुभव प्राप्त करना चाहिए, और फिर प्रमाणित बाल चिकित्सा नर्स (CPN) परीक्षा उत्तीर्ण करनी चाहिए। बाल चिकित्सा नर्स की भूमिकाएँ प्राथमिक देखभालकर्ता, समन्वयक, सहयोगी, अधिवक्ता, स्वास्थ्य शिक्षक, सलाहकार, परामर्शदाता, रोगी प्रबंधक, मनोरंजनकर्ता, सामाजिक कार्यकर्ता और शोधकर्ता हैं।

अत: विकल्प (B) सही है।

47. रोगी के मानवीय और कानूनी अधिकारों की रक्षा के लिए रोगी समर्थक एक नर्स की भूमिका है।

इसका उद्देश्य गरिमा की रक्षा करना और किसी भी तरह के अन्याय से रक्षा करना है। प्रत्येक रोगी को जाति, रंग, लिंग, जातीयता और उम्र के आधार पर बिना किसी भेदभाव के उपचार का अधिकार है।

अत: विकल्प (D) सही है।

48. शल्य कक्ष में अपूतिक नर्स की भूमिका शल्य-चिकित्सा के दौरान शल्य-चिकित्सक की सहायता करने और निर्जीवाणुक टेबल सेट करने की होती है।

- अपूतिक नर्स, जिन्हें पेरिऑपरेटिव नर्स भी कहा जाता है, पंजीकृत नर्स हैं जो शल्य-क्रिया से पहले कमरे की स्थापना, शल्य-चिकित्सा के दौरान चिकित्सक के साथ कार्य करने और रोगी को आरोग्य कक्ष में ले जाने के लिए तैयार करके शल्य प्रक्रियाओं में सहायता करती हैं।
- शल्य-चिकित्सा के दौरान: शल्य-क्रिया के दौरान, अपूतिक नर्स के प्राथमिक कर्तव्यों में से एक शल्य-चिकित्सक के लिए उपकरणों का चयन करना और उन्हें हस्तांतरित करना है।
- यहां अपूतिक नर्स की भूमिका रोगी की सुरक्षा को बनाए रखते हुए शल्य-चिकित्सक की सहायता करना है।

अत: विकल्प (A) सही है।

49. रोगी को मैनिटोल दवा देने के बाद नर्स की भूमिका मूत्र उत्पादन की निगरानी करना है।

- मैनिटोल एक मूत्रवर्धक है जिसका उपयोग तीव्र/आकस्मिक वृक्क की विफलता वाले व्यक्तियों में मूत्र उत्पादन को बढ़ाने के लिए किया जाता है।

- आँख के भीतर या मस्तिष्क के आसपास सूजन और दाब को कम करने के लिए भी मैनिटोल इंजेक्शन दिया जाता है।

अत: विकल्प (B) सही है।

50. अवसादग्रस्त रोगी के लिए एक व्यापक प्रबंधन योजना में एक नर्स की भूमिका में अनिवार्य रूप से संज्ञानात्मक व्यवहार चिकित्सा के माध्यम से मनोवैज्ञानिक सहायता प्रदान करना शामिल होगा।

साक्ष्य बताते हैं कि संयुक्त अवसादरोधी और संज्ञानात्मक व्यवहार चिकित्सा मध्यम से गंभीर अवसाद और दीर्घकालिक अवसाद में अवसादरोधी औषधियों की तुलना में अधिक प्रभावी है।

अत: विकल्प (C) सही है।

51. रोगी के उपचार का रिकॉर्ड अस्पताल द्वारा रखा जाता है।

अस्पताल के हर विभाग का अपना रिकॉर्ड होता है, जैसे:

- रोगी का नैदानिक रिकॉर्ड
- नर्सों के अवलोकन के रिकॉर्ड-नर्स नोट्स
- किए गए आदेशों का रिकॉर्ड
- उपचार के रिकॉर्ड
- प्रवेश और निर्वहन के रिकॉर्ड
- उपकरण हानि और प्रतिस्थापन के रिकॉर्ड (इन्वेंट्री)
- कर्मियों के प्रदर्शन का रिकॉर्ड

अत: विकल्प (A) सही है।

52. औषधि विज्ञान (फार्माकोलॉजी) जीवित प्रणालियों और उनके चिकित्सीय उपयोग पर औषधियों के कार्यों और प्रभावों का अध्ययन है।

एक औषधि को किसी भी पदार्थ या पदार्थों के समूह के रूप में परिभाषित किया जाता है, जो ऊतक में जीवन को प्रभावित करते हैं। फार्माकोलॉजी शब्द एक ग्रीक शब्द से लिया गया है जिसमें फार्माकोन का अर्थ औषधि है और लोगोस का अर्थ विज्ञान है। इसलिए, इसे औषधियों के विज्ञान के रूप में वर्णित किया गया है।

अत: विकल्प (C) सही है।

53. किसी रोग के वितरण और निर्धारकों के अध्ययन को जानपदिक रोगविज्ञान कहा जाता है।

जब किसी बीमारी का अध्ययन किया जा रहा हो तो शोध के कई पहलू होते हैं। जोखिम कारकों का निर्धारण रोग को रोकने और रोग के बेहतर प्रबंधन में सहायता करता है।

अत: विकल्प (B) सही है।

54. फेंग शुई भारतीय चिकित्सा पद्धति का हिस्सा नहीं है, हालांकि आयुर्वेद, होम्योपैथी और यूनानी की उत्पत्ति प्राचीन भारत में हुई है।

फेंग शुई का अर्थ है "हवा और पानी का रास्ता।" फेंग शुई प्राकृतिक दुनिया के साथ संतुलन बनाने और एक व्यक्ति और उनके पर्यावरण के बीच सामंजस्य बनाने के लिए रहने की जगहों में टुकड़ों की व्यवस्था करने की एक प्राचीन चीनी कला प्रथा है।

अत: विकल्प (B) सही है।

55. प्राथमिक देखभाल प्रतिअवसादक दवा पालन में नर्स की भूमिका:

- दवा के प्रभाव का पता चलने तक रोगी को वाहन चलाने या खतरनाक यांत्रिक उपकरणों का उपयोग करने के खिलाफ चेतावनी देना।
- दवा को अचानक बंद करने के खिलाफ रोगी को चेतावनी देना।
- रोगी को सोते समय दवा लेने का निर्देश देना।

- अपेक्षित प्रभावों के लिए आकलन करना।
- रोगी को खाली पेट दवा न देना क्योंकि इससे अत्यधिक मिचली आ सकती है और सिर हल्का हो सकता है जो उल्टी को प्रेरित करता है।
- रोगियों को अधिक से अधिक तरल पदार्थ लेने के लिए कहना। कैफीन, तंबाकू और शराब से बचना।

अत: विकल्प (B) सही है।

56. हिपैरिन एक एंटीकोएगुलेण्ट औषधि है।

हेपरिन एक ग्लाइकोसामिनोग्लाइकन है जो एक थक्कारोधी अर्थात् रक्त को पतला करने का काम करता है जो रक्त के थक्कों को बनने से रोकता है।

हेपरिन एंटीथ्रोम्बिन और थ्रोम्बिन दोनों के लिए एक उत्प्रेरक टेम्पलेट के रूप में कार्य करता है। यह अभिक्रिया की दर को 1000 गुना बढ़ा देता है। हेपरिन एंटी-थ्रोम्बिन ।।। के साथ आबंध बनाता है और सक्रिय करता है। AT ।।। और रक्त के थक्के कारकों अर्थात् ।।a, Xa, ।X A, आदि के बीच बढ़ी हुई परस्पर क्रिया के साथ। यह प्लेटलेट एकत्रीकरण अर्थात् एंटी-प्लेटलेट एकत्रीकरण में हस्तक्षेप करता है।

अत: विकल्प (B) सही है।

57. लसीका, मानव कोशिकाओं के बीच पाया जाने वाला एक अंतःस्रावी द्रव है। यह केशिका छिद्रों के माध्यम से निस्यंदन द्वारा लसीका वाहिकाओं में प्रवेश करता है।

लसीका शोफ:

- लसीका शोफ, आमतौर पर शरीर के लसीका तंत्र के माध्यम से निकलने वाले प्रोटीन से समृद्ध द्रव के संचय के कारण ऊतक में होने वाली सूजन को संदर्भित करता है।
- यह आमतौर पर भुजाओं या पैरों को प्रभावित करता है, लेकिन यह वक्ष की भित्ति, उदर, गर्दन और जननेंद्रियों में भी हो सकता है। लसीका नोड लसीका तंत्र के महत्वपूर्ण भाग होते हैं।
- लसीका नोड में सूजन आमतौर पर जीवाणु या विषाणु के संक्रमण के परिणामस्वरूप होती है। बहुत कम ऐसा होता है कि कैंसर के कारण लसीका नोड में सूजन होती है। लसीका नोड, जिन्हें लसीका ग्रंथियाँ भी कहा जाता है, संक्रमण से लड़ने की शरीर की क्षमता में महत्वपूर्ण भूमिका निभाते हैं।

अत: विकल्प (B) सही है।

58. कार्डियोटॉमी एक शल्य-प्रक्रिया है जिसमें हृदय भित्ति में एक चीरा लगाया जाता है।

चोट के कारण किसी भी खुले घाव को बंद करने, और किसी भी रक्त के थक्के (थ्रोम्बस) और हृदय के अंदर जमा होने वाले अतिरिक्त तरल पदार्थ को हटाने के लिए हृदय में शल्य प्रक्रिया द्वारा छिद्र किया जाता है।

अत: विकल्प (A) सही है।

59. एस्पिरिन एक शक्तिशाली एंटीप्लेटलेट एजेंट है, जिसकी कार्रवाई तेजी से शुरू होती है, जो मृत्यु दर को 20% तक कम कर देती है। संदिग्ध हृदपेशी रोधगलन (मायोकार्डियल इन्फार्क्शन) वाले सभी रोगियों को एस्पिरिन दी जानी चाहिए। एस्पिरिन, 150-300 मिलीग्राम, जितनी जल्दी हो सके निगल ली जाना चाहिए।

सामान्य चिकित्सकों को एस्पिरिन देनी चाहिए या रोगी को एस्पिरिन लेने की सलाह देनी चाहिए जब उन्हें एक ऐसे रोगी द्वारा बुलाया जाए जो हृदपेशी रोधगलन (मायोकार्डियल इन्फार्क्शन) से पीड़ित हो। इलेक्ट्रोकार्डियोग्राफ (ECG) के लिए इंतजार करने की जरूरत नहीं है। यदि रोगी ने पहले से एस्पिरिन नहीं लिया है, तो इसे एम्बुलेंस या आपातकालीन कक्ष में इसे दिया जाना चाहिए।

अत: विकल्प (B) सही है।

60. DOTs की द्वितीय श्रेणी में उपचार की समय सीमा 8 महीने होती है।

TB द्वितीय श्रेणी के रोगियों के प्रकार:

- स्प्यूटम पॉजिटिव रिलैप्स
- स्प्यूटम पॉजिटिव फेलियर
- डिफ़ॉल्ट के बाद स्प्यूटम पॉजिटिव ट्रीटमेंट

अत: विकल्प (B) सही है।

61. नेफ्रॉन वह हिस्सा है जिसे एक्सट्रेटरी यूनिट की निस्यंदन इकाई भी कहा जाता है।

- गुर्दे में, नेफ्रॉन एक कार्यात्मक इकाई है, प्रत्येक गुर्दे में प्रत्येक मानव गुर्दे में 1 मिलियन नेफ्रॉन होते हैं।
- नेफ्रॉन के मूल कार्य स्राव को बाहर निकालने के साथ-साथ उत्सर्जन की प्रक्रिया भी करते हैं और इसे मानव उत्सर्जन प्रणाली की निस्यंदन इकाई भी कहा जाता है।
- प्रत्येक नेफ्रॉन एक वृक्क कणिका से बना होता है।
- नेफ्रॉन दो प्रकार के होते हैं जो कॉर्टिकल नेफ्रॉन और जुक्सटामेडुलरी नेफ्रॉन होते हैं।

उस अंग की प्रणाली जो शरीर से अपशिष्ट उत्पाद को निकालने के लिए उपयोग की जाती है, मानव उत्सर्जन प्रणाली कहलाती है। मानव शरीर में उत्पन्न होने वाला प्रमुख अपशिष्ट उत्पाद यूरिया है, जिसके साथ कुछ अन्य विष भी उत्पन्न होते हैं। पेशाब की प्रक्रिया से किडनी द्वारा यूरिया को खत्म किया जाता है और आंतों द्वारा ठोस अपशिष्ट को शरीर से बाहर निकाल दिया जाता है।

अतः विकल्प (B) सही है।

62. स्तनधारियों में, महिला के माध्यमिक यौन चरित्र एस्ट्रोजन हार्मोन द्वारा विकसित किए जाते हैं।

एस्ट्रोजेन और प्रोजेस्टेरोन स्टेरॉयड हार्मोन के दो समूह हैं। यह अंडाशय द्वारा निर्मित होता है।

एस्ट्रोजेन को मुख्य रूप से बढ़ते डिम्बग्रंथि रोम द्वारा संश्लेषित और स्रावित किया जाता है।

अतः विकल्प (A) सही है।

63. ऑक्सीटोसिन: यह हाइपोथैलेमस द्वारा संश्लेषित किया जाता है और इसे एक्सोनॉली रूप से न्यूरोहाइपोफिसिस में ले जाया जाता है।

इसके निम्नलिखित शारीरिक कार्य हैं:

- यह हमारे शरीर की सुचारित मांसपेशियों पर कार्य करता है और उनके संकुचन को उत्तेजित करता है। महिलाओं में, यह बच्चे के जन्म के समय गर्भाशय के एक जोरदार संकुचन को उत्तेजित करता है।
- यह स्तन ग्रंथि से दूध के स्राव को उत्तेजित करता है।

अतः विकल्प (C) सही है।

64. एड्रिनलिन हार्मोन अधिवृक्क ग्रंथि द्वारा स्रावित होता है।

किसी भी तरह के तनाव के दौरान और आपातकालीन स्थितियों में तनाव के जवाब में एड्रिनलिन हार्मोन तेजी से स्रावित होता है और इसे आपातकालीन हार्मोन या फाइट या फ्लाइट के हार्मोन कहा जाता है।

जब हम क्रोधित होते हैं या किसी तनावपूर्ण स्थिति में होते हैं, तो हमारे दिल की धड़कनें तेज हो जाती हैं, इससे रक्तचाप बढ़ जाता है, यह एड्रिनलिन की वजह से रक्तप्रवाह में बढ़ जाता है।

एड्रिनलिन हमारे शरीर को इस तरह के संकट का सामना करने के लिए तैयार करता है।

अतः विकल्प (C) सही है।

65.

मांसपेशी	उपयोग
सार्टोरियस	मानव शरीर में सबसे लंबी मांसपेशी। कूल्हे को घुमाने, जोड़ने, और घुमाने में मदद करता है।
ट्रेपिजियस	सिर और गर्दन को मोड़ने, मोड़ने, कंधों को स्थिर करने और बाहों को मोड़ने के लिए प्रयोग किया जाता है।
ग्रासिलिस	घुटने के फ्लेक्सियन और कूल्हे की लत के लिए जिम्मेदार है।
सोलयूस	वे पैर और पैर के बीच के कोण को बढ़ाते हैं। चलने, दौड़ने और संतुलन रखने में महत्वपूर्ण है।

ग्लूटस मैक्सिमस मानव शरीर में सबसे बड़ी मांसपेशी है।

अतः विकल्प (D) सही है।

66. गुर्दे रक्त से हाइड्रोजन आयनों को निकालना के द्वारा pH संतुलन बनाए रखने में मदद कर रहे हैं।

ये हमारी मूत्र-प्रणाली का एक आवश्यक भाग हैं और ये इलेक्ट्रोलाइट नियंत्रण, अम्ल-क्षार संतुलन, व रक्तचाप नियंत्रण आदि जैसे समस्थिति कार्य भी करते है। गुर्दे इन होमियोस्टैटिक कार्यों को स्वतंत्र रूप से व अंतःस्रावी तंत्र के अंगों, के साथ मिलकर, दोनों ही प्रकार से पूर्ण करते हैं।

अतः विकल्प (B) सही है।

67. एस्केरिस के उत्सर्जी अंग रेनेट ग्रंथियां हैं। माना जाता है कि रेनेट ग्रंथियों का कार्य एक उत्सर्जन प्रणाली की तरह होता है। रेनेट प्रजातियों के बीच भिन्न होता है। कई समुद्री नेमाटोड में वे ग्रसनी के करीब, जानवर के नीचे एक छिद्र के माध्यम से नमक का उत्सर्जन करते हैं।

अतः विकल्प (C) सही है।

68. न्यूरॉन को न्यूरॉन्स या तंत्रिका कोशिकाओं के रूप में भी जाना जाता है। मस्तिष्क और तंत्रिका तंत्र की मूलभूत इकाई न्यूरॉन्स हैं। तंत्रिका तंत्र की बुनियादी संरचनात्मक और कार्यात्मक इकाई को न्यूरॉन कहा जाता है।

न्यूरॉन्स के तीन प्रमुख प्रकार हैं:

- संवेदी तंत्रिका कोशिका
- प्रेरक तंत्रिकोशिका
- अंतरातंत्रिकाणु

अतः विकल्प (A) सही है।

69. वह पेशीय नली, जिससे संचित मूत्र शरीर से बाहर निकल जाता है, मूत्रमार्ग कहलाती है।

- मूत्रमार्ग एक पतली, तंतुपेशी-ऊतक संबंधी नली है जो मूत्राशय के निचले सिरे से शुरू होती है और श्रोणि और मूत्रजननांगी डायाफ्राम के माध्यम से शरीर के बाहर तक फैली होती है।
- पुरुषों की तुलना में महिलाओं में मूत्रमार्ग की लंबाई बहुत कम होती है।
- क्षेत्र में लैंगिक संरचनात्मक अंतर के कारण, पुरुषों में यह लगभग 20 सेमी तक फैलता है क्योंकि इसे लिंग की लंबाई को पार करना होता है, जबकि महिलाओं में इसकी लंबाई केवल 4 सेमी होती है।

अतः विकल्प (D) सही है।

70. यह स्टेरॉयड हार्मोन के एक समूह से संबंधित है जिसे प्रोजेस्टोजेन कहा जाता है।

प्रोजेस्टेरोन गर्भाशय को आरोपण के लिए तैयार करने के लिए एंडोमेट्रियम को अपने स्रावी चरण में परिवर्तित करता है। यदि गर्भावस्था नहीं होती है, तो प्रोजेस्टेरोन का स्तर कम हो जाएगा जिससे मासिक धर्म हो जाएगा। सामान्य मासिक धर्म रक्तस्राव प्रोजेस्टेरोन की कमी के कारण होता है।

एस्ट्रोजन मुख्य रूप से बढ़ते डिम्बग्रंथि के पुटक द्वारा संश्लेषित और स्रावित होता है। टूटा हुआ पुटक पीत पिंड (कॉर्पस ल्यूटियम) नामक संरचना में परिवर्तित हो जाता है, जो मुख्य रूप से प्रोजेस्टेरोन को स्रावित करता है। ऑक्सीटोसिन पश्च पिट्यूटरी ग्रंथि द्वारा स्रावित होता है। टेस्टोस्टेरोन लेडिग कोशिकाओं द्वारा स्रावित होता है।

अतः विकल्प (B) सही है।

71. पहले मुंह से सक्शन करें, फिर सक्शन कैथेटर आकार 6 नंबर का उपयोग करके शिशु की नाक से सक्शन करें। बल्ब सीरिंज से गहरी सक्शनिंग नहीं करनी चाहिए क्योंकि इससे ब्रैडीकार्डिया हो सकता है। बल्ब सीरिंज से गहरी सक्शनिंग नहीं करनी चाहिए क्योंकि इससे ब्रैडीकार्डिया हो सकता है।

उपयुक्त आकार के कैथेटर को निर्धारित करने के लिए निम्नलिखित सूत्र का उपयोग किया जा सकता है:

- सक्शन कैथेटर का आकार (फ्रेंच में) = 2x (ट्रेकोस्टोमी नलिका का आकार -2)
- सक्शन करने के लिए, श्वसनमार्ग को अनिर्जीवाणुक हाथ के अंगूठे के साथ अंगूठे के शीर्ष से अवरुद्ध किया जाता है और फिर कैथेटर को वापस निकाल दिया जाता है।
- 5 से 10 सेकंड से अधिक समय तक सक्शन न करें।
- फिर से सक्शन करने से पहले शिशु को 15 से 20 सेकेंड तक आराम करने दें।
- यदि श्लेष्मा गाढ़ा है, तो सक्शन से पहले साधारण लवण की 3 से 5 बूंदों को नाक में डालें।

अतः विकल्प (C) सही है।

72. विकासात्मक उपलब्धियां कार्यात्मक कौशल या आयु-विशिष्ट कार्यों का एक समूह है जो अधिकांश बच्चे एक निश्चित आयु सीमा में प्राप्त कर सकते हैं।

लगभग चार से 12 सप्ताह तक, जब वे अपने पेट के बल लेटे होते हैं, तो वे अपने सिर को ऊपर उठाने में सक्षम हो सकते हैं, जैसे कि वे एक छोटा पुश-अप कर रहे हों।

सिर और गर्दन पर नियंत्रण कई अन्य महत्वपूर्ण विकास के लिए पूर्वापेक्षित होता है, जैसे उठना बैठना और अंततः चलना। लगभग 3 महीने की आयु में, जब अधिकांश बच्चे अपने सिर को आंशिक रूप से सीधा रखने के लिए अपनी गर्दन में पर्याप्त क्षमता विकसित करते हैं।

अतः विकल्प (C) सही है।

73. बच्चे का कम वज़न या दुर्लभ वज़न होने पर और बच्चे का अपेक्षित विकास न होने पर विकास में विफलता का निदान किया जाता है। बच्चा पर्याप्त भोजन ग्रहण कर सकता है, लेकिन पर्याप्त पोषक तत्वों और कैलोरी को अवशोषित करने में सक्षम नहीं होता है। विकास में विफलता का कारण कम ऊंचाई, व्यवहारात्मक समस्या और विकासात्मक विलंब है।

हृदय का निकुंचन हृदय से निकलने वाली बड़ी रक्त वाहिका का संकुचन है।निकुंचन का सटीक कारण अज्ञात है। यह जन्म से पहले महाधमनी के विकास में असामान्यताओं के परिणामस्वरूप होता है। इसका निदान इलेक्ट्रोकार्डियोग्राम, सीटी, एंजियोग्राफी द्वारा किया जाता है। कुछ आनुवंशिक विकारों वाले लोगों में महाधमनी निकुंचन अधिक सामान्य है।

अतः विकल्प (B) सही है।

74. मिर्गी दिमाग से संबंधित एक विकार है। इस विकार के कारण बच्चों को समय-समय पर दौरे पड़ते हैं। ये दौरे तब आते हैं, जब दिमाग में अचानक विद्युत और रासायनिक गतिविधि में परिवर्तन होता है।

मिर्गी किसी भी आयु के व्यक्ति को हो सकती है। बच्चों में मिर्गी से सम्बन्धित कुछ मुद्दे हैं जो उनके बचपन को प्रभावित कर सकते हैं। कुछ प्रकार की मिर्गी बचपन बीतने के बाद समाप्त हो जाती हैं। लगभग 70% बच्चे जिनको बचपन में मिर्गी थी, बड़े होने पर इससे छुटकारा पा जाते हैं।

अत: विकल्प (B) सही है।

75. ओप्थाल्मिया नियोनेटरम (ON) नवजात शिशुओं में होने वाले किसी भी कंजक्टिवाइटिस को संदर्भित करता है, जो गोनोकोकी के कारण होता है। इलाज के लिए 0.5% एरिथ्रोमाइसिन या 1% सिल्वर नाइट्रेट मरहम का उपयोग किया जाता है।

क्लैमाइडिया से पीड़ित किसी व्यक्ति के साथ योनि, गुदा या मुख मैथुन करके क्लैमाइडिया प्राप्त कर सकते हैं। क्लैमाइडिया से पीड़ित एक गर्भवती महिला बच्चे के जन्म के दौरान अपने बच्चे को संक्रमण दे सकती है।

अत: विकल्प (A) सही है।

76. नवजात शिशु का उपचर्म वसा परिगलन एक दुर्लभ स्थिति है जिसके परिणामस्वरूप वसा में वृद्ध, सूजन, त्वचा के रंग से लेकर बैंगनी रंग के नोड्यूल (गांठ) हो जाते हैं।

उपचर्म वसा परिगलन का सटीक कारण ज्ञात नहीं है। प्रभावित शिशुओं में कई कारक अधिक सामान्य प्रतीत होते हैं जिनमें निम्नलिखित शामिल हैं:

- उपचर्म वसा परिगलन की सबसे सामान्य जटिलता अतिकैल्शियमरक्तता (उच्च रक्त कैल्शियम) है।
- थ्रोम्बोसाइटोपेनिया (कम प्लेटलेट) और हाइपरलिपिडिमिया (रक्त में वसा का बढ़ा हुआ स्तर) भी देखा जाता है।

अत: विकल्प (B) सही है।

77. बच्चों में, अस्थमा अटैक मापक्रम का उपयोग रोग की गंभीरता को निर्धारित करने के लिए किया जाता है और इसके चार स्तर होते हैं अर्थात।

1. हल्का (विश्राम के समय श्वास की तकलीफ नहीं, चलने के साथ हल्की श्वास की तकलीफ, सामान्य रूप से बात कर सकता है, सामान्य रूप से लेट सकता है, श्वास की घरघराहट सुनाई नहीं देती या हल्की सुनाई देती है)
2. मध्यम (विश्राम के समय श्वास की तकलीफ, वाक्यांश में बोलता है, सीधे बैठना और लेटने से इनकार करना, श्वास की घरघराहट सुनाई दे सकती है)
3. गंभीर ((विश्राम के समय गंभीर श्वास की तकलीफ, एक शब्द में बात कर सकते हैं, श्वास की घरघराहट जोर से हो सकती है)
4. अधिकतम प्रवाह दर बताता है कि कोई व्यक्ति फुप्फुस से वायु को कितनी अच्छी तरह बाहर निकाल सकता है।

उपरोक्त परिदृश्य में, नर्सों को तत्काल क्रिया करने की आवश्यकता है क्योंकि बच्चे को मध्यम प्रकार का अस्थमा का दौरा पड़ता है।

अत: विकल्प (B) सही है।

78. टेट्राआयोडोथायरोनिन एंजाइम की कमी या निम्न स्तर के कारण एक छोटा बच्चा क्रेटिनिज्म से पीड़ित होता है।

- यह सामान्य थायराइड स्राव की अनुपस्थिति या कमी के कारण एक 'जन्मजात रोग' है जो शारीरिक विकृति, बौनापन और मानसिक मंदता की विशेषता है।
- थायरॉयड ग्रंथि मुख्य रूप से थायरोक्सिन (T4) या टेट्राआयोडोथायरोनिन और ट्राईआयोडोथायरोनिन (T3) का संश्लेषण करती है।
- हालांकि, थायरॉइड ग्रंथि के एथिरोसिस या हाइपोप्लासिया जैसे कारणों से थायरॉयड हॉर्मोन अर्थात T3 और T4 की अपर्याप्तता हो जाती है, जिसे क्रेटिनिज्म कहा जाता है।

अत: विकल्प (B) सही है।

79. अपने घुटनों के बल झुककर बच्चे को पीठ पर लिटाएं। थर्मामीटर को उंगलियों से पकड़ते हुए, लगभग 2.5 सेमी (1 इंच) रेक्टल में धीरे से डालें। कम से कम 2 मिनट के बाद, थर्मामीटर हटा दें और तापमान देखें।

अत: विकल्प (C) सही है।

80. जन्म के समय कम वजन वाले शिशुओं को हाइपोथर्मिया होने का अधिक खतरा होता है।

- जन्म के समय कम वजन (LBW) वाले शिशुओं को उन शिशुओं के रूप में परिभाषित किया जाता है जिनका वज़न 2500 ग्राम से कम होता है।
- भारत में जन्म के समय कम वज़न की घटनाएं 25-30% के बीच होती हैं और जिनमें से 60-65% अंतर्गर्भाशयी विकास मंदता के कारण होती हैं।
- तापीय देखभाल मुख्य रूप से नवजात शिशुओं में रुग्णता और मृत्यु दर को कम करने के लिए है।

अत: विकल्प (B) सही है।

81. स्ट्रेप्टोकोकल गले का संक्रमण बाद में आमवाती हृदय रोग का कारण बन सकता है। यह एक जीवाणु संक्रमण है जो आपके गले में खराश और खरोंच महसूस कर सकता है। स्ट्रेप्टोकोकल गले के संक्रमण में गले में खराश केवल एक छोटा सा हिस्सा ही होता है। यदि अनुपचारित स्ट्रेप्टोकोकल गले का संक्रमण गुर्दे की सूजन या आमवाती बुखार जैसी जटिलताओं का कारण बन सकता है।

अतः विकल्प (C) सही है।

82. यदि व्यक्ति अपने शरीर में इंटरफेरॉन का उत्पादन दिखाता है, तो संभावना है कि वह खसरा से पीड़ित है। खसरा श्वसन प्रणाली में वायरस, विशेष रूप से मोर्बिलीवायरस के जीन्स पैरामिक्सोवायरस के संक्रमण से होता है। इसके लक्षणों में बुखार, खांसी, बहती हुई नाक, लाल आंखें और एक सामान्यीकृत मेकुलोपापुलर एरीथेमाटस चकते भी शामिल है। खसरा श्वसन के माध्यम से फैलता है और बहुत संक्रामक है तथा 90% लोग जिनमें रोग प्रतिरोधक क्षमता नहीं है और जो संक्रमित व्यक्ति के साथ एक ही घर में रहते हैं, वे इसके शिकार हो सकते हैं।

अतः विकल्प (C) सही है।

83. टाइफाइड, हैजा और क्षय रोग जीवाणु संक्रमण के कारण होते हैं। टाइफाइड मुख्य रूप से साल्मोनेला टाइफी के कारण होता है, जबकि हैजा विष पैदा करने वाले जीवाणु विब्रियो कोलेरे द्वारा आंतों के संक्रमण के कारण होता है। क्षय रोग (टीबी) माइकोबैक्टीरियम ट्यूबरकुलोसिस नामक जीवाणु के कारण होता है। एलीफेंटियासिस, फाइलेरियोडिडिया परिवार के नेमाटोड (राउंडवॉर्म) के रूप में वर्गीकृत परजीवियों के संक्रमण के कारण होता है जो संक्रमित मच्छरों के काटने से फैलता है।

अतः विकल्प (C) सही है।

84. इन्फ्लुएंजा रोग एक वायरस के कारण होता है। ये वायरस तब फैलते हैं जब फ्लू से पीड़ित लोग खांसते हैं, छींकते हैं या बात करते हैं, वायरस के साथ बूंदों को हवा में भेजते हैं और संभावित रूप से आस-पास के लोगों के मुंह या नाक में भेजते हैं।

अतः विकल्प (B) सही है।

85. चेचक वेरियोला वायरस के संक्रमण के कारण होता है। वायरस सीधे एक व्यक्ति से दूसरे व्यक्ति में प्रेषित किया जा सकता है। वायरस के प्रत्यक्ष संचरण के लिए काफी लंबे समय तक आमने-सामने संपर्क की आवश्यकता होती है।

अतः विकल्प (B) सही है।

86. चिकन पॉक्स की ऊष्मायन अवधि 10 से 21 दिनों की होती है। चिकनपॉक्स का संक्रमण वैरिसेला-जोस्टर वायरस के कारण होता है। यह दाने के सीधे संपर्क में आने से फैल सकता है। यह तब भी फैल सकता है जब चिकनपॉक्स वाला व्यक्ति खांसता या छींकता है और आप हवा की बूंदों को अंदर लेते हैं।

अतः विकल्प (C) सही है।

87. हैजा एक संक्रामक रोग है जो गंभीर पानी वाले दस्त का कारण बनता है जो निर्जलीकरण का कारण बन सकता है और यदि इलाज न किया जाए तो मृत्यु भी हो सकती है। यह विब्रियो हैजा नामक जीवाणु से दूषित भोजन या पीने के पानी के कारण होता है।

अतः विकल्प (C) सही है।

88. कुष्ठ रोग के लिए चयनित की गयी दवा डैप्सोन है।

डैप्सोन एक प्रिस्क्रिप्शन दवा है जिसका उपयोग डर्मेटाइटिस हर्पेटिफॉर्मिस, कुष्ठ, तपेदिक या कुष्ठ रोग के लक्षणों के उपचार के लिए किया जाता है। डैप्सोन अकेले या अन्य दवाओं के साथ प्रयोग किया जा सकता है। डैप्सोन एंटीलेप्रोसी एजेंट्स नामक दवाओं के एक वर्ग से सम्बन्ध रखता है।

अतः विकल्प (C) सही है।

89. BCG का मतलब बेसिल कैलमेट-गुएरिन है। यह तपेदिक (टीबी) रोग के लिए एक टीका है। क्षय रोग (टीबी) रोग माइकोबैक्टीरियम ट्यूबरकुलोसिस के कारण होता है। क्षय रोग (टीबी) आमतौर पर फेफड़ों पर हमला करता है। BCG वैक्सीन पर सबसे पहले डब्ल्यूएचओ विशेषज्ञ समिति ने अपनी तेरहवीं रिपोर्ट में जैविक मानकीकरण पर विचार किया था। BCG वैक्सीन सभी मौजूदा टीकों में सबसे व्यापक रूप से इस्तेमाल की जाने वाली वैक्सीन में से एक है। BCG वैक्सीन का बच्चों में मेनिन्जाइटिस और प्रसारित टीबी के खिलाफ एक प्रलेखित सुरक्षात्मक प्रभाव है।

अतः विकल्प (A) सही है।

90. ये रोगजनक सूक्ष्म जीवों के कारण होने वाली स्थितियां हैं जो पानी में फैलती हैं। यह रोग नहाने, धोने, या पानी पीने, या संक्रमित पानी के संपर्क में आने से भोजन करने से फैल सकता है और गंभीर, जानलेवा बीमारियों का कारण बन सकता है। उदाहरण टायफ़ायड बुखार, हैजा और हेपेटाइटिस A या E हैं। अन्य सूक्ष्मजीव दस्त जैसी कम खतरनाक बीमारियों को प्रेरित करते हैं।

हैजा: हैजा एक जलजनित रोग है और प्रकृति में अतिसार है।

टायफ़ायड: यह एक और बीमारी है जो दूषित पानी पीने से फैलती है जिसमें 'साल्मोनेला टाइफी बैक्टीरिया' होता है।

अतिसार: अतिसार सबसे आम जलजनित रोगों में से एक है जो ज्यादातर 5 वर्ष से कम उम्र के बच्चों को प्रभावित करता है।

हेपेटाइटिस A: एक अन्य प्रकार का जलजनित रोग हेपेटाइटिस A है और यह हेपेटाइटिस A वायरस के कारण होता है, जो यकृत को प्रभावित करता है।

अतः विकल्प (C) सही है।

91. जेरियाट्रिक नर्सिंग का अर्थ है नर्सिंग देखभाल है, जो वृद्ध व्यक्ति को दी जाती है।

इसे वृद्ध रोगी की नर्सिंग देखभाल के रूप में वर्णित किया जाता है, अर्थात 60 वर्ष से अधिक आयु के, घर में, अस्पताल के विशेष संस्थानों जैसे उपचार गृह और मनश्चिकित्सीय संस्थानों आदि में दी जाती है।

अतः विकल्प (C) सही है।

92. जीवन के पहले वर्ष में 0 से 1 वर्ष की आयु के बच्चे को शिशु कहा जाता है।

जन्म से 1 वर्ष की आयु के बीच, बच्चे आश्चर्यजनक दर से बढ़ते और विकसित होते हैं। वे मुस्कुराना, लुढ़कना, बैठना, हिलना, ताली बजाना, वस्तुओं को उठाना, रेंगना, बड़बड़ाना सीखते हैं, और कुछ-कुछ शब्द कहना भी शुरू कर सकते हैं। वे अपने देखभाल करने वालों के साथ मेलभाव बनाना और उन पर भरोसा करना सीखते हैं और वे अक्सर संवाद करने से अधिक समझते हैं।

अतः विकल्प (D) सही है।

93. शीर्षाभिमुख विकास का अर्थ सिर-शरीर का विकास हो सकता है जिसमें सिर पहले विकसित होता है।

- शीर्षाभिमुख विकास शरीर के अन्य दूरवर्ती क्षेत्रों की तुलना में मुख्य तंत्रिका क्षेत्र (आमतौर पर सिर) के पास के क्षेत्रों को विकसित करने के लिए जीवों के सामान्य विकास स्वरूप का वर्णन करता है।
- यह मानव भ्रूण में देखा जा सकता है जहां सिर शरीर का पहला भाग बनता है।
- एक बार जब शरीर बन जाता है तो हाथ पैरों से पहले विकसित होते हैं।

अत: विकल्प (D) सही है।

94. तकनीकी कारक एक आंतरिक कारक नहीं है जो बच्चों में वृद्धि और विकास को प्रभावित करता है।

मानव की वृद्धि और विकास आंतरिक और बाह्य रूप से वर्गीकृत किए गए विभिन्न कारकों से प्रभावित होते हैं।

जैविक और संरचनात्मक कारक एक बच्चे की संरचनात्मक बनावट दैहिक संरचना, काया और शारीरिक तालमेल जीवन भर उसके वृद्धि और विकास को प्रभावित करते हैं।

आनुवांशिक कारक माता के गर्भ में गर्भाधान के समय अपनी भूमिका निभाती है। इस समय जीन और गुणसूत्र के रूप में अपने तत्काल माता-पिता से संतानों को क्या स्थानांतरित किया जाता है, यह वंशानुगत योगदान का गठन करता है।

बुद्धिमत्ता सही समय पर सही निर्णय लेने, सीखने, और समायोजित करने की क्षमता के रूप में बच्चे के समग्र वृद्धि और विकास में महत्वपूर्ण भूमिका निभाती है। यह उनके सामाजिक व्यवहार, नैतिक निर्णय और भावनात्मक विकास को प्रभावित करता है।

भावनात्मक कारक, जैसे भावनात्मक समायोजन और परिपक्वता, किसी व्यक्ति की समग्र वृद्धि और विकास को प्रभावित करने में बड़ी भूमिका निभाते हैं। यदि कोई व्यक्ति अपनी भावनाओं पर उचित नियंत्रण नहीं रख सकता है, तो निश्चित ही वह अपने विकास और वृद्धि के मामले में भी संघर्ष कर रहा होता है।

अत: विकल्प (C) सही है।

95. वय:संधि शारीरिक परिवर्तनों की प्रक्रिया है जिसके माध्यम से एक बच्चे का शरीर यौन प्रजनन के लिए सक्षम वयस्क शरीर में परिपक्व होता है। एक बच्चे से वयस्क होने की अवधि को किशोरावस्था के रूप में जाना जाता है। किशोरावस्था मनुष्य के जीवन काल की एक महत्वपूर्ण अवस्था है। यह वह अवस्था है जिसमें शारीरिक और मानसिक दोनों रूप से बहुत तीव्रता के साथ परिवर्तन होते हैं।

किशोरावस्था बाल्यावस्था और वयस्कता के बीच के विकास की अवधि है।" एक लड़का या लड़की एक बच्चे के रूप में किशोरावस्था में प्रवेश करता है और एक पुरुष या महिला के रूप में उभरता है, जिससे समाज में वयस्क भूमिका निभाने के लिए तैयार होने की उम्मीद की जाती है।

- सभी के लिए 11 से 18 वर्ष सबसे महत्वपूर्ण होते हैं। इन वर्षों के दौरान तीव्रता से शारीरिक और यौन वृद्धि और परिपक्वता होती है।
- आमतौर पर वय:संधि की शुरुआत को किशोरावस्था की शुरुआत के रूप में स्वीकार किया जाता है।
- लगभग 11 या 12 वर्ष की आयु में वय:संधि की शुरुआत होती है जो आमतौर पर 2 वर्ष तक चलती है।
- इन वर्षों के दौरान शारीरिक वृद्धि और यौन विशेषताओं के प्रकटन में तीव्रता आती है।
- लड़कियों में वय:संधि का पहला लक्षण मासिक धर्म होता है और लड़कों में रात्रि को उत्सर्जन (नींद के दौरान वीर्य का स्खलन) होता है।
- किशोरावस्था की अवस्था मानव के विकास की महत्वपूर्ण अवस्थाओं में से एक है जो बाल्यावस्था से वयस्कता के परिवर्तनकाल में सहायता करती है।

* 11 से 16 वर्ष की आयु सीमा बच्चे में तीव्रता से और महत्वपूर्ण शारीरिक और मनोवैज्ञानिक परिवर्तन जैसे यौन अंगों की परिपक्वता और ऊंचाई और वजन में वृद्धि के लिए चिह्नित होती है।

इस प्रकार, यह निष्कर्ष निकाला गया है कि वय:संधि अवस्था का आयु विस्तार 11 से 16 वर्ष होता है।

अत: विकल्प (C) सही है।

96. स्तनपान के दौरान बच्चे को सोते हुए देखना काफी सामान्य है क्योंकि पर्याप्त स्तनपान कराने के बाद बच्चा 2 से 3 घंटे तक सोता है। दिन के दौरान, अपने बच्चे को जगाएं यदि अंतिम भोजन के बाद से 3 घंटे से अधिक समय बीत चुका है।

अत: विकल्प (C) सही है।

97. बच्चों के दांत 6 महीने के होते ही निकलना शुरू हो जाते हैं।

नए-नए दांत आने पर बच्चों को कई तरह की परेशानियां होती हैं जैसे बुखार आ जाना, लूज मोशन लग जाना वगैराह। यहां हम बता रहे हैं कुछ घरेलू उपाय। छोटे बच्चों के जब दांत निकलना शुरू होते हैं तो इस दौरान उन्हें कई तरह की परेशानियां शुरू हो जाती हैं।

अत: विकल्प (A) सही है।

98. मनुष्य की भाषा में कुछ विशेषताएं होती हैं जो उनके संचार को एक निश्चित अर्थ देती हैं। भाषा की सहायता से हम भूत, वर्तमान और भविष्य के बारे में बात कर सकते हैं।

* भाषा विकास मानव जीवन की शुरुआत में शुरू होने वाली एक प्रक्रिया है जब कोई व्यक्ति भाषा को सीखने और अनुकरण करने से अधिगम शुरू कर देता है। बच्चों की भाषा का विकास सरल से जटिल की ओर होता है।

* प्रारंभिक बाल्यावस्था में भाषा विकास मुख्य चिंता का विषय है। संज्ञानात्मक विकास की क्षमता को बढ़ाने के लिए भाषा ही एकमात्र शक्तिशाली उपकरण है। एक अच्छी भाषा हमेशा बच्चे को अन्य व्यक्तियों के साथ संवाद करने या बातचीत करने और उनकी समस्याओं को हल करने की अनुमति देती है।

किसी विशेष समय के दौरान विशेष उत्तेजनाओं के प्रति विशेष संवेदनशीलता को "संवेदनशील अवधि" कहा जाता है। प्रारंभिक बाल्यावस्था भाषा के विकास की एक संवेदनशील अवस्था है।

अत: विकल्प (B) सही है।

99. विकास से तात्पर्य अंगों के बेहतर और अधिक क्रियाओं के लिए संरचना में वृद्धि से है। यह एक व्यापक और सतत प्रक्रिया है, इस प्रकार कुछ सिद्धांत हैं जिनकी अवधारणा की बेहतर समझ के लिए पालन करने की आवश्यकता है।

निरंतरता का सिद्धांत:

* निरंतरता का सिद्धांत कहता है कि 'विकास एक कभी न समाप्त होने वाली प्रक्रिया है।

* यह सिद्धांत उस विकास को गर्भ से कब्र तक एक सतत प्रक्रिया के रूप में परिभाषित करता है और अपनी अधिकतम वृद्धि तक पहुंचने तक धीरे-धीरे जारी रहता है।

* विकास निरंतरता के सिद्धांत का पालन करता है जो गर्भाधान से शुरू होता है और मृत्यु पर समाप्त होता है। यह जीवन में कभी न खत्म होने वाली प्रक्रिया है।

* बच्चा, विकासात्मक प्रक्रिया के माध्यम से, लगातार परिवर्तनों के साथ गुजरता है, हालांकि परिवर्तन की गति और मात्रा एक चरण से दूसरे चरण में भिन्न होती है।

इसलिए, यह निष्कर्ष निकाला गया है कि विकास एक कभी न समाप्त होने वाली प्रक्रिया है, यह विचार "निरंतरता के सिद्धांत" से सम्बन्धित है।

अत: विकल्प (A) सही है।

100. बच्चों का एक विविध समूह उन बच्चों से बना है जो एक दूसरे से बहुत अलग हैं। विविधता का एक उदाहरण कई अलग-अलग सांस्कृतिक पृष्ठभूमि के छात्रों से भरी कक्षा है।

सामाजिक बच्चे	<ul><li>सामाजिक विकास उस प्रक्रिया को संदर्भित करता है जिसके द्वारा एक बच्चा अपने आसपास के अन्य लोगों के साथ अंत:क्रिया करना सीखता है।</li><li>एक सामाजिक बच्चा साथियों के साथ अंत:क्रिया करने में सहज होता है।</li><li>एक सामाजिक बच्चा गतिविधियों में सक्रिय रूप से भाग लेता है।</li></ul>
असामाजिक बच्चे	<ul><li>असामाजिक बच्चों में ऐसे व्यवहार होते हैं जो दूसरों की भलाई के लिए नुकसान पहुंचाने वाले या उनमें कमी करने वाले कार्य होते हैं।</li><li>इसे किसी भी प्रकार के आचरण के रूप में भी परिभाषित किया गया है जो किसी अन्य व्यक्ति के मूल अधिकारों का उल्लंघन करता है और किसी भी व्यवहार को समाज में दूसरों के लिए विघटनकारी माना जाता है।</li><li>इस प्रकार के आचरण का अक्सर अर्थ यह होता है कि आपका बच्चा असामाजिक व्यवहार के लक्षण दिखा रहा है।</li></ul>

इसलिए, लोकप्रिय असामाजिक बच्चों को आमतौर पर ऐसे नाम दिए जाते हैं क्योंकि वे वयस्कों के अधिकारों को चुनौती देते हैं।

अत: विकल्प (D) सही है।

Q.1 मेडिकल टर्मिनेशन ऑफ प्रेग्नेंसी को गर्भावस्था के कितने सप्ताह तक सुरक्षित माना जाता है?

A. 6 सप्ताह   **B.** 8 सप्ताह   **C.** 12 सप्ताह   **D.** 18 सप्ताह

Q.2 एक नर्स इस बात से अवगत है कि मानव इम्यूनोडिफीसिअन्सी वायरस (एचआईवी) संक्रमण से एकायर्ड इम्यूनोडिफीसिअन्सी सिंड्रोम (एड्स) के विकास तक की औसत अवधि है?

A. 5 वर्ष से कम   **B.** 5 से 7 वर्ष
C. 10 वर्ष   **D.** इनमें से कोई नहीं

Q.3 सी.ई. विंसलो के अनुसार, __________ सार्वजनिक स्वास्थ्य का लक्ष्य है।

A. लोगों को स्वास्थ्य और दीर्घायु के अपने जन्मसिद्ध अधिकार प्राप्त करने के लिए
B. स्वास्थ्य को बढ़ावा देने और रोग की रोकथाम के लिए
C. लोगों को बुनियादी स्वास्थ्य सेवाओं तक पहुंच बनाने के लिए
D. लोगों के लिए उनके स्वास्थ्य प्रयासों में संगठित होने के लिए

Q.4 निम्न में से कौन सा सामुदायिक स्वास्थ्य परिचर्या की विशेषता है?

A. यह नर्सिंग का एक विशेष क्षेत्र है।
B. इसका अभ्यास सार्वजनिक स्वास्थ्य को नर्सिंग के साथ जोड़ता है।
C. इसमें अंतःविषय सहयोग शामिल है।
D. उपरोक्त सभी

Q.5 कॉपर टी में प्रयुक्त कॉपर में निम्नलिखित क्रिया होती है:

A. जीवाणुनाशक   **B.** शुक्राणुनाशक
C. ब्लास्टोसाइडल   **D.** जीवाणुस्थैतिक

Q.6 निम्न में से कौन सा इस कथन की सबसे अच्छी व्याख्या करता है?
CHN एक समुदाय-आधारित अभ्यास है।

A. लोगों के प्राकृतिक वातावरण में सेवा प्रदान की जाती है
B. नर्स को नर्सिंग की जरूरतों और समस्याओं का निर्धारण करने के लिए सामुदायिक निदान करना होता है
C. सेवा समुदाय के भीतर उपलब्ध संसाधनों पर आधारित होती है
D. प्राथमिकता निर्धारण पहचान की गई स्वास्थ्य समस्याओं के परिमाण पर आधारित है

Q.7 __________ प्राथमिक स्वास्थ्य सेवा का स्तंभ है।

A. सामुदायिक भागीदारी   **B.** अंतर-क्षेत्रीय समन्वय
C. उपयुक्त तकनीक   **D.** उपरोक्त सभी

Q.8 किस उम्र की महिलाओं में सालाना मैमोग्राफी करानी चाहिए?

A. 50 साल और उससे अधिक उम्र के
B. 60 वर्ष और उससे अधिक उम्र
C. 45 वर्ष और उससे अधिक उम्र
D. 30 वर्ष और उससे अधिक

Q.9 डिजाइन का प्रकार जहां प्रत्येक विषय के लिए जोखिम और बीमारी दोनों एक साथ निर्धारित की जाती हैं:

A. केस स्टडी   **B.** क्रॉस सेक्शनल स्टडी
C. केस कंट्रोल स्टडी   **D.** जनसंख्या वर्ग स्टडी

Q.10 आदिवासी क्षेत्र में ____ की आबादी के लिए प्राथमिक स्वास्थ्य केंद्र शामिल है।

A. 50,000   **B.** 30,000   **C.** 20,000   **D.** 5000

Q.11 थ्रोम्बोटिक सीवीए वाले रोगी के प्रवेश के बाद पहले 24 घंटों में प्राथमिक नर्सिंग आकलन क्या है?

A. पुतली का आकार और पुतली की प्रतिक्रिया
B. कोलेस्ट्रॉल स्तर
C. इकोकार्डियोग्राम
D. आंत्र ध्वनि

Q.12 नर्स की कौन सी क्रिया हर्पीज ज़ोस्टर की समझ को इंगित करती है?

A. नर्स घावों को एक रोगाणुहीन ड्रेसिंग से ढकती है
B. देखभाल प्रदान करने के दौरान नर्स दस्ताने पहनती है
C. नर्स एक निर्धारित एंटीबायोटिक का प्रबंध करती है
D. नर्स ऑक्सीजन का प्रबंध करती है

Q.13 डायाफ्राम का उपयोग करने वाले ग्राहक को निर्देश दिया जाना चाहिए:

A. डायाफ्राम को 4 घंटे से अधिक समय तक रखने से बचना चाहिए
B. डायाफ्राम को ठंडी जगह पर रखें
C. अगर उसे 5 पाउंड का लाभ होता है, तो डायाफ्राम का आकार बदल दें
D. अगर उसकी कोई सर्जरी हुई है तो डायाफ्राम का आकार बदलें

Q.14 मूत्र पथ के संक्रमण के लिए एक मरीज को पाइरिडियम (फेनाज़ोपाइरीडीन हाइड्रोक्लोराइड) प्राप्त हो रहा है। मरीज को को सिखाया जाना चाहिए कि दवा उसके:

A. दस्त का कारण बन सकती है
B. मूत्र का रंग बदल सकती है
C. मानसिक उलझन का कारण बन सकती है
D. स्वाद में बदलाव के कारण बन सकती है

Q.15 एक महिला को एमआरआई के लिए भर्ती कराया गया है। नर्स को महिला से निम्नलिखित के संबंध में प्रश्न करना चाहिए:

A. गर्भावस्था
B. टाइटेनियम हिप रिप्लेसमेंट
C. एंटीबायोटिक दवाओं से एलर्जी
D. अपने पैरों को हिलाने में असमर्थता

Q.16 निम्नलिखित में से कौन-सा प्राथमिक स्वास्थ्य देखभाल का सिद्धान्त नहीं है ?
I. समान वितरण
II. आवश्यक दवाओं का प्रावधान
III. सामुदायिक सहभागिता
IV. अंतरविभागीय समन्वय

A. I, III, और IV   **B.** I, II, और III
C. I और III   **D.** I और II

Q.17 मलेरिया के रोगी का रक्त का नमूना कब लिया जाना चाहिए?

A. तीव्र बुखार   **B.** भोजन करने के बाद
C. जब बुखार शुरू हुआ हो   **D.** जब तापमान सामान्य हो

Q.18 निम्नलिखित में से कौन सा संकेत AFB के लिए थूक की जांच की आवश्यकता को दर्शाता है?

A. खून की उल्टी   **B.** वजन बढ़ना
C. 3 सप्ताह तक खांसी   **D.** 1 सप्ताह से सीने में दर्द

Q.19 एक बच्चा है जिसके पैर में चोट है और वह हिल नहीं सकता। उस सामुदायिक क्षेत्र में चल रहे स्वास्थ्य देखभाल कार्यक्रम की सहायता करने वाली नर्स को निचले प्रभावित पैर में सूजन दिखाई देती है। नर्स को निम्नलिखित में से कौन सा संदेह है कि बच्चे के लक्षणों का कारण है?

A. टिबिया का संभावित फ्रैक्चर

B. जठराग्नि की मांसपेशियों में चोट लगना

C. हड्डी का संभावित फ्रैक्चर

D. इनमें से कोई नहीं

Q.20 नर्स को सबसे पहले निम्नलिखित में से किस रोगी के पास जाना चाहिए?

A. रोगी, जिसे 95mg/dL के रक्त शर्करा के साथ मधुमेह है।

B. उच्च रक्तचाप के रोगी

C. सीने में दर्द और एनजाइना का इतिहास वाला रोगी

D. रेनॉड रोग का रोगी

Q.21 एक संज्ञानात्मक रूप से अक्षम रोगी के लिए जो दर्द की सही रिपोर्ट नहीं कर सकता है, नर्स को पहली कार्रवाई क्या करनी चाहिए?

A. अशाब्दिक संकेतों जैसे कि ग्रिमिंग या रॉकिंग के लिए बारीकी से आकलन करें

B. परिवार के सदस्यों से आधारभूत व्यवहार संबंधी संकेतक प्राप्त करें

C. अंतिम खुराक और प्रतिक्रिया के समय को नोट करने के लिए MAR और चार्ट को देखें

D. राहत के लिए न्यूनतम समय सीमा के भीतर अधिकतम PRS की खुराक दें

Q.22 एक महिला जो छह महीने की गर्भवती है उसे प्रसवपूर्व क्लिनिक में देखा जाता है वह कहती है कि उसे कब्ज की समस्या है इस स्थिति को कम करने के लिए नर्स को उसे निर्देश देना चाहिए कि___________।

A. उसके तरल पदार्थ का सेवन बढ़ाकर तीन लीटर/दिन करें

B. उसके चिकित्सक से रेचक के नुस्खे का अनुरोध करें

C. आयरन की खुराक लेना बंद करें

D. प्रतिदिन दो बड़े चम्मच मिनरल ऑयल लें

Q.23 एक मरीज का घाव ठीक नहीं हो रहा है और वर्तमान उपचार के साथ बिगड़ता हुआ प्रतीत होता है इसलिए नर्स पहले________विचार करती है।

A. चिकित्सक को सूचित करना

B. घाव की देखभाल करने वाली नर्स को बुलाने का

C. घाव की देखभाल के उपचार में बदलाव

D. किसी अन्य नर्स से परामर्श

Q.24 निम्नलिखित में से कौन सी नर्सिंग योजना एक नर्स निदेशक और प्रशासनिक नर्सिंग स्टाफ को संगठनात्मक चार्ट तैयार करते समय पालन करना चाहिए?

A. विभागीय कार्यों की समीक्षा करना और निर्धारित करना कि उन्हें पूरा करने के लिए किन गतिविधियों की जरूरत है।

B. वर्तमान विभागीय योजना का एक वास्तविक कार्यशील चार्ट बनाना- औपचारिक नहीं

C. (A) और (B) दोनों

D. इनमे से कोई भी नहीं

Q.25 नर्स एक ऐसे मरीज की देखभाल कर रही है जिसे सांस लेने में कठिनाई हो रही है ग्राहक बिस्तर पर लेटा है और पहले से ही नाक प्रवेशनी के माध्यम से ऑक्सीजन थेरेपी प्राप्त कर रहा है निम्नलिखित में से कौन सा हस्तक्षेप नर्स की प्राथमिकता है?

A. ऑक्सीजन का प्रवाह बढ़ाएँ

B. फाउलर की स्थिति में रोगी की सहायता करें

C. फुफ्फुसीय स्राव को हटाने को बढ़ावा देना

D. धमनी रक्त गैसों के लिए एक नमूना प्राप्त करें

Q.26 एक प्रदाता एक रोगी के लिए एक 24-घंटे मूत्र संग्रह निर्धारित करता है, नर्स को निम्नलिखित में से कौन सी कार्रवाई करनी चाहिए?

A. पहले रिक्ति को त्यागें

B. सभी रिक्तियों को कमरे के तापमान पर एक कंटेनर में रखें

C. रोगी को पेशाब करने के लिए कहें और मूत्र को एक नमूना कंटेनर में डालें

D. रोगी को शौचालय में पेशाब करने के लिए कहें, बीच में रुकें, और नमूना कंटेनर में पेशाब करना समाप्त करें

Q.27 निम्नलिखित में से कौन सा रोगी नैदानिक रिकॉर्ड का एक हिस्सा है?

A. सेवन और आउटपुट चार्ट

B. स्टाफ नर्स का ड्यूटी चार्ट

C. स्टॉक रजिस्टर

D. स्टाफ प्रदर्शन रिकॉर्ड

Q.28 एक नर्स एक ऐसे रोगी की देखभाल कर रही है, जिसे ट्रेकियोस्टोमी है, जब नर्स हर बार ट्रेकियोस्टोमी देखभाल प्रदान करती है, तो उसे निम्नलिखित में से कौन-सी कार्रवाई करनी चाहिए?

A. यदि प्रक्रिया के दौरान SPO2 बढ़ता है तो ऑक्सीजन स्रोत को शिथिल रूप से लागू करें

B. आंतरिक प्रवेशनी को हटाने और साफ करने के लिए सर्जिकल एसेप्सिस का उपयोग करें

C. बाहरी सतहों को रंध्र स्थल से बाहर की ओर गोलाकार गति में साफ करें

D. उपरोक्त सभी

Q.29 एक महिला रोगी के सीधे कैथीटेराइजेशन के दौरान कैथेटर योनि में फिसल जाता है तो नर्स कौन सी क्रिया करती है?

A. कैथेटर को जगह पर छोड़ देती है और एक नया बाँझ कैथेटर प्राप्त करती है

B. कैथेटर को जगह पर छोड़ देती है और दूसरी नर्स को प्रक्रिया का प्रयास करने के लिए कहती है

C. कैथेटर को हटाता है और इसे मूत्र के मांस में पुनर्निर्देशित करती है

D. कैथेटर को हटाती है इसे एक बाँझ धुंध से पोंछती है और इसे मूत्र के मांस में पुनर्निर्देशित करती है

Q.30 शिफ्ट के अंत में नर्स को पता चलता है कि वह एक रोगी के लिए किए गए ड्रेसिंग परिवर्तन का दस्तावेजीकरण करना भूल गई है नर्स को कौन सी कार्रवाई करनी चाहिए?

A. जाने से पहले घटना की रिपोर्ट पूरी करें

B. कुछ न करें; अगली नर्स इसका दस्तावेजीकरण करेगी

C. ड्रेसिंग परिवर्तन के नोट को पहले वाले नोट में लिखें

D. कथनात्मक की एंट्री अतिरिक्त प्रविष्टि के रूप में कर दें

Q.31 भोजन का सबसे अधिक अवशोषण _____ में होता है।

A. पेट   **B.** छोटी आंत   **C.** बड़ी आंत   **D.** कैकुम

Q.32 निम्नलिखित में से किस विटामिन की कमी से बेरीबेरी रोग होता है?

A. विटामिन बी1   **B.** विटामिन बी2

C. विटामिन बी6   **D.** विटामिन बी12

Q.33 निम्नलिखित में से कौन किसी पाचक एंजाइम को स्रावित किए बिना पाचन में मदद करता है?

A. लार ग्रंथियां   **B.** लीवर

C. अग्न्याशय   **D.** छोटी आंत

Q.34 पित्त लवण किस एंजाइम के उत्प्रेरक के रूप में कार्य करता है?

A. पेप्सिनोजेन   **B.** ट्रिप्सिनोजेन

C. लाइपेज़   **D.** अग्नाशय एमाइलेज

Q.35 हार्मोन बनाने, स्वस्थ त्वचा और कोशिका झिल्ली बनाने के लिए किस पोषक तत्व की आवश्यकता होती है?

A. वसा
B. कार्बोहाइड्रेट
C. फाइबर
D. विटामिन बी12

Q.36 मांस, मुर्गी पालन, मछली की सूखी फलियाँ, अंडे और मेवा समूह के खाद्य पदार्थ ______ का एक महत्वपूर्ण स्रोत हैं।

A. लोहा
B. फाइबर
C. बीटा कैरोटीन
D. कैल्शियम

Q.37 निम्नलिखित में से किस पोषक तत्व की कमी से मेगालोब्लास्टिक एनीमिया होता है?

A. फोलिक एसिड
B. नियासिन
C. पाइरिडोक्सिन
D. कोबालामिन

Q.38 निम्नलिखित में से कौन-सा रोग नियासिन की कमी से होता है?

A. स्कर्वी
B. रिकेट्स
C. पेलाग्रा
D. हृदय रोग

Q.39 मांसपेशियों में कमजोरी और लाल रक्त कोशिकाओं की भंगुरता में वृद्धि ________ के कारण होती है।

A. विटामिन E की कमी
B. विटामिन D की कमी
C. विटामिन C की कमी
D. विटामिन A की कमी

Q.40 मानव छोटी आंत के विली में लैक्टियल का मुख्य कार्य किसका अवशोषण है?

A. पानी और खनिज लवण
B. एमिनो एसिड और ग्लूकोज
C. ग्लूकोज और विटामिन
D. वसा अम्ल और ग्लिसरॉल

Q.41 वृषण द्वारा किस हार्मोन का स्राव होता है?

A. टेस्टोस्टेरॉन
B. प्रोजेस्टेरोन
C. T.S.H.
D. इंसुलिन

Q.42 मोटर न्यूरॉन द्वारा मांसपेशी फाइबर की उत्तेजना ________ पर होती है।

A. मायोफिब्रिल
B. ट्रांस्वर्स टूबुल्स
C. न्यूरोमस्कुलर जंक्शन
D. सार्कोप्लाज्मिक रेटिकुलम

Q.43 मानव शरीर में निषेचन की प्रक्रिया कहां होती है?

A. गर्भाशय
B. डिंबवाही नलिका
C. अंडाशय
D. योनि

Q.44 फेफड़े की संरचनात्मक और कार्यात्मक इकाई है:

A. एल्वियोली
B. ट्रैकिआ
C. ब्रोन्किओल
D. श्वसनी

Q.45 टी कोशिकाएं ________ में परिपक्व होती हैं।

A. अवटु ग्रंथि
B. थाइमस ग्रंथि
C. प्लीहा
D. अस्थि मज्जा

Q.46 ________ ग्रंथि अन्य अंतःस्रावी ग्रंथियों के कामकाज को नियंत्रित करती है।

A. थायरॉयड ग्रंथि
B. पीनियल ग्रंथि
C. अधिवृक्क ग्रंथि
D. पीयूष ग्रंथि

Q.47 निम्नलिखित में से किस बीमारी के लक्षण हैं जैसे: भावनाओं का प्रकोप, अप्रत्याशित मनोदशा, झगड़ालू व्यवहार, दूसरों के साथ संघर्ष?

A. मूड डिसऑर्डर
B. एडिक्टिव डिसऑर्डर
C. स्किज़ोफ्रेनिया
D. बॉर्डरलाइन पर्सनालिटी डिसऑर्डर (बीपीडी)

Q.48 ____ मानव शरीर की सबसे छोटी ग्रंथि है।

A. पैरोटिड ग्रंथि
B. एपोक्राइन स्वेद ग्रंथि
C. पीनियल ग्रंथि
D. एब्रर की ग्रंथि

Q.49 वृक्काणु______ से जुड़े होते हैं।

A. श्वसन प्रणाली
B. तंत्रिका तंत्र
C. परिसंचरण तन्त्र
D. उत्सर्जन तंत्र

Q.50 ________ पैपिलरी परत की सूजन है जो संक्रमण, यांत्रिक जलन या रसायनों के कारण होती है।

A. एपिडर्मल लकीरें
B. लिपोसक्शन
C. लिपोप्लास्टी
D. डर्मेटाइटिस

Q.51 अमीबायसिस वायरस सबसे अधिक ______ को प्रभावित करता है।

A. केंद्रीय तंत्रिका
B. जठरांत्र प्रणाली
C. परिसंचरण तंत्र
D. प्रजनन प्रणाली

Q.52 90% पोलियोवायरस संक्रमित कारणों में ____ होता है।

A. पक्षाघात
B. बुखार
C. रक्तस्रावी बुखार
D. स्पर्शोन्मुख

Q.53 पोलियो मुख्यतः किसके द्वारा फैलता है?

A. मल-मौखिक मार्ग
B. सीधा संपर्क
C. यौन संपर्क
D. छोटी बूंद संक्रमण

Q.54 फाइलेरिया किसके द्वारा फैलता है?

A. मादा एनोफिलीज मच्छर
B. क्यूलेक्स मच्छर
C. एडीज मच्छर
D. सैंडफ्लाई

Q.55 निम्नलिखित में से कौन सा हाइड्रोफोबिया है?

A. रेबीज
B. खसरा
C. टायफाइड
D. मलेरिया

Q.56 ट्रेकोमा ____ के कारण होता है।

A. ट्रैपोनेमा पैलिडम
B. हर्पीज सिंप्लेक्स
C. क्लैमाइडियल संक्रमण
D. एन. सूजाक

Q.57 ____ के लिए एमडीटी थेरेपी का उपयोग किया जाता है।

A. क्षय रोग
B. कुष्ठ रोग
C. डिप्थीरिया
D. टायफाइड

Q.58 पेचिश का कारण बनने वाले बैक्टीरिया का नाम बताइए।

A. शिगेला
B. विब्रियो कॉलेरी
C. स्ट्रेप्टोकोकस पाइोजेन्स बैक्टीरिया
D. माइकोबैक्टीरियम ट्यूबरक्यूलोसिस

Q.59 धब्बों में देखे जाने वाले कोप्लिक धब्बे ____ अवस्था में दिखाई देते हैं।

A. रूबेला
B. खसरा
C. चिकन पॉक्स
D. हर्पीस ज़ोस्टर

Q.60 ________ यौन संचारित रोग है।

A. क्यू बुखार
B. कुष्ठ रोग
C. काली खांसी
D. गोनोरिया

Q.61 जब किसी लड़के की उंगली कट जाए तो कौन सी क्रिया सबसे अच्छी होगी?

A. उंगली के कटे हुए सिरे को वापस जगह पर रखें, पूरी उंगली को साफ

धुंध में लपेटें और उसे तुरंत अस्पताल पहुँचाएँ।

B. कटी हुई उंगली को साफ धुंध में लपेटें, इसे प्लास्टिक की थैली में रखें, बैग को दोनों उंगली और पीड़ित को अस्पताल ले जाने के लिए बर्फ परिवहन पर रखें।

C. कटी हुई उंगली को प्लास्टिक की थैली में रखें, लड़के को बैग को अपने बगल के नीचे रखें, तुरंत अस्पताल पहुंचाएं।

D. अस्पताल में रक्तस्राव परिवहन को नियंत्रित करने के लिए स्टब पर एक टूर्निकेट रखें जहां उंगली को काट दिया गया था।

Q.62 ड्रेसिंग और पट्टियों का उपयोग निम्न में से किस के लिए किया जाता है?

A. पीड़ित का दर्द कम करें

B. आंतरिक रक्तस्राव कम करें

C. रक्तस्राव को नियंत्रित करने और संक्रमण को रोकने में मदद करें

D. पीड़ित को अस्पताल ले जाना आसान बनाएं

Q.63 एक जब्ती पीड़ित की देखभाल करते समय आप क्या करेंगे?

A. आस-पास की वस्तुओं को हटा दें जिससे चोट लग सकती है

B. पीड़ित के दांतों के बीच एक छोटी सी वस्तु, जैसे लुढ़का हुआ कपड़ा, रखें

C. व्यक्ति को स्थिर रखने की कोशिश करें

D. ऊपर के सभी

Q.64 एक लड़के की छाती और पीठ में एक तीर मार दी जाती है, कार्रवाई का सबसे अच्छा तरीका क्या होगा?

A. तीर निकालें और घाव पर रोगाणुहीन धुंध लगाएं

B. तीर को न हटाएं, इसे हिलने से रोकने के लिए तीर के चारों ओर कई ड्रेसिंग रखें, ड्रेसिंग को तीर के चारों ओर जगह दें

C. तीर मत हटाओ; पीठ के बाहर के हिस्से को तोड़ें, इसे जगह पर रखने के लिए तीर के चारों ओर ड्रेसिंग के साथ पट्टी करें

D. तीर निकालें, क्षेत्र को धो लें, और बाँझ धुंध के साथ पट्टी करें

Q.65 आप सीढ़ियों के नीचे एक व्यक्ति पाते हैं। ऐसा लगता है कि वह गिर गया है और बुरी तरह से आहत लगता है। किसी को मदद के लिए भेजने के बाद, आप:

A. सिर और पीठ को एक सीधी रेखा में रखते हुए पीड़ित को उसके पेट पर रोल करें

B. पीड़ित को एक तरफ रोल करें

C. पीड़ित को एक तरफ रखें

D. पीड़ित को हिलने-दुलने से रोकने की कोशिश

Q.66 एक लड़के के पैरों में शीतदंश है, आपको क्या करना चाहिए?

A. महसूस होने और रंग वापस आने तक उसके पैरों को जोर से रगड़ें

B. गर्म नम तौलिये को पैरों पर लगाएं और धीरे से मालिश करें

C. पैरों को गर्म पानी में भिगोएं, 105 डिग्री से अधिक नहीं, एक सूखी बाँझ ड्रेसिंग के साथ पट्टी करें

D. पैरों को गर्म पानी में 90 डिग्री से अधिक नहीं भिगोएं; महसूस होने और रंग वापस आने तक पैरों को धीरे से रगड़ें, फिर एक बाँझ ड्रेसिंग के साथ लपेटें

Q.67 सड़क दुर्घटना में एक व्यक्ति को काफी चोटें आई हैं विभिन्न घायल शरीर संरचनाओं में उसके रक्त की हानि को कम करने की महत्वपूर्ण प्रक्रिया को _______ कहा जाता है।

A. होमीओस्टेसिस   **B.** हेमोस्टेसिस

C. हेमोलिसिस   **D.** एरिथ्रोपोएसिस

Q.68 आपको संदेह है कि एक व्यक्ति को जहर दिया गया है। वह होश में है। आपकी पहली कॉल होनी चाहिए:

A. जहर नियंत्रण केंद्र या आपका स्थानीय आपातकालीन फ़ोन नंबर

B. पीड़िता के चिकित्सक

C. अस्पताल आपातकालीन विभाग

D. स्थानीय फार्मेसी

Q.69 शॉक एक ऐसी स्थिति है जहां:

A. श्वसन तंत्र फेफड़ों तक हवा पहुंचाने में विफल रहता है।

B. कार्डियोवास्कुलर सिस्टम हृदय तक रक्त पहुंचाने में विफल रहता है।

C. परिसंचरण तंत्र शरीर के सभी भागों में रक्त पहुंचाने में विफल रहता है।

D. ऊपर के सभी

Q.70 लोचदार पट्टियों का उपयोग किया जाता है:

A. रक्तस्राव को नियंत्रित करने के लिए

B. सूजन को नियंत्रित करने और मोच या खिंचाव जैसी चोटों को सहारा देने के लिए

C. कटे हुए अंग में परिसंचरण की अनुमति देने के लिए

D. स्प्लिंट लगाते समय

Q.71 अचानक शिशु मृत्यु सिंड्रोम (एसआईडीएस) शिशुओं में मृत्यु के सबसे सामान्य कारणों में से एक है। किस उम्र में SIDS का निदान होने की सबसे अधिक संभावना है?

A. 1 से 2 वर्ष की आयु में

B. 1 सप्ताह से 1 वर्ष की आयु में, 2 से 4 महीने के शिखर पर

C. 6 महीने से 1 साल की उम्र में, 10 महीने में चरम पर

D. 6 से 8 सप्ताह की आयु में

Q.72 किसी बच्चे को कीमोथेरपी देते समय निम्न में से कौन सा अनुचित होगा?

A. सामान्य और विशिष्ट दोनों प्रतिकूल प्रभावों के लिए बच्चे की निगरानी करना

B. एनाफिलेक्सिस के लक्षणों पर ध्यान देने के लिए 10 मिनट तक बच्चे का अवलोकन करना

C. एक मुक्त बहने वाली अंतःशिरा रेखा के माध्यम से दवा का प्रशासन करना

D. आसव घुसपैठ और जलन के संकेतों के लिए आकलन

Q.73 1 साल के बच्चे में खुजली का पता चला है। निम्नलिखित में से कौन सी दवा निर्धारित किए जाने की उम्मीद है?

A. पर्मेथ्रिन   **B.** लिंडेन

C. दोनों (A) और (B)   **D.** इनमे से कोई भी नहीं

Q.74 क्ले एक 8 वर्षीय लड़का है जिसे दिल की विफलता का निदान किया गया है। निम्नलिखित में से कौन दिखाता है कि वह निर्देशित चिकित्सीय आहार का सख्ती से पालन कर रहा है?

A. एक एंटीबायोटिक का दैनिक उपयोग

B. पल्स रेट 50 बीट/मिनट से कम

C. उम्र के लिए सामान्य वजन

D. लाल रक्त कोशिका में वृद्धि (आरबीसी) गिनती

Q.75 ब्रायस एक बच्चा है जिसे महाधमनी के समन्वय का निदान किया गया है। उसका आकलन करते समय, नर्स जैच निम्नलिखित में से किसे खोजने की उम्मीद करेगी?

A. बैठने की मुद्रा

B. अनुपस्थित या कम ऊरु नब्ज़

C. जन्म के समय गंभीर सायनोसिस

D. सियानोटिक ("टेट") एपिसोड

Q.76 सक्रिय, पूर्ण जीवन जीने के लिए हृदय रोग वाले कई बच्चों के लिए उचित हस्तक्षेप महत्वपूर्ण है। निम्नलिखित में से कौन हृदय संबंधी मांगों को कम करने और कार्डियक वर्कलोड को कम करने के लिए एक प्रभावी नर्सिंग हस्तक्षेप की रूपरेखा तैयार करता है?

A. लंबे समय तक शिशु को दूध पिलाना

B. शिशु को संघर्ष से बचने के लिए अपना रास्ता अपनाने की अनुमति देना

C. निर्बाध आराम अवधि प्रदान करने के लिए शेड्यूलिंग देखभाल

D. एक सुसंगत देखभाल योजना का विकास और कार्यान्वयन

Q.77 एक नर्स एक बच्चे को संभाल रही है जो फ़्यूरोसेमाइड (लासिक्स) .IV जलसेक पर है। नर्स माँ को बच्चे को निम्नलिखित में से क्या खाने के लिए प्रोत्साहित करने का निर्देश देती है?

A. खुबानी और पके हुए आलू का छिलका

B. ब्रेड और मक्खन

C. जिलेटिन और फूलगोभी

D. अदरक एले और अनाज

Q.78 वेरोनिका के माता-पिता को बताया गया कि उनकी बेटी को रिबाविरिन (विराज़ोल) की ज़रूरत है। इस दवा का प्रयोग निम्न में से किसके इलाज के लिए किया जाता है?

A. पुटीय तंतुशोथ

B. मध्यकर्णशोथ

C. रेस्पिरेटरी सिंकाइटियल वायरस (आरएसवी)

D. ब्रोंकाइटिस

Q.79 निम्नलिखित में से किस शिशु में अचानक शिशु मृत्यु सिंड्रोम (एसआईडीएस) विकसित होने की सबसे कम संभावना है?

A. बेबी एंजेला जो समय से पहले थी

B. बेबी एंजी का एक भाई जो SIDS से मर गया

C. बेबी गेब्रियल प्रीनेटल ड्रग एक्सपोजर के साथ

D. बेबी जो अपनी पीठ के बल सोती है

Q.80 हीमोफिलस इन्फ्लुएंजा टाइप बी (एचआईबी) वैक्सीन वाले बच्चों का टीकाकरण निम्नलिखित में से किस स्थिति की घटनाओं को कम करता है?

A. ब्रोन्कियोलाइटिस

B. लैरींगोट्राचेओब्रोंकाइटिस (एलटीबी)

C. एपिग्लॉटिटिस

D. न्यूमोनिया

Q.81 निम्नलिखित में से कौन प्रारंभिक गर्भावस्था में योनि से रक्तस्राव का संभावित कारण है?

A. ट्रोफोब्लास्टिक रोग

B. सहज गर्भपात

C. सरवाइकल एक्ट्रोपियन

D. इनमें से सभी

Q.82 निम्नलिखित में से कौन सा शब्द मासिक धर्म चक्र को दर्शाता है जो अनियमित है, सामान्य से कम अवधि का है, और अत्यधिक मात्रा या अवधि का है?

A. ओलिगोमेनोरिया

B. हार्मोनल विकार

C. एमेनोरिया

D. मेट्रोरेजिया

Q.83 गर्भकालीन उच्च रक्तचाप, प्रोटीनूरिया, और यकृत या गुर्दे की शिथिलता के लक्षणों वाले गर्भवती व्यक्तियों का मूल्यांकन किस संभावित जीवन को खतरे में डालने वाली स्थिति के लिए किया जाना चाहिए?

A. प्रीक्लेम्पसिया

B. गर्भावस्थाजन्य मधुमेह

C. अस्थानिक गर्भावस्था

D. प्लेसेंटा प्रिविया

Q.84 प्रीक्लेम्पसिया किस बिंदु पर एक्लम्पसिया में विकसित होता है?

A. गुर्दे की विफलता की शुरुआत में

B. जब संवहनी विकृति का प्रमाण होता है

C. जब रक्तचाप 160/95 mmHg से अधिक हो जाता है

D. दौरे की शुरुआत में

Q.85 गर्भपात होने का सबसे आम समय क्या है?

A. 5-20 सप्ताह

B. 16-18 सप्ताह

C. 18-25 सप्ताह

D. 20-30 सप्ताह

Q.86 नर्स एक श्रमिक महिला की देखभाल कर रही है जिसे रूमेटिक हृदय रोग का इतिहास है। प्रसव के दौरान नर्स को उसकी स्थिति कैसी होनी चाहिए?

A. ढालुआं

B. अर्द्ध लेटा हुआ

C. साइड लाइंग

D. बैठक

Q.87 एक लेबर और डिलीवरी नर्स नवजात शिशु का आकलन कर रही है और नोट करती है कि शिशु को पीलिया हो गया है। इस स्थिति का संभावित कारण क्या है?

A. मां को गर्भकालीन मधुमेह था, जिसके कारण शिशु को पीलिया हो गया था।

B. मां ने शिशु को सक्रिय जननांग दाद के प्रकोप से अवगत कराया है।

C. माँ का रक्त आरएच-नकारात्मक है और उसने गर्भावस्था के दौरान रोगम प्राप्त किए बिना अपने दूसरे आरएच-पॉजिटिव बच्चे को जन्म दिया।

D. बच्चा एचआईवी पॉजिटिव पैदा हुआ है, क्योंकि मां एचआईवी दवाओं का खर्च उठाने में असमर्थ थी।

Q.88 एक लेबर और डिलीवरी नर्स एक एपिड्यूरल एनेस्थेटिक प्राप्त करने के बाद सक्रिय श्रम में एक क्लाइंट की निगरानी कर रही है। ग्राहक का आकलन करने पर वह नोट करती है कि रोगी का रक्तचाप 95/75 तक गिर गया है। उसे क्या करना चाहिए?

A. तुरंत चिकित्सक से संपर्क करें

B. एक ईसीजी प्राप्त करें

C. V तरल पदार्थ बढ़ाएँ

D. सेमी फाउलर की स्थिति में रखें

Q.89 एक 26 वर्षीय महिला प्राइमिग्रेविडा अपनी अनुमानित जन्म तिथि (ईडीबी) पर चर्चा करने के लिए क्लिनिक को प्रस्तुत करती है। नर्स 28 फरवरी, 2021 तक क्लाइंट के आखिरी माहवारी के पहले दिन को रिकॉर्ड करती है। उसका ईडीबी क्या होगा?

A. दिसंबर 5, 2021

B. दिसंबर 6, 2021

C. दिसंबर 28, 2021

D. दिसंबर 7, 2021

Q.90 __________ एमनियोसेंटेसिस की संभावित जटिलता है।

A. गर्भपात

B. आरएच संवेदीकरण

C. नीडलस्टिक की चोट

D. इनमें से सभी

Q.91 वृद्ध वयस्कों के लिए ड्रग थेरेपी प्रदान करते समय कौन सी प्रमुख चिंता है?

A. वृद्ध वयस्क गोलियों को निगलने के बजाय चबा सकते हैं

B. वृद्ध वयस्कों को बड़ी गोलियां निगलने में कठिनाई होती है

C. उम्र बढ़ने की कई समस्याओं से निपटने के लिए वृद्ध वयस्कों द्वारा शराब का उपयोग किया जाता है

D. वृद्ध वयस्कों में हेपेटिक निकासी कम हो जाती है

Q.92 एक दो (2) वर्षीय लड़के के माता-पिता एक अस्पताल में देखने के लिए पहुंचे। माता-पिता के आने पर बच्चा प्लेरूम में है। जब माता-पिता प्लेरूम में प्रवेश करते हैं, तो बच्चा आसानी से माता-पिता के पास नहीं जाता है। नर्स इस व्यवहार की व्याख्या इस रूप में करती है कि:

A. बच्चे को वापस ले लिया गया है

B. बच्चा आत्मकेंद्रित होता है

C. बच्चा अस्पताल में भर्ती सेटिंग में समायोजित हो गया है

D. यह एक सामान्य पैटर्न है

Q.93 एक तीन (3) वर्षीय बच्चे की माँ चिंतित है क्योंकि उसका बच्चा अभी भी झपकी और सोने के समय एक बोतल पर जोर दे रहा है। निम्नलिखित में से कौन सा माँ के लिए सबसे उपयुक्त सुझाव है?

A. बच्चे को बोतल न दें

B. झपकी के दौरान बोतल को छोड़ दें लेकिन सोते समय नहीं

C. अगर बोतल में जूस है तो उसे छोड़ दें

D. अगर बोतल में पानी है तो उसे छोड़ दें

Q.94 शैशवावस्था के लिए एक अच्छी शिक्षण पद्धति है:

A. मोंटेसरी विधि   **B.** खेल/क्रीड़ा विधि

C. बालवाड़ी विधि   **D.** उपरोक्त सभी

Q.95 एक नर्स प्रशिक्षक पियागेट के संज्ञानात्मक विकास के सिद्धांत के बारे में एक संगोष्ठी आयोजित करने की तैयारी कर रही है। वर्तमान विषय ठोस परिचालन अवस्था है। इस चरण के दौरान निम्नलिखित में से किस मील के पत्थर को छोड़कर चर्चा में शामिल किया जाना चाहिए?

A. वस्तुओं और घटनाओं के बारे में तर्क सोचने की क्षमता

B. यह समझने की क्षमता कि कोई वस्तु अपनी उपस्थिति या आकार बदलने पर उसकी संख्या, लंबाई, आयतन या द्रव्यमान को प्रभावित नहीं करती है

C. वर्गीकरण कौशल में वृद्धि

D. प्रस्तावित विचार प्रदर्शित करने की क्षमता

Q.96 निम्न में से कौन सा एक स्कूली उम्र के बच्चे के विकास का सबसे अच्छा वर्णन करता है। लागू होने वाले सभी का चयन करें।

A. समलैंगिक साथी परिवार से ज्यादा महत्वपूर्ण हैं

B. बच्चों को बोर्ड गेम और खेल खेलने में मज़ा आता है

C. चोटों के कारणों में साइकिल दुर्घटनाएं, सिर की चोटें और मोच शामिल हैं

D. इनमें से सभी

Q.97 सिगमंड फ्रायड द्वारा एक नैदानिक प्रशिक्षक एक नर्सिंग छात्र को विकास के मनोवैज्ञानिक चरणों के बारे में रिपोर्ट करने के लिए कहता है। निम्नलिखित में से कौन विलंबता अवधि की व्याख्या करता है। लागू होने वाले सभी का चयन करें।

A. ऊर्जा शारीरिक और बौद्धिक गतिविधियों के लिए निर्देशित है

B. पुरुषों में ओडिपस कॉम्प्लेक्स विकसित करने की प्रवृत्ति होती है

C. यह चरण यौवन से शुरू होता है और परिपक्व वयस्क कामुकता का गठन करता है

D. इनमें से सभी

Q.98 निम्नलिखित में से कौन सा बच्चों के भावनात्मक विकास के लिए सबसे उपयुक्त है?

A. लोकतांत्रिक कक्षा का वातावरण

B. शिक्षकों की कोई भागीदारी नहीं है क्योंकि यह माता-पिता का काम है

C. नियंत्रित कक्षा का वातावरण

D. अधिनायकवादी कक्षा का वातावरण

Q.99 बच्चों में ईर्ष्या की स्थिति किस उम्र में होती है?

A. 4 से 5 वर्ष   **B.** 1 से 2 वर्ष   **C.** 2 से 3 वर्ष   **D.** 3 से 4 वर्ष

Q.100 दो वर्ष के अन्त तक बच्चों के कितने दाँत निकलते हैं?

A. 10   **B.** 15   **C.** 20   **D.** 24

// स्मार्ट उत्तर पुस्तिका //

सही उत्तर	उन छात्रों का प्रतिशत जिन्होंने प्रश्नों का सही उत्तर दिया था।	छोड़ दिया	उन छात्रों का प्रतिशत जिन्होंने प्रश्नों को छोड़ दिया था।

प्रश्न संख्या	उत्तर	सही उत्तर / छोड़ दिया	प्रश्न संख्या	उत्तर	सही उत्तर / छोड़ दिया	प्रश्न संख्या	उत्तर	सही उत्तर / छोड़ दिया	प्रश्न संख्या	उत्तर	सही उत्तर / छोड़ दिया	प्रश्न संख्या	उत्तर	सही उत्तर / छोड़ दिया
1	C	58.89 % / 1.62 %	17	A	64.78 % / 1.6 %	33	B	41.0 % / 1.75 %	49	D	49.92 % / 1.62 %	65	D	83.73 % / 0.0 %
2	C	43.95 % / 1.25 %	18	C	60.92 % / 1.9 %	34	C	64.35 % / 1.95 %	50	B	48.55 % / 1.28 %	66	C	53.23 % / 1.39 %
3	A	60.06 % / 1.64 %	19	A	17.18 % / 3.25 %	35	C	42.49 % / 1.16 %	51	B	42.57 % / 1.41 %	67	B	52.03 % / 1.8 %
4	D	69.19 % / 1.97 %	20	C	51.47 % / 1.24 %	36	A	77.98 % / 0.0 %	52	D	32.63 % / 3.09 %	68	A	84.36 % / 0.0 %
5	B	69.16 % / 1.75 %	21	B	65.53 % / 1.05 %	37	A	44.83 % / 1.85 %	53	A	60.37 % / 1.75 %	69	C	63.82 % / 1.04 %
6	B	43.55 % / 1.51 %	22	A	46.42 % / 1.87 %	38	C	32.57 % / 4.24 %	54	B	89.84 % / 0.0 %	70	B	58.34 % / 1.36 %
7	D	80.21 % / 0.0 %	23	B	65.82 % / 1.94 %	39	A	83.47 % / 0.0 %	55	A	83.7 % / 0.0 %	71	B	16.23 % / 3.99 %
8	A	46.49 % / 1.17 %	24	C	59.51 % / 1.56 %	40	D	58.06 % / 1.42 %	56	C	44.24 % / 1.45 %	72	B	52.24 % / 1.36 %
9	B	55.42 % / 1.42 %	25	B	48.21 % / 2.0 %	41	A	47.39 % / 1.18 %	57	B	48.21 % / 1.88 %	73	A	51.43 % / 1.84 %
10	C	11.7 % / 4.89 %	26	A	47.97 % / 1.23 %	42	C	63.46 % / 1.69 %	58	A	58.27 % / 1.56 %	74	C	56.38 % / 1.65 %
11	A	45.8 % / 1.5 %	27	A	20.5 % / 4.38 %	43	B	83.15 % / 0.0 %	59	B	77.21 % / 0.0 %	75	B	53.48 % / 1.41 %
12	B	40.02 % / 1.01 %	28	D	17.28 % / 3.17 %	44	A	67.74 % / 1.22 %	60	D	76.55 % / 0.0 %	76	C	50.91 % / 1.14 %
13	B	42.52 % / 1.26 %	29	A	69.0 % / 1.72 %	45	B	66.21 % / 1.74 %	61	B	52.84 % / 1.99 %	77	A	30.41 % / 3.11 %
14	B	68.81 % / 1.51 %	30	D	46.51 % / 1.54 %	46	D	49.58 % / 1.13 %	62	C	82.26 % / 0.0 %	78	C	59.06 % / 1.81 %
15	A	60.32 % / 1.82 %	31	B	85.47 % / 0.0 %	47	D	62.28 % / 1.78 %	63	A	60.8 % / 1.23 %	79	D	51.39 % / 1.29 %
16	A	16.4 % / 3.4 %	32	A	49.21 % / 1.73 %	48	C	65.42 % / 1.44 %	64	B	17.85 % / 3.38 %	80	C	54.36 % / 1.74 %

प्रश्न संख्या	उत्तर	सही उत्तर / छोड़ दिया
81	D	43.94 % / 1.45 %
82	D	42.13 % / 1.86 %
83	A	57.65 % / 2.0 %
84	D	65.94 % / 1.89 %

प्रश्न संख्या	उत्तर	सही उत्तर / छोड़ दिया
85	A	42.3 % / 1.07 %
86	B	55.97 % / 1.21 %
87	C	51.21 % / 1.59 %
88	C	28.4 % / 3.24 %

प्रश्न संख्या	उत्तर	सही उत्तर / छोड़ दिया
89	A	51.95 % / 1.09 %
90	D	53.21 % / 1.66 %
91	D	56.79 % / 1.29 %
92	D	59.5 % / 1.14 %

प्रश्न संख्या	उत्तर	सही उत्तर / छोड़ दिया
93	D	57.47 % / 1.12 %
94	D	47.46 % / 1.13 %
95	D	31.4 % / 4.63 %
96	D	56.98 % / 1.07 %

प्रश्न संख्या	उत्तर	सही उत्तर / छोड़ दिया
97	A	31.54 % / 4.39 %
98	A	58.99 % / 1.69 %
99	B	47.7 % / 1.45 %
100	C	53.59 % / 1.78 %

//संकेत और समाधान//

1. मेडिकल टर्मिनेशन ऑफ प्रेग्नेंसी को गर्भावस्था के 12 सप्ताह की अवधि तक सुरक्षित माना जाता है।

मेडिकल टर्मिनेशन ऑफ प्रेग्नेंसी को एमटीपी भी कहा जाता है। एमटीपी का उपयोग अवांछित गर्भधारण और गर्भधारण से छुटकारा पाने के लिए किया जाता है जो मां या भ्रूण दोनों के लिए हानिकारक या घातक हो सकता है। एमटीपी 12 सप्ताह यानी पहली तिमाही या गर्भावस्था तक सुरक्षित हैं। भारत सरकार ने 1971 में एमटीपी को वैध बनाया।

अतः विकल्प (C) सही है।

2. एचआईवी के प्रारंभिक संपर्क से एड्स के विकास तक का औसत समय 10 वर्ष है। एचआईवी संक्रमण से लेकर एड्स के निदान तक का अंतराल लगभग 9 महीने से 20 वर्ष या उससे अधिक का होता है, जिसका औसत 12 वर्ष का होता है। एचआईवी (ह्यूमन इम्युनोडेफिशिएंसी वायरस) एक ऐसा वायरस है जो शरीर की प्रतिरक्षा प्रणाली पर हमला करता है। यदि एचआईवी का इलाज नहीं किया जाता है, तो यह एड्स (एक्वायर्ड इम्युनोडिफिशिएंसी सिंड्रोम) को जन्म दे सकता है। एचआईवी के बारे में मूल बातें सीखना आपको स्वस्थ रख सकता है और एचआईवी संचरण को रोक सकता है।

अतः विकल्प (C) सही है।

3. विंसलो के अनुसार, सभी सार्वजनिक स्वास्थ्य प्रयास लोगों को स्वास्थ्य और लंबी उम्र के अपने जन्मसिद्ध अधिकार को समझने के लिए हैं। उनके अनुसार सार्वजनिक स्वास्थ्य समाज, संगठनों, सार्वजनिक और निजी समुदायों, और व्यक्तियों के संगठित प्रयासों और सूचित विकल्पों के माध्यम से बीमारी को रोकने, जीवन को लम्बा खींचने और स्वास्थ्य को बढ़ावा देने का विज्ञान और कला है।

अतः विकल्प (A) सही है।

4. सभी सामुदायिक स्वास्थ्य परिचर्या की विशेषताएं हैं। सामुदायिक नर्सिंग की छह महत्वपूर्ण विशेषताएं हैं:

- यह नर्सिंग का एक विशेष क्षेत्र है।
- इसका अभ्यास सार्वजनिक स्वास्थ्य को नर्सिंग के साथ जोड़ता है।
- यह जनसंख्या आधारित है।
- यह स्वास्थ्य और बीमारी या बीमारी से बचाव पर जोर देता है।
- इसमें अंतःविषय सहयोग शामिल है।
- यह व्यक्ति की आत्म-देखभाल की जिम्मेदारी को बढ़ाता है।

अतः विकल्प (D) सही है।

5. कॉपर टी में इस्तेमाल होने वाले कॉपर में शुक्राणुनाशक होता है। कॉपर आईयूडी (पैरागार्ड) में कोई हार्मोन नहीं होता है और यह गर्भावस्था को 10 साल तक रोकता है। पैरागार्ड एक अंतर्गर्भाशयी उपकरण (आईयूडी) है जो दीर्घकालिक जन्म नियंत्रण (गर्भनिरोधक) प्रदान कर सकता है। इसे कभी-कभी गैर-हार्मोनल आईयूडी विकल्प के रूप में जाना जाता है। कॉपर आईयूडी आमतौर पर टी-आकार के प्लास्टिक से बने होते हैं, जिनमें से कुछ भाग उजागर तांबे से ढके होते हैं। यह शुक्राणु को गर्भाशय के अस्तर में प्रवेश करने से रोकता है।

अतः विकल्प (B) सही है।

6. CHN एक समुदाय-आधारित अभ्यास है। नर्स को नर्सिंग की जरूरतों को निर्धारित करने के लिए सामुदायिक निदान करना होता है और समस्याएं इस कथन की व्याख्या करती हैं। सामुदायिक स्वास्थ्य परिचर्या समुदाय में व्यक्तियों की स्वास्थ्य देखभाल है। सामुदायिक स्वास्थ्य परिचर्या का प्राथमिक लक्ष्य एक समुदाय को उसके सदस्यों के स्वास्थ्य की रक्षा और संरक्षण में मदद करना है, जबकि दूसरा लक्ष्य व्यक्तियों और परिवारों के बीच स्वयं की देखभाल को बढ़ावा देना है।

अतः विकल्प (B) सही है।

7. सभी प्राथमिक स्वास्थ्य सेवा के स्तंभ हैं। एक प्राथमिक देखभाल स्वास्थ्य (पीएचसी) टीम स्वास्थ्य और सामाजिक देखभाल पेशेवरों का एक बहु-विषयक समूह है जो एक समुदाय में एक परिभाषित आबादी के लिए स्थानीय रूप से सुलभ स्वास्थ्य और सामाजिक देखभाल सेवाएं प्रदान करने के लिए मिलकर काम करते हैं। प्राथमिक स्वास्थ्य देखभाल ढांचा चार प्रमुख स्तंभों पर बनाया गया है। वे स्तंभ स्वास्थ्य और कल्याण देखभाल के वितरण को बढ़ावा दे रहे हैं और मजबूत कर रहे हैं।

प्राथमिक स्वास्थ्य सेवा के चार प्रमुख स्तंभ हैं:

- सामाजिक सहभाग,
- अंतर-क्षेत्रीय समन्वय,
- उपयुक्त तकनीक,
- तंत्र का समर्थन करने के लिए।

अतः विकल्प (D) सही है।

8. 50 वर्ष और उससे अधिक आयु की महिलाओं को हर साल मैमोग्राम करवाना चाहिए। 55 वर्ष और उससे अधिक उम्र की महिलाओं को हर 2 साल में मैमोग्राम करवाना चाहिए, या सालाना स्क्रीनिंग जारी रख सकती हैं। स्क्रीनिंग तब तक जारी रहनी चाहिए जब तक एक महिला अच्छे स्वास्थ्य में है और उम्मीद की जाती है कि वह 10 साल या उससे अधिक समय तक जीवित रहेगी।

मैमोग्राफी विशेष चिकित्सा इमेजिंग है जो स्तनों के अंदर देखने के लिए कम खुराक वाली एक्स-रे प्रणाली का उपयोग करती है। एक मैमोग्राफी परीक्षा, जिसे मैमोग्राम कहा जाता है, महिलाओं में स्तन रोगों का शीघ्र पता लगाने और निदान करने में सहायता करती है।

अतः विकल्प (A) सही है।

9. क्रॉस सेक्शनल स्टडी डिजाइन का प्रकार है जहां प्रत्येक विषय के लिए एक्सपोजर और बीमारी दोनों को एक साथ निर्धारित किया जाता है।

चिकित्सा अनुसंधान में, एक क्रॉस-सेक्शनल स्टडी (जिसे क्रॉस-सेक्शनल विश्लेषण, अनुप्रस्थ स्टडी, व्यापकता स्टडी के रूप में भी जाना जाता है) एक प्रकार का अवलोकन अध्ययन है जो एक विशिष्ट समय पर जनसंख्या, या प्रतिनिधि उपसमुच्चय से डेटा का विश्लेषण करता है। एक क्रॉस-सेक्शनल स्टडी में, अन्वेषक एक ही समय में स्टडी प्रतिभागियों के परिणाम और जोखिम को मापता है।

अतः विकल्प (B) सही है।

10. राष्ट्रीय स्वास्थ्य मिशन (एनएचएम) के तहत, एक सामान्य प्राथमिक स्वास्थ्य केंद्र में पहाड़ी, आदिवासी या दुर्गम क्षेत्रों में 20,000 की आबादी और मैदानी इलाकों में 30,000 आबादी 4-6 इनडोर / अवलोकन बिस्तरों के साथ शामिल है। प्राथमिक स्वास्थ्य देखभाल केंद्रों का उद्देश्य चिकित्सा देखभाल, परिवार नियोजन सहित मातृ-शिशु स्वास्थ्य, सुरक्षित जल आपूर्ति और बुनियादी स्वच्छता, स्थानीय स्थानिक रोगों की रोकथाम और नियंत्रण है।

अतः विकल्प (C) सही है।

11. क्रेनियल नसों के आसपास के परिवर्तनों को इंगित करने के लिए पुतली के आकार और पुतली की प्रतिक्रिया की निगरानी करना महत्वपूर्ण है। प्यूपिल प्रतिक्रियाओं को ओकुलोमोटर (III) कपाल तंत्रिका द्वारा नियंत्रित किया जाता है और यह निर्धारित करने में उपयोगी होता है कि मस्तिष्क स्टेम अक्षुण्ण है या नहीं। पुतली का आकार और समानता पैरासिम्पेथेटिक और सिम्पेथेटिक के बीच संतुलन से निर्धारित होती है।

अतः विकल्प (A) सही है।

12. हरपीज़ ज़ोस्टर दाद है। दाद के साथ रोगियों को संपर्क सावधानियों में रखा जाना चाहिए। देखभाल के दौरान दस्ताने पहनने से वायरस के संचरण को रोका जा सकेगा। स्वयं या अन्य रोगियों को बीमारी के संचरण को रोकने के

लिए रोगियों की देखभाल करने में सार्वभौमिक सावधानियों का प्रयोग करें। वीजेडवी दूसरों को प्रेषित किया जा सकता है और उस व्यक्ति में चिकनपॉक्स का कारण बन सकता है जिसे पहले यह बीमारी नहीं हुई है।

अतः विकल्प (B) सही है।

13. डायफ्राम का उपयोग करने वाले क्लाइंट को डायफ्राम को ठंडे स्थान पर रखने का निर्देश दिया जाना चाहिए।

डायफ्राम का उपयोग करने वाले क्लाइंट को डायफ्राम को ठंडे स्थान पर रखना चाहिए। डायाफ्राम एक जन्म नियंत्रण (गर्भनिरोधक) उपकरण है जो शुक्राणु को गर्भाशय में प्रवेश करने से रोकता है। डायाफ्राम एक छोटा, पुन: प्रयोज्य रबर या सिलिकॉन कप होता है जिसमें एक लचीला रिम होता है जो गर्भाशय ग्रीवा को ढकता है। सेक्स से पहले, डायाफ्राम को योनि में गहराई से डाला जाता है ताकि रिम का हिस्सा प्यूबिक बोन के पीछे आराम से फिट हो जाए।

अतः विकल्प (B) सही है।

14. मूत्र पथ के संक्रमण के लिए एक मरीज को पाइरिडियम (फेनाज़ोपाइरीडीन हाइड्रोक्लोराइड) प्राप्त हो रहा है। मरीज को यह सिखाया जाना चाहिए कि दवा उसके मूत्र का रंग बदल सकती है।

पाइरिडियम लेने वाले मरीजों को सिखाया जाना चाहिए कि दवा मूत्र को नारंगी या लाल कर सकती है। बड़ी मात्रा में लेने पर पिरिडियम, त्वचा और श्वेतपटल के पीले रंग का कारण बन सकती है। फेनाज़ोपाइरीडीन मूत्र मार्ग के दर्द, जलन और परेशानी के साथ-साथ मूत्र मार्ग के संक्रमण, सर्जरी, चोट या परीक्षण प्रक्रियाओं के कारण तत्काल और बार-बार मूत्र आने से राहत देती है। हालांकि, फेनाज़ोपाइरीडीन एक एंटीबायोटिक नहीं है।

अतः विकल्प (B) सही है।

15. यद्यपि यह सुझाव देने के लिए कोई सबूत नहीं है कि एमआरआई स्कैन गर्भावस्था के दौरान जोखिम पैदा कर सकता है, गर्भावस्था के दौरान एमआरआई नहीं करने के लिए सावधानी बरतनी चाहिए, खासकर पहले तीन महीनों में। यह विशेष रूप से गर्भावस्था के पहले तिमाही के दौरान होता है, क्योंकि इस अवधि के दौरान ऑर्गोजेनेसिस होता है। गर्भावस्था में चिंताएं सामान्य रूप से एमआरआई जैसी ही होती हैं, लेकिन भ्रूण विशेष रूप से हीटिंग और शोर के प्रभावों के प्रति अधिक संवेदनशील हो सकता है।

अतः विकल्प (A) सही है।

16. आवश्यक दवाओं का प्रावधान

- यह प्राथमिक स्वास्थ्य देखभाल से संबंधित नहीं है क्योंकि प्रत्येक दो वर्ष में WHO द्वारा आवश्यक दवाएं तय की जाती हैं।
- आवश्यक दवाएं जनसंख्या की प्राथमिक स्वास्थ्य देखभाल आवश्यकताओं को पूरा करती हैं।
- लोगों की स्वास्थ्य संबंधी जरूरतों को पूरा करने के लिए WHO द्वारा आवश्यक दवाओं का प्रावधान शुरू किया गया है।

सामान वितरण

- यह प्राथमिक स्वास्थ्य देखभाल के सिद्धांत के अंतर्गत है।
- सभी लोगों को स्वास्थ्य देखभाल और साथ ही दवाएं भी प्राप्त करने का अधिकार है।
- यह जरूरतमंद व्यक्ति को समान रूप से दवाओं का वितरण करता है।

सामुदायिक सहभागिता

- इसमें स्वास्थ्य को बढ़ावा देने और जमीनी स्तर पर स्वास्थ्य समस्याओं का समाधान करने के लिए समुदाय के सभी संसाधन शामिल हैं।

- यह स्वास्थ्य देखभाल से संबंधित समस्याओं को हल करने में सहायता करता है।

अंतरविभागीय समन्वय

- यह जनसंख्या के स्वास्थ्य में सुधार के लिए स्वास्थ्य और अन्य सरकारी क्षेत्रों के साथ-साथ निजी, स्वैच्छिक और गैर-लाभकारी समूहों के प्रतिनिधियों द्वारा की गई संयुक्त कार्रवाई है।

इस प्रकार, प्राथमिक स्वास्थ्य देखभाल का सिद्धांत समान वितरण, सामुदायिक भागीदारी और अंतरक्षेत्रीय समन्वय है।

अतः विकल्प (A) सही है।

17. मलेरिया के रोगी का रक्त का नमूना तीव्र बुखार में लिया जाना चाहिए। जब मलेरिया और बेबियोसिस का संदेह हो, तो बिना देर किए रक्त के नमूने लिए जाने चाहिए और जांच की जानी चाहिए। चूंकि पैरासाइटिमिया में उतार-चढ़ाव हो सकता है, इसलिए कई स्मीयर की आवश्यकता हो सकती है। इन्हें 2 से 3 दिनों तक 8 से 12 घंटे के अंतराल पर लिया जा सकता है।

अतः विकल्प (A) सही है।

18. 3 सप्ताह या उससे अधिक समय तक खांसी रहने के संकेत एएफबी के लिए थूक की जांच की आवश्यकता को इंगित करते हैं। यदि आपको सक्रिय टीबी के लक्षण हैं तो आपको एएफबी परीक्षण की आवश्यकता हो सकती है। इसमे शामिल है:

- खांसी जो तीन सप्ताह या उससे अधिक समय तक रहती है
- खून और/या बलगम वाली खांसी
- छाती में दर्द
- बुखार
- थकान
- रात को पसीना
- अस्पष्टीकृत वजन घटना

अतः विकल्प (C) सही है।

19. उस सामुदायिक क्षेत्र में चल रहे स्वास्थ्य देखभाल कार्यक्रम की सहायता करने वाली नर्स को उस बच्चे के पैर के टिबिया के संभावित फ्रैक्चर का संदेह होगा।

फ्रैक्चर की गंभीरता आमतौर पर उस बल पर निर्भर करती है जो ब्रेक का कारण बना। यदि हड्डी के टूटने का बिंदु पार हो गया है, तो हड्डी टूट सकती है। टिबिया फ्रैक्चर के बाद चलने से चोट और खराब हो सकती है और आसपास की मांसपेशियों, स्नायुबंधन और त्वचा को और नुकसान हो सकता है। टिबिया फ्रैक्चर की स्थिति में पर चलना भी बेहद दर्दनाक होता है।

अतः विकल्प (A) सही है।

20. सीने में दर्द वाले रोगी को पहले देखा जाना चाहिए क्योंकि यह रोधगलन का संकेत देता है। समग्र रोग का निदान हृदय की मांसपेशियों की क्षति और इजेक्शन अंश की सीमा पर निर्भर करता है।

एनजाइना एक प्रकार का सीने में दर्द है जो हृदय में रक्त के प्रवाह में कमी के कारण होता है। एनजाइना कोरोनरी धमनी की बीमारी का एक लक्षण है। एनजाइना, जिसे एनजाइना पेक्टोरिस भी कहा जाता है, को अक्सर निचोड़ने, दबाव, भारीपन, जकड़न या सीने में दर्द के रूप में वर्णित किया जाता है।

अतः विकल्प (C) सही है।

21. जब एक संज्ञानात्मक रूप से अक्षम रोगी, जो दर्द की सही रिपोर्ट नहीं कर सकता है, तब नर्स को परिवार के सदस्यों से आधारभूत व्यवहार संबंधी संकेतक प्राप्त करनी चाहिए। प्रारंभिक व्यापक इतिहास और मूल्यांकन के दौरान परिवार से पूरी जानकारी प्राप्त की जानी चाहिए। यदि यह जानकारी प्राप्त नहीं होती है, तो नर्सिंग स्टाफ को दर्द और राहत पैटर्न निर्धारित करने के

लिए अशाब्दिक व्यवहार और सावधानीपूर्वक प्रलेखन के अवलोकन पर निर्भर रहना होगा।

अतः विकल्प (B) सही है।

22. गर्भावस्था में कब्ज गैस्ट्रिक गतिशीलता में कमी और प्रोजेस्टेरोन के बढ़े हुए स्तर के कारण कोलन में पानी के पुन: अवशोषण में वृद्धि के परिणामस्वरूप होता है। दिन में तीन लीटर तक तरल पदार्थ का सेवन बढ़ाने से कब्ज को रोकने में मदद मिलेगी। रोगी को तरल पदार्थ का सेवन बढ़ाना चाहिए, आहार में मोटापा बढ़ाना चाहिए और सहनशीलता के अनुसार व्यायाम को बढ़ाना चाहिए।

अतः विकल्प (A) सही है।

23. घाव देखभाल नर्स को सलाहकार के रूप में बुलाना उचित है क्योंकि वह घाव प्रबंधन के क्षेत्र में एक विशेषज्ञ है। पेशेवर और सक्षम नर्स सीमाओं को पहचानती हैं और उचित परामर्श लेती हैं क्योंकि सबसे बड़ी स्वास्थ्य देखभाल कार्यबल नर्स देखभाल के लिए अपने ज्ञान कौशल और अनुभव को लागू करती हैं। मरीजों की विभिन्न और बदलती जरूरतें रोगी देखभाल की मांगों का एक बड़ा हिस्सा नर्सों के काम पर केंद्रित है।

अतः विकल्प (B) सही है।

24. नर्सिंग प्रशासन में एक संगठनात्मक चार्ट स्पष्ट रूप से सबसे पेशेवर देखभाल सुनिश्चित करने के तरीके के रूप में एक रोगी के निदान और उपचार के लिए प्रत्येक नर्स के अधिकार की सीमा को परिभाषित करता है। यह अन्य स्वास्थ्य देखभाल कर्मियों और रोगियों को यह जानने की अनुमति देता है कि चिकित्सा पदानुक्रम में कैसे व्यवहार किया जाए। एक संगठनात्मक चार्ट तैयार करने में एक नर्स निदेशक और प्रशासनिक नर्सिंग स्टाफ को यह करना चाहिए:

- विभागीय कार्यों की समीक्षा करें और निर्धारित करें कि उन्हें पूरा करने के लिए किन गतिविधियों की जरूरत है।
- वर्तमान विभागीय योजना का एक चार्ट बनाएं- वास्तविक कार्यशील, औपचारिक नहीं।

अतः विकल्प (C) सही है।

25. प्रसव की देखभाल के लिए एयरवे ब्रीडिंग सर्कुलेशन दृष्टिकोण का उपयोग करते समय नर्स को जो प्राथमिक कार्रवाई करनी चाहिए, वह रोगी की सांस की तकलीफ को दूर करना है। फाउलर की स्थिति अधिकतम लंबे विस्तार की सुविधा प्रदान करती है और इस प्रकार श्वास को अनुकूलित करती है। इस स्थिति में रोगी के साथ नर्स रोगी की सांस की तकलीफ के कारण का बेहतर आकलन और निर्धारण कर सकती है।

अतः विकल्प (B) सही है।

26. नर्स को   24 घंटे के मूत्र के नमूने की पहली रिक्ति को त्याग देना चाहिए और समय नोट करना चाहिए।   24 - घंटे का मूत्र प्रोटीन एक   24 - घंटे की अवधि के लिए मूत्र में जारी प्रोटीन की मात्रा को मापता है। सामान्य मान   100 मिलीग्राम प्रति दिन या कम से कम   10 मिलीग्राम प्रति डेसीलीटर मूत्र है।

अतः विकल्प (A) सही है।

27. कुल 24 घंटों के लिए तापमान, नाड़ी, श्वसन, रक्तचाप, यूरीनालिसिस, वजन, आंत्र कार्यप्रणाली और तरल पदार्थ का सेवन और उत्पादन रिकॉर्ड करने के लिए नैदानिक रिकॉर्ड का एक मूल चार्ट तैयार किया जाता है। सेवन और आउटपुट चार्ट एक उपकरण है जिसका उपयोग इस बारे में जानकारी साझा करने के लिए किया जाता है कि रोगी विशेष रूप से तरल पदार्थ या तो जठरांत्र संबंधी मार्ग (अंतःशिरा) के माध्यम से या अंतःस्रावी मार्ग के माध्यम से क्या ग्रहण करता है।

अतः विकल्प (A) सही है।

28. ट्रेकियोस्टोमी एक छिद्र (एक चीरा द्वारा बनाया गया) है जो गर्दन के माध्यम से श्वासनली (विंडपाइप) में होता है। एक ट्रेकियोस्टोमी वायुमार्ग को

खोलता है और सांस लेने में मदद करता है। एक बाधाग्रस्त वायुमार्ग को बाईपास करने के लिए एक आकस्मिक सेटिंग में एक ट्रेकियोस्टोमी की आवश्यकता हो सकती है, या (अधिक आमतौर पर) यांत्रिक वेंटिलेशन की सुविधा के लिए, वेंटिलेटर से छुटकारा पाने के लिए, या अन्य कारणों के बीच स्राव (फुफ्फुसीय शौचालय के रूप में संदर्भित) के अधिक कुशल प्रबंधन की अनुमति देने के लिए वैकल्पिक रूप से रखा जा सकता है।

अतः विकल्प (D) सही है।

29. योनि में कैथेटर दूषित है और इसका पुन: उपयोग नहीं किया जा सकता है। अगर इसे जगह पर छोड़ दिया जाए तो यह यूरिनरी मीटस के लिए योनि के उद्घाटन को समझने से बचने में मदद कर सकता है। मांस को कैथीटेराइज करने में एक भी विफलता यह नहीं दर्शाती है कि एक और नर्स की जरूरत है, हालांकि कभी-कभी दूसरी नर्स मांस के दृश्य में सहायता कर सकती है। मूत्र मूत्राशय कैथीटेराइजेशन चिकित्सीय और नैदानिक उद्देश्यों दोनों के लिए किया जाता है। रहने के समय के आधार पर मूत्र कैथेटर या तो रुक-रुक कर (अल्पकालिक) या स्थायी (दीर्घकालिक) हो सकता है।

अतः विकल्प (A) सही है।

30. यदि नर्स चार्टिंग करते समय एक महत्वपूर्ण प्रविष्टि करने में विफल रहती है, तो उसे कथनात्मक की एंट्री अतिरिक्त प्रविष्टि के रूप में कर देना चाहिए। नर्स केवल प्रत्यक्ष रूप से की गई या देखी गई देखभाल का दस्तावेजीकरण कर सकती है। इसलिए अगली शिफ्ट में नर्स दस्तावेजीकरण के अनुसार घाव परिवर्तन को रिकॉर्ड नहीं करेगी। दस्तावेजीकरण और रिकॉर्डकीपिंग सिस्टम का एक प्राथमिक उद्देश्य सूचना प्रवाह को सुविधाजनक बनाना है जो निरंतरता की गुणवत्ता और देखभाल की सुरक्षा का समर्थन करता है।

अतः विकल्प (D) सही है।

31. भोजन का अधिकांश अवशोषण छोटी आंत में होता है। छोटी आंत आपके भोजन में अधिकांश पोषक तत्वों को अवशोषित करती है और आपका संचार तंत्र उन्हें आपके शरीर के अन्य भागों में स्टोर या उपयोग करने के लिए भेजता है। विशेष कोशिकाएं अवशोषित पोषक तत्वों को आपके रक्तप्रवाह में आंतों की परत को पार करने में मदद करती हैं। आपकी छोटी आंत का सबसे निचला हिस्सा इलियम है। यह वह जगह है जहां पाचन अवशोषण के अंतिम भाग होते हैं। इलियम पित्त एसिड तरल पदार्थ, और विटामिन बी 12 को अवशोषित करता है।

अतः विकल्प (B) सही है।

32. विटामिन बी1 की कमी से बेरीबेरी रोग होता है।

बेरीबेरी एक ऐसी बीमारी है जिसमें शरीर में पर्याप्त मात्रा में थायमिन (विटामिन बी1) नहीं होता है। बेरीबेरी के दो प्रमुख प्रकार हैं:

वेट बेरीबेरी: हृदय प्रणाली को प्रभावित करता है।

ड्राई बेरीबेरी और वेर्निक-कोर्साकॉफ सिंड्रोम: तंत्रिका तंत्र को प्रभावित करता है।

अतः विकल्प (A) सही है।

33. लीवर किसी भी पाचक एंजाइम को स्रावित किए बिना पाचन में मदद करता है। लीवर हमारे शरीर में मौजूद सबसे बड़ी ग्रंथि है। यह किसी भी पाचक एंजाइम का स्राव नहीं करता है। यह पित्त रस का स्राव करता है जो भोजन के पाचन के लिए बहुत महत्वपूर्ण है। पाचन एंजाइम विभिन्न एक्सोक्राइन ग्रंथियों द्वारा स्रावित होते हैं जिनमें लार ग्रंथियां पेट में गैस्ट्रिक ग्रंथियां शामिल हैं।

अतः विकल्प (B) सही है।

34. पित्त लवण लाइपेज़ के उत्प्रेरक के रूप में कार्य करते हैं क्योंकि वे वसा ग्लोब्यूल्स को छोटी बूंदों जैसी संरचना में मिलाते हैं, जिसे मिसेल कहा जाता है, जिससे लिपिड हाइड्रोलाइजिंग एंजाइमों के लिए सुलभ सतह क्षेत्र में वृद्धि होती है। पित्त अम्ल लिपिड ब्रेकडाउन उत्पादों को घोलने में भी मदद करते हैं।

अत: विकल्प (C) सही है।

35. हार्मोन बनाने, स्वस्थ त्वचा और कोशिका झिल्ली बनाने के लिए फाइबर की आवश्यकता होती है। फाइबर का सबसे अच्छा स्रोत साबुत अनाज, ताजे फल और सब्जियां, फलियां और नट्स हैं। फाइबर पौधे से प्राप्त भोजन का हिस्सा है जिसे मानव पाचन एंजाइमों द्वारा पूरी तरह से तोड़ा नहीं जा सकता है। फाइबर रासायनिक संरचना में विविध हैं, और आमतौर पर उनकी घुलनशीलता, चिपचिपाहट और किण्वन क्षमता द्वारा समूहीकृत किया जा सकता है, जो शरीर में फाइबर को संसाधित करने के तरीके को प्रभावित करते हैं।

अत: विकल्प (C) सही है।

36. मांस, मुर्गी पालन, मछली, सूखी फलियाँ, अंडे और मेवे प्रोटीन, आयरन, जिंक और बी विटामिन के महत्वपूर्ण स्रोत हैं। इस समूह में पौधों के खाद्य पदार्थ और पशु खाद्य पदार्थ शामिल हैं। इन मीट और मांस उत्पादों में वसा की मात्रा अधिक होती है।

अत: विकल्प (A) सही है।

37. फोलिक एसिड की कमी मेगालोब्लास्टिक एनीमिया का कारण बनती है।

फोलिक एसिड का निम्न स्तर मेगालोब्लास्टिक एनीमिया का कारण बन सकता है। इस स्थिति में, लाल रक्त कोशिकाएं सामान्य से बड़ी हो जाती हैं। इन कोशिकाओं की संख्या कम होती है। वे भी अंडाकार आकार के होते हैं, गोल नहीं। कभी-कभी ये लाल रक्त कोशिकाएं सामान्य लाल रक्त कोशिकाओं की तरह लंबे समय तक जीवित नहीं रहती हैं।

अत: विकल्प (A) सही है।

38. पेलाग्रा नियासिन की कमी से होता है। नियासिन विटामिन बी है जो आपके शरीर द्वारा भोजन को ऊर्जा में बदलने के लिए बनाया और उपयोग किया जाता है।

पेलाग्रा आहार में बहुत कम नियासिन या ट्रिप्टोफैन होने के कारण होता है। यह तब भी हो सकता है जब शरीर इन पोषक तत्वों को अवशोषित करने में विफल रहता है।

पेलाग्रा निम्न कारणों से भी विकसित हो सकता है:

- जठरांत्र संबंधी रोग
- वजन घटाने की (बेरिएट्रिक) सर्जरी
- एनोरेक्सिया
- अत्यधिक शराब का सेवन

अतः विकल्प (C) सही है।

39. विटामिन E की कमी लाल रक्त कोशिकाओं की नाजुकता और न्यूरॉन्स के अध: पतन का कारण बनती है, विशेष रूप से परिधीय अक्षतंतु और पश्च स्तंभ न्यूरॉन्स। विटामिन E यौगिकों का एक समूह है (टोकोफेरोल्स और टोकोट्रिएनोल्स सहित) जिसमें समान जैविक गतिविधियां होती हैं। सबसे जैविक रूप से सक्रिय अल्फा-टोकोफ़ेरॉल है, लेकिन बीटा-, गामा- और डेल्टा-टोकोफ़ेरॉल, 4 टोकोट्रिऑनोल और कई स्टीरियोआइसोमर्स में भी महत्वपूर्ण जैविक गतिविधि हो सकती है।

अतः विकल्प (A) सही है।

40. मानव छोटी आंत के विली में लैक्टियल्स का मुख्य कार्य फैटी एसिड और ग्लिसरॉल का अवशोषण है।

छोटी आंत में वसा को अवशोषित करने के लिए जिम्मेदार लसीका वाहिकाएं हैं। इलियम लैक्टियल्स की उंगली जैसी विली में होने वाली दूधिया उपस्थिति होती है और लसीका तंत्र में बह जाती है। इससे पहले कि वसा यकृत से लैक्टियल पित्त में प्रवेश कर सके, एंजाइम लाइपेस की क्रिया के लिए छोटी बूंदों में इसका पायसीकरण करता है।

अत: विकल्प (D) सही है।

41. वृषण पुरुषों में प्राथमिक जनन अंग है। वृषण उदर गुहिका के बाहर एक थैली के भीतर स्थित होता है जिसे वृषणकोश कहा जाता है। वृषणकोश, वृषण में शुक्राणुजनन के लिए आवश्यक कम तापमान (सामान्य आंतरिक शरीर के तापमान की तुलना में 2–2.5°C कम) को बनाए रखने में मदद करता है।

वृषण एक प्राथमिक लिंग अंग के साथ-साथ एक अंतःस्रावी ग्रंथि के रूप में दोहरे कार्य करता है। वृषण शुक्रजनक नलिकाओं और पीठिकाय या अंतराली ऊतक से बना है। लेयडिग कोशिकाएं या अंतराली कोशिकाएं, जो अंतरालीय क्षेत्र में मौजूद होती हैं, जो एण्ड्रोजन नामक हॉर्मोन का एक समूह बनाती हैं, मुख्य रूप से टेस्टोस्टेरॉन होती हैं।

टेस्टोस्टेरोन पुरुष जनन ऊतकों के विकास में एक महत्वपूर्ण भूमिका निभाता है जैसे कि वृषण और प्रोस्टेट, साथ ही पेशियों और हड्डी के द्रव्यमान और शरीर के बालों की वृद्धि जैसे माध्यमिक लिंग विशेषताओं को बढ़ावा देती हैं।

अतः विकल्प (A) सही है।

42. मोटर न्यूरॉन द्वारा मांसपेशी फाइबर की उत्तेजना न्यूरोमस्कुलर जंक्शन पर होती है।

- स्नायु संकुचन एक मोटर न्यूरॉन के माध्यम से केंद्रीय तंत्रिका तंत्र (सीएनएस) द्वारा भेजे गए संकेत द्वारा शुरू किया जाता है।
- न्यूरोमस्कुलर जंक्शन एक मोटर न्यूरॉन और मांसपेशी फाइबर के सरकोलेममा के बीच के जंक्शन को संदर्भित करता है।
- इस जंक्शन पर पहुंचने वाला एक तंत्रिका संकेत एक न्यूरोट्रांसमीटर (एसिटाइलकोलाइन) जारी करता है जो सरकोलेममा में एक क्रिया क्षमता पैदा करके मांसपेशी फाइबर को उत्तेजित करता है।

इसलिए मोटर न्यूरॉन द्वारा मांसपेशी फाइबर का उत्तेजना न्यूरोमस्कुलर जंक्शन पर होता है।

अतः विकल्प (C) सही है।

43. मानव शरीर में निषेचन की प्रक्रिया डिंबवाही नलिका में होती है।

मानव शरीर में निषेचन की प्रक्रिया में डिंबवाही नलिका में मानव अंडे और शुक्राणु का मिलन शामिल है। बाद में यह युग्मनज कोशिका का निर्माण करता है या एक अंडे को निषेचित करता है। डिंबवाही नलिका को गर्भाशय नली भी कहा जाता है। यह अंडाशय से गर्भाशय तक अंडाणु को पहुँचाने में मदद करता है।

अतः विकल्प (B) सही है।

44. फेफड़े की संरचनात्मक और कार्यात्मक इकाई एल्वियोली है। एल्वियोली वह जगह है जहां फेफड़े और रक्त सांस लेने और सांस छोड़ने की प्रक्रिया के दौरान ऑक्सीजन और कार्बन डाइऑक्साइड का आदान-प्रदान करते हैं। हवा से सांस लेने वाली ऑक्सीजन एल्वियोली और रक्त में जाती है और पूरे शरीर में ऊतकों तक जाती है।

अतः विकल्प (A) सही है।

45. टी कोशिकाएं थाइमस ग्रंथि में परिपक्व होती हैं।

1. टी कोशिकाएं अस्थि मज्जा से निकलती हैं और थाइमस ग्रंथि में परिपक्व होती हैं।
2. टी कोशिकाओं को टी लिम्फोकाइट्स भी कहा जाता है और यह अनुकूली प्रतिरक्षा प्रणाली के प्रमुख घटकों में से एक हैं।
3. टी कोशिकाएं हेमटोपोइएटिक स्टेम कोशिकाओं से उत्पन्न होती हैं जो अस्थि मज्जा में उत्पन्न होती हैं।
4. थाइमस ग्रंथि उरोस्थि के पीछे और फेफड़ों के बीच स्थित होती है और केवल यौवनारम्भ तक सक्रिय होती है।
5. थायोसिन थाइमस द्वारा निर्मित हार्मोन है और यह रोग से लड़ने वाली टी कोशिकाओं के विकास को उत्तेजित करता है।

अतः विकल्प (B) सही है।

46. पीयूष ग्रंथि अन्य अंतःस्रावी ग्रंथियों के कामकाज को नियंत्रित करती है। पीयूष को अक्सर मास्टर ग्रंथि कहा जाता है क्योंकि इसके हार्मोन थायरॉयड ग्रंथियों, अंडाशय और वृषण जैसे अंतःस्रावी तंत्र के एक अन्य भाग को नियंत्रित करते हैं।

पीयूष ग्रंथि के दो भाग होते हैं जो अग्र लोब और पश्च लोब होते हैं। दोनों भागों के अलग-अलग कार्य हैं। यह ग्रंथि मस्तिष्क के आधार पर स्थित है और यह एक इंच व्यास का एक तिहाई है।

अतः विकल्प (D) सही है।

47. बॉर्डरलाइन पर्सनालिटी डिसऑर्डर (बीपीडी) वाले व्यक्ति बहुत अस्थिर महसूस करते हैं और वे अपनी भावनाओं को संभालने में सक्षम नहीं होते हैं और स्वस्थ संबंध बनाए रखने में असमर्थ होते हैं, असहनीय मिजाज और बहुत आवेगी और आक्रामक व्यवहार करते हैं और अत्यधिक क्रोध करते हैं।

यह व्यक्ति हमेशा असुरक्षित महसूस करते हैं, और वे अस्वस्थ या खतरनाक चीजें करते हैं जैसे ड्रग्स लेना, असुरक्षित यौन संबंध और अत्यधिक शराब पीना, और कभी-कभी वे खुद को नुकसान पहुंचाना चाहते हैं।

अतः विकल्प (D) सही है।

48. पीनियल ग्रंथि मानव शरीर की सबसे छोटी ग्रंथि होती है जिसकी लंबाई लगभग 5-8 मिमी होती है। यह मस्तिष्क के केंद्र के पास, एपिथेलमस में स्थित है। ग्रंथि मेलाटोनिन और सेरोटोनिन का उत्पादन करती है जिससे वह निद्रा प्रारूपों को नियंत्रित करती है।

अतः विकल्प (C) सही है।

49. वृक्काणु उत्सर्जन तंत्र से जुड़े होते हैं। एक नेफ्रॉन वृक्क में संरचना की मूल इकाई है। नेफ्रॉन अति-निस्यंदन के माध्यम से कार्य करता है।

उत्सर्जन तंत्र: शारीरिक प्रक्रिया जिसके द्वारा एक जीव अपने नाइट्रोजेनिक उप-उत्पादों का निपटान करता है, उत्सर्जन कहलाता है। इस प्रक्रिया के लिए तंत्र उत्सर्जन प्रणाली का गठन करते हैं।

अतः विकल्प (D) सही है।

50. डर्मेटाइटिस त्वचा की सूजन है जिसमें मुख्य रूप से डर्मिस की पैपिलरी परत शामिल होती है। सूजन आमतौर पर संक्रमण के संपर्क में आने वाली त्वचा के एक क्षेत्र में शुरू होती है या रसायनों, विकिरण, या यांत्रिक उत्तेजनाओं जैसे खरोंच से परेशान होती है।

अतः विकल्प (B) सही है।

51. अमीबायसिस वायरस सबसे अधिक जठरांत्र प्रणाली को प्रभावित करता है। अमीबियासिस एंटअमीबा हिस्टोलिटिका (ई हिस्टोलिटिका) नामक परजीवी के साथ आंतों का संक्रमण। परजीवी एक अमीबा है, एक एकल-कोशिका वाला जीव। लोग इस परजीवी को कुछ ऐसा खाने या पीने से प्राप्त कर सकते हैं जो इससे दूषित हो।

अतः विकल्प (B) सही है।

52. 90% पोलियोवायरस संक्रमित कारणों में स्पर्शोन्मुख होता है। 1% से कम मामलों में, हालांकि, वायरस केंद्रीय तंत्रिका तंत्र में प्रवेश करता है, अधिमानतः मोटर न्यूरॉन्स को संक्रमित और नष्ट कर देता है, जिससे मांसपेशियों में कमजोरी और तीव्र फ्लेसीड पक्षाघात होता है।

अतः विकल्प (D) सही है।

53. पोलियो सामान्यतः मल-मौखिक मार्ग से फैलता है। यह रोग एक व्यक्ति से दूसरे व्यक्ति में मुख से मुख मार्ग और संक्रमित आहार खाने और पानी से फैलता है। प्रकोप वाले क्षेत्रों में पोलियो वायरस संपूर्ण मानव आबादी को प्रभावित करता हैं। पोलियो विकलांग/अशक्त कर देने वाला और संभावित घातक संक्रामक रोग है। यह रोग पोलियोवायरस के कारण होता है। यह वायरस एक व्यक्ति से दूसरे व्यक्ति में फैलता है। यह संक्रमित व्यक्ति के

मस्तिष्क और रीढ़ की हड्डी पर आक्रमण करता है, जिससे पक्षाघात होता है। मनुष्य पोलियो वायरस का एकमात्र ज्ञात स्रोत हैं, जो कि संक्रमित व्यक्तियों से सबसे अधिक फैलता है।

अतः विकल्प (A) सही है।

54. फाइलेरिया क्यूलेक्स मच्छर से फैलता है। फाइलेरिया एक परजीवी रोग है जो फाइलेरियोइडिया प्रकार के राउंडवॉर्म के संक्रमण के कारण होता है। ये रक्त-पोषक कीड़ों जैसे काली मक्खियों और मच्छरों द्वारा फैलते हैं। वे हेलमिनिथेसिस नामक रोगों के समूह से संबंधित हैं।

अतः विकल्प (B) सही है।

55. हाइड्रोफोबिया रेबीज है। यह संक्रमण के बाद के चरणों में लक्षणों के एक समूह को संदर्भित करता है जिसमें व्यक्ति को निगलने में कठिनाई होती है, पीने के लिए तरल पदार्थ के साथ पेश किए जाने पर घबराहट दिखाता है, और अपनी प्यास नहीं बुझा सकता है।

अतः विकल्प (A) सही है।

56. ट्रेकोमा क्लैमाइडियल संक्रमण के कारण होता है। ट्रेकोमा आंख की एक बीमारी है जो क्लैमाइडिया ट्रैकोमैटिस जीवाणु के संक्रमण के कारण होती है। यह 44 देशों में एक सार्वजनिक स्वास्थ्य समस्या है और लगभग 1.9 मिलियन लोगों के अंधेपन या दृश्य हानि के लिए जिम्मेदार है। ट्रेकोमा से अंधापन अपरिवर्तनीय है।

अतः विकल्प (C) सही है।

57. कुष्ठ रोग के लिए एमडीटी थेरेपी का उपयोग किया जाता है। मल्टीड्रग थेरेपी (एमडीटी) नामक दवाओं के संयोजन से कुष्ठ रोग का इलाज संभव है। मल्टीड्रग थेरेपी (एमडीटी), तीन दवाओं (डैप्सोन, क्लोफ़ाज़िमिन और रिफैम्पिसिन) का संयोजन 1980 के दशक से कुष्ठ रोग के उपचार की आधारशिला रहा है और एक सार्वजनिक स्वास्थ्य समस्या के रूप में कुष्ठ रोग के उन्मूलन के लिए प्रमुख उत्प्रेरक है।

अतः विकल्प (B) सही है।

58. पेचिश आंतों का एक संक्रमण है जो रक्त युक्त दस्त का कारण बनता है। पेचिश शिगेला बैक्टीरिया के कारण होता है। यह दूषित पानी और भोजन से फैलता है। शिगेला के कारण होने वाले पेचिश को बेसिलरी पेचिश या शिगेलोसिस भी कहा जाता है। शिगेला एक रॉड के आकार का बैक्टीरिया है जो एंटरोबैक्टीरियासी परिवार के अंतर्गत आता है।

अतः विकल्प (A) सही है।

59. धब्बों में देखे जाने वाले कोप्लिक धब्बे खसरे की प्रोड्रोमल अवस्था में दिखाई देते हैं। ये धब्बे पहले और दूसरे निचले दाढ़ के दांतों के विपरीत मुख श्लेष्मा दिखाई देते हैं। कोप्लिक धब्बे नीले सफेद रंग के होते हैं।

अतः विकल्प (B) सही है।

60. गोनोरिया एक यौन संचारित रोग है जो कि नीसेरिया गानोरिआ नामक जीवाणु के कारण होता है। यह वयस्कों में सबसे अधिक सामान्य है। यह जीवाणु जननांग मार्ग, मुंह या गुदा को संक्रमित कर सकता है। गोनोरिया सामान्यतः संक्रमित साथी के साथ योनि, मुख या गुदा के संपर्क से फैल सकता है। जिन लोगों को गोनोरिया हुआ है और उपचार प्राप्त किया है, वे संक्रमित हो सकते हैं यदि वे गोनोरिया से संक्रमित व्यक्ति के साथ यौन संपर्क करते हैं।

अतः विकल्प (D) सही है।

61. एक लड़के की उंगली अलग हो गई है, आपको कटी हुई उंगली को बाँझ धुंध में लपेटना चाहिए, प्लास्टिक की थैली में रखना चाहिए, बैग को बर्फ पर रखना चाहिए ताकि दोनों उंगली और पीड़ित को अस्पताल ले जाया जा सके।

कटे हुए हिस्से को एक नम कागज़ के तौलिये में लपेटें और इसे एक सीलबंद, जलरोधी बैग या कंटेनर में रखें। सीलबंद बैग को बर्फ पर दूसरे सीलबंद कंटेनर में रखें। उंगली के कटे हुए हिस्से को सीधे बर्फ को छूने न दें, क्योंकि इससे इसे और नुकसान हो सकता है।

अत: विकल्प (B) सही है।

62. रक्तस्राव को नियंत्रित करने और संक्रमण को रोकने में मदद करने के लिए ड्रेसिंग और पट्टियों का उपयोग किया जाता है। ड्रेसिंग धुंध या कपड़े के पैड होते हैं जिन्हें रक्त और अन्य तरल पदार्थों को अवशोषित करने के लिए सीधे घाव के खिलाफ रखा जा सकता है। कपड़े की पट्टियाँ ड्रेसिंग को कवर करती हैं और उन्हें जगह पर रखती हैं।

अत: विकल्प (C) सही है।

63. जब आप एक जब्ती पीड़ित की देखभाल करते हैं तो आपको आस-पास की वस्तुओं को हटा देना चाहिए जिससे चोट लग सकती है। व्यक्ति से दूर कठोर या नुकीली वस्तुओं को साफ करें। उन्हें दबाए रखने या गति को रोकने की कोशिश न करें। वायुमार्ग को साफ रखने में मदद करने के लिए उन्हें अपनी तरफ रखें। जब्ती की शुरुआत में अपनी घड़ी को उसकी लंबाई के समय तक देखें।

अत: विकल्प (A) सही है।

64. एक लड़के को छाती के माध्यम से और पीठ के बाहर एक तीर मार दी जाती है, कार्रवाई का सबसे अच्छा तरीका यह होगा कि तीर को न हटाया जाए, इसे आगे बढ़ने से रोकने के लिए तीर के चारों ओर कई ड्रेसिंग रखें, तीर के चारों ओर ड्रेसिंग को पट्टी करें और लड़के को तुरंत नजदीकी अस्पताल ले जाएं।

यदि संभव हो, तो क्षतिग्रस्त पोत या घाव पर दबाव पट्टी लगाएं। अगर तीर पीड़ित में रह गया है, तो उसे वहीं छोड़ दें। ब्रॉडहेड ही घाव से रक्तस्राव को रोकने के लिए आवश्यक दबाव प्रदान कर सकता है और इसके चारों ओर थक्का जमने देता है।

अत: विकल्प (B) सही है।

65. आप सीढ़ियों के नीचे एक व्यक्ति पाते हैं। ऐसा लगता है कि वह गिर गया है और बुरी तरह से आहत लगता है। किसी को मदद के लिए भेजने के बाद, आपको पीड़ित को हिलने से रोकने की कोशिश करनी चाहिए।

एक घायल व्यक्ति के लिए सबसे खतरनाक खतरों में से एक अनावश्यक गतिविधि है। किसी घायल व्यक्ति को हिलाने से अतिरिक्त चोट और दर्द हो सकता है, और पीड़ित के ठीक होने में कठिनाई हो सकती है। आमतौर पर, आपको किसी घायल व्यक्ति का उपचार करते समय उसे हिलाना नहीं चाहिए।

अत: विकल्प (D) सही है।

66. एक लड़के के पैरों में शीतदंश के साथ, आपको उसके पैरों को गर्म पानी में 105 डिग्री से अधिक नहीं भिगोना चाहिए, एक सूखी बाँझ ड्रेसिंग के साथ पट्टी करना चाहिए।

शीतदंश एक चोट है जो त्वचा और अंतर्निहित ऊतकों के जमने के कारण होती है। पहले आपकी त्वचा बहुत ठंडी और लाल हो जाती है, फिर सुन्न, सख्त और पीली हो जाती है। उंगलियों, पैर की उंगलियों, नाक, कान, गाल और ठुड्डी पर फ्रॉस्टबाइट सबसे आम है। ठंड, हवा के मौसम में खुली त्वचा शीतदंश के लिए सबसे अधिक संवेदनशील होती है।

अत: विकल्प (C) सही है।

67. सड़क दुर्घटना में एक व्यक्ति को काफी चोटें आई हैं विभिन्न घायल शरीर संरचनाओं में उसके रक्त की हानि को कम करने की महत्वपूर्ण प्रक्रिया को हेमोस्टेसिस कहा जाता है।

हेमोस्टेसिस का अर्थ एक टूटी हुई रक्त वाहिका से रक्त की हानि को रोकना है। इसे निम्न तीन क्रियाविधि द्वारा प्राप्त किया जाता है:

- संवहनी संकीर्णन
- प्लेटलेट प्लग निर्माण
- रक्त स्कंदन

अत: विकल्प (B) सही है।

68. आपको संदेह है कि एक व्यक्ति को जहर दिया गया है। वह होश में है। आपकी पहली कॉल जहर नियंत्रण केंद्र या आपके स्थानीय आपातकालीन फ़ोन नंबर पर होनी चाहिए।

जहर नियंत्रण केंद्र एक चिकित्सा सेवा है जो जहरीले या खतरनाक पदार्थों के संपर्क में आने की स्थिति में तत्काल, मुफ्त और विशेषज्ञ उपचार सलाह और टेलीफोन पर सहायता प्रदान करने में सक्षम है। ज़हर नियंत्रण केंद्र घरेलू उत्पादों, दवाओं, कीटनाशकों, पौधों, काटने और डंक, खाद्य विषाक्तता और धुएं के बारे में उपचार प्रबंधन सलाह प्रदान करने के अलावा संभावित जहर के बारे में सवालों के जवाब देते हैं।

अत: विकल्प (A) सही है।

69. शॉक एक ऐसी स्थिति है जहां परिसंचरण तंत्र शरीर के सभी हिस्सों में रक्त पहुंचाने में विफल हो जाती है।

परिसंचरण शॉक शब्द का उपयोग तब किया जाता है जब अपर्याप्त रक्त प्रवाह के परिणामस्वरूप शरीर के ऊतकों को नुकसान होता है। बशर्ते कि सहानुभूति संबंधी सजगता बरकरार रहे, लगभग 10% रक्त की मात्रा धमनी दबाव या कार्डियक आउटपुट में थोड़े बदलाव के साथ खो सकती है।

अत: विकल्प (C) सही है।

70. लोचदार पट्टियों का सूजन को नियंत्रित करने और मोच या खिंचाव जैसी चोटों को सहारा देने के लिए किया जाता है।

एक लोचदार पट्टी दर्द और सूजन को नियंत्रित करने के लिए चोट के आसपास ऊतक पर कोमल, समान दबाव डालती है। यह घायल क्षेत्र को भी सहारा देती है। आपको निम्नलिखित में से किसी भी कारण से लोचदार पट्टी की आवश्यकता हो सकती है: एक अंग में रक्त प्रवाह में सुधार करने के लिए। उपचार के दौरान अंग में पट्टी को चारों ओर लपेटने के लिए।

अत: विकल्प (B) सही है।

71. 1 सप्ताह से 1 वर्ष की आयु में, 2 से 4 महीने में चरम पर पहुंचने पर एसआईडीएस के निदान की सबसे अधिक संभावना होती है।

एसआईडीएस 1 सप्ताह और 1 वर्ष की आयु के बीच किसी भी समय हो सकता है। घटना 2 से 4 महीने की उम्र में चरम पर होती है। अचानक शिशु मृत्यु सिंड्रोम (एसआईडीएस) 1 साल से कम उम्र के शिशु की अचानक और अस्पष्टीकृत मौत है। पूरी तरह से जांच (नैदानिक इतिहास की सावधानीपूर्वक समीक्षा, मौत के दृश्य की जांच और एक पूर्ण शव परीक्षा) के बावजूद, रोगी की मृत्यु के कारण की पहचान नहीं की जाती है।

अत: विकल्प (B) सही है।

72. एनाफिलेक्सिस के लक्षणों को नोट करने के लिए 10 मिनट तक बच्चे का अवलोकन करना बच्चे को कीमोथेरेपी देते समय अनुपयुक्त होगा।

एनाफिलेक्सिस एक गंभीर एलर्जी प्रतिक्रिया है, जो सदमे, निम्न रक्तचाप और कभी-कभी मृत्यु का कारण बन सकती है।

कीमोथेरेपी मजबूत दवा है, इसलिए बिना कैंसर वाले लोगों के लिए दवाओं के सीधे संपर्क से बचना सबसे सुरक्षित है। इसलिए ऑन्कोलॉजी नर्स और डॉक्टर दस्ताने, काले चश्मे, गाउन और मास्क पहनते हैं।

अत: विकल्प (B) सही है।

73. 1 साल के बच्चे में खुजली का पता चला है। पर्मेथ्रिन दवा निर्धारित किए जाने की उम्मीद है।

पर्मेथ्रिन और लिंडेन का उपयोग खुजली के खिलाफ किया जाता है, लेकिन दो साल से कम उम्र के बच्चों के लिए लिंडेन को दौरे और न्यूरोटॉक्सिसिटी के जोखिम के कारण अनुपयुक्त है। समय पर 5% पर्मेथ्रिन क्रीम प्रभावी और व्यापक रूप से उपयोग की जाती है। क्रीम आमतौर पर सप्ताह में एक बार दो सप्ताह (कुल 2 उपचार) के लिए लगाया जाता है। हालांकि, यह उपचार कभी-कभी खुजली प्रतिरोध, खराब रोगी अनुपालन, और दुर्लभ एलर्जी प्रतिक्रियाओं से जुड़ा होता है।

अत: विकल्प (A) सही है।

74. उम्र के लिए सामान्य वजन दर्शाता है कि वह निर्देशित चिकित्सीय आहार का सख्ती से पालन कर रहा है।

ऊंचाई के लिए पर्याप्त वजन पर्याप्त पोषण का सेवन और शोफ की कमी को दर्शाता है। दिल की विफलता के लक्षणों में अतिरिक्त द्रव संचय (डिस्पेनिया, ऑर्थोपनिया, एडिमा, यकृत की भीड़ से दर्द, और जलोदर से पेट की दूरी) और कार्डियक आउटपुट (थकान, कमजोरी) में कमी के कारण होते हैं जो शारीरिक परिश्रम के साथ सबसे अधिक स्पष्ट होते हैं .

अत: विकल्प (C) सही है।

75. उसका आकलन करते समय, नर्स ज़ैच अनुपस्थित या कम ऊरु नब्ज़ को खोजने की उम्मीद करेगी।

अनुपस्थित या कम ऊरु नाड़ी महाधमनी के समन्वय की एक उत्कृष्ट विशेषता है। पेटेंट डक्टस आर्टीरियोसस के बंद होने के दौरान विकसित हो रहे नवजात सहवास वाले रोगियों में, निचले छोर की संतृप्ति कम हो सकती है क्योंकि निचले शरीर में छिड़काव को डक्टल पेटेंट द्वारा बनाए रखा जा सकता है। नवजात शिशुओं में निचले छोर की पल्स ऑक्सीमेट्री स्क्रीनिंग के युग में, एक नवजात अक्सर एक स्वीकार्य संतृप्ति के साथ गुजर सकता है क्योंकि डक्टस के लिए महत्वपूर्ण योगदान देना कम आम है जब तक कि अन्य बाएं हृदय संरचनाएं हाइपोप्लास्टिक न हों।

अत: विकल्प (B) सही है।

76. निर्बाध आराम अवधि प्रदान करने के लिए शेड्यूलिंग देखभाल हृदय संबंधी मांगों को कम करने और कार्डियक वर्कलोड को कम करने के लिए एक प्रभावी नर्सिंग हस्तक्षेप की रूपरेखा तैयार करती है।

नींद की निर्बाध अवधि प्रदान करने के लिए नर्सिंग देखभाल का आयोजन हृदय की मांग को कम करता है। देखभाल के बीच आराम की अवधि की अनुमति दें; देखभाल और प्रक्रियाओं के लिए आवश्यक होने पर ही परेशान करें। यह आराम को बढ़ावा देता है और ऊर्जा का संरक्षण करता है।

अत: विकल्प (C) सही है।

77. नर्स माँ को बच्चे को खुबानी और पके हुए आलू के छिलके खाने के लिए प्रोत्साहित करने का निर्देश देती है।

फ्यूरोसेमाइड लेने के दुष्प्रभावों में से एक हाइपोकैलिमिया है, इसलिए पोटेशियम से भरपूर पूरक भोजन को प्रोत्साहित किया जाता है। कई ताजे फल और सब्जियां पोटेशियम से भरपूर होती हैं: केला, संतरा, खरबूजा, हनीड्यू, खुबानी, अंगूर (कुछ सूखे मेवे, जैसे कि आलूबुखारा, किशमिश, और खजूर, पोटेशियम में भी उच्च होते हैं।

अत: विकल्प (A) सही है।

78. वेरोनिका के माता-पिता को बताया गया कि उनकी बेटी को रिबाविरिन (विराज़ोल) की ज़रूरत है। इस दवा का उपयोग रेस्पिरेटरी सिंकाइटियल वायरस (आरएसवी) के इलाज के लिए किया जाता है।

रिबाविरिन एक एंटीवायरल दवा है जिसका उपयोग आरएसवी संक्रमण के इलाज के लिए और आरएसवी वाले बच्चों के लिए किया जाता है, (जैसे कि ब्रोन्कोपल्मोनरी डिसप्लेसिया या हृदय रोग वाले बच्चे)।

रेस्पिरेटरी सिंकाइटियल वायरस (आरएसवी) फेफड़ों और श्वसन पथ के संक्रमण का कारण बनता है। यह इतना सामान्य है कि अधिकांश बच्चे 2 वर्ष की आयु तक वायरस से संक्रमित हो गए हैं। रेस्पिरेटरी सिंकाइटियल वायरस वयस्कों को भी संक्रमित कर सकता है।

अत: विकल्प (C) सही है।

79. बेबी जो अपनी पीठ के बल सोता है, उसके अचानक शिशु मृत्यु सिंड्रोम (एसआईडीएस) विकसित होने की संभावना कम से कम होती है।

एसआईडीएस को उन शिशुओं से जोड़ा गया है जो अपने पेट के बल सोते हैं। जिन शिशुओं का चेहरा नीचे की ओर होता है, उनमें SIDS का खतरा चार गुना बढ़ जाता है। लेकिन जिन शिशुओं को आमतौर पर उनकी पीठ पर रखा जाता था, जिन्हें आखिरी नींद के लिए उनके पेट पर रखा जाता था, उनमें पहले समूह की तुलना में SIDS से मरने की संभावना 18 गुना अधिक होती है।

अत: विकल्प (D) सही है।

80. हीमोफिलस इन्फ्लुएंजा टाइप बी (एचआईबी) वैक्सीन वाले बच्चों का टीकाकरण एपिग्लॉटिटिस की स्थिति की घटनाओं को कम करता है।

एपिग्लॉटिटिस का एक जीवाणु संक्रमण है जो मुख्य रूप से हिब के कारण होता है। वैक्सीन के प्रशासन ने एपिग्लोटाइटिस की घटनाओं को कम कर दिया है।

एपिग्लॉटिटिस, एपिग्लोटिस की सूजन है - जीभ के आधार पर फ्लैप जो भोजन को श्वासनली (विंडपाइप) में प्रवेश करने से रोकता है। लक्षण आमतौर पर शुरुआत में तेजी से होते हैं और इसमें निगलने में परेशानी शामिल होती है जिसके परिणामस्वरूप लार आना, आवाज में बदलाव, बुखार और सांस लेने की दर में वृद्धि हो सकती है।

अत: सही विकल्प (C) है।

81. ये सभी प्रारंभिक गर्भावस्था में रक्तस्राव के संभावित कारण हो सकते हैं, जिसमें शारीरिक या आरोपण रक्तस्राव शामिल है। रक्तस्राव एक खतरे वाले गर्भपात या अन्य गंभीर स्थितियों का संकेत दे सकता है, या यह केवल भ्रूण के एंडोमेट्रियम में आरोपण के कारण हो सकता है।

अत: विकल्प (D) सही है।

82. मेट्रोरेजिया शब्द एक मासिक धर्म चक्र को दर्शाता है जो अनियमित है, सामान्य से कम अवधि का है, और अत्यधिक मात्रा या अवधि का है।

मेनोमेट्रोरेजिया एक मासिक धर्म चक्र का वर्णन करने के लिए इस्तेमाल किया जाने वाला शब्द है जो अनियमित है, सामान्य से कम अवधि का है, और अत्यधिक मात्रा या अवधि का है। एमेनोरिया मासिक धर्म चक्र की अनुपस्थिति है। मेट्रोरेजिया मासिक धर्म चक्र के लिए एक शब्द है जो सामान्य प्रवाह अवधि और मात्रा का होता है, लेकिन जो अनियमित होता है और सामान्य से कम चक्र की लंबाई होती है। ओलिगोमेनोरिया एक मासिक धर्म चक्र का वर्णन करता है जो 35 दिनों से अधिक लंबा होता है, जिसे अक्सर लंबे समय तक कूपिक चरण की विशेषता होती है।

अत: विकल्प (D) सही है।

83. प्रिक्लेम्प्सिया एक संभावित जीवन को खतरे में डालने वाला विकार है जिसमें आम तौर पर गर्भकालीन उच्च रक्तचाप, प्रोटीनूरिया, एडिमा, लाल-रक्त-कोशिका की शिथिलता और यकृत या गुर्दे की शिथिलता के लक्षण शामिल होते हैं। यह 32-40 सप्ताह में अधिक आम है और दुनिया भर में 2-8% गर्भधारण में विकसित होता है।

अत: विकल्प (A) सही है।

84. प्रीक्लेम्पसिया दौरे की शुरुआत में एक्लम्पसिया में विकसित होता है। दौरे टॉनिक-क्लोनिक होते हैं और गर्भावस्था के दौरान, प्रसव के दौरान या प्रसवोत्तर के दौरान प्रकट हो सकते हैं। यह अपेक्षाकृत दुर्लभ है, केवल लगभग 1.2-1.8% गर्भधारण को प्रभावित करता है।

अत: विकल्प (D) सही है।

85. गर्भपात 20वें सप्ताह से पहले गर्भावस्था का स्वतःस्फूर्त नुकसान है। लगभग 10 से 20 प्रतिशत ज्ञात गर्भधारण गर्भपात में समाप्त होते हैं। यह तब भी हो सकता है जब किसी व्यक्ति को पता चले कि वे गर्भवती हैं। पहली तिमाही में लगभग 50% गर्भपात में क्रोमोसोमल असामान्यताएं पहचानी जाती हैं, जबकि बाद में गर्भपात गर्भाशय की विकृतियों या गर्भाशय ग्रीवा की अक्षमता वाले व्यक्तियों में अधिक होने की संभावना हो सकती है।

अत: विकल्प (A) सही है।

86. प्रसव के दौरान नर्स को अर्ध-लेटा हुआ स्थिति में लाना चाहिए।

रुमेटिक हृदय रोग, रुमेटिक बुखार के कारण होता है, एक सूजन संबंधी बीमारी जो कई संयोजी ऊतकों को प्रभावित कर सकती है, विशेष रूप से हृदय, जोड़ों, त्वचा या मस्तिष्क में। हृदय के वाल्वों में सूजन हो सकती है और समय के साथ वे जख्मी हो सकते हैं।

रुमेटिक हृदय रोग (आरएचडी) गर्भावस्था में सबसे आम अधिग्रहित हृदय रोग है।

अर्ध-लेटा हुआ स्थिति को महिला के लापरवाह होने के रूप में परिभाषित किया गया था, जिसमें परीक्षा सोफे के सेफलाड छोर को क्षैतिज से 30 डिग्री तक बढ़ाया गया था और एक तकिया प्रदान किया गया था।

अत: विकल्प (B) सही है।

87. माँ का रक्त आरएच-नकारात्मक है और गर्भावस्था के दौरान रोगम प्राप्त किए बिना अपने दूसरे आरएच-पॉजिटिव बच्चे को जन्म दिया, इस स्थिति का एक संभावित कारण है।

नवजात शिशु का पीलिया रोग या शारीरिक हो सकता है। पैथोलॉजिकल पीलिया आमतौर पर मां और भ्रूण के बीच आरएच की असंगति का परिणाम होता है। यह बाद के जन्म के दौरान होता है जब पहले जन्म के दौरान मां का खून शिशु के खून के संपर्क में आ जाता है। दूसरे भ्रूण पर हमला करने से उसकी प्रतिरक्षा प्रणाली को रोकने के लिए मां को रोगम दिया जाता है, जिससे एरिथ्रोब्लास्टोसिस भ्रूण और बाद में रोग संबंधी पीलिया होता है।

अत: विकल्प (C) सही है।

88. उसे IV तरल पदार्थ बढ़ाना चाहिए, उन्हें उनकी बाईं ओर रखना चाहिए, और ऑक्सीजन देना चाहिए। जब तक सभी नर्सिंग हस्तक्षेप विफल नहीं हो जाते, तब तक चिकित्सक से संपर्क करना आवश्यक नहीं है। एपिनेफ्रीन, एक वैसोप्रेसर को केवल आकस्मिक स्थितियों के लिए आरक्षित किया जाना चाहिए।

अत: विकल्प (C) सही है।

89. जन्म की अनुमानित तिथि की गणना के लिए नेगेले के नियम को लागू करने की आवश्यकता होती है, जहां एक बार ग्राहक के अंतिम मासिक धर्म का पहला दिन निर्धारित करने के बाद, 3 महीने घटाएं और 7 दिन और एक वर्ष जोड़ें।

अनुमानित तिथि की गणना (ईडीडी या ईडीसी) वह तारीख है जब श्रम की सहज शुरुआत होने की उम्मीद है। अंतिम माहवारी (एलएमपी) के पहले दिन में 280 दिन (9 महीने और 7 दिन) जोड़कर नियत तारीख का अनुमान लगाया जा सकता है।

अत: विकल्प (A) सही है।

90. गर्भपात, आरएच संवेदीकरण, और नीडलस्टिक की चोट ये सभी एमनियोसेंटेसिस की संभावित जटिलता हैं।

एमनियोसेंटेसिस के कई जोखिम हैं, जिनमें गर्भपात, संक्रमण, सुई की चोट और आरएच संवेदीकरण शामिल हैं (लेकिन इन्हीं तक सीमित नहीं हैं)। एमनियोसेंटेसिस के कारण गर्भपात की दर 300 में 1 और 500 में 1 के बीच है। सूचीबद्ध अन्य जटिलताएं अपेक्षाकृत दुर्लभ हैं।

गर्भपात तब होता है जब गर्भावस्था के 20 सप्ताह से पहले गर्भ में बच्चे की मृत्यु हो जाती है। कुछ महिलाओं का गर्भपात होने से पहले ही उन्हें पता चल जाता है कि वे गर्भवती हैं।

आरएच संवेदीकरण तब हो सकता है जब आरएच-नकारात्मक रक्त वाला व्यक्ति आरएच-पॉजिटिव रक्त के संपर्क में आता है। ज्यादातर महिलाएं जो संवेदनशील हो जाती हैं, वे बच्चे के जन्म के दौरान ऐसा करती हैं, जब उनका रक्त उनके भ्रूण के आरएच-पॉजिटिव रक्त के साथ मिल जाता है।

नीडलस्टिक की चोट नीडल के कारण होने वाले घाव हैं जो गलती से त्वचा को पंचर कर देते हैं।

अत: विकल्प (D) सही है।

91. उम्र से संबंधित परिवर्तन जैसे कि कुल यकृत के आकार में कमी और यकृत रक्त प्रवाह में कमी, चयापचय एंजाइमों के लिए दवा के संपर्क को सीमित कर देगा जिसके परिणामस्वरूप दवा के यकृत की निकासी कम हो जाती है जिससे इसके दुष्प्रभाव बढ़ जाते हैं।

अतः विकल्प (D) सही है।

92. अपने माता-पिता से अलग होने पर छोटे बच्चे जिन चरणों में आगे बढ़ते हैं, उनमें विरोध, निराशा और इनकार या अलगाव शामिल हैं। निराशा की अवस्था में, बच्चा आसानी से उनसे संपर्क नहीं कर सकता है या माता-पिता से चिपक सकता है।

अतः विकल्प (D) सही है।

93. यह अनुशंसा की जाती है कि माता-पिता को अपने बच्चों को 15-18 महीने की उम्र में बोतल से छुड़ाना चाहिए। लेकिन अगर 3 साल की उम्र में बच्चे के सोने के समय या सोते समय बोतल अभी भी जुड़ी हुई है, तो दंत क्षय के जोखिम को रोकने के लिए इसमें केवल पानी होना चाहिए।

अतः विकल्प (D) सही है।

94. शिक्षण पद्धति सिद्धांतों, शिक्षाशास्त्र और प्रबंधन रणनीतियों की सहायता से सिद्धांत को व्यवहार में लाने का एक तरीका है। यह शिक्षकों को पाठ की योजना बनाने और सुसंगत रूप से प्रस्तुत करने में मदद करता है। विभिन्न प्रकार की शिक्षण-अधिगम विधियां हैं जो अधिगम को एक उपयोगी प्रक्रिया बनाती हैं।

अतः विकल्प (D) सही है।

95. यह औपचारिक परिचालन चरण के दौरान हासिल किया जाता है। प्रस्तावपरक विचार एक व्यक्ति की वास्तविक दुनिया की परिस्थितियों का उल्लेख किए बिना पूर्वसर्गों के तर्क का मूल्यांकन करने की क्षमता है।

अतः विकल्प (D) सही है।

96. स्कूली उम्र के बच्चे समान लिंग के साथियों के साथ जुड़ाव की अधिक भावना महसूस करते हैं और परिवार के सदस्यों के बजाय उनके साथ सामाजिककरण करना पसंद करते हैं; कम ध्यान देने की अवधि के साथ, स्कूली उम्र के बच्चों के लिए खेलना दूसरों द्वारा बनाए गए नियमों जैसे कि बोर्ड गेम और खेल के प्रति झुकाव रखता है; मोटर कौशल और स्वतंत्रता में वृद्धि के साथ, स्कूली उम्र के बच्चों को चोट लगने का खतरा होता है जो उनकी शारीरिक गतिविधियों के कारण होता है।

अतः विकल्प (D) सही है।

97. विलंबता चरण में, यौन ड्राइव निष्क्रिय हैं। चरण उस समय शुरू होता है जब बच्चे स्कूल में प्रवेश करते हैं और स्कूल के काम, शौक और सहकर्मी संबंधों के बारे में अधिक चिंतित हो जाते हैं। बच्चे आमतौर पर समान लिंग के साथियों के साथ गतिविधियों में संलग्न होते हैं, जो बच्चे की लिंग-भूमिका पहचान को मजबूत करने का काम करता है।

अतः विकल्प (A) सही है।

98. एक लोकतांत्रिक कक्षा का वातावरण भावनात्मक विकास के लिए सबसे उपयुक्त है क्योंकि एक लोकतांत्रिक कक्षा बच्चों को लोकतांत्रिक जीवन में शामिल करने के लिए समावेशिता, आवाज, प्रतिनिधित्व और भागीदारी जैसे आदर्शों को प्रोत्साहित करती है। कक्षा का वातावरण वर्ग के सामाजिक, भावनात्मक और शैक्षिक पहलुओं को जोड़ता है।

अतः विकल्प (A) सही है।

99. लगभग 1 से 2 वर्ष के बीच के अधिकांश बच्चों में ईर्ष्या सबसे अधिक तीव्रता से उभरती है और 3.5 वर्ष की आयु के बच्चों ने सामाजिक स्थितियों के बीच अंतर करने पर ईर्ष्या जन्म लेती है। छोटे बच्चे ईर्ष्यालु हो जाते हैं जब उन्हें लगता है कि उनके माता-पिता परिवार में किसी और पर अधिक ध्यान दे रहे हैं। ईर्ष्या सभी छोटे बच्चों में एक लगभग सार्वभौमिक भावनात्मक अनुभव है।

यह आमतौर पर छोटे भाई-बहन के जन्म के साथ शुरू होता है, क्योंकि माता-पिता का ध्यान अचानक नवजात शिशु पर चला जाता है।

अतः विकल्प (B) सही है।

100. दो साल के अंत तक बच्चों के 20 दांत निकल आते हैं।

एक बच्चे के मुंह में 20 शुरुआती दांत होते हैं, जिन्हें प्राथमिक दांत, बच्चे के दांत या पर्णपाती दांत भी कहा जाता है:

- चार-सेकंड मोलर्स
- चार फर्स्ट मोलर्स
- चार कस्पिड्स (जिसे केनाइन दांत या आईटीथ भी कहा जाता है)
- चार पार्श्व इन्सिजर्स
- चार केंद्रीय इन्सिजर्स

चार दांतों के प्रत्येक सेट के लिए, दो दांत ऊपरी आर्च (मुंह के प्रत्येक तरफ एक) में होते हैं और दो निचले आर्च (मुंह के प्रत्येक तरफ एक) में होते हैं।

अतः विकल्प (C) सही है।

Q.1 आस-पड़ोस के फुटपाथों तक पहुंच निम्नलिखित में से किस स्वास्थ्य निर्धारक का उदाहरण है?

A. भौतिक निर्धारक

B. सामाजिक निर्धारक

C. व्यवहार निर्धारक

D. जैविक और आनुवंशिक निर्धारक

Q.2 निम्नलिखित में से कौन-सा टीका भारत में राष्ट्रीय टीकाकरण कार्यक्रम का हिस्सा नहीं है?

A. BCG

B. न्यूमोकोकल

C. पेंटावैलेंट

D. OPV

Q.3 निम्नलिखित में से कौन सा स्वास्थ्य का सामाजिक-आर्थिक निर्धारक है?

A. आर्थिक स्थिति

B. शिक्षा

C. व्यवसाय

D. उपरोक्त सभी

Q.4 जिला स्तरीय सिविल अस्पताल _________ में आता है।

A. निजी स्वामित्व

B. सार्वजनिक स्वामित्व

C. (A) और (B) दोनों

D. इनमे से कोई भी नहीं

Q.5 निम्नलिखित में से कौन सा राष्ट्रीय स्वास्थ्य कार्यक्रम वर्ष 1953 में शुरू किया गया था?

A. राष्ट्रीय मलेरिया नियंत्रण कार्यक्रम

B. राष्ट्रीय कुष्ठ नियंत्रण कार्यक्रम

C. राष्ट्रीय क्षय रोग नियंत्रण कार्यक्रम

D. संशोधित राष्ट्रीय क्षय रोग नियंत्रण कार्यक्रम

Q.6 सार्वजनिक स्वास्थ्य देखभाल का मुख्य उद्देश्य _____________ स्वास्थ्य में सुधार करना है।

A. व्यक्ति के लिए उपयुक्त चिकित्सा हस्तक्षेप प्रदान कर

B. उपचार की प्रभावशीलता की तुलना करने के लिए अनुसंधान कर

C. आबादी में स्वास्थ्य को बढ़ावा देकर और बीमारी को रोककर

D. परिवारों को जोखिम चिह्नकों और आनुवंशिकी पर सलाह देकर

Q.7 निम्नलिखित में से कौन सा मनुष्य के स्वास्थ्य को अच्छा बनाने वाली जीवन शैली नहीं है?

A. प्रातः काल नियमित रूप से टहलना

B. अत्यधिक वसायुक्त, मसालेदार और तैलीय व्यंजनों का सेवन

C. नशीली दवाओं से परहेज

D. व्यक्तिगत स्वच्छता का ध्यान रखना

Q.8 निम्नलिखित में से कौन सी एक भारत में सामुदायिक स्वास्थ्य समस्या है?

A. किशोर गर्भावस्था

B. स्वच्छ पेयजल तक पहुंच

C. घरेलू हिंसा

D. उपरोक्त सभी

Q.9 निम्नलिखित में से कौन सा सामुदायिक स्वास्थ्य केंद्र का लाभ है?

A. कम आय वाले लोग आसानी से स्वास्थ्य सुविधाओं तक पहुंच सकते हैं।

B. यह शिशु मृत्यु दर और मातृ मृत्यु को समाप्त करने में मदद कर सकता है।

C. लोगों के बीच स्वास्थ्य सेवा के बारे में अधिक जागरूकता फैलाई जा सकती है।

D. उपरोक्त सभी

Q.10 निम्नलिखित में से कौन "आयुष्मान भारत प्रधानमंत्री जन आरोग्य योजना" के क्रियान्वयन हेतु उत्तरदायी है?

A. राष्ट्रीय स्वास्थ्य प्राधिकरण

B. विश्व स्वास्थ्य संगठन

C. नीति आयोग

D. भारतीय बीमा विनियामक और विकास प्राधिकरण

Q.11 निम्नलिखित में से कौन सा कथन एएनएम से संबंधित है?

A. एएनएम से बहुउद्देश्यीय स्वास्थ्य कार्यकर्ता होने की उम्मीद की जाती है।

B. एएनएम स्वास्थ्य उपकेंद्रों पर काम करती हैं।

C. एएनएम को महिलाओं की होम डिलीवरी करनी होती है।

D. उपरोक्त सभी

Q.12 गर्भनिरोधक गोली देने पर एएनएम स्वास्थ्य कार्यकर्ता किसको छोड़कर निम्नलिखित सभी के बारे में पूछेगा?

A. वजन घटना

B. पैर की मांसपेशियों (काफ) में चुभन

C. सिरदर्द

D. पैरों में सूजन

Q.13 एक रोगी जिसके पास एक स्थायी कैथेटर है, पेशाब करने की आवश्यकता की रिपोर्ट करता है, नर्स को निम्नलिखित में से कौन सा हस्तक्षेप करना चाहिए?

A. यह देखने के लिए जांचें कि क्या कैथेटर पेटेंट है

B. रोगी को आश्वस्त करें कि उसके लिए पेशाब करना संभव नहीं है

C. एक बड़े गेज कैथेटर के साथ मूत्राशय को फिर से कैथीटेराइज करें

D. विश्लेषण के लिए मूत्र का नमूना एकत्र करें

Q.14 नर्स द्वारा स्थापित कोलोस्टॉमी वाले रोगी के लिए प्राथमिक देखभाल प्रदाता को कौन सी खोज रिपोर्ट करने की संभावना है?

A. पेट से आधा इंच ऊपर रंध्र फैलता है

B. उपकरण को हटाने के बाद उपकरण के नीचे की त्वचा कुछ समय के लिए लाल दिखाई देती है

C. रंध्र का रंग गहरा लाल बैंगनी होता है

D. एक आरोही कोलोस्टॉमी सिर्फ तरल मल बचाता है

Q.15 एक ANM की कानूनी जिम्मेदारियों में शामिल हैं -

A. परामर्श और सलाह प्रदान करें

B. पूर्ण प्रसवपूर्व देखभाल प्रदान करें

C. भावनात्मक समर्थन

D. उपरोक्त सभी

Q.16 एक महिला रोगी को उसके दाहिने जंघा पेशी पर एक गर्म निविदा लाल क्षेत्र के साथ सुविधा में फिर से भर्ती कराया जाता है, तो नर्स किस योगदान कारक को सबसे महत्वपूर्ण मानेगी?

A. एस्पिरिन के उपयोग में वृद्धि का इतिहास

B. हाल ही में हुयी पेल्विक सर्जरी

C. एक सक्रिय दैनिक चलने का कार्यक्रम

D. मधुमेह का इतिहास

Q.17 निम्नलिखित में से कौन सी भूमिका एएनएम द्वारा नहीं निभाई जाती है?

A. ग्रामीण समुदायों को सुरक्षित और प्रभावी देखभाल प्रदान करना

B. समुदायों को राष्ट्रीय स्वास्थ्य कार्यक्रमों के लक्ष्यों को प्राप्त करने में मदद करना

C. परिवार नियोजन सेवाओं, स्वास्थ्य और पोषण शिक्षा के साथ-साथ बाल स्वास्थ्य प्रदान करना

D. गर्भावस्था के गंभीर मामले में सर्जरी करने के लिए

Q.18 आंगनबाड़ी कार्यकर्ता, एएनएम और आशा एक बेहतर भारत के लिए कुपोषण और स्वास्थ्य के मुद्दों से निपटने के लिए एकीकृत बाल विकास सेवाओं (आईसीडीएस) के विकास में कैसे मदद करती हैं?

A. बाल विकास को बढ़ावा देकर

B. उचित पोषण और स्वास्थ्य शिक्षा के माध्यम से बच्चे के सामान्य स्वास्थ्य और पोषण संबंधी जरूरतों की देखभाल करने के लिए मां की क्षमता में वृद्धि करके

C. मृत्यु दर, रुग्णता, कुपोषण और स्कूल छोड़ने की घटनाओं को कम करके

D. उपरोक्त सभी

Q.19 सर्जिकल बिस्तर बनाते समय प्रभारी नर्स क्या करती है?

A. समाप्त होने पर बिस्तर को ऊँची स्थिति में छोड़ देती है

B. तकिये को बिस्तर के सिरहाने रखती है

C. रोगी को बिस्तर के दूर की ओर लेटा देती है

D. ऊपर की चादर और कंबल को बिस्तर के तल के नीचे दबा देती है

Q.20 रोगी के पैर की जांच करते समय नर्स घाव में दिखाई देने वाले दानेदार ऊतक के साथ एक खुले अल्सरेशन को नोट करती है जब तक कि घाव विशेषज्ञ से संपर्क नहीं किया जा सकता है, नर्स प्रभारी के लिए किस प्रकार की ड्रेसिंग लागू करने के लिए सबसे उपयुक्त है?

A. सूखी बाँझ पट्टी

B. बाँझ पेट्रोलियम पट्टी

C. नम, बाँझ खारा पट्टी

D. पोविडोन-आयोडीन से लथपथ पट्टी

Q.21 किस विटामिन की कमी के कारण एनीमिया रोग होता है?

A. फॉलिक अम्ल   B. बायोटिन

C. एस्कॉर्बिक अम्ल   D. नियासिन

Q.22 प्रति ग्राम सेवन से प्राप्त ऊर्जा सबसे अधिक है?

A. कार्बोहाइड्रेट   B. प्रोटीन

C. वसा   D. हार्मोन

Q.23 पूरक आहार _____ के पूरा होने पर शुरू किया जाना चाहिए।

A. 3 महीने   B. 9 महीने   C. 12 महीने   D. 6 महीने

Q.24 प्याज, ब्रोकली, ताजे फल, दूध, अंडे और आयोडीन युक्त नमक _______ के अच्छे स्रोत हैं।

A. फास्फोरस   B. सोडियम

C. आयोडीन   D. दोनों (B) और (C)

Q.25 प्रोटीन-ऊर्जा कुपोषण का निम्नलिखित में से कौन सा वर्गीकरण उस उम्र के लिए अपेक्षित वजन के 90% से अधिक वजन को सामान्य के रूप में वर्गीकृत करता है?

A. सिंड्रोमल वर्गीकरण

B. WHO वर्गीकरण

C. गोमेज़ वर्गीकरण

D. भारतीय बाल रोग अकादमी द्वारा वर्गीकरण

Q.26 शरीर की आवश्यकता को पूरा करने के लिए सही मात्रा में ऊर्जा, कार्बोहाइड्रेट, प्रोटीन, वसा, फाइबर, विटामिन, खनिज और पानी युक्त आहार को _________ कहा जाता है।

A. पोषण   B. संतुलित आहार

C. उत्तम आहार   D. खाद्य पिरामिड

Q.27 यकृत में अमीनो अम्ल, वसीय अम्ल तथा ग्लिसरॉल से ग्लूकोस का संश्लेषण क्या कहलाता है?

A. ग्लूकोनियोजेनेसिस   B. ग्लाइकोजीनोलाइसिस रे

C. ग्लाइकोजेनेसिस   D. एमल्सिफिकेशन

Q.28 निम्नलिखित में से किस खाद्य स्रोत में विटामिन सी का उच्चतम स्तर है?

A. पार्सले   B. ब्रॉकली

C. ब्लैक करेंट   D. संतरे का रस

Q.29 निम्न में से कौन-सी, पोषक तत्व की कमी से होने वाली बीमारी नहीं है?

A. मैरेस्मस   B. काशियोरकॉर

C. मोटापा   D. स्कर्वी

Q.30 संतुलित आहार में कौन से सुरक्षात्मक पोषक तत्व होते हैं?

A. वसा   B. प्रोटीन

C. विटामिन एवं खनिज   D. कार्बोहाइड्रेट

Q.31 आहारनाल (पाचन नली) में निगला गया भोजन नीचे की ओर गति करता है, क्योंकि:

A. ग्रासनली (ग्रसिका) की भित्ति की पेशियाँ संकुचन करती हैं

B. भोजन के साथ लिया गया तरल पदार्थ प्रवाहित होता है

C. गुरुत्वीय बल लगता है

D. हष्ट-पुष्ट जीभ भोजन को नीचे जाने के लिए बल प्रदान करती है

Q.32 चयापचय की एक जन्मजात त्रुटि जो लाल रक्त कोशिका के समय से पहले विनाश का कारण बनती है, _____ है।

A. होमोसिस्टिन मेह (होमोसिस्टीनुरिया)

B. G6PD

C. फेनिलकीटोन मेह (फेनिलकीटोनुरिया)

D. औदरीय रोग (सीलिएक डिज़ीज़)

Q.33 एक ग्रंथि जो अंतः स्रावी और बहि:स्रावी दोनों है:

A. थाइरॉइड ग्रंथि   B. अग्न्याशय

C. थाईमस ग्रंथि   D. पीयूष ग्रंथि

Q.34 कब्ज़ा संधि निम्नलिखित में से किसके बीच पाई जाती है?

A. ह्युमूरस तथा अंस मेखला के मध्य

B. फीमर एवं एसीटाबुलम के मध्य

C. ह्युमूरस एवं उल्ना के मध्य

D. फीमर एवं श्रोणि मेखला के मध्य

Q.35 मानव के आमाशय के दूरस्थ भाग को कहते हैं:

A. फण्डिक   B. पाइलोरिक

C. कार्डियक   D. आमाशय काय

Q.36 नाड़ी दर के अनियमित होने पर _____ गिनना बेहतर होता है।

A. बहि:प्रकोष्ठिका नाड़ी को पूरे एक मिनट के लिए

B. शीर्ष नाड़ी को पूरे एक मिनट के लिए

C. बहि:प्रकोष्ठिका नाड़ी को 30 सेकंड के लिए

D. शीर्ष नाड़ी को 30 सेकंड के लिए

Q.37 डर्मिस (त्वचा) परत में क्या उपस्थित होता है?

A. त्वचा ग्रंथि   B. रोम पुटक

C. कोलेजन तंतु   D. उपरोक्त सभी

Q.38 अधिचर्म की उत्पत्ति भ्रूण की किससे होती है?

A. मध्य त्वचा   B. बाह्यत्वचा

C. अंतस्त्वचा   D. उपरोक्त सभी

Q.39 वाहिनीहीन ग्रंथियां, जो अपने स्राव को सीधे रक्त में स्रावित करती हैं, क्या कहलाती हैं?

A. अंतःस्रावी ग्रंथि
B. बहिःस्रावी ग्रंथि
C. पूर्ण स्रावी ग्रंथि
D. अंशस्रावी ग्रंथि

Q.40 निम्नलिखित में से गलत कथन का चयन कीजिए।

A. श्वासनली वक्ष गुहा में जाने के बाद दो ब्रोंकस में विभाजित हो जाती है।
B. कंठ के चारों ओर उपास्थि से बनी दो प्लेटें पाई जाती हैं।
C. ग्रसनी मुख गुहा का पिछला भाग है जो ग्लॉटिस (घाँटी) द्वारा कंठ में खुलता है।
D. नासा छिद्र के मध्य भाग को नासा गुहा/कक्ष कहते हैं।

Q.41 फाइलेरिया के जोखिम कारक क्या है?

A. मच्छरों के लिए उच्च जोखिम होना
B. अस्वच्छ परिस्थितियों में रहना
C. उष्णकटिबंधीय और उपोष्णकटिबंधीय क्षेत्रों में लंबे समय तक रहना
D. उपरोक्त सभी

Q.42 कमजोर मांसपेशियों और बहुत कम ऊर्जा वाले व्यक्ति में विटामिन B1 की कमी होती है, वह निम्नलिखित में से किस रोग से पीड़ित है?

A. स्कर्वी
B. सूखा रोग
C. रतौंधी
D. बेरीबेरी

Q.43 एचआईवी संक्रमण के दौरान _______ है।

A. रोग प्रतिरोधक क्षमता बढ़ जाती है
B. रोग प्रतिरोधक क्षमता कम हो जाती
C. यह प्रतिरक्षा शक्ति को प्रभावित नहीं करता है
D. आरबीसी स्तर में कमी

Q.44 सीरम हेपेटाइटिस को _______ के रूप में भी जाना जाता है।

A. हेपेटाइटिस A
B. हेपेटाइटिस B
C. हेपेटाइटिस C
D. हेपेटाइटिस D

Q.45 प्रोटोजोआ परजीवियों के कारण होने वाले मनुष्य के रोग हैं:

(a) अमीबायसिस
(b) मलेरिया
(c) ट्रिपैनोसोमियासिस
(d) टाइफाइड

A. (a) और (b)
B. (a), (b) और (c)
C. (d), (b) और (c)
D. उपरोक्त सभी

Q.46 गठिया _______ का रोग है।

A. त्वचा
B. गुर्दा
C. यकृत
D. जोड़

Q.47 खसरा किस आयु वर्ग को प्रभावित करता है?

A. 15 साल से ऊपर के बच्चे
B. 7 साल से ऊपर के बच्चे
C. 5 साल से कम उम्र के बच्चे
D. यह वयस्कों और बच्चों दोनों को प्रभावित करता है

Q.48 इनमें से कौन-सा रोग अतिरिक्त 21वें गुणसूत्र के कारण होता है?

A. पटौ सिंड्रोम
B. डाउन सिंड्रोम
C. क्रि-दु-चैट सिंड्रोम
D. क्लाइनफेल्टर सिंड्रोम

Q.49 निम्नलिखित में से कौन सा टेक्रोमा का लक्षण हैं?

A. आंखों और पलकों की हल्की खुजली और जलन
B. आंखों से बलगम या मवाद बहना
C. पलकों में सूजन
D. उपरोक्त सभी

Q.50 चावल के पानी का मल _______ का संकेत है।

A. टायफाइड
B. विब्रियो हैजा
C. खसरा
D. पोलियो

Q.51 इलेक्ट्रोकोनवल्सी थेरेपी के बाद, रोगी को _______ के लिए सावधानीपूर्वक निगरानी की जानी चाहिए।

A. दौरा
B. सिर चकराना
C. सांस संबंधी तकलीफ
D. मतली और उल्टी

Q.52 एक ऐसे रोगी को भर्ती किया जाता है, जो बॉर्डरलाइन व्यक्तित्व विकार से पीड़ित है। रोगियों के लिए परिवेश चिकित्सा (मिलिउ थेरेपी) करने की योजना बनाई गई है। यह चिकित्सा निम्न में से किस पर केंद्रित है, जो नर्स को पता है?

A. क्लाइंट को इस इस बात की स्वतंत्रता देना कि वह किसी भी गतिविधि में अपने हिसाब से भाग ले या न ले
B. व्यवहार को नियंत्रित करने के लिए दवाओं के बजाय प्राकृतिक उपचार का उपयोग करना
C. व्यक्तिगत जरूरतों को पूरा करने के लिए जीवन घटनाओं के बारे में बात करना
D. व्यवहार में सकारात्मक बदलाव लाने के लिए अपने हिसाब से परिवेश में बदलाव करना

Q.53 6 महीने से 5 वर्ष के आयु वर्ग में तीव्र जीवाण्विक तानिका शोथ का सबसे आम कारण, जिसे प्रभावी टीके द्वारा वस्तुतः समाप्त कर दिया गया है, _______ है।

A. हीमोफिलस इन्फ्लुएंजा टाइप बी
B. एन. मेनिन्जाइटाइड्स
C. क्रिप्टोकोकस नियोफ़ॉर्मन्स
D. स्ट्रेप्टोकोकल निमोनिया मेनिन्जाइटिस

Q.54 पागलपन संबंधी घटना के लिए लिथियम लेने वाली महिला रोगी के लिए निम्नलिखित में से कौन सी नर्सिंग सलाह सबसे महत्वपूर्ण होती है?

A. लिथियम विषाक्तता से बचने के लिए उसे अपना जलयोजन बनाए रखने की आवश्यकता होगी
B. चलते समय उसे छाया में रहना चाहिए
C. उसे चलना बंद कर देना चाहिए
D. वह अपना व्यायाम जारी रख सकती है क्योंकि लिथियम विषाक्तता बहुत कम होती है

Q.55 निम्न में से किसके द्वारा एक नर्स एपेंडिसाइटिस से पीड़ित रोगी के आराम को बढ़ा सकती है?

A. रोगी को बाईं करवट लेटाकर
B. रोगी के दाहिने घुटने को मोड़कर
C. कुर्सी पर रोगी को सीधे बिठाकर
D. रोगी को पूरी तरह लेटाकर

Q.56 उस चिकित्सीय हस्तक्षेप को क्या कहा जाता है, जिसमें रोगियों की सहायता के लिए, उन्हें संपूर्णता के भाव को प्राप्त करने, आत्मसम्मान बढ़ाने और अपने बारे में सोचने को प्रोत्साहित करने के लिए अतीत के अनुभवों के बारे में सोचने को या उन अनुभवों को शामिल किया जाता है?

A. आत्म-अन्वेषण
B. सहायक तालवाद्य
C. दीर्घसूत्रता
D. संस्मरण

Q.57 ट्यूबरकुलिन जाँच में, _______ के बाद वद्धीभवन क्षेत्र को मापा जाता है।

A. 48 - 72 घंटे
B. 72 घंटे
C. 24-72 घंटे
D. 24-48 घंटे

Q.58 अस्पताल में एक व्यक्ति से दूसरे व्यक्ति में सूक्ष्मजीवों के संचरण को रोकने के लिए सबसे अधिक इस्तेमाल की जाने वाली विधि है:

A. प्रतिदिन बिस्तर लिनन बदलना

B. विशेष समाधान में कीटाणुरहित उपकरण

C. अस्पतालों में फ़िल्टरिंग हवा

D. रोगी की जांच करने से पहले/बाद में अच्छी तरह से और बार-बार हाथ धोना

Q.59 वैभव भ्रांति (डिल्यूजन ऑफ ग्रैंजर) के रोगनिर्णय के साथ एक 40 वर्षीय क्लाइंट को भर्ती कराया जाता है। निम्नलिखित में से कौन सा विकल्प इस रोगनिर्णय का समर्थन करता है?

A. बुरी दुनिया के लिए जिम्मेदार होने की भ्रांति

B. मारे जाने की भ्रांति

C. स्वयं से असंबंधित क्लाइंट से संबंधित होने की भ्रांति

D. अत्यधिक प्रसिद्ध और महत्वपूर्ण होने की भ्रांति

Q.60 एक लाइलाज रूप से बीमार रोगी आमतौर पर 'क्रोध अवस्था' के दौरान निम्नलिखित में से किस भावना का अनुभव नहीं करता है?

A. नाराजगी (रिज़ेन्टमेंट) **B.** क्रोध (रेज)

C. ईर्ष्या (एन्वी) **D.** सुन्नता (नंबनेस)

Q.61 रोगी को दर्द की शिकायत है और IV स्थल पर सूजन के साथ लाली है। एक नर्स को सबसे पहले क्या करना चाहिए?

A. लाल रंग के स्थान पर गर्म नम पैक लगाइए

B. IV अंतःप्रवाह बंद कीजिए और IV प्रवेशनी को हटा दीजिए

C. अंतःप्रवाह जारी रखिए

D. IV ट्यूबिंग और विलयन बदलिए

Q.62 रोगी को अंतःशिरा पाइलोग्राम के लिए निर्धारित किया जाता है। निम्नलिखित में से कौन सा एक सही हस्तक्षेप है?

A. दर्दनाशक दवाएं (एनाल्जेसिक) दीजिए

B. शामक दवाएं (सेडेटिव) दीजिए

C. आयोडीन संवेदनशीलता का आकलन कीजिए

D. तरल पदार्थ के सेवन को बढ़ाइए

Q.63 हेपरिन के लिए प्रतिकारक (एंटीडोट) है:

A. अमीनोकैप्रोइक अम्ल **B.** ऐमियोडैरोन

C. विटामिन K **D.** प्रोटामाइन सल्फेट

Q.64 जब एक नर्स सर्जिकल हैंड हाइजीन कर रही हो, तो उसे हाथ _______ रखने चाहिए।

A. कोहनियों से नीचे **B.** 45 डिग्री के कोण पर

C. कोहनियों से ऊपर **D.** आरामदायक स्थिति में

Q.65 त्वचा पर विकसित हो रहे प्रेशर सोर के लिए जल्द से जल्द पहचान करने वाला संकेत एक स्थानीयकृत _____ है।

A. छूने की शीतलता **B.** रंग में परिवर्तन

C. संवेदना की हानि **D.** एडिमा

Q.66 एक मधुमेह मरीज़ माता के नवजात शिशु में किस अवलोकन के लिए तत्काल नर्सिंग अंतःक्षेप की आवश्यकता होगी?

A. रोना **B.** जगाते रहना

C. घबराहट की गति **D.** उबासी लेना

Q.67 मानसिक आघात मरीज़ में वायुमार्ग को खोलने के लिए _____ वायुमार्ग युक्ति की सलाह दी जाती है।

A. हेड टिल्ट **B.** चिन लिफ्ट

C. जॉ थ्रस्ट **D.** दोनों (B) और (C)

Q.68 शराबी (ऐल्कोहॉलिक) मरीज़ को अचेत अवस्था में आपके सामने पेश किया गया है। आप उसे क्या देंगे?

A. 10% D/W

B. थायमिन के साथ 10% D/W

C. 25% D/W

D. मैनिटॉल

Q.69 एक 60 वर्षीय रोगी तीव्र गाउटी गठिया (संधिशोथ) के साथ आपात स्थिति में अस्पताल आता है। तत्काल नर्सिंग हस्तक्षेप _____ होगा।

A. दर्द दूर करना

B. बैसाखी के सहारे चलने का प्रदर्शन करना

C. आहार परिवर्तन सिखाना

D. मूत्रवर्धक का प्रबंध करके मूत्र को बढ़ावा देना

Q.70 निम्न में से कौन अधिकरक्तस्राव (हीमोफीलिया) से पीड़ित बच्चे के लिए नर्सिंग देखभाल का पहलू नहीं है?

A. सर्कमसिज़न करने की सलाह (खतना)

B. मुलायम टूथब्रश का इस्तेमाल करने की सलाह

C. नाखूनों को छोटा रखने की सलाह

D. खेलते समय पैडेड कपड़े और हेलमेट पहनने की सलाह

Q.71 विकास का मनो-सामाजिक सिद्धांत किसके द्वारा प्रतिपादित किया गया था:

A. थार्नडाइक **B.** एरिकसन **C.** स्किनर **D.** हरलॉक

Q.72 अधिगम के चिरप्रतिष्ठित प्रानुकूलन सिद्धांत का प्रतिपादन निम्नलिखित में से किस विद्वान ने किया था?

A. थॉर्नडाइक **B.** इवान पावलॉव

C. वॉस्टन **D.** अर्नल्ड

Q.73 इनमें से कौन सा एक आंतरिक कारक है जो शारीरिक विकास को प्रभावित करता है?

A. माँ के गर्भ में पर्यावरण

B. भ्रूण द्वारा प्राप्त पोषण की गुणवत्ता

C. आनुवंशिकता

D. जन्म के बाद उपलब्ध पर्यावरण

Q.74 _________ बच्चों के विकास में एक महत्वपूर्ण भूमिका निभाता है और यह बच्चे को प्राप्त होने वाली शारीरिक और मनोवैज्ञानिक उत्तेजना के कुल योग का प्रतिनिधित्व करता है।

A. पर्यावरण **B.** वंशागति

C. व्यायाम और स्वास्थ्य **D.** हार्मोन

Q.75 एक नवजात की स्थिति सामान्य जानी जाती है यदि अपगार स्कोर है:

A. 4-7 **B.** 10 से अधिक

C. 8 से अधिक **D.** 5-8 के बीच

Q.76 मूल्यांकन द्वारा, कोई भी विकासात्मक क्षेत्र के लिए विकासात्मक भागफल (DQ) निर्दिष्ट कर सकता है। इसकी गणना इस प्रकार की जाती है:

A. प्राप्ति पर औसत आयु / प्राप्ति पर प्राप्त आयु

B. (प्राप्ति पर औसत आयु + प्राप्ति पर प्राप्त आयु) × 100

C. (प्राप्ति पर औसत आयु / प्राप्ति पर प्राप्त आयु) × 100

D. प्राप्ति पर औसत आयु - प्राप्ति पर प्राप्त आयु × 100

Q.77 एक 11 साल का लड़का बेचैन है और शायद ही कभी अपनी सीट पर बैठता है और हॉल में घूमता है, और पूरी कक्षा को ध्यान केंद्रित करने में कठिनाई होती है। यह लड़का पीड़ित है:

A. डिप्रेशन डिसऑर्डर

B. अटेंशन डेफिसिट हाइपरएक्टिविटी डिसऑर्डर

C. सिज़ोफ्रेनिया

D. कंडक्ट डिसऑर्डर

Q.78 उन बच्चों के नाखूनों पर कड़वा पदार्थ लगाना जो इसे चबाते हैं, निम्नलिखित में से किस चिकित्सा का उदाहरण है?

A. फ्लडिंग

B. विरुचि चिकित्सा

C. सम्मोहन (हिप्नोसिस)

D. क्रमिक विसंवेदनीकरण (सिस्टमैटिक डीसेंसिटाइज़ेशन)

Q.79 बाल वृद्धि और विकास में पर्यावरण की भूमिका __________ द्वारा सर्वोत्तम रूप से परिलक्षित होती है।

A. स्वभावगत प्रवृत्तियाँ

B. व्यक्तित्व स्वभाव

C. प्राथमिक प्रतिक्रिया पैटर्न

D. आदत निर्माण

Q.80 आनुवंशिकता के बारे में कौन सा कथन गलत है?

A. एक बच्चे के रूप, आकार, शारीरिक गठन, ऊंचाई आदि को निर्धारित करने में बच्चे के आनुवंशिक गुणों की महत्वपूर्ण भूमिका होती है।

B. मां के गर्भ में निषेचित युग्मनज गुणसूत्रों के विभिन्न संयोजनों का निर्माण करते हैं।

C. आनुवंशिक गुणों के एक पीढ़ी से दूसरी पीढ़ी में संचारित होने की प्रक्रिया आनुवंशिकता कहलाती है।

D. बच्चे के आनुवंशिक गुण उसकी वृद्धि और विकास को प्रभावित नहीं करते हैं।

Q.81 एक शिशु साँस लेता है, एक मिनट में लगभग:

A. 26 बार   B. 52 बार   C. 72 बार   D. 13 बार

Q.82 नवजात शिशु में कठोर तालू पर बनने वाले उपकला कोशिकाओं के अस्थायी संचय को ____ कहा जाता है।

A. सकिंग कैलोसिटीज़   B. एपस्टीन पर्ल्स

C. अतिरिक्त दांत   D. धारण पुटक

Q.83 एक शिशु को प्रतिदिन कितनी विटामिन C की खुराक मिलनी चाहिए?

A. 10 मिग्रा प्रतिदिन   B. 50 मिग्रा प्रतिदिन

C. 30 मिग्रा प्रतिदिन   D. 60 मिग्रा प्रतिदिन

Q.84 सेक्सुएलिटी शिक्षा शुरू करने की सही आयु क्या है?

A. लगभग 5 वर्ष   B. लगभग 8 वर्ष

C. लगभग 12 वर्ष   D. इनमें से कोई भी नहीं

Q.85 3 महीने से 3 साल के बच्चे में वर्तमान जेली जैसे मल में खून और बलगम होने का संदेह है:

A. हिर्श्स्प्रुंग रोग   B. उदर हर्निया

C. मेकेल डायवर्टिकुलम   D. इन्टस्सपेप्शन

Q.86 बिली लाइट से नवजात शिशु के बीच कितनी दूरी रखनी चाहिए?

A. 25 सेमी से कम नहीं   B. 45 सेमी से कम नहीं

C. 30 सेमी से कम नहीं   D. 15 सेमी से कम नहीं

Q.87 निम्नलिखित में से कौन सा किशोर स्वास्थ्य और विकास के लिए नर्सों की मुख्य योग्यता है?

A. नर्सिंग या मिडवाइफरी देखभाल किशोरावस्था को मानव विकास और विकास के सामान्य चरण के रूप में पहचानती है।

B. नर्स या दाई देखभाल का मूल्यांकन, योजना, क्रियान्वयन और मूल्यांकन करने के लिए सभी क्षेत्रों से किशोरावस्था से संबंधित ज्ञान का संश्लेषण करेगी

C. नर्सिंग या मिडवाइफरी देखभाल प्राथमिक स्वास्थ्य देखभाल सिद्धांतों पर आधारित है, जिसमें स्वास्थ्य संवर्धन, स्वास्थ्य रखरखाव, अस्वस्थता का उपचार और पुनर्वास शामिल है।

D. उपरोक्त सभी

Q.88 नवजात शिशु के फेफड़ों की कुल क्षमता ____ होती है।

A. 160 मिली   B. 350 मिली   C. 500 मिली   D. 150 मिली

Q.89 शैशवावस्था के दौरान मायोकार्डिटिस का सबसे आम कारण कौन सा है?

A. हेमोफिलस इन्फ्लुएंजा   B. स्ट्रेप्टोकोक्की

C. कॉक्ससेकी बी संक्रमण   D. न्यूमोकोकी

Q.90 निम्न में से कौन सा उपागम बाल केन्द्रित शिक्षा के सिद्धांतों के अनुकूल है?

A. विद्यालयों को हर विद्यार्थी की व्यक्तिगत जरूरतों और रुचियों को महत्व देना चाहिए।

B. सिर्फ व्याख्यानों पर आधारित निर्देशन पर जोर देना चाहिए।

C. सभी विद्यार्थियों को शिक्षक द्वारा निर्धारित एकरूप मानदण्डों को प्राप्त करना चाहिए।

D. विद्यार्थियों को परीक्षा के लिए सीखने हेतु अभिप्रेणाएं प्रदान करनी चाहिए।

Q.91 मस्तिष्क द्रव्य के द्रवीकरण के साथ करोटि अस्थियों के अनियमित अतिव्यापी होने के कारण अंतर्गर्भाशयी भ्रूण की मृत्यु के एक सप्ताह बाद कौन सा संकेत दिखाई देता है?

A. स्पॉलवर्थी संकेत

B. अपरा संबंधी (प्लेसेंटल) संकेत

C. पिस्कासेक संकेत

D. स्पाल्डिंग संकेत

Q.92 सेप्टिक गर्भपात की सबसे जानलेवा जटिलता में शामिल हैं:

A. पेरिटोनिटिस   B. वृक्कीय विफलता

C. श्वसन संकट सिंड्रोम   D. सेप्टीसीमिया

Q.93 प्री-एक्लेम्प्सिया के गंभीर संकेत और लक्षण ______ हैं।

A. रक्तचाप में तेज वृद्धि

B. प्रोटीनमेह में वृद्धि

C. गंभीर सिरदर्द और देखने में परेशानी

D. उपरोक्त सभी

Q.94 उदर सम्बन्धी परिश्रवण के निम्नलिखित में से कौन से निष्कर्ष में नर्स को तुरंत डॉक्टर को रिपोर्ट करना चाहिए?

A. महाधमनी क्षेत्र पर जोर की ध्वनि

B. उच्च स्वरमान वाली आंत्र ध्वनियाँ

C. 20 सेकंड के लिए आंत्र ध्वनियों की अनुपस्थिति

D. धमनी की ध्वनि की अनुपस्थिति

Q.95 प्रसवोत्तर क्लाइंट पर फंडल आकलन करने से पहले निम्नलिखित में से कौन सी प्रारंभिक नर्सिंग कार्रवाई की जानी चाहिए।

A. माता को अपना मूत्राशय खाली करने के लिए कहिये

B. माता को उसकी तरफ करवट लेने के लिए कहिये

C. माता को अपनी पीठ के बल लेटने, घुटनों और पैरों को सपाट और सीधा रखने के लिए कहिये

D. फंडस का स्तर निर्धारित करने से पहले धीरे से फंडस की मालिश कीजिये

Q.96 निम्नलिखित में से कौन द्वितीयक प्रसवोत्तर रक्तस्राव का कारण है?

A. मां में रुधिर संबंधी विकारों की उपस्थिति

B. निचले जननांगी पथ का फटना

C. गर्भाशय का अंतर्वलन

D. प्रतिधारित गर्भ दलों की उपस्थिति

Q.97 एक गर्भवती महिला को घर पर क्या करने की सलाह दी जाती है यदि उसे योनि से अचानक पानी के तरल पदार्थ निकलने की शिकायत होती है?

A. तुरंत इमरजेंसी में ले जाइए

B. उसे सैनिटरी नैपकिन का उपयोग करने के लिए कहिए

C. उसे तरल पदार्थ के रुकने की प्रतीक्षा करने की सलाह दीजिए

D.   सुझाव दीजिए कि यह एक सामान्य घटना है

Q.98 निम्नलिखित में से किस वैजाइनल संकेत के लिए गर्भावस्था के दौरान लेटरल फॉर्निसेस के माध्यम से बढ़ी हुई धड़कन महसूस होती है?

A. हेगर संकेत   B. जैक्विमयर संकेत
C. चैडविक संकेत   D. ओसियन्डर संकेत

Q.99 स्वास्थ्य सेवा प्रदाता गर्भावस्था के दौरान इनमें से किस व्यायाम की सलाह देते हैं?

A. तेज़ी से चलना   B. दौड़ना
C. योग   D. उपरोक्त सभी

Q.100 भ्रूण की रक्तवाहिनी में ऑक्सीजन की मात्रा कहाँ होती है?

A. नाभिनाल शिरा   B. डक्टस वेनोसस
C. डक्टस आर्टीरियोसस   D. फुफ्फुसीय धमनी

// स्मार्ट उत्तर पुस्तिका //

सही उत्तर	उन छात्रों का प्रतिशत जिन्होंने प्रश्नों का सही उत्तर दिया था।	छोड़ दिया	उन छात्रों का प्रतिशत जिन्होंने प्रश्नों को छोड़ दिया था।

प्रश्न संख्या	उत्तर	सही उत्तर / छोड़ दिया	प्रश्न संख्या	उत्तर	सही उत्तर / छोड़ दिया	प्रश्न संख्या	उत्तर	सही उत्तर / छोड़ दिया	प्रश्न संख्या	उत्तर	सही उत्तर / छोड़ दिया	प्रश्न संख्या	उत्तर	सही उत्तर / छोड़ दिया
1	A	51.61 % / 1.18 %	17	D	65.17 % / 1.5 %	33	B	40.87 % / 1.87 %	49	D	61.25 % / 1.15 %	65	B	63.19 % / 1.49 %
2	B	89.45 % / 0.0 %	18	D	47.04 % / 1.05 %	34	C	64.65 % / 1.85 %	50	B	81.61 % / 0.0 %	66	C	79.53 % / 0.0 %
3	D	40.99 % / 1.76 %	19	A	68.83 % / 1.06 %	35	B	49.52 % / 1.82 %	51	C	81.88 % / 0.0 %	67	D	41.6 % / 1.09 %
4	B	45.85 % / 1.82 %	20	C	50.2 % / 1.05 %	36	B	65.93 % / 1.65 %	52	D	58.35 % / 1.07 %	68	B	80.02 % / 0.0 %
5	A	52.58 % / 1.38 %	21	A	65.63 % / 1.81 %	37	D	53.68 % / 1.4 %	53	A	59.38 % / 1.41 %	69	A	49.66 % / 1.98 %
6	C	28.64 % / 3.11 %	22	C	60.95 % / 1.38 %	38	B	61.84 % / 1.15 %	54	B	57.76 % / 1.51 %	70	A	44.68 % / 1.23 %
7	B	48.28 % / 1.96 %	23	D	83.23 % / 0.0 %	39	A	42.25 % / 1.97 %	55	B	65.69 % / 1.48 %	71	B	57.56 % / 1.12 %
8	D	45.77 % / 1.07 %	24	D	47.22 % / 1.34 %	40	B	52.88 % / 1.52 %	56	D	76.81 % / 0.0 %	72	B	45.1 % / 1.39 %
9	D	52.74 % / 1.33 %	25	C	51.48 % / 1.39 %	41	D	44.77 % / 1.77 %	57	A	83.71 % / 0.0 %	73	C	50.99 % / 1.29 %
10	A	66.75 % / 1.89 %	26	B	46.13 % / 1.32 %	42	D	53.45 % / 1.79 %	58	D	45.96 % / 1.12 %	74	A	50.91 % / 1.21 %
11	D	42.36 % / 1.81 %	27	A	41.51 % / 1.27 %	43	B	50.01 % / 1.12 %	59	D	76.6 % / 0.0 %	75	C	51.68 % / 1.65 %
12	A	48.68 % / 1.85 %	28	C	46.57 % / 1.32 %	44	B	63.9 % / 1.34 %	60	D	54.69 % / 1.3 %	76	C	50.25 % / 1.64 %
13	A	20.71 % / 4.97 %	29	C	46.3 % / 1.04 %	45	B	61.25 % / 1.87 %	61	B	62.35 % / 1.93 %	77	B	50.83 % / 1.5 %
14	C	29.19 % / 3.85 %	30	C	44.54 % / 1.98 %	46	D	48.0 % / 1.85 %	62	C	79.24 % / 0.0 %	78	B	65.01 % / 1.23 %
15	D	45.5 % / 1.07 %	31	A	62.26 % / 1.48 %	47	C	51.2 % / 1.45 %	63	D	66.1 % / 1.42 %	79	D	43.49 % / 1.36 %
16	B	52.62 % / 1.31 %	32	B	51.3 % / 1.32 %	48	B	49.13 % / 1.62 %	64	C	48.74 % / 1.96 %	80	D	54.21 % / 1.47 %

प्रश्न संख्या	उत्तर	सही उत्तर / छोड़ दिया
81	B	66.57 % / 1.22 %
82	B	53.36 % / 1.93 %
83	C	59.23 % / 1.04 %
84	D	76.61 % / 0.0 %

प्रश्न संख्या	उत्तर	सही उत्तर / छोड़ दिया
85	D	81.45 % / 0.0 %
86	B	63.28 % / 1.85 %
87	D	77.84 % / 0.0 %
88	D	53.44 % / 1.9 %

प्रश्न संख्या	उत्तर	सही उत्तर / छोड़ दिया
89	C	23.78 % / 3.05 %
90	A	51.54 % / 1.53 %
91	D	59.77 % / 1.27 %
92	D	88.43 % / 0.0 %

प्रश्न संख्या	उत्तर	सही उत्तर / छोड़ दिया
93	D	69.72 % / 1.83 %
94	A	87.6 % / 0.0 %
95	A	20.39 % / 4.38 %
96	D	58.33 % / 1.77 %

प्रश्न संख्या	उत्तर	सही उत्तर / छोड़ दिया
97	A	87.58 % / 0.0 %
98	D	64.77 % / 1.07 %
99	C	87.61 % / 0.0 %
100	A	46.88 % / 1.74 %

//संकेत और समाधान//

1. भौतिक निर्धारक उन भौतिक स्थितियों से संबंधित कारक हैं जिनमें हम रहते हैं, काम करते हैं और सीखते हैं। हमारे स्वास्थ्य पर प्राकृतिक वातावरण, निर्मित पर्यावरण और हमारे आस-पास के भौतिक स्थानों का बहुत प्रभाव पड़ता है। उदाहरण के लिए, हम जानते हैं कि प्रदूषण के संपर्क में आने से व्यापक और आजीवन स्वास्थ्य प्रभाव हो सकते हैं। पड़ोस के फुटपाथों तक पहुंच स्वास्थ्य के भौतिक निर्धारक का एक और उदाहरण है। बिना फुटपाथ वाले पड़ोस शारीरिक गतिविधियों में बाधा डाल सकते हैं और विकलांग लोगों के लिए शारीरिक बाधाएँ पैदा कर सकते हैं।

अतः विकल्प (A) सही है।

2. न्यूमोकोकल टीका भारत में राष्ट्रीय टीकाकरण का हिस्सा नहीं है।

राष्ट्रीय टीकाकरण कार्यक्रम के अनुसार जन्म के समय BCG दिया जाता है।

OPV: संस्थागत प्रसव के लिए जन्म खुराक, 6, 10 और 14 सप्ताह में प्राथमिक तीन खुराक और 16-24 महीने की उम्र में एक बूस्टर खुराक। मौखिक रूप से दी जाती है।

पेंटावैलेंट (Hib+DPT+Hep B युक्त) 6, 10 और 14 सप्ताह की उम्र में दिया जाता है पेंटावैलेंट टीका 8 राज्यों अर्थात तमिलनाडु, केरल, हरियाणा, जम्मू-कश्मीर, गुजरात, कर्नाटक, गोवा और पुडुचेरी में पेश किया गया।

अतः विकल्प (B) सही है।

3. सामाजिक-आर्थिक निर्धारक स्वास्थ्य के प्रमुख निर्धारक हैं। आय, धन, शिक्षा, रोजगार, पड़ोस की स्थिति और सामाजिक नीतियां हमारे जीव विज्ञान, स्वास्थ्य संबंधी व्यवहार, पर्यावरणीय जोखिम और चिकित्सा सेवाओं की उपलब्धता और उपयोग को प्रभावित करने के लिए जटिल तरीके से परस्पर क्रिया करती हैं। स्वास्थ्य के सामाजिक-आर्थिक निर्धारक निम्नानुसार दिए गए हैं:

आर्थिक स्थिति: उच्च आय आमतौर पर बेहतर पोषण की स्थिति, आवास की स्थिति, चिकित्सा सेवाओं आदि से जुड़ी होती है।

शिक्षा: एक अच्छी गुणवत्ता वाली शिक्षा स्वास्थ्य और कल्याण की नींव है। लोगों को स्वस्थ और उत्पादक जीवन जीने के लिए बीमारी और बीमारी को रोकने के लिए ज्ञान की आवश्यकता होती है। बच्चों और किशोरों को सीखने के लिए, उन्हें अच्छी तरह से पोषित और स्वस्थ रहने की आवश्यकता है।

व्यवसाय: यह किसी के हितों और कौशल को दर्शाता है और समर्थन करता है, और वे मनुष्य के रूप में हमारी व्यक्तिगत जरूरतों और इच्छाओं को पूरा करने में हमारी सहायता करते हैं। यह आपको मानसिक समस्याओं से दूर रखता है।

अतः विकल्प (D) सही है।

4. जिला स्तरीय सिविल अस्पताल सार्वजनिक स्वामित्व में आता है। ये पूरी तरह से सरकार द्वारा वित्त पोषित हैं और केवल उस धन से संचालित होते हैं जो करदाताओं से स्वास्थ्य देखभाल पहलों के लिए एकत्र किया जाता है। ये एक परिभाषित आबादी के लिए प्रभावी, सस्ती स्वास्थ्य देखभाल सेवाएं (विशेषज्ञ सेवाओं सहित उपचारात्मक, निवारक और प्रोत्साहक) प्रदान करते है, उनकी पूर्ण भागीदारी के साथ और जिले में एजेंसियों के साथ सहयोग में समान चिंता है। इसमें शहरी आबादी (जिला मुख्यालय शहर) और जिले की ग्रामीण आबादी दोनों शामिल हैं।

अतः विकल्प (B) सही है।

5. 1953 में, भारत सरकार ने DDT के भीतरी अवशिष्ट छिड़काव पर ध्यान देने के साथ राष्ट्रीय मलेरिया नियंत्रण कार्यक्रम (NMCP) शुरू किया था।

- 1955 - राष्ट्रीय कुष्ठ नियंत्रण कार्यक्रम (NLCP) शुरू किया गया।
- 1983 - राष्ट्रीय कुष्ठ उन्मूलन कार्यक्रम शुरू किया गया।
- 2005 - राष्ट्रीय स्तर पर कुष्ठ रोग का उन्मूलन।
- 1962 में, भारत सरकार ने अधिक तपेदिक मामलों का पता लगाने, प्रभावी उपचार प्रदान करने, जिला क्षय रोग केंद्रों की स्थापना, लघु-कोर्स कीमोथेरेपी का विस्तार करने और मौजूदा राज्य क्षय रोग प्रशिक्षण और प्रदर्शन केंद्रों को मजबूत करने के लिए एक राष्ट्रीय क्षय रोग नियंत्रण कार्यक्रम शुरू किया। रोग नियंत्रण कार्यक्रम शुरू हुआ।
- संशोधित राष्ट्रीय TB नियंत्रण कार्यक्रम (RNTCP), अंतरराष्ट्रीय स्तर पर अनुशंसित डायरेक्ट ऑब्जर्व्ड ट्रीटमेंट शॉर्ट-कोर्स (DOTS) रणनीति के आधार पर 1997 में शुरू किया गया था।

अतः विकल्प (A) सही है।

6. सार्वजनिक स्वास्थ्य देखभाल का मुख्य उद्देश्य स्वास्थ्य को आबादी में स्वास्थ्य को बढ़ावा देकर और बीमारी को रोककर स्वास्थ्य में सुधार करना है। राष्ट्रों में सार्वजनिक स्वास्थ्य देखभाल प्रणाली सभी संगठित गतिविधियों का एक समूह है जो वायरस, बैक्टीरिया आदि के कारण होने वाले संक्रमणों को रोकता है, जीवन को बढ़ाता है और अपने लोगों के स्वास्थ्य और दक्षता को बढ़ावा देता है।

अतः विकल्प (C) सही है।

7. मानव शरीर के लिए वसायुक्त भोजन (अत्यधिक वसायुक्त, मसालेदार और तैलीय व्यंजनों का सेवन) वजन, रक्तचाप और कोलेस्ट्रॉल पर उनके प्रभाव के कारण हृदय रोग और स्ट्रोक के जोखिम को बढ़ा सकता है। स्वास्थ्य को अच्छा बनाने वाली जीवन शैली (HPL), जीवन शैली के माध्यम से जीवन को बढ़ावा देने पर केंद्रित है जिसमें "शारीरिक गतिविधि", "पोषण", "स्वास्थ्य जिम्मेदारी", "आध्यात्मिक विकास", "पारस्परिक संबंध" और "तनाव प्रबंधन" शामिल हैं। मनुष्य के स्वास्थ्य को अच्छा बनाने वाली जीवन शैली में अत्यधिक वसायुक्त, मसालेदार और तैलीय व्यंजनों का सेवन शामिल नहीं है।

अतः विकल्प (B) सही है।

8. सामुदायिक स्वास्थ्य साधारण स्वास्थ्य सेवाओं को संदर्भित करता है जो आम लोगों द्वारा अस्पतालों और क्लीनिकों के बाहर प्रदान की जाती है। सामुदायिक स्वास्थ्य भी सार्वजनिक स्वास्थ्य का सबसेट है जिसे चिकित्सकों द्वारा सिखाया और अभ्यास किया जाता है।

भारत में सामुदायिक स्वास्थ्य समस्याएं: किशोर गर्भावस्था, स्वच्छ पेयजल तक पहुंच, बाल शोषण और उपेक्षा, अपराध, घरेलू हिंसा, नशीली दवाओं का उपयोग, प्रदूषण, संसाधनों का कुप्रबंधन, स्कूलों और सेवाओं के लिए धन की कमी, जातीय संघर्ष, स्वास्थ्य असमानताएं, एचआईवी/ एड्स, भूख आदि।

अतः विकल्प (D) सही है।

9. सामुदायिक स्वास्थ्य केंद्र राज्य द्वारा शासित और वित्त पोषित होते हैं जहां ये केंद्र स्थित हैं। एक सीएचसी में ओटी और एक्स-रे मशीनों के साथ-साथ कम से कम 30 बेड, प्रसव के लिए एक कमरा होता है।

सामुदायिक स्वास्थ्य केंद्र के लाभ:

- कम आय वाले लोग आसानी से स्वास्थ्य सुविधाओं तक पहुंच सकते हैं।
- यह शिशु मृत्यु दर और मातृ मृत्यु को समाप्त करने में मदद कर सकता है।
- लोगों के बीच स्वास्थ्य सेवा के बारे में अधिक जागरूकता फैलाई जा सकती है।
- ग्रामीण क्षेत्रों में रहने वाले लोग नियमित चिकित्सा जांच से आसानी से लाभान्वित हो सकते हैं।

अतः विकल्प (D) सही है।

10. आयुष्मान भारत प्रधानमंत्री जन आरोग्य योजना -

- PMJAY भारत की सबसे महत्वाकांक्षी स्वास्थ्य क्षेत्र की योजनाओं में से एक है।

- प्रधान मंत्री नरेंद्र मोदी ने 23 सितंबर 2018 को प्रधान मंत्री जन आरोग्य अभियान का शुभारंभ किया, जिसे आयुष्मान भारत या राष्ट्रीय स्वास्थ्य सुरक्षा मिशन (AB-NHPM) या मोदीकेयर के रूप में भी जाना जाता है।

- इसे राष्ट्रीय स्वास्थ्य सुरक्षा मिशन के रूप में प्रारंभ किया गया था और बाद में इसका नाम बदल दिया गया।

- यह दुनिया की सबसे बड़ी सरकार द्वारा वित्त पोषित स्वास्थ्य बीमा योजना है।

- यह योजना पात्र परिवारों को प्रति परिवार प्रति वर्ष 5 लाख रुपये का बीमा कवर प्रदान करती है।

- इस राशि का उद्देश्य सभी माध्यमिक और अधिकांश तृतीयक देखभाल व्ययों को कवर करना है।

- इस योजना के तहत परिवार के आकार और उम्र की कोई सीमा नहीं है, यह सुनिश्चित करने के लिए कि कोई भी पीछे न छूटे।

- राष्ट्रीय स्वास्थ्य प्राधिकरण या NHA भारत की प्रमुख सार्वजनिक स्वास्थ्य बीमा/आश्वासन योजना आयुष्मान भारत प्रधानमंत्री जन आरोग्य योजना (AB-PMJAY) को लागू करने के लिए जिम्मेदार है।

- राष्ट्रीय स्तर पर PM-JAY को लागू करने के लिए NHA की स्थापना की गई है।

- राष्ट्रीय स्वास्थ्य प्राधिकरण राष्ट्रीय स्वास्थ्य एजेंसी का उत्तराधिकारी है, जो 23 मई 2018 से एक पंजीकृत सोसायटी के रूप में कार्य कर रही थी।

अतः विकल्प (A) सही है।

11. एएनएम स्वास्थ्य उपकेंद्रों पर काम करती हैं। उप-केंद्र एक छोटा ग्रामीण स्तर का संस्थान है जो समुदाय को प्राथमिक स्वास्थ्य देखभाल प्रदान करता है। उपकेन्द्र प्राथमिक स्वास्थ्य केन्द्र (पीएचसी) के अधीन कार्य करता है। प्रत्येक PHC में आमतौर पर लगभग छह ऐसे उप-केंद्र होते हैं। एएनएम से बहुउद्देश्यीय स्वास्थ्य कार्यकर्ता होने की उम्मीद की जाती है। एएनएम से संबंधित कार्यों में परिवार नियोजन सेवाओं के साथ-साथ मातृ एवं शिशु स्वास्थ्य, स्वास्थ्य और पोषण शिक्षा, पर्यावरण स्वच्छता बनाए रखने के प्रयास, संचारी रोगों के नियंत्रण के लिए टीकाकरण, मामूली चोटों का उपचार और आपात स्थिति और आपदाओं में प्राथमिक चिकित्सा शामिल है। दूरदराज के क्षेत्रों में, जैसे पहाड़ी और आदिवासी क्षेत्रों में जहां परिवहन सुविधा खराब होने की संभावना है, एएनएम को महिलाओं के लिए होम डिलीवरी करने की आवश्यकता होती है।

इस प्रकार एएनएम के संबंध में सभी कथन सही हैं।

अतः विकल्प (D) सही है।

12. एक एएनएम स्वास्थ्य कार्यकर्ता द्वारा जंघा पेशियों में चुभन, सिरदर्द और पैर में सूजन के बारे में पूछा जाएगा। एक एएनएम स्वास्थ्य कार्यकर्ता मधुमेह, उच्च रक्तचाप, कैंसर और यकृत रोग के पिछले चिकित्सा इतिहास के बारे में भी पूछताछ करता है। मौखिक गर्भनिरोधक गोलियों के स्वास्थ्य पर कई दुष्प्रभाव हो सकते हैं। इसलिए, चिकित्सा इतिहास का आकलन करना महत्वपूर्ण है। गर्भनिरोधक गोली के कुछ दुष्प्रभाव:

- पैर की मांसपेशियों (काफ) में चुभन
- सिरदर्द
- पैरों में सूजन

अतः विकल्प (A) सही है।

13. एक भरा हुआ या किंकड कैथेटर मूत्राशय को भरने का कारण बनता है और पेशाब करने की आवश्यकता को उत्तेजित करता है। एक स्थायी मूत्र कैथेटर (आईयूसी), जिसे आम तौर पर "फोली" कैथेटर के रूप में जाना जाता है, एक कैथेटर और प्रतिधारण गुब्बारे के साथ एक बंद बाँझ प्रणाली है जिसे मूत्राशय के जल निकासी की अनुमति देने के लिए मूत्रमार्ग या सुपरप्यूबली के माध्यम से डाला जाता है। बाहरी संग्रह उपकरण (जैसे जल निकासी ट्यूबिंग और बैग) मूत्र संग्रह के लिए कैथेटर से जुड़े होते हैं।

अतः विकल्प (A) सही है।

14. एक स्थापित रंध्र बुक्कल म्यूकोसा के रंग की तरह गहरा लाल बैंगनी होना चाहिए और पेट से थोड़ा ऊपर उठा हुआ होना चाहिए। एक रंध्र एक शल्य प्रक्रिया के दौरान किए गए पूर्वकाल पेट की दीवार से आंत्र के एक लूप का बाहरीकरण होता है। यह शेष आंत्र के मोड़ या विघटन के लिए किया जाता है। यह उस संकेत के आधार पर अस्थायी या स्थायी हो सकता है जिसके लिए इसे किया गया था। अधिकांश रंध्र असंयम होते हैं जिसका अर्थ है कि रंध्र से पेट और मल के पारित होने पर कोई स्वैच्छिक नियंत्रण नहीं है।

अतः विकल्प (C) सही है।

15. ANM गर्भावस्था के दौरान पूर्ण देखभाल प्रदान करती हैं, जिसमें नियमित मुलाकातें, नैदानिक परीक्षण, नियमित कार्य और भावनात्मक समर्थन शामिल हैं।

अस्पताल, समुदाय और घर में स्क्रीनिंग परीक्षणों सहित पूर्ण प्रसवपूर्व देखभाल प्रदान करें।

मिडवाइफरी सर्विसेज इनिशिएटिव का उद्देश्य मिडवाइफरी में नर्स प्रैक्टिशनर्स का एक कैडर बनाना है जो इंटरनेशनल कॉन्फेडरेशन ऑफ मिडवाइव्स (आईसीएम) द्वारा निर्धारित दक्षताओं के अनुसार कुशल हैं और ज्ञानवान, महिला, प्रजनन, मातृ और नवजात शिशु स्वास्थ्य देखभाल सेवाएं प्रदान करने में सक्षम और ज्ञानवान हैं।

इसलिए हम निष्कर्ष निकाल सकते हैं कि विकल्पों में दी गयी एक ANM की कानूनी जिम्मेदारियां सही हैं।

अतः विकल्प (D) सही है।

16. रोगी गहरी शिरा घनास्त्रता (डीवीटी) के लक्षण दिखाता है। श्रोणि क्षेत्र रक्त की आपूर्ति में समृद्ध है और गहरी शिरा के थ्रोम्बोफ्लिबिटिस श्रोणि सर्जरी से जुड़ा हुआ है। घनास्त्रता एक सुरक्षात्मक तंत्र है जो रक्त की हानि को रोकता है और क्षतिग्रस्त रक्त वाहिकाओं को बंद कर देता है। फाइब्रिनोलिसिस घनास्त्रता का प्रतिकार या स्थिर करता है शिरापरक घनास्त्रता के ट्रिगर अक्सर बहुक्रियात्मक होते हैं, जिसमें प्रत्येक रोगी में अलग-अलग डिग्री में योगदान देने वाले विरचो के त्रय के विभिन्न भाग होते हैं, लेकिन सभी का परिणाम एंडोथेलियम के साथ प्रारंभिक थ्रोम्बस बातचीत में होता है। यह तब स्थानीय साइटोकिन उत्पादन को उत्तेजित करता है और एंडोथेलियम को ल्यूकोसाइट आसंजन का कारण बनता है, जो दोनों शिरापरक घनास्त्रता को बढ़ावा देते हैं।

अतः विकल्प (B) सही है।

17. गंभीर स्थिति में एएनएम ऑपरेशन नहीं कर सकती।

एएनएम की भूमिका:

- ग्रामीण समुदायों को सुरक्षित और प्रभावी देखभाल प्रदान करना
- समुदायों को राष्ट्रीय स्वास्थ्य कार्यक्रमों के लक्ष्यों को प्राप्त करने में मदद करना
- परिवार नियोजन सेवाओं, स्वास्थ्य और पोषण शिक्षा के साथ-साथ बाल स्वास्थ्य प्रदान करना

एएनएम से संबंधित कार्यों में परिवार नियोजन सेवाओं के साथ-साथ मातृ एवं शिशु स्वास्थ्य, स्वास्थ्य और पोषण शिक्षा, पर्यावरण स्वच्छता बनाए रखने के प्रयास, संचारी रोगों के नियंत्रण के लिए टीकाकरण, मामूली चोटों का उपचार और आपात स्थिति और आपदाओं में प्राथमिक चिकित्सा शामिल है। दूरदराज के क्षेत्रों में, जैसे पहाड़ी और आदिवासी क्षेत्रों में जहां परिवहन सुविधा खराब होने की संभावना है, एएनएम को महिलाओं के लिए होम डिलीवरी करने की आवश्यकता होती है।

अतः विकल्प (D) सही है।

18. आंगनवाड़ी कार्यकर्ता, एएनएम और आशा बाल विकास को बढ़ावा देकर, उचित पोषण और स्वास्थ्य के माध्यम से बच्चे के सामान्य स्वास्थ्य और पोषण संबंधी जरूरतों की देखभाल करने की मां की क्षमता को बढ़ाकर बेहतर भारत के लिए कुपोषण और स्वास्थ्य के मुद्दे से निपटने के लिए आईसीडीएस के विकास में मदद कर सकती हैं। शिक्षा और मृत्यु दर, रुग्णता, कुपोषण और स्कूल छोड़ने की घटनाओं को कम करना। बाल विकास को बढ़ावा देने के लिए विभिन्न विभागों के बीच नीति और कार्यान्वयन के प्रभावी समन्वय को प्राप्त करना और उचित पोषण और स्वास्थ्य शिक्षा के माध्यम से बच्चे की सामान्य स्वास्थ्य और पोषण संबंधी आवश्यकताओं की देखभाल करने के लिए मां की क्षमता में वृद्धि करना। कार्यक्रम का मूल आधार शिक्षाविदों, शोधकर्ताओं और चिकित्सकों के बीच आम सहमति के इर्द-गिर्द घूमता है कि प्रारंभिक बचपन की शिक्षा और देखभाल अविभाज्य मुद्दे हैं और इन्हें एक माना जाना चाहिए। इस मौलिक धारणा के आधार पर, आईसीडीएस कार्यक्रम के तहत बुनियादी इनपुट में न्यूनतम बुनियादी सेवाओं के एकीकृत पैकेज का वितरण शामिल है- स्वास्थ्य देखभाल (टीकाकरण, रेफरल, स्वास्थ्य जांच, पोषण और स्वास्थ्य शिक्षा), पोषण पूरकता और प्रारंभिक बचपन की शिक्षा (बच्चों के लिए प्रोत्साहन गतिविधियां) 0-3 वर्ष के बच्चों और 3-6 वर्ष के बच्चों के लिए गैर-औपचारिक प्री-स्कूल गतिविधियाँ) ताकि प्रसव पूर्व अवस्था से लेकर छह वर्ष की आयु तक के बच्चों और गर्भवती और स्तनपान कराने वाली माताओं को लाभ मिल सके।

अतः विकल्प (D) सही है।

19. सर्जिकल बिस्तर बनाते समय नर्स बिस्तर को एक उच्च स्थिति में समाप्त होने पर छोड़ देती है। शीर्ष लिनन को बिस्तर पर बिना पाउच के रखने के बाद, नर्स इन लिनन को उस तरफ मोड़ देती है जहां से रोगी प्रवेश करेगा और तकिए को बेडसाइड कुर्सी पर रख देगा। ये सभी क्रियाएं पोस्टऑपरेटिव रोगी को स्ट्रेचर से बिस्तर पर स्थानांतरित करने में मदद करती हैं।

अतः विकल्प (A) सही है।

20. नम, बाँझ नमकीन पट्टी समर्थन ठीक हो जाएगा और लागत प्रभावी है। यदि घाव संक्रमित है और बहुत सारे स्लॉफ़ हैं जिन्हें यंत्रवत् रूप से नष्ट नहीं किया जा सकता है, तो कोलेजनेज़-आधारित उत्पादों के साथ एक रासायनिक विच्छेदन किया जा सकता है। लक्ष्य नमी की सही मात्रा बनाए रखने के लिए उपयुक्त पट्टी सामग्री का उपयोग करके घाव को जल्द से जल्द ठीक करने में मदद करना है। जब घाव सूख जाता है तो नमी बढ़ाने के लिए पट्टी का उपयोग करें और यदि बहुत अधिक गीली हो और आसपास की त्वचा मैकरेटेड हो तो ऐसी सामग्री का उपयोग करें जो अतिरिक्त तरल पदार्थ को सोख ले और आसपास की स्वस्थ त्वचा की रक्षा करे।

अतः विकल्प (C) सही है।

21. फॉलिक अम्ल की कमी से होने वाला एनीमिया, रक्त में फॉलिक अम्ल या विटामिन B9 की कमी है। विटामिन B12 की कमी के साथ, फॉलिक अम्ल की कमी से मेगालोब्लास्टिक एनीमिया होता है जिसमें RBC सामान्य से बड़े होते हैं।

फॉलिक अम्ल की कमी के कारण होने वाला एनीमिया परिणाम है:

- पोषक तत्वों की कमी
- शराब
- कुअवशोषण
- गर्भावस्था और
- फ़िनाइटोइन और मेथोट्रेक्सेट जैसी दवाएं

फॉलिक अम्ल की कमी से होने वाला एनीमिया थकान, सांस लेने में तकलीफ, पीली त्वचा, वजन कम होना, कानों में बजना और सिर दर्द द्वारा विशेषित है।

अतः विकल्प (A) सही है।

22. वसा और इथैनॉल में प्रति द्रव्यमान, 37 और 29 kJ / g (8.8 और 6.9 kcal / g) खाद्य ऊर्जा की सबसे बड़ी मात्रा होती है। प्रोटीन और अधिकांश

कार्बोहाइड्रेट में लगभग 17 kJ / g (4.1 kcal / g) होता है। वसा ऊर्जा का सबसे धीमा स्रोत है लेकिन भोजन का सबसे अधिक ऊर्जा-कुशल रूप है। वसा का प्रत्येक ग्राम लगभग 9 कैलोरी के साथ शरीर की आपूर्ति करता है, जो प्रोटीन या कार्बोहाइड्रेट द्वारा आपूर्ति की जाती है।

अतः विकल्प (C) सही है।

23. पूरक आहार: यह 6 महीने की उम्र के बाद एक शिशु को स्तन के दूध के साथ अन्य खाद्य पदार्थ और तरल पदार्थ देने की प्रक्रिया है क्योंकि बढ़ते बच्चे की पोषण संबंधी आवश्यकताओं को पूरा करने के लिए केवल स्तन का दूध ही पर्याप्त नहीं है।

यह वह प्रक्रिया है जिसके द्वारा शिशु धीरे-धीरे वयस्क आहार का आदी हो जाता है।

पूरक आहार के लाभ:

- यह कुपोषण को रोकता है।
- यह कमी से होने वाली बीमारियों जैसे एनीमिया से बचाता है।
- विकास को बढ़ावा देता है।

अतः विकल्प (D) सही है।

24. प्याज, ब्रोकली, ताजे फल, दूध, अंडे और आयोडीन युक्त नमक सोडियम और आयोडीन के अच्छे स्रोत हैं।

हाइपोनेट्रेमिया तब होता है जब आपके रक्त में सोडियम की मात्रा असामान्य रूप से कम हो जाती है। सोडियम एक इलेक्ट्रोलाइट है, और यह आपकी कोशिकाओं में और उसके आसपास पानी की मात्रा को नियंत्रित करने में मदद करता है। हाइपोथायरायडिज्म तब होता है जब आपके शरीर का आयोडीन स्तर कम हो जाता है और आपकी थायरॉयड ग्रंथि थायराइड हार्मोन का उत्पादन नहीं कर पाती है। इस स्थिति को अंडरएक्टिव थायराइड भी कहा जाता है।

अतः विकल्प (D) सही है।

25. प्रोटीन-ऊर्जा कुपोषण: इसे पहला राष्ट्रीय पोषण विकार भी कहा जाता है। यह एक प्रकार का कुपोषण है जिसे आहार प्रोटीन और ऊर्जा की एक संयोग कमी से उत्पन्न होने वाली रोग संबंधी स्थितियों के रूप में परिभाषित किया जाता है।

प्रोटीन ऊर्जा कुपोषण शब्द संबंधित विकारों के एक समूह पर लागू होता है जिसमें मैरास्मस, काशीओरकोर शामिल हैं।

यह सेवन और आवश्यकता के बीच भोजन के अंतर के कारण है। प्रोटीन-ऊर्जा कुपोषण का गोमेज़ वर्गीकरण उस उम्र के लिए अपेक्षित वजन के 90% से अधिक वजन को सामान्य के रूप में वर्गीकृत करता है।

गोमेज़ वर्गीकरण: बच्चे के वजन की तुलना उसी उम्र के सामान्य बच्चे से की जाती है।

WFA (%) = बच्चे का वजन/उसी उम्र के सामान्य बच्चे का वजन × 100

उम्र के लिए% वजन	अल्पपोषण का प्रकार	अल्पपोषण का ग्रेड
≥ 90	सामान्य	सामान्य
76 – 90	मृदु	I
60-75	मध्यम	II
<60	गंभीर	III

अतः विकल्प (C) सही है।

26. शरीर की आवश्यकता को पूरा करने के लिए सही मात्रा में ऊर्जा, कार्बोहाइड्रेट, प्रोटीन, वसा, फाइबर, विटामिन, खनिज और पानी युक्त आहार को संतुलित आहार कहा जाता है। एक संतुलित आहार आपके शरीर को प्रभावी ढंग से काम करने के लिए आवश्यक पोषक तत्वों की आपूर्ति करता है। संतुलित पोषण के बिना, आपका शरीर बीमारी, संक्रमण, थकान और कम प्रदर्शन के प्रति अधिक संवेदनशील होता है। जिन बच्चों को पर्याप्त स्वस्थ

भोजन नहीं मिलता है उन्हें वृद्धि और विकासात्मक समस्याओं, खराब शैक्षणिक प्रदर्शन और बार-बार संक्रमण का सामना करना पड़ सकता है।

अतः विकल्प (B) सही है।

27. जब शरीर में कार्बोहाइड्रेट की कमी होती है, तो कार्बोहाइड्रेट वसा और प्रोटीन से संश्लेषित होते हैं। इस प्रक्रिया को ग्लूकोनोजेनेसिस कहा जाता है। यह प्रक्रिया मुख्य रूप से यकृत में होती है। शरीर में कार्बोहाइड्रेट की कमी गंभीर कमजोरी और सुस्ती जैसी समस्याओं का कारण बन सकती है। जब शरीर को ऊर्जा का मुख्य स्रोत कार्बोहाइड्रेट नहीं मिल पाता है तो उसे अन्य पोषक तत्वों पर निर्भर रहना पड़ता है।

अतः विकल्प (A) सही है।

28. ब्लैक करेंट में विटामिन सी का उच्चतम स्तर होता है। ब्लैक करेंट में संतरे के रूप में विटामिन सी की मात्रा चार गुना होती है, और ब्लूबेरी के रूप में एंटीऑक्सीडेंट की मात्रा दोगुनी होती है। विटामिन सी एक एंटीऑक्सीडेंट है जो आपकी कोशिकाओं को मुक्त कणों के प्रभाव से बचाने में मदद करता है।

अतः विकल्प (C) सही है।

29. मोटापा एक स्थिति है, जहां एक व्यक्ति के शरीर में इतना वसा (कार्बोहाइड्रेट) जमा हो जाता है कि उसके स्वास्थ्य पर नकारात्मक प्रभाव उत्पन्न करता है। वसा से समृद्ध भोजन - तला हुआ भोजन जैसे समोसा और पूड़ी (नास्ता), मलाई, रबड़ी और पेड़ा (मिठाई)। हमारे लिए बहुत अधिक वसा युक्त खाद्य पदार्थ खाना बहुत हानिकारक हो सकता है और हम मोटापे नामक बीमारी से पीड़ित हो सकते हैं।

अतः विकल्प (C) सही है।

30. संतुलित आहार में विटामिन और खनिज सुरक्षात्मक पोषक तत्व होते हैं। ऐसा आहार जिसमें प्रत्येक पोषक तत्व की उचित मात्रा हो, संतुलित आहार कहलाता है। हमारा शरीर विटामिन को संश्लेषित नहीं कर सकता है। इसलिए हमें प्राकृतिक स्रोतों जैसे फलों और सब्जियों का सेवन करने की आवश्यकता होती है। पालक, गोभी, बैंगन, बीन्स और फलों जैसी सब्जियों को सुरक्षात्मक खाद्य पदार्थ कहा जाता है। ये घटक हमें बीमारियों से बचाते हैं। इसलिए, उन्हें भोजन के सुरक्षात्मक घटक कहा जाता है।

अतः विकल्प (C) सही है।

31. आहारनाल मूल रूप से एक लंबी नली होती है जो मुंह से मलद्वार तक फैली होती है। इसमें विभिन्न भाग होते हैं। विभिन्न क्षेत्रों को विभिन्न कार्यों को करने के लिए विशिष्ट किया जाता है। हम जो भोजन करते हैं उसे पहले दांतों द्वारा छोटे-छोटे टुकड़ों में कुचल दिया जाता है, फिर इन्हें लार के साथ अच्छी तरह मिलाया जाता है और पेशीय जीभ से चबाते हुए मुंह के चारों ओर घुमाया जाता है। इससे खाना आसानी से पच जाता है। भोजन को पाचन नली के साथ नियमित रूप से स्थानांतरित करना आवश्यक है ताकि इसे प्रत्येक भाग में ठीक से संसाधित किया जा सके। नाल के अस्तर में मांसपेशियां होती हैं जो भोजन को आगे (नीचे) धकेलने के लिए लयबद्ध रूप से सिकुड़ती हैं। ये क्रमाकुंचन गति पूरे आंत में होती हैं। जिससे भोजन नली की दीवार में मांसपेशियों के संकुचन के कारण निगला हुआ भोजन नीचे की ओर चला जाता है।

इसीलिए आहारनाल (पाचन नली) में निगला गया भोजन नीचे की ओर गति करता है, क्योंकि ग्रासनली (ग्रसिका) की भित्ति की पेशियाँ संकुचन करती हैं।

अतः विकल्प (A) सही है।

32. G6PD की कमी: इसे ग्लूकोज-6-फॉस्फेट-डिहाइड्रोजनेज भी कहा जाता है। इस कमी में, कुछ दवाओं, संक्रमणों या अन्य तनावों के उत्तर में लाल रक्त कोशिकाएं टूट जाती हैं। यह एक अनुवांशिक रोग है। यह X-लिंक्ड है। इस रोग में रक्तसंलायी अरक्तता की विशेषता होती है जो ऑक्सीकारकों का विषहरण करने में असमर्थता के कारण होता है।

G6PD के लक्षण:

- सांस लेने में कठिनाई
- बुखार
- तीव्र हृदय गति
- थकान
- पीलिया
- गहरा या पीला मूत्र

अतः विकल्प (B) सही है।

33. अग्न्याशय अंतःस्रावी और बहिःस्रावी दोनों ग्रंथियां हैं। यह ग्रहणी में स्थित है। बहिःस्रावी कोशिकाएं संकुलित होती हैं और एसिनी कहलाती हैं। अंतःस्रावी ऊतकों के समूह को अग्राशयी द्वीपिका (पैंक्रियास आइलेट्स) कहा जाता है।

अग्राशयी इंसुला चार प्रकार के होते हैं।

- अल्फा जो ग्लूकैगॉन का स्राव करता है।
- बीटा कोशिकाएं जो इंसुलिन का स्राव करती हैं।
- डेल्टा सोमाटोस्टैटिन का स्राव करता है।
- F कोशिकाएं अग्राशयी पॉलीपेप्टाइड का स्राव करती हैं।

अतः विकल्प (B) सही है।

34. कब्जा संधि: इस संधि में, एक अस्थि की उत्तल सतह दूसरी की अवतल सतह में फिट हो जाती है। इस प्रकार की संधि वाली अस्थियों में गति केवल एक ही दिशा में होती है। एक निश्चित सीमा के बाद गति रूक जाती है। उदाहरण कलाई की संधि, घुटनों की संधि, कुहनी की संधि, हाथ की उंगलियों के बीच की संधि, कब्जा संधि ह्युमूरस एवं उल्ना के मध्य पाई जाती है।

अतः विकल्प (C) सही है।

35. आमाशय एक छोटा J-आकार का थैली होता है जिसमें मोटी लोचदार पेशियों से बनी भित्तियाँ होती हैं जो भोजन के टूटने में मदद करती हैं।

आमाशय के भाग:

- कार्डियक: यह हिस्सा अन्नप्रणाली के सबसे करीब है।
- फण्डिक: कार्डिया के बगल में आमाशय का ऊपरी हिस्सा होता है।
- आमाशय काय: फंडस और पाइलोरस के बीच का सबसे बड़ा हिस्सा होता है।
- पाइलोरस: यह शरीर के बाद एक वाल्व है। जो पाचन के दौरान खुलता और बंद होता है। यह मानव के आमाशय का दूरस्थ भाग हैं।

अतः विकल्प (B) सही है।

36. नाड़ी दर: यह प्रति मिनट हृदय के स्पंदन की संख्या को दर्शाता है। जब नाड़ी की दर अनियमित होती है, तो शीर्ष नाड़ी को पूरे एक मिनट (1 मिनट bpm) के लिए गिनना सबसे अच्छा होता है। किसी भी कारण के बावजूद, यदि नाड़ी अनियमित है, तो नर्स को स्पष्ट निदान के लिए एक मिनट के लिए शिखर नाड़ी का आकलन करना चाहिए और यह सुनिश्चित करना चाहिए कि रोगी जीवन के लिए खतरनाक स्थिति में है या नहीं। शिखर नाड़ी हृदय के नुकीले सिरे या शीर्ष पर छाती के बाईं ओर एक नाड़ी स्थल है।इसलिए नर्स के लिए यह हमेशा एक बेहतर हस्तक्षेप होता है कि शिखर नाड़ी की जांच करने।

नाड़ी स्थल:

- बहिःप्रकोष्ठिका
- शंख
- ग्रीवा
- शीर्ष
- क्लोम
- ऊरू

- जानुपृष्ठ
- पश्च अंतर्जंघिका
- पद अभिपृष्ठ

अतः विकल्प (B) सही है।

37. त्वचा की तीन परतें होती हैं।

- बाह्य त्वचा
- डर्मिस (त्वचा)
- हाइपोडर्मिस (अधस्त्वचा)

डर्मिस परत:

- यह त्वचा की मध्य परत है।
- यह एक सख्त और लोचदार परत है।
- यह संयोजी ऊतक से बनती है।
- इसमें रक्त और लसीका वाहिकाओं, रोम पुटक, तंत्रिकाएं, त्वचा ग्रंथि, स्वेद ग्रंथियां, कोलेजेन तंतु होते हैं।

अतः विकल्प (D) सही है।

38. अधिचर्म कोशिकाओं की बाहरी परत जो त्वचा बनाती है। यह ज्यादातर चपटे, शल्क जैसी कोशिकाओं से बना होता है जिन्हें शल्की कोशिका कहा जाता है। अधिचर्म के सबसे गहरे भाग में मेलानोसाइट भी होते हैं। यह कोशिकाएं मेलेनिन का उत्पादन करती हैं।

बाह्यत्वचा: यह कोशिकाओं की प्राथमिक परतों में से एक है।

बाह्यत्वचा से प्राप्त अंग :-

- त्वचा (अधिचर्म) और उनकी वर्णक कोशिकाएं।
- होंठ, गाल, मसूड़े, नाक के छिद्र की श्लेष्मा झिल्ली।
- गुदा नाल का निचला भाग।
- शिश्न मुंड
- वृहद भगोष्ठ और लघु भगोष्ठ का बाहरी भाग।
- तंत्रिका तंत्र
- कॉर्निया का अग्र उपकला, नत्रश्लेष्मकला का उपकला, पक्ष्माभ काय और नेत्र की परितारिका।

इसलिए अधिचर्म की उत्पत्ति भ्रूण की बाह्यत्वचा से होती है।

अतः विकल्प (B) सही है।

39. वाहिनीहीन ग्रंथियां, जो अपने स्राव को सीधे रक्त में स्रावित करती हैं, अंतःस्रावी ग्रंथि कहलाती हैं। अंतःस्रावी ग्रंथियां हार्मोन का स्रावित करती है। अंतःस्रावी तंत्र की ग्रंथियां:

- पिनियल ग्रंथि
- पीयूष ग्रंथि
- अग्न्याशय
- अंडाशय
- वृषण
- थाइरॉइड ग्रंथि
- पैराथाइरॉइड ग्रंथि
- हाइपोथेलेमस
- अधिवृक्क ग्रंथि

अतः विकल्प (A) सही है।

40. कंठ:

- यह एक छोटा मार्ग है जो कंठ ग्रसनी को श्वासनली से जोड़ता है।
- कंठ की भित्ति उपास्थि के 9 टुकड़ों से बनी होती है। इसलिए विकल्प (B) में दिया गया कथन गलत है।

श्वासनली:

- यह वायु के लिए एक नलिकीय मार्ग है।
- श्वासनली 12 सेंटीमीटर लंबी और 2.5 सेंटीमीटर व्यास की होती है।
- श्वासनली दाएं और बाएं और दाएं प्राथमिक ब्रोन्कस में विभाजित है।

ग्रसनी:

- यह नासा गुहा से कंठ तक वायु के लिए एक फनल के आकार का मार्ग है।
- यह 13 सेंटीमीटर लंबा है।
- यह नाक और मुख गुहा के पीछे और ग्रीवा कशेरुका के पूर्व में स्थित है।

नाक:

- नाक श्वास पथ का पहला अंग है।
- नासा गुहा चेहरे के मध्य में नाक के ऊपर और पीछे एक बड़ी, वायु से भरा स्थान होता है।
- नाक के बाहरी छिद्रों में से एक को नासा छिद्र कहा जाता है।
- नासा गुहा नासा छिद्रों का मध्य भाग है।

अतः विकल्प (B) सही है।

41. फाइलेरिया विकलांगता और विरूपता बढ़ाने वाला सबसे बड़ा रोग है। यह एक पैरासाइट रोग है जो कि धागे के समान दिखाई देने वाले निमेटोड कीड़ों के शरीर में प्रवेश करने की वजह से होती है।

फाइलेरिया होने पर सबसे आम लक्षण शरीर के अंगों में सूजन है। सूजन निम्न में होती है:

- पैर
- गुप्तांग
- स्तनों
- बाँह

फाइलेरिया के जोखिम कारक:

- मच्छरों के लिए उच्च जोखिम होना
- अस्वच्छ परिस्थितियों में रहना
- उष्णकटिबंधीय और उपोष्णकटिबंधीय क्षेत्रों में लंबे समय तक रहना

अतः विकल्प (D) सही है।

42. बेरीबेरी विटामिन B1 की कमी से होने वाली बीमारी है, जिसे थायमिन की कमी भी कहा जाता है। यह अक्सर विकासशील देशों में ऐसे लोगों के बीच होता है जिनमें ज्यादातर सफेद चावल या अत्यधिक परिष्कृत कार्बोहाइड्रेट होते हैं। रोग दो प्रकार के होते हैं:

- गीली बेरीबेरी
- सूखी बेरीबेरी

अतः विकल्प (D) सही है।

43. एचआईवी संक्रमण के दौरान रोग प्रतिरोधक क्षमता कम हो जाती है। एचआईवी एक व्यक्ति की प्रतिरक्षा प्रणाली को कमजोर करता है इसलिए उसे बीमारियों से लड़ने में बहुत मुश्किल होती है। एचआईवी एड्स (एक्वायर्ड इम्यून डेफिसिएंसी सिंड्रोम) का कारण बनता है। एचआईवी शरीर की प्रतिरक्षा

प्रणाली में एक प्रकार की श्वेत रक्त कोशिका को संक्रमित करता है जिसे टी-हेल्पर कोशिका कहा जाता है। ये महत्वपूर्ण कोशिकाएं संक्रमण और बीमारियों से लड़कर हमें स्वस्थ रखती हैं।

अतः विकल्प (B) सही है।

44. सीरम हेपेटाइटिस को हेपेटाइटिस B के रूप में भी जाना जाता है। यह एक अत्यधिक संक्रामक वायरस के कारण होता है जो यकृत को संक्रमित करता है। बहुत से लोगों, विशेष रूप से बच्चों में, वायरस से संक्रमण के बाद हल्के या कोई लक्षण नहीं होते हैं। हालांकि, लंबे समय तक संक्रमण हो सकता है और इससे लीवर की बीमारी, कैंसर या मृत्यु हो सकती है।

अतः विकल्प (B) सही है।

45. प्रोटोजोआ परजीवियों के कारण होने वाले मनुष्य के रोग अमीबियासिस, मलेरिया और ट्रिपैनोसोमियासिस हैं।

अमीबियासिस आंतों का संक्रमण है। यह सूक्ष्म परजीवी एंटअमीबा हिस्टोलिटिका के कारण होता है।

मलेरिया एक गंभीर और कभी-कभी घातक बीमारी है जो एक परजीवी के कारण होती है जो आमतौर पर एक निश्चित प्रकार के मच्छर को संक्रमित करती है जो मनुष्यों को काटता है।

ट्रिपैनोसोमियासिस ट्रिपैनोसोमा ब्रूसी प्रजाति के सूक्ष्म परजीवी के कारण होता है।

टाइफाइड बुखार साल्मोनेला टाइफी बैक्टीरिया के कारण होने वाली एक जानलेवा बीमारी है।

अतः विकल्प (B) सही है।

46. गठिया के मुख्य लक्षण हमारे जोड़ों की सूजन और कोमलता हैं। गठिया के अन्य लक्षण जोड़ों में दर्द और जकड़न हैं, जो आमतौर पर उम्र के साथ खराब होते जाते हैं। गठिया तब होता है जब आपके शरीर की प्रतिरक्षा प्रणाली शरीर के ऊतकों पर हमला करती है। गठिया के दो सबसे आम प्रकार हैं:

- ऑस्टियो आर्थराइटिस: गठिया का सबसे आम प्रकार।
- रूमेटीइड गठिया: यह हमारे शरीर के प्रतिरक्षा तंत्र के हमले के कारण होता है।

अतः विकल्प (D) सही है।

47. खसरा 5 वर्ष से कम उम्र के बच्चों से प्रभावित है। त्वचा में, खसरा वायरस केशिकाओं में सूजन का कारण बनता है। खसरा एक वायरल बीमारी है जो असहज लक्षणों का कारण बनती है और इससे जीवन के लिए खतरा या जीवन बदलने वाली जटिलताएं हो सकती हैं।

अतः विकल्प (C) सही है।

48. डाउन सिंड्रोम एक अतिरिक्त 21वें गुणसूत्र के कारण होता है। इसे ट्राइसॉमी- भी कहते हैं। यह एक गुणसूत्र संबंधी विकार है जो 21वें अतिरिक्त गुणसूत्र के सभी या एक भाग की उपस्थिति के कारण होता है। यह संज्ञानात्मक क्षमता और शारीरिक विकास की हानि और चेहरे की विशेषताओं के एक विशेष सेट से जुड़ा है। इस सिंड्रोम में व्यक्ति मंगोलवाद का प्रदर्शन करता है।

अतः विकल्प (B) सही है।

49. टेक्रोमा एक संक्रमण है जो आंखों को प्रभावित करती है। इसे रोहे रोग भी कहा जाता है। यह संक्रामक संक्रमित लोगों की आंखों, पलकों और नाक या गले से होने वाले स्राव के संपर्क में आने से फैलता है।

टेक्रोमा के सामान्य लक्षण हैं:

- आंखों और पलकों की हल्की खुजली और जलन
- आंखों से बलगम या मवाद बहना
- पलकों में सूजन
- फोटोफोबिया
- आंखों में दर्द

अतः विकल्प (D) सही है।

50. चावल के पानी का मल विब्रियो हैजा का संकेत है। हैजा एक तीव्र दस्त की बीमारी है जो विब्रियो कोलेरी बैक्टीरिया के साथ आंत के संक्रमण के कारण होती है। हैजा बैक्टीरिया से दूषित भोजन या पानी निगलने पर लोग बीमार हो सकते हैं। संक्रमण अक्सर हल्का या लक्षणों के बिना होता है, लेकिन कभी-कभी गंभीर और जीवन के लिए खतरा हो सकता है।

अतः विकल्प (B) सही है।

51. इलेक्ट्रोकोनवल्सी थेरेपी के बाद, रोगी को सांस संबंधी तकलीफ के लिए सावधानीपूर्वक निगरानी की जानी चाहिए।

इलेक्ट्रोकोनवल्सिव थेरेपी पहली बार अप्रैल 1938 में बिनी और सेर्लेटी द्वारा पेश की गई थी। 1980 के बाद से ECT को एक अनूठा मनोरोग उपचार माना जा रहा है।

अतः विकल्प (C) सही है।

52. रोगियों के लिए परिवेश चिकित्सा (मिलिउ थेरेपी) व्यवहार में सकारात्मक बदलाव लाने के लिए अपने हिसाब से परिवेश में बदलाव करने पर केंद्रित है।

परिवेश चिकित्सा मानसिक विकारों और अपसमायोजन विकारों के मामले में दी जाने वाली नियोजित चिकित्सा है जिसमें रोगियों की मौजूदा स्थितियों और परिस्थितियों के अनुसार उपचार की योजना बनाई जाती है।

इस चिकित्सा में बेहतर परिणाम के लिए मौजूदा परिवेश में बदलाव भी शामिल है।

अतः विकल्प (D) सही है।

53. 6 महीने से 5 वर्ष के आयु वर्ग में तीव्र जीवाण्विक तानिका शोथ का सबसे आम कारण, जिसे प्रभावी टीके द्वारा वस्तुतः समाप्त कर दिया गया है, हीमोफिलस इन्फ्लुएंजा टाइप बी है।

- जीवाण्विक तानिका शोथ: यह तानिका की सूजन है, विशेष रूप से, जालतानिका और मृदुतानिका, अवजालतनिका अवकाश में जीवाणु के आक्रमण से संबंधित है।
- यह एक CNS शोथ प्रतिक्रिया से संबंधित है जिसके परिणामस्वरूप चेतना में कमी, दौरे, बढ़ा हुआ अंतःकपालीय दबाव और आघात हो सकता है।

अतः विकल्प (A) सही है।

54. नर्स द्वारा उस महिला रोगी, जो पागलपन संबंधी घटना के लिए लिथियम लेती है, को सलाह देनी चाहिए कि लिथियम विषक्तता से बचने के लिए उसे अपने जलयोजन को बनाए रखना चाहिए।

- लिथियम: एंटीमैनिक के रूप में भी जाना जाता है।
- इसका उपयोग द्विध्रुवी विकार (बायपोलर डिसऑर्डर), अवसाद (डिप्रेशन) और सिज़ोफ्रेनिया सहित मानसिक बीमारियों के लिए किया जाता है।
- इसे मनोदशा स्थिरक के रूप में वर्गीकृत किया गया है।
- लिथियम की चिकित्सीय सीमा: 0.6 – 1.2 mEq/L

अतः विकल्प (B) सही है।

55. रोगी के दाहिने घुटने को मोड़कर एक नर्स एपेंडिसाइटिस से पीड़ित रोगी के आराम को बढ़ा सकती है।

- एपेंडिसाइटिस के रोगी आमतौर पर आराम से लेटना पसंद करते हैं, अक्सर दर्द कम करने के लिए दाहिने पैर को मोड़ा जाता है।

- एपेंडिसाइटिस (उपांत्र शोथ) को अपेंडिक्स की तीव्र सूजन के रूप में जाना जाता है। यह बच्चों और युवा वयस्कों में सबसे आम है जो तीव्र पेट दर्द की विशेषता है।

- प्रतिक्षेप कोमलता एक नैदानिक संकेत है जिसमें दर्द का आकलन करने और दर्द के स्थान की जांच करने के लिए जब मैकबर्नी पॉइंट पर दबाव डाला जाता है, तो दबाव डालने पर कोई दर्द नहीं होता है, लेकिन उस क्षेत्र में दर्द होता है जब दबाव वापस हटा दिया जाता है।

- ऑबट्यूरेटर साइन: हिप के निष्क्रिय आंतरिक घुमाव करने पर दर्द होता है जब दाहिना घुटना मुड़ा हुआ होता है। यह तब मौजूद होता है जब सूजन वाला अपेंडिक्स ऑबट्यूरेटर इंटर्नस पेशी के कांटेक्ट में आता है।

अतः विकल्प (B) सही है।

56. उस चिकित्सीय हस्तक्षेप को संस्मरण कहा जाता है, जिसमें रोगियों की सहायता के लिए, उन्हें संपूर्णता के भाव को प्राप्त करने, आत्मसम्मान बढ़ाने और अपने बारे में सोचने को प्रोत्साहित करने के लिए अतीत के अनुभवों के बारे में सोचने को या उन अनुभवों को शामिल किया जाता है। संस्मरण अतीत की घटनाओं और अनुभवों को याद करने की क्रिया हैं। उदाहरण: किसी उपन्यास में लेखक की यौवन की/उसके बारे में अंतहीन संस्मरण हैं।

अतः विकल्प (D) सही है।

57. ट्यूबरकुलिन जाँच में, 48 - 72 घंटे के बाद दृढ़ीभवन क्षेत्र को मापा जाता है।

- मॉन्टू जाँच (विशुद्ध प्रोटीन व्युत्पन्न) या टीबी त्वचा जाँच: 5 ट्यूबरकुलिन इकाइयों की एक मानक खुराक अंतःत्वचीय रूप से दी जाती है।

- त्वरक्तिमा (उठा हुआ, कठोर क्षेत्र) के व्यास को मापकर (48-72 घंटे बाद) प्रतिक्रिया दर्ज की जाती है और 15 मिलीमीटर या उससे अधिक मिलीमीटर को सकारात्मक माना जाता है।

अतः विकल्प (A) सही है।

58. अस्पताल में एक व्यक्ति से दूसरे व्यक्ति में सूक्ष्मजीवों के संचरण को रोकने के लिए रोगी की जांच करने से पहले/बाद में अच्छी तरह से और बार-बार हाथ धोना, सबसे अधिक इस्तेमाल की जाने वाली विधि है।

- संचरण का सबसे आम मार्ग संपर्क संचरण है।

- प्रत्यक्ष संपर्क संचरण में एक संक्रमित व्यक्ति या वाहक से अतिसंवेदनशील व्यक्ति तक सूक्ष्मजीवों का संचरण शामिल है।

- रोगी से संपर्क करने के बाद और पहले हाथ धोने से संपर्क संचरण कम हो जाता है।

- दस्ताने, मास्क, गाउन, सड़न रोकने वाली तकनीक, हाथ धोने और पर्यावरण संक्रमण नियंत्रण उपायों जैसे व्यक्तिगत सुरक्षा उपकरणों का उचित उपयोग

अतः विकल्प (D) सही है।

59. वैभव भ्रांति (डिल्यूजन ऑफ ग्रैंजर): वैभव भ्रांति का अनुभव करने वाले लोग खुद को दूसरों की तुलना में महान, उच्च निपुण, अधिक महत्वपूर्ण मानते हैं।

वैभव भ्रांति वाले कुछ व्यक्ति अन्य भ्रांति का भी अनुभव करते हैं, जैसे कि उत्पीड़न या असामान्य धार्मिक विश्वास।

अतः विकल्प (D) सही है।

60. एक लाइलाज रूप से बीमार रोगी आमतौर पर 'क्रोध अवस्था' के दौरान सुन्नता (नंबनेस) की भावना का अनुभव नहीं करता है।

- लाइलाज बीमारी: यह एक ऐसी बीमारी है जिसे ठीक नहीं किया जा सकता है या पर्याप्त रूप से इलाज नहीं किया जा सकता है और

इसके परिणामस्वरूप कम समय के भीतर रोगी की मृत्यु हो सकती है।

- यह शब्द आमतौर पर कैंसर या प्रगतिशील हृदय रोग जैसी प्रगतिशील बीमारियों के लिए आघात की तुलना में अधिक उपयोग किया जाता है।

- क्रोध चरण: एक भावनात्मक या शारीरिक गतिविधि जिसमें रोगी दोष लगाने का प्रयास करता है। रोगी अक्सर अपने इलाज करने वाले चिकित्सक पर विश्वास की कमी दर्शाते हैं और खुद को दोष देते हैं।

अतः विकल्प (D) सही है।

61. रोगी को दर्द की शिकायत है और IV स्थल पर सूजन के साथ लाली है। एक नर्स की पहली क्रिया अंतःप्रवाह को रोकना और प्रवेशनी को हटाना है।

- प्रवेशनी के स्थान पर सूजन के साथ दर्द और लालिमा को सतही घनास्त्रशिराशोथ कहा जाता है।

- घनास्त्रशिराशोथ के मामले में, अंतःप्रवाह बंद कीजिए और प्रवेशनी को हटा दीजिए।

- यदि अंतःप्रवाह जारी रहता है, तो यह फुप्फुस धमनी अंतःशल्यता को जन्म दे सकता है।

अतः विकल्प (B) सही है।

62. रोगी को अंतःशिरा पाइलोग्राम के लिए निर्धारित किया जाता है। आयोडीन संवेदनशीलता का आकलन करना एक सही हस्तक्षेप है।

- अंतःशिरा पाइलोग्राम एक एक्स-रे प्रक्रिया है।

- इसमें मूल्यांकन के लिए आयोडीन डाई का उपयोग शामिल है।

- यह प्रक्रिया वृक्क, मूत्रवाहिनी और मूत्राशय और मूत्र में रक्त की उपस्थिति का आकलन करती है।

अतः विकल्प (C) सही है।

63. प्रोटामाइन सल्फेट हेपरिन के लिए एक प्रतिकारक (एंटीडोट) है। जबकि हेपरिन एक ग्लाइकोसामिनोग्लाइकेन है जो एक स्कंदनरोधक अर्थात रक्त को पतला करने का काम करता है जो रक्त स्कंद को बनने से रोकता है।

विश्व स्वास्थ्य संगठन (WHO) के अनुसार "प्रतिकारक को एक चिकित्सीय पदार्थ के रूप में परिभाषित किया जाता है जिसका उपयोग किसी विशिष्ट दवा की विषाक्त क्रिया का प्रतिकार करने के लिए किया जाता है"।

अतः विकल्प (D) सही है।

64. जब एक नर्स सर्जिकल हैंड हाइजीन कर रही हो, तो उसे हाथ कोहनियों से ऊपर रखने चाहिए।

सर्जिकल हैंड हाइजीन हाथों के सूक्ष्मजीवों को हटाने और मारने द्वारा विशेषित है। यह संक्रमण के प्रसार को रोकने और OT में रोगाणुरहित वातावरण बनाए रखने के लिए आवश्यक है।

सर्जिकल हैंडवाशिंग के निर्देश हैं:

- काउंटेड ब्रश स्ट्रोक विधि का उपयोग करके कम से कम 5 से 10 मिनट तक हाथ धोएं।

- किसी भी छल्ले, घड़ी को निकाल दे और नाखूनों को भी छोटा करें।

- हाथ धोते समय सभी त्वचा जगहों, जोड़ों, नाखूनों आदि को साफ़ करने के लिए गोलाकार गति का उपयोग करें।

- साथ ही हाथ धोते समय हाथों को कोहनियों से 2 इंच ऊपर हर समय रखना जरूरी है। क्योंकि यह जीवाणु से भरे साबुन और जल से हाथों को दूषित होने से बचाता है।

अतः विकल्प (C) सही है।

65. त्वचा पर विकसित हो रहे प्रेशर सोर के लिए जल्द से जल्द पहचान करने वाला संकेत एक स्थानीयकृत रंग में परिवर्तन है।

एक प्रेशर अल्सर या प्रेशर सोर या डीक्यूबिटस अल्सर त्वचा और अन्य अंतर्निहित ऊतक के लिए एक स्थानीयकृत चोट है, आमतौर पर लंबे समय तक अविश्वसनीय दाब के कारण, एक हड्डी प्रमुखता पर होता है।

अतः विकल्प (B) सही है।

66. एक मधुमेह मरीज़ माता के नवजात शिशु में घबराहट की गति के अवलोकन के लिए तत्काल नर्सिंग अंतःक्षेप की आवश्यकता होगी।

गर्भविधि या इंसुलिन पर निर्भर मधुमेह महिला की कोई भी संतान को मधुमेह वाली माता का नवजात शिशु कहा जाता है।

घबराहट की गति:

- घबराहट एक अनैच्छिक गतिविधि है जो अक्सर नवजात शिशुओं में देखी जाती है।
- इसकी पहचान कांपना है।
- घबराहट केंद्रीय तंत्रिका तंत्र की उत्तेजना के कारण हो सकती है, जैसे कि अतिचरता, अतितनावता और डरने में आसानी इत्यादि।

अतः विकल्प (C) सही है।

67. मानसिक आघात मरीज़ में वायुमार्ग को खोलने के लिए चिन लिफ्ट और जॉ थ्रस्ट वायुमार्ग युक्ति की सलाह दी जाती है।

चिन लिफ्ट युक्ति:

- चिन लिफ्ट संरचनाओं को अधिक फैलाती है और चिबुकास्थि और जीभ को आगे की ओर खींचती है।
- यदि गर्दन की चोट का संदेह है, तो सिर को तब तक न झुकाएं जब तक कि जॉ थ्रस्ट विफल न हो जाए।

जॉ थ्रस्ट युक्ति:

- हेड टिल्ट, चिन लिफ्ट का एक विकल्प है।
- जहां ग्रीवा संबंधी रीढ़ की चोट का एक प्रबल संदेह होता है, वहाँ इसका निर्देश दिया जाता है।
- उंगलियों को जबड़े की चिबुकास्थि के पीछे रखें और ऊपर और आगे की ओर दबाव डालें
- ठुड्डी को नीचे की ओर विस्थापित करने के लिए अंगूठे का उपयोग करके मुंह को थोड़ा खुला रखें।

अतः विकल्प (D) सही है।

68. शराबी (ऐल्कोहॉलिक) मरीज को अचेत अवस्था में आपके सामने पेश किया गया है। आपको उसे थायमिन के साथ 10% D/W देना चाहिए।

- ऐल्कोहॉल विषाक्तता ऐल्कोहॉल की अधिक मात्रा की स्थिति है।
- शराब के लगातार उपयोग से उच्च जोखिम वाली विटामिन B1 की कमी (थायमिन) हो जाती है।
- इससे वर्निक-कोर्साकॉफ सिंड्रोम का खतरा बढ़ जाता है।
- वर्निक-कोर्साकॉफ सिंड्रोम एक मस्तिष्क विकार है।
- इसमें मानसिक परिवर्तन स्पष्ट होते हैं।
- रोगी को कोमा का अनुभव या उसकी मृत्यु भी हो सकती है।

अतः विकल्प (B) सही है।

69. एक 60 वर्षीय रोगी तीव्र गाउटी गठिया (संधिशोथ) के साथ आपात स्थिति में अस्पताल आता है। तत्काल नर्सिंग हस्तक्षेप दर्द दूर करना होगा।

- गाउट (वात-रोग) आघात एक बेहद दर्दनाक स्थिति है।
- गाउट यूरिक अम्ल का जमाव है।

- दर्द जोड़ों में प्रकट होता है।
- इसलिए, दर्द को दूर करने और आघात की अवधि को कम करने के लिए दर्द निवारक प्रदान करना तत्काल हस्तक्षेप है।

अतः विकल्प (A) सही है।

70. सर्कमसिज़न (खतना) करने की सलाह अधिक रक्तस्राव (हीमोफीलिया) से पीड़ित बच्चे के लिए नर्सिंग देखभाल का पहलू नहीं है।

- अधिकरक्तस्राव (हीमोफीलिया) एक रक्तस्राव विकार है।
- यह एक विरासत में मिला हुआ अप्रभावी विकार है।
- X गुणसूत्र में मौजूद F8 जीन में बदलाव के कारण स्कंदन कारक VIII लुप्त या खराब हो जाता है।
- इसके नर्सिंग देखभाल में शामिल हैं:
  - a. मुलायम टूथब्रश का इस्तेमाल
  - b. नाखूनों को छोटा रखना
  - c. खेलते समय गद्देदार कपड़े या हेलमेट पहनना।
- खतना (सर्कमसिज़न) शिश्र के अग्रभाग की चमड़ी को हटाने की प्रक्रिया है।
- इस प्रक्रिया में रक्तस्राव (ब्लीडिंग) का जोखिम शामिल होता है।
- हीमोफिलिया के मामले में, जोखिम अधिक होता है क्योंकि स्कंदन कारक लुप्त होता है।
- अनियंत्रित रक्तस्राव की संभावना अधिक होती है।

अतः विकल्प (A) सही है।

71. विकास का मनो-सामाजिक सिद्धांत एरिकसन के द्वारा प्रतिपादित किया गया था।

एरिक एरिकसन, एक विकासात्मक मनोवैज्ञानिक ने मनोसामाजिक विकास के सिद्धांत का प्रस्ताव दिया है, जिसमें उन्होंने मानव व्यक्तित्व विकास को आठ चरणों की श्रृंखला में बांटा है जो बाल्यावस्था से लेकर प्रौढ़ावस्था तक होती हैं।

अतः विकल्प (B) सही है।

72. अधिगम के चिरप्रतिष्ठित प्रानुकूलन सिद्धांत का प्रतिपादन इवान पावलॉव ने किया था।

चिरप्रतिष्ठित प्रानुकूलन एक व्यवहारिक प्रक्रिया है जिसमें जैविक रूप से शक्तिशाली उत्तेजना को पहले तटस्थ उत्तेजना के साथ जोड़ा जाता है।

चिरप्रतिष्ठित प्रानुकूलन (जिसे पावलॉवयन या प्रतिवादी प्रानुकूलन के रूप में भी जाना जाता है) साहचर्य के माध्यम से अधिगम है। सरल शब्दों में, किसी व्यक्ति या जानवर में एक नई सीखी गई प्रतिक्रिया उत्पन्न करने के लिए दो उत्तेजनाएं एक साथ जुड़ी हुई होती हैं।

अतः विकल्प (B) सही है।

73. विभिन्न प्रकार के आंतरिक कारक मनुष्य की वृद्धि और विकास को प्रभावित करते हैं। इन कारकों में शामिल हैं:

आनुवंशिकता कारकः ये माता के गर्भ (आंतरिक कारक) में गर्भाधान के समय अपनी भूमिका निभाते हैं। एक व्यक्ति की ऊंचाई, वजन और शरीर की संरचना, बालों और आंखों का रंग, बुद्धि, योग्यता और सहज ज्ञान सभी इन वंशानुगत प्रभावों से तय होते हैं।

जैविक या संवैधानिक कारक: एक बच्चे की संवैधानिक बनावट, दैहिक संरचना, काया और शरीर रसायन उसके पूरे जीवन में उसकी वृद्धि और विकास को प्रभावित करते हैं।

इंटेलिजेंस: इंटेलिजेंस के बारे में सीखने, सीखने, समझने, समायोजित करने, पर्यावरण के साथ बातचीत करने और सही समय पर सही निर्णय लेने की क्षमता है। यह सामाजिक व्यवहार, नैतिक निर्णय और भावनात्मक विकास को प्रभावित करता है।

भावनात्मक कारक: स्वयं, दूसरों और चीजों के बारे में भावनाओं की अभिव्यक्ति भावनात्मक विकास का वर्णन करती है। भावनात्मक और सामाजिक विकास को अक्सर वर्णित और समूहीकृत किया जाता है क्योंकि वे विकास के पैटर्न से निकटता से जुड़े होते हैं।

पर्यावरणीय कारक: कारक (जिन्हें बाहरी कारक भी कहा जाता है) जो बच्चे के विकास को आकार देते हैं, वे हैं शिक्षा की गुणवत्ता, स्वास्थ्य और पोषण की गुणवत्ता, समाज, परिवार और बंधन और संस्कृति।

तो, हम निष्कर्ष निकालते हैं कि आनुवंशिकता शारीरिक विकास का एक आंतरिक कारक है।

अतः विकल्प (C) सही है।

74. पर्यावरण बच्चों के विकास में एक महत्वपूर्ण भूमिका निभाता है और यह बच्चे को प्राप्त होने वाली शारीरिक और मनोवैज्ञानिक उत्तेजना के कुल योग का प्रतिनिधित्व करता है। प्रारंभिक बचपन के विकास को प्रभावित करने वाले कुछ पर्यावरणीय कारकों में भौतिक परिवेश और उस जगह की भौगोलिक स्थितियाँ शामिल हैं जहाँ बच्चा रहता है, साथ ही उसका सामाजिक वातावरण और परिवार और साथियों के साथ संबंध भी शामिल हैं।

अतः विकल्प (A) सही है।

75. एक नवजात की स्थिति सामान्य जानी जाती है यदि अपगार स्कोर 8 से अधिक है।

अपगार स्कोर एक आकलन उपकरण है जिसका उपयोग जन्म के बाद और जन्म के 5 मिनट बाद नवजात शिशु की समग्र स्वास्थ्य स्थिति का आकलन करने के लिए किया जाता है।

एक कम अपगार स्कोर बच्चे के साथ किसी भी महत्वपूर्ण समस्या को निर्धारित करता है जिस पर तत्काल ध्यान देने और कार्रवाई की आवश्यकता होती है।

- कुल 7 से 10 अंक आश्वस्त करने वाला स्कोर है।
- कुल 4 से 6 अंक सामान्य रूप से असामान्य हैं।
- कुल 0 से 3 अंक संबंधित हैं।

अतः विकल्प (C) सही है।

76. विकास भागफल (DQ): इसका उपयोग केवल विकास विलंब को व्यक्त करने के लिए किया जाता है। यह क्रियात्मक आयु का कालानुक्रमिक आयु से अनुपात है, DQ के रूप में गणना की जाती है = (प्राप्ति पर औसत आयु / प्राप्ति पर प्राप्त आयु) × 100

शिशुओं में विकास भागफल:

यह सबसे व्यापक रूप से इस्तेमाल किया जाने वाला शिशु परीक्षण है। 1 से 42 महीने के शिशुओं के लिए उपयोग किया जाता है।

मोटर स्केल - यह शिशु की किसी वस्तु को पकड़ने और गेंद फेंकने जैसी चीजों को करने की क्षमता को मापता है। मेन्टल स्केल किसी वस्तु तक पहुँचने जैसे अनुकूली व्यवहारों को मापता है।

बिहेवियर रेटिंग स्केल - यह लक्ष्य-निर्देशन, भावनात्मक विनियमन और सामाजिक जिम्मेदारी जैसे व्यवहारों को मापता है।

अतः विकल्प (C) सही है।

77. अटेंशन डेफिसिट हाइपरएक्टिविटी डिसऑर्डर या ADHD एक ऐसी स्थिति है जिससे बच्चों के लिए ध्यान केंद्रित करना और/या अपने व्यवहार को नियंत्रित करना मुश्किल हो जाता है।

अटेंशन डेफिसिट हाइपरएक्टिविटी डिसऑर्डर के लक्षण:

इनअटेंशन:

- किसी भी काम में मन को एकाग्र करने में परेशानी होना
- बच्चा कम समय में एक काम से दूसरे काम पर कूद जाता है

- बच्चा विचलित होता है और चीजों को भूल जाता है और खो देता है

हाइपरएक्टिविटी:

- ऐसा लगता है कि बच्चा स्थिर नहीं बैठ सकता है और लगातार हिलता-डुलता है, घूमता है, चलता फिरता है और चीजों को छूता है (अतः विकल्प 2 सही है)।

इंपल्सिविटी:

- ऐसा लगता है कि बच्चा कार्य के परिणामों के बारे में सोचे बिना बोलता या कार्य करता है।
- बच्चे को आमतौर पर अपनी बारी का इंतजार करने में कठिनाई होती है और अक्सर अनुचित टिप्पणियाँ देता रहता है।

अतः विकल्प (B) सही है।

78. विरुचि चिकित्सा एक प्रकार की व्यवहार चिकित्सा है जो चिरप्रतिष्ठित प्रानुकूलन के सिद्धांतों का उपयोग करती है।

- उस व्यवहार को कम करने या समाप्त करने के लिए एक प्रतिकूल उद्दीपन को एक दुर्भावनापूर्ण व्यवहार के साथ जोड़ा जाता है।
- यह काउंटर कंडीशनिंग का एक रूप है।
- यह दक्षिण अफ्रीका के मनोचिकित्सक जोसेफ वोल्पे द्वारा विकसित किया गया था।

अतः विकल्प (B) सही है।

79. बच्चे की वृद्धि और विकास में पर्यावरण की भूमिका आदत निर्माण से सबसे अच्छी तरह परिलक्षित होती है। आदतें ऐसे कार्य और व्यवहार हैं जिन्हें हम अवचेतन रूप से करते हैं, और एक बार जब वे सेट हो जाते हैं, तो उन्हें तोड़ना बेहद मुश्किल हो सकता है। कई विशेषज्ञों का सुझाव है कि 9 साल की उम्र तक बच्चों में आदतें विकसित हो जाती हैं।

स्वभावगत प्रवृत्तियाँ - ये वे प्राकृतिक प्रवृत्तियाँ हैं जो व्यक्ति के व्यक्तित्व में अन्तर्निहित होती हैं और वातावरण में इनकी कम भूमिका होती है।

व्यक्तित्व स्वभाव- यह पूरी तरह से अंतर्निहित है और पर्यावरण से प्रभावित नहीं है।

प्राथमिक प्रतिक्रिया पैटर्न- ये प्रतिवर्त और अनैच्छिक या स्वैच्छिक पैटर्न हैं जो एक बच्चे द्वारा पर्यावरण के बावजूद प्रदर्शित किए जाते हैं।

अतः विकल्प (D) सही है।

80. बच्चे के आनुवंशिक गुण उसकी वृद्धि और विकास को प्रभावित नहीं करते हैं, एक गलत कथन है।

- प्रत्येक व्यक्ति के व्यवहार और व्यक्तित्व का एक अलग स्वरूप होता है। यह अंतर आनुवंशिकता और पर्यावरण के प्रभाव के कारण देखा जाता है।
- व्यक्ति में व्यक्तित्व और अन्य गुणों के विकास में आनुवंशिकता महत्वपूर्ण भूमिका निभाती है। जीवन के शुरुआती क्षणों से, आनुवंशिकता की अंत:क्रिया यह आकार देने का काम करती है कि बच्चे कौन हैं और वे कौन बनेंगे।
- जबकि एक बच्चे को अपने माता-पिता से विरासत में मिले आनुवंशिक निर्देश विकास के लिए एक दिशानिर्देश निर्धारित कर सकते हैं, पर्यावरण प्रभावित कर सकता है कि इन दिशाओं को कैसे व्यक्त किया जाता है, आकार दिया जाता है या घटना को शांत करा दिया जाता है।
- एक बच्चे के रूप, आकार, शारीरिक गठन, ऊंचाई आदि को निर्धारित करने में बच्चे के आनुवंशिक गुणों की महत्वपूर्ण भूमिका होती है।
- मां के गर्भ में निषेचित युग्मनज गुणसूत्रों के विभिन्न संयोजनों का निर्माण करते हैं।

अतः विकल्प (D) सही है।

81. एक शिशु एक मिनट में लगभग 52 बार साँस लेता है।

विभिन्न आयु समूहों की श्वास दर:

समूह	आयु	श्वास/मिनट
नवजात	नवजात से 6 सप्ताह तक	30 - 60
शिशु	6 सप्ताह से 1 वर्ष	40 से 60
बच्चा	1 से 3 वर्ष	20 - 30
छोटे बच्चे	3 से 6 वर्ष	20 - 25
बड़े बच्चे	10 से 14 वर्ष	15 - 20
वयस्कों	वयस्कों	12 - 20

अतः विकल्प (B) सही है।

82. नवजात शिशु में कठोर तालू पर बनने वाले उपकला कोशिकाओं के अस्थायी संचय को एपस्टीन पर्ल्स कहा जाता है।

- एपस्टीन पर्ल कठोर तालु के मध्य-तालु के संधिरेखा के साथ स्थित तालु संलयन के उपकला अवशेष हैं।
- यह एक छोटा सफेद पुटक होता है जिसमें केराटिन होता है।
- यह तालु की माध्यिका संधिरेखा के दोनों ओर अक्सर पाया जाता है।
- यह 1-2 महीने में गल जाता है।

अतः विकल्प (B) सही है।

83. एक शिशु को प्रतिदिन 30 मिग्रा विटामिन-C की खुराक मिलनी चाहिए।

- विटामिन सी, जिसे एस्कॉर्बिक एसिड भी कहा जाता है, एक पानी में घुलनशील पोषक तत्व है जो बच्चे के अधिकांश शारीरिक कार्यों में महत्वपूर्ण भूमिका निभाता है।
- एक स्वस्थ प्रतिरक्षा प्रणाली को बनाए रखने के लिए लोहे के अवशोषण को बढ़ाना और कोलेजन का उत्पादन करना आवश्यक है, जो मानव शरीर में सबसे प्रचुर मात्रा में प्रोटीन है।
- विटामिन सी एक आवश्यक पोषक तत्व है, जिसका अर्थ है कि बच्चे का शरीर इसे अपने आप नहीं बना सकता है। इसलिए, वे इसे उन खाद्य पदार्थों से प्राप्त करते हैं जो वे प्रतिदिन खाते हैं।
- विटामिन सी एक महत्वपूर्ण पोषक तत्व है जो प्रतिरक्षा और कोलेजन उत्पादन का समर्थन करता है। यह एक एंटीऑक्सीडेंट के रूप में भी काम करता है जिसे बच्चों को उनकी उम्र के आधार पर प्रति दिन 30-40 मिलीग्राम विटामिन सी की आवश्यकता होती है।

अतः विकल्प (C) सही है।

84. सेक्सुअलिटी शिक्षा पर इंटरनेशनल टेक्निकल गाइडेंस के अनुसार, सेक्सुअलिटी शिक्षा शुरू करने की कोई जादुई तारीख नहीं है।

यहां तक कि पूर्व-विद्यालय के बच्चों को भी विकासात्मक रूप से उपयुक्त जानकारी दी जा सकती है जैसे कि उन्हें उनके शरीर के बारे में पढ़ाना और लैंगिक समानता के बारे में उनकी सोच को आकार देना।

अतः विकल्प (D) सही है।

85. इन्टस्सपेप्शन आंत के रोग को संदर्भित करता है जो आंत के दूसरे भाग में जाता है। यह उदर में अवरोध का कारण बनता है। यह रक्त और बलगम के साथ मिश्रित वर्तमान जेली मल की विशेषता है।

रोग के प्रथम त्रय है:

- उदर दर्द
- उल्टी
- वर्तमान जेली मल

अतः विकल्प (D) सही है।

86. फोटोथेरेपी को बिली लाइट थेरेपी या हेलियोथेरेपी के रूप में भी जाना जाता है। फोटोथेरेपी में, कुछ रोग स्थितियों के इलाज के लिए प्राकृतिक या कृत्रिम प्रकाश का उपयोग किया जाता है।

फोटोथेरेपी के संकेत:

- सोरायसिस, विटिलिगो या एक्जिमा जैसे त्वचा विकार
- मूड और निद्रा विकार।
- मौसमी प्रभावकारी विकार, उदाहरण: अनिद्रा, सिरदर्द, और थकान।
- कैंसर और प्री-कैंसर, उदाहरण: इसोफैगल कैंसर, एंडो-ब्रोन्कियल कैंसर, और बैरेट इसोफैगस।
- नवजात, उदाहरण: हाइपरबिलीरुबिनमिया और पीलिया।

नवजात पीलिया में फोटोथेरेपी का प्रबंधन:

- स्ट्रक्चरल आइसोमेराइजेशन की प्रक्रिया द्वारा, फोटोथेरेपी अयुग्मित बिलीरुबिन अणुओं को पानी में घुलनशील रूप में परिवर्तित करती है जो मूत्र के माध्यम से उत्सर्जित होती है।
- प्रकाश की आवश्यक तरंगदैर्घ्य 425-475 nm है।
- शिशु और प्रकाश के बीच की दूरी 30-45 सेमी है।
- संबंधित जोखिमों से बचने के लिए बच्चे की आंखों और जननांगों को ढक देना चाहिए।

अतः विकल्प (B) सही है।

87. प्री-सर्विस नर्सिंग और मिडवाइफरी पाठ्यक्रम के लिए किशोर स्वास्थ्य और विकास में मुख्य योग्यताएं प्रारंभिक स्तर के चिकित्सकों से अपेक्षित बुनियादी ज्ञान, दृष्टिकोण और प्रथाओं को चित्रित करती हैं।

- नर्सिंग या मिडवाइफरी देखभाल किशोरावस्था को मानव विकास और विकास के सामान्य चरण के रूप में पहचानती है।
- नर्स या दाई देखभाल का आकलन, योजना, कार्यान्वयन और मूल्यांकन करने के लिए सभी क्षेत्रों से किशोरावस्था से संबंधित ज्ञान का संश्लेषण करेगी।
- नर्सिंग या दाई का काम प्राथमिक स्वास्थ्य देखभाल सिद्धांतों पर आधारित है, जिसमें स्वास्थ्य संवर्धन, स्वास्थ्य रखरखाव, अस्वस्थता का उपचार और पुनर्वास शामिल है।
- किशोर स्वास्थ्य देखभाल जीवन काल में स्वास्थ्य के संदर्भ में मौजूद है।
- नर्सिंग या दाई का काम स्वास्थ्य देखभाल सेवाओं की योजना बनाने और उन्हें लागू करने में भागीदारी निर्णय लेने की सुविधा प्रदान करता है।
- किशोर स्वास्थ्य देखभाल परिवार और सामुदायिक स्वास्थ्य और विकास के संदर्भ में होती है।

अतः विकल्प (D) सही है।

88. नवजात शिशु के फेफड़ों की कुल क्षमता 150 मिली होती है। नवजात शिशुओं में प्लेसेंटा में रक्त के माध्यम से ऑक्सीजन और कार्बन डाइऑक्साइड का प्रवाह होता है। इसका अधिकांश भाग हृदय में जाता है और बच्चे के शरीर से होकर बहता है। जन्म के समय, बच्चे के फेफड़े तरल पदार्थ से भरे होते हैं इसलिए वे पूरी तरह से फुले नहीं होते हैं इसलिए नवजात शिशुओं में फेफड़ों की क्षमता लगभग 120-150 मिली होती है।

अतः विकल्प (D) सही है।

89. शैशवावस्था के दौरान कॉक्ससेकी बी संक्रमण मायोकार्डिटिस का सबसे आम कारण है। आपत्तिजनक एजेंट एक प्रतिरक्षा प्रतिक्रिया को ट्रिगर करता है,

जिसके परिणामस्वरूप सिस्टोलिक और डायस्टोलिक फ़ंक्शन की बाद की हानि के साथ मायोकार्डियल एडिमा होती है। नवजात शिशु और शिशु अधिक गंभीर रूप से प्रभावित होते हैं क्योंकि अपरिपक्व मायोकार्डियम के पास तीव्र अपमान को स्वीकार करने के सीमित तरीके होते हैं।

अतः विकल्प (C) सही है।

90. शिक्षा के लिए शिक्षार्थी या बाल-केंद्रित उपागम का अर्थ कक्षा में पाठ्यक्रम की योजना बनाना और व्यवहार करना है जिससे अधिगम की गति और शैली में लचीलेपन की अनुमति मिलती है ताकि यह ध्यान में रखा जा सके कि कक्षा में बच्चे व्यापक रूप से भिन्न हैं। इसलिए, यह पूरी कक्षा के लिए एक समान पाठ्यक्रम, एक समान शिक्षण सामग्री और गतिविधियों, एक समान समय, और एक समान निर्देशात्मक और मूल्यांकन रणनीतियों के मौजूदा अभ्यास से अलग शिक्षण के लिए एक उपागम का सुझाव देता है।

इस प्रकार बाल-केंद्रित उपागम मुख्यतः निम्नलिखित दो मूल सिद्धांतों या मान्यताओं द्वारा निर्देशित होता है:

- बच्चे अपने अनुभवों और अपने आसपास के विश्व के साथ अन्तः क्रिया से अपने ज्ञान का निर्माण करते हैं।
- शिक्षक/विद्यालय कक्षा में बच्चों के मौजूदा ज्ञान, योग्यताओं, रुचियों, जरूरतों, अधिगम की शैलियों और शक्तियों के आधार पर बच्चों के अधिगम और विकास को सर्वोत्तम रूप से बढ़ावा देते हैं।
- इसलिए हम यह निष्कर्ष निकालते हैं कि विद्यालयों को प्रत्येक छात्र की व्यक्तिगत जरूरतों और बाल-केंद्रित शिक्षा में रुचियों के लिए जिम्मेदार होना चाहिए।

अतः विकल्प (A) सही है।

91. मस्तिष्क द्रव्य के द्रवीकरण के कारण करोटि अस्थियों का अनियमित अतिव्यापी होना स्पाल्डिंग संकेत कहलाता है।

- यह अंतर्गर्भाशयी भ्रूण मृत्यु (IUFD) के एक सप्ताह के बाद होता है।
- इसमें सुरक्षा कक्ष को सहारा देने वाली स्नायु संबंधी संरचनाओं का नरम होना भी शामिल होता है।
- अन्य लक्षण रीढ़ की हड्डी का हाइपरफ्लेक्सन, पसलियों की क्राउडिंग, हृदय कक्ष में गैस शैडो की उपस्थिति हैं।
- दोनों लक्षण पेट के एक्स-रे द्वारा स्कैन किए जाते हैं।
- रक्त फाइब्रिनोजेन स्तर और आंशिक तुंबकारक (थ्रोम्बोप्लास्टिन) समय से भी IUFD का अनुमान लगाया जा सकता है।

अतः विकल्प (D) सही है।

92. सेप्टिक गर्भपात की सबसे खतरनाक जटिलता में सेप्टीसीमिया शामिल है। सेप्टिक गर्भपात आमतौर पर चिकित्सकीय रूप से स्पष्ट होता है, आमतौर पर उन महिलाओं में लक्षण और गंभीर संक्रमण के लक्षण खोजने पर आधारित होता है जो गर्भवती हैं या हाल ही में थीं। संभावित कारण के रूप में गर्भधारण के बरकरार उत्पादों की जांच के लिए अल्ट्रासोनोग्राफी की जानी चाहिए। गर्भाशय वेध का संदेह तब होना चाहिए जब महिलाओं को अस्पष्टीकृत गंभीर पेट दर्द और पेरिटोनिटिस हो। वेध का पता लगाने के लिए अल्ट्रासोनोग्राफी असंवेदनशील है।

अतः विकल्प (D) सही है।

93. उपरोक्त सभी प्री-एक्लेम्पसिया के गंभीर संकेत और लक्षण हैं।

- प्री-एक्लेम्पसिया प्रोटीनमेह के साथ गर्भकालीन उच्च रक्तचाप है।
- रक्तचाप 140/90 mmHg होता है।
- यह गैर-उच्च रक्तचाप वाली गर्भवती महिलाओं में 20वें सप्ताह के बाद शुरू होता है।
- इसमें टखनों में एडिमा की भी विशेषता होती है।

- गंभीर सिरदर्द और देखने में परेशानी।
- प्रोटीनमेह में वृद्धि।
- पैरों, टखनों, चेहरे और हाथों में अचानक सूजन आ जाना।

अतः विकल्प (D) सही है।

94. उदर सम्बन्धी परिश्रवण: उदर सम्बन्धी परिश्रवण को परिवर्तित आंत्र ध्वनियों, रगड़ या संवहनी चोट का पता लगाने के लिए किया जाता है।

महाधमनी क्षेत्र पर जोर की ध्वनि: ये ध्वनियाँ संवहनी ध्वनियाँ (फुलने) होती हैं हृदय के स्पंदन का अनुकरण करती हैं जो रक्त वाहिकाओं को आंशिक रूप से बाधित करने के अपेक्षित होती हैं।

अतः विकल्प (A) सही है।

95. प्रसवोत्तर क्लाइंट पर फंडल आकलन करने से पहले माता को अपना मूत्राशय खाली करने के लिए कहना चाहिए। प्रसवोत्तर फंडल आकलन: प्रसव के बाद 1 घंटे के लिए फंडस का आकलन।

फंडल आकलन से पहले नर्सिंग देखभाल:

- माता को अपना मूत्राशय खाली करने के लिए कहिये (यह प्रारंभिक क्रिया है जो नर्स द्वारा की जाएगी)
- माता को चलने के लिए प्रोत्साहित कीजिये
- उसकी तरफ करवट लेने को कहिये
- घुटनों और पैरों के साथ उसकी पीठ के बल सपाट और सीधे लिटाइये
- फंडस की धीरे से मालिश कीजिये
- योनि से रक्तस्राव बढ़ने पर ध्यान दीजिये
- फंडल स्थिति, स्थिरता और ऊंचाई को दर्ज कीजिये

अतः विकल्प (A) सही है।

96. द्वितीयक प्रसवोत्तर रक्तस्राव: इसे प्रसव के 24 घंटे से लेकर 6 सप्ताह के बाद तक होने वाले अत्यधिक योनिक रक्तस्राव के रूप में परिभाषित किया गया है।

द्वितीयक प्रसवोत्तर रक्तस्राव के कारण:

- अपरा आधार के असामान्य बीजांडन्यास का आंशिक अंतर्वलन
- प्रतिधारित गर्भ दलों की उपस्थिति
- संक्रमण
- अंतर्गभाशयकलाशोथ
- सिजेरियन का संक्रमण
- रक्त जमाव में गड़बड़ी होना (कौगुलोपैथी)
- गर्भाशयी तांतव
- गर्भाशय ग्रीवा कैंसर

अतः विकल्प (D) सही है।

97. प्रसव अवधि से पहले योनि से पानी जैसे तरल पदार्थ का अचानक निकलना, झिल्ली का प्रसवपूर्व फटना (PROM) है।

यह गर्भावस्था के 28वें सप्ताह के बाद और प्रसव की शुरुआत से पहले झिल्ली का सहज रूप से फटना है। महिला को तुरंत इमरजेंसी में जाना चाहिए। वह प्रबंधन तय होने तक निगरानी में रखा जाता है।

अतः विकल्प (A) सही है।

98. ओसियन्डर संकेत: बढ़ी हुई धड़कन, 8वें सप्ताह में पार्श्व फोर्निस के माध्यम से महसूस की जाती है। ये बहुत अधिक रक्त की आपूर्ति और बढ़े हुए यूटराइन धमनी के कारण होने वाले मजबूत और कठिन वैजाइनल पलसेशंस हैं। यह फाइब्रॉइड और पेल्विक प्रदाह के कारण अगर्भवती महिला में भी हो सकता है।

फ़ॉर्निसेस: सर्विक्स और वैजाइना के ऊपरी सिरे के बीच एक ब्लाइंड रिसेस मौजूद होता है जिसे वैजाइनल फ़ोर्निस कहा जाता है। पूर्वकाल, पश्च और दो पार्श्व, चार फ़ोर्निस हैं।

अतः विकल्प (D) सही है।

99. स्वास्थ्य सेवा प्रदाता गर्भावस्था के दौरान योग करने की सलाह देते हैं। गर्भवती महिलाओं के लिए प्रसवपूर्व योग, हठ योग और दृढ योग सर्वोत्तम विकल्प हैं। कोई अन्य योग कक्षा शुरू करने से पहले अपनी गर्भावस्था के बारे में प्रशिक्षक से बात करें। शुरुआती लोगों के लिए टहलना एक बेहतरीन व्यायाम है। यह आपके जोड़ों पर न्यूनतम तनाव के साथ मध्यम एरोबिक कंडीशनिंग प्रदान करता है। गर्भावस्था में अन्य अच्छे विकल्पों में तैराकी, कम प्रभाव वाले एरोबिक्स और स्थिर बाइक पर साइकिल चलाना शामिल है।

अतः विकल्प (C) सही है।

100. भ्रूण की रक्तवाहिनी में ऑक्सीजन की मात्रा नाभिनाल शिरा में होती है।

भ्रूण परिसंचरण मानव भ्रूण की परिसंचरण प्रणाली है जिसमें नाभिनाल और गर्भनाल के भीतर रक्त वाहिकाएं शामिल होती हैं जो भ्रूण रक्त ले जाती हैं। नाभिनाल शिरा एक एकल शिरा है और भ्रूण तक ऑक्सीजन युक्त रक्त और पोषक तत्व लाती है।

अतः विकल्प (A) सही है।

Q.1 निम्न में से सर्वाधिक संक्रामक रोग है:
A. हिपेटाइटिस-B
B. एड्स
C. खाँसी तथा जुकाम
D. मलेरिया

Q.2 एचआईवी का पुष्टिकरण परीक्षण कौन सा है?
A. वेस्टर्न ब्लॉट एसे
B. एलिसा टेस्ट
C. WBC गिनती
D. इनमें से कोई नहीं

Q.3 शिशु दस्त का सबसे आम कारण _______ है।
A. रोटावायरस
B. ई. कोलि
C. साल्मोनेला टाइफी
D. पोलियो

Q.4 पोलियो मुख्यतः किसका संक्रमण है?
A. केंद्रीय स्नायुतंत्र
B. जठरांत्र प्रणाली
C. प्रजनन प्रणाली
D. संचार प्रणाली

Q.5 रक्तस्रावी बुखार किस बुखार को कहा जाता है?
A. मलेरिया
B. टायफाइड
C. डेंगू
D. एड्स

Q.6 निम्नलिखित में से कौन-सा रोग विषाणु से नहीं होता है?
A. पोलियो
B. एड्स
C. कंजक्टिवाइटिस
D. प्लेग

Q.7 कापोसी का सरकोमा _______ से संबंधित है।
A. डेंगू बुखार
B. एक्वायर्ड इम्यून डेफिसिएंसी सिंड्रोम
C. इन्सेफेलाइटिस
D. स्केबीज

Q.8 यदि कोई रोग अमानवीय पशु से मानव में कूदता है, तो उसे क्या कहा जाता है?
A. प्राणीजन्य रोग
B. संक्रामक रोग
C. जन्मजात रोग
D. आईट्रोजेनिक रोग

Q.9 गैस्ट्राइटिस पैदा करने वाला सबसे आम जीवाणु कौन सा है?
[UPPSC Staff Nurse, 2021]
A. साल्मोनेला
B. हेलिकोबैक्टर पाइलोरी
C. नेइसेरिया गोनोरहोई
D. उपरोक्त में से कोई नहीं

Q.10 एक बार खुले खसरे के टीके का उपयोग _______ के भीतर किया जाना चाहिए।
A. 2 घंटे
B. 3 घंटे
C. 4 घंटे
D. 8 घंटे

Q.11 एक गिरी हुई इमारत में एक नर्स पीड़ितों की ज़रूरतों पर प्रतिक्रिया दे रही है। इस आपदा के दौरान नर्स की प्राथमिकताओं को कौनसा सिद्धांत निर्देशित करता है?
A. अधिक से अधिक लोगों की जान बचाने के लिए रक्तस्राव की तत्काल देखभाल की आवश्यकता होती है।
B. जिन्हें न्यूनतम देखभाल की आवश्यकता होती है, उनका पहले उपचार किया जाता है ताकि वे दूसरों की सहायता कर सकें।
C. सिर की चोटों वाले पीड़ितों का उपचार सबसे पहले किया जाता है क्योंकि यह देखभाल सबसे जटिल होती है।
D. बच्चों को सर्वोच्च प्राथमिकता मिलती है क्योंकि उनकी जीवन प्रत्याशा सबसे अधिक होती है।

Q.12 निम्नलिखित में से कौन राष्ट्रीय ग्रामीण स्वास्थ्य मिशन का एक घटक नहीं है?
A. आशा
B. जननी सुरक्षा योजना
C. अंडर फाइव क्लिनिक
D. RCH कार्यक्रम

Q.13 संदिग्ध व्यक्ति के संक्रमण और रोग के संकेत और लक्षणों के प्रकट होने के बीच के समय अंतराल को क्या कहा जाता है?
A. एकांत अवधि (आइसोलेशन पीरियड)
B. संगरोध अवधि (क्वारंटाइन पीरियड)
C. ऊष्मायन (इन्क्यूबेशन)
D. पुनर्प्राप्ति अवधि (रिकवरी पीरियड)

Q.14 राजू एक वेल्डर के रूप में काम कर रहा है, वह धुंधली दृष्टि के लक्षण विकसित करता है, डॉक्टर किसका निदान करता है?
A. अस्थायी दृष्टिहीनता
B. वेल्डर का मोतियाबिंद
C. वेल्डर फ्लैश
D. ग्लूकोमा

Q.15 रोग से रक्षा करने वाली प्रतिरक्षा अनुक्रिया प्राप्त करने के लिए रोगजनक या पूर्वनिर्मित प्रतिरक्षी के सभी या एक भाग का एडमिनिस्ट्रेशन क्या कहलाता है?
A. सेरोप्रोटेक्शन
B. सेरोकनवर्सन
C. टीकाकरण
D. प्रतिरक्षण

Q.16 रोगी के उपचार का रिकॉर्ड _______ के द्वारा रखा जाता है।
A. अस्पताल
B. स्वास्थ्य देखभाल एजेंसी
C. उप-केन्द्र
D. इनमे से कोई नहीं

Q.17 सामुदायिक स्वास्थ्य कार्यकर्ता के लिए सबसे महत्वपूर्ण उपकरण क्या है?
A. स्वास्थ्य शिक्षा
B. चिकित्सा
C. वितरण
D. पोषाहार सामग्री वितरण

Q.18 सुनीता 23 सप्ताह की गर्भवती है, उसे कमजोरी महसूस हो रही है और त्वचा पीली है, वह चिकित्सा सहायता चाहती है।
निम्नलिखित में से कौन सी सलाह डॉक्टरों द्वारा सुनीता के लिए अत्यधिक अनुशंसित है?
A. विटामिन B12 आहार
B. विटामिन D और दूध
C. आयरन और फोलिक एसिड
D. सोडियम और पोटेशियम लवण

Q.19 सुमित नाम के रोगी में निम्न लक्षण दिखाई देते हैं:
1. पीली त्वचा या आँखें।
2. एनोरेक्सिया (भूख में कमी)
3. कम श्रेणी बुखार
4. उल्टी

डॉक्टर को हैपेटाइटिस A की उपस्थिति का संदेह होता है, डॉक्टर ने सुमित को सलाह दी कि वह कौन-सा टेस्ट कराएं?
A. IgM HAV
B. IgG HAV
C. IgD HAV
D. IgE HAV

Q.20 निम्नलिखित टीकों की सूची है जिन्हें डीप फ्रीजर में नहीं रखा जाना चाहिए:

A. पोलियो

B. डिप्थीरिया, पर्टुसिस और टेटनस (डीपीटी) वैक्सीन

C. खसरा

D. खसरा, कण्ठमाला और रूबेला (एमएमआर) वैक्सीन

Q.21 समयपूर्व प्रसव को परिभाषित किया जा सकता है:

A. गर्भावस्था के 40 सप्ताह पूर्ण होने पर प्रसव शुरू होता है

B. गर्भावस्था के 39 सप्ताह पूर्ण होने से पूर्व ही प्रसव प्रारम्भ होना

C. गर्भावस्था के 37 सप्ताह पूर्ण होने से पूर्व ही प्रसव प्रारम्भ होना

D. प्रसव की सम्भावित तिथि के 2 सप्ताह बाद तक भी गर्भावस्था का जारी रहना

Q.22 निम्नलिखित में से किसके अलावा सभी फॉल्स लेबर/अवास्तविक प्रसव पीड़ा अभिव्यक्ति है?

A. गतिविधि या आराम से संकुचन कम होता है

B. ग्रीवा उत्तरोत्तर नष्ट और फैली हुई है

C. उदरीय पीड़ा

D. अनियमित संकुचन

Q.23 प्रसव पीड़ा में, अपरा (प्लेसेंटा) का पृथक्करण और निष्कासन निम्न में से किसके अंतर्गत आता है?

A. चौथा चरण   B. प्रथम चरण

C. तीसरा चरण   D. दूसरा चरण

Q.24 गर्भावस्था का प्रारंभिक जैव रासायनिक मार्कर है:

A. एस्ट्रोजन

B. प्रोलैक्टिन

C. ह्यूमन कोरिओनिक गोनाडोट्रोपिन

D. प्रोजेस्टेरोन

Q.25 निम्नलिखित में से कौन सा टीका नियमित रूप से गर्भावस्था में दिया जाता है?

A. इंफ्लुएंजा   B. ओरल पोलियो

C. टिटेनस   D. रेबीज

Q.26 भ्रूण शब्द का प्रयोग गर्भावस्था में निम्नलिखित के लिए किया जाता है:

A. 0-2 सप्ताह तक   B. 0-4 सप्ताह तक

C. 2-8 सप्ताह तक   D. 9 सप्ताह से अधिक

Q.27 निम्नलिखित में से कौन गर्भावस्था के दौरान प्रोटीनमेह और आक्षेप के साथ उच्च रक्तचाप का एक प्रकार है?

A. चिरस्थायी उच्च रक्तचाप   B. गर्भकालीन उच्च रक्तचाप

C. गर्भक्षिपक   D. प्राकगर्भक्षिपक

Q.28 एक महिला जिसने एक जीवित बच्चे को जन्म दिया है उसे क्या कहा जाता है?

A. प्रथमप्रसवा   B. बहुप्रसवा

C. अप्रसवा   D. प्रथमगर्भा

Q.29 डिलीवरी की अनुमानित तिथि की गणना ______ का उपयोग करके की जाती है।

A. मैक डोनाल्ड का नियम   B. नेगेले का नियम

C. नौ का नियम   D. भोर का सूत्र

Q.30 गर्भावस्था में होने वाला सामान्य रुधिर संबंधी विकार क्या है?

A. एनीमिया

B. रीसस आइसोइम्यूनाइजेशन

C. रक्त जमावट विकार

D. इनमें से कोई नहीं

Q.31 ग्लूकागॉन निम्नलिखित में से किसके द्वारा स्रावित हार्मोन है?

A. पीयूष ग्रंथि का न्यूरोहाइपोफिसिस

B. अग्न्याशय के आइलेट्स लैंगरहैंस की डेल्टा कोशिकाएं

C. अग्न्याशय के आइलेट्स लैंगरहैंस की बीटा कोशिकाएं

D. अग्न्याशय के आइलेट्स लैंगरहैंस की अल्फा कोशिकाएं

Q.32 दुर्घटना के बाद व्यक्ति भूख, प्यास तथा स्वनियमन पर नियन्त्रण नहीं कर पाता। इसमें मस्तिष्क का कौन-सा भाग प्रभावित होता है?

A. प्रमस्तिष्क   B. हाइपोथैलेमस

C. अनुमस्तिष्क   D. कॉर्पस कैलोसम

Q.33 कौन सी धमनी पेट को ऑक्सीजन युक्त रक्त की आपूर्ति करती है?

A. कैरोटिड धमनी   B. गैस्ट्रिक धमनी

C. सीलिएक धमनी   D. मस्तिष्क धमनी

Q.34 निम्नलिखित में से क्या आंतरिक कैरोटिड धमनी की कवेर्नोस की शाखा नहीं है?

A. कवेर्नोस शाखा

B. निम्न हाइपोफिसियल धमनी

C. मेनिंगियल शाखा

D. ऑप्थेल्मिक शाखा

Q.35 आईरिस का कार्य है:

A. आंखों की पलकों में गति करना

B. लेंस को आगे और पीछे ले जाना

C. पुतली का आकार बदलना

D. प्रकाश किरणों को अपवर्तित करना

Q.36 निम्नलिखित में से कौनसी कोशिका प्रतिरक्षी का स्राव करती है?

A. मोनोसाइट   B. लिम्फोसाइट

C. न्यूट्रोफिल   D. इओसिनोफिल

Q.37 हवेरियन नलिका या ट्यूब हड्डी की कार्यात्मक इकाई है, इस प्रणाली के अंदर क्या पाया जाता है?

A. धमनी एवं शिरा

B. ऊतकों का खौखला केन्द्र

C. तन्त्रिका तन्तु

D. एक धमनी, शिरा, लिम्फ वाहिनी, तन्त्रिका तन्तु एवं कोशिकाएँ

Q.38 वेगस तंत्रिका कपाल तंत्रिका क्रमांकन है:

A. 7   B. 5   C. 10   D. 9

Q.39 निम्नलिखित में से कौन-सी सबसे छोटी कपाल तन्त्रिका है?

A. एब्ड्यूसेन्स   B. ऑप्टिक

C. ट्रॉक्लियर   D. फेशियल

Q.40 मध्यछद तंत्रिका में चोट लगने से क्या होता है?

A. क्षिप्रहृदयता   B. अतिताप

C. हृद अतालता   D. श्वास लेने में कठिनाई

Q.41 रोगी को जलने की चोट लगी है, आकलन पर TBSA 36% है। गहरा जलने की चोट वाले रोगी में किस विटामिन की कमी देखी जाती है?

A. विटामिन B   B. विटामिन C

C. विटामिन D   D. विटामिन K

Q.42 ऊर्जा, यकृत और मांसपेशियों में ______ के रूप में संग्रहित होती है।

A. कार्बोहाइड्रेट   B. वसा

C. प्रोटीन   D. ग्लाइकोजन

Q.43 एक रोगी को गले के कैंसर के लिए स्वरयंत्र उच्छेदन कराना पड़ा है और उसने मौखिक सेवन शुरू कर दिया है। नर्स यह निर्धारित करती है कि रोगी ने आहार की उन्नति के पहले चरण को सहन कर लिया है तो रोगी बिना चूषक या वायुरोध के निम्नलिखित में से किस प्रकार का आहार लेता है?

A. हल्का आहार
B. पूर्ण तरल पदार्थ
C. स्पष्ट तरल पदार्थ
D. अर्ध ठोस खाद्य पदार्थ

Q.44 अग्राशयशोथ के एक प्रकरण के बाद नर्स एक रोगी के लिए आहार परिवर्तन की योजना बना रही है। रोगी के लिए कौनसा आहार उपयुक्त है?

A. निम्न कैलोरी, निम्न कार्बोहाइड्रेट
B. उच्च कैलोरी, निम्न वसा
C. उच्च प्रोटीन, उच्च वसा
D. निम्न प्रोटीन, उच्च कार्बोहाइड्रेट

Q.45 मनुष्य के हृदय-स्पंदन को नियन्त्रित करने में निम्न में से कौन-सा खनिज तत्व आवश्यक होता है?

A. सल्फर
B. सोडियम
C. पोटैशियम
D. लोहा

Q.46 बच्चों में प्रोटोन ऊर्जा कुपोषण का प्रथम सूचक होता है:

A. आयु के हिसाब से अनुमानित वज़न की तुलना में अधिक वजन होना
B. कमजोर एवं आलसी बच्चा
C. आयु के हिसाब से अनुमानित वज़न की तुलना में कम वज़न होना
D. भूख की कमी हो जाना

Q.47 निम्न में से कौन सा पोषक तत्व भोजन में मौजूद नहीं होता है?

A. प्लाज्मा
B. पोषक तत्व
C. एमिनो अम्ल
D. फ्रुक्टोज

Q.48 निम्न में से विटामिन B12 का महत्वपूर्ण घटक है:

A. क्रोमियम
B. कोबाल्ट
C. मोलिब्डेनम
D. पोटैशियम

Q.49 निम्न में से कौन-सा जोड़ा वसा-विलेय विटामिन और उससे सम्बन्धित रोग का है?

A. एस्काॅर्बिक अम्ल - स्कर्वी
B. रेटिनाॅल - जीरोफ्थैल्मिया
C. कोबालैमीन - बेरी-बेरी
D. कैल्सिफेराॅल - पैलाग्रा

Q.50 अप्रत्यक्ष या पोषण संवेदनशील हस्तक्षेप में क्या शामिल हैं?

A. विटामिन D की खुराक
B. फसल की पैदावार बढ़ाना
C. नवजात शिशु के भोजन में सुधार
D. लोगों में जागरुकता लाना

Q.51 जैक्सन-प्रैट घाव नाली के आसपास के क्षेत्र की सफाई करते समय नर्स प्रभारी द्वारा कौन सी कार्रवाई आवश्यक है?

A. केंद्र से बाहर की ओर गोलाकार गति में सफाई
B. त्वचा को साफ करने से पहले अपवाहिका को हटाना
C. शराब के साथ साइट के चारों ओर तेजी से सफाई
D. बाँझ दस्ताने और एक मुखौटा पहने हुए

Q.52 ग्राम स्तर पर एएफबी के लिए थूक किसके द्वारा एकत्र किया जाता है?

A. आंगनवाड़ी कार्यकर्ता
B. ग्राम स्वास्थ्य गाइड
C. स्वास्थ्य कार्यकर्ता पुरुष
D. स्वास्थ्य कार्यकर्ता महिला

Q.53 निम्न में से ग्राम स्वास्थ्य मार्गदर्शक के कार्यों में सम्मिलित नहीं है:

A. संक्रामक बीमारियों की रोकथाम

B. वातावरणीय स्वच्छता
C. मातृ एवं शिशु स्वास्थ्य सेवाएँ प्रदान करना
D. ANMs को प्रशिक्षित करना

Q.54 एक स्वास्थ्य कार्यकर्ता का निम्नलिखित में से किसके साथ बेहतर समन्वय होना चाहिए?

A. ग्राम पंचायत
B. धार्मिक प्रतिनिधि
C. गैर-सरकारी संगठन
D. उपरोक्त सभी

Q.55 स्वास्थ्य कार्यकर्ताओं द्वारा तीव्र श्वसन रोग का प्रबंधन करने के लिए उपयोग की जानी वाली औषधि कौन-सी है?

A. कोट्रिमोक्साज़ोल
B. क्लोरमफेनिकॉल
C. बेंज़िल पेनिसिलिन
D. जेंटामाइसिन

Q.56 उपकेंद्र का प्रबंधन किसके द्वारा किया जाता है?

A. एक पुरुष और एक महिला बहुउद्देशीय स्वास्थ्य कार्यकर्ता
B. दो पुरुष बहुउद्देशीय स्वास्थ्य कार्यकर्ता
C. दो महिला बहुउद्देशीय स्वास्थ्य कार्यकर्ता
D. एक महिला बहुउद्देशीय स्वास्थ्य कार्यकर्ता

Q.57 प्रभारी नर्स रोगी के पेट का आकलन कर रही है नर्स को पहले कौन सी जांच तकनीक का उपयोग करना चाहिए?

A. ऑस्कुलेशन
B. निरीक्षण
C. पर्क्यूशन
D. टटोलने का कार्य

Q.58 सहयोगी पर्यवेक्षण सभी से जुड़ा हुआ है, केवल एक को छोड़कर:

[UPPSC Staff Nurse, 2017]

A. मौके पर सुधार
B. बी.सी.सी. एवं प्रेरण पर जोर
C. दंड के लिए सूचना को एकत्रित करना
D. सही व्यवहार के लिए मदद

Q.59 आई.एम.एन.सी.आई. के वर्गीकरण में गुलाबी रंग का कोड है- क्या करने की जरूरत है?

[UPPSC Staff Nurse, 2017]

A. कुछ करने से कोई लाभ नहीं है।
B. अस्पताल भेजने या भर्ती करने की जरूरत है।
C. विशेष इलाज आरंभ करने को इंगित करता है।
D. घरेलू इलाज पर जोर।

Q.60 बी.एफ.एच.आई. है:

[UPPSC Staff Nurse, 2017]

A. ब्रेस्ट फीडिंग हॉस्पिटल इनिशिएटिव
B. ब्रेस्ट फीडिंग हेल्थ इनिशिएटिव
C. ब्रेस्ट फ्रेंडली हेल्थ इनिशिएटिव
D. बेबी फ्रेन्डली हॉस्पिटल इनिशिएटिव

Q.61 प्राथमिक चिकित्सा का उद्देश्य है:

A. आहत के जीवन को सुरक्षा प्रदान करना
B. चोटग्रस्त अंगों का शीघ्र सम्भावित उपचार
C. संकटकालीन स्थिति को रोकना
D. उपरोक्त सभी

Q.62 रुधिरस्राव के क्या कारण हैं?

A. कुछ चुभना
B. कट जाना
C. कुचलना या आघात
D. उपरोक्त सभी

Q.63 वृद्ध व्यक्ति में सबसे आम चोट है:

A. रक्त वाहिकाओं में एथेरोसेलेरोटिक परिवर्तन

B. पित्ताशय की बीमारी की घटनाओं में वृद्धि
C. मूत्र पथ के संक्रमण
D. हिप फ्रैक्चर

Q.64 सिर पर लम्बी पट्टी बाँधने के लिए पट्टियों की आवश्यकता होती है:
A. एक पट्टी   B. दो पट्टी   C. तीन पट्टी   D. चार पट्टी

Q.65 निम्न में से कौन घाव का प्रकार नहीं है?
A. कंटुशन   B. अलसर   C. लसेरशन   D. पंक्चर

Q.66 निम्न में से कौन-सा प्राथमिक सहायता का सिद्धान्त नहीं है?
A. रोगी के आसपास भीड़ रहने देना
B. तत्परता किन्तु शान्ति के साथ कार्य करना
C. रोगी का विश्वास प्राप्त करना
D. रोगी के वायुमार्ग का निरीक्षण करना

Q.67 निम्नलिखित में से गर्भावस्था के दौरान शारीरिक आघात का कारण कोन सा हो सकता है?
A. मानसिक मंदता   B. अंधापन
C. बहरापन   D. ये सभी

Q.68 'रुधिरस्राव' कितने प्रकार का होता है?
A. पाँच   B. तीन   C. दो   D. सात

Q.69 पाचन में उपचार के लिए किस प्रकार की दवाओं का उपयोग किया जाता है?
A. प्रतिजैविक   B. दर्दनाशक
C. एंटासिड   D. रोगाणुरोधक

Q.70 सिर पर चोट लगने से सूजन की उपचार विधि_______है।
A. ठंडा सेक   B. गर्म सेक
C. दवाई लगाना   D. छोड़ देना

Q.71 इनमें से कौन सा एक आंतरिक कारक वृद्धि और विकास को प्रभावित करता है?
A. माता के गर्भ में पर्यावरण
B. भ्रूण द्वारा प्राप्त पोषण की गुणवत्ता
C. आनुवंशिकता
D. जीवन के बाद उपलब्ध पर्यावरण

Q.72 बच्चों की वृद्धि और विकास पर आंतरिक कारक कौन से हैं?
I. भावनात्मक कारक
II. बुद्धि
III. आनुवंशिकता कारक
IV. जैविक और शारीरिक कारक
A. I, II और III   B. I, II, III और IV
C. II, III और IV   D. I, III और IV

Q.73 _______ जन्म से मौजूद औसत से कम बौद्धिक क्षमता है और सीखने में कठिनाइयों से जुड़ी है।
A. कैंसर   B. मानसिक मंदता
C. अस्थमा   D. गहरा बहरापन

Q.74 बच्चे को बीमारी से बचने के लिए _______ में रहना चाहिए।
A. गंदा परिवेश   B. स्वच्छ परिवेश
C. अशुद्ध वायु   D. धुँआधार परिवेश

Q.75 निम्न में से कौन-सा विस्मृति का कारण नहीं है?
[UPTET Social Studies, 2022], [UPTET Science and Maths, 2022]
A. अधिगम में कमी

B. स्मरण करने की इच्छा
C. मानसिक द्वन्द
D. अधिगम की दोषपूर्ण विधियाँ

Q.76 निम्नलिखित में से विकास का कौन सा पहलू शैशवावस्था के दौरान प्रारंभ नहीं होता है?
A. नैतिक विकास   B. संवेगात्मक विकास
C. सामाजिक विकास   D. भाषा विकास

Q.77 ग्रे बेबी सिंड्रोम, शिशुओं में देखा जाता है, जो 3-4 दिन में पेट की गड़बड़ी, पीलापन, सायनोसिस और वासोमोटर पतन की विशेषता है, _______ के उपयोग से जुड़ा हुआ है।
A. सल्फाडियाज़िन   B. क्लींडामाइसिन
C. क्लोरोम्फेनिकोल   D. वैनकोमाइसिन

Q.78 वृद्धि और विकास के बारे में निम्नलिखित में से कौन सा कथन सही नहीं है?
A. वृद्धि आमतौर पर मात्रात्मक परिवर्तनों को संदर्भित करता है जबकि विकास गुणात्मक परिवर्तनों को संदर्भित करता है।
B. वृद्धि केवल पर्यावरण का एक कार्य है।
C. परिपक्वता प्राप्त होने पर वृद्धि की प्रक्रिया रुक जाती है।
D. वृद्धि जीव के आंतरिक और आनुवंशिक कारकों से निर्धारित होता है।

Q.79 अभिवृद्धि के सन्दर्भ में क्या सही नहीं है?
A. अभिवृद्धि शारीरिक होती है
B. अभिवृद्धि मात्रात्मक होती है
C. अभिवृद्धि मापनीय होती है
D. अभिवृद्धि जीवनपर्यन्त चलने वाली प्रक्रिया है

Q.80 ओम्फलाइटिस नवजात बच्चों में ___ का संक्रमण है।
A. आँख   B. गर्भनाल   C. ग्रसनी   D. कान

Q.81 नवजात शिशु के लिए सामान्य विश्राम हृदय दर _______ है।
A. 75 से 115 bpm   B. 85 से 125 bpm
C. 110 से 150 bpm   D. 140 से 200 bpm

Q.82 नवजात की ऊंचाई कब दोगुनी हो जाती है?
A. 4 वर्ष   B. 3 वर्ष   C. 2 वर्ष   D. 1 वर्ष

Q.83 आमतौर पर एक वर्ष की आयु तक शिशु के जन्म के समय वज़न की तुलना में कितनी वृद्धि होनी चाहिए?
A. 1.5 गुना   B. 2 गुना   C. 3 गुना   D. 4 गुना

Q.84 बच्चों के शारीरिक मूल्यांकन के दौरान, खोपड़ी की विषमता इंगित करती है:
A. हाइड्रोसेफलस   B. क्रैनियोटैबीज
C. क्रानियोसिनेस्टोसिस   D. अस्थिजनन अपूर्ण

Q.85 जन्म से 1 वर्ष की आयु तक के बच्चे को क्या कहा जाता है?
A. नवशाव   B. शिशु   C. नवजात   D. छोटा बच्चा

Q.86 नवजात (नियोनेट) किस आयु के बीच का शिशु होते हैं?
A. 0 से 4 सप्ताह   B. 5 से 8 सप्ताह
C. 13 से 16 सप्ताह   D. 9 से 12 सप्ताह

Q.87 किशोरों की प्राथमिकता स्वास्थ्य समस्या क्या होती है?
A. मादक द्रव्यों का सेवन   B. व्यवहार परिवर्तन
C. दार्शनिक हस्तक्षेप   D. इनमे से कोई नहीं

Q.88 शिशु में धंसा हुआ फॉन्टेनल निम्नलिखित में किसका संकेत है?
[UPPSC Staff Nurse, 2022]

A. हाइड्रोसिफेलस   **B.** डाउन सिंड्रोम
C. डिहाइड्रेशन   **D.** टर्नर सिंड्रोम

Q.89 किशोरावस्था से पहले किसी व्यक्ति की पहचान की भावना पर निम्नलिखित में से सबसे शक्तिशाली प्रभाव किसका होता है?

A. विद्यालय   **B.** परिवार   **C.** मीडिया   **D.** सहभागी

Q.90 LBW क्या है?

A. जन्म के समय वज़न < 2.5 किग्रा
B. जन्म के समय वज़न < 3 किग्रा
C. जन्म के समय वज़न < 1.5 किग्रा
D. जन्म के समय वज़न < 1 किग्रा

Q.91 पहाड़ी क्षेत्र में उप-केंद्र द्वारा कवर की गई जनसंख्या कितनी है?

A. 5000 जनसंख्या   **B.** 3000 जनसंख्या
C. 10,000 जनसंख्या   **D.** 30,000 जनसंख्या

Q.92 एक PHC आवरण करता है:

A. 4 उप-केंद्र   **B.** 6 उप-केंद्र   **C.** 8 उप-केंद्र   **D.** 2 उप-केंद्र

Q.93 प्राथमिक स्वास्थ्य देखभाल पर केंद्रित है:

A. शीघ्र निदान और उपचार प्रदान करना
B. स्वास्थ्य निगरानी उपायों का प्रदर्शन करना
C. स्वास्थ्य के निर्धारकों के बीच संबंध की खोज करना
D. असमानता कम करना और नुकसान के प्रभाव में सुधार करना

Q.94 प्राथमिक स्वास्थ्य देखभाल का उदाहरण है:

A. नर्स व्यवसायी क्लिनिक
B. एबोरिजिनल कम्युनिटी नियंत्रित स्वास्थ्य संगठन
C. विशिष्ट रोग प्रक्रिया के लिए बाह्य रोगी क्लिनिक
D. वृद्ध देखभाल सेवा संगठन

Q.95 निम्नलिखित में से कौन भारत में पहली रेफरल इकाई है?

A. क्षेत्रीय अस्पताल
B. सामुदायिक स्वास्थ्य केंद्र
C. प्राथमिक स्वास्थ्य केंद्र
D. उप केंद्र

Q.96 भारत को स्मॉलपॉक्स (चेचक) से मुक्त कब घोषित किया गया था?

A. अप्रैल, 1977   **B.** जून, 1980
C. जुलाई, 1987   **D.** अगस्त, 1982

Q.97 किस दूषित टीके का प्रशासन टॉक्सिक शॉक सिंड्रोम उत्पन्न कर सकता है?

A. BCG   **B.** DPT   **C.** रेबीज   **D.** मीजल्स

Q.98 प्राथमिक स्वास्थ्य देखभाल की अवधारणा की सिफारिश किसके द्वारा की गई थी?

A. भोरे समिति   **B.** मुदलियार समिति
C. मुखर्जी समिति   **D.** करतार सिंह समिति

Q.99 एक प्राथमिक सेवा केंद्र ________ जनसंख्या को सेवा प्रदान करता है।

A. 50,000   **B.** 30,000   **C.** 10,000   **D.** एक लाख

Q.100 राष्ट्रीय डायबिटीज नियंत्रण कार्यक्रम कब प्रारम्भ किया गया था?

A. 1980   **B.** 1984   **C.** 1986   **D.** 2010

// स्मार्ट उत्तर पुस्तिका //

सही उत्तर — उन छात्रों का प्रतिशत जिन्होंने प्रश्नों का सही उत्तर दिया था।　　**छोड़ दिया** — उन छात्रों का प्रतिशत जिन्होंने प्रश्नों को छोड़ दिया था।

प्रश्न संख्या	उत्तर	सही उत्तर / छोड़ दिया	प्रश्न संख्या	उत्तर	सही उत्तर / छोड़ दिया	प्रश्न संख्या	उत्तर	सही उत्तर / छोड़ दिया	प्रश्न संख्या	उत्तर	सही उत्तर / छोड़ दिया	प्रश्न संख्या	उत्तर	सही उत्तर / छोड़ दिया
1	A	57.58 % / 1.83 %	17	A	57.22 % / 1.68 %	33	C	86.44 % / 0.0 %	49	B	66.26 % / 1.61 %	65	B	55.36 % / 1.94 %
2	A	56.53 % / 1.14 %	18	C	60.13 % / 1.43 %	34	D	43.66 % / 1.31 %	50	A	59.27 % / 1.4 %	66	A	59.48 % / 1.67 %
3	A	68.53 % / 1.98 %	19	A	55.55 % / 1.14 %	35	C	47.92 % / 1.06 %	51	A	54.36 % / 1.51 %	67	D	44.53 % / 1.71 %
4	B	69.93 % / 1.78 %	20	B	65.55 % / 1.82 %	36	B	57.74 % / 1.25 %	52	A	62.25 % / 1.46 %	68	B	60.87 % / 1.03 %
5	C	50.22 % / 1.65 %	21	C	54.19 % / 1.85 %	37	D	62.29 % / 1.72 %	53	D	53.38 % / 1.86 %	69	C	58.98 % / 1.91 %
6	D	47.71 % / 1.72 %	22	B	57.33 % / 1.49 %	38	C	47.48 % / 1.74 %	54	D	40.15 % / 1.52 %	70	A	45.41 % / 1.38 %
7	B	44.83 % / 1.56 %	23	C	60.54 % / 1.79 %	39	C	51.13 % / 1.78 %	55	A	63.84 % / 1.05 %	71	C	53.75 % / 1.38 %
8	A	45.76 % / 1.72 %	24	C	68.77 % / 1.85 %	40	D	88.82 % / 0.0 %	56	A	57.34 % / 1.72 %	72	B	45.72 % / 1.5 %
9	B	61.79 % / 1.87 %	25	C	47.83 % / 1.52 %	41	C	61.23 % / 1.8 %	57	B	44.35 % / 1.18 %	73	B	41.64 % / 1.63 %
10	C	52.32 % / 1.19 %	26	D	42.55 % / 1.14 %	42	D	66.42 % / 1.33 %	58	C	47.38 % / 1.19 %	74	B	63.27 % / 1.4 %
11	B	83.01 % / 0.0 %	27	C	68.15 % / 1.63 %	43	D	67.84 % / 1.68 %	59	B	58.65 % / 1.17 %	75	B	64.32 % / 1.14 %
12	C	44.12 % / 1.49 %	28	A	60.31 % / 1.84 %	44	B	68.39 % / 1.02 %	60	D	51.48 % / 1.39 %	76	A	56.1 % / 1.94 %
13	C	68.41 % / 1.04 %	29	B	58.71 % / 1.19 %	45	B	44.87 % / 1.22 %	61	D	44.91 % / 1.56 %	77	C	41.17 % / 1.87 %
14	B	65.02 % / 1.91 %	30	A	78.01 % / 0.0 %	46	C	50.29 % / 1.11 %	62	D	41.0 % / 1.79 %	78	B	41.95 % / 1.29 %
15	C	69.04 % / 1.09 %	31	D	54.01 % / 1.85 %	47	A	64.12 % / 1.49 %	63	D	49.84 % / 1.71 %	79	D	66.97 % / 1.13 %
16	A	68.82 % / 1.78 %	32	B	49.13 % / 1.35 %	48	B	61.09 % / 1.65 %	64	B	86.15 % / 0.0 %	80	B	41.09 % / 1.56 %

प्रश्न संख्या	उत्तर	सही उत्तर / छोड़ दिया
81	C	51.46 %
		1.38 %
82	A	58.95 %
		1.56 %
83	C	54.26 %
		1.71 %
84	C	40.88 %
		1.83 %

प्रश्न संख्या	उत्तर	सही उत्तर / छोड़ दिया
85	B	68.42 %
		1.69 %
86	A	57.22 %
		1.18 %
87	A	83.57 %
		0.0 %
88	C	47.25 %
		1.1 %

प्रश्न संख्या	उत्तर	सही उत्तर / छोड़ दिया
89	B	45.23 %
		1.72 %
90	A	62.62 %
		1.56 %
91	B	49.33 %
		1.43 %
92	B	66.35 %
		1.67 %

प्रश्न संख्या	उत्तर	सही उत्तर / छोड़ दिया
93	D	49.2 %
		1.31 %
94	B	52.18 %
		1.21 %
95	B	86.23 %
		0.0 %
96	A	84.06 %
		0.0 %

प्रश्न संख्या	उत्तर	सही उत्तर / छोड़ दिया
97	D	82.42 %
		0.0 %
98	A	63.51 %
		1.41 %
99	B	83.99 %
		0.0 %
100	D	84.52 %
		0.0 %

//संकेत और समाधान//

1. हेपेटाइटिस B: यह हेपेटाइटिस B विषाणु (HBV) के कारण होने वाला एक टीका-रोकथाम योग्य यकृत संक्रमण है।

- हेपेटाइटिस B तब फैलता है जब विषाणु से संक्रमित व्यक्ति का रक्त, वीर्य या शरीर के अन्य तरल पदार्थ किसी ऐसे व्यक्ति के शरीर में प्रवेश करते हैं जो संक्रमित नहीं है।

संकेत और लक्षण:

- गहरे रंग का मूत्र
- बुखार
- पेट में दर्द
- कमज़ोरी और थकान
- जोड़ों में दर्द
- भूख में कमी
- मतली और उल्टी

अतः विकल्प (A) सही है।

2. वेस्टर्न ब्लॉट एस एचआईवी की पुष्टि करने वाला टेस्ट है। वेस्टर्न ब्लॉट परीक्षण रक्त प्रोटीन को अलग करता है और विशिष्ट प्रोटीन (एचआईवी एंटीबॉडी कहा जाता है) का पता लगाता है जो एचआईवी संक्रमण का संकेत देते हैं। वेस्टर्न ब्लॉट का उपयोग सकारात्मक एलिसा की पुष्टि के लिए किया जाता है, और संयुक्त परीक्षण 99.9% सटीक होते हैं।

अतः विकल्प (A) सही है।

3. शिशु दस्त का सबसे आम कारण रोटावायरस है।

रोटावायरस अक्सर फेकल-ओरल मार्ग से फैलता है। ऐसा अक्सर इसलिए होता है क्योंकि बच्चा अपने हाथों को ठीक से या अक्सर पर्याप्त रूप से नहीं धोता है। यह दूषित भोजन या पानी खाने या पीने से भी हो सकता है। वायरस लंबे समय तक डोरनॉब्स, खिलौनों और अन्य कठोर वस्तुओं जैसी सतहों पर रह सकता है।

अतः विकल्प (A) सही है।

4. पोलियो मुख्य रूप से जठरांत्र प्रणाली का संक्रमण है।

गर्भपात पोलियोमाइलाइटिस, जो एक हल्का विषाणुजनित रूप है, लगभग 4% से 8% संक्रमण के लिए जिम्मेदार है। गैस्ट्रोएंटेराइटिस, इन्फ्लूएंजा जैसी बीमारी और हल्के श्वसन पथ के संक्रमण हो सकते हैं, जो आमतौर पर सप्ताह के भीतर कम हो जाते हैं। नैदानिक मामलों में से लगभग 1% सड़न रोकनेवाला मैनिंजाइटिस के रूप में मौजूद हैं।

अतः विकल्प (B) सही है।

5. डेंगू बुखार को रक्तस्रावी बुखार कहा जाता है। डेंगू बुखार एक मच्छर जनित उष्णकटिबंधीय बीमारी है जो डेंगू वायरस के कारण होती है। लक्षण आमतौर पर संक्रमण के तीन से चौदह दिन बाद शुरू होते हैं। इनमें तेज बुखार, सिरदर्द, उल्टी, मांसपेशियों और जोड़ों में दर्द, और एक विशिष्ट त्वचा लाल चकत्ते शामिल हो सकते हैं। रिकवरी में आमतौर पर दो से सात दिन लगते हैं।

अतः विकल्प (C) सही है।

6. प्लेग एक ऐसी बीमारी है जो वायरस के कारण नहीं होती है। प्लेग एक संक्रामक रोग है जो बैक्टीरिया यर्सिनिया पेस्टिस के कारण होता है, एक जूनोटिक बैक्टीरिया, जो आमतौर पर छोटे स्तनधारियों और उनके पिस्सू में पाया जाता है। यह फ्लीस के माध्यम से जानवरों के बीच फैलता है। संक्रमित रोगवाहक फ्लीस के काटने से मनुष्य संक्रमित हो सकता है।

कंजक्टिवाइटिस कई कारणों से हो सकता है, जिसमें वायरस, बैक्टीरिया, एलर्जी, कॉन्टैक्ट लेंस का उपयोग, रसायन, कवक और कुछ बीमारियां शामिल

हैं। एचआईवी (ह्यूमन इम्युनोडेफिशिएंसी वायरस) एक वायरस है जो शरीर की प्रतिरक्षा प्रणाली पर हमला करता है। यदि एचआईवी का इलाज नहीं किया जाता है, तो यह एड्स (एक्वायर्ड इम्युनोडेफिशिएंसी सिंड्रोम) को जन्म दे सकता है। पोलियो, या पोलियोमाइलाइटिस, पोलियोवायरस के कारण होने वाली एक अक्षम करने वाली और जानलेवा बीमारी है।

अतः विकल्प (D) सही है।

7. कापोसी का सरकोमा एक्वायर्ड इम्यून डेफिसिएंसी सिंड्रोम से संबंधित है। यह एक घातक, धीरे-धीरे बढ़ने वाला, मेसेनकाइमल नियोप्लाज्म है जो संयोजी ऊतक और केशिकाओं के प्रसार द्वारा विशेषता है। नैदानिक प्रस्तुति आमतौर पर नोड्यूल और लाल-बैंगनी सजीले टुकड़े के रूप में होती है।

अतः विकल्प (B) सही है।

8. यदि कोई रोग गैर-मानव पशु से मानव में कूदता है, तो इसे जूनोटिक रोग कहा जाता है।

यह एक संक्रामक रोग है जो जानवरों से इंसानों (या इंसानों से जानवरों) में प्रजातियों के बीच फैलता है।

उदाहरणों में रेबीज, एंथ्रेक्स, टुलारेमिया और वेस्ट नाइल वायरस शामिल हैं।

अतः विकल्प (A) सही है।

9. गैस्ट्राइटिस सूजन, जलन, या पेट की परत के क्षरण का संयोजन है।

हेलिकोबैक्टर पाइलोरी टाइप बैक्टीरिया गैस्ट्राइटिस का सबसे आम है।

गैस्ट्राइटिस के लक्षण हैं:

- मतली या आवर्तक परेशान पेट
- उदरीय सूजन
- पेट में दर्द
- उल्टी
- खट्टी डकार
- भोजन के बीच या रात में पेट में जलन या कुतरना महसूस होना
- हिचकी
- भूख में कमी
- खून की उल्टी या कॉफी पिसी हुई सामग्री
- काला, रुका हुआ मल

अतः विकल्प (B) सही है।

10. एक बार खुले खसरे के टीके का उपयोग 4 घंटे के भीतर किया जाना चाहिए।

खसरे का टीका धूप से सम्बंधित बहुत संवेदनशील है, इसे रंगीन कांच में रखना चाहिए और पुनर्गठित किया जाना चाहिए, जबकि 4 घंटे के भीतर 2 से 8 डिग्री सेंटीग्रेड तापमान पर उपयोग किया जाना चाहिए।

अतः विकल्प (C) सही है।

11. एक आपदा में, सबसे महत्वपूर्ण लक्ष्य प्रभावित लोगों की अधिक से अधिक संख्या में मदद करना होता है और इसके लिए बड़ी संख्या में लोगों को उनके उपचार की आवश्यकता होती है।

सबसे पहले, नर्सों को कम घायल लोगों का उपचार करना चाहिए ताकि वे कम समय में अधिक घायल लोगों की सहायता कर सकें।

अतः विकल्प (B) सही है।

12. अंडर फाइव क्लिनिक राष्ट्रीय ग्रामीण स्वास्थ्य मिशन का एक घटक नहीं है।

- अंडर फाइव क्लिनिक एक ऐसा केंद्र है, जहां एक छत के नीचे पांच वर्ष से कम आयु के बच्चों को पैकेज तरीके से निवारक, प्रोत्साहन, उपचारात्मक, रेफरल और शैक्षिक सेवाएं प्रदान की जाती हैं।
- अंडर फाइव क्लिनिकों का समग्र लक्ष्य एक विशेष सुविधा में छोटे बच्चों को व्यापक स्वास्थ्य देखभाल प्रदान करना है।

अतः विकल्प (C) सही है।

13. संदिग्ध व्यक्ति के संक्रमण और रोग के संकेतों और लक्षणों के प्रकट होने के बीच के समय अंतराल को ऊष्मायन (इन्क्यूबेशन) कहा जाता है।

- ऊष्मायन अवधि को गुप्त अवधि या अव्यक्त अवधि के रूप में भी जाना जाता है, यह संक्रमण या सूक्ष्मजीवों के पहले संकेत और लक्षणों के उद्भासन तक की समय अवधि है।
- रोग की ऊष्मायन अवधि संक्रमण को विकसित करने के लिए सूक्ष्मजीव द्वारा लिए गए गुणन समय को दर्शाती है।
- ऊष्मायन अवधि की अवधि रोग की स्थिति की प्रकृति और उसके सूक्ष्मजीव की प्रतिकृति क्षमताओं पर निर्भर करती है।

अतः विकल्प (C) सही है।

14. राजू एक वेल्डर के रूप में काम कर रहा है, वह धुंधली दृष्टि के लक्षण विकसित करता है, डॉक्टर वेल्डर का मोतियाबिंद का निदान करता है।

- व्यावसायिक स्वास्थ्य को सभी व्यवसायों में श्रमिकों के उच्चतम स्तर के शारीरिक, मानसिक और सामाजिक कल्याण को बढ़ावा देने और बनाए रखने के रूप में परिभाषित किया गया है।
- यह वेल्डिंग की चिंगारी से निकलने वाली पराबैंगनी (UV) विकिरण के संपर्क में आने के कारण होता है, जो मुख्य रूप से आँखों को प्रभावित करता है, जिससे तीव्र कंजक्टिवाइटिस (नेत्रश्लेष्मलाशोथ) और केराटाइटिस (स्वच्छपटलशोथ) होता है।
- इसे वेल्डर फ्लैश के रूप में भी जाना जाता है, जो कॉर्निया की सूजन है और यह एक वेल्डिंग की चिंगारी के कारण निकलने वाली पराबैंगनी (UV) विकिरण का परिणाम है।
- आँख को क्षति से बचाने के लिए, वेल्डिंग करने वाले श्रमिक को ANSI Z87 का अनुपालन करने वाले साइड शील्ड के साथ काले चश्मे या सुरक्षा चश्मा पहनना चाहिए।

अतः विकल्प (B) सही है।

15. रोग से रक्षा करने वाली प्रतिरक्षा अनुक्रिया प्राप्त करने के लिए रोगजनक या पूर्वनिर्मित प्रतिरक्षी के सभी या एक भाग का एडमिनिस्ट्रेशन टीकाकरण कहलाता है।

- लोगों ने अतीत में देखा था कि कुछ बीमारियों से उबरने वाले व्यक्ति बीमारी के पुनरावृत्ति पर जीवन के लिए सुरक्षित रहते हैं।
- इसने प्रतिरक्षण की अवधारणा को जन्म दिया।
- टीकाकरण का उद्देश्य क्षीण कीटाणुओं को शरीर में प्रवेश कराना है। प्रतिरक्षण टीकाकरण के रूप में जाना जाता है।
- शरीर स्मृति कोशिकाओं की एक विशिष्ट आबादी उत्पन्न करता है।
- ये स्मृति कोशिकाएं एक ही प्रतिजन के साथ नए सिरे से संपर्क में तेजी से संख्या में वृद्धि कर सकती हैं और संक्रमण से बचाने के लिए अधिक प्रतिरक्षी का उत्पादन किया जा सकता है।
- जब शरीर में टीके लगाए जाते हैं, तो वे विशिष्ट रोगजनक के प्रति प्रतिरक्षा तंत्र को सक्रिय करते हैं ताकि यदि भविष्य में रोगजनक वास्तव में संक्रमण करता है, तो प्रतिरक्षा तंत्र संक्रमण से बचाने के लिए सुसज्जित है।
- टीकों को पर्याप्त रूप से निष्क्रिय या तनुकृत किया जाता है ताकि वे शरीर में बीमारी का कारण न बनें। टीकों द्वारा प्रदान की जाने वाली सुरक्षा की अवधि विभिन्न टीकों में भिन्न होती है।

अतः विकल्प (C) सही है।

16. रोगी के उपचार का रिकॉर्ड अस्पताल द्वारा रखा जाता है।

अस्पताल के हर विभाग का अपना रिकॉर्ड होता है, जैसे:

1. रोगी का नैदानिक रिकॉर्ड
2. नर्सों के अवलोकन के रिकॉर्ड-नर्स नोट्स
3. किए गए आदेशों का रिकॉर्ड
4. उपचार के रिकॉर्ड
5. प्रवेश और निर्वहन के रिकॉर्ड
6. उपकरण हानि और प्रतिस्थापन के रिकॉर्ड (इन्वेंट्री)
7. कर्मियों के प्रदर्शन का रिकॉर्ड।

अतः विकल्प (A) सही है।

17. सामुदायिक स्वास्थ्य कार्यकर्ता के लिए सबसे महत्वपूर्ण उपकरण स्वास्थ्य शिक्षा है।

स्वास्थ्य शिक्षा विशेषज्ञ लोगों को उन व्यवहारों के बारे में सिखाते हैं जो कल्याण को बढ़ावा देते हैं। वे व्यक्तियों और समुदायों के स्वास्थ्य में सुधार के लिए रणनीतियों का विकास और कार्यान्वयन करते हैं।

अतः विकल्प (A) सही है।

18. आयरन और फोलिक एसिड की सलाह डॉक्टरों द्वारा सुनीता के लिए अत्यधिक अनुशंसित है।

- जन्म के समय कम वजन, मातृ रक्ताल्पता और आयरन की कमी के जोखिम को कम करने के लिए प्रसवपूर्व देखभाल के हिस्से के रूप में डब्ल्यूएचओ द्वारा दैनिक आयरन और फोलिक एसिड पूरकता की सिफारिश की जाती है।
- आयरन प्लेसेंटा और भ्रूण के विकास का समर्थन करता है। आयरन आपके शरीर को भ्रूण को ऑक्सीजन की आपूर्ति करने के लिए रक्त बनाने में मदद करता है। आयरन एनीमिया को रोकने में भी मदद करता है, एक ऐसी स्थिति जिसमें रक्त में स्वस्थ लाल रक्त कोशिकाओं की संख्या कम होती है।
- फोलिक एसिड की खुराक जब एक मल्टीविटामिन के हिस्से के रूप में ली जाती है तो गर्भवस्था की संभावना बढ़ जाती है।

अतः विकल्प (C) सही है।

19. डॉक्टर को हैपेटाइटिस A की उपस्थिति का संदेह होता है, डॉक्टर ने सुमित को IgM HAV टेस्ट कराने की सलाह दी।

- पेटाइटिस A वायरस से होने वाली बीमारी है।
- हेपेटाइटिस A वायरस (HAV) दूषित भोजन या दूषित पानी पीने, या किसी संक्रमित व्यक्ति के निकट संपर्क में आने से फैलता है।
- HAV IgM एंटीबॉडी परीक्षण शरीर द्वारा उत्पादित पहले एंटीबॉडी का पता लगाता है जब यह हेपेटाइटिस A के संपर्क में आता है।
- इस परीक्षण का उपयोग शुरुआती या हाल के संक्रमणों का पता लगाने और तीव्र हेपेटाइटिस के लक्षणों वाले लोगों में बीमारी का निदान करने के लिए किया जाता है।
- यह एक तीव्र वायरल हेपेटाइटिस पैनल के हिस्से के रूप में किया जा सकता है।
- हेपेटाइटिस A पुरानी जिगर की बीमारी का कारण नहीं बनता है।
- जीर्ण जिगर की बीमारी हेपेटाइटिस B और सी C कारण होती है।
- विश्व स्वास्थ्य संगठन के अनुसार, हेपेटाइटिस A ने 2016 में दुनिया भर में 7134 लोगों के जीवन का दावा किया।
- हेपेटाइटिस A बहुत संक्रामक है।

- हेपेटाइटिस A का टीका एक टीका है जो हेपेटाइटिस A को रोकता है।

अतः विकल्प (A) सही है।

20. डिप्थीरिया, पर्टुसिस और टेटनस (डीपीटी) वैक्सीन टीकों की सूची है जिन्हें डीप फ्रीजर में नहीं रखा जाना चाहिए।

- टीके जीवित या मृत विषाणु या जीवाणु से बने होते हैं

- इसमें ऐसे पदार्थ होते हैं जो मानव शरीर में विषाणु उत्पन्न कर सकते हैं और इसकी प्रतिक्रिया में हमारे शरीर में उस संक्रमण के प्रति प्रतिरोधक क्षमता विकसित हो जाती है

- यह मात्रा संक्रमण पैदा करने के लिए पर्याप्त नहीं है यह केवल प्रतिरक्षा तंत्र को एंटीबॉडी (प्रतिरक्षी) का उत्पादन करने के लिए प्रेरित करती है

- पॉलीवलेंट में एक ही प्रजाति के कई उपभेद होते हैं -> न्यूमोकोकल वैक्सीन

- डीपीटी को फ्रीजर में नहीं रखना चाहिए

अतः विकल्प (B) सही है।

21. अपरिपक्व प्रसूति से तात्पर्य 37 सप्ताह से पहले प्रसव की शुरुआत से है।

- सामान्य प्रसव 40 सप्ताह से शुरू होता है।

- अपरिपक्व जन्म का तात्पर्य 37 सप्ताह से पहले बच्चे का जन्म है।

अपरिपक्व श्रम के लिए उच्च जोखिम वाले कारक हैं:

- अपरिपक्व प्रसव के गर्भपात का पिछला इतिहास

- ART तकनीकों के साथ गर्भावस्था।

- बैक्टीरियूरिया या UTI

- धूम्रपान

- खराब पोषण की स्थिति

- मातृ तनाव

अतः विकल्प (C) सही है।

22. फॉल्स लेबर/अवास्तविक प्रसव पीड़ा आविर्भाव निम्नलिखित प्रकार है,

- संकुचन नियमित रूप से नहीं होते हैं और यह एक साथ नहीं होते हैं।

- चलने या आराम करने या स्थिति में बदलाव के साथ संकुचन बंद हो जाते हैं।

- दर्द आमतौर पर केवल सामने ही महसूस होता है।

- संकुचन से ग्रीवा नहीं बदलती है।

- झूठे प्रसव पीड़ा में, महिला को उदरीय पीड़ा का अनुभव होता है।

अतः विकल्प (B) सही है।

23. प्रसव को घटनाओं की एक श्रृंखला के रूप में वर्णित किया जाता है जो जननांग अंगों में योनि के माध्यम से बाहरी दुनिया में व्यवहार्य भ्रूण को गर्भाशय से बाहर निकालने के लिए होती है।

प्रसव के चार चरण हैं:

तीसरा चरण:

- यह चरण लगभग 30 मिनट तक रहता है।

- यह भ्रूण के निष्कासन के बाद शुरू होता है और गर्भनाल और झिल्लियों के निष्कासन के साथ समाप्त होता है।

- इसमें रक्तसाव नियंत्रण के उपाय भी शामिल हैं।

अतः विकल्प (C) सही है।

24. गर्भावस्था का प्रारंभिक जैव रासायनिक मार्कर ह्यूमन कोरिओनिक गोनाडोट्रोपिन है।

ह्यूमन कोरिओनिक गोनाडोट्रोपिन (hCG):

- यह हार्मोन केवल गर्भावस्था के दौरान उत्पन्न होता है-विशेष रूप से गर्भनाल में।

- मातृ रक्त और मूत्र में पाए जाने वाले HCG हार्मोन का स्तर पहली तिमाही के दौरान नाटकीय रूप से बढ़ जाता है और यह मतली और उल्टी में सहायक हो सकता है जो अक्सर गर्भावस्था से जुड़ी होती हैं।

अतः विकल्प (C) सही है।

25. टिटनेस का टीका नियमित रूप से गर्भावस्था में दिया जाता है।

मातृ प्रतिरक्षण कुछ रोगों के खतरों से माँ और बच्चे की सुरक्षा करता है। गर्भावस्था में दिए जाने वाले सामान्य टीकाकरण:

- टिटनेस

- इंफ्लुएंजा

- डिप्थीरिया

- हेपेटाइटिस B

- मेनिंगोकोक्सल

टिटनेस टॉक्सॉइड:

- अतिसंवेदनशील गर्भवती महिलाओं के लिए नियमित रूप से दिया जाता है।

- ज्यादातर दूसरी तिमाही में लगाया जाता है।

अतः विकल्प (C) सही है।

26. भ्रूण शब्द का प्रयोग गर्भावस्था में 9 सप्ताह से अधिक समय तक किया जाता है।

भ्रूण: मानव गर्भधारण में, होने वाले बच्चे को गर्भाधान के 9वें सप्ताह तक, या अंतिम माहवारी (एलएमपी) के 11वें सप्ताह तक भ्रूण नहीं माना जाता है।

अतः विकल्प (D) सही है।

27. गर्भक्षेपक गर्भावस्था के दौरान प्रोटीनमेह और आक्षेप के साथ उच्च रक्तचाप का एक प्रकार है

गर्भक्षेपक: यह प्राकगर्भक्षेपक की एक गंभीर जटिलता है। यह एक दुर्लभ लेकिन गंभीर स्थिति है जहां गर्भावस्था के दौरान उच्च रक्तचाप के कारण दौरे पड़ते हैं।

अतः विकल्प (C) सही है।

28. जीवन क्षमता की अवधि से परे गर्भावस्था को प्रसविता कहा जाता है। एक महिला जिसने एक जीवित बच्चे को जन्म दिया है उसे प्रथमप्रसवा कहा जाएगा।

- बहुप्रसवा: एक माँ जिसने दो या दो से अधिक गर्भधारण को जीवन क्षमता के चरण में पूरा किया है।

- प्रथमगर्भा एक महिला जो पहली बार गर्भवती हुई है। ग्रेविडा (G) एक गर्भवती अवस्था को दर्शाता है (एक महिला जितनी बार गर्भवती हुई है) वर्तमान और अतीत दोनों, गर्भधारण की अवधि के बावजूद।

- अप्रसवा: एक महिला जो अभी और कभी गर्भवती नहीं हुई है।

अतः विकल्प (A) सही है।

29. प्रसव की अनुमानित तिथि (ईडीडी), जिसे प्रसूति की अपेक्षित तिथि के रूप में भी जाना जाता है, और अनुमानित नियत तिथि या केवल नियत तिथि, एक गर्भवती महिला के लिए अनुमानित प्रसव तिथि का वर्णन करने वाला शब्द है। सामान्य गर्भधारण 37 से 42 सप्ताह के बीच रहता है।

नेगेले का नियम:

- नेगेले के शासन का नाम जर्मन प्रसूति विशेषज्ञ फ्रांज कार्ल नेगेले के नाम पर रखा गया है, जिन्होंने नियम तैयार किया था।

- बच्चे के जन्म के 280 दिनों की गर्भकालीन आयु मानकर गर्भावस्था के लिए नियत तारीख की गणना करने का एक मानक तरीका है।

- नियम एक वर्ष जोड़कर, तीन महीने घटाकर और गर्भकालीन आयु की उत्पत्ति में सात दिन जोड़कर प्रसव की अपेक्षित तिथि (ईडीडी) का अनुमान लगाता है।

- परिणाम पिछले मासिक धर्म की शुरुआत से लगभग 280 दिन (40 सप्ताह) है।

- एक और तरीका है कि आखिरी माहवारी के पहले दिन में 9 महीने और 7 दिन जोड़कर।

नेगेले के नियम का उपयोग करके अपनी अनुमानित नियत तारीख की गणना करने का सूत्र:
पिछले मासिक धर्म की तारीख + 7 दिन + 9 कैलेंडर महीने = डिलीवरी की अनुमानित तारीख की तारीख

अत: विकल्प (B) सही है।

30. गर्भावस्था में होने वाला सामान्य हेमटोलॉजिकल विकार एनीमिया है। गर्भावस्था के दौरान कई सामान्य शारीरिक प्रक्रियाएं होती हैं, जो "गर्भावस्था के शारीरिक रक्ताल्पता" शब्द की ओर ले जाती हैं। लाल कोशिका द्रव्यमान (20-30%) के सापेक्ष प्लाज्मा मात्रा बढ़ जाती है (40-50%) और हीमोग्लोबिन एकाग्रता में गिरावट के लिए जिम्मेदार है।

गर्भावस्था के दौरान रक्त की मात्रा बढ़ जाती है, हल्का एनीमिया सामान्य है। गर्भावस्था में आयरन की कमी आम है, विकासशील देशों में 52% तक गर्भवती महिलाओं को पर्याप्त आयरन नहीं मिल पाता है।

अतः विकल्प (A) सही है।

31. ग्लूकागन अग्न्याशय के आइलेट्स लैंगरहैंस की अल्फा कोशिकाओं द्वारा स्रावित एक हार्मोन है।

- अग्न्याशय एक यौगिक (बहिःस्रावी और अंतःस्रावी दोनों) लम्बा अंग है जो 'सी' आकार के ग्रहणी के अंगों के बीच स्थित होता है।

- अग्न्याशय का 99% हिस्सा बहिःस्रावी होता है जबकि केवल 1% हिस्सा अंतःस्रावी होता है।

- बहिःस्रावी भाग (एसिनी कोशिकाएं) एंजाइम युक्त एक क्षारीय अग्न्याशयी रस का स्राव करती है और अंतःस्रावी भाग (लैंगरहैंस के आइलेट्स) हार्मोन - इंसुलिन, ग्लूकागॉन और सोमैटोस्टैटिन का स्राव करती है।

- लैंगरहैंस के आइलेट्स में 3 प्रकार की कोशिकाएँ होती हैं α कोशिकाएँ, β कोशिकाएँ और δ- कोशिकाएँ।

- α कोशिकाएं β कोशिकाओं को घेरे रहती हैं।

- इंसुलिन β कोशिकाओं द्वारा स्रावित होता है।

- ग्लूकागॉन α कोशिकाओं द्वारा स्रावित होता है।

- हार्मोन सोमैटोस्टैटिन δ-कोशिकाओं (डेल्टा कोशिकाओं) द्वारा स्रावित होता है।

अतः विकल्प (D) सही है।

32. दुर्घटना के बाद व्यक्ति भूख, प्यास तथा स्वनियमन पर नियन्त्रण नहीं कर पाता। हाइपोथैलेमस मस्तिष्क इससे प्रभावित होता है।

- हाइपोथैलेमस मस्तिष्क का एक हिस्सा है जो मानव शरीर के कई महत्वपूर्ण कार्यों में महत्वपूर्ण भूमिका निभाता है।

- हाइपोथैलेमस मस्तिष्क में थैलेमस के नीचे स्थित होता है।

- हाइपोथैलेमस से हार्मोन तापमान विनियमन, प्यास, भूख, नींद, मनोदशा और शरीर के भीतर अन्य हार्मोनों की रिहाई जैसे शारीरिक कार्यों को नियंत्रित करते हैं।

- हाइपोथैलेमस पिट्यूटरी ग्रंथि को नियंत्रित करता है।

अतः विकल्प (B) सही है।

33. सीलिएक धमनी पेट में ऑक्सीजन युक्त रक्त की आपूर्ति करती है।

- सीलिएक धमनी सीलिएक ट्रंक के रूप में भी जाना जाता है।

- यह उदर महाधमनी की पहली प्रमुख शाखा है।

- यह पेट, पेट के अन्त्रप्रणाली, प्लीहा और यकृत को ऑक्सीजन युक्त रक्त की आपूर्ति करता है।

अतः विकल्प (C) सही है।

34. ऑप्थैल्मिक शाखा आंतरिक कैरोटिड धमनी की कवेर्नोस की शाखा नहीं है।

- आंतरिक कैरोटिड धमनी का कवेर्नोस खंड: पेटो लिंगुअल स्नायु से शुरू होता है और समीपस्थ ड्यूरल वलय तक फैलता है, जो अग्र क्लिनॉइड प्रक्रिया के मध्य और निम्न पेरीओस्टेम द्वारा बनता है।

- कवेर्नोस खंड, कवेर्नोस साइनस से घिरा हुआ होता है।

- निम्न हाइपोफिसियल धमनियां कवेर्नोस कैरोटिड धमनियों के मेनिंगोहाइपोफिसियल खंड से उत्पन्न होती हैं।

- ऊर्ध्ववर्ती हाइपोफिसियल धमनी (या धमनिका) आंतरिक कैरोटिड धमनी के C6 खंड से एक शाखा है।

अतः विकल्प (D) सही है।

35. आईरिस का कार्य पुतली का आकार बदलना है।

- मानव आँख सबसे मूल्यवान और संवेदनशील इंद्रिय अंगों में से एक है।

- यह प्रकाश का उपयोग करता है और हमें हमारे आसपास की रंगीन दुनिया को देखने में सक्षम बनाता है।

- इंसानी आंख कमोबेश एक फोटोग्राफिक कैमरे की तरह है।

- आंख का लेंस प्रणाली एक प्रकाश-संवेदनशील स्क्रीन पर एक वस्तु की एक छवि बनाता है।

अतः विकल्प (C) सही है।

36. लिम्फोसाइट कोशिका प्रतिरक्षी का स्राव करती है।

- लिम्फोसाइट श्वेत रक्त कोशिकाओं का एक प्रकार है।

- थाइमस में परिपक्व होने वाले लिम्फोसाइट T लिम्फोसाइट होते हैं और जो अस्थि मज्जा में परिपक्व होते हैं वे B लिम्फोसाइट होते हैं।

- कुछ लिम्फोसाइट्स को प्राकृतिक मारक कोशिकाओं के रूप में जाना जाता है।

- B-कोशिकाएं प्रतिरक्षी-माध्यित प्रतिरक्षा अनुक्रिया को माध्यित करती है।

- T-कोशिकाएं कोशिका-माध्यित प्रतिरक्षा अनुक्रिया को माध्यित करती हैं।

- लिम्फोसाइट की उच्च संख्या को लिम्फोसाइटोसिस के रूप में जाना जाता है।

- लिम्फोसाइट के निम्न स्तर को लिम्फोसाइटोपेनिया कहा जाता है।

अतः विकल्प (B) सही है।

37. हैवर्शियन नलिका: यह एक अनुदैर्घ्य नलिका है जो सूक्ष्म अस्थि संरचना का केंद्र बनाती है। वे अनुदैर्घ्य नलिका हैं जो एक दूसरे के समानांतर चलती हैं।

- द्वारा अंतर्योजित: अनुप्रस्थ चैनल (वोल्कमैन नलिका के रूप में भी जाना जाता है)
- पाया जाता है: कुत्तों, भेड़, गायों और मनुष्यों की स्तनधारी अस्थियाँ।
- इसमें तंत्रिका, धमनी, शिरा और लसीका वाहिकाएँ होती हैं।

अत: विकल्प (D) सही है।

38. वेगस तंत्रिका कपाल तंत्रिका क्रमांकन 10 है।

- मस्तिष्क से उत्पन्न होने वाली नसों को कपाल तंत्रिका कहा जाता है।
- मनुष्य और अन्य स्तनधारियों में 12 जोड़ी कपाल तंत्रिकाएं होती हैं।

उनकी क्रिया के आधार पर 3 प्रकार की कपाल तंत्रिकाएं होती हैं:

1. संवेदी
2. मोटर
3. मिश्रित

अत: विकल्प (C) सही है।

39. सबसे छोटी कपाल तंत्रिका ट्रॉक्लियर तंत्रिका है।

- ट्रॉक्लियर हमारे तंत्रिका तंत्र में चौथी और सबसे छोटी कपाल तंत्रिका है।
- यह मस्तिष्क से निकलती है और आंख की मांसपेशियों से जुड़ती है और आंख की गति को नियंत्रित करती है।

अत: विकल्प (C) सही है।

40. मध्यछद तंत्रिका C3, C4 और C5 से निकलती है और मध्यपट की आपूर्ति करती है।

- मध्यछद तंत्रिका में चोट लगने से श्वसन अवरुद्ध हो सकता है।
- जैसे ही चोट लगती है, यह मध्यपट को संकेत भेजना बंद कर देता है।
- मध्यछद तंत्रिका मध्यस्थानिका प्लूरा और परिहृद को स्पर्श और दर्द संवेदी संक्रमण प्रदान करती है।

अत: विकल्प (D) सही है।

41. गहरा जलने की चोट वाले रोगी में विटामिन की कमी देखी जाती है।

- इसमें एपिडर्मिस, डर्मिस और यहां तक कि अवत्वचीय वसा ऊतक भी शामिल हैं।
- यह गंभीर इलेक्ट्रोलाइट विक्षोभ और प्रमुख अंग क्षति का कारण बनता है।
- त्वचा के पूरी तरह नष्ट होने से शरीर से विटामिन-D की कमी हो जाती है।
- त्वचा सूर्य प्रकाश के अवशोषण के लिए उत्तरदायी होती है और उसे विटामिन-D में परिवर्तित कर देती है जिसका उपयोग शरीर करता है।

अत: विकल्प (C) सही है।

42. ऊर्जा, यकृत और मांसपेशियों में ग्लाइकोजन के रूप में संग्रहीत होती है।

ग्लाइकोजन:

- ग्लाइकोजन ग्लूकोज का एक पॉलीसैकराइड है जो कवक और जीव में ऊर्जा भंडारण के रूप में कार्य करता है।
- ग्लूकोज की पॉलीसैकराइड संरचना शरीर में ग्लूकोज के प्राथमिक भंडारण रूप को दर्शाती है।

- ग्लाइकोजन को यकृत और मांसपेशियों की कोशिकाओं में बनाया और संग्रहीत किया जाता है जो पानी के चार भागों से हाइड्रेटेड होते हैं।
- यह द्वितीयक दीर्घकालिक ऊर्जा भंडारण के रूप में कार्य करता है।
- मांसपेशियों के ग्लाइकोजन को मांसपेशियों की कोशिकाओं और यकृत ग्लाइकोजन द्वारा ग्लूकोज में त्वरित रूप से परिवर्तित किया जाता है जो पूरे शरीर में उपयोग के लिए ग्लूकोज में परिवर्तित हो जाता है जिसमें केंद्रीय तंत्रिका तंत्र शामिल होता है।

अत: विकल्प (D) सही है।

43. रोगी बिना चूषक या वायुरोध के अर्ध ठोस खाद्य पदार्थ आहार लेता है।

अर्ध ठोस खाद्य पदार्थ:

- इसे नरम / शुद्ध खाद्य पदार्थ आहार के रूप में भी जाना जाता है।
- स्वरयंत्र उच्छेदन (लेरिंजेक्टॉमी) के बाद मौखिक सेवन अर्ध-ठोस खाद्य पदार्थों के साथ शुरू किया जाता है।
- यह आहार द्रव आहार लेने के बाद आमाशय को ठोस खाद्य पदार्थ खाने के लिए तैयार किया गया है।
- अर्ध-ठोस आहार कम वसा वाले ठोस आहार की ओर बढ़ने से पहले लगभग चार से छह सप्ताह तक कगलता है।
- अर्ध-ठोस आहार में प्रोटीन में उच्च और वसा, फाइबर, कैलोरी और शर्करा में कम खाद्य पदार्थ होते हैं।
- एक अर्ध-ठोस आहार में तले हुए अंडे, कम वसा वाले पनीर या टूना या चिकन जैसे ब्लेंडराइज्ड तनु मांस जैसे खाद्य पदार्थ होते हैं।

अत: विकल्प (D) सही है।

44. रोगी के लिए उच्च कैलोरी, निम्न वसा आहार उपयुक्त है।

अग्राशयशोथ:

- यह अग्न्याशय की सूजन है।
- इसे आमतौर पर अग्न्याशय के स्वत: पाचन के रूप में वर्णित किया जाता है।

अग्राशयशोथ के कारण:

- मद्यपान
- कुछ औषधियाँ
- रक्त में उच्च ट्राइग्लिसराइड का स्तर (हाइपरट्रिग्लिसराइडिमिया)
- रक्त में कैल्शियम का उच्च स्तर
- अग्राशय का कैंसर
- उदर की शल्य-चिकित्सा

अत: विकल्प (B) सही है।

45. मनुष्य के हृदय-स्पंदन को नियन्त्रित करने में सोडियम खनिज तत्व आवश्यक होता है।

सोडियम:

- यह भू-पर्पटी में छठा सबसे सामान्य तत्व है।
- सोडियम, एक अत्यधिक अभिक्रियाशील तत्व है जो क्लोरीन के साथ मिलकर, एक विषाक्त तत्व, सामान्य टेबल साल्ट बनाता है।
- हमारे द्वारा उपभोग की जाने वाली सोडियम की औसत मात्रा वास्तव में आवश्यक मात्रा से बहुत अधिक है।
- साबुन में सोडियम होता है, जो विडंबनापूर्ण है क्योंकि साबुन अक्सर जल के संपर्क में आता है।

अत: विकल्प (B) सही है।

46. बच्चों में प्रोटीन ऊर्जा कुपोषण का प्रथम सूचक 'आयु के हिसाब से अनुमानित वज़न की तुलना में कम वज़न होना' होता है।

प्रोटीन-ऊर्जा कुपोषण:

- इसे WHO द्वारा शिशुओं और छोटे बच्चों में अक्सर होने वाले प्रोटीन और कैलोरी के अलग-अलग अनुपात में संयोगात्मक कमी और आमतौर पर संक्रमण से जुड़े रोग संबंधी स्थितियों की एक श्रृंखला के रूप में परिभाषित किया गया है।
- इसे भारत की प्राथमिक पोषण समस्या माना जाता है। इसे प्रथम राष्ट्रीय पोषण संबंधी विकार भी कहा जाता है।
- प्रोटीन-ऊर्जा कुपोषण शब्द, संबंधित विकारों के एक समूह पर लागू होता है जिसमें मैरास्मस, क्वाशीओरकोर और मैरास्मस-क्वाशीओरकोर के मध्यवर्ती स्थितियाँ शामिल हैं।
- PEM को कम वज़न (आयु के हिसाब से कम वज़न), वृद्धिरोध (आयु के हिसाब से कम ऊँचाई) और कृशता (ऊँचाई के हिसाब से कम वज़न) के रूप में मापा जाता है।

नैदानिक संकेत और लक्षण:

- कम वज़न बढ़ना
- रेखीय वृद्धि की धीमी गति
- चिड़चिड़ापन
- चिंता
- ध्यान की कमी

अतः विकल्प (C) सही है।

47. मनुष्यों और जानवरों के भोजन में प्लाज्मा नहीं पाया जाता है।

- प्लाज्मा पानी और घुले हुए प्रोटीन से युक्त पूरे रक्त का हल्का पीला तरल पदार्थ है। कार्बोहाइड्रेट, प्रोटीन, वसा, विटामिन और खनिज भोजन के मुख्य घटक हैं। इन्हें पोषक तत्व कहते हैं।।
- अमीनो अम्ल भोजन वे विघात और ऊर्जा उत्पादन के लिए जिम्मेदार हैं।
- फ्रुक्टोज एक प्रकार की चीनी है जिसे मोनोसैकराइड के रूप में जाना जाता है। अन्य शर्करा की तरह, फ्रुक्टोज प्रति ग्राम चार कैलोरी प्रदान करता है। फ्रुक्टोज को "फ्रूट शुगर" के रूप में भी जाना जाता है क्योंकि यह मुख्य रूप से कई फलों में प्राकृतिक रूप से पाया जाता है।
- अमीनो अम्ल आवश्यक और गैर आवश्यक हैं
- शरीर में आवश्यक का उत्पादन नहीं किया जा सकता है और इस प्रकार भोजन द्वारा उपभोग करने की आवश्यकता होती है।
- शरीर द्वारा गैर-आवश्यक अमीनो अम्ल का उत्पादन किया जा सकता है।

अतः विकल्प (A) सही है।

48. निम्न में से विटामिन B12 का महत्वपूर्ण घटक कोबाल्ट है।

विटामिन B12 (कोबालमिन) एक पानी में घुलनशील विटामिन है जो मछली, मांस और डेयरी उत्पादों के अंतर्ग्रहण के साथ-साथ फोर्टिफाइड अनाज और पूरक आहार के माध्यम से प्राप्त होता है।

- विटामिन B12 के रासायनिक गुण: विटामिन B12 की संरचना में कोबाल्ट तत्व शामिल है (अतः विकल्प 2 सही है)।
- विटामिन B12 के प्रकारों में साइनोकोबालामाइन; हाइड्रोक्सीकोबालामाइन और मिथाइलकोबालामाइन शामिल हैं।

अतः विकल्प (B) सही है।

49. रेटिनॉल - जीरोफ्थैल्मिया जोड़ा वसा-विलेय विटामिन और उससे सम्बन्धित रोग का है।

वसा-विलेय विटामिन:

- विटामिन A (रेटिनॉल), D, E और K वसा-विलेय विटामिन से संबंधित हैं।
- ये लंबे समय तक शरीर में संग्रहित रहते हैं और आम तौर पर अधिक मात्रा में सेवन करने पर विषाक्तता के लिए अधिक जोखिम उत्पन्न करते हैं।
- संग्रहित के स्थान वृक्क और यकृत, पेशियां, मस्तिष्क और वसा ऊतक जैसे आंतरिक अंग हैं।

रेटिनॉल:

- यह वसा-विलेय विटामिन हैं।
- यह केवल पशु स्रोत के खाद्य पदार्थों में मौजूद होता है।
- रेटिनॉल, रेटिनल और रेटिनोइक अम्ल को विटामिन A के विटामर कहा जाता है।

जीरोफ्थैल्मिया:

- आंख के कंजंक्टिवा और कॉर्निया का असामान्य सूखापन, सूजन और रिज के निर्माण आमतौर पर विटामिन A की कमी से होता है।

अतः विकल्प (B) सही है।

50. अप्रत्यक्ष या पोषण संवेदनशील हस्तक्षेप में 'विटामिन D की खुराक' शामिल हैं।

रुएल और एल्डरमैन, 2013 के अनुसार, पोषण-संवेदनशील हस्तक्षेप स्वास्थ्य हस्तक्षेप के लिए प्रदान की जाने वाली सहायता को संदर्भित करता है जो पोषण के अंतर्निहित निर्धारकों को प्रभावित करता है।

विभिन्न प्रकार के हस्तक्षेप में शामिल हैं:

- खाद्य प्रबलन
- खाद्य पूरकता,
- व्यवहारिक और नियामक हस्तक्षेप जिनका पोषण परिणामों पर प्रभाव पड़ता है

इसलिए, विटामिन D पूरकता (सप्लीमेंटेशन) एक प्रकार का पोषण-संवेदनशील हस्तक्षेप है।

अतः विकल्प (A) सही है।

51. नर्स को हमेशा बड़े घेरे में केंद्र से बाहर की ओर जाने वाले घाव के नाले को साफ करना चाहिए क्योंकि अपवाहिका स्थल के पास की त्वचा साइट की तुलना में अधिक दूषित होती है। एक जैक्सन-प्रैट (जेपी) अपवाहिका का उपयोग सर्जरी के बाद शरीर के एक क्षेत्र में बनने वाले तरल पदार्थ को निकालने के लिए किया जाता है। जेपी ड्रेन एक बल्ब के आकार का उपकरण है जो एक ट्यूब से जुड़ा होता है। ट्यूब का एक सिरा सर्जरी के दौरान क्लाइंट के अंदर रखा जाता है। दूसरा सिरा त्वचा में एक छोटे से कट के माध्यम से निकलता है। बल्ब इस सिरे से जुड़ा होता है। ट्यूब को जगह पर रखने के लिए रोगी के पास एक सिलाई हो सकती है।

अतः विकल्प (A) सही है।

52. आंगनवाड़ी कार्यकर्ता टीबी के संदिग्ध मरीजों के थूक के नमूने लेने में मदद करती हैं।

- अम्ब्रेला आईसीडीएस (एकीकृत बाल विकास योजना) योजना के लिए आंगनवाड़ी कार्यकर्ता प्रमुख तत्व हैं।
- एएफबी स्मीयर - किसी व्यक्ति के थूक या अन्य नमूने की सूक्ष्म जांच जो एसिड-फास्ट बैक्टीरिया का पता लगाने के लिए होती है।

- पांच वर्षों के दौरान, ग्रामीण भारत में लगभग 500,000 ग्राम स्वास्थ्य गाइडों को प्रशिक्षित किया गया था, जिसका लक्ष्य प्रत्येक 1,000-2,000 लोगों के लिए एक ग्राम स्वास्थ्य गाइड होना था।
- पुरुष स्वास्थ्य कार्यकर्ता मलेरिया, तपेदिक, कुष्ठ, जल जनित रोगों के साथ-साथ पर्यावरणीय स्वच्छता, रोग प्रकोप का पता लगाने और उनके नियंत्रण, स्वास्थ्य शिक्षा आदि सहित संचारी रोगों के नियंत्रण के लिए जमीनी स्तर का स्वास्थ्य कार्यकर्ता है।
- सहायक नर्स दाई जिसे आमतौर पर एएनएम के रूप में जाना जाता है, भारत में एक ग्रामीण स्तर की महिला स्वास्थ्य कार्यकर्ता है, जिसे समुदाय और स्वास्थ्य सेवाओं के बीच पहले संपर्क व्यक्ति के रूप में जाना जाता है।

अत: विकल्प (A) सही है।

53. ग्राम स्वास्थ्य मार्गदर्शक वह व्यक्ति होता है जिसमें समाज सेवा की योग्यता होती है और वह पूर्णकालिक सरकारी अधिकारी नहीं होता है।

- प्रशिक्षण की व्यवस्था निकटतम पीएचसी, एचएससी में 200 घंटे के लिए की जाती है , जो 3 महीने की अवधि के लिए फैली हुई है।
- पांच वर्षों के दौरान, ग्रामीण भारत में लगभग 500,000 ग्राम स्वास्थ्य गाइडों को प्रशिक्षित किया गया था, जिसका लक्ष्य प्रत्येक 1,000-2,000 लोगों के लिए एक ग्राम स्वास्थ्य गाइड होना था।
- एक पुरुष स्वास्थ्य कार्यकर्ता मलेरिया, तपेदिक, कुष्ठ, जल जनित रोगों के साथ-साथ पर्यावरणीय स्वच्छता, बीमारी के प्रकोप का पता लगाने और उनके नियंत्रण, स्वास्थ्य शिक्षा आदि सहित संचारी रोगों के नियंत्रण के लिए जमीनी स्तर का स्वास्थ्य कार्यकर्ता है।
- सहायक नर्स दाई जिसे आमतौर पर एएनएम के रूप में जाना जाता है, भारत में एक ग्रामीण स्तर की महिला स्वास्थ्य कार्यकर्ता है, जिसे समुदाय और स्वास्थ्य सेवाओं के बीच पहले संपर्क व्यक्ति के रूप में जाना जाता है।

अत: विकल्प (D) सही है।

54. देखभाल समन्वय सेवा उपयोगकर्ताओं की जरूरतों को पूरा करने के लिए देखभाल पेशेवरों और प्रदाताओं को एक साथ लाने के लिए एक सक्रिय दृष्टिकोण है, ताकि यह सुनिश्चित किया जा सके कि उन्हें विभिन्न व्यवस्थाओं में एकीकृत, व्यक्ति-केंद्रित देखभाल प्राप्त हो।

- देखभाल की निरंतरता में विशिष्ट बीमारियों वाले लोगों के लिए समन्वित योजना और देखभाल के संसाधन में शामिल क्षेत्र।
- विभिन्न जारी योजनाओं की प्रगति का नियमित अनुपथन, संसाधनों के उपयोग पर नज़र रखने के लिए ग्राम पंचायत के साथ बेहतर समन्वय।
- स्वास्थ्य कार्यकर्ता विभिन्न क्षेत्रों के बीच समन्वय और समक्रमण के लिए गैर-सरकारी संगठनों के साथ बेहतर समन्वय स्थापित करते हैं।
- नीति विकास, योजना, कार्यान्वयन, प्रबंधन और निगरानी और मूल्यांकन के लिए हितधारक आवश्यक हैं।
- स्वास्थ्य सेवा में संस्कृति में कमियों के परिणामों की पहचान करने के लिए धार्मिक प्रतिनिधियों के साथ बेहतर समन्वय।
- सांस्कृतिक योग्यता को आगे बढ़ाने और परिणामों में सुधार करने के लिए देखभाल समन्वय और संचार में सुधार के लिए अंतर-पेशेवर टीम रणनीतियों की पहचान करना।

अत: विकल्प (D) सही है।

55. इसका उपयोग कुछ जीवाणु संक्रमणों के इलाज के लिए किया जाता है, जैसे कि निमोनिया, ब्रोंकाइटिस, मूत्र मार्ग, कान और आंतों के संक्रमण।

- यह जीवाणु की वृद्धि को रोकता है।
- इसे मुख से लिया जाता है।

- इससे मिचली, उल्टी आदि जैसे दुष्प्रभाव हो सकते हैं।

अत: विकल्प (A) सही है।

56. उपकेंद्र स्तर संगठित स्वास्थ्य क्षेत्र के परिधीय चौकी में उपकेंद्र, एक पुरुष और एक महिला बहुउद्देशीय स्वास्थ्य कार्यकर्ता द्वारा प्रबंधित किया जाता है।

करतार सिंह समिति की स्वीकृत अनुशंसा के अनुसार उपकेंद्र पर कार्यकर्ता पुरुष और महिला स्वास्थ्य कार्यकर्ता और उनके पर्यवेक्षक, स्वास्थ्य सहायक (पुरुष और महिला) हैं, जो कि MPW योजनाएं हैं।

अत: विकल्प (A) सही है।

57. एक शारीरिक परीक्षण करते समय निरीक्षण हमेशा सबसे पहले आता है रोगी के साथ पेट की सामान्य जांच के साथ शुरू करना महत्वपूर्ण है पूरी तरह से लापरवाह स्थिति में निम्नलिखित में से किसी भी लक्षण की उपस्थिति विशिष्ट पर्क्यूशन का संकेत दे सकती है और पेट का तालमेल आंत्र गतिशीलता को प्रभावित कर सकता है और इसलिए ऑस्कुलेशन का पालन करना चाहिए।

अत: विकल्प (B) सही है।

58. सहयोगी पर्यवेक्षण उस दृष्टिकोण को संदर्भित करता है जहां पर्यवेक्षक और कर्मचारी विचारों का आदान-प्रदान करते हैं और कार्रवाई का सर्वोत्तम तरीका तय करते हैं।

- इस दृष्टिकोण का उपयोग अनुभवी पेशेवरों के साथ किया जाता है।
- इसमें सुधार, प्रेरणा और उचित व्यवहार के तत्व शामिल हैं।
- इसमें सजा के लिए जानकारी एकत्र करना शामिल नहीं है।

इसलिए, सहयोगी पर्यवेक्षण दंड के लिए सूचना एकत्र करने से नहीं जुड़ा है।

अत: विकल्प (C) सही है।

59. आई.एम.एन.सी.आई. के वर्गीकरण में गुलाबी रंग का कोड है- अस्पताल भेजने या भर्ती करने की जरूरत है।

- आई.एम.सी.आई. बचपन की बीमारियों के एकीकृत प्रबंधन को प्रदर्शित करता है।
- आई.एम.सी.आई को 1990 में डब्ल्यूएचओ, यूनिसेफ और अन्य एजेंसियों द्वारा अपनाया गया था।
- भारत ने आई.एम.एन.सी.आई को अपनाया था।

आई.एम.एन.सी.आई बच्चों के दो समूहों का प्रबंधन करता है।

- 0-2 महीने
- 2 महीने से 5 वर्ष तक

एकीकृत देखभाल के सिद्धांत:

- गुलाबी: तत्काल अस्पताल परामर्श या प्रवेश की आवश्यकता है
- पीला: विशिष्ट चिकित्सा उपचार या सलाह की आवश्यकता है
- हरा: घर पर प्रबंधित किया जा सकता है

अत: विकल्प (B) सही है।

60. बी.एफ.एच.आई. बेबी फ्रेन्डली हॉस्पिटल इनिशिएटिव है।

- बी.एफ.एच.आई को डब्लूएचओ और यूनिसेफ द्वारा 1991 में अंकारा, तुर्की में शुरू किया गया था।
- मुख्य रूप से स्तनपान आभ्यासो को बढ़ावा देने और बोतल से दूध पिलाने की प्रवृत्ति का विरोध करने के लिए।
- बी.एफ.एच.आई को भारत में 1992 में शुरू किया गया था।
- अब 152 से अधिक देशों ने बी.एफ.एच.आई लागू किया है।

अत: विकल्प (D) सही है।

61. प्राथमिक चिकित्सा में विभिन्न क्रियाएं शामिल होती हैं जो दुर्घटना, गिरने, चोट, बीमारियों, या किसी अन्य कारण से आपात स्थिति में आवश्यक होने पर की जाती हैं, जिससे जरूरतमंद व्यक्ति (पीड़ित) की सुरक्षा और कल्याण को खतरा होता है। जिन स्थितियों में प्राथमिक उपचार की आवश्यकता होती है, वे कहीं भी हो सकती हैं और तत्काल उपचार से पीड़ित की स्थिति में सुधार हो सकता है।

प्राथमिक चिकित्सा के उद्देश्य:

प्राथमिक चिकित्सा के विभिन्न उद्देश्य हैं :

- पीड़िता के आराम को बनाए रखें।
- पीड़ित को जल्द से जल्द नियमित चिकित्सा देखभाल तक पहुंचने में मदद करें।
- यह जीवन बचाता है।
- पीड़ित की स्थिति को बिगड़ने से रोकें।
- दर्द और पीड़ा को कम करने के लिए।
- जल्दी ठीक होने में बढ़ावा देना या मदद करना।
- आगे की चोट या क्षति को रोकें।
- चोट या बीमारी से संबंधित जटिलताओं को रोकना।

अत: विकल्प (D) सही है।

62. रक्तस्राव या रक्तस्राव को क्षतिग्रस्त रक्त वाहिकाओं के माध्यम से संचार प्रणाली से रक्त की हानि के रूप में वर्णित किया जा सकता है।

कारण:

- स्क्रैप
- हेमेटोमा या खरोंच।
- घाव (कट)
- सुई, नाखून, या चाकू जैसी वस्तुओं से घाव को पंचर करें।
- बंदूक की गोली के घाव।

अत: विकल्प (D) सही है।

63. बुजुर्ग आबादी में चोट लगने का सबसे आम तंत्र गिरना है।

इसके बाद हिप फ्रैक्चर जैसे फ्रैक्चर होते हैं; इंट्राक्रेनियल चोटें; और पोस्ट-फॉल मोर्बिडिटी और मोर्टेलिटी है।

अत: विकल्प (D) सही है।

64. सिर पर लम्बी पट्टी बाँधने के लिए दो पट्टियों की आवश्यकता होती है।

- एक पट्टी कपड़े का एक टुकड़ा है जिसका उपयोग शरीर के अंग में गति को समर्थन या प्रतिबंधित करने के लिए या मरहम-पट्टी या पट्टी जैसे चिकित्सा उपकरण का समर्थन करने के लिए किया जा सकता है।
- दो पट्टी: यह मूल रूप से कपड़े का 2 टुकड़ा होता है जिसका उपयोग सिर की चोट, कंधे की चोट आदि में मरहम के लिए किया जाता है।

अत: विकल्प (B) सही है।

65. अलसर घाव का प्रकार नहीं है।

घाव त्वचा/ऊतक का टूटना है।

घावों के प्रकार:

1. कंट्रूशड घाव
2. लसरेटिड घाव
3. पंक्चरड घाव

4. इंससेड घाव

अत: विकल्प (B) सही है।

66. प्राथमिक चिकित्सा में विभिन्न क्रियाएं शामिल होती हैं जो दुर्घटना, गिरने, चोट, बीमारियों, या किसी अन्य कारण से आपात स्थिति में आवश्यक होने पर की जाती हैं, जिससे जरूरतमंद व्यक्ति (पीड़ित) की सुरक्षा और कल्याण को खतरा होता है। जिन स्थितियों में प्राथमिक उपचार की आवश्यकता होती है, वे कहीं भी हो सकती हैं और तत्काल उपचार से पीड़ित की स्थिति में सुधार हो सकता है।

प्राथमिक चिकित्सा के विभिन्न उद्देश्य हैं :

- पीड़िता के आराम को बनाए रखें।
- पीड़ित को जल्द से जल्द नियमित चिकित्सा देखभाल तक पहुंचने में मदद करें।
- यह जीवन बचाता है।
- पीड़ित की स्थिति को बिगड़ने से रोकें।
- दर्द और पीड़ा को कम करने के लिए।
- जल्दी ठीक होने में बढ़ावा देना या मदद करना।
- आगे की चोट या क्षति को रोकें।
- चोट या बीमारी से संबंधित जटिलताओं को रोकें

अत: विकल्प (A) सही है।

67. मानसिक मंदता एक बौद्धिक विकलांगता को संदर्भित करता है जो कम बुद्धिलब्धि (आईक्यू) की विशेषता है और अनुकूली दैनिक जीवन कौशल में क्षीणता है । यह सबसे प्रसिद्ध सामाजिक समस्याओं में से एक है।

- मानसिक मंदता कई कारकों के कारण होती है जो जीवन के जन्म के पूर्व, प्रसव के बाद के चरणों में मानव विकास को प्रभावित करते हैं। इस विकार का प्रभाव अलग-अलग व्यक्तियों में, हल्के से लेकर गहरे तक भिन्न हो सकता है।
- मानसिक रूप से मंद वे होते हैं जिनकी सामान्य बौद्धिक वृद्धि जन्म से पहले , जन्म प्रक्रिया के दौरान या विकास के प्रारंभिक वर्षों में अवरुद्ध हो जाती है ।

चिकित्सा साहित्य मानसिक मंदता के 500 अलग-अलग कारणों के बारे में रिपोर्ट करता है, जिनमें से केवल 6-17 प्रतिशत कारण पहचान योग्य हैं। मानसिक मंदता के हेतुविज्ञान के मानसिक विकृति वर्गीकरण पर अमेरिकन एसोसिएशन के अनुसार, कारणों के 10 व्यापक समूह निम्नलिखित हैं:

- सकल मस्तिष्क रोग
- संक्रमण और नशा
- क्रोमोसोमल विसंगतियाँ
- चयापचय और पोषण
- पर्यावरणीय प्रभाव
- आघात और शारीरिक प्रतिनिधि
- मनोचिकित्सा संबंधी विकार
- अन्य अज्ञात प्रसव पूर्व प्रभाव
- जन्म के समय अन्य स्थितियाँ
- अन्य शर्तें

अत: विकल्प (D) सही है।

68. 'रुधिरस्राव' तीन प्रकार का होता है।

रक्तस्राव या रक्तस्राव को क्षतिग्रस्त रक्त वाहिकाओं के माध्यम से संचार प्रणाली से रक्त की हानि के रूप में वर्णित किया जा सकता है।

रक्तस्राव के प्रकार:

1. धमनिया
2. नस
3. कोशिका

अत: विकल्प (B) सही है।

69. एंटासिड ऐसी दवाएं हैं जो अपच और अम्लशूल को दूर करने के लिए आपके अमाशय में अम्ल का प्रतिकार (बेअसर) करती हैं।

यदि आपको निम्न रोग हैं तो एंटासिड मदद कर सकता है::

- अपच
- अम्लशूल या अम्ल प्रतिवाह - जिसे जठर ग्रासनली प्रतिवाह रोग (GORD) के रूप में भी जाना जाता है।
- अमाशय में अल्सर
- जठरशोथ (अमाशय की परत की सूजन)

अत: विकल्प (C) सही है।

70. सिर पर चोट लगने से सूजन की उपचार विधि ठंडा सेक है।

सिर की चोट खोपड़ी, शिरोवल्क (स्कैल्प), या मस्तिष्क को कोई भी शारीरिक आघात है।

सिर की चोट के सबसे विशिष्ट प्रकार हैं:

- मस्तिष्क के हिलने पर इटके
- खोपड़ी का फ्रैक्चर
- खोपड़ी में सूजन या सूजन या खुला घाव

सिर की चोट से मस्तिष्क या मस्तिष्क के आसपास की परतों में रक्तस्राव हो सकता है।

सिर की चोट के कारण होने वाली सूजन का इलाज करने के लिए आइस पैक या कोल्ड कंप्रेशन का उपयोग किया जाता है।

अत: विकल्प (A) सही है।

71. विभिन्न आंतरिक कारक मानव की वृद्धि और विकास को प्रभावित करते हैं। इन कारकों में शामिल हैं:

- आनुवंशिक कारक: वे माता के गर्भ (आंतरिक कारक) में गर्भाधान के समय अपनी भूमिका निभाते हैं। एक व्यक्ति की ऊंचाई, वजन और शरीर की संरचना, बालों और आंखों का रंग, बुद्धिमत्ता, योग्यता और वृत्ति सभी इन वंशानुगत प्रभावों से तय होते हैं।
- जैविक या शारीरिक कारक: एक बच्चे की शारीरिक संरचना, दैहिक संरचना, काया, और शरीर रसायन उसके जीवन भर की वृद्धि और विकास को प्रभावित करते हैं।
- बुद्धिमत्ता: बुद्धिमत्ता, पर्यावरण के साथ सीखने, समझने, समायोजित करने, बातचीत करने और सही समय पर सही निर्णय लेने की क्षमता है। यह सामाजिक व्यवहार, नैतिक निर्णय और भावनात्मक विकास को प्रभावित करता है।
- भावनात्मक कारक: अपने, दूसरों के और चीजों के बारे में भावनाओं की अभिव्यक्ति, भावनात्मक विकास का वर्णन करती है। भावनात्मक और सामाजिक विकास को प्रायः वर्णित और समूहीकृत किया जाता है क्योंकि वे बारीकी से परस्पर विकासगत स्वरूप से सम्बंधित हैं।
- पर्यावरणीय कारक: कारक (जिन्हें बाहरी कारक भी कहा जाता है) जो बच्चे के विकास को आकार देते हैं, शिक्षा की गुणवत्ता, स्वास्थ्य और पोषण की गुणवत्ता, समाज, परिवार और संबंध और संस्कृति की विशेषता है।

इसलिए, हम निष्कर्ष निकालते हैं कि आनुवंशिकता, वृद्धि और विकास को प्रभावित करने वाला एक आंतरिक कारक है।

अत: विकल्प (C) सही है।

72. आंतरिक कारक: वे सभी कारक जो व्यक्ति के भीतर स्थित होते हैं, आंतरिक कारक कहलाते हैं। इन कारकों में आनुवंशिकता, जैविक या संवैधानिक कारक, बुद्धि, भावनात्मक कारक, सामाजिक प्रकृति शामिल हैं।

- जैविक और शारीरिक कारक: इन कारकों में आनुवंशिक कारक और हार्मोनल कारक शामिल हैं। एक वयस्क मनुष्य के रूप में विकास के लिए ये सभी भाग आवश्यक हैं।
- आनुवंशिक कारक: आनुवंशिकता माता के गर्भ में गर्भाधान के समय अपनी भूमिका निभाती है। इस समय जीन और गुणसूत्र के रूप में अपने तत्काल माता-पिता से संतानों को क्या स्थानांतरित किया जाता है, यह वंशानुगत योगदान का गठन करता है। यह योगदान बच्चे के जीवन में बाद में होने वाले सभी वृद्धि और विकास के लिए वास्तविक शुरुआती बिंदु और आधार है।
- बुद्धिमत्ता: बुद्धिमत्ता- सही समय पर सही निर्णय सीखने, समायोजित करने और लेने की क्षमता के रूप में- बच्चे के समग्र वृद्धि और विकास में महत्वपूर्ण भूमिका होती है। यह उनके सामाजिक व्यवहार, नैतिक निर्णय और भावनात्मक विकास को प्रभावित करता है।
- भावनात्मक कारक: भावनात्मक कारक, जैसे भावनात्मक समायोजन और परिपक्वता, किसी व्यक्ति के समग्र वृद्धि और विकास को प्रभावित करने में बड़ी भूमिका निभाते हैं। यदि कोई व्यक्ति अपनी भावनाओं पर उचित नियंत्रण नहीं रख सकता है, तो वह अपने विकास और विकास के मामले में पीड़ित है।
- सामाजिक प्रकृति: किसी व्यक्ति का समाजीकरण उसके वृद्धि और विकास के अन्य पहलुओं में समायोजन और उन्नति प्राप्त करने में उसकी मदद करता है। वह अपने सामाजिक परिवेश के माध्यम से अपने परिवेश से सीख सकता है, जो उसके उचित विकास और विकास के लिए उसके लिए वरदान साबित हो सकता है।

इसलिए, सभी बच्चों की वृद्धि और विकास पर आंतरिक कारक हैं।

अत: विकल्प (B) सही है।

73. मानसिक मंदता जन्म से मौजूद औसत से कम बौद्धिक क्षमता है और सीखने में कठिनाइयों से जुड़ी है। मानसिक मंदता लगभग 2 से 3 प्रतिशत जनसंख्या में मौजूद है। इसे संज्ञानात्मक क्षमता के रूप में परिभाषित किया जा सकता है जो औसत स्तर से स्पष्ट रूप से नीचे है और किसी के पर्यावरण के अनुकूल होने की क्षमता में कमी आई है। स्थिति की शुरुआत विकासात्मक अवधि के दौरान होती है, यानी 18 वर्ष की आयु तक गर्भधारण।

अत: विकल्प (B) सही है।

74. बीमारी से बचने के लिए बच्चे को स्वच्छ परिवेश में रहना चाहिए।

- अशुद्ध हवा में रहने के कारण, और आसपास के गंदे या धुएँ के रंग का व्यक्ति श्वसन रोगों और बीमारी से पीड़ित होता है।
- शरीर में कई ऊतक होते हैं जो शारीरिक तंत्र या अंग प्रणाली बनाते हैं जो शरीर के कार्यों को पूरा करते हैं। फेफड़े उनमें से एक हैं जब एक गंदा, धुएँ के रंग का या अशुद्ध वातावरण होता है, तो शरीर के तंत्र के कार्य बदतर के लिए बदल जाएंगे। ये परिवर्तन लक्षणों और बीमारी के संकेतों को जन्म देते हैं।

अत: विकल्प (B) सही है।

75. विस्मरण का कारण: कई छात्रों की शिकायत होती है कि वे कक्षा में उपस्थित होने के बाद सामग्री को याद नहीं रखते हैं या पाठ के बाद भूल जाते हैं। इसका कारण होता है:

मानसिक द्वन्द: कई बार हम भूल जाते हैं कि स्मृति उन घटनाओं से मेल नहीं करती है जो घटित हुई थीं। यह रचनात्मक प्रक्रियाओं के कारण होता है यानी कूट लेखन के दौरान, याद रखने वाली जानकारी, समान सामग्री के कारण हस्तक्षेप।

अधिगम में कमी, कुछ जानकारी संवेदी ज्ञान से अल्पकालिक स्मृति तक नहीं पहुंचती है।

अधिगम की दोषपूर्ण विधियाँ: अपर्याप्त कूट लेखन और पूर्वाभ्यास, जानकारी को अल्पावधि से दीर्घकालिक स्मृति में स्थानांतरित नहीं किया जा सकता है।

इसलिए, हम यह निष्कर्ष निकालते हैं कि स्मरण करने की इच्छा विस्मृति का कारण नहीं है।

अत: विकल्प (B) सही है।

76. विकास अंगों के बेहतर और संवर्धित कार्य के लिए संरचना में एक वृद्धि को संदर्भित करता है।

- मानव के विकास को विभिन्न अवस्थाओं शैशवावस्था, बाल्यावस्था (प्रारंभिक एवं मध्य बाल्यावस्था), किशोरावस्था और प्रौढ़ावस्था में विभाजित किया गया है।
- शैशवावस्था पहले वर्ष या बच्चे के विकास की शुरुआती अवधि को संदर्भित करती है जिसमें बच्चा जन्म के बाद तेजी से बढ़ता है।
- यह विकास की एक महत्वपूर्ण अवधि है जिसमें बच्चा बैठना, रेंगना, खड़ा होना आदि सीखता है।

अत: विकल्प (A) सही है।

77. ग्रे बेबी सिंड्रोम, शिशुओं में देखा जाता है, जो 3-4 दिन में पेट की गड़बड़ी, पीलापन, सायनोसिस और वासोमोटर पतन की विशेषता है, क्लोरैम्फेनिकॉल के उपयोग से जुड़ा हुआ है।

ग्रे बेबी सिंड्रोम एक ऐसी स्थिति है जिसमें एक शिशु एंटीबायोटिक क्लोरैम्फेनिकॉल के लिए जानलेवा प्रतिक्रिया का अनुभव करता है। यह समयपूर्व शिशुओं में अधिक प्रचलित है क्योंकि प्रतिकूल प्रतिक्रिया सीधे यकृत के टूटने और दवा को संसाधित करने की क्षमता से संबंधित होती है।

अत: विकल्प (C) सही है।

78. वृद्धि और विकास मानव जीवन के आधार होते हैं। वृद्धि विकासात्मक प्रक्रिया का एक भाग है क्योंकि इसके मात्रात्मक पहलू में विकास को वृद्धि के रूप में संदर्भित किया जाता है।

- वृद्धि एक मात्रात्मक परिवर्तन को संदर्भित करता है जिसके परिणामस्वरूप बच्चे की ऊंचाई, वजन और लंबाई में वृद्धि होती है।
- विकास एक गुणात्मक परिवर्तन को संदर्भित करता है जिसके परिणामस्वरूप अंगों की बेहतर और संवर्धित कार्यप्रणाली में वृद्धि होती है।
- विकास और वृद्धि वंशानुक्रम और पर्यावरण की परस्पर क्रिया का एक उत्पाद है। वे एक व्यक्ति के विकास और विकास को निर्धारित करने में महत्वपूर्ण भूमिका निभाते हैं।

अत: विकल्प (B) सही है।

79. अभिवृद्धि/वृद्धि और विकास मानव जीवन के आधार होते हैं। वृद्धि, विकासात्मक प्रक्रिया का एक भाग है क्योंकि इसके मात्रात्मक पहलू में विकास को वृद्धि के रूप में संदर्भित किया जाता है। सभी वृद्धि विकास है लेकिन इसके विपरीत नहीं।

- वृद्धि एक मात्रात्मक परिवर्तन को संदर्भित करता है जिसके परिणामस्वरूप बच्चे की ऊंचाई, वजन और लंबाई में वृद्धि होती है।
- विकास एक गुणात्मक परिवर्तन को संदर्भित करता है जिसके परिणामस्वरूप अंगों की बेहतर और संवर्धित कार्यप्रणाली में वृद्धि होती है।

अत: विकल्प (D) सही है।

80. ओम्फलाइटिस नवजात बच्चों में गर्भनाल का संक्रमण है।

ओम्फलाइटिस नवजात नवजात अवधि में गर्भनाल की सूजन के लिए चिकित्सा शब्द है, जिसे आमतौर पर एक जीवाणु संक्रमण के लिए जिम्मेदार ठहराया जाता है। आमतौर पर एक शिशु के जन्म के तुरंत बाद, गर्भनाल को पीछे छोड़ दिया गया एक छोटा सा अवशेष काट दिया जाता है।

अत: विकल्प (B) सही है।

81. सोते हुए नवजात शिशु की सामान्य हृदय दर लगभग 100 बीट प्रति मिनट (bpm) होती है। यदि नवजात शिशु जाग रहा है, तो सामान्य हृदय दर 120-160 बीट प्रति मिनट के बीच होगी।

नवजात शिशु के लिए 130 से 150 बीट प्रति मिनट की हृदय दर सामान्य है, यदि हृदय दर 80 बीट प्रति मिनट से कम है तो इसे ब्रैडीकार्डिया (मंदनाड़ी) माना जाता है।

अत: विकल्प (C) सही है।

82. 4 वर्ष की आयु के बीच ऊंचाई दोगुनी हो जाती है।

- नवजात की ऊंचाई 13 वर्ष की आयु (जन्म के समय ऊंचाई के आधार पर) से तिगुनी हो जाती है।
- पहले 2 वर्षों के दौरान शारीरिक वृद्धि विशेष रूप से बहुत तेज होती है। आमतौर पर, एक शिशु का जन्म वज़न 5 महीने में दोगुना हो जाता है और शिशु के पहले जन्मदिन तक तीन गुना हो जाता है।
- साथ ही बच्चे की लंबाई (ऊंचाई) 10 से 12 इंच के बीच होती है, और पहले 2 वर्षों के दौरान बच्चे का अनुपात बदल जाता है।
- एक बच्चे की लंबाई आमतौर पर उसके सिर के ऊपर से उसकी एक एड़ी के नीचे तक मापी जाती है। यह उनकी ऊंचाई के समान है, लेकिन ऊंचाई को खड़े होकर मापा जाता है, जबकि लंबाई तब मापी जाती है जब बच्चा लेटा होता है।
- एक पूर्ण अवधि के बच्चे की जन्म के समय औसत लंबाई 19 से 20 इंच या 50 सेंटी मीटर होती है।

अत: विकल्प (A) सही है।

83. जन्म के समय का वज़न स्वास्थ्य संकेतकों में से एक है, जो अंतर्गर्भाशयी वृद्धि को दर्शाता है।

आमतौर पर 1 वर्ष की आयु तक शिशु के जन्म के समय वज़न में 3 गुना वृद्धि होनी चाहिए।

1. नवजात का वज़न - 2.5 किलोग्राम या अधिक
2. पहले 6 महीनों में वज़न 30 ग्राम/दिन बढ़ता है।
3. 6 महीने से 1 वर्ष में वज़न 20 ग्राम/दिन बढ़ता है।
4. जन्म के समय वज़न - सामान्य: 3-3.5 किलोग्राम
5. 5 महीने में वज़न, जन्म के समय के वज़न का दोगुना हो जाता है।
6. 1 वर्ष में वज़न, जन्म के समय के वज़न का तीन गुना हो जाता है।
7. 2 वर्ष में वज़न, जन्म के समय के वज़न का चार गुना हो जाता है।

अत: विकल्प (C) सही है।

84. बच्चों के शारीरिक मूल्यांकन के दौरान, खोपड़ी की विषमता क्रानियोसिनेस्टोसिस को इंगित करती है।

- क्रानियोसिनेस्टोसिस स्थितीय पलेगियोसेफली के रूप में जाना जाता है।
- बच्चे की खोपड़ी लचीली होती है, सिर को एक ही स्थिति में रखने से सिर का आकार असमान हो सकता है।
- सिर का पिछला भाग एक तरफ दूसरे की तुलना में अधिक चपटा लग सकता है।
- सिनोस्टोसिस क्रानियोसिनेस्टोसिस का सबसे आम प्रकार है।

- क्रानियोसिनेस्टोसिस में, एक या अधिक टांके जल्दी बंद हो जाते हैं। खोपड़ी फिर जुड़े हुए के समानांतर बढ़ने का प्रयास करती है
- टांके, इसके लंबवत होने के बजाय, सिर के असामान्य आकार का कारण बनते हैं।

अत: विकल्प (C) सही है।

85. शिशु:- अल्पवयस्कों को जन्म से लेकर 1 वर्ष तक के बच्चे माना जा सकता है।

- नवशाव:- विश्व स्वास्थ्य संगठन नवशाव अवधि को जीवन के पहले 28 दिनों के रूप में परिभाषित करता है। इसे नवशाव काल भी कहा जाता है, और आपके नवजात शिशु के लिए चिकित्सा शब्द नवशाव है।
- नवजात:- नवजात आमतौर पर जन्म से लेकर लगभग 2 महीने तक के बच्चे को संदर्भित करता है।
- छोटा बच्चा:- 1 वर्ष से 4 वर्ष की आयु के बच्चे को छोटा बच्चा माना जाता है, जो प्रीस्कूल जाता है। इसकी कोई विशिष्ट परिभाषा नहीं है और यह विचारों के अनुसार भिन्न है।

अत: विकल्प (B) सही है।

86. नवजात (नियोनेट) 0 से 4 सप्ताह के बीच का शिशु होते हैं।

'नवजात' शब्द का प्रयोग जीवन के पहले महीने (0-28 दिन) में नवजात शिशु को संदर्भित करने के लिए किया जाता है। जब बच्चा पैदा होता है, तो उसे एक ऐसे वातावरण के साथ तालमेल बिठाना पड़ता है जो माँ के गर्भ से बहुत अलग होता है।

अत: विकल्प (A) सही है।

87. किशोरावस्था तेजी से शारीरिक, मनोसामाजिक, संज्ञानात्मक और भावनात्मक विकास और यौन और प्रजनन परिपक्वता के साथ मानव विकास की एक महत्वपूर्ण अवधि है। जबकि जीवविज्ञान किशोर स्वास्थ्य और विकास, परिवार, मीडिया, स्कूल और पड़ोस सहित सामाजिक संदर्भों को प्रभावित करता है जहां किशोर रहते हैं, सीखते हैं, और बढ़ते हैं, उसका उनके स्वास्थ्य और कल्याण पर भी बहुत प्रभाव पड़ता है।

मादक द्रव्यों का सेवन मादक द्रव्यों (दवा) के एक प्रारूप का वर्णन करता है जिसके उपयोग से महत्वपूर्ण समस्याएं या संकट उत्पन्न होती है जैसे कि विद्यालय में भाग लेने में विफलता, खतरनाक स्थितियों में पदार्थ का उपयोग (कार चलाना), पदार्थ से संबंधित कानूनी समस्याएँ, या निरंतर पदार्थ का उपयोग जो दोस्ती और/या पारिवारिक संबंधों में हस्तक्षेप करता है। एक विकार के रूप में मादक द्रव्यों का सेवन अवैध पदार्थों के दुरुपयोग या कानूनी पदार्थों के अपमानजनक उपयोग को संदर्भित करता है। शराब दुरुपयोग की जाने वाली सबसे आम कानूनी ड्रग है। लोग अक्सर अपने दम पर या थोड़ी मदद से मादक द्रव्यों के सेवन को रोक सकते हैं जब उन्हें एहसास होता है कि यह उनके जीवन में हस्तक्षेप कर रहा है।

इसलिए, किशोरों की प्राथमिक स्वास्थ्य समस्या मादक द्रव्यों का सेवन है।

अत: विकल्प (A) सही है।

88. निर्जलीकरण एक धंसे फॉन्टनेल (शिशुकरोटि) का प्राथमिक कारण है।

- यह तब होता है जब शरीर में सामान्य कार्य को बनाए रखने के लिए पर्याप्त तरल पदार्थ उपस्थित नहीं होता है।
- इसका निदान शारीरिक परीक्षण और शरीर के तरल स्तर की जाँच करके भी किया जा सकता है।
- इसका उपचार मुख्य रूप से या अंतर्शिरीय विधि से तरल पदार्थ देकर किया जा सकता है।

अत: विकल्प (C) सही है।

89. किशोरावस्था से पहले किसी व्यक्ति की पहचान की भावना पर परिवार का शक्तिशाली प्रभाव होता है।

'एडोलसेन्स / किशोरावस्था' लैटिन शब्द 'एडोलसेयर' से आया है जिसका अर्थ 'बढ़ना और परिपक्व होना' है। यह एक ऐसी अवस्था है जो '12 से 19 वर्ष की आयु के बीच होती है।

- किशोरावस्था बाल्यावस्था और वयस्कता की संक्रमणकालीन अवस्था है जब एक बच्चा शारीरिक और मनोवैज्ञानिक रूप से एक वयस्क के रूप में विकसित होता है।
- यह तूफान और तनाव की अवस्था है क्योंकि इस अवस्था में बच्चे अपने माता-पिता के साथ संघर्ष में होते हैं, मूडी होते हैं, और अपने सहभागियों के साथ अधिक समय बिताने की प्रवृत्ति रखते हैं।

अत: विकल्प (B) सही है।

90. जन्म के समय कम वज़न (LBW) जन्म के समय 2500 ग्राम से कम वज़न वाले बच्चे के लिए जन्म वज़न वर्गीकरण है।

जन्म के समय कम वज़न वाले शिशुओं की श्रेणियाँ:

- जन्म के समय कम वज़न (LBW): एक LBW बच्चे का वज़न 2500 ग्राम से कम होता है।
- जन्म के समय बहुत कम वज़न (VLBW): एक VLBW बच्चे का वज़न 1500 ग्राम से कम होता है।
- जन्म के समय बेहद कम वज़न (ELBW): एक ELBW बच्चे का वज़न 1000 ग्राम से कम होता है।

अत: विकल्प (A) सही है।

91. उप केंद्र गांव का एक परिधीय क्षेत्र है जहां स्वास्थ्य देखभाल वितरण प्रणाली होती है।

- एक उप केंद्र मैदानी क्षेत्र में 5000 और पहाड़ी और आदिवासी क्षेत्र में 3000 की आबादी को कवर करता है।
- यह जमीनी स्तर पर काम करता है और इसका मुख्य कार्य प्राथमिक स्वास्थ्य देखभाल सेवा और कुछ निवारक, प्रोत्साहक और उपचारात्मक सेवाएं प्रदान करना है।
- एक PHC में छह उपकेंद्र हैं।

अत: विकल्प (B) सही है।

92. एक PHC 6 उप-केंद्र आवरण करता है।

प्राथमिक स्वास्थ्य केंद्र:

- स्टाफ- 15
- पहला स्थान डॉ. समुदाय के साथ मिलता है।
- 1 PHC, 6 उप-केंद्र का आवरण करता है।

अत: विकल्प (B) सही है।

93. प्राथमिक स्वास्थ्य देखभाल असमानता को कम करने और नुकसान के प्रभावों में सुधार करने पर केंद्रित है।

पीएचसी स्वास्थ्य के व्यापक निर्धारकों को संबोधित करता है और शारीरिक, मानसिक और सामाजिक स्वास्थ्य और कल्याण के व्यापक और परस्पर संबंधित पहलुओं पर ध्यान केंद्रित करता है। यह जीवन भर स्वास्थ्य संबंधी जरूरतों के लिए पूरे व्यक्ति की देखभाल प्रदान करता है, न कि केवल विशिष्ट बीमारियों के लिए।

अत: विकल्प (D) सही है।

94. प्राथमिक स्वास्थ्य देखभाल समुदाय में चिकित्सा पेशेवरों द्वारा प्रदान की जाने वाली स्वास्थ्य सेवाओं की एक विस्तृत श्रृंखला को संदर्भित करता है। आपका सामान्य चिकित्सक (जीपी) एक प्राथमिक स्वास्थ्य सेवा प्रदाता है, और इसलिए नर्स, फार्मासिस्ट और संबद्ध स्वास्थ्य प्रदाता जैसे दंत चिकित्सक हैं।

अत: विकल्प (B) सही है।

95. सामुदायिक स्वास्थ्य केंद्र भारत में पहली रेफरल इकाई है।

- सामुदायिक स्वास्थ्य केंद्र (CHC) को प्राथमिक स्वास्थ्य केंद्रों से मामलों के लिए रेफरल स्वास्थ्य देखभाल प्रदान करने के लिए डिज़ाइन किया गया है।
- यह नेशनल एसोसिएशन ऑफ हेल्थकेयर सेंटर्स (NAHCC) नामक संगठन से संबंधित है।
- सामुदायिक स्वास्थ्य केंद्र 'भारत में स्वास्थ्य देखभाल का पहला रेफरल स्तर' है।
- प्रत्येक सामुदायिक स्वास्थ्य केंद्र (CHC)' 4 प्राथमिक स्वास्थ्य केंद्रों के लिए रेफरल केंद्र' के रूप में कार्य करता है।

अतः विकल्प (B) सही है।

96. अप्रैल, 1977 में भारत को स्मॉलपॉक्स (चेचक) से मुक्त घोषित किया गया था।

- स्मॉलपॉक्स का टीका 1796 में एडवर्ड जेनर द्वारा खोजा गया एक जीवित टीका है। टीकाकरण का विश्वव्यापी अभियान 1979 में WHO द्वारा शुरू किया गया था।
- 1960 के दशक की शुरुआत में, भारत में विश्व भर में स्मॉलपॉक्स के लगभग 60% मामले शामिल थे। फिर 1962 में, भारत सरकार ने राष्ट्रीय स्मॉलपॉक्स उन्मूलन कार्यक्रम शुरू किया, जो जनसंख्या के बड़े पैमाने पर टीकाकरण पर केंद्रित था। जिसके बाद 1970 के दशक के अंत में भारत ने स्मॉलपॉक्स मुक्त राष्ट्र घोषित किया है कि लगातार दो वर्षों तक स्मॉलपॉक्स का एक प्राकृतिक मामला सामने आया था।

अत: विकल्प (A) सही है।

97. मीजल्स दूषित टीके का प्रशासन टॉक्सिक शॉक सिंड्रोम उत्पन्न कर सकता है।

- टॉक्सिक शॉक सिंड्रोम एक दुर्लभ लाइफ थ्रेटनिंग जटिलता है जो कुछ जीवाणु संक्रमणों से प्रेरित होती है। सबसे आम बैक्टीरिया में स्टैफिलोकोकस ऑरियस और ग्रुप A स्ट्रेप्टोकोकस बैक्टीरिया शामिल हैं।
- यह बुखार, ठंड लगना, सिरदर्द, दाने, निम्न रक्तचाप, उल्टी, मसल पेन, डिसओरिएंटेशन, और मसल पेन डिसओरिएंटेशन द्वारा विशेषित है।

अतः विकल्प (D) सही है।

98. प्राथमिक स्वास्थ्य देखभाल की अवधारणा की सिफारिश ''भोरे समिति'' द्वारा की गई थी।

- इस समिति की स्थापना 1943 में सर जोसेफ भोरे की अध्यक्षता में की थी। इसे स्वास्थ्य सर्वेक्षण और विकास समिति के नाम से भी जाना जाता है।
- इसने भारत में स्वास्थ्य सेवाओं की रीमॉडेलिंग के लिए व्यापक सिफारिशें कीं।

अत: विकल्प (A) सही है।

99. प्रत्येक प्राथमिक स्वास्थ केंद्र मैदानी इलाकों में 30,000 और पहाड़ी (आदिवासी) क्षेत्रों में 20,000 जनसंख्या को सेवा प्रदान करता है।

- प्राथमिक स्वास्थ केंद्र ग्राम समुदाय और चिकित्सा अधिकारी के बीच पहला संपर्क बिंदु है।
- यह निर्धारित भौगोलिक क्षेत्रों में रहने वाले लोगों को निवारक, प्रोत्साहक और उपचारात्मक सेवाओं जैसी व्यापक स्वास्थ्य देखभाल प्रदान करता है।

अत: विकल्प (B) सही है।

100. कैंसर, मधुमेह, हृदय रोग की रोकथाम और नियंत्रण के लिए राष्ट्रीय कार्यक्रम (NPCDCS) 2010 में शुरू किये गए थे, जिसमें आधारभूत संरचना, मानव संसाधन विकास, स्वास्थ्य संवर्धन, शीघ्र निदान, उपचार के लिए जाँच और अभिनिर्देश पर ध्यान केंद्रित किया गया था।

अत: विकल्प (D) सही है।

// टिप्पणियाँ //